STÉPHANE GSELL

MEMBRE DE L'INSTITUT
PROFESSEUR AU COLLÈGE DE FRANCE

HISTOIRE ANCIENNE

DE

L'AFRIQUE DU NORD

TOME I

LES CONDITIONS DU DÉVELOPPEMENT HISTORIQUE
LES TEMPS PRIMITIFS
LA COLONISATION PHÉNICIENNE ET L'EMPIRE DE CARTHAGE

QUATRIÈME ÉDITION REVUE

LIBRAIRIE HACHETTE
79, BOULEVARD SAINT-GERMAIN, PARIS

HISTOIRE ANCIENNE
DE
L'AFRIQUE DU NORD

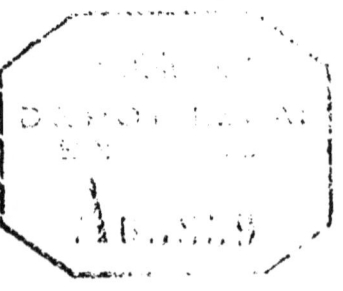

Gsell. — Afrique du Nord. I.

LIBRAIRIE HACHETTE

HISTOIRE ANCIENNE DE L'AFRIQUE DU NORD
Par M. STÉPHANE GSELL

VOLUMES EN VENTE :

I. — *Les Conditions du développement historique. Les Temps primitifs. La Colonisation phénicienne et l'Empire de Carthage.*
II. — *L'État carthaginois.*
III. — *Histoire militaire des Carthaginois.*
    Ces volumes ont obtenu le Grand Prix Broquette-Gonin, à l'Académie Française (1919).
IV. — *La Civilisation carthaginoise.*
V. — *Les Royaumes indigènes. Organisation sociale, politique et économique.*
VI. — *Les Royaumes indigènes. Vie matérielle, intellectuelle et morale.*

EN PRÉPARATION :

VII. — *La République romaine et les rois indigènes.*
VIII. — *Jules César et l'Afrique. Fin des royaumes indigènes.*

STÉPHANE GSELL

MEMBRE DE L'INSTITUT
PROFESSEUR AU COLLÈGE DE FRANCE

HISTOIRE ANCIENNE
DE
L'AFRIQUE DU NORD

TOME I

LES CONDITIONS DU DÉVELOPPEMENT HISTORIQUE
LES TEMPS PRIMITIFS
LA COLONISATION PHÉNICIENNE ET L'EMPIRE DE CARTHAGE

QUATRIÈME ÉDITION REVUE

LIBRAIRIE HACHETTE
79, BOULEVARD SAINT-GERMAIN, PARIS

Tous droits de traduction, de reproduction
et d'adaptation réservés pour tous pays.
Copyright by Librairie Hachette, 1910.

HISTOIRE ANCIENNE
DE
L'AFRIQUE DU NORD

LIVRE PREMIER
LES CONDITIONS DU DÉVELOPPEMENT HISTORIQUE

CHAPITRE PREMIER
LES RÉGIONS NATURELLES DE L'AFRIQUE DU NORD

I

La contrée dont nous nous proposons d'étudier l'histoire ancienne, jusqu'à la conquête arabe, s'étend, au Nord, entre le détroit de Gibraltar et l'extrémité Nord-Est de la Tunisie; au Sud, entre l'Anti-Atlas et le golfe de Gabès. Nous adoptons pour la désigner le terme conventionnel d'Afrique du Nord; on l'a aussi nommée Berbérie, Afrique Mineure. Nous y joindrons, comme une sorte d'annexe, le littoral du fond des Syrtes: dans l'antiquité, cette lisière du Sahara a été rattachée à l'État carthaginois, puis à l'Afrique romaine.

Vaste quadrilatère, baigné par la mer à l'Ouest, au Nord et à l'Est, bordé par le désert au Midi, l'Afrique du Nord est isolée comme une île : les Arabes ont pu l'appeler l'Île de l'Occident[1]. Mais cet isolement fait seul son unité. Elle est composée d'un grand nombre de régions disparates[2].

II

Celle qu'on nomme le Rif, et qui est encore fort mal connue, s'étend au Nord du Maroc actuel, opposant à la Méditerranée un front escarpé. A l'intérieur, se succèdent, à des intervalles rapprochés, des plis parallèles au rivage; dans la partie Nord-Ouest du pays, ils se recourbent vers le Nord, constituant avec les montagnes de l'Espagne méridionale un grand hémicycle, que le fossé de Gibraltar a coupé brusquement et qui marque la bordure d'un massif ancien, effondré dans la Méditerranée. La disposition du relief empêche la formation de rivières importantes. Mais, grâce au voisinage de la mer et à l'existence de montagnes élevées, les pluies sont abondantes; les vallées, courtes et étroites, qui sillonnent cette région tourmentée et d'accès malaisé, se prêtent à l'arboriculture, à l'élevage et, par endroits, à la culture des céréales ; elles peuvent nourrir une forte population, capable de défendre son indépendance.

A l'Est du Rif, débouche la Moulouia, qui, du moins dans son

---

1. Djezirat el Maghrib.
2. Il n'a pas été écrit d'ouvrage général sur la géographie de l'Afrique du Nord depuis Élisée Reclus (*Nouvelle Géographie universelle*, tome XI, 1886). — Pour le Maroc, voir surtout Schnell, *L'Atlas marocain*, traduction Bernard (1893); Th. Fischer, *Mittelmeer-Bilder*, I, p. 358 et suiv.; L. Gentil, *le Maroc physique* (1912); A. Bernard, *le Maroc* (1912), p. 11-34. — Pour l'Algérie, Bernard et Ficheur, Les Régions naturelles de l'Algérie, dans les *Annales de Géographie*, XI, 1902, p. 221-246, 339-365, 419-437. — Pour la Tunisie, Pervinquière, La Tunisie centrale, dans les *Annales de Géographie*, IX, 1900, p. 434-453; le même, *Étude géologique de la Tunisie centrale* (1903); le même, Le Sud tunisien, dans la *Revue de Géographie*, III, 1909, p. 393-470; Ph. Thomas, *Essai d'une description géologique de la Tunisie*, Première partie, Aperçu sur la géographie physique (1907). — Pour la Tripolitaine, Méhier de Mathuisieulx, dans les *Nouvelles Archives des missions*, XII, 1904, p. 48-59, et dans les *Publications de l'Association historique de l'Afrique du Nord*, V, 1906, p. 47-81.

cours inférieur, a marqué pendant des siècles une limite entre des royaumes indigènes, puis des provinces romaines.

Au Sud, une longue dépression[1], orientée de l'Est à l'Ouest, établit une communication facile entre l'Algérie et la côte de l'Atlantique. En suivant un affluent de gauche de la Moulouia, on arrive par Taza à un affluent de droite de l'oued Sebou, fleuve qui se jette dans l'Océan. Ce fut probablement par cette voie naturelle que passa la frontière militaire des Romains dans la Maurétanie Tingitane.

Le reste du Maroc a pour épine dorsale le Haut-Atlas. Cette chaîne commence au-dessus de l'Océan, au cap Ghir, et, se dirigeant du Sud-Ouest au Nord-Est, forme une énorme muraille compacte, dont les sommets atteignent 4 500 mètres et où les cols sont élevés et difficiles. Ce n'est qu'au Sud de la haute vallée de la Moulouia qu'elle s'abaisse et se morcelle, ouvrant des passages qui permettent d'atteindre sans peine les oasis sahariennes de l'oued Ziz et de l'oued Guir.

Sur une grande partie de son parcours, le Haut-Atlas est flanqué, au Nord-Est, par les plissements parallèles du Moyen-Atlas, au Sud-Ouest, par la chaîne de l'Anti-Atlas, rattachée au Haut-Atlas par l'énorme volcan éteint du Siroua.

Au Nord et au Nord-Ouest du Haut et du Moyen-Atlas, s'étend, à partir du littoral, une région d'architecture tabulaire, que l'on a proposé d'appeler soit le plateau subatlantique, soit la *meseta* marocaine (parce qu'elle offre la même structure que la *meseta* ibérique, plateau central espagnol). Une longue falaise la divise en deux terrasses superposées, la première d'une altitude moyenne de 150 mètres, la seconde de 500 mètres, coupées par les lits profonds de quelques rivières qui se dirigent vers l'Océan, en s'écartant comme les branches d'un éventail. Étroites au Sud-Ouest, ces terrasses s'élargissent ensuite;

---

[1]. Qui fut un détroit à l'époque miocène, comme l'a montré M. Gentil.

elles disparaissent au Nord pour faire place à la plaine d'alluvions de l'oued Sebou, entourée d'un pays de collines et de mamelons.

Le long des côtes et sur une profondeur moyenne de 70 kilomètres, cette région est en général suffisamment arrosée par des pluies qu'amènent les vents d'Ouest. Il y a là d'excellentes terres, surtout les sols noirs auxquels on a donné le nom indigène de *tirs* et dont l'origine est encore très discutée. Cette partie du Maroc, dépourvue d'arbres, est, sur de vastes espaces, très propice à la culture des céréales; elle offre aussi de riches pâturages au gros bétail, chevaux et bœufs. Mais les sources y sont très rares et l'on doit s'y procurer l'eau potable en creusant des puits profonds, ou en établissant des réservoirs.

En arrière, s'allonge une zone de steppes, dont la stérilité a pour cause la rareté des pluies, bien plus que la nature du sol. L'irrigation y est difficile à cause de la hauteur des berges des fleuves. On y élève des troupeaux qui, pendant l'été, doivent transhumer.

Enfin, à une altitude moyenne de 600 mètres, au pied même des montagnes, qui attirent les pluies et dont les neiges gardent des réserves d'eau jusque vers la fin du printemps, de nombreuses sources peuvent servir à des irrigations et faire prospérer de magnifiques vergers. Des ceintures de jardins entourent les villes et les villages qui ont pris naissance dans cette région élevée, au climat tempéré et salubre.

Le Haut et le Moyen-Atlas forment des écrans qui arrêtent les nuages chargés d'humidité. Au delà de ces montagnes, la vie n'est possible que le long des rivières qui en sortent et dont l'eau sert à arroser des cultures.

Du côté de l'Atlantique, entre le Haut-Atlas et l'Anti-Atlas, l'oued Sous parcourt, sur environ 200 kilomètres, une plaine étroite, très encaissée. C'est un désert en dehors de la bande de jardins qui accompagne la rivière, entièrement utilisée pour les irrigations.

L'oued Ziz, l'oued Guir et d'autres cours d'eau qui les rejoignent naissent sur le versant méridional du massif atlantique et vont alimenter, en plein Sahara, des chapelets d'oasis, dont les plus belles sont celles du Tafilelt. Plus à l'Ouest, l'oued Draa, d'abord à peu près parallèle à ces rivières, tourne ensuite brusquement vers le couchant et son sillon se prolonge jusqu'à l'Océan, à travers le désert. Des oasis bordent les rivières qui le forment et celles qui, sortant de l'Anti-Atlas, cherchent à le rejoindre. Au delà même du coude qu'il décrit, l'oued Draa garde quelque humidité souterraine, et de maigres cultures sont possibles dans son large lit.

III

L'Algérie comprend dans toute sa longueur une zone centrale de grandes plaines, situées à une altitude élevée, et, au Midi et au Nord, deux zones fort accidentées. Au Sud, c'est la série de montagnes, orientées du Sud-Ouest au Nord-Est, qui constituent l'Atlas saharien. Au Nord, s'étend, sur une largeur moyenne de cent kilomètres, le Tell, dont le nom se rattache à un mot arabe signifiant colline, plutôt qu'au mot latin *tellus*, terre cultivable.

Le Tell est hérissé de chaînes confuses de différents âges. dirigées le plus souvent du Sud-Ouest au Nord-Est dans la partie occidentale de cette contrée, de l'Ouest à l'Est dans la partie orientale, jusque vers Bône, où une séparation assez nette est marquée par la plaine basse de la Seybouse. Il est fort difficile de débrouiller le chaos des montagnes du Tell[1].

---

1. « Le Tell n'a pas d'unité orogénique. C'est un habit d'Arlequin » : Gautier, *Annales de Géographie*, XX, 1911, p. 366.

MM. Bernard et Ficheur l'ont tenté dans un mémoire[1] que nous avons beaucoup mis à contribution pour tracer cette rapide esquisse de l'Algérie.

Le littoral est bordé par les débris, épars çà et là, d'un massif ancien, fait de gneiss et de schistes, contre lequel s'est dressée au Sud une chaîne calcaire. Le massif, qui couvrait une partie de l'espace occupé aujourd'hui par la Méditerranée, a été presque entièrement englouti. Le golfe de Bougie est une fosse creusée par cet effondrement, qui eut lieu à l'époque pliocène et fut accompagné de phénomènes volcaniques sur les bords de la fracture[2].

Entre les restes de ce massif, dans le voisinage immédiat de la mer, s'insèrent quelques plaines basses, très étendues, mais dont les anciens n'ont pas pu tirer grand parti. Celle qui s'allonge au Sud-Ouest et au Sud d'Oran, et qu'encombre une cuvette sans écoulement, est rendue stérile par la salure des terres; ce sel, arraché à des gisements situés sur le rebord de la plaine, est charrié par les eaux et vient s'amasser dans le lac. Plus à l'Est, deux rivières importantes, le Sig et l'Habra, se réunissent et forment, dans la plaine de la Macta, des marécages que les alluvions comblent peu à peu. Dans l'antiquité, le sol humide devait être presque partout impropre à la culture. On ne trouve guère de ruines que sur la lisière méridionale de ces deux plaines, le long d'une voie qui paraît avoir marqué, pendant plus d'un siècle et demi, la frontière militaire de l'Empire romain. En arrière d'Alger, la Mitidja, que la colonisation française a rendue si prospère, fut jadis un golfe, puis un lac, qu'un bourrelet de collines séparait de la mer et que les apports des rivières qui viennent du Sud ont lentement comblé : l'écoulement des eaux y est encore imparfait. Le centre de la plaine

---

1. Voir plus haut, p. 2, n. 2.
2. Bernard et Ficheur, *l. c.*, p. 222. — Au Sud-Ouest d'Oran, la région d'Aïn Temouchent présente des vestiges de volcans, dont les cônes détruits et les coulées ont formé des terres noires, très fertiles, exploitées déjà dans l'antiquité.

était probablement marécageux aux premiers siècles de notre ère. Des ruines romaines ne se rencontrent que sur les bords de la Mitidja, au pied des montagnes qui l'enserrent de tous les côtés. A l'extrémité orientale de l'Algérie, une autre grande plaine s'étend près de la Méditerranée, derrière Bône. Elle est aussi occupée en partie par des marécages.

Parmi les pays montagneux qui bordent les côtes, le Dahra, limité au Sud par la vallée du Chélif, offre des plateaux dénudés, favorables à la culture des céréales, pourvus de sources abondantes, et des chaînes encadrant plusieurs vallées, dont les parties les plus fertiles ont été exploitées par les anciens. A l'Est du Dahra, la région schisteuse de Miliana est très ravinée et en général stérile, avec de maigres pâturages dans les clairières des forêts et quelques sols cultivables sur les lisières du massif.

La grande Kabylie est constituée au centre par un plateau de terrains anciens, gneiss, schistes, micaschistes, et bordée au Sud par la chaîne calcaire du Djurdjura, aux cimes dentelées, dont la plus haute dépasse 2300 mètres. Des vallées très encaissées coupent le plateau et « forment de véritables fossés entre les tribus dont les innombrables villages couronnent les crêtes[1] ». Le sol est peu fertile, mais l'eau abonde, grâce aux condensations que provoquent les hautes altitudes et aux réserves de neige que le Djurdjura garde jusqu'au mois de mai. C'est un pays d'arboriculture, où, dans l'antiquité, la population devait être déjà dense, mais où la colonisation romaine ne semble pas avoir pénétré. Au Nord, s'étend, de l'Est à l'Ouest, la vallée de l'oued Sebaou, propice aux céréales; puis, entre ce fleuve et la mer, une chaîne de grès, au pied de laquelle des ruines de cités s'échelonnent le long du rivage. L'angle oriental de la Kabylie est aussi occupé par des grès, qui portent de belles forêts de chênes.

1. Bernard et Ficheur, *l. c.*, p. 226.

A l'Est de la grande Kabylie et jusqu'à Bône, la Méditerranée est bordée presque partout par des massifs très tourmentés, où les rivières se fraient péniblement un chemin. Les grès couvrent de vastes espaces, revêtus de magnifiques boisements de chênes. Les terres, siliceuses, se prêtent mal à la culture des céréales, sauf dans les vallées, d'ailleurs étroites, où des alluvions argileuses se sont déposées. Mais, dans cette région élevée et bien exposée aux vents humides, les pluies entretiennent de belles prairies et des vergers prospèrent autour de nombreuses sources. En dehors des forêts, elle paraît avoir été assez peuplée aux temps antiques.

A l'intérieur du Tell, des vallées, de hautes plaines, des plateaux séparent ou pénètrent les massifs montagneux.

Des plaines, d'une altitude moyenne de 400 mètres, se succèdent à l'Est de la Moulouia jusqu'au delà de Mascara. Celle des Angads, qui fait partie du Maroc, est sèche et stérile. Celles qui s'étendent au Nord de Tlemcen et de Lamoricière sont mieux partagées. La plaine de Sidi bel Abbès est couverte de terres légères, friables, dans lesquelles sont incorporées des parcelles de phosphate de chaux et qui n'ont pas besoin de beaucoup d'humidité pour porter de belles moissons. Les pluies, bien réparties il est vrai, atteignent à peine une hauteur annuelle de 40 centimètres à Sidi bel Abbès. La plaine d'Egris, au Nord de laquelle se trouve Mascara, en reçoit moins encore et la constitution du sol y est moins bonne : aussi n'a-t-elle que peu de valeur agricole.

Ces plaines sont bordées au Midi par une série de grands gradins, formés de grès, de dolomies, de calcaires[1]. Des rivières assez importantes prennent naissance dans cette région accidentée et la traversent pour se diriger vers le Nord, coulant dans des gorges ou dans des vallées étroites; elles débouchent

1. Monts de Tlemcen, de Daya, de Saïda, de Frenda.

brusquement sur le pays plat, quelques-unes par des cascades. Les sources, nombreuses à la lisière des plaines, permettent la création de beaux jardins. Tlemcen, admirablement située à plus de 800 mètres d'altitude, tournée vers la mer, dont elle reçoit les brises rafraîchissantes, défendue des vents brûlants du Sud par le vaste talus auquel elle est adossée, s'appelait à l'époque romaine *Pomaria* (les Vergers), et ce nom serait encore très justifié. Sur les gradins, il y a des forêts étendues, mais clairsemées; quelques zones marneuses sont propres à l'agriculture. Une frontière militaire, établie par les Romains vers le début du troisième siècle, longeait, par Lalla Marnia, Tlemcen, Lamoricière, Chanzy, le rebord septentrional de ce haut pays, qu'elle coupait ensuite, passant vers Franchetti, Tagremaret, Frenda, et traversant, sur une partie de son parcours, des bandes de terrains fertiles. Au delà même de cette frontière, une population assez dense s'est installée, soit dans l'antiquité, soit plus tard, sur les sols favorables à la culture, en particulier aux alentours de Saïda.

Le Chélif, fleuve qui naît dans l'Atlas saharien, traverse les hautes plaines de l'Algérie centrale; s'étant soudé à un cours d'eau méditerranéen, il entre dans le Tell à Boghari. Bientôt, il tourne vers l'Ouest, direction qu'il garde jusqu'à la mer. La vallée qu'il suit forme une longue dépression entre le massif de Miliana et le Dahra, au Nord, le massif de l'Ouarsenis, au Sud. Elle était parcourue par une voie militaire romaine, qui a sans doute été faite aussitôt après la conquête de la Maurétanie et qui a développé la colonisation. Cette vallée n'est cependant pas un couloir largement ouvert : des étranglements, formés par des collines, la divisent en trois parties[1]. Les terres alluviales, compactes et profondes, sont très fertiles quand elles sont arrosées. Mais la barrière du Dahra arrête les pluies qui,

---

[1]. Plaines du Djendel et d'Affreville, plaine des Attafs, plaines d'Orléansville et d'Inkermann.

souvent, tombent en trop petite quantité pour assurer la bonne venue des céréales et qui s'infiltrent mal dans un sol peu perméable. C'est par une irrigation bien comprise ou par le choix d'autres cultures que la vallée du Chélif peut prospérer.

Le massif de l'Ouarsenis est formé de plissements confusément entassés autour d'un grand dôme calcaire et coupés par des affluents du Chélif. Il offre de belles forêts, mais, sauf dans quelques vallées, où l'on trouve des ruines antiques, les terrains, schisteux ou gréseux, ne se prêtent guère qu'à l'élevage.

Ce massif est bordé à l'Ouest par la Mina, qui, avant de rejoindre le Chélif dans une large plaine, facilement irrigable, descend un couloir donnant accès au plateau de Tiaret, au Sud de l'Ouarsenis. La région, d'une altitude de 1 000 à 1 200 mètres, située au Sud et au Sud-Est de Tiaret, se distingue par sa fertilité des plaines élevées du centre de l'Algérie, qui la continuent sans transition. Grâce aux pluies qu'elle reçoit du Nord-Ouest par la vallée de la Mina, les terres d'alluvions, riches en phosphate de chaux, qui la couvrent peuvent porter de belles moissons. En grande partie incorporée par les Romains dans leur frontière militaire du IIIe siècle, elle a été très peuplée dans l'antiquité, et même dans les temps qui ont suivi l'invasion arabe. Cette zone fertile se continue au Nord-Est, le long du Nahr Ouassel, qui se dirige vers le Chélif. La frontière romaine dont nous venons de parler passait par là, sur la lisière méridionale de l'Ouarsenis, pour aller couper le Chélif vers Boghari.

Au delà des montagnes abruptes et ravinées qui dominent au Sud la plaine de la Mitidja, le plateau, argileux et nu, de Médéa, au relief tourmenté, découpé par les profonds sillons des rivières qui s'éloignent vers l'Ouest, le Nord et l'Est, a de nombreuses sources et n'est pas dépourvu de terres propices aux céréales.

Il forme un passage, d'ailleurs assez difficile, entre la vallée du Chélif et les trois plaines des Beni Slimane, des Aribs et de Bouira, qui se suivent de l'Ouest à l'Est, représentant une ancienne vallée, à une altitude de 600-500 mètres. La première de ces plaines souffre de la sécheresse; plus à l'Est, la région d'Aïn Bessem a de bonnes terres et reçoit assez d'eau de pluie : les ruines antiques y abondent. La plaine de Bouira conduit à la vallée de l'oued Sahel, appelé plus bas oued Soummane, qui borde la grande Kabylie au Sud et à l'Est. Comme celle du Chélif, cette vallée est coupée par des obstacles : sur deux points[1], le fleuve a dû se frayer un passage à travers des barrières rocheuses. Le sol d'alluvions est très fertile. Mais, là encore, les pluies sont souvent insuffisantes : la chaîne du Djurdjura les arrête. La culture des céréales est aléatoire; l'arboriculture, qui craint moins la sécheresse, court moins de risques. L'extrémité de la vallée, près de la mer, jouit pourtant de conditions plus favorables. Les ruines s'y pressent et une colonie importante, Tubusuptu, y fut fondée dès l'époque d'Auguste.

La voie militaire romaine, venant de la vallée du Chélif, ne passait pas par Médéa, ni par les plaines qui se suivent jusqu'à l'oued Sahel. Elle filait plus au Sud, par Berrouaghia, Sour Djouab et Aumale, établie sur une large bande calcaire[2], dans la partie septentrionale d'une région accidentée, que parcourent d'Ouest en Est des chaînes parallèles. Les intervalles ravinés sont occupés çà et là par des marnes, mêlées de phosphate de chaux, qui constituent des terres fertiles, ou par des argiles d'où sortent des sources et qui portent de beaux pâturages. Ce pays montagneux fut enfermé dans la frontière militaire du IIIe siècle, qui en suivait la lisière méridionale, depuis Boghari jusqu'à Sidi Aïssa, au Sud d'Aumale.

Dans le Nord de la province de Constantine, derrière la

1. A. Takriets et à Sidi Aïch.
2. Gautier, *Annales de Géographie*, XIX, 1910, p. 232.

chaîne calcaire qui borde le massif ancien, les montagnes de grès ou de calcaire se succèdent, généralement en rangs compacts, jusqu'aux hautes plaines de la zone centrale. Les rivières suivent d'étroites vallées, ou se faufilent avec peine dans des gorges étranglées. Cependant, les pluies sont abondantes, et, là où les terres conviennent aux céréales, à l'arboriculture, à l'élevage du gros bétail, les établissements antiques ont été nombreux. Deux bassins compris dans cette région furent surtout très peuplés. Celui de Constantine est un ancien lac, long d'environ 80 kilomètres de l'Ouest à l'Est, large d'une vingtaine de kilomètres, comblé par des argiles et des poudingues, d'un aspect tourmenté. Quoiqu'il ne soit pas particulièrement fertile, il a été cultivé d'une manière intense, formant en quelque sorte la banlieue de la ville de Cirta (Constantine), qui, bien avant la conquête romaine, a dû son importance à une incomparable position défensive, sur un roc abrupt. Le bassin de Guelma, parcouru par la Seybouse, qui en sort en rompant une barrière, offre des marnes favorables à la viticulture et aux céréales. On rencontre partout des ruines romaines au Sud de ce bassin, dans le pays montagneux sillonné par l'oued Cherf, une des branches de la Seybouse, et par ses affluents, par d'autres rivières qui vont se jeter plus loin dans la Seybouse, enfin par le cours supérieur de la Medjerda : des terres fertiles, argileuses, saturées de phosphate de chaux, y couvrent de grandes étendues.

IV

Au Sud du Tell, s'allonge, dans les provinces d'Oran et d'Alger, une région de steppes, qui commence dès le Maroc, entre le Moyen et le Haut-Atlas, et qui va se rétrécissant et s'abaissant de l'Ouest à l'Est, avec une altitude de 1 200 à 800 mètres.

Elle se compose de vastes plaines, séparées par des rides légères et parsemées de grands lacs, à cuvettes peu profondes, presque à sec en été, réceptacles en hiver d'eaux qui charrient des sels. Le sol des steppes est formé d'alluvions d'ordinaire siliceuses, meubles ou agglomérées, recouvertes à peu près partout par une sorte de croûte calcaire, qui empâte des cailloux et des graviers, et dont l'épaisseur varie de quelques centimètres à plusieurs mètres[1]. L'existence de cette carapace, la nature salée de beaucoup de terres rendraient la région impropre à la végétation arbustive et à l'agriculture, même si les pluies y tombaient en quantité suffisante. Il n'y pousse que d'humbles plantes, qui résistent à la sécheresse et se plaisent dans les terrains salés. C'est un pays de maigres pâturages, qui ne durent même pas toute l'année.

Entre ces steppes et les hautes plaines de la province de Constantine, s'intercale le Hodna, bassin fermé, qui offre au centre un grand lac, alimenté par les eaux du pourtour. Région effondrée ou cuvette d'érosion[2], le Hodna n'a qu'une altitude moyenne de 400 mètres, très inférieure à celle des pays qui le flanquent. Il reçoit peu de pluie et ne pourrait être qu'une steppe, malgré la fertilité de ses terres d'alluvions, s'il n'était le déversoir de rivières qui naissent dans les hautes montagnes de la bordure septentrionale du bassin, ou qui les franchissent, permettant des irrigations sur de grands espaces, au Nord du lac. Au Sud, des dunes forment une sorte de désert, avec la belle oasis de Bou Saada. Le Hodna a été incorporé au territoire romain.

Le centre de la province de Constantine est occupé par de hautes plaines, qui se prolongent dans la Tunisie occidentale. Çà et là, surgissent des chaînons, le plus souvent calcaires, morcelés et ravinés par les érosions, aux flancs nus ou portant

---

1 Bernard et Ficheur, *l. c.*, p. 420.
2. Voir Gautier, dans *la Géographie*, XXI, 1910, p. 93.

une maigre végétation de pins d'Alep, de thuyas, de genévriers, d'oliviers sauvages. Dans la partie Nord-Ouest de cette vaste région, ils se dirigent de l'Ouest à l'Est, comme les plissements du Tell de l'Algérie orientale. Les autres, beaucoup plus nombreux et qui se rencontrent déjà dans le voisinage du Hodna, sont orientés du Sud-Ouest au Nord-Est, comme l'Atlas saharien; ils se présentent souvent sous l'aspect de dômes à base circulaire ou elliptique : type caractéristique de l'orographie tunisienne, mais qu'on observe déjà en Algérie. A l'Est, les érosions ont parfois découpé des tables, plates-formes aux pans abrupts, dont la plus remarquable est la Kalaa es Senam, entre Tébessa et le Kef[1].

Les plaines, mamelonnées dans la Medjana et aux alentours de Sétif, plus unies à l'Est, sont situées à des altitudes de 700 à 1000 mètres. Celle de la Medjana s'incline vers le Sud et c'est la direction des cours d'eau qui vont rejoindre l'oued Ksob, avant son entrée dans le Hodna. Les autres plaines septentrionales de la région dont nous parlons appartiennent au versant méditerranéen et sont parcourues par des rivières qui contribuent à la formation de la Soummane, de l'oued el Kébir, de la Seybouse. Au Sud, il y a des plaines à cuvettes centrales, où viennent s'amasser en hiver des eaux souvent salées, absorbées en été par l'évaporation : nous retrouvons là, mais dans de petites proportions, la nature des steppes des provinces d'Oran et d'Alger. Dans l'Algérie orientale et dans la Tunisie occidentale, d'autres plaines ont leur écoulement par l'affluent principal de la Medjerda, l'oued Mellègue, qui prend sa source au Nord de l'Atlas saharien, non loin de Khenchela, et se dirige du Sud-Ouest au Nord-Est, ainsi que par les affluents de cette rivière. Enfin, en Tunisie, des eaux s'écoulent vers le Sud-Est.

1. La même forme tabulaire se retrouve au Kef. Une table analogue constitue une forteresse naturelle à la Mestaoua, au Nord-Ouest de Batna : Bernard et Ficheur, *l. c.*, p. 302.

Cette zone n'est pas partout fertile. Les sols, imprégnés de sel, qui s'étendent autour des cuvettes des bassins fermés, et même ailleurs, en particulier entre Souk Ahras et Tébessa, ne conviennent guère qu'à l'élevage du mouton; leur superficie est du reste assez restreinte. De vastes espaces, couverts de limons et de marnes riches en phosphate de chaux, se prêtent au contraire fort bien à la culture des céréales. Mais les pluies sont parfois insuffisantes dans les plaines du Nord; elles le sont souvent dans celles du Sud, sauf en avant de l'Aurès et des monts de Batna, dont les masses provoquent des condensations. Toutes ces plaines sont entièrement dénudées et il est probable que le défrichement n'a fait disparaître que des broussailles, la nature du sol n'étant pas favorable aux arbres[1]. Abandonnées en général aux pasteurs avant la conquête romaine, elles ont été ensuite habitées par une population agricole très dense, surtout autour et au Sud du Kef, sur la lisière de l'Aurès, bien pourvue de sources et où une forte occupation militaire a donné l'essor à la colonisation, enfin au Sud-Est et au Sud de Sétif.

V

La zone centrale de l'Algérie est bordée au Midi par l'Atlas saharien, prolongement oriental du Haut-Atlas marocain. Au Sud des hautes plaines des provinces d'Oran et d'Alger, comme au Sud du bassin du Hodna, s'allongent des plissements parallèles, orientés du Sud-Ouest au Nord-Est, crêtes étroites et nues, formées surtout de grès friables. Les intervalles sont remplis par les débris infertiles de ces chaînes et l'on y retrouve les maigres plantes des steppes. Cependant, le massif du djebel Amour, qui présente dans sa partie orientale de grandes tables aux flancs verticaux, est mieux partagé. Il a de beaux pâtu-

---

1. Voir plus loin, au chapitre IV.

rages, entre des forêts de thuyas, de pins d'Alep et de genévriers; les sources, assez nombreuses, servent à irriguer des vergers et alimentent des villages, qui sont sans doute très anciens.

Dans le Sud de la province de Constantine, s'étend le massif de l'Aurès, auquel on peut rattacher, au Nord-Ouest, les monts calcaires dits de Batna, qui dépassent 2 000 mètres et portent des forêts de chênes, de genévriers et de cèdres. Entre ces monts et l'Aurès, un long passage s'ouvre vers le Midi, commandé aujourd'hui par Batna et dans l'antiquité par Lambèse, le grand camp de l'Afrique romaine. Cette voie de communication importante entre les hautes plaines et le désert suit l'oued el Kantara, qui a coupé une barrière transversale par une courte gorge, au delà de laquelle on rencontre aussitôt une oasis saharienne.

Les plissements calcaires, minces et abrupts, de l'Aurès, qui culmine à plus de 2 300 mètres, séparent des vallées étroites, s'inclinant vers le Sud-Ouest. Une érosion très intense a profondément creusé ces dépressions et entraîné jusqu'au Sahara des masses énormes de débris. Dans ce massif, où la population indigène était dense aux premiers siècles de notre ère, les sources abondent et les rivières peuvent servir à des irrigations. C'est surtout, comme la grande Kabylie, un pays d'arboriculture. De belles forêts de chênes verts, de genévriers, de pin d'Alep, de cèdres couvrent les flancs des montagnes.

A l'Est de l'oued el Arab, le djebel Chechar, très tourmenté, coupé de ravins que des cailloux encombrent, fait suite à l'Aurès. Plus loin, les plissements serrés de l'Atlas saharien disparaissent. Le pays des Némenchas, situé au Sud-Ouest de Tébessa, se partage en deux régions distinctes. Au Nord, de vastes dômes elliptiques ont été décapés, aplanis par les érosions et transformés en plaines, d'une altitude moyenne de 1 000 mètres, dont les rebords saillants indiquent le pourtour d'anciennes montagnes et donnent naissance à des sources. La région est sans arbres; il n'y pleut pas assez pour la culture des céréales; l'élevage du mouton est à peu près la seule ressource des indigènes. A l'époque romaine, ces plaines furent, en grande partie, plantées d'oliviers et bien peuplées. Au Midi, une série de gradins cailouteux, dirigés de l'Ouest à l'Est, descendent vers le désert, sillonnés et ravinés par des oueds. L'orientation de ces terrasses et du bourrelet qui les termine au Sud se retrouve dans le relief de la Tunisie méridionale.

Les eaux abondantes qui dévalent du Haut-Atlas font, nous l'avons dit, prospérer de belles oasis au Sud du Maroc. En Algérie, les oasis de la lisière du désert ont beaucoup moins d'importance. Elles doivent leur existence aux oueds qui sortent de l'Atlas saharien, ou aux nappes souterraines qui sont alimentées par des eaux de même provenance. Les principales sont celles de Laghouat, au Sud-Ouest des monts des Ouled Naïl et à la tête de l'oued Djedi, qui, s'avançant de l'Ouest à l'Est, creuse un long sillon dans le Nord du désert; celles des Zibans, dans la région de Biskra; enfin celles qui se sont formées aux points où des rivières débouchent de l'Aurès, du djebel Chechar et des terrasses des Némenchas. Au Sud du Hodna, entre des plissements des monts des Ouled Naïl, les Romains ont établi, bien au delà de leur frontière, une ligne de postes militaires, qui ne s'arrêtait qu'à peu de distance de Laghouat et gardait un passage reliant le Hodna et le Sahara. Ils ont occupé les oasis des Zibans et, de ce côté, la limite de l'Empire longeait l'oued Djedi; puis elle suivait le bord méridional du massif de l'Aurès.

VI

La Medjerda naît dans les montagnes qui s'élèvent au Sud du bassin de Guelma et va déboucher dans le golfe de Tunis. Elle pénètre en Tunisie après s'être glissée dans une cluse, limitée par deux plissements d'un massif, dont les chaînes couvrent l'angle Nord-Est de l'Algérie, entre la plaine de Bône, la Calle et Souk Ahras, et se continuent dans la Tunisie septentrionale, au Nord du cours moyen du fleuve, en Khoumirie et en Mogodie.

Cette région très accidentée offre des suites de croupes allongées, orientées, comme l'Atlas saharien, du Sud-Ouest au Nord-Est, coupées par de profonds ravins, séparées par des vallées courtes et étroites. Des falaises à pic dominent la Méditerranée entre la plaine de Bône et le cap Blanc, voisin de Bizerte. Elles sont interrompues par des dunes à l'Est de Tabarca, le point du littoral qui communique le plus facilement avec la vallée de la Medjerda. Les grès du massif, de même nature que ceux qui s'étendent plus à l'Ouest jusqu'à la grande Kabylie, portent de magnifiques forêts de chênes. Les pluies sont très abondantes, les sources nombreuses. Il y a de beaux pâturages dans les vallées et les clairières. Mais le sol siliceux se prête mal à la culture des céréales.

Au Sud d'une bonne partie de cette zone montagneuse, depuis la frontière algérienne jusqu'au confluent de l'oued Béja, la Medjerda traverse deux plaines, celle de Ghardimaou et celle de la Dakhla, qui furent autrefois des lacs. La première a une vingtaine de kilomètres de longueur, l'autre est beaucoup plus étendue; une barrière, coupée par le fleuve, les sépare. A l'extrémité opposée de la Dakhla, la Medjerda se heurte à des chaînes qu'elle franchit avec peine, par des défilés tortueux, et qu'elle longe ensuite jusque vers Tébourba. Là, commence sa basse plaine, accrue, dans le cours des siècles, par les alluvions que ses eaux entraînent vers la mer et souvent encore inondée.

Comblées par les limons fertiles qu'ont apportés la Medjerda, l'oued Mellègue (qui rejoint ce fleuve dans la Dakhla) et d'autres rivières, les plaines de Ghardimaou et de la Dakhla, les Grandes Plaines des anciens[1], sont d'admirables terres à céréales. Elles ont été exploitées dès l'époque punique.

Le centre de la Tunisie est occupé, au Sud de la Medjerda, par un vaste plateau, d'une hauteur moyenne de 800 mètres[2]. C'est, en réalité, un immense dôme, très surbaissé, parsemé de bosses irrégulières, découpé par les érosions en tables, dont les flancs tombent à pic sur des vallées profondes[3]. De là, des rivières s'échappent dans toutes les directions. Au Nord, ce sont l'oued Tessa, l'oued Khalled et la Siliana, affluents de la Medjerda; à l'Ouest, des oueds qui se jettent dans l'oued Mellègue; au Sud et à l'Est, des cours d'eau qui vont converger vers la sebkha Kelbia, près de Kairouan; au Nord-Est, l'oued el Kébir, appelé plus bas oued Miliane, qui apporte en toute saison de l'eau au golfe de Tunis. Les vallées, plus ou moins larges, que ces rivières parcourent et qui s'étoilent autour du plateau central, ont un sol formé d'alluvions épaisses et fertiles. Sur le plateau, dominent des marnes, mélangées de phosphate de chaux et propres à la culture des céréales. Les sources ont, pour la plupart, un débit médiocre, mais elles abondent. D'ordinaire, il tombe assez de pluie, grâce à l'altitude. Tout ce pays fut jadis très peuplé, très prospère, même avant la conquête romaine.

Du plateau se détache, à l'Est, la chaîne Zeugitane, formée de calcaires gris ou bleus, aux crêtes dentelées[4]. On y retrouve

1. Polybe, XIV, 7; Tite-Live, XXX, 8.
2. Régions de Ksour, Ellez, Sonk el Djemaa, Maktar, Henchir Mided, Kessera.
3. Perrinquière, *Annales de Géographie*, IX, p. 414-5.
4. Perrinquière, *l. c.*, p. 417-8.

des séries de dômes, souvent morcelés, séparés par des cuvettes : en particulier au djebel Zaghouane, haut de près de 1 300 mètres, massif riche en sources, d'où les Romains ont tiré l'eau nécessaire à l'alimentation de la grande ville de Carthage. Cette chaîne se dirige d'abord du Sud-Ouest au Nord-Est, comme toutes les montagnes de la Tunisie septentrionale et centrale; puis, elle s'oriente vers le Nord et aboutit au fond du golfe de Tunis, près de Hammam Lif. Des plissements secondaires la flanquent et encadrent avec elle, au Nord, la fertile vallée de l'oued Miliane, cultivée partout dans l'antiquité; au Sud, la longue plaine de l'oued Nebaane, rivière qui se détourne ensuite vers le Sud-Est pour rejoindre la sebkha Kelbia. Deux autres plis se prolongent jusqu'à l'extrémité de la péninsule du cap Bon.

Dans la Tunisie orientale, les côtes plates qui courent du golfe de Hammamet au golfe de Gabès précèdent la région dite du Sahel, bande de plaines basses, comme l'Enfida (entre la chaîne Zeugitane et la mer), ou de plateaux très peu élevés, comme celui d'El Djem. Au delà, s'étendent des bassins, dont la cuvette est légèrement concave et que limitent de faibles bourrelets. Des lacs à fond argileux se forment en hiver au centre de ces plaines, ne laissant guère sur le sol, pendant l'été, que des efflorescences salines. Le plus important, mais non le plus étendu, est la sebkha Kelbia, au Nord-Est de Kairouan, où convergent de nombreux oueds, qui viennent du Nord-Ouest, de l'Ouest, du Sud-Ouest, et prennent leur origine soit dans la chaîne Zeugitane, soit dans le plateau central. Ils ne sont pas grossis en route par des affluents, car il n'y a que fort peu de sources dans cette région, où il ne pleut guère, et ils n'alimentent que très médiocrement la sebkha, leur eau étant absorbée par l'évaporation, ou s'infiltrant dans des sols très perméables. La sebkha Kelbia n'est cependant jamais tout à fait à sec. Elle a un émissaire qui la relie quelquefois, après de fortes pluies, à une lagune du littoral, la sebkha d'Hergla. On rencontre d'autres lacs plus au Sud ; le plus grand est la sebkha Sidi el Hani, au Sud-Est de Kairouan.

La Tunisie orientale a des espaces salés, qui ne comportent que l'élevage du mouton. Mais, en général, les terres, légères, sont composées d'éléments fertiles. Les blés des environs de Sousse étaient fameux dans l'antiquité pour la grosseur de leurs épis. Par malheur, les pluies sont très souvent insuffisantes pour la bonne venue des céréales : la chaîne Zeugitane et la masse du plateau central les arrêtent du côté du Nord-Ouest. Si les récoltes sont assez régulières autour de Sousse, elles deviennent très aléatoires plus au Sud et à l'intérieur du pays. Mais, comme l'a montré M. Bourde[1], la constitution du sol se prête très bien à l'arboriculture. Sous la couche supérieure, où le sable absorbe rapidement la pluie et que les racines des céréales ne dépassent pas, existe, à une profondeur assez faible, une couche de tuf calcaire, peu perméable. Alors que la surface est complètement desséchée, le sous-sol reste humide : c'est là que se développent les racines des arbres. Ainsi, dans des campagnes où les oueds ne traînent que de misérables filets d'eau, taris en été, où les sources sont très rares, une population nombreuse peut vivre par les cultures fruitières. A l'époque romaine, des plantations d'oliviers couvrirent une grande partie des steppes que parcouraient auparavant les troupeaux des nomades.

A l'Ouest de cette zone, au Sud du plateau central et des plaines qui continuent celles de la province de Constantine[2], s'étend une région bordée au Midi par une vaste dépression, vers laquelle elle s'abaisse. Cette dépression n'a jamais été, comme on l'a soutenu, un bassin maritime, communiquant avec

1. *Rapport sur les cultures fruitières, en particulier sur la culture de l'olivier, dans le centre de la Tunisie*, Tunis, édition de 1899.
2. On ne peut fixer la limite que d'une façon assez arbitraire. Ce serait à peu près une ligne passant par Kasserine, Sbéitla, Djilma.

le golfe de Gabès. Elle est remplie par le chott el Djerid, qui projette au Nord-Est un long bras, appelé chott el Fedjedje, par le chott Gharsa et, plus à l'Ouest (au Sud de l'Algérie), par une suite de sebkhas aux contours capricieux, dont la principale est le chott Melgbir.

Dans la Tunisie méridionale, les plissements qui s'allongent vers la latitude de Gafsa et plus au Sud, jusqu'aux chotts, sont généralement orientés de l'Ouest à l'Est. Ces chaînes hérissent le pays, limitant des vallées ou des plaines à profil courbe, dont le centre est occupé, pendant une partie de l'année, par des mares. Au Nord de Gafsa, courent, dans diverses directions, de petites arêtes, isolées ou soudées entre elles, dominant de larges plateaux.

Cette région est presque entièrement dénudée. Les pauvres pâturages des steppes sont broutés par des moutons, des chèvres et des chameaux. Cependant, en maints endroits, le sol n'est pas infertile : beaucoup de terres sont riches en débris de phosphate de chaux. Mais la pluie tombe trop rarement pour assurer les récoltes de céréales. Les cultures arbustives, qui résistent mieux à la sécheresse, se sont développées, aux premiers siècles de notre ère, dans les lieux où des aménagements hydrauliques pouvaient procurer aux hommes l'eau nécessaire pour vivre et faire quelques irrigations. Autour des rares sources, se sont formées des oasis, avec leurs palmiers, accompagnés d'autres arbres fruitiers. Ce pays de transition produit à la fois des dattes et des olives[1].

A la lisière même du Sahara, que la domination romaine a atteinte, il y a de belles oasis dans le Djerid, entre le chott el Djerid et le chott Gharsa; dans le Nefzaoua, à l'Est du chott el Djerid et au Sud du chott el Fedjedje; enfin, sur la mer, à Gabès.

---

1. La Blanchère, dans les *Nouvelles Archives des missions*, VII, 1897, p. 83.

VII

Comme nous l'avons dit, nous rattachons à l'Afrique du Nord, pour des raisons tirées de l'histoire, les terres qui bordent au Sud le vaste golfe des Syrtes. A l'Est de la grande Syrte, s'étend la Cyrénaïque, contrée à physionomie bien distincte, sorte d'île qui appartient à la Méditerranée orientale. Une colonisation prospère en fit un pays grec; plus tard, la Cyrénaïque, devenue romaine, ne forma qu'une province avec la Crète. Géographiquement et historiquement, elle appartient à un monde tout différent de ce que nous appelons l'Afrique du Nord.

Entre Gabès et le cap Misrata, le littoral, bas, bordé de dunes derrière lesquelles des lagunes s'étalent çà et là[1], semé d'oasis que séparent des espaces déserts, précède un pays de plaines légèrement ondulées, qui s'élève en pente très douce vers l'intérieur. C'est la Djeffara des indigènes, dont la profondeur atteint 100 kilomètres à la frontière tunisienne et diminue vers l'Est. Sablonneuse et sèche, elle n'est pas habitée. Elle ne l'était pas davantage à l'époque antique, sauf dans sa partie Nord-Ouest, en Tunisie, où elle est très étroite : la proximité du bourrelet dont nous allons parler la fait, de ce côté, bénéficier de quelques pluies et permet d'utiliser jusque dans la plaine les oueds qui descendent des hauteurs, pour des cultures exigeant peu d'eau.

La Djeffara est dominée à pic par une longue suite de falaises calcaires, qui se dressent à une altitude moyenne de 300 mètres, formant un vaste demi-cercle, tourné vers le Sud, depuis les environs de Gabès jusqu'au voisinage du cap Misrata. Cette

---

1. Depuis les parages de Djerba jusqu'aux ruines de Sabratha.

zone[1], que les indigènes appellent le Djebel (la Montagne), n'est que le rebord d'un immense plateau saharien. Elle est loin d'avoir l'aspect régulier d'un rempart continu. Sur une largeur variable, elle a été découpée, déchiquetée, démantelée par les érosions. Parfois, elle se présente en gradins. Certaines parties ont été détachées de la masse; elles constituent des avant-chaînes dans la partie Nord-Ouest du Djebel[2]. Au Nord-Est, ce qu'on nomme le djebel Tarhouna est un plateau raviné, qui forme une sorte de grand bastion, en saillie sur la bordure, et qui se prolonge, dans la direction de Khoms et de Lebda, par des collines s'élevant au-dessus du littoral[3]. Le brusque obstacle du Djebel contraint les vents humides qui soufflent quelquefois de la mer à se décharger de la vapeur d'eau qu'ils contiennent; les pluies, quoique peu fréquentes, permettent à une population assez nombreuse de vivre dans cette région. Des ruisseaux se précipitent en cascatelles à travers les crevasses, les couloirs tortueux, et servent à des irrigations; sur les pentes, ont été constituées des terrasses étagées, que bordent des murs de soutènement et qui portent des champs d'orge ou des arbres fruitiers, surtout des oliviers et des figuiers. Au pied même des falaises, au delà des éboulis de la frange saharienne, l'irrigation rend la culture possible. Mais les oueds s'épuisent très vite; ils n'ont pas la force de traverser la Djeffara. Derrière le Djebel, commence le désert, immense champ de pierres.

Le littoral occidental de la grande Syrte, au Sud-Est du cap Misrata, est bordé par la longue lagune, aujourd'hui desséchée, de Taorga, vers laquelle convergent de nombreux oueds, venant de l'Ouest. Ces ravins sillonnent le plateau saharien qui, de ce côté, s'incline vers l'Orient et qui n'est qu'une vaste solitude. Mais les fonds plats et souvent assez larges des oueds

1. Elle porte successivement les noms de djebel Matmata, djebel Demmer, djebel Douirat, djebel Nefousa, djebel Yffrène, djebel Gariana.
2. Dans le pays des Ourghammas, en avant du djebel Demmer.
3. Collines de Msellata.

sont imprégnés de quelque humidité, circulant par un parcours souterrain, et ne se refusent pas à de pauvres cultures. Ces thalwegs ont été peuplés dans l'antiquité, comme ils le sont encore aujourd'hui. Dans les intervalles pierreux qui les séparent, la vie a toujours été impossible.

Au Sud de la grande Syrte, le désert s'avance jusqu'au rivage. Il n'y a rien à tirer de cette région; il a suffi aux anciens d'établir, le long de la côte, une route assurant les communications avec la Cyrénaïque.

VIII

Cet aperçu géographique montre combien l'Afrique du Nord manque de cohésion.

Si les régions que renferme la France sont très différentes, elles se groupent autour d'un noyau central, elles se succèdent sans violents contrastes, elles s'ouvrent et se parcourent par des voies faciles, terrestres et fluviales. La France est un pays d'harmonie et d'équilibre. Il n'en est pas de même de la Berbérie. S'étendant sur une longueur de plus de quatre cents lieues, depuis l'océan Atlantique jusqu'au golfe des Syrtes, mais n'ayant qu'une largeur médiocre, elle se prête mal à la formation d'un empire unique, au développement d'une civilisation uniforme. A l'Ouest, il est vrai, la contrée fertile comprise entre l'Océan, le Rif et l'Atlas forme un ensemble assez bien agencé[1]; à l'Est, un grand plateau, d'ailleurs tourmenté, occupe le centre de la Tunisie, et de nombreuses vallées en rayonnent. Mais, même à proximité de ces deux régions, il en est d'autres que la nature a isolées : au Nord du Maroc, le Rif,

[1]. Il ne faut cependant pas en exagérer l'unité : voir Th. Fischer, *Mittelmeer-Bilder*, II, p. 370. Au Sud de l'oued Bou Regreg, le pays très accidenté des Zaërs sépare les deux régions qui ont actuellement pour capitales Fez et Merrakech, coupant en deux le pays obéissant au sultan du Maroc.

hérissé de chaînes compactes; au Sud, le Sous, qui s'enfonce entre deux hauts remparts; au Nord de la Tunisie, le massif boisé de la Khoumirie. Dans l'intervalle, l'Algérie est obstruée par des montagnes le long de la Méditerranée, en grande partie occupée par des steppes à l'intérieur des terres.

Dans ce corps long et mince, mal conformé, les cours d'eau n'assurent pas la circulation. La navigation n'est possible que sur deux ou trois fleuves de l'Ouest du Maroc[1], qui sont séparés de la mer par une barre dangereuse. Les autres rivières se dessèchent presque toutes, ou n'ont qu'un débit insignifiant pendant l'été; en hiver, ce sont pour la plupart des torrents, se précipitant dans un lit encombré de rochers, par de fortes pentes. Leurs vallées mêmes n'offrent que rarement des voies d'un accès facile. Pour gagner la Méditerranée, de nombreux oueds coupent transversalement des chaînes parallèles à la mer; ils se fraient avec peine un passage par des gorges profondes et tortueuses, ou par de brusques cascades; d'autres, dont le cours s'adapte à l'orientation générale du relief, sont parfois resserrés entre deux plissements, ou doivent rompre çà et là des obstacles, par des défilés étroits. Le fleuve le plus important de la Berbérie orientale, la Medjerda, traverse, en amont et en aval des Grandes Plaines, deux régions tourmentées, où sa vallée se réduit à un couloir. Dans le Tell algérien, les longues vallées du Chélif et de la Soummane s'étranglent en deux endroits. Entre les plaines de Guelma et de Bône, la Seybouse est un fossé à parois rocheuses. Plus loin vers l'intérieur, des oueds vont se perdre dans des cuvettes sans issue.

Les rivières de la Berbérie ont quelquefois servi de limites politiques. Mais leur rôle économique a toujours été très modeste. Beaucoup changent de nom, selon les pays qu'elles

---

1. Surtout l'oued Sebou.

parcourent : ce qui prouve qu'on ne les suit guère. Au delà du littoral, les villes du Tell se sont élevées auprès de sources abondantes et dans des lieux faciles à défendre ; elles n'ont pas été, comme tant de cités gauloises, des carrefours fluviaux.

Parmi les régions naturelles de l'Afrique du Nord, certains massifs montagneux sont très peuplés, malgré la médiocrité du sol, car les hommes s'y sentent plus en sécurité qu'ailleurs : tels l'Aurès, la grande Kabylie, le Rif[1]. Il s'y est formé de petites sociétés, jalouses de leur indépendance, n'occupant que des territoires restreints.

La valeur des pays plats est, nous l'avons vu, fort inégale. Les uns ne reçoivent pas assez de pluie, d'autres sont marécageux, d'autres stérilisés par la forte proportion de sel qui se mêle à la terre. Sauf quelques régions étendues, surtout le centre de la Tunisie et l'Ouest du Maroc, les espaces fertiles ne forment que des îlots, qui contrastent avec la pauvreté et la rudesse des pays environnants, et qui communiquent difficilement entre eux, par des passages dont les montagnards sont les maîtres.

Cette vaste contrée était-elle donc destinée à n'avoir d'autre histoire que les annales monotones d'une foule de cantons, agités par des ambitions vulgaires et de mesquines querelles de voisinage?

Il est certain que les Berbères ont trop souvent dépensé leur énergie dans des luttes, sans grandeur et sans intérêt, d'individus, de familles, de coteries, de villages, de tribus. Ils ont presque toujours manqué des sentiments de large solidarité qui constituent les nations[2].

---

1. Il n'en est pas de même du Moyen et du Haut-Atlas, où la densité de la population est faible : Bernard, *le Maroc*, p. 130. 163.
2. On peut dire d'eux ce que Strabon (III, 4, 5) disait des Espagnols : « ... n'ayant d'audace que pour les petites choses, mais incapables d'en entreprendre de grandes, parce qu'ils n'avaient pas su se former en sociétés fortes et puissantes. »

Cependant des rapports se sont établis de bonne heure entre les habitants des diverses régions de l'Afrique septentrionale. Une seule langue s'est répandue partout, celle dont dérivent tous les dialectes berbères. Dans les stations qui remontent à la civilisation de la pierre, on trouve déjà des indices de lointains échanges. La domestication de certains animaux dut rendre les relations plus fréquentes et plus régulières : le climat obligeait, en effet, beaucoup de pasteurs à transhumer. Les nomades du Sud eurent besoin des céréales moissonnées par les agriculteurs du Tell, auxquels ils apportèrent les laines de leurs troupeaux et les dattes des oasis.

Des groupements, que nous appelons des tribus, naquirent sans doute des besoins de la défense et de l'attaque. Plus tard, des États se formèrent, unissant des régions naturelles distinctes, mais coupant en tronçons la longue bande nord-africaine. Carthage s'annexa une grande partie de la Tunisie, un royaume se constitua dans le Maroc, d'autres royaumes s'étendirent sur l'Algérie et la Tunisie occidentale. Enfin, Rome fit, en plusieurs étapes, la conquête de tout le pays. Mais chacune des provinces qu'elle créa vécut de sa vie propre. Tandis que Lyon fut véritablement la capitale des Gaules, Carthage, redevenue aux premiers siècles de notre ère une des plus grandes villes du monde, ne fut que le chef-lieu d'une de ces provinces.

Dans l'antiquité, l'Afrique du Nord n'a jamais eu une entière unité politique et administrative, comme la vallée du Nil et les plaines ouvertes de la Mésopotamie[1]. Ses maîtres n'ont jamais pu faire accepter leur domination d'une manière définitive et complète. Les souverains des grands royaumes maures et numides ne paraissent pas avoir été aussi absolus qu'ils préten-

---

[1]. Où l'agriculture dépend d'irrigations qui exigent des mesures générales et solidaires, par conséquent un gouvernement obéi de tous. Les conditions de l'exploitation du sol sont autres dans la Berbérie.

daient l'être; ils eurent souvent, comme Carthage, à réprimer des soulèvements de leurs sujets. La paix romaine fut fréquemment troublée par des révoltes d'indigènes, dont les moins graves ne furent pas celles qui éclatèrent sous le Bas-Empire, après plusieurs siècles d'occupation.

La structure du pays maintenait chez ses diverses populations le contraste des mœurs et des intérêts. La civilisation et la barbarie vivaient côte à côte : l'une, dans les plaines et les plateaux fertiles; l'autre, dans les régions déshéritées des steppes, dans les massifs montagneux qui dominaient et isolaient les riches campagnes, et d'où elle guettait les occasions favorables pour se précipiter au pillage. Cette opposition a empêché la formation d'une nation berbère, maîtresse de ses destinées, et, quand la conquête étrangère a pu imposer à l'Afrique septentrionale une apparence d'unité, elle n'a pas réussi à fondre dans une harmonie durable des éléments aussi disparates.

CHAPITRE II

L'AFRIQUE DU NORD DANS LE MONDE MÉDITERRANÉEN

I

L'Afrique du Nord est à peine une terre africaine.

Au Sud, elle est isolée du centre du continent par un immense désert, qui existe depuis de longs siècles[1]. Des textes grecs et latins nous apprennent que des populations noires occupaient dans l'antiquité la plupart des oasis du Nord du Sahara[2]. Mais nous ne savons pas si ces « Éthiopiens » étaient étroitement apparentés aux Soudanais; en tout cas, ils n'empiétaient pas, du moins aux temps historiques, sur la Berbérie proprement dite. Le transit entre l'Afrique septentrionale et le Soudan dut se développer avec l'emploi général du chameau, vers les IIIe et IVe siècles de notre ère. Mais il ne créa pas, à notre connaissance, de liens politiques, il n'influa pas sur la civilisation des deux contrées[3].

Du côté de l'Orient, on devine des rapports très anciens

---

1. Pour le climat du Sahara dans l'antiquité, voir chap. III.
2. Voir livre II, chap. IV.
3. Il n'en fut pas de même, il est vrai, à quelques époques plus récentes. Les Almoravides, au onzième siècle, le sultan marocain El Mansour, à la fin du seizième, étendirent leur domination jusqu'au Soudan : conf. Schirmer, *le Sahara*, p. 237-8. La propagation de la religion musulmane au Soudan se fit par l'Afrique du Nord.

entre la Berbérie et le Nord-Est de l'Afrique. Les langues ont la même origine lointaine. Les ressemblances physiques d'une partie des habitants permettent de croire à des parentés plus ou moins étroites. Vers le second millénaire avant J.-C., une divinité égyptienne était adorée dans le Sud-Ouest de l'Algérie[1]. Mais, à l'époque historique, les relations par terre entre le Nord-Ouest et le Nord-Est du continent n'eurent aucune importance : les déserts qui bordent la grande Syrte séparaient la Cyrénaïque grecque de l'Afrique carthaginoise, puis latine. Ce fut seulement à la fin des temps antiques que la voie de terre fut suivie par les conquérants arabes; trois siècles après, les conquérants fatimides prirent la même route, en sens inverse, pour gagner l'Égypte.

La Berbérie appartient à la Méditerranée occidentale, bien plus qu'à l'Afrique. C'est avec les deux péninsules européennes qui s'avancent vers elle, l'Italie et l'Espagne, qu'elle a eu les relations les plus nombreuses et les plus fécondes. Des anciens la plaçaient en Europe[2]. « Si vous voulez en croire la renommée, dit Lucain[3], la troisième partie du monde est la Libye, mais si vous tenez compte des vents et du ciel, vous la regarderez comme une partie de l'Europe. » Autant que son climat, sa structure, sa flore, et, dans une certaine mesure, sa faune la rattachent au Sud de notre continent. Elle ressemble surtout à l'Espagne[4] par les hautes terres qui occupent la

---

1. Voir livre II, chap. III.
2. Salluste, *Jugurtha*, XVII, 3 : « In divisione orbis terrae plerique in parte tertia Africam posuere, pauci tantummodo Asiam et Europam esse, sed Africam in Europa. » Voir aussi saint Augustin, *Civ. Dei*, XVI, 17; Orose, *Adv. paganos*, I, 2, 1 et 83. Conf. H. Berger, *Geschichte der wissenschaftlichen Erdkunde der Griechen*, 2ᵉ édit., p. 78, n. 1.
3. *Pharsale*, IX, 411-3 :

    Tertia pars rerum Libye, si credere famae.
    Cuncta velis; at, si ventos caelumque sequaris,
    Pars erit Europae.

Je ne crois pas qu'au vers 413 on puisse lire *par* : *pars* se justifie par le contexte (*tertia pars*, etc.) et aussi par le passage de Salluste cité à la note précédente.

4. Conf. Bernard et Ficheur, *Annales de Géographie*, XI, 1902, p. 222; Joly, *Bull. de la Société de géographie d'Alger*, XII, 1907, p. 283 et suiv.

majeure partie des deux contrées, par les plaines basses qui, çà et là, s'étendent dans le voisinage du littoral, au pied de montagnes escarpées, par le régime et la disposition des rivières, torrents en hiver, fossés pour la plupart desséchés en été, qui se fraient difficilement un passage vers la mer et sont des sillons plutôt que des voies.

L'Afrique du Nord fut soudée jadis à l'Europe. Le détroit de Gibraltar ne date que du début de l'époque pliocène[1]; la Tunisie a peut-être été reliée à l'Italie pendant une partie de l'époque quaternaire, dans des temps où ces deux contrées pouvaient être déjà habitées par des hommes[2].

Du reste, dans sa forme actuelle, la Méditerranée occidentale n'est pas un obstacle infranchissable, même pour des primitifs, ne disposant que de moyens de navigation très rudimentaires. Le détroit de Gibraltar a seulement quatorze kilomètres de largeur[3] : il convient d'ajouter que les courants et les vents rendent le passage difficile. Ailleurs, les lignes grises des îles, se profilant dans les clairs horizons, pouvaient guider les traversées et promettaient des abris. La mer intérieure n'est que très rarement voilée par des brouillards et, pendant des périodes plus ou moins prolongées, on peut se fier au calme de ses flots. En général, les côtes d'Afrique, entre le détroit et le Nord-Est de la Tunisie, sont bordées par de

---

1. Gentil, *apud* de Segonzac, *Au Cœur de l'Atlas* p. 707 et suiv. Il est vrai qu'auparavant, la Méditerranée et l'Océan communiquaient peut-être par des détroits, s'ouvrant l'un au Nord de la Cordillère bétique, l'autre au Sud du Rif : Gentil, *le Maroc physique*, p. 93 et suiv. De son côté, M. Boule (dans *l'Anthropologie*, XVII, 1906, p. 283-4) se demande si, à l'époque pliocène, une communication terrestre n'a pas existé, à l'Ouest du détroit, entre le Maroc et la péninsule ibérique.
2. Boule, *l. c.*, p. 283.
3. Exactement 13 890 mètres au point le plus étroit, 16 030 au point le plus large. Tissot (*Mémoires présentés à l'Académie des Inscriptions*, IX, 1'' partie, 1878, p. 173 et suiv.) est disposé à croire que le détroit s'est élargi depuis les temps historiques. Strabon (II, 5, 19; XVII, 3, 6) indique une largeur de 60 à 70 stades (11 100 et 12 950 mètres); Pline l'Ancien (III, 3 et 4) donne d'autres chiffres, inférieurs aussi aux chiffres actuels. Nous aimons mieux admettre des erreurs dans le calcul des distances.

grandes profondeurs : avant de les atteindre, on ne risque guère de s'abîmer sur des récifs.

Il est vrai que, fréquemment, des vents violents déchaînent de subites tempêtes[1] : vents qui soufflent de l'Ouest et du Nord-Ouest, en hiver, vents de Nord-Est et d'Est, de mai à octobre. Les parages des Syrtes étaient très redoutés des anciens et célèbres par leurs naufrages[2] : le plus grand de ces golfes est surtout dangereux, soit par les vents du Nord[3], qui poussent les navires à la côte, soit par les vents du Sud, qui, parcourant librement des terres basses, viennent bouleverser les flots[4]. Aux approches des côtes, certains courants peuvent contrarier les marins. Tels sont ceux qui se heurtent autour du cap Bon : tel celui qui, venant de l'Océan, longe le littoral du Maroc, de l'Algérie et de la Tunisie : s'il favorise les voyages d'Ouest en Est, il gêne ceux qui s'accomplissent dans le sens opposé. Il faut aussi tenir compte des calmes plats, qui règnent parfois sur la Méditerranée pendant plusieurs jours et qui sont un obstacle à la navigation à voile.

Mais les relations maritimes de l'Afrique du Nord avec les autres contrées méditerranéennes sont surtout entravées par la nature de ses côtes. « Mer sans ports », dit Salluste[5]. L'historien exagère. Il est exact, cependant, que, sur ce littoral, les abris sont peu nombreux. Il n'offre pas de découpures profondes, formant des hâvres bien protégés : ce qui s'explique, pour la plus grande partie de la côte septentrionale, par le parallélisme du rivage et des montagnes qui le bordent. Les

---

1. « Mare saevum », dit Salluste, *Jug.*, XVII, 5.
2. Périple du Pseudo-Scylax, 110 (*Geographi graeci minores*, édit. Müller, I, p. 88). Salluste, *Jug.*, LXXVIII, 3. Pomponius Méla, I, 35 et 37. Lucain, IX, 439 et suiv. Josèphe, *Bell. jud.*, II, 381. Silius Italicus, II, 63; III, 320; VII, 570; XVII, 246, 634. Procope, *Édifices*, VI, 3. Corippus, *Johannide*, I, 356 et suiv. Etc. — Cette mauvaise réputation était d'ailleurs exagérée : voir Perroud, *De Syrticis emporiis*, p. 117-123; Tissot, *Géographie de la province romaine d'Afrique*, I, p. 223.
3. Conf. Stace, *Thébaïde*, VIII, 410-7.
4. Lucain, IX, 319 et suiv.; Silius Italicus, XVII, 246-7. Conf. Tissot, *l. c.*
5. *Jug.*, XVII, 5 : « mare... inportuosum ».

golfes étendus sont rares[1]. Ceux de l'Algérie s'ouvrent très largement au Nord, celui de Tunis, au Nord-Est, côtés d'où viennent des vents redoutables. Il n'y a ailleurs que des échancrures, creusées par des empiétements de la mer sur des terrains peu résistants; elles sont plus ou moins exposées aux souffles du large. Le littoral septentrional de la Berbérie consiste surtout en des pentes raides ou en des falaises verticales, contre lesquelles les navires, entraînés par les vents, risquent de se briser. Sur quelques points, il s'abaisse, mais il est alors bordé de dunes. A l'Ouest, le long de l'Océan, des suites de falaises et de dunes forment un rivage monotone, à peu près dépourvu de fortes saillies et de baies[2], sans défense contre les vents d'Ouest et du Nord : on n'y trouve aucun bon abri. Les côtes orientales de la Tunisie, exposées aux vents d'Est et de Nord-Est[3], et celles de la Tripolitaine sont basses, sablonneuses, souvent bordées de lagunes et précédées de hauts-fonds[4]; là aussi, les abris sûrs font défaut[5]. Dans la petite Syrte, où la marée s'élève jusqu'à trois mètres, le reflux accroît les dangers d'échouement[6].

Pourtant, les marins de l'antiquité avaient besoin de nombreux ports. Pendant longtemps, ils craignirent de s'éloigner des rivages et évitèrent de voyager la nuit. Le soir, autant que possible, ils s'arrêtaient, ils tiraient leur bâtiment sur la grève; ils se rembarquaient au jour, après avoir fait leur provision d'eau. A ce cabotage primitif, il fallait de nombreuses escales[7]. Plus tard, les vaisseaux s'aventurèrent plus facilement en

1. Conf. Strabon, II, 5, 33; Pline, V, 1.
2. Strabon (XVII, 3, 2) dit le contraire, mais il a tort.
3. Conf. Corippus, *Johannide*, I, 359-360.
4. Conf. Polybe, I, 39, 3; Salluste, *Jug.*, LXXVIII, 2-3; Strabon, XVII, 3, 20; Méla, I, 35; Lucain, IX, 303 et suiv.
5. Conf. Méla, *l. c.*; Procope, *Bell. vand.*, I, 15, 8.
6. Sur ces marées, voir Polybe, *l. c.*; Strabon, XVII, 3, 17 et 20; Méla, *l. c.*; Pline, V, 26; Denys le Périégète, 107, 193 et suiv., et le commentaire d'Eustathe (dans *Geogr. gr. min.* de Müller, II, p. 109, 112, 232); Solin, XXVII, 3-4.
7. Voir à ce sujet Bérard, *les Phéniciens et l'Odyssée*, I, p. 393 et suiv.

pleine mer et, dans le port, ils demeurèrent au mouillage. Mais la navigation resta assez timorée, à la merci des sautes de vent, en quête de refuges. Aussi, même à l'époque romaine, les ports abondaient-ils sur les côtes africaines, comme le prouvent les indications d'écrits qui datent du IIe et du IIIe siècle de notre ère[1]. Quelques-uns étaient bons, la plupart médiocres ou mauvais. Parfois, ils occupaient des embouchures de rivières : c'était le cas de plusieurs ports du Maroc, de Leptis Magna en Tripolitaine[2]. Mais, sur l'Océan, l'accès des fleuves est rendu difficile par l'existence d'une barre; ailleurs, l'ensablement par les alluvions est un grave obstacle. D'autres ports furent établis en arrière d'une ou de plusieurs îles, très rapprochées de la côte[3]. Les Phéniciens recherchaient ces positions avantageuses : l'île formait un écran contre les vents du large; elle était aussi un emplacement favorable pour des entrepôts, défendus contre les convoitises des indigènes. Souvent encore, le port était abrité par un cap, pointe en roches dures qui avait mieux résisté à l'érosion que les parages voisins; sur le littoral septentrional, le hâvre se trouve en règle à l'Est du cap, qui le couvre des vents dangereux d'Ouest et de Nord-Ouest[4]. Plus tard, on constitua quelques ports artificiels, en construisant des jetées, ou en creusant des bassins intérieurs.

Ce n'était pas seulement la rareté des bons ports naturels qui pouvait écarter les étrangers de l'Afrique du Nord. C'était aussi la difficulté de pénétrer dans l'intérieur du pays, soit pour y trafiquer, soit pour en prendre définitivement possession Sur la côte septentrionale, les plaines bordant la mer sont

---

1. Ptolémée, la Table de Peutinger, l'Itinéraire d'Antonin, le Stadiasme.
2. Voir aussi Pseudo-Scylax, III (*Geogr. gr. min.*, I, p. 90) : Χάλκα πόλις ἐν τῷ ποταμῷ. Il s'agit peut-être de Ténès : conf. Gsell, *Atlas archéologique de l'Algérie*, f° 12, n° 20.
3. Thapsus, Utique, Tabarca, Alger, Tipasa, Cherchel, Rachgoun (*Portus Sigensis*), Mogador. Voir aussi dans Scylax (§ III) la mention d'îles, situées probablement entre Cherchel (Ἰουλίου ἄκρα) et l'île de Rachgoun (en arrière de laquelle était Σίγη), et qui paraissent avoir disparu.
4. Bône, Stora, Collo, Bougie, Dellys, Alger, Arzeu, Melilla.

rares et nous avons vu[1] qu'elles n'avaient que peu de valeur pour les anciens. Presque partout, des chaînes de montagnes se dressent comme des remparts, au-dessus de ces plaines, ou immédiatement au-dessus des flots. Il y a bien quelques voies d'accès vers l'intérieur. Des places maritimes ont pu être créées à leur débouché : Tabarca, près de l'oued el Kébir; Hippone, non loin de la Seybouse[2]; Bougie, à l'extrémité de la vallée de la Soummane. Mais ces routes s'étranglent bientôt[3]. Au Nord-Est, le golfe de Tunis, sur lequel les Phéniciens fondèrent Utique et Carthage, s'avance d'une cinquantaine de kilomètres dans les terres; il reçoit un fleuve important, la Medjerda. Ce fut dans l'antiquité la porte principale de l'Afrique du Nord, à l'entrée de la Méditerranée occidentale, en face de la Sicile. Cependant la vallée de la Medjerda n'est pas une voie dépourvue d'obstacles[4]. Des côtes de l'Océan et de la Tunisie orientale, la pénétration est plus facile, mais c'est précisément dans ces parages que les ports naturels manquent le plus; en outre, ils sont déjà éloignés des contrées qui font face à la Berbérie et qui sont, par conséquent, destinées à avoir avec elle les relations les plus suivies.

Lorsqu'un conquérant a pris pied dans ce pays, il lui est malaisé de s'enfermer dans les régions dont la possession lui semble profitable. Il est entraîné à étendre sa domination sur les peuplades belliqueuses qui menacent sa conquête; des plaines fertiles, il doit pénétrer dans les massifs montagneux qui servent de repaires aux pillards; du littoral, il doit s'avancer jusqu'aux espaces parcourus par les nomades, jusqu'aux steppes, jusqu'au Sahara.

---

1. P. 6-7.
2. L'Ubus (la Seybouse) débouchait dans l'antiquité plus à l'Est qu'aujourd'hui, par conséquent à quelques kilomètres d'Hippone, et non auprès de cette ville : voir Gsell, *Atlas*, f° 9, n° 180.
3. Voir p. 26.
4. Voir p. 13.

II

Toutes ces difficultés expliquent l'isolement relatif de la Berbérie, l'attrait assez médiocre qu'elle a exercé. Le détroit de Gibraltar a dû arrêter plus d'un peuple[1]; dans l'antiquité historique, les Vandales seuls l'ont traversé en masse. Quand les Phéniciens s'établirent d'une manière durable en Afrique, ils paraissent s'être souciés surtout d'occuper l'entrée de la Méditerranée occidentale et de jalonner d'une suite de stations la route qui reliait l'Espagne au bassin oriental de cette mer. Carthage ne se constitua un territoire africain que plus de trois siècles après sa fondation, alors qu'elle possédait déjà un vaste empire colonial. Rome ne s'implanta en Tunisie que pour empêcher son ennemie de renaître et pour garder le passage entre les deux bassins de la mer intérieure; elle attendit près de deux cents ans pour occuper toutes les côtes africaines, jusqu'à l'extrême Ouest. Ce fut pour se défendre qu'à plusieurs reprises, elle avança ses frontières vers le Sud.

Cependant les affinités de l'Afrique du Nord avec les pays qui sont si voisins d'elle devaient nécessairement créer des civilisations et des dominations communes. Carthage régna en Espagne et sur une partie des îles méditerranéennes, comme sur la Tunisie et sur les rivages de l'Algérie et du Maroc. Elle s'attacha surtout, avec une longue obstination, à maintenir et à accroître ses possessions de Sicile, voulant être maîtresse du détroit qui donne accès à la Méditerranée occidentale. Rome soumit tous les peuples de la mer intérieure; elle répandit les mœurs latines en Afrique, comme en Espagne et en Gaule. Parmi ses provinces africaines, la Proconsulaire fut, à certains égards, un prolongement de l'Italie, la Maurétanie Tingitane, une sorte

---

[1]. Les Celtes et les Goths, qui ont conquis une grande partie de l'Espagne, n'ont pas traversé le détroit.

de boulevard de l'Espagne. Plus tard, l'Islam s'étendit en Espagne et en Sicile, après avoir conquis le Maghrib; la civilisation musulmane du Maroc et de l'Ouest de l'Algérie ressembla à celle de la péninsule ibérique. Les Portugais et Charles-Quint ont tenté de s'établir dans l'Afrique du Nord, dont la France est désormais maîtresse.

Depuis des siècles, le commerce de la Berbérie s'est fait surtout avec les autres pays de la Méditerranée occidentale : d'où l'importance qu'ont dans cette contrée les villes maritimes. Même quand elle n'a pas été rattachée à l'Europe par des liens politiques et des relations pacifiques, elle n'a pas pu se passer d'elle : à l'époque vandale, à l'époque turque, elle s'est enrichie à ses dépens par la piraterie.

La pointe Nord-Est de l'Afrique Mineure, qui n'est éloignée de la Sicile que de 140 kilomètres, sépare les deux bassins de la Méditerranée. L'une de ses petites faces est tournée vers le bassin oriental, tandis que sa pointe Nord-Ouest limite avec l'Espagne l'extrémité du bassin occidental. On comprend qu'elle ait pu servir de lieu de passage et de champ de bataille entre l'Occident et l'Orient, que, dans une certaine mesure, elle ait eu une destinée comparable à celle de la France, dont l'histoire est dominée par l'opposition et l'action réciproque du Midi et du Nord[1]. Au seuil des deux bassins, Carthage fut une nouvelle Tyr, qui soumit une partie de l'Occident et y répandit ses marchandises, voire même ses mœurs et ses croyances. Puis, Rome abattit sa rivale et fit régner dans tout l'Occident la civilisation latine. Aux premiers siècles de notre ère, ce fut surtout en Afrique que s'élabora la fusion des éléments orientaux et occidentaux dans le christianisme. A la domination des Vandales, ces Germains qui vinrent par l'extrême Ouest, succéda celle de l'empire byzantin, à la fois héritier de Rome et représentant

1. Jullian, *Histoire de la Gaule*, I, p. 66 et suiv.

de la civilisation gréco-orientale. Enfin, la conquête arabe rompit les liens qui attachaient l'Afrique au monde latin et y implanta la religion et la langue de l'Islam.

Isolée par la mer et par le désert, d'un abord et d'une pénétration difficiles, l'Afrique du Nord était cependant appelée, par sa position géographique, à tenir une place importante dans l'histoire de la Méditerranée.

Mais elle a beaucoup plus reçu que donné. Incapables de réunir en un faisceau toutes leurs forces, de fonder un empire et de créer une civilisation qui leur fussent propres, ses habitants ont accepté ou subi les suprématies matérielles et les influences morales qui, successivement, se sont présentées à eux. Ils ont même contribué à les propager. Des guerriers libyens ou berbères conquirent l'Espagne au profit de Carthage et de l'Islam; les grands écrivains latins de l'Afrique chrétienne aidèrent puissamment au triomphe d'une religion qui, quelques siècles après, disparut complètement de leur patrie.

CHAPITRE III

LE CLIMAT DE L'AFRIQUE DU NORD DANS L'ANTIQUITÉ

I

Le climat de l'Afrique du Nord s'est-il modifié depuis l'antiquité? Cette question a été souvent posée[1], et les réponses ne concordent pas. Nous devons l'examiner de très près, car elle est fort importante. Pendant une partie de l'époque dont nous écrivons l'histoire, l'Afrique septentrionale a joui d'une grande prospérité agricole : il s'agit de savoir si cette prospérité a eu pour cause principale un climat plus favorable à la culture que le climat d'aujourd'hui, ou si elle a été surtout l'œuvre de l'intelligence et de l'énergie des hommes; si nous devons nous borner à regretter un passé qui ne revivra plus, ou lui demander au contraire des leçons utiles au temps présent.

[1]. Voir en particulier : Th. Fischer, Studien über das Klima der Mittelmeerländer, dans *Petermanns Mitteilungen*, Ergänzungsheft LVIII, 1879, p. 14-16; le même, dans *Petermanns Mitteil.*, XXIX, 1883, p. 1-4; Partsch, dans *Verhandlungen des achten deutschen Geographentages* (Berlin, 1899), p. 116-125; Cat, *Essai sur la province romaine de Maurétanie Césarienne*, p. 40-48; La Blanchère, dans *Nouvelles Archives des missions*, VII, 1897, p. 23 et suiv.; Carton, Climatologie et agriculture de l'Afrique ancienne, dans *Bulletin de l'Académie d'Hippone*, XXVII, 1894, p. 1-45; le même, Variations du régime des eaux dans l'Afrique du Nord, dans *Annales de la Société géologique du Nord*, XXIV, 1896, p. 29-47; le même, Historiens et physiciens, dans *Bull. de l'Acad. d'Hippone*, XXVIII, 1896, p. 77-89; le même, Note sur la diminution des pluies en Afrique, dans *Revue tunisienne*, III, 1896, p. 87-94; Leiter, Die Frage der Klimaänderung während geschichtlicher Zeit in Nord-Afrika, dans *Abhandlungen der geographischen Gesellschaft in Wien*, 1909, n° 1.

Indiquons tout d'abord les traits généraux du climat actuel[1].

L'Afrique du Nord est située dans la zone tempérée boréale, mais dans la partie méridionale de cette zone. Elle est comprise en effet entre le 29° de latitude Nord (extrémité occidentale de l'Anti-Atlas) et le 37° (extrémité Nord-Est de la Tunisie). Elle appartient donc à l'aire des pays chauds. Cependant le voisinage ou l'éloignement de la mer et la diversité des altitudes y déterminent des différences de température bien marquées.

Cette contrée offre une très grande étendue de côtes, le long desquelles l'influence régulatrice de la mer établit un climat où les maxima de chaleur et de froid ne présentent pas de grands écarts. Il est rare que le thermomètre descende au-dessous de zéro, du moins dans le cours de la journée, et qu'il s'élève au-dessus de 30 degrés centigrades. Il faut néanmoins tenir compte, même à proximité du littoral, des refroidissements nocturnes, qui sont causés par le rayonnement dans les temps clairs, fréquents en Afrique, et qui affectent la couche inférieure de l'atmosphère, jusqu'à une hauteur d'environ un mètre; il arrive souvent en hiver, et parfois même au printemps, que la température, pendant une partie de la nuit, tombe au-dessous de zéro dans le voisinage du sol[2]. Ces refroidissements peuvent être funestes à la végétation. En été, l'humidité de l'air est pénible; pourtant, elle atténue l'ardeur des rayons du soleil, modère l'évaporation, et, quand le siroco sévit, tempère sa brûlante sécheresse. De mai à septembre, la brise de mer souffle au milieu de la journée et apporte une fraîcheur bienfaisante[3].

Mais l'Afrique du Nord est, dans son ensemble, un pays de

---

[1]. Pour la Tunisie, voir surtout Ginestous, *Études sur le climat de la Tunisie* (Tunis, 1906); pour l'Algérie, Thévenet, *Essai de climatologie algérienne* (Alger, 1896); pour le Maroc, Th. Fischer, *Mittelmeer-Bilder*, II, p. 303-366, et L. Gentil, *le Maroc physique*, p. 244-271. Résumé dans A. Knox, *the Climate of the continent of Afrika* (Londres, 1911), p. 32-63.
[2]. Rivière et Lecq, *Cultures du Midi, de l'Algérie et de la Tunisie*, p. 12, 21, 37.
[3]. Surtout sur la côte occidentale du Maroc, longée par un courant marin froid, qui modère la chaleur en été : voir Gentil, *l. c.*, p. 232-4.

hautes terres. A mesure qu'on s'élève et qu'on s'éloigne du littoral, l'écart entre les températures extrêmes augmente. En hiver, le thermomètre peut descendre dans la journée à —9 degrés à Tiaret, —11 à Sétif, —13 à Batna, —5 au Kef, —6 à Maktar. Les froids nocturnes que le rayonnement provoque à la surface du sol sont souvent très vifs, même au printemps, dans une saison où la gelée est particulièrement redoutable aux cultures. Dans les jours d'été, la transparence de l'atmosphère laisse toute leur force aux rayons du soleil; la chaleur et l'évaporation sont intenses. Mais la fraîcheur des nuits exerce une action tonique sur les hommes et les animaux; le rayonnement produit des rosées, qui réparent, dans une certaine mesure, les effets de l'évaporation diurne.

Parmi les vents, le siroco présente des caractères spéciaux. Ce nom, qui paraît venir du grec (d'un mot signifiant dessécher), est donné, dans l'Europe méridionale et quelquefois même dans l'Afrique du Nord, à des vents d'hiver humides et chauds. Il en est résulté des confusions. Conformément à l'étymologie qui vient d'être indiquée, il convient de réserver le nom de siroco à un vent sec. Tantôt il ne se manifeste que sur une étendue très limitée, tombant verticalement, sans perturbation apparente de l'atmosphère, et durant en général peu de temps. Tantôt c'est un vent d'origine saharienne, dont la direction varie par conséquent du Sud-Est au Sud-Ouest. Il peut traverser la mer et s'avancer jusqu'aux côtes méridionales de l'Espagne et au centre de l'Italie. Il souffle avec violence, obscurcissant l'air par les poussières qu'il entraîne, pompant l'humidité, amenant une chaleur de four, sauf lorsqu'il passe sur des montagnes couvertes de neige. Quoiqu'il puisse éclater en toute saison, il se déchaîne surtout en été et dure soit quelques heures à peine, soit plusieurs jours[1]. Son influence

---

[1] La fréquence du siroco varie beaucoup selon les régions. Le vent chaud du Sud est très rare au Maroc, au Nord du Haut-Atlas, qui l'arrête. A Alger, il ne

sur les êtres vivants est déprimante. Il dessèche la végétation et est particulièrement redoutable à la vigne; les céréales, moissonnées au début de l'été, sont moins exposées à ses ravages [1].

Le siroco mis à part, les vents qui dominent pendant l'hiver sont ceux du Sud-Ouest et de l'Ouest au Maroc, du Nord-Ouest en Algérie et en Tunisie. Dans cette saison, ceux du Sud-Ouest et de l'Ouest sont fréquents aussi en Algérie. Les vents dominants d'été viennent du Nord et du Nord-Est au Maroc et en Algérie, du Nord-Est et de l'Est sur la côte orientale de la Tunisie [2].

C'est la quantité plus ou moins forte des pluies et leur répartition plus ou moins favorable à la végétation, beaucoup plus que la qualité des sols, qui font la valeur économique des régions : pays de cultures et d'arbres; steppes où ne poussent que des plantes permettant l'élevage d'espèces animales sobres; enfin déserts.

Les pluies sont amenées dans l'Afrique septentrionale par les vents du Sud-Ouest, de l'Ouest et du Nord-Ouest, qui, ayant passé sur de vastes surfaces marines, arrivent chargés de vapeur d'eau. En Algérie, pays où les conditions météorologiques ont été assez bien étudiées, on a constaté que les précipitations les plus fréquentes, les plus abondantes et les plus étendues sont dues aux vents du Nord-Ouest.

La saison pluvieuse coïncide à peu près avec l'hiver, en y comprenant la seconde moitié de l'automne et le début du printemps, entre les mois d'octobre-novembre et d'avril-mai : c'est la période de l'année où les vents dont nous venons de parler dominent et où la vapeur d'eau qu'ils contiennent rencontre au-dessus des terres africaines des températures plus

souffle qu'un petit nombre de jours par an. Il est au contraire fréquent dans l'Est et le Sud de la Tunisie, où il ne rencontre pas d'obstacle. M. Ginéstous (l. c., p. 404) compte 115 jours de siroco à Sousse, 134 à Kairouan.
1. Surtout l'orge, qui mûrit un mois plus tôt que le blé.
2. Les vents d'Est soufflent presque toute l'année dans le Sud de la Tunisie.

ou moins froides, qui la forcent à se condenser. Il y a souvent dans cette saison deux époques de précipitations plus abondantes, deux maxima, séparés par une période de sécheresse.

Entre mai et octobre, les pluies tombent rarement et sont de courtes ondées, d'ordinaire sous forme d'orage. Elles font presque entièrement défaut en juillet et en août. Les vents dominants du Nord-Est et d'Est ne trouvent pas, au-dessus du sol surchauffé, les conditions atmosphériques nécessaires à la condensation de la vapeur d'eau dont ils se sont imprégnés en passant sur la Méditerranée. Les chaleurs précoces provoquent sur les montagnes la fusion rapide des masses neigeuses, qui, dans des pays plus septentrionaux, constituent des réserves, alimentant les rivières à la fin du printemps et pendant une partie de l'été. Les neiges disparaissent en mai des hauts sommets de la Kabylie. Elles durent plus longtemps sur l'Atlas marocain, beaucoup plus élevé, et ont une influence heureuse sur le débit des cours d'eau; mais, même dans cette région, elles ont à peu près achevé de se fondre en juillet, sauf peut-être dans des anfractuosités que le soleil ne chauffe pas[1]. On sait ce que sont en été la plupart des rivières de l'Afrique du Nord.

Cette saison sèche est, il est vrai, un peu atténuée par l'humidité que la brise de mer porte parfois assez loin dans l'intérieur, et aussi par les rosées. Quand elle n'empiète pas trop sur l'automne et sur le printemps, elle n'entrave pas la culture des céréales, dont le développement a lieu pendant la saison des pluies. Elle ne peut être que profitable à la vigne et à l'olivier et, d'une manière générale, elle ne nuit guère à la végétation arbustive, assez résistante pour la supporter. Mais elle crée de grosses difficultés à l'élevage.

Quant à la saison humide, elle se présente avec des irrégula-

---

1. Conf. Gentil, *Le Maroc physique*, p. 205-6.

rités qui font courir des risques graves à l'agriculture. Quelquefois, les pluies manquent presque entièrement : c'est heureusement l'exception. Pour un même lieu, les variations dans la hauteur totale des chutes sont souvent très fortes d'un hiver à l'autre[1], sans qu'on puisse expliquer les causes de ces différences[2].

Mais la quantité des pluies a beaucoup moins d'importance que leur répartition. « A Sidi bel Abbès, la moyenne annuelle des pluies n'atteint pas 0 m. 400 mais, grâce à leur bonne répartition, les récoltes donnent presque toujours les meilleurs résultats[3]. » Il faut surtout que l'eau du ciel tombe en octobre-novembre, afin qu'on puisse labourer les terres desséchées et faire les semailles, puis en mars-avril, afin que les plantes déjà formées s'imbibent de l'humidité nécessaire pour résister au soleil déjà chaud et achever leur maturité. Dans l'intervalle, il faut des alternatives de pluie et de beau temps[4]. Or, souvent, les pluies d'automne se font attendre, ce qui retarde les semailles et, par contre-coup, l'époque de la maturité, qui doit s'effectuer lorsque le soleil est devenu très ardent et après la date normale du maximum des pluies printanières. Souvent, la sécheresse, se prolongeant pendant des semaines et même des mois[5], empêche la germination des grains et la croissance

---

1. Pluies à Alger en 1893, 0 m. 316; en 1889, 0 m 978 : Thévenet, p. 65. — A Aïn Draham, en 1895, 0 m. 923; en 1891, 2 m. 253. A Tunis, en 1904, 0 m. 311; en 1892, 0 m. 639. Au Kef, en 1897, 0 m. 310; en 1890, 0 m. 915. A Gafsa, en 1891, 0 m. 132; en 1890, 0 m. 433. Voir Ginestous, p. 219 et 220. — Au cap Spartel, en 1896, 0 m. 572; en 1895, 1 m. 143 : Gentil, l. c., p. 261.
2. On connaît la théorie de Brückner. Ce savant admet des cycles d'une durée moyenne de 35 ans, comprenant chacun une suite de variations dans la température et la pluie, variations qui se reproduiraient au cycle suivant. Mais nous n'avons pas les moyens de contrôler cette théorie pour l'Afrique du Nord. Notons cependant qu'à Alger, il s'est écoulé 36 ans entre les deux maxima de pluies des périodes 1850-4 et 1886-1890 : Gauckler, dans *Annales de Géographie*, XII, 1903, p. 331.
3. Lecq, *l'Agriculture algérienne* (Alger, 1900), p. 12.
4. Lecq, l. c., p. 9-10.
5. Sur sept années, de 1887 à 1893, M. Saurin (*l'Avenir de l'Afrique du Nord*, Paris, 1896, p. 29) a compté à Tunis six hivers ayant eu des sécheresses d'au moins deux mois.

des plantes. Enfin, les pluies de printemps, décisives pour la récolte des céréales, peuvent manquer tout à fait ou être très insuffisantes.

Ces pluies si capricieuses ne sont pas toujours bienfaisantes. Elles ont fréquemment une allure torrentielle[1]. C'est ce qui explique, par exemple, pourquoi Alger, avec cent jours de pluie, a une tranche d'eau supérieure à celle de Paris, où la moyenne des pluies est de cent quarante jours (Alger, 0 m. 682 ; Paris, 0 m. 594)[2]. Au lieu de pluies fines et prolongées, qui humectent le sol sans l'inonder et le bouleverser, qui pénètrent jusque dans les profondeurs et y forment des nappes d'où jaillissent les sources, de véritables trombes se précipitent. Alors, surtout dans les terrains argileux, nombreux en Afrique, les eaux ruissellent rapidement sur les surfaces inclinées, sur les sols durcis par le soleil. Dans les ravins où elles convergent, des torrents se gonflent et roulent avec d'autant plus de force que les pentes sont souvent très raides et les différences de niveaux brusques dans cette contrée tourmentée ; ils entraînent d'abondantes quantités de terre végétale, provoquent des éboulements, creusent de profonds sillons, causent par leurs inondations de grands ravages ; presque aussitôt après, leur lit est vide. Ces méfaits du ruissellement ont été aggravés, depuis des siècles, par le déboisement, dont nous aurons à reparler[3]. Les surfaces planes peu perméables, sur lesquelles les eaux de ces pluies sauvages tombent directement du ciel ou dévalent des montagnes, se transforment subitement en des lacs, qui, du reste, disparaissent vite ; car l'évaporation est très forte par suite de l'ardeur du soleil, fréquemment aussi de la violence du

1. Voici quelques exemples pour la Tunisie (Ginestous, p. 381, 398, 405, 417) : à Kelibia, du 26 novembre au 1ᵉʳ décembre 1899, 0 m. 306 de pluie (0 m. 091 dans une seule journée) ; au Kef, le 19 septembre 1883, 0 m. 081 ; à Sousse, le 22 février 1902, 0 m. 090 ; à Gabès, le 16 mars 1902 : 0 m. 070.
2. Je donne ici les chiffres indiqués par M. Gauckler, dans *Annales de Géographie*, XII, p. 235.
3. Voir chap. IV.

vent[1]. Dans des terres plus faciles à pénétrer, il arrive que le sol se détrempe tellement que les labours d'automne se font dans de mauvaises conditions, que les grains enfouis dans les champs et les racines naissantes pourrissent.

Les précipitations torrentielles prennent parfois la forme d'orages de grêle, qui sévissent dans les pays élevés du Tell, c'est-à-dire de la partie cultivable de la Berbérie. Ils ont lieu principalement en hiver et au printemps; dans cette dernière saison, ils peuvent être fort nuisibles à la végétation.

Les différentes régions de l'Afrique du Nord reçoivent des quantités de pluie fort diverses. Par exemple, à Aïn Draham, en Khoumirie, la moyenne annuelle est de 1 m. 611; à Philippeville, de 0 m. 766; à Constantine, de 0 m. 632; à Batna, de 0 m. 399; à Tébessa, de 0 m. 311; à Biskra, de 0 m. 170[2]. Ces inégalités tiennent à plusieurs causes : voisinage ou éloignement de la mer; différences d'altitudes; accès plus ou moins facile que tel ou tel pays offre par son exposition aux courants atmosphériques chargés de vapeur d'eau.

Les vents humides viennent, nous l'avons dit, du Sud-Ouest, de l'Ouest et du Nord-Ouest, après avoir passé soit sur l'Océan, soit sur la Méditerranée. Les côtes occidentale et septentrionale du Maroc, les côtes de l'Algérie, la côte septentrionale de la Tunisie, que ces vents rencontrent tout d'abord, sont donc favorisées sous le rapport des pluies. Cependant elles ne le sont pas d'une manière uniforme. En face du Maroc et de la province d'Oran, la Méditerranée est beaucoup moins large qu'en face des provinces d'Alger et de Constantine et de la Tunisie; elle offre par conséquent un champ d'évaporation moins vaste. A

---

1. M. Bernard (*Une Mission au Maroc*, Paris, 1904, p. 9) observe que, dans le Maroc occidental, l'évaporation paraît être moins intense qu'en Algérie, le temps restant souvent couvert après les pluies.

2. Les chiffres que je cite ici et plus loin sont empruntés à M. Thérenet (p. 62, 63) et à M. Ginestous (p. 201 : Tunisie, années 1886-1900). Ils ne peuvent prétendre qu'à une exactitude approximative.

l'angle Nord-Ouest du Maroc, cet inconvénient est compensé par les vents qui viennent de l'Océan [1]. Mais, plus à l'Est, les vents du Sud-Ouest qui arrivent jusqu'à l'Oranie se sont dépouillés de la majeure partie de leur humidité sur l'Atlas marocain; d'autre part, les vents, particulièrement pluvieux, du Nord-Ouest atteignent le rivage africain après s'être presque débarrassés de leur vapeur d'eau sur les hautes montagnes du Sud de l'Espagne, et sans avoir pu la remplacer suffisamment dans leur courte traversée de la Méditerranée [2]. Plus loin vers l'Est, et à peu près depuis l'embouchure du Chélif, ils se chargent d'humidité au-dessus de la mer intérieure, qui s'élargit de plus en plus, et ils viennent aborder de front le littoral, presque perpendiculaire à la direction qu'ils suivent. Il en résulte une augmentation des pluies, surtout au pied des massifs montagneux de la grande et de la petite Kabylie. Les moyennes sont, à Ténès, de 0 m. 594; à Alger, de 0 m. 766 [3]; à Bougie, de 1 m. 306; à Djidjeli, de 1 m. 007; à Bône, de 0 m. 738; à la Calle, de 0 m. 861; à Tabarca, de 1 m. 091.

Quant à la côte orientale de la Tunisie, les vents pluvieux d'hiver ne l'atteignent qu'après avoir soufflé sur des espaces terrestres auxquels ils ont abandonné la plus grande partie de leur vapeur d'eau. Aussi les moyennes annuelles y sont-elles beaucoup moins élevées : 0 m. 471 à Tunis, 0 m. 415 à Sousse, 0 m. 246 à Sfax, 0 m. 190 à Gabès [4].

Soit dans le voisinage de la mer, soit à l'intérieur des terres, il faut tenir compte des altitudes pour expliquer les différences des précipitations. On sait que les montagnes provoquent la

1. En dehors du détroit, au cap Spartel, la moyenne des pluies a été de 0 m. 819 pour la période 1894-1901 : Fischer, *Mittelmeer-Bilder*, II, p. 333.
2. Bernard et Ficheur, dans *Annales de Géographie*, XI, 1902, p. 233. Conf. Thévenet, *l. c.*, p. 62, 71. — Moyenne annuelle à Oran : 0 m. 485.
3. Selon Gauckler, 0 m. 632 : voir plus haut, p. 46.
4. Chiffres donnés par M. Ginestous (p. 201), pour la période 1886-1900. Pour la période 1900-1904, M. Ginestous (p. 218) indique les chiffres suivants : Tunis, 0 m. 399; Sousse, 0 m. 367; Sfax, 0 m. 150; Gabès, 0 m. 159.

formation des pluies : les courants qui viennent les heurter se refroidissent par le mouvement d'ascension qu'ils subissent et par la rencontre de températures plus basses que la leur; ce qui amène la condensation de la vapeur qu'ils contiennent et des chutes d'eau, ou, si l'air est au-dessous de zéro, des chutes de neige. Plus le massif est élevé, plus la barrière qu'il présente aux vents humides est abrupte, plus les précipitations sont abondantes. Mais les montagnes sont de véritables écrans, qui arrêtent la pluie, d'une manière plus ou moins complète, au détriment des pays qui s'étendent en arrière, surtout si ces pays sont des dépressions brusques et profondes : les courants, qui se sont déchargés d'une grande partie de leur humidité en gravissant les pentes, s'échauffent dans leur mouvement descendant et la vapeur d'eau qu'ils contiennent encore ne se condense que très difficilement. On peut poser en principe que, dans l'Afrique septentrionale, les côtés Nord-Ouest et Nord d'une chaîne, d'un massif reçoivent beaucoup plus de pluie que les côtés Sud et Sud-Est.

Il s'ensuit qu'à proximité du littoral, les régions à altitude élevée ont, en règle générale, un climat d'hiver plus humide que les terres basses. A Fort-National, dans la grande Kabylie, il tombe 1 m. 121 de pluie; à Taher, dans la petite Kabylie, 1 m. 153; le maximum est atteint en Khoumirie, à Aïn Draham, où, à une altitude de 1 019 mètres, on a constaté une moyenne de 1 m. 641 [1]. Au contraire, certaines régions très voisines de la côte ne reçoivent que des précipitations peu abondantes, si des montagnes empêchent l'accès des vents humides. Tel est le cas de la vallée du Chélif, dépression séparée de la mer, au Nord, par les terrasses et les chaînes du Dahra, dominée en outre au Sud par le massif de l'Ouarsenis, qui attire les nuages : à Orléansville, la moyenne est de 0 m. 442. Il en est de même

---

1. Années 1886-1900; 1 m. 670. pour la période 1900-1904.

de la vallée profonde de la Soummane, au Nord et au Nord-Ouest de laquelle le Djurdjura forme une puissante barrière. En arrière de la Khoumirie, la tranche annuelle s'abaisse à 0 m. 478 dans la plaine de la Medjerda, à Souk el Arba.

A l'intérieur, la diminution des pluies devrait être en proportion de la distance qui sépare les diverses régions de la mer, d'où viennent les courants humides, si le relief du sol et l'exposition ne déterminaient pas des variations importantes. Lorsque le relief est disposé de telle sorte que des plans successifs s'étagent, se présentant de front aux vents chargés de vapeur d'eau, lorsque des couloirs inclinés vers la côte ouvrent à ces vents des voies d'accès, les pluies peuvent pénétrer fort loin. Ainsi, la partie centrale de la Tunisie, avec ses hautes plaines, avec ses plateaux, coupés par des vallées encaissées, avec le rempart que forme la chaîne Zeugitane, offre une aire étendue de condensations; quoique les montagnes situées plus au Nord enlèvent aux vents une bonne partie de leur humidité, elles ne sont pas assez élevées pour l'accaparer. Le Kef reçoit 0 m. 543 de pluie; Souk el Djemaa, 0 m. 508. Nous avons dit[1] qu'en Algérie, le couloir de la vallée de la Mina permet aux courants humides de parvenir facilement à la région de Tiaret, où la haute altitude est favorable aux condensations[2] : la moyenne est de 0 m. 744. Loin dans le Sud, les massifs montagneux importants provoquent des recrudescences de pluie. Tandis que, dans les steppes des provinces d'Alger et d'Oran, les chutes ne dépassent guère 0 m. 200, elles atteignent presque le double dans l'Atlas saharien, qui forme la bordure méridionale de ces steppes : 0 m. 389 à Géryville, 0 m. 380 à Djelfa.

Mais, en arrière, c'est-à-dire au Sud et au Sud-Est des écrans que forment les montagnes de l'intérieur, la diminution des pluies s'accuse nettement : 0 m. 398 à Sidi bel Abbès, derrière

1. P. 10.
2. Conf. Bernard et Ficheur, *l. c.*, p. 317.

la chaîne du Tessala; 0 m. 453 à Sétif, derrière le massif des Babors (où la moyenne dépasse un mètre); 0 m. 269 à Bou Saada, dans la dépression du Hodna, bordée au Nord par un cercle de hautes montagnes; 0 m. 450 environ dans l'Enfida, derrière la chaîne Zeugitane; moins encore à Kairouan (0 m. 364[1]). Au Sud du Maroc, immédiatement en arrière du rempart énorme de l'Atlas, le ciel est serein presque toute l'année dans la région de l'oued Sous et sur la lisière septentrionale du Sahara. Laghouat et Biskra, situées au pied méridional de l'Atlas saharien, ne reçoivent que 0 m. 187 et 0 m. 170 de pluie.

Ainsi, existence d'une saison presque entièrement sèche pendant quatre mois au moins (la durée de cette saison varie suivant les pays); quelquefois, sécheresse presque absolue pendant toute l'année; fréquemment, au cours de la saison humide, insuffisance et mauvaise répartition des pluies, périodes de sécheresses prolongées; régime torrentiel des chutes; évaporation abondante et rapide; distribution fort inégale des pluies sur les régions hautes ou basses, accidentées ou plates qui s'enchevêtrent souvent dans un grand désordre : tels sont les caractères principaux du climat actuel de l'Afrique septentrionale.

II

Quel était le climat de cette contrée dans l'antiquité?

Depuis l'apparition de l'homme (les historiens n'ont pas à remonter plus haut), il s'est assurément modifié. A l'époque pleistocène ou quaternaire, pendant la période à laquelle appartiennent les plus anciens outils de pierre trouvés en Afrique, il devait être, d'une manière générale, plus chaud et plus humide

---

1. 0 m. 308 pour la période 1900-1904.

qu'aujourd'hui[1], comme l'indiquent les ossements de certains animaux, recueillis avec ces instruments : éléphants (de l'espèce dite *Elephas atlanticus*), rhinocéros, hippopotames[2]. Le Sahara, sans doute plus sec que la région méditerranéenne[3], n'était cependant pas un désert[4]. Il est permis de supposer qu'il a pu être traversé par des animaux qui ont besoin de quantités abondantes d'eau[5], car on a constaté l'identité d'un certain nombre d'espèces qui existaient alors en Berbérie et qui vivent encore aujourd'hui au Soudan et dans l'Afrique australe[6].

Un climat chaud et très humide régna dans l'Europe centrale pendant une partie de l'époque quaternaire, dans le long intervalle de deux périodes glaciaires; c'est alors qu'apparaissent dans cette contrée les plus anciens vestiges de l'industrie humaine. Puis vint une période de froid humide, suivie d'un climat à la fois sec et froid, caractérisé, au point de vue de la faune, par le renne; les cavernes servirent de demeures aux hommes. Ce refroidissement dut aussi se faire sentir dans l'Afrique du

1. Mais non pas, semble-t-il, pendant toute la durée de l'époque pleistocène : voir Pomel, dans *Comptes rendus de l'Académie des Sciences*, CXIX, 1894, p. 314 et suiv.; Gautier, *Annales de Géographie*, XX, 1911, p. 412; Flamand, *Recherches géologiques et géographiques sur le Haut-Pays de l'Oranie*, p. 744-5. — Noter que, même pendant la période dont nous parlons, il y avait dans l'Afrique du Nord des animaux qui s'accommodent aujourd'hui d'un climat chaud, mais sec : la girafe, le zèbre, le chameau.
2. A Gafsa, dans le Sud de la Tunisie, des alluvions superposées sur une grande épaisseur contiennent des outils paléolithiques offrant les types les plus primitifs. L'étude de la formation de ces alluvions a convaincu M. de Morgan qu'il y avait eu à cette époque des précipitations atmosphériques très abondantes et très violentes (*Revue de l'École d'anthropologie*, XX, 1910, p. 220).
3. Gautier, *Sahara algérien*, p. 20.
4. L'argument, tiré de la botanique, que Schirmer (*le Sahara*, p. 135) invoque pour affirmer la très haute antiquité du désert au Sahara, n'est nullement péremptoire. Voir Chudeau, *Sahara soudanais*, p. 159.
5. La question est, il est vrai, très obscure, car il y a lieu d'admettre que, dans une période du quaternaire, peut-être celle dont nous parlons, un désert, coupant les communications, s'étendait sur le Nord du Soudan : Chudeau, *l. c.*, p. 232 et suiv.
6. Voir chap. IV. Plus tard, la faune de la Berbérie et celle du Soudan se distinguèrent très nettement; le Sahara ne fut plus un pont, mais une barrière : Kobelt, *Studien zur Zoogeographie*, I, p. 52 et suiv., 83; II, p. 239.

Nord, y causant la disparition[1] ou la diminution de quelques espèces animales, amenant peut-être l'homme à s'abriter sous des grottes. Mais il fut beaucoup moins marqué que dans le centre de l'Europe[2]. Il n'y a probablement jamais eu de glaciers en Berbérie, même sur les montagnes très élevées de l'Atlas marocain[3].

Il est bien difficile de dire ce qu'a été exactement le climat de l'Afrique septentrionale pendant la longue série de siècles qui s'écoula entre cet âge primitif de l'humanité et l'époque à laquelle appartiennent les documents historiques les plus anciens, c'est-à-dire le milieu du premier millénaire avant Jésus-Christ. On peut seulement constater que, dans le Tell, la faune qui accompagne les restes de l'industrie paléolithique la plus récente et de l'industrie néolithique vit, ou pourrait vivre encore dans le pays; des espèces aujourd'hui disparues ne sont que faiblement représentées[4]. Notons, d'une part, l'abondance des débris d'œufs d'autruche, animal auquel un ciel trop humide ne convient pas[5]; d'autre part, celle des escargots, qui ne s'accommodent point d'un air trop sec. Les stations, les ateliers, à ciel ouvert ou dans des abris sous roche, que l'on a rencontrés sur divers points du Tell, occupaient des lieux où les conditions climatériques permettraient encore de fonder des établissements permanents[6].

---

1. *Elephas atlanticus*, puis hippopotame et rhinocéros.
2. Ce ne fut pas l'absence de communications terrestres qui empêcha le renne de venir habiter l'Afrique du Nord; en Europe même, il ne pénétra pas dans la péninsule italique et il paraît s'être arrêté en Espagne au Nord-Est de la Catalogne.
3. Bernard, *le Maroc*, p. 40.
4. Voir chap. IV.
5. Il faut ajouter que cette affirmation n'est certaine que pour les autruches actuelles.
6. Même pour le Sud de la Tunisie, M. Collignon écrit (*Matériaux pour l'histoire primitive de l'homme*, XXI, 1887, p. 201 et 197) : « Partout où, de nos jours, on trouve une source, les silex abondent et, où il n'y a pas d'eau, ils manquent, ou sont plus rares... Dans les plaines et le fond des vallées, on ne trouve que des pièces isolées; il en est de même sur les montagnes; mais d'une manière presque constante, le pied de celles-ci est couvert d'ateliers. Partout où il y a de

Au Sud de la Berbérie, dans l'Oranie surtout, existent des gravures rupestres, exécutées, au moins en partie, dans les derniers temps de l'industrie néolithique. Elles semblent indiquer qu'un climat assez différent du climat actuel régnait alors dans les montagnes qui bordent le Sahara : les éléphants et les grands buffles apparaissent fréquemment parmi les animaux représentés. De nos jours, l'Atlas saharien n'est pas assurément un pays désertique : il tombe près de 400 millimètres de pluie dans le djebel Amour[2], autant qu'à Sidi bel Abbès, presque autant qu'à Sétif et à Sousse ; les sources n'y manquent pas et on y voit des forêts et de bons pâturages. Il est cependant peu probable que des troupeaux d'éléphants y trouveraient encore, pendant la saison chaude, l'alimentation liquide et solide nécessaire à leur existence. Quant aux buffles, qui se baignent en été et craignent la chaleur sèche, on ne voit guère comment ils pourraient vivre dans l'Atlas saharien. L'hypothèse d'une modification de climat dans cette région n'est donc pas invraisemblable.

Le Sahara est en dehors de la contrée qui fait l'objet de notre étude. Pourtant il ne sera pas inutile d'en parler ici, au moins brièvement, car le climat de cette partie de l'Afrique a pu s'étendre ou exercer une influence plus ou moins marquée sur les pays qui l'avoisinent au Nord.

C'est un fait bien connu que des stations et des ateliers dits préhistoriques se rencontrent, en nombre vraiment extraordinaire, dans le Nord du grand désert[3]. L'importance de beau-

l'eau à l'heure actuelle, ceux-ci sont considérables ; ils sont moins importants au niveau des thalwegs actuellement arides. « Il faut avouer, cependant, qu'aux environs et au Sud de Gabès, l'extrême abondance des stations néolithiques paraît indiquer un climat moins sec que le climat actuel. — A Gafsa, M. de Morgan, étudiant les alluvions de l'oued Baïache, a cru reconnaître qu'elles témoignent de pluies beaucoup moins intenses et moins torrentielles depuis l'époque de l'industrie paléolithique récente (*Revue de l'École d'anthropologie*, XX, 1910, p. 220).

1. Voir Livre II, chap. III.
2. 0 m. 389 à Géryville, 0 m. 369 à Aflou.
3. Voir Livre II, chap. I.

coup de ces établissements atteste qu'ils ont été occupés pendant fort longtemps, soit d'une manière permanente, soit par intermittences. On y trouve des mortiers, des pilons, des rouleaux, qui servaient à écraser des grains[1]. Certaines parties du Sahara étaient-elles alors cultivables? Ces découvertes permettent tout au moins de poser la question[2].

Les outils, les armes en pierre que l'on a recueillis offrent, pour la plupart, des types néolithiques. Au Sud-Est de l'Algérie, dans l'Erg oriental, ils présentent une étroite parenté, souvent même une entière ressemblance avec ceux qui se rencontrent en Égypte et qui datent de plusieurs milliers d'années avant notre ère. Mais il serait imprudent d'établir un synchronisme entre les civilisations lithiques des deux contrées : il est possible, nous le verrons[3], que l'industrie de la pierre, conservant les même procédés, les mêmes formes, se soit maintenue dans le Sahara plus longtemps qu'ailleurs.

Une population nombreuse a donc vécu dans le désert actuel pendant une période aux limites incertaines, mais très longue, qui descend peut-être jusqu'à l'époque historique et remonte sans doute beaucoup plus haut.

Il faut observer que les stations et ateliers du Sahara ne se trouvent guère que dans des régions qui sont encore ou ont été des dépressions, réceptacles naturels des eaux, plaines d'alluvions des anciens fleuves[4]. Mais ces vallées plus ou moins humides se creusaient à travers un pays dont le climat était déjà assez sec pour que l'autruche y vécût[5] : des restes d'œufs de cet oiseau abondent dans presque toutes les stations néolithiques sahariennes.

Puis les dépressions elles-mêmes sont devenues de moins

---

1. Gautier, *Sahara algérien*, p. 130.
2. Gautier, *ibid.*, p. 133.
3. Livre II, chap. i.
4. Gautier, p. 134.
5. Cette observation est de M. Schirmer (*le Sahara*, p. 134).

en moins habitables pour l'homme. Des dunes de sable, formées aux dépens des dépôts d'alluvions, façonnées par le vent, les ont peu à peu barrées, morcelées, obstruées, comblées [1]. L'eau qui coulait jadis à la surface ou à une faible profondeur est maintenant absorbée par les dunes et se cache sous le sol, ou bien elle s'évapore rapidement dans des cuvettes sans issue. On peut cependant se demander si l'engorgement des vallées suffit à expliquer un changement aussi complet dans le régime hydrographique, si la diminution des pluies n'a pas contribué au dessèchement progressif du Sahara.

III

Passons à la période pour laquelle nous disposons de documents historiques. Elle commence, nous l'avons dit, au v° siècle avant Jésus-Christ. D'autre part, l'invasion arabe, au vii° siècle de l'ère chrétienne, marque, pour l'Afrique du Nord, la fin de l'antiquité.

Nous parlerons d'abord du Sahara [2]. Des textes, dont quelques-uns ont été souvent cités, prouvent que cette contrée était alors un désert. C'est Hérodote, indiquant, au delà de la zone maritime et de la zone habitée par des bêtes sauvages, « une région de sables, terriblement sèche et vide de tout [3],... une zone de sables qui s'étend depuis Thèbes d'Égypte jusqu'aux Colonnes d'Héraclès [4]... Au delà, vers le midi et l'intérieur de la Libye, le pays est désert, sans eau, sans animaux, sans pluie, sans bois, et on n'y trouve aucune humidité [5]. » C'est

---

1. Cela a été très bien expliqué par M. Gautier, *l. c.*, p. 41 et suiv.
2. Pour le climat du Sahara dans les temps historiques, voir Schirmer, *l. c.*, p. 120-133.
3. II, 32.
4. IV, 181 (c'est-à-dire jusqu'à la longitude des Colonnes d'Héraclès).
5. IV, 185

Théophraste, mentionnant « la partie de la Libye où il ne pleut pas, avec des palmiers grands et beaux [1] ». C'est Strabon, qui nous montre, au delà du littoral, la Libye intérieure, « déserte, rocailleuse, sablonneuse [2], stérile et sèche [3] ». — « La région, écrit Diodore de Sicile [4], qui s'étend au Sud (de la Cyrénaïque)... est stérile et manque d'eau courante. Elle ressemble à une mer, ne présentant aux yeux aucune variété, entourée de déserts difficiles à franchir. On n'y voit ni oiseau, ni quadrupède, sauf la gazelle et le bœuf [c'est-à-dire, sans doute, l'antilope bubale], ni plante, ni rien qui puisse récréer le regard. Au loin, vers l'intérieur, la terre n'offre que des amas de dunes. » — « La plus grande partie de l'Afrique, dit à son tour Pomponius Méla, est inculte et recouverte de sables stériles, ou déserte à cause de la sécheresse du ciel et des terres [5]. » Le vent violent du Sud « y pousse les sables comme les vagues de la mer [6] ». Citons enfin Sénèque [7] : « Si les solitudes de l'Éthiopie [8] sont sèches et si l'on ne trouve dans l'intérieur de l'Afrique que peu de sources, c'est, dit-on, parce que la nature du ciel y est brûlante et que l'été y règne presque toujours. Aussi les sables arides, qui ne reçoivent que rarement la pluie et la boivent sans retard, s'étendent-ils, sans arbres, sans cultures. » Quoique ces divers passages [9] contiennent certains détails contestables, ils ne laissent aucun doute sur la nature désertique du Sahara à l'époque historique.

Il convient cependant d'observer qu'au delà du Maroc, en un

---

1. *Hist. plant.*, IV, 3, 5.
2. II, 5, 33.
3. XVII, 3, 23 (il s'agit de la région située au delà de la grande Syrte et de la Cyrénaïque).
4. III, 50.
5. I, 31.
6. I, 39. — Voir encore Méla, I, 32 : à l'Ouest des Garamantes (Fezzan actuel), s'étend sur un vaste espace une région inhabitable. Conf. Pline l'Ancien, V, 43.
7. *Naturales quæstiones*, III, 6.
8. Pour les anciens, l'Éthiopie commençait au Sud de notre Berbérie.
9. Voir encore Lucien, *Dipsad.*, 1.

point du littoral de l'Atlantique qui paraît répondre à la Saguia el Hamra, entre les caps Juby et Bojador, le Carthaginois Hannon remonta un grand fleuve, émissaire d'un vaste lac; celui-ci communiquait avec un autre grand fleuve, plein de crocodiles et d'hippopotames[1]. Ces indications, sur lesquelles nous reviendrons[2], montrent que, vers le ve siècle avant notre ère, la région de la Saguia el Hamra offrait un aspect bien différent de celui qu'elle présente aujourd'hui. Mais d'autres textes prouvent aussi que le littoral de l'Océan, au Sud du Maroc, était déjà un désert[3]. On doit chercher à expliquer par des causes particulières l'existence des fleuves et du lac mentionnés par Hannon; on ne doit pas conclure de ses assertions que le Sahara, dans son ensemble, ait joui d'un climat beaucoup plus humide que de nos jours. Nous venons de citer les auteurs qui attestent le contraire.

Il est pourtant probable qu'on le traversait plus facilement. Si nous sommes très mal renseignés sur les relations que l'Afrique septentrionale a eues dans l'antiquité avec le Soudan, ce n'est pas une raison pour les nier[4]. Dès l'époque carthaginoise, des caravanes franchirent le Sahara[5]. Plus tard, vers la fin du premier siècle de notre ère, des troupes, conduites par des officiers romains et accompagnées par des Garamantes,

1. *Périple*, 9 et 10 (*Geogr. gr. min.*, I, p. 8-9).
2. Voir Livre III, chap. III.
3. Outre le passage d'Hannon dont nous parlerons plus loin, voir Strabon, XVII, 3, 1 (la Libye, à l'intérieur et le long de l'Océan, est en majeure partie déserte); XVII, 3, 5 (le pays des Éthiopiens occidentaux, au-dessus de la Maurusie, le long de la mer extérieure, est très peu habité); XVII, 3, 8, d'après Artémidore (le pays des Éthiopiens occidentaux est sec et très chaud); Méla, III, 100 (le littoral de l'Océan, au milieu de l'Afrique, est ou torride, ou enseveli sous les sables).
4. Conf. Schirmer, *l. c.*, p. 323.
5. Athénée (II, 22, p. 44, e) parle d'un Carthaginois, Magon, qui traversa trois fois le désert. — Hérodote (IV, 183) indique qu'on mettait trente jours pour aller de chez les Lotophages (c'est-à-dire du littoral entre les deux Syrtes, où il y avait des villes de commerce phéniciennes) au pays des Garamantes. Peut-être n'était-ce que la première partie d'une route de caravanes conduisant au Soudan. Les Garamantes, chasseurs d'Éthiopiens (Hérodote, *ibid.*), ont pu être les convoyeurs, et aussi les pourvoyeurs de ces caravanes.

firent de même[1]. Des pistes, partant du rivage des Syrtes, s'enfonçaient dans le désert. La grande prospérité des villes de la Tripolitaine, de Leptis Magna, d'Oea, de Sabratha, de Gigthi, de Tacapes[2], l'occupation par les Romains de certaines oasis, qui, au delà des frontières de l'empire, commandaient ces routes[3], ne s'expliquent guère que par un trafic actif avec le Soudan : trafic dont les maîtres du littoral profitaient et qu'ils cherchaient à protéger, mais qui ne pouvait pas se faire sans l'entremise des indigènes. Comme les Touaregs actuels, les Garamantes durent être les convoyeurs du Sahara[4].

Or, nous savons que l'emploi du chameau[5] comme bête de somme est assez récent dans le Nord de l'Afrique[6]. Il ne figure pas sur les gravures rupestres préhistoriques[7]. On ne connaît, selon M. Basset[8], aucun nom berbère qui le désigne. Il n'est jamais mentionné au temps de la domination carthaginoise[9]. Pline l'Ancien, qui parle des chameaux de la Bactriane et de l'Arabie, qui dit expressément que l'Orient est la patrie de ces

---

1. Gsell, *Essai sur le règne de l'empereur Domitien*, p. 236.
2. Conf. Schirmer, p. 321-3, 323.
3. Voir Toutain, dans *Mélanges de l'École française de Rome*, XVI, 1896, p. 63 et suiv.
4. Toutain, *l. c.*, p. 65.
5. Ou, pour parler exactement, du dromadaire. Seule, l'espèce à une bosse existe en Afrique.
6. Sur cette question, voir entre autres : Tissot, *Géographie de la province romaine d'Afrique*, I, p. 319-354; Reinach, dans *Collections du musée Alaoui*, p. 33-44; Cagnat, *Armée romaine d'Afrique*, 2ᵉ édit., p. 331-3; Flamand, dans *Bull. de la Société d'anthropologie de Lyon*, XX, 1901, p. 210-1.
7. Le chameau a pourtant existé dans le Tell à une époque très ancienne. Des ossements de cet animal ont été trouvés à Ternifine, avec des outils de type chelléen et des restes d'éléphants, d'hippopotames, de rhinocéros : voir chap. III (remarquer que le chameau actuel craint les climats humides). On a aussi constaté l'existence du chameau (dromadaire) dans quelques stations néolithiques. Il n'est pas impossible qu'il ait disparu avant l'époque historique et qu'il n'ait été réintroduit dans l'Afrique du Nord qu'aux environs de notre ère.
8. *Actes du XIVᵉ congrès des Orientalistes*, II, p. 69 et suiv. (conf. *Revue africaine*, XLIX, 1905, p. 341) : tous les dialectes berbères se servent, pour désigner le chameau, d'un mot que M. Basset croit d'origine arabe.
9. Les Romains, qui firent des expéditions en Afrique au cours des première et seconde guerres puniques, ne connurent le chameau que plus tard, dans leur guerre contre Antiochus : Plutarque, *Lucullus*, 11.

animaux[1], paraît ignorer leur existence dans l'Afrique septentrionale. Il y en avait cependant dans cette contrée dès l'époque de Jules César[2], mais on n'en faisait sans doute qu'un usage restreint[3]. Le premier texte qui nous montre un grand nombre de chameaux servant à des transports, à la lisière du désert, date du Bas-Empire[4]; il est confirmé par d'autres textes du vi[e] siècle[5] et par des documents archéologiques[6], qui sont aussi d'une époque tardive[7]. Peut-être des découvertes futures permettront-elles d'assigner une date plus reculée à l'emploi général du chameau dans les caravanes sahariennes[8]; cepen-

---

1. VIII, 67.
2. *Bell. afric.*, LXVIII, 4 (vingt-deux chameaux de l'armée de Juba, pris par les Romains).
3. Une terre cuite de Sousse, qui date probablement du second siècle de notre ère, représente un homme sur un chameau (Reinach, *l. c.*). Il n'est pas certain, cependant, que cette figurine ait été faite sur un moule fabriqué dans l'Afrique latine. Voir aussi une peinture murale de la région de Sousse, qui date du Haut-Empire : *Catalogue du musée Alaoui*, Supplément, p. 40, n° 83.
4. Ammien Marcellin, XXVIII, 6, 5 : en 363, le général Romanus exige des habitants de Leptis Magna quatre mille chameaux pour faire ses transports. — Voir aussi Végèce, III, 23 (conf. Cagnat, *l. c.*, p. 333, n. 4); Vibius Sequester, dans *Geographi latini minores*, édit. Riese, p. 147, l. 29-30.
5. Procope, *Bell. vand.*, I, 8, 25 et suiv.; II, 11, 17 et suiv. Corippus, *Johannide*, II, 93, 474; IV, 597; V, 351, 377, 422 et suiv., 489; VI, 83, 194; VII, 236, 311; VIII, 40.
6. Dessins et bas-reliefs : *Mélanges de l'École de Rome*, X, 1890, p. 580, et *Corpus inscr. lat.*, VIII, 17978, n° 33 (au Sud-Ouest de Biskra); *Bull. de l'Académie d'Hippone*, XVIII, p. xxiv et 125, pl. VII, fig. 3 (au Sud-Ouest de Tébessa); *Bull. archéologique du Comité*, 1902, p. 407, pl. XLVII, fig. 7; *ibid.*, 1906, p. 116 (Sud de la Tunisie); Denham and Clapperton, *Narrative of travels and discoveries*, pl. à la p. 305 (conf. Tissot, I, p. 353, fig. 22); Méhier de Mathuisieulx, dans *Nouvelles Archives des missions*, XII, 1904, pl. X (Ghirza en Tripolitaine; plusieurs images de chameaux, dont l'un est attelé à une charrue). Aucune de ces images ne paraît être antérieure au Bas-Empire. — Lampe chrétienne : *Catalogue du musée Alaoui*, Suppl., p. 246, n° 1156, pl. XCVII, fig. 6.
7. Les chameaux furent aussi employés dans le Tell : voir Ammien Marcellin, XXIX, 5, 55; *Comptes rendus de l'Académie des Inscriptions*, 1903, p. 118). Mais ils s'y répandirent peu, semble-t-il; le climat du Tell ne leur convient pas. Au vi[e] siècle, les chevaux des troupes vandales et byzantines qui allaient combattre dans le Sud n'étaient encore accoutumés ni à leur aspect, ni à leur odeur.
8. La prospérité économique de la Tripolitaine prit certainement un grand essor sous la dynastie des Sévères, dont le chef était originaire de Leptis Magna. Ce fut à cette époque que Rome mit des garnisons dans les oasis situées sur les routes du Soudan, ce qui favorisa évidemment le commerce des caravanes. Peut-être le développement du trafic transsaharien fit-il alors adopter définitivement l'usage du chameau. — Notons qu'à la fin du iiie siècle, l'Africain Arnobe

dant le silence de Pline, qui était allé en Afrique, paraît interdire de remonter plus haut que la fin du premier siècle[1].

Au temps d'Hérodote, au ve siècle avant notre ère, c'était sur des chars attelés de quatre chevaux que les habitants du Fezzan actuel, les Garamantes, allaient donner la chasse aux Éthiopiens troglodytes[2], qui vivaient peut-être dans le Tibesti. Des Éthiopiens occidentaux, établis sur la côte de l'Océan, en face de l'île de Cerné, dans un pays privilégié, il est vrai, mais enveloppé par le désert, passaient pour de bons cavaliers, au IVe siècle avant Jésus-Christ[3]. Outre leurs chevaux, les Garamantes possédaient des bœufs[4], qui servaient de montures[5] et probablement de bêtes de somme. Ils ont pu employer aussi des ânes[6], quoiqu'aucun texte n'en mentionne. Or, si le chameau peut rester une huitaine et même une dizaine de jours sans boire, le cheval, pour ne pas parler du bœuf[7], est beaucoup plus exigeant. Les indigènes qui s'avançaient à travers le Sahara à cheval ou sur des chars s'astreignaient-ils à emporter des provisions, destinées à abreuver et à nourrir leurs bêtes

---

(II, 25) parle du chameau comme d'un animal qu'il connaît bien : « (dixit) camelus sese submittere, sive cum sumit onera, sive cum ponit ».

1. Rohlfs (cité par Schirmer, p. 131) a soutenu que le méhari est un animal propre au Sahara, distinct du chameau d'origine arabe. Mais cette opinion est certainement erronée. Le méhari est un chameau dont les qualités de vitesse et d'endurance ont été obtenues par sélection et dressage : conf. Gautier, *la Conquête du Sahara*, p. 84-85.
2. Hérodote, IV, 183.
3. Pseudo-Scylax, *Périple*, 112 (*Geogr. gr. min.*, I, p. 94).
4. Hérodote, IV, 183. — Il existe au Sahara (dans le Fezzan, à Telliz Zarhène, et dans le Tibesti) des gravures rupestres représentant des bœufs. Celles de Telliz Zarhène paraissent être antérieures aux temps dont nous parlons ici; l'âge de celles du Tibesti est incertain.
5. *Quæstiones ex utroque Testamento mixtim*, 115 (écrit attribué à saint Augustin, dans Migne, *Patrologie latine*, tome XXXIV-V, p. 2350) : « Garamantum, qui supra Tripolim Afrorum sunt, regibus tauri placuerunt ad sessum. »
6. Conf. Gautier, *Sahara algérien*, p. 54.
7. Il y a des bœufs à bosse (zébus), d'origine soudanaise, non seulement dans l'Adrar des Iforass et dans l'Aïr, qui sont à la lisière méridionale du Sahara, mais aussi plus au Nord, dans l'Ahaggar; Duveyrier en a signalé dans l'oasis de Ghat : voir Gautier, p. 108, 137, 318; Chudeau, *Sahara soudanais*, p. 203. Mais, quoique la chose ne soit pas absolument impossible (Schirmer, p. 123; Gautier, p. 137), il serait déraisonnable de traverser le Sahara avec des bœufs.

durant plusieurs jours? C'est possible[1]; cependant on est en droit de supposer que les points d'eau, et aussi les pâturages, étaient alors moins espacés le long des pistes du désert. Leur nombre a pu diminuer par suite des progrès des dunes, qui s'accumulent de plus en plus dans les anciennes vallées du Sahara. Peut-être aussi les pluies qui alimentaient ces points d'eau sont-elles devenues plus rares. Mais il ne faut pas se faire illusion sur la fragilité d'une telle hypothèse.

IV

A-t-on au moins des raisons d'admettre que le climat se soit modifié à la lisière septentrionale du Sahara et dans la partie de la Berbérie qui borde le désert au Nord? La Blanchère a écrit à ce sujet[2] : « Il est une partie de la Libye du Nord où, certainement, s'est produit, et depuis les temps historiques, un grand changement hydrographique, hygrométrique, météorologique. Il est tout à fait hors de doute que le Sud de cette contrée, le Nord du Sahara, a été, au moins en partie, une région très mouillée, pleine de marécages et, naturellement, de grands végétaux. Cette humidité s'étendait sur les espaces contigus. La cuvette des chotts, que les textes[3] ne nomment jamais que *paludes*, Ἕλη; les fonds, également trempés, des plateaux les moins élevés; le bassin de ce Nil, de ce Niger, de ce fleuve vague que les auteurs anciens entrevoient presque tous derrière la Berbérie; la dépression qui existe en effet au pied de l'Atlas saharien; les vallées, encore imprégnées, du djebel Amour, de l'Atlas marocain; les longs thalwegs de l'Igharghar, de l'oued

---

1. Conf. Strabon, XVII, 3, 7; il dit que, pour traverser le désert, les Pharusiens (peuple vivant au Sud du Maroc) attachent des outres pleines d'eau sous le ventre de leurs chevaux.
2. *Nouvelles Archives des missions*, VII, 1897, p. 31-33.
3. Ces textes se réduisent, je crois, à Méla, I, 36 : « ingens palus... Tritonis... » Conf., si l'on veut, Hérodote, IV, 178; Ptolémée, IV, 3, 6 (λίμνη, λίμναι).

Mia, de l'oued Ghir, de l'oued Djedi, ceux de l'oued Draa, de l'oued Guir, de l'oued Zousfana, qui, d'Igli à Figuig, est encore un marais : tout cela fut jadis une espèce de jungle, reliée ou non aux forêts du Nord... Comment s'est faite la transformation? Comment la sécheresse a-t-elle triomphé, la flore disparu, la faune émigré vers le Sud? C'est ce que nous ne saurions dire. Mais il en a été ainsi... Au moment où l'Afrique du Nord est entièrement colonisée, l'agriculture, quand elle vient buter contre le Sahara, s'y heurte bien à un désert... Les colons le découvrent tel qu'il est aujourd'hui, en meilleur état toutefois, bien plus riche de sources, de puits et d'oasis. »

L'étude des textes ne permet pas d'adopter cette opinion. De l'Océan jusqu'au fond de la grande Syrte, la plupart des témoignages grecs et latins, les plus anciens comme les plus récents, nous montrent une suite de régions sèches, véritables vestibules du désert. Nous les examinerons tout d'abord[1]; puis nous apprécierons la valeur de ceux qui semblent les contredire.

Vers le cinquième siècle avant Jésus-Christ, Hannon longe le désert dès qu'il a dépassé le Lixos, c'est-à-dire l'oued Draa, au Sud du Maroc[2]. Au milieu du premier siècle de notre ère, le général romain Suétonius Paulinus le rencontre dès qu'il a franchi l'Atlas marocain, en s'avançant dans la direction du fleuve Ger, peut-être l'oued Guir d'aujourd'hui. Il trouve des solitudes de sable noir, où, çà et là, font saillie des roches qui paraissent brûlées; quoique l'expédition ait lieu en hiver, ce pays est inhabitable à cause de la chaleur[3]. La rivière que le roi Juba identifiait avec le Nil et qui prenait sa source dans une montagne au Sud de la Maurétanie, non loin de l'Océan, cou-

---

1. A ceux que nous allons citer, ajouter Solin (XXVII, 5). Il dit de l'*Africa*, c'est-à-dire de la Berbérie : « Latere quod ad meridiem vergit fontium inops et infamis siti. »
2. *Périple*, 8 (*Geogr. gr. min.*, I, p. 6).
3. Pline, V, 14.

lait à travers une région « déserte, brûlante, sablonneuse, stérile [1] ».

Au Sud du massif de l'Aurès, Vadis (aujourd'hui Badès) était située « dans des sables secs, brûlés par le soleil [2] ».

Dans le Sud de la Tunisie [3], le chott el Djerid et le chott el Fedjedje n'étaient pas plus étendus dans l'antiquité que nos jours [4]. La croûte de sel qui forme la surface de ces lacs ne s'est pas abaissée. Au milieu même du chott el Djerid, sur une piste, on rencontre un puits ancien (Bir el Menzof), obstrué depuis longtemps, qui s'alimentait par une nappe d'eau douce. Or le rebord de ce puits ne dépasse que de deux ou trois pieds le sol environnant [5]. Il est évident qu'autrefois la croûte saline qui permettait de l'atteindre ne devait pas, ou du moins ne devait guère s'élever au-dessus du niveau actuel. La grande voie militaire, établie au début de l'ère chrétienne, qui reliait Tébessa à Gabès, franchissait l'extrémité Nord-Est du chott el Fedjedje, et une borne, placée au 155e mille, a été trouvée sur le bord du chott, près des dernières terres cultivables [6]. On peut en conclure que, comme aujourd'hui, il n'y avait à cet endroit que des efflorescences salines, faciles à traverser, même pour de lourds chariots.

Tacapes (Gabès) était, au témoignage de Pline, qui paraît l'avoir visitée, une oasis au milieu des sables [7]. Au Sud des chotts, au Sud-Est de Gabès et le long de la route qui reliait l'*Africa* à la Cyrénaïque, on essayait de remédier à la pénurie

---

1. Pline, V, 51 et 52 : « per deserta et ardentia,... per harenosa et squalentia ».
2. Corippus, *Johannide*, II, 158.
3. Il ne faut pas, pour cette région, chercher des arguments en faveur d'une modification de l'hydrographie dans les indications qu'Hérodote, le Pseudo-Scylax et Ptolémée donnent sur le lac Tritonis et le fleuve Triton. Voir dans Tissot, *Géographie*, I, p. 100 et suiv., la critique de ces textes, qui contiennent manifestement de graves erreurs.
4. Conf. Partsch (écrit cité plus haut, p. 40, n. 1), p. 123-4.
5. Tissot, I, p. 126. Thomas, *Essai d'une description géologique de la Tunisie*, I, p. 111 et fig. 10, à la p. 112 (d'après un croquis de Tissot).
6. Toutain, dans *Mémoires des Antiquaires de France*, LXIV, 1903, p. 201 et carte.
7. Pline, XVIII, 188 : « in mediis harenis ».

de l'eau courante par des puits et des citernes, si nécessaires aux voyageurs que les Itinéraires anciens les mentionnaient[1]. C'eût été un prodige, au dire d'un poète africain, de voir les ravins des Syrtes apporter de l'eau à la mer[2]. Entre le rivage, où s'élevaient les villes de Sabratha et d'Oea, et le rebord du plateau saharien, il n'y a pas de ruines dans la région plate appelée aujourd'hui la Djeffara[3]; on ne pouvait pas plus y vivre autrefois qu'aujourd'hui[4]. Le littoral de la grande Syrte est, dit Strabon[5], un pays sablonneux, desséché, stérile. Des vers de Lucain[6] décrivent cette côte, où il ne pleut pas, où la chaleur et la poussière s'opposent à toute végétation. Cinq cents ans plus tôt, Hérodote indiquait déjà[7] que le pays situé dans le fond de la Syrte était dépourvu d'eau[8].

Tel était le littoral. A l'intérieur, au delà de la bordure du plateau saharien, dont les falaises dominent à pic la Djeffara, c'était le désert brûlant, inhabitable, « de vastes déserts, dit Pline[9], s'étendant dans la direction du pays des Garamantes »; « des lieux tristes, où il n'y a nul moyen d'aller ni de vivre », dit Corippus[10]. Pour se rendre de la côte chez les Garamantes,

---

1. Table de Peutinger : *Puteo* (au Sud des chotts); *Putea Pallene, Ad Cisternas* (conf. Ptolémée, IV, 3, 4), *Putea nigra* (sur la route du littoral). — Voir aussi *Enquête sur les installations hydrauliques romaines en Tunisie*, I, p. 202 et suiv.; II, p. 17 et suiv.; Carton, *Étude sur les travaux hydrauliques des Romains en Tunisie* (Tunis, 1897), p. 34.
2. *Anthologia latina*, édit. Riese, p. 275, n° 349. — En 547, les Byzantins et les indigènes se livrèrent une grande bataille pour la possession d'une rivière qui donnait de l'eau, à une quarantaine de kilomètres au Sud-Est de Gabès : Corippus, *Johannide*, VI, 473 et suiv., 493 et suiv., 513.
3. Conf. *supra*, p. 23.
4. Méhier de Mathuisieulx, *Nouvelles Archives des missions*, XIII, 1904, p. 82. — Conf. Corippus, II, 116-117 : « Muctuniana manus calidis descendit ab oris Quae Tripolis deserta colit. »
5. XVII, 3, 20 et 23.
6. IX, 431 et suiv.; conf. *ibid.*, 402-3, 523-5.
7. IV, 173; conf. IV, 175.
8. Voir aussi Diodore, XX, 42 (à la fin du IVᵉ siècle avant J.-C., l'armée d'Ophellas s'engage, le long de la grande Syrte, dans un désert sans eau, infesté de serpents); Salluste, *Jugurtha*, LXXIX.
9. V, 26; conf. V, 35.
10. *Johannide*, VI, 283-6; conf. *ibid.*, 294.

on suivait des pistes, jalonnées par des puits. Il suffisait aux indigènes de combler ces puits avec du sable pour supprimer les communications [1].

Citons maintenant quelques témoignages qui paraissent aller à l'encontre de ceux que nous venons d'indiquer.

Sur l'Atlantique, Hannon, arrivant à l'embouchure du Lixos, qui vient, dit-il, de hautes montagnes, trouve un grand fleuve, sur les rives duquel des nomades font paître des troupeaux [2]. Le Lixos, on le sait [3], est l'oued Draa. Or, de nos jours, sauf dans des crues exceptionnelles, l'oued Draa n'apporte guère d'eau à la mer. Depuis le coude à partir duquel il se dirige vers l'Ouest, sur une longueur de 600 kilomètres, c'est d'ordinaire un large fossé, n'ayant qu'un cours souterrain. Sans doute, il faut tenir compte des irrigations qui saignent le fleuve dans la partie supérieure de son cours, mais, même si cette cause d'épuisement disparaissait, le courant n'atteindrait probablement pas l'Océan. Il semble bien qu'il en ait été autrement au temps d'Hannon; celui-ci n'aurait pas qualifié de grand fleuve un lit desséché [4]. Plus tard, Polybe (ou Agrippa), décrivant la côte, signalait des crocodiles dans le Darat, qui paraît correspondre aussi à l'oued Draa [5]. Cela ferait croire que les montagnes qui alimentent ce fleuve et ses affluents, c'est-à-dire le Haut-Atlas et l'Anti-Atlas, recevaient plus de pluie qu'aujourd'hui [6].

---

1. Pline, V, 38.
2. *Périple*, 6 (*Geogr. gr. min.*, I, p. 5-6).
3. Voir plus haut, p. 63.
4. Je noterai cependant, sans insister sur cette remarque, que les riverains du fleuve étaient, au dire d'Hannon, des pasteurs nomades, et non des sédentaires qui auraient utilisé l'eau du Lixos pour des cultures.
5. Pline, V, 9. Il est malaisé de dire si c'est une citation d'Agrippa (voir Riese, *Geographi latini minores*, note à la page 5) ou de Polybe (comme on le dit généralement : opinion défendue par Klotz, *Quaestiones Plinianae geographicae*, dans *Quellen und Forschungen* de Sieglin, XI, 1906, p. 14-15).
6. Kobelt (*Studien zur Zoogeographie*, I, p. 79) suppose qu'il existait autrefois, sur le cours supérieur de l'oued Draa, un ou deux lacs, qui lui servaient de réservoirs et lui assuraient un débit abondant en toute saison. Mais ce n'est là qu'une fragile hypothèse.

Il y avait aussi des crocodiles dans une ou plusieurs rivières qui, comme l'oued Draa, sortaient de l'Atlas et que des anciens identifiaient avec le Nil[1]. Avaient-elles plus d'eau que n'en ont de nos jours l'oued Ziz ou l'oued Guir? Il ne faudrait pas l'affirmer trop vite[2]. Des crocodiles pourraient vivre dans les rivières que nous venons de nommer; il en vit encore en plein Sahara[3].

A peu de distance au Sud de l'oued Djedi, qui naît près de Laghouat et se prolonge vers l'Orient jusqu'au Sud-Est de Biskra, on peut suivre, sur environ soixante kilomètres, la trace d'un gigantesque fossé. Il partait de la rivière et on l'a naturellement regardé comme un ouvrage d'hydraulique agricole. S'il en était ainsi, il serait nécessaire d'admettre que l'oued Djedi fournissait un volume d'eau assez considérable pour suffire à des irrigations très étendues[4]. Mais on n'a retrouvé aucun débris de l'immense barrage de dérivation qu'il aurait fallu construire sur le lit de la rivière; d'ailleurs, d'autres raisons portent à croire que ce fossé marquait une frontière romaine et qu'il est resté toujours à sec[5].

Sur les bords de l'oued Itel, dont le lit est parallèle à celui de l'oued Djedi, à une cinquantaine de kilomètres au Sud, existent des vestiges de bourgs, construits par des maçons indigènes. Pourtant les dispositions de certains ouvrages défensifs

---

1. Pline, V, 51 (d'après Juba); Pausanias, I, 33, 6; Dion Cassius, LXXV, 13. Voir aussi Méla, III, 96; Ammien Marcellin, XXII, 15, 8; Paul Orose, I, 2, 29. — Pline (V, 52) indique également, d'après Juba, des crocodiles dans un lac situé chez les Masæsyles, dans la Maurétanie Césarienne.

2. Pausanias (I, 33, 5), dont les indications sont du reste très sujettes à caution, parle de trois rivières qui descendent de l'Atlas, mais qui sont aussitôt absorbées par le sable.

3. Crocodile (espèce du Nil) capturé en 1909 par le capitaine Niéger, dans le Tassili des Azdjers; la dépouille, adressée à M. Flamand, a été envoyée par ce dernier à Paris, au Muséum (indications de M. Flamand). Voir aussi Schirmer, *le Sahara*, p. 123.

4. Conf. Dinaux, dans *Enquête administrative sur les travaux hydrauliques anciens en Algérie*, p. 142.

5. Gsell, dans *Mélanges Boissier*, p. 227 et suiv.; le même, *Atlas archéologique de l'Algérie*, f° 48, n° 69

prouvent que l'on s'est efforcé d'imiter les forteresses romaines ou byzantines. Sur le sol de ces anciens établissements gisent des fragments de poteries vernissées, de fabrication romaine. De nombreux tombeaux sont des tumulus, type de sépulture qui remonte sans doute à une haute antiquité; mais on y a trouvé des objets en fer, des poteries vernissées. Ils ont probablement été élevés par les villageois voisins[1]. Il n'est pas certain que ces ruines datent toutes de la même époque, car les centres habités ont pu se déplacer. En tout cas, elles attestent, sinon un peuplement très dense, du moins des mœurs sédentaires, dans un pays qui n'est plus occupé que par des nomades, et seulement pendant une partie de l'année. Faut-il admettre un changement de climat? Suffirait-il, au contraire, de faire des barrages sur la rivière, de creuser des puits, pour ranimer la vie passée? C'est ce que nous ignorons.

Les ruines romaines abondent au Sud et au Sud-Est du massif de l'Aurès, comme aussi au Sud-Est de Gabès, entre les monts des Maimatas et la mer. Les anciens, nous le savons, ont choisi pour l'exploitation de ces régions des cultures exigeant très peu d'eau, et ils ont utilisé, de la manière la plus judicieuse et la plus attentive, les ressources que pouvaient leur offrir les oueds descendant des montagnes, les pluies, les nappes souterraines. On est cependant tenté de se demander si ces vestiges ne témoignent pas d'une densité de population que ne comporterait point le climat actuel, dans des conditions semblables d'exploitation du sol et d'emploi de l'eau disponible[2].

Pline l'Ancien, après avoir décrit la province d'Afrique,

1. Hamy et Leroy, *Comptes rendus de l'Académie des Inscriptions*, 1896, p. 10-13. Blanchet, *Bull. archéologique du Comité*, 1899, p. 137-142.
2. Conf., pour le pays au Sud-Est de Gabès, Carton, *Annales de la Société géologique du Nord*, XV, 1887, p. 44. — Dans le Nefzaoua, à l'Est du chott el Djerid, l'existence de citernes, qui ne pourraient plus être alimentées aujourd'hui, permet de croire que le « régime des pluies s'est modifié défavorablement depuis l'époque romaine » · Toutain, *Bull. archéologique du Comité*, 1903, p. 339.

parle des deux Syrtes. « Pour aller, dit-il[1], à la petite Syrte[2], il faut traverser des déserts de sable, infestés de serpents. Viennent ensuite des *saltus*[3], pleins d'un grand nombre de bêtes sauvages et, plus à l'intérieur, des solitudes où vivent des éléphants; bientôt, de vastes déserts et, au delà, les Garamantes, qui sont éloignés des Augiles de douze journées de marche. » D'après ces indications, les *saltus* et les lieux habités par des éléphants devaient se trouver entre le golfe de Gabès et le Fezzan, sur la bordure du plateau saharien, dans la zone appelée par les indigènes le Djebel (monts des Matmatas, djebel Douirat, djebel Nefousa)[4].

Des bois très épais sont signalés par Hérodote[5] à deux cents stades de la mer, à la colline des Grâces, d'où sort le fleuve Cinyps[6], c'est-à-dire dans le pays situé au Sud de Lebda (autrefois Leptis Magna). Le même historien parle avec enthousiasme du pays parcouru par ce fleuve[7] : « La région du Cinyps vaut les meilleures terres du monde pour les céréales et ne ressemble en rien au reste de la Libye. Le sol est noir, arrosé par des sources; il n'a pas à craindre la sécheresse, ni l'excès des pluies, car il pleut dans cette partie de la Libye. Le produit des récoltes y est avec la semence dans le même rapport que sur la terre de Babylone..., de trois cents pour un. »

Les terres élevées qui dominent presque le rivage, en arrière de Lebda, arrêtent les vents chargés d'humidité et reçoivent quelques pluies. On y voit encore « de belles plantations

---

1. V, 26.
2. En venant du Nord, comme le prouve le contexte.
3. C'est à dessein que nous ne traduisons pas ce mot, qui signifie, d'une manière générale, lieu couvert de végétation naturelle : soit forêt, soit maquis, soit pâturage. Ici le sens paraît être maquis.
4. Dans un autre passage (VIII, 32), Pline reparle de ce pays où l'on trouve des éléphants : « Elephantos fert Africa ultra Syrticas solitudines. »
5. IV, 175.
6. Le Cinyps est l'oued Oukirré, qui débouche dans la mer à peu de distance au Sud-Est de Lebda et dont le cours est plus étendu que ne le croit Hérodote. Voir Méhier de Mathuisieulx, *Nouvelles Archives des missions*, XIII, 1904, p. 96.
7. IV, 198.

d'oliviers, de vastes champs d'orge, d'innombrables troupeaux de moutons[1] ». Ce n'est plus cependant le paradis décrit par Hérodote. Peut-être l'informateur de celui-ci a-t-il exagéré[2].

Quoiqu'elle reçoive aussi un peu de pluie, la région du Djebel est moins favorisée. Il serait sans doute impossible à des éléphants d'y vivre.

L'examen des textes et des documents archéologiques dont nous disposons peut donc autoriser quelques hésitations. Pourtant il paraît certain que, dans le demi-millénaire qui précéda l'ère chrétienne et dans celui qui la suivit, la lisière septentrionale du Sahara était déjà une zone sèche. Mais il est permis de croire que les montagnes qui la bordent recevaient un peu plus de pluie. Elles accaparaient l'eau du ciel; plus boisées peut-être qu'aujourd'hui[3], mieux garnies de terre végétale, elles emmagasinaient mieux cette eau, qui ressortait ensuite par des oueds, ou formait des nappes souterraines, qu'on atteignait par des puits.

V

Il nous reste à étudier le climat de la Berbérie proprement dite. On produit quelques arguments pour soutenir qu'il était plus humide dans l'antiquité que de nos jours.

C'est d'abord le dessèchement ou l'abaissement d'un certain nombre de sources et de puits[4]. Plusieurs causes peuvent être

---

1. Méhier de Mathuisieulx, dans *Publications de l'Association historique de l'Afrique du Nord*, V, 1906, p. 67.
2. S'il pleuvait dans cette région, les pluies n'y étaient pas très abondantes, du moins sous la domination romaine. On y a aménagé les eaux avec le plus grand soin. M. de Mathuisieulx (*l. c.*) parle de barrages colossaux, de vastes citernes, de puits profonds.
3. Les bois épais de la colline des Grâces ont disparu, de même que ceux qui sont indiqués par Strabon (XVII, 3, 18) au cap Céphales, aujourd'hui cap Misrata, à l'Est de l'embouchure du Cinyps : conf. Tissot, I, p. 215-6.
4. Carton, dans *Annales de la Société géologique du Nord*, XXIV, 1896, p. 32. La Blanchère, dans *Archives des missions*, troisième série, X, 1883, p. 63.

invoquées pour expliquer ces faits : 1° la diminution des pluies;
2° l'aggravation du ruissellement, conséquence du déboisement, de la destruction des terrasses construites en étages sur les pentes, de la diminution des étendues ameublies par les labours; 3° les mouvements du sol, qui ont pu modifier ou obstruer les issues des sources et bouleverser les nappes souterraines : on sait que les tremblements de terre sont fréquents dans l'Afrique du Nord. Dans les deux dernières hypothèses, il s'agirait de phénomènes locaux, qui n'intéresseraient pas le climat. Ajoutons que l'assèchement de certains puits, la disparition de certaines sources ne sont sans doute qu'apparents. Sources et puits sont simplement obstrués, par la faute des indigènes, qui négligent de les curer[1]. Bien différente était la conduite des anciens, qui recherchaient les sources avec beaucoup de soin; il y avait, dans l'Afrique romaine et même vandale, des ingénieurs spéciaux (*aquilegi*) dont c'était le métier[2]. D'autres fois, le point d'émergence de la source s'est seulement déplacé[3]. Ailleurs, on constate qu'une source cesse de couler pendant quelque temps, puis reparaît[4], qu'une autre, importante à l'époque romaine, mais aujourd'hui misérable, coulait assez abondamment il y a peu d'années[5] : ces caprices doivent être attribués soit à des mouvements de terrain, soit

---

1. Voir, par exemple, Poulle, dans *Recueil de Constantine*, XVIII, 1876-7, p. 568-570; Mougel, dans *Bull. de l'Académie d'Hippone*, XX, 1883, p. 166-7; *Notice sur l'hydraulique agricole en Algérie* (Alger, 1900), p. 62-63; Bourde, *Rapport sur les cultures fruitières dans le centre de la Tunisie* (édit. de 1899), p. 6; Payen, *Rec. de Constantine*, VIII, 1864, p. 3.
2. Cassiodore, *Var. epist.*, III, 53 : « Comperimus aquilegum Romam venisse de partibus Africanis, ubi ars ipsa pro locorum siccitate magno studio semper excolitur, qui aridis locis aquas dare possit imatiles, ut beneficio suo habitari faciat loca nimia sterilitate siccata. » — Une inscription du troisième siècle (*C. I. L.*, VIII, 8809) mentionne dans la Medjana, au Sud-Ouest de Sétif, une source qui, depuis longtemps, avait disparu, « aqua fontis quae multo tempore deperierat ». Des travaux y remédièrent : « innovato opere aquae ductus abundans in fonte est perducta ».
3. *Enquête sur les installations hydrauliques romaines en Tunisie*, I, p. 66 et 70; II, p. 149, 150. Carton, dans *Bull. archéologique du Comité*, 1908, p. 423.
4. Papier, dans *Rec. de Constantine*, XIX, 1878, p. 286.
5. *Enquête Tunisie*, I, p. 73.

aux alternatives de périodes d'années pluvieuses et de sécheresse.

Il faudrait donc, pour que l'argument eût une réelle valeur, l'appuyer sur des constatations certaines, nombreuses et embrassant des régions étendues. Jusqu'à présent, on ne dispose que de quelques observations, faites, pour ainsi dire, au hasard[1]. Plusieurs méritent de ne pas être perdues de vue, bien qu'on ne puisse pas encore en tirer une conclusion générale. Dans le pays des Némenchas, au Sud-Ouest et au Sud de Tébessa, M. Guénin[2] a remarqué que « de nombreux puits antiques, déblayés de nos jours, sont demeurés à sec ». Entre Gafsa et Sfax et autour de Sfax, le nettoyage de beaucoup de puits n'a pas donné de meilleurs résultats[3]. Il s'agit, on le voit, de pays peu éloignés du Sahara.

La plupart des sources qui alimentaient des centres romains existent encore : c'est même pour cette raison que nos villages de colonisation s'élèvent presque toujours sur l'emplacement de ruines. Leur débit a-t-il diminué depuis une quinzaine de siècles? Il nous est impossible de répondre avec précision, mais de rares constatations permettent de croire qu'en divers lieux, ce débit ne s'est pas modifié[4].

Cependant, dans certains pays, qui sont couverts de ruines attestant l'existence d'une population nombreuse, les sources sont rares aujourd'hui et très peu abondantes, ou bien elles manquent tout à fait. Tel est le cas pour les régions situées à

---

1. Mercier, dans *Bull. archéologique du Comité*, 1888, p. 109 (région de Guelma). Carton, *Étude sur les travaux hydrauliques des Romains en Tunisie*, p. 80 (au Sud de la Medjerda); M. Carton observe : « C'est le seul exemple bien net que j'aie rencontré d'une source complètement disparue depuis l'époque romaine. » Germain de Montauzan, dans *Nouvelles Archives des missions*, XV, 1908, p. 87 : le débit de l'aqueduc de Carthage devait être à l'époque romaine notablement supérieur au débit actuel. Mais l'auteur ajoute : « On peut attribuer cet appauvrissement soit au déboisement des montagnes, soit à l'obstruction des veines d'eau souterraines. »
2. *Nouvelles Archives des missions*, XVII, 1909, p. 76.
3. *Enquête Tunisie*, I, p. 235. Carton, *Étude*, p. 12.
4. A Lambèse : Moll, dans *Annuaire de Constantine*, III, 1856-7, p. 159-160. A Theleple, Cillium, Sufetula : Bourde, *Rapport*, p. 6.

l'Est de Saïda, au Sud et au Sud-Est de Tiaret¹, au Sud de Sétif, au Sud-Est de Khenchela, au Sud de Tébessa², et aussi pour la Tunisie méridionale. Il faudrait étudier très attentivement les moyens que les anciens ont employés dans ces différentes régions, afin de se procurer, indépendamment des sources, l'eau dont ils avaient besoin et dont ils paraissent s'être servis surtout pour l'alimentation ; il conviendrait d'examiner si ces moyens ne permettraient pas encore un peuplement aussi dense. D'autre part, nous répéterons ici une observation déjà faite plus haut. Ces ruines peuvent se répartir sur une assez longue série de siècles³. Deux bourgs, dont les vestiges se rencontrent à peu d'intervalle, ne sont peut-être pas contemporains : l'un a pu remplacer l'autre. Il ne serait pas prudent d'additionner les populations de ces divers centres, pour essayer de fixer un total s'appliquant à une époque déterminée. Il n'y a donc pas là une preuve péremptoire de la diminution des sources et, par conséquent, des pluies.

On a fait observer que certaines forêts sont en décadence, que les vieux arbres y meurent d'épuisement, sans être remplacés, en quantité suffisante, par de jeunes sujets⁴. La diminution des pluies en serait cause. Là encore, une enquête minutieuse serait nécessaire pour déterminer quelle est la part

---

1. La Blanchère, dans *Archives des missions*, 3ᵉ série, X, 1883, p. 60-61, 63. Conf. Joly, dans *Association française pour l'avancement des sciences*, Lille, 1909. II, p. 833.
2. Guénin, *l. c.*, p. 76.
3. Les archéologues oublient trop que l'Afrique est restée très cultivée, très peuplée pendant les siècles qui ont suivi l'invasion arabe. Il suffit, pour s'en convaincre, de lire les géographes, El Yacoubi, Ibn Haucal, El Bekri. Beaucoup de ruines qu'on qualifie de romaines pourraient bien être des ruines de constructions berbères, dans lesquelles avaient été employés des matériaux datant de l'époque romaine. Je parle ici des habitations, et non pas des édifices officiels et religieux, qu'il est aisé de dater, au moins approximativement.
4. Pour les forêts de l'Oranie, voir Battandier et Trabut, dans *Bull. de la Société botanique de France*, XXXVIII, 1891, p. 329 (« ces forêts semblent s'éteindre naturellement par suite d'un changement climatologique, survenu à une époque relativement récente »). Les forêts de cèdres des monts de Batna et du massif de l'Aurès sont aussi en décadence : Vaissière, *Revue africaine*, XXXVI, 1892, p. 128; Battandier et Trabut, *l'Algérie*, p. 40.

des hommes et du bétail, et quelle est celle du climat dans le dépérissement progressif de ces forêts[1]. Si le desséchement est réel, il importerait de déterminer, dans la mesure du possible, quand il a commencé : il peut être dû à des causes récentes.

Enfin, on a souvent indiqué, comme preuve d'une modification de climat, l'existence de l'éléphant dans l'Afrique du Nord à l'époque antique.

Les textes mentionnant des éléphants dans cette contrée sont très nombreux et se rapportent à une période de plusieurs siècles[2]. Hannon en signale, vers le cinquième siècle avant Jésus-Christ, dans le Maroc actuel[3]; Hérodote, au même siècle, dans le pays qui, selon lui, se trouve à l'Occident du fleuve Triton, c'est-à-dire en Tunisie[4]. Puis viennent Aristote, qui dit qu'il y a dans la région des Colonnes d'Héraclès des éléphants, comme en Inde[5]; Agatharchide[6]; Polybe, qui affirme que la Libye est pleine d'éléphants[7] et raconte, d'après le roi Gulussa, fils de Masinissa, que, dans le Sud de l'Afrique (Berbérie actuelle), aux confins de l'Éthiopie, les défenses d'éléphants sont tellement abondantes qu'on s'en sert pour faire des poteaux, des haies, des clôtures de parcs à bestiaux[8]; le poète Manilius[9]; le roi Juba[10], auquel sont probablement empruntés la plupart des passages d'Élien relatifs aux éléphants afri-

---

1. On attribue la décadence actuelle des forêts de cèdres de la province de Constantine à une cause accidentelle, — une période de grande sécheresse, qui a duré de 1873 à 1881 et qui a tué beaucoup de vieux arbres, — et aux ravages causés depuis lors aux jeunes sujets par les chèvres. M. Lapie (dans *Revue de Géographie*, III, 1909, p. 119), qui constate aussi la décadence des boisements de cèdres du Djurdjura, croit que la faute en est aux indigènes et à leurs troupeaux.
2. Sur les éléphants de l'Afrique du Nord, voir en particulier : Armandi, *Histoire militaire des éléphants*, p. 13 et suiv., 131 et suiv.; Lacroix, dans *Revue africaine*, XIII, 1869, p. 173-5, 330-1; Tissot, *Géographie*, I, p. 363-373.
3. *Périple*, 4 (*Geogr. gr. min.*, I, p. 3).
4. IV, 191.
5. *De Caelo*, II, 14, 15.
6. *Geogr. gr. min.*, I, p. 117, n° 9.
7. XII, 3, 5.
8. Cité par Pline, VIII, 31.
9. IV, 665.
10. Voir *Fragmenta historicorum graecorum*, édit. Müller, III, p. 474-5.

cains[1]; Strabon, qui mentionne des éléphants en Maurusie (Maroc)[2]; Pline, qui en indique dans le même pays[3], ainsi qu'au Sud des Syrtes[4]; Juvénal[5] et Lucien[6], qui parlent de l'ivoire que les Maures expédient à Rome et des bandes d'éléphants qu'on rencontre en Maurétanie[7].

On sait qu'au IIIe siècle avant notre ère, les éléphants jouèrent un rôle important dans les armées carthaginoises. Pour ne citer que quelques chiffres, Polybe en mentionne 140, employés en Sicile pendant la première guerre punique[8]; Hannon et Hamilcar eurent à leur disposition 100 et 70 éléphants pendant la guerre des mercenaires[9]; Asdrubal, gendre d'Hamilcar, en eut 200 en Espagne[10]; Asdrubal, fils de Giscon, 140 dans l'armée qu'il commanda près d'Utique, en 204[11]; Hannibal, 80 à Zama[12]. Les remparts de Carthage renfermaient des écuries pour en loger 300[13]. Les rois numides et maures possédèrent aussi des éléphants de guerre. Dans une bataille, Jugurtha en perdit 44[14];

1. *Nat. anim.*, VI, 56; VII, 2; IX, 58; X, 1; XIV, 5. *Var. hist.*, XII, 33.
2. XVII, 3, 4; XVII, 3, 7 et 8. — Conf. Méla, III, 104 (il indique l'abondance de l'ivoire dans une région qui correspond au Sud du Maroc).
3. V, 5; V, 15 et 18; VIII, 2 et 32.
4. Voir plus haut, p. 69, n. 1 et 4.
5. XI, 124-5.
6. *Quomodo historia conscribenda sit*, 28.
7. Tous ces textes montrent combien est fausse l'hypothèse de Kobelt (*Studien zur Zoogeographie*, I, p. 70-71), qui se demande si les éléphants dont les Carthaginois firent usage à la guerre ne venaient pas d'ailleurs (du Sénégal ou de pays situés plus au Sud); pour éviter des expéditions coûteuses, on aurait établi un certain nombre de ces animaux dans des lieux de Tunisie, où ils auraient vécu en demi-liberté et se seraient reproduits. Il suffit de faire remarquer : 1° que les Carthaginois n'employèrent pas d'éléphants à la guerre avant le IIIe siècle, tandis qu'Hannon et Hérodote en signalent dans l'Afrique du Nord, à une époque bien antérieure; 2° qu'une bonne partie des régions où l'on indique des éléphants n'étaient pas soumises à la domination de Carthage. Il n'y a pas lieu non plus d'admettre l'existence de deux races, l'une indigène, l'autre introduite par les Carthaginois : aucun texte ne justifie cette hypothèse.
8. I, 38, 2. Voir aussi Pline, VIII, 16.
9. Polybe, I, 74 et 75.
10. Diodore, XXV, 12.
11. Appien, *Lib.*, 13.
12. Polybe, XV, 11. Tite-Live, XXX, 33, 4. Appien, *Lib.*, 40.
13. Appien, *Lib.*, 95.
14. Salluste, *Jug.*, LIII, 4.

Juba I⁺ʳ en amena 120 aux Pompéiens pour combattre Jules César[1].

Ces éléphants étaient capturés dans l'Afrique du Nord. Appien[2] raconte que, dans la seconde guerre punique, lorsqu'on apprit que Scipion s'apprêtait à passer en Afrique, les Carthaginois envoyèrent Asdrubal, fils de Giscon, à la chasse aux éléphants : il ne dut pas aller les chercher loin de Carthage, car le temps qu'il mit à accomplir sa mission fut très court[3]. Un autre Asdrubal, peut-être le gendre d'Hamilcar, put pénétrer chez des Numides, sous prétexte d'y capturer des éléphants, « qui abondent en Numidie », ajoute Frontin[4]. Pompée chassa l'éléphant en Numidie[5]. Les éléphants que Juba I⁺ʳ mit en ligne à la bataille de Thapsus « sortaient à peine de la forêt[6] ». Pline l'Ancien[7] et Plutarque[8] indiquent, d'après Juba II, comment on s'y prenait en Afrique pour capturer ces animaux. L'éléphant devint, en quelque sorte, le symbole de cette contrée. Il figura sur les monnaies des rois indigènes[9] et l'art hellénistique[10] coiffa l'Afrique personnifiée d'une dépouille d'éléphant[11]. Les Romains, qui avaient déjà eu à combattre les

---

1. *Bell. afric.*, I, 4 ; XIX, 3.
2. *Lib.*, 9.
3. Armandi, *l. c.*, p. 17-18.
4. *Stratagèmes*, IV, 7, 18.
5. Plutarque, *Pompée*, 12.
6. Florus, II, 13, 67 : « bellorum rudes et nuperi a silva. »
7. VIII, 24-25.
8. *De sollertia animalium*, 17.
9. Monnaies de Juba I⁺ʳ : Müller, *Numismatique de l'ancienne Afrique*, III, p. 43 ; de Juba II : *ibid.*, p. 103, 108 ; *Revue numismatique*, 1903, pl. XIII, fig. 26. — Les monnaies d'argent publiées par Müller, III, p. 17 et 34, paraissent avoir été frappées par les Carthaginois en Espagne ; elles ne doivent donc pas être citées ici.
10. L'exemple le plus ancien est, je crois, une monnaie d'Agathocle : voir *Lexikon der Mythologie* de Roscher, s. v. *Libye*, p. 2039.
11. Claudien, *De consulatu Stilichonis*, II, 256 ; *De bello Gildonico*, 137-8. Doublet et Gauckler, *Musée de Constantine*, p. 41-42. Etc. — Il faut remarquer qu'Alexandrie personnifiée porte parfois la même coiffure. Pourtant, l'éléphant avait disparu de l'Égypte depuis des siècles. Cet attribut a peut-être été donné à Alexandrie parce qu'elle formait le trait d'union entre l'Afrique du Nord, l'Éthiopie orientale et l'Inde, les trois contrées où les anciens connaissaient des éléphants.

éléphants asiatiques de Pyrrhus, connurent les africains lors des guerres puniques. Ils apprirent le nom que leur donnaient les indigènes[1] et les Carthaginois[2], *kaisar* (ou quelque forme voisine).

Les éléphants africains, disent les auteurs, étaient plus petits et moins vigoureux que les indiens[3]. Des images, d'ailleurs imparfaites, nous montrent qu'ils avaient des défenses plus longues et surtout des oreilles plus larges, disposées en éventail[4], particularités qui se retrouvent dans l'espèce africaine actuelle (*Elephas capensis*)[5]. Quoique la question soit obscure, on peut admettre qu'ils descendaient de l'*Elephas africanus*[6], distinct de l'*Elephas atlanticus* et qui a survécu à ce dernier[7].

Parmi les textes qui nous font connaître l'existence des éléphants, la plupart n'apprennent rien de précis sur leur répartition géographique. Quelques-uns, cependant, nous donnent

---

1. Spartien, *Aelius*, II, 3 : « Caesarem... ab elephanto, qui lingua Maurorum caesai (sic) dicitur. »

2. Servius, *In Aeneid.*, I, 286 : « elephantem, qui caesa (sic) dicitur lingua Poenorum. » Ce nom paraît se retrouver sur des inscriptions puniques de Carthage : *Corpus inscriptionum semiticarum*, Pars I, n°° 336, 589 (Kaisar). Conf. Clermont-Ganneau, *Recueil d'archéologie orientale*, I, p. 230-1.

3. Pline, VIII, 27. Tite-Live, XXXVII, 39, 13. Diodore, II, 16 et 35. Strabon, XV, 1, 43.

4. Monnaies reproduites dans Tissot, I, p. 365; voir aussi *Revue numismatique*, 1908, pl. XIII, fig. 26; Babelon, *Monnaies de la République romaine*, I, p. 263-5, n°° 14, 17-20; p. 273-5, n°° 38-43; p. 278, n° 47; II, p. 10, n° 9. Stèle punique de Carthage : *Corpus inscriptionum semiticarum*, Pars I, n° 182, pl. XLV. Mosaïque d'Oudna : *Bull. archéologique du Comité*, 1906, pl. I, fig. 2. Mosaïque de Véies : *Comptes rendus de l'Académie des Inscriptions*, 1899, pl. à la p. 670. — On ne retrouve cependant pas ces grandes oreilles sur les deux images d'éléphants du pont de Constantine : Delamare, *Exploration scientifique de l'Algérie, Archéologie*, pl. 113, fig. 1 (conf. Tissot, I, p. 373, fig. 42). Je ne connais pas les bas-reliefs du théâtre de Medeina, qui représentent, comme à Constantine, deux éléphants affrontés : *Bull. archéol. du Comité*, 1897, p. 423.

5. Pourtant les éléphants de la Berbérie étaient de plus petite taille que les africains actuels, puisque ceux-ci sont plus grands que les indiens. Ils paraissent avoir été faciles à dresser, tandis que le dressage des éléphants modernes d'Afrique offre des difficultés, qui, du reste, ne semblent pas insurmontables (voir Bourdarie, *Association française pour l'avancement des sciences*, Saint-Étienne, 1897, II, p. 564 et suiv.).

6. Sur cette espèce, voir Pomel, *Éléphants quaternaires* (Alger, 1895), p. 20 et suiv.

7. Pomel, *l. c.*, p. 64 et 67.

d'utiles renseignements à cet égard. Rappelons d'abord ceux qui indiquent des éléphants au Sud de la Berbérie, à la lisière du Sahara : les deux passages de Pline qui les signalent au delà des Syrtes, le passage de Polybe, reproduit par le même auteur, où il est question de l'abondance des éléphants aux confins de l'Éthiopie. Il y en avait aussi, d'après Pline[1] et Élien[2], au pied du Haut-Atlas marocain, et, autant qu'il semble, sur les deux versants, car le texte de Pline paraît en mentionner sur le versant méridional, dans le voisinage immédiat du désert. D'autres textes se rapportent à des régions plus septentrionales. Hannon, après avoir doublé le cap Soloeis (le cap Cantin), arriva, en une demi-journée, à la hauteur d'une lagune, pleine de grands roseaux, où il y avait des éléphants, avec beaucoup d'autres bêtes[3]. Les environs de Sala, à l'embouchure du fleuve du même nom (c'est aujourd'hui l'oued Bou Regreg), étaient, au dire de Pline[4], infestés de troupeaux d'éléphants. Aristote[5] et Pline[6] en signalent aux Colonnes d'Hercule. Nous ignorons où se trouvait le fleuve Amilo, situé dans les forêts de la Maurétanie, où, selon une légende rapportée par Pline[7], sans doute écho de Juba, des éléphants venaient se purifier solennellement à la nouvelle lune[8]. Mais des documents de l'époque romaine indiquent, en Maurétanie Césarienne, en Numidie et dans la province d'Afrique, à peu de distance du littoral, des localités dont le nom est significatif[9] :

1. V, 15 (citant Suétonius Paulinus).
2. *Nat. anim.*, VII, 2.
3. *Périple*, 4 (*Geogr. gr. min.*, I, p. 3).
4. V, 5.
5. *De Caelo*, II, 14, 15.
6. V, 18. Conf. Solin, XXV, 1.
7. VIII, 2.
8. Il n'est pas certain que l'Amilo soit l'oued Amlilou (ou oued Melillo), affluent de la Moulouia, comme le veut Tissot, *Géographie*, I, p. 368.
9. Sur le détroit de Gibraltar, Strabon (XVII, 3, 6) mentionne « l'*Éléphant* ». Mais ce nom s'explique peut-être par une vague ressemblance de la montagne qu'on appelait ainsi avec la silhouette d'un éléphant : Tissot, dans *Mémoires présentés à l'Académie des Inscriptions*, IX, 1re partie, 1878, p. 165.

Elephantaria[1], peut-être au pied des montagnes qui dominent la Mitidja; le *castellum Elephantum*[2], non loin de Constantine; *Elephantaria*[3], dans le voisinage de Medjez el Bab (vallée de la Medjerda). De telles dénominations paraissent attester que ces lieux ont été habités par des éléphants; il est vrai qu'elles ont pu persister longtemps après la disparition de ces pachydermes. C'est ainsi que, dans la province d'Oran, à l'Est de Tlemcen, il existe une source qu'on appelle Aïn Tellout : or *telout* (sic) est peut-être le féminin ou le fréquentatif du mot *ilou*, qui signifie éléphant dans plusieurs dialectes berbères[4].

Les éléphants disparurent de l'Afrique du Nord dans les premiers siècles de notre ère. Au IVe siècle, Thémistius dit qu'il n'y en a plus dans cette contrée[5]. Au VIIe siècle, Isidore de Séville écrit[6] : « La Maurétanie Tingitane fut autrefois pleine d'éléphants; maintenant, l'Inde seule en produit. » Cette disparition n'a pas eu nécessairement pour cause une modification de climat. Les grandes chasses[7] entreprises pour capturer des animaux destinés aux spectacles[8], le désir de se procurer de l'ivoire[9] suffiraient à l'expliquer[10]. De nos jours, les lions se

---

1. Géographe de Ravenne, III, 8 (édit. Pinder et Parthey, p. 137) : « Helepantaria ». Ce lieu fut peut-être un évêché : Notice épiscopale de 484, *Maur. Caesar.*, n° 96.

2. *Bull. archéologique du Comité*, 1899, p. ccv. Gsell, *Atlas archéologique de l'Algérie*, f° 17, n° 93.

3. Table de Peutinger : *Elefantaria* (conf. Géographe de Ravenne, III, 6, p. 131). Ce fut probablement un évêché : Mesnage, *l'Afrique chrétienne*, p. 22. Pour l'emplacement, voir Tissot, *Géographie*, II, p. 249.

4. Indication de M. Basset.

5. *Discours*, X, p. 166 de l'édition G. Dindorf.

6. *Etymolog.*, XIV, 5, 12. — Conf. ibid., XII, 2, 16 : « Apud solam Africam et Indiam elephanti prius nascebantur; nunc sola eos India gignit. »

7. Conf. Élien, *Nat. anim.*, X, 1.

8. Friedländer, *Sittengeschichte Roms*, II, p. 490 de la cinquième édition.

9. Élien, *l. c.*, VI, 56. Properce, II, 31, 12. Ovide, *Pont.*, IV, 9, 28. Pline, V, 12; VIII, 7. Martial, II, 43, 9; IX, 22, 5; XIV, 3, 2. Juvénal, XI, 123.

10. Jamais, à notre connaissance, les éléphants ne furent employés dans l'armée romaine d'Afrique, sous l'Empire. Mais l'utilité de ces animaux au point de vue militaire était fort contestable : très souvent, ils s'affolaient au milieu de la mêlée et s'enfuyaient, ou se retournaient contre les troupes qui combattaient de leur côté. Quand même les Romains auraient pu disposer de nombreux éléphants,

sont éteints très rapidement en Algérie, et il est à prévoir qu'il en sera de même des panthères. Pourtant le climat n'y est pour rien [1].

On ne rencontre plus, à l'époque classique, aucune mention d'hippopotames, ni de rhinocéros, dans la Berbérie proprement dite. Les hippopotames indiqués par Hannon vivaient plus au Sud, probablement dans la région de la Saguia el Hamra [2]. L'éléphant est le seul des grands animaux de l'Afrique centrale dont l'existence soit certaine dans l'Afrique du Nord pour la période qui nous occupe.

Pour qu'il pût y vivre dans des conditions normales [3], il y a moins de vingt siècles, il fallait qu'il trouvât en tout temps des quantités abondantes d'eau et d'herbe. Il existe encore des pays où il passerait la saison sèche sans mourir de soif et de faim ; par exemple, au pied de l'Atlas marocain et dans le Rif, où les textes anciens le signalent. Mais, à en juger par les autres indications que nous avons sur le climat de la Berbérie, il est permis de supposer que, dans les siècles qui précédèrent leur disparition, les conditions d'existence des éléphants devaient être

on peut admettre qu'ils ne voulurent pas s'embarrasser d'auxiliaires aussi dangereux.

1. Conf. Armandi, *l. c.*, p. 21-22. M. Engell (*Verbreitung und Häufigkeit des Elefanten und Löwen in Afrika*, dans *Petermanns Mitteilungen*, Ergänzungsheft CLXXI, 1911, p. 6) croit aussi que la destruction de l'éléphant dans l'Afrique du Nord a été l'œuvre de l'homme.

2. Rien n'empêche d'identifier avec le fleuve d'Hannon le « flumen Bambotum, crocodilis et hippopotamis refertum », mentionné par Pline (V, 10), d'après Polybe ou Agrippa. — Vitruve (VIII, 2, 7) indique un fleuve qui sortait de l'Atlas, en Maurétanie, et qu'il regarde comme le Nil; il ajoute : « Ex Mauretania caput Nili profluere ex eo maxime cognoscitur quod ex altera parte montis Atlantis sunt alia capita item profluentia ad occidentem in Oceanum, ibique nascuntur ichneumones, crocodili, aliae similes bestiarum pisciumque naturae, praeter hippopotamos. » Mais le mot *praeter*, qu'on traduit d'ordinaire par *outre*, ne signifierait-il pas ici *excepté* ?

3. Je n'ignore pas que cette question est très délicate et qu'on a souvent exagéré les difficultés qu'éprouvent les animaux à s'adapter à des climats différents de ceux qui paraissent leur convenir le mieux. Je n'irai pas cependant jusqu'à dire, avec Lucien (*Dipsad.*, 2), que les éléphants peuvent supporter la soif et l'ardeur du soleil dans les déserts de la Libye, où, assure-t-il, les Garamantes vont les chasser.

ailleurs assez pénibles. On peut croire que c'étaient des survivants d'une faune appropriée à un climat plus humide, cantonnés peut-être dans certaines régions hors desquelles ils auraient succombé.

Tels sont les arguments invoqués en faveur de l'hypothèse d'un changement de climat. On voit qu'ils méritent l'examen, mais qu'ils n'entraînent pas la conviction. En tous cas, ils ne prouvent pas que ce changement ait été profond.

Ceux qui l'admettent essaient de l'expliquer par différentes causes. Tantôt on fait intervenir des phénomènes généraux : influence du déplacement de l'axe de la terre[1], modification du régime des vents dans la partie méridionale de la zone tempérée boréale. Ce sont là des hypothèses très fragiles. Il est impossible de prouver que la position de la ligne des pôles ait varié, depuis les temps historiques, au point d'agir sur le climat[2]; en ce qui concerne les vents, nous verrons tout à l'heure que les rares renseignements contenus dans les textes anciens cadrent bien avec le régime actuel.

Tantôt on allègue l'influence que, depuis l'antiquité, le déboisement a dû exercer sur le climat de l'Afrique du Nord[3]. Quoiqu'on en ait souvent exagéré l'importance[4], le déboisement a atteint beaucoup de régions plus ou moins étendues. Il a frappé, non seulement des forêts naturelles, mais aussi de grandes plantations d'arbres fruitiers[5]. Il a eu des conséquences graves, en rendant plus rapide et plus funeste le ruis-

---

1. Voir, entre autres, Péroche, dans *Annales de la Société géologique du Nord*, XXIV, 1896, p. 69 et suiv.; Carton, *la Restauration de l'Afrique du Nord* (extrait du Compte rendu du Congrès colonial de Bruxelles, 1897), p. 17; Gauckler, dans *Enquête sur les installations hydrauliques romaines en Tunisie*, I, p. 122.
2. Hann, *Handbuch der Klimatologie*, I, p. 372 et suiv. (de la seconde édition). Leiter (mémoire cité p. 40, n. 1), p. 139. Voir aussi de Lamothe, *le Climat de l'Afrique du Nord pendant le pliocène supérieur et le pleistocène* (extrait des Comptes rendus du Congrès géologique de Mexico, 1906), p. 5.
3. Carton, dans *Bull. de l'Académie d'Hippone*, XXVII, 1894, p. 5, 14. Le même, dans *Revue tunisienne*, III, 1896, p. 90.
4. Voir chap. IV.
5. Carton, *Étude sur les travaux hydrauliques des Romains en Tunisie*, p. 124.

sellement, qui dénude les pentes et bouleverse le bas pays par les trombes d'eau, par les amas de boues et de terres qu'il apporte. Il a pu être cause de la diminution ou de la disparition d'un certain nombre de sources, en permettant aux eaux de pluie de glisser sur des surfaces lisses, au lieu de s'infiltrer lentement dans des terrains meubles. A-t-il eu aussi des effets importants sur le régime des pluies, comme on l'a soutenu maintes fois[1] ?

L'évaporation qui se dégage des forêts maintient l'humidité et la fraîcheur de l'air ambiant. Quand cet air est heurté, — ce qui arrive surtout dans les lieux élevés et sur les fortes pentes, — par des courants chargés de vapeur d'eau, il complète leur saturation, les refroidit et favorise par conséquent leur condensation; les arbres font obstacle à leur marche en avant. Il en résulte des brouillards ou des pluies sur la forêt et les alentours immédiats[2]. Pour produire cet effet, il faut naturellement que la forêt soit étendue. Lorsqu'au contraire le sol des montagnes est dénudé, il s'échauffe facilement au soleil, et les vents, qui le balaient sans rencontrer d'obstacles, contribuent encore à le dessécher; à son tour, il échauffe l'air qui l'effleure et l'éloigne de son point de saturation[3].

Il convient évidemment de tenir compte à cet égard du déboisement qui a sévi sur bien des points de l'Afrique septentrionale, du ruissellement qui a dépouillé les roches de leur revêtement de terre, d'herbe, de broussailles, et en a fait, pour ainsi dire, des plaques de réverbération. Cependant il ne faut pas non plus en exagérer les conséquences. Ces pluies, plus fréquentes et plus régulières, ne devaient pas s'étendre beaucoup au delà des forêts qui les provoquaient; elles tombaient surtout sur des terrains de montagne qui, soit par leur revête-

1. Par exemple, Carton, *Bull. d'Hippone*, XXVII, p. 5; *Revue tunisienne*, l. c.
2. Voir, entre autres, Buffault, dans *Bull. de géographie historique*, 1910, p. 131.
3. Voir à ce sujet Hann, l. c., I, p. 194-197; Brückner, dans les *Geographische Abhandlungen* de Penck, IV, 2 (1890), p. 12.

ment forestier, soit par leur constitution géologique, soit par leur altitude élevée, n'avaient guère de valeur agricole; elles étaient tout au plus bonnes à entretenir, à la lisière des bois, quelques pâturages d'été. Mais, si les forêts qui n'existent plus aujourd'hui ont pu accroître les précipitations atmosphériques sur des espaces assez restreints, elles n'avaient aucune influence sur le régime ordinaire des pluies, qui tenait et tient à des causes très générales, agissant sur de vastes zones de notre globe.

VI

Certains jugements sommaires que l'on trouve dans des auteurs anciens pourraient nous faire croire que la Berbérie était alors, au point de vue du climat, encore plus mal partagée qu'aujourd'hui. C'est Timée, cité et d'ailleurs réfuté par Polybe [1], qui prétend que la Libye tout entière est sablonneuse, sèche et stérile. C'est Posidonius, qui parle du manque de pluies dans le Nord de la Libye, de la sécheresse qui en résulte [2]. Ce sont ces mots fameux de Salluste [3] : *caelo terraque penuria aquarum*. Virgile fait dire à un personnage, forcé de s'éloigner de l'Italie : « Nous irons chez les Africains altérés [4]. » — « L'Espagne, dit Justin [5], n'est pas, comme l'Afrique, brûlée par un soleil violent. » Frontin [6] affirme que l'Afrique est une contrée très sèche, *regio aridissima*. Le rhéteur gaulois Eumène parle des campagnes assoiffées de la Libye, *Libyae arva sitientia* [7].

---

1. XII, 3, 12.
2. Cité par Strabon, XVII, 3, 10.
3. *Jug.*, XVII, 5.
4. *Bucol.*, I, 63 :
   At nos hinc alii sitientes ibimus Afros.
   Conf. Martial, X, 20, 7 : « sicci... Poeni »; saint Augustin, *Lettres*, XXXI, 4 : Africam... siccitatis nobilitate laborantem »; etc.
5. XLIV, 1.
6. *De controversiis agrorum*, dans *Gromatici veteres*, p. 36.
7. *Orat. pro restaurandis scholis*, 21.

Ces appréciations sont assurément exagérées. Pour que l'Afrique fût le pays dont la fertilité est proclamée par tant de témoignages, il fallait qu'il y tombât de l'eau, du moins pendant l'époque de l'année où la pluie est nécessaire aux cultures.

Nous allons citer une longue série de textes et de documents archéologiques qui paraissent prouver que le climat de cette contrée ne différait pas, ou ne différait guère, dans l'antiquité classique, de ce qu'il est aujourd'hui.

Parmi les vents, le siroco est mentionné à plusieurs reprises. Je traduirai deux passages d'auteurs africains, qui donnent des descriptions très précises de ses effets : Victor de Vite, historien de la fin du ve siècle, et Corippus, poète du siècle suivant. Le premier parle d'une sécheresse terrible dont l'Afrique souffrit de son temps. Voici ce qu'il dit, entre autres détails[1] : « Si, par hasard, quelque gazon, végétant dans une vallée humide, commençait à offrir la couleur pâle plutôt que verte du fourrage naissant, aussitôt un vent brûlant, enflammé, accourait et le desséchait complètement, car la tempête, grillant tout sous le ciel sec, était venue couvrir le pays entier de ses nuées de poussière. » — « L'*Africus* qui vomit des flammes, écrit Corippus[2], commence à incendier la terre de son souffle et abat la force et l'ardeur des troupes. Tous les corps se tendent sous l'haleine de ce vent de feu. La langue se dessèche, la figure rougit, la poitrine haletante respire avec peine, l'air qui passe par les narines est embrasé, la bouche brûle, âpre et vide de salive, le feu dévore la gorge sèche. Toute la sueur s'échappe des tissus et trempe la peau, mais la chaleur malfaisante de l'air la dessèche et l'enlève tiède de la surface du corps[3]. »

Comme on le voit, le siroco décrit par Corippus est appelé

---

1. III, 56.
2. *Johannide*, VII, 322 et suiv. Ce siroco dura dix jours (*ibid.*, 370-1).
3. Voir encore Corippus, *ibid.*, VI, 272-3; VIII, 84.

par lui *Africus*[1]. D'ordinaire, pour les Latins, l'*Africus* est le vent qui, en Italie, souffle du Sud-Ouest, c'est-à-dire de la direction de l'Afrique, vent violent et redouté des marins[2]. Le nom par lequel les écrivains désignent le plus souvent le siroco est *Auster*, en grec Νότος, le vent du plein Sud. Tantôt ils indiquent exactement les effets de ce vent sec[3], qui peut se faire sentir jusqu'en Italie[4]; tantôt ils appliquent le nom d'*Auster* à un vent violent et pluvieux, qui sévit parfois dans la péninsule et qui, en somme, ne diffère guère de l'*Africus*[5]. Pline a soin de distinguer l'*Auster* d'Italie, humide, de l'*Auster* africain, qui « amène en Afrique une chaleur brûlante par un temps serein[6] ». D'autres, au contraire, parlent d'un *Auster* humide, même en Afrique[7]. Cette épithète n'est pas de mise pour le siroco véritable. On peut observer, il est vrai, qu'en hiver, le siroco est généralement suivi (et non accompagné) de pluie: mais il est plus simple d'admettre que ces écrivains se sont trop souvenus de l'*Auster* italien.

Par contre, c'est bien le siroco africain qu'Hérodote[8] et Lucain[9] mentionnent dans le voisinage de la grande Syrte, sous les noms de Νότος et d'*Auster*, et dont ils exagèrent beau-

---

1. Il ne paraît pas le distinguer nettement du Notus, ou Auster : voir Johann., I, 387; II, 197; VII, 387 et 430.
2. Voir, entre autres, Virgile, *Énéide*, I, 83-86; Horace, *Odes*, III, 29, 57-58; Tacite, *Annales*, XV, 46.
3. Par exemple, saint Augustin, *Annot. in Job*, 33, 21 : « Austrum, quamvis mortalibus carnibus gravis sentiatur... »
4. Horace, *Satires*, II, 6, 18 : « plumbeus Auster ». Ailleurs, Horace (*Odes*, III, 23, 5) appelle ce vent *Africus* :

... pestilentem sentiat Africum
Fecunda vitis.

5. Virgile, *Géorgiques*, III, 278; Ovide, *Métamorphoses*, I, 63-66. Conf. Nissen, *Italische Landeskunde*, I, p. 387.
6. XVIII, 329 : « Africae incendia eum serenitate adfert. » Conf. Aristote, *Meteorol.*, II, 3, 28 : le vent du Sud (*Notos*) est serein en Libye.
7. Stace, *Silves*, I, 6, 78 : « ...quas udo Numidae legunt sub Austro. » Claudien, *De consulatu Stilichonis*, II, 393 : « umidus Auster » (il s'agit de l'Afrique). Conf. Lucain, IX, 320 : « densis fremuit niger imbribus Auster. »
8. IV, 173.
9. IX, 103 et suiv.

coup les effets; c'est le même vent que Salluste[1] indique, sans le nommer, dans les mêmes parages, et qui soulève, dit-il, des tourbillons de sable. C'est aussi le siroco qu'un traité de la collection hippocratique[2] décrit exactement : « Le *Notos* est chaud et sec en Libye. Il y dessèche les productions de la terre et il y exerce sur les hommes, à leur insu, la même action. »

Nous avons dit que, pendant la saison d'hiver, les pluies sont surtout amenées par les vents du Nord-Ouest. Les anciens n'ignoraient pas qu'elles venaient en Afrique des régions septentrionales, comme l'attestent des vers de Lucain, de Stace et de Rutilius Namatianus[3]. Pendant la belle saison, les vents du Nord et du Nord-Est dominent sur le littoral, déterminés par les mêmes causes que ceux qui soufflent du Nord en Égypte (les vents étésiens des Grecs). On peut citer à ce sujet un passage de Galien[4] : « En Égypte et en Libye, les pays voisins de la mer sont moins chauds en été que ceux de l'intérieur des terres, parce qu'ils sont rafraîchis par les vents du Nord. » Sur la côte orientale de la Tunisie, le vent d'Est souffle très souvent durant la saison chaude : Procope[5] le signale en septembre.

---

1. *Jug.*, LXXIX, 6. Conf. Silius Italicus, XVII, 246-8.
2. Hippocrate, *du Régime*, II, 38 (tome VI, p. 532 de l'édition Littré).
3. Lucain, III, 69-70 :

> ... medium nubes Borea cogente sub axem,
> Effusis magnum Libye tulit imbribus annum.

Ibid., IX, 112-3 :

> ... Arctoos raris aquilonibus imbres
> Accipit et nostris reficit sua rura serenis.

Stace, *Thébaïde*, VIII, 410-1 :

> ... tanta quatitur nec grandine Syrtis,
> Cum Libyae Boreas Italos niger attulit imbres

Rutilius Namatianus, I, 147-8 (s'adressant à Rome) :

> Quin et fecundas tibi conferat Africa messes,
> Sole suo dives, sed magis imbre tuo.

4. Édit. Kühn, tome XVII B, p. 597. Conf. Oribase, édit. Bussemaker et Daremberg, II, p. 294.
5. *Bell. vand.*, I, 14, 17.

En été, le soleil dardait ses brûlants rayons[1]; la pluie ne tombait pas[2], ou, du moins, elle ne tombait que rarement[3]; les rivières se desséchaient[4]. Cependant, la nuit, les rosées donnaient de l'humidité aux végétaux[5].

Il n'est pas possible de dire si les grandes chaleurs de l'été commençaient et finissaient plus tôt ou plus tard qu'aujourd'hui; si, d'une manière générale, elles étaient plus fortes[6]. Nous n'avons pas de renseignements précis pour l'époque des

---

1. *C. I. L.*, VIII, 11824, vers 13 (inscription de Maktar) :
   Bis senas messes rabido sub sole totondi.
   Corippus, *Johannide*, III, 24-25 (en septembre) : « ... solis torridus ardor..., fervens aestate perusta. » Columelle, III, 12, *in fine*. Etc. — Naturellement, les étés pouvaient être plus ou moins chauds. Dans un ouvrage écrit en 252, saint Cyprien (*Ad Demetrianum*, 3) indique qu'on traversait alors une période d'étés tempérés : « Non frugibus aestate torrendis solis tanta flagrantia est. »
2. Aristote, *Histor. animalium*, VIII, 28 (27), 7 : manque de pluies en Libye; manque d'eau pendant l'été. Pline, X, 201 : « aestate... inopia imbrium ». Columelle, I, 6, 24 : « in transmarinis quibusdam regionibus, ubi aestas pluvia caret. » — Strabon (XVII, 3, 7) indique, sans s'en porter garant, que des pluies tomberaient abondamment en été chez les Pharusiens et les Nigrètes (peuples qui habitaient le Sud du Maroc actuel); au contraire, la sécheresse régnerait chez eux en hiver. Mais il est permis de douter de l'exactitude de ce renseignement, contraire à la règle générale de la climatologie de l'Afrique du Nord : sécheresse en été, pluies en hiver. Peut-être a-t-on transporté au pays des Pharusiens et des Nigrètes des indications qui s'appliquaient à des régions du Soudan ou de la lisière méridionale du Sahara.
3. Saint Augustin (*Enarr. in Psalm.* LXXX, 1, et LXXVI, 5) parle de pluies qui peuvent compromettre le battage des récoltes ou la vendange.
4. Appien, *Bell. civil.*, II, 45.
5. Pline, III, 133 : « roscidas aestate Africae noctes »; XVIII, 186 : « in Africa... fruges nocturno tantum rore nutriente. »
6. Pline (V, 14) affirme, d'après Suétonius Paulinus, que le sommet de l'Atlas est, même en été, couvert de neiges épaisses (conf. Dion Cassius, LXXV, 13, et, d'après Dion, Zonaras, XII, 9, t. II, p. 551 de l'édition de Bonn; voir aussi Virgile *Énéide*, IV, 249). Actuellement, la neige ne demeure pendant toute l'année que dans quelques coins bien abrités du Haut-Atlas (voir plus haut, p. 44). Mais il serait sans doute bien imprudent d'en conclure que les chaleurs de l'été étaient autrefois moins fortes. — D'autre part, rien ne prouve que le dattier, qui, pour fructifier, a besoin d'étés très chauds et très secs, ait porté des fruits ailleurs que dans les oasis du Sud où il fructifie encore aujourd'hui. Dans l'Ouest du Maroc, Pline (V, 13) indique des restes d'anciennes palmeraies sur un fleuve Ivor, ou Vior, qu'il place entre le Fut (oued Tensift) et l'Atlas. Mais produisaient-elles de meilleurs fruits que les dattiers qui sont si nombreux dans la région de Merrakech? — Appien (*Lib.*, 71) dit que, chez les Numides, l'hiver n'est pas très froid et que l'été n'est pas d'une chaleur excessive, comme chez les Éthiopiens et chez les Indiens : ce qui ne nous apprend pas grand'chose. Appien lui-même (*Lib.*, 73) parle de la chaleur de l'été africain.

moissons[1]. Pour les vendanges, un texte indique la fin d'août[2], un autre l'automne[3] : dates qui sont encore exactes (elles varient selon la température, l'altitude et même les cépages). En 533, au mois de septembre, les soldats de Bélisaire trouvèrent en abondance des fruits mûrs sur le littoral de la Byzacène[4]. Procope ne donne pas de détails : s'il s'agit de figues, de grenades, de raisins, fruits que nous savons avoir été très répandus en Afrique dans l'antiquité, l'indication concorde avec l'époque actuelle de leur maturité. Quant aux olives, on les cueillait, comme de nos jours, depuis novembre jusque pendant l'hiver[5].

Les hivers étaient-ils plus ou moins rigoureux qu'aujourd'hui? Nous l'ignorons[6].

Mais quelques renseignements nous sont donnés sur le régime

1. En Italie et en Sicile, on constate qu'aux environs de notre ère, elles se faisaient environ un mois plus tard qu'aujourd'hui : les chaleurs étaient donc plus tardives et, sans doute, plus modérées. Une pièce de vers, insérée dans une anthologie africaine (*Anthologia latina*, édit. Riese, p. 133, v. 13), indique la moisson en juillet. Actuellement, la récolte de l'orge se fait en Afrique en mai-juin, celle du blé en juin et dans la première quinzaine de juillet.
2. Columelle, XI, 2, 60. C'est l'époque où, de nos jours, on commence la vendange sur le littoral.
3. Saint Cyprien, *Ad Donatum*, 1; conf. Arnobe, I, 21. — Une pièce de vers d'un recueil africain (voir à la note 1) indique (v. 18-20) que les raisins sont mûrs en septembre; elle place la fabrication du vin en octobre : ce qui, actuellement, serait une date bien tardive pour l'Afrique.
4. Procope, *Bell. vand.*, I, 16, 1; I, 17, 10.
5. Saint Augustin (*Enarr. in Psalm.* CXXXVI, 9) dit qu'on met les olives sous le pressoir à la fin de l'année. Sur une mosaïque de la région de Sousse, la figure de l'Hiver est accompagnée d'un homme ramassant des olives : *Catalogue du musée Alaoui*, Suppl., pl. XVI, fig. 2. Dans le poème du recueil africain cité plus haut, la fabrication de l'huile est indiquée en novembre (v. 21-22) :

Arva November arans fecundo vomere vertit,
Cum teretes sentit pinguis oliva moles.

6. On admet d'ordinaire que la limite d'altitude pour les oliviers fructifères est d'environ 900 mètres dans l'Afrique du Nord (en Kabylie) et qu'ils ne doivent pas être exposés à des froids persistants de — 6°. Cependant nous trouvons, dans la province de Constantine, des restes de pressoirs à huile à des altitudes dépassant 1000 mètres. Mais cela ne prouve pas que les hivers aient été moins froids qu'aujourd'hui dans les parties hautes de la Berbérie. Les anciens ont pu planter des variétés plus résistantes à la gelée que les variétés cultivées actuellement à des altitudes moins élevées. D'ailleurs, au Maroc, il existe encore des oliviers fructifères à 1300 mètres, et même à près de 1500 mètres d'altitude : Fischer, *Der Oelbaum* (*Petermanns Mitteilungen*, Ergänzungsheft CXLVII, 1904) p. 26, 79 et 81.

des pluies. Parfois, comme il arrive encore de notre temps, il y avait des années de très grande sécheresse. Quand Hadrien visita l'Afrique, en 128, « la pluie qui, depuis cinq ans, avait manqué, dit le biographe de cet empereur[1], tomba à son arrivée et, pour cette raison, il fut aimé des Africains ». Arnobe, à la fin du IIIe siècle, parle de sécheresses qui, dans l'année où il écrit, ont sévi sur les champs des Gétules et de la Maurétanie Tingitane, tandis que les Maures de la Césarienne et les Numides faisaient de très belles moissons[2]. En 484, affirme un écrivain contemporain, Victor de Vite[3], « il n'y eut aucune pluie, aucune goutte d'eau ne tomba du ciel ». Il est question dans quelques textes d'absences de récoltes, de disettes, causées évidemment par le manque de pluie. Tertullien[4] dit que, sous le gouvernement d'Hilarianus (vers 202), on ne fit pas de moisson. Une inscription de Rusguniae (près d'Alger) célèbre la libéralité d'un magistrat municipal, « qui fournit du blé à ses concitoyens et empêcha ainsi le prix de cette denrée de monter[5] ». A Thuburnica (dans la région de la Medjerda), une autre inscription nous montre le blé atteignant le prix très élevé de dix deniers le boisseau[6] : ce qui ne peut s'expliquer que par une mauvaise récolte. Une inscription de Madauros mentionne une disette[7]. Sur une inscription de Rome, un personnage, qui fut proconsul en 366-367, est remercié solennellement d'avoir chassé la faim de la province d'Afrique[8]. En 383, les récoltes

---

1. Histoire Auguste, *Hadrien*, XXII, 14. Ce fut peut-être alors que le légat de la légion III à Lambèse fit deux dédicaces « Ventis, bonarum Tempestatium potentibus », et « Iovi O(ptimo) M(aximo), Tempestatium divinarum potenti » : *C. I. L.* VIII, 2610 et 2609.
2. *Adversus gentes*, I, 16.
3. III, 55. — L'année 547 fut aussi très sèche : Corippus, *Johannide*, VI, 247 (« sterilis nam cernitur annus »).
4. *Ad Scapulam*, 3.
5. *C. I. L.*, VIII, 9250.
6. *Bull. archéologique du Comité*, 1891, p. 183.
7. Martin, dans *Recueil de Constantine*, XLIII, 1909, p. 1 et 6.
8. *C. I. L.*, VI, 1736 : « ob... depulsam ab eadem provincia famis et inopiae vastitatem consiliis et provisionibus. » Conf. Ammien Marcellin, XXVIII, 1, 17.

ne donnent pas de quoi suffire aux besoins du pays et il faut faire venir d'ailleurs des grains pour les semailles[1].

Ces sécheresses, qui avaient des résultats désastreux pour l'agriculture, se prolongeaient parfois pendant plusieurs années : nous venons de voir que, sous Hadrien, cinq ans s'étaient écoulés sans pluie. Un siècle plus tard, saint Cyprien cite, comme un argument en faveur de sa thèse sur la vieillesse du monde, la diminution des pluies qui nourrissent les semences[2]. On était sans doute alors dans un cycle d'années sèches.

Cependant, la sécheresse absolue était, comme aujourd'hui, un phénomène exceptionnel, du moins pour la région du littoral. Dans un discours prononcé à Hippone, saint Augustin fait remarquer qu'au lieu où il se trouve, sur le bord de la mer, il pleut presque tous les ans[3]. Il lui arrive même de se plaindre d'un hiver trop pluvieux[4].

Il est vrai qu'alors comme aujourd'hui, la répartition des chutes d'eau laissait souvent à désirer. La pluie se faisait attendre et l'anxiété s'emparait des cultivateurs. On implorait le secours divin[5]; les païens s'adressaient surtout à la déesse Céleste, la prometteuse de pluies, comme l'appelle Tertullien[6]. Nous voyons en particulier qu'une sécheresse persis-

1. Symmaque, *Lettres*, IV, 74 (au proconsul d'Afrique).
2. *Ad Demetrianum*, 2 : « ... quod imbres et pluvias serena longa suspendant. » *Ibid.*, 3 : « non hieme nutriendis seminibus tanta imbrium copia est. » *Ibid.*, 7 : « quereris... si rara desuper pluvia descendat, si terra situ pulveris squaleat, si vix ieiunas et pallidas herbas sterilis gleba producat..., si fontem siccitas statuat. » *Ibid.*, 10 : « quereris claudi imbribus caelum. » Voir encore *ibid.*, 8, début.
3. *Enarr. in psalm.* CXLIII, 10 : « pluit hic prope omni anno et omni anno dat frumentum (Deus). »
4. *Lettres*, CXXIV, 1 (hiver de 410-411).
5. Augustin, *Enarr. in psalm.* XCVIII, 14 : « Nonne clamant pagani ad Deum et pluit? »
6. *Apolog.*, 23 : « Virgo Caelestis, pluviarum pollicitatrix. » Conf. une inscription de Sidi Youcef (*C. I. L.*, VIII, 16810) :

>Tu nimbos ventosq(ue) cies, tibi, Juno, sonoros
>Perfacilest agitare metus : nam, fratre c(adente),
>Intonas, nubigenam terris largita mado(rem).

Les indigènes recouraient, comme aujourd'hui encore, à des procédés magiques : voir Dion Cassius, LX, 9.

tante pouvait retarder le temps des semailles[1]. Saint Augustin, parlant aux fidèles le jour anniversaire du martyre de sainte Crispine, le 5 décembre, nous apprend que la pluie, depuis longtemps souhaitée, venait seulement de tomber : « Le Seigneur a daigné arroser la terre de sa pluie pour nous permettre de nous rendre d'un cœur plus joyeux au lieu où l'on vénère les martyrs[2]. » De son côté, Corippus[3] nous montre des paysans africains attendant la pluie avec angoisse au printemps et prenant leurs dispositions pour qu'elle produise sur leurs champs les meilleurs effets possibles : « Les cultivateurs de la terre altérée de Libye regardent les nuages, quand les premiers éclairs brillent dans le ciel agité et que le vent du Sud frappe l'air de coups de tonnerre répétés. La foule des paysans court par les campagnes desséchées, espérant la pluie. On nettoie, on nivelle les lieux par lesquels l'eau doit passer, on règle par avance sa course, afin que les ruisseaux coulent par les prés verdoyants (la triste sécheresse l'exige!); on forme des obstacles en dressant des tas de sable; on barre les pentes du sol fertile. »

Quand la pluie tombait, elle se précipitait souvent d'une manière torrentielle, comme de nos jours. Lors de la guerre de Jugurtha, l'armée romaine marchant sur Thala reçut tout à coup des trombes d'eau[4]. Au début de l'année 46 avant notre ère, les troupes de César, campant dans la région de Sousse, furent surprises pendant la nuit par un orage terrible : un nuage immense s'était formé soudain; la pluie, la grêle tombèrent si dru que les tentes furent bouleversées ou rompues[5]. En 212,

---

1. Augustin, *Enarr. in psalm.* LXXX, 1 : « Non pluit Deus, non seminamus. »
2. *Enarr. in psalm.* CXX, 13.
3. *In laudem Iustini*, IV, 213.
4. Salluste, *Jug.*, LXXV, 7 : « Tanta repente caelo missa vis aquae dicitur, ut ea modo exercitui satis superque foret. »
5. *Bell. afric.*, XLVII, 1 et 6 : « Circiter vigilia secunda noctis, nimbus cum saxea grandine subito est exortus ingens... Itaque subito imbre grandineque consecuta gravatis pondere tentoriis aquarumque vi subrutis disiectisque... »

Tertullien parle des pluies de l'année précédente, qui avaient été un véritable déluge[1]. D'autres pluies torrentielles sont signalées, soit au voisinage du littoral méditerranéen, soit à l'intérieur des terres[2]. Saint Cyprien[3], saint Augustin[4], Corippus[5] mentionnent aussi des orages de grêle, funestes à l'agriculture. Ces avalanches inondaient les campagnes et les couvraient de boues[6], gonflaient les torrents et causaient des dégâts[7], endommageant en particulier les routes[8].

Dans l'antiquité comme de notre temps, la quantité des pluies variait beaucoup selon les régions.

Il y avait de l'eau dans les pays voisins du littoral. « La partie de l'Afrique, dit Solin[9], qui est exposée au Nord est

---

1. *Ad Scapulam*, 3 : « imbres anni preteriti..., cataclysmum scilicet. »
2. Orage subit pendant une bataille que Marius livre à Jugurtha et à Bocchus, dans la région de Cirta : Paul Orose, V, 15, 15-16. Pluie torrentielle et vent violent lors d'une bataille livrée par Pompée près d'Utique : Plutarque, *Pompée*, 12. Pluie torrentielle en 12 environ après J.-C., dans le désert : Dion Cassius, LX, 9. Orage violent en 238, probablement près de Carthage : Histoire Auguste, *Gordiani tres*, XVI, 2.
3. *Ad Demetrianum*, 7 : « ..., si vineam debilitet grando caedens, si oleam detruncet turbo subvertens. »
4. *Enarr. in psalm.* LXX (1re partie), 17; LXXVI, 5; CXXIX, 8; CXXXVI, 5. — Dans la lettre XCI, 8, il est question d'une grêle qui éclata sur Calama (Guelma) au commencement de juin.
5. *Johannide*, III, 256 :
   Ceu glaucam veniens grando destringit olivam,
   Arboris excutiens concusso vertice fructus;
   Tum pariter praeceps ai terram pondere nimbi
   Et tener excutitur, quassatus grandine, ramus.

   Conf. *ibid.*, II, 216 et suiv.; VIII, 313 et suiv. — Voir aussi Actes des martyrs d'Abitine, 3 (dans Ruinart, *Acta primorum martyrum*, Paris, 1689, p. 410).
6. Frontin (De controversiis agrorum, dans *Gromatici veteres*, p. 47) parle des inondations (« inundatio camporum ») qui modifient l'aspect des champs en Afrique.
7. *Bull. archéologique du Comité*, 1903, p. CCXLII (inscription de la région du Mernag, au Sud de Tunis) : « templum vi fluminis ereptum. » *Ibid.*, 1893, p. CLXXXI (inscription de Tigzirt) : « ... cuius voragine semper attrita s[on]nt pecora. »
8. *C. I. L.*, VIII, 10298-9, 10302, 10304, 10308-9, 10315, 10320, 10323, 22371-3, 22379 (bornes milliaires de la route de Cirta à Rusicade) : « viam imbribus et vetustate conlapsam cum pontibus restituit. » *Ibid.*, 22397, 22399; *Procès-verbaux de la Commission de l'Afrique du Nord*, mars 1912, p. XVI (bornes de la région de Djemila, entre Constantine et Sétif) : « vias torrentibus exhaustas. »
9. XXVII, 5 : « Africa qua septemtrionem patitur aquario larga. » Conf. Strabon, XVII, 3, 10.

bien arrosée. » Cette eau était-elle plus abondante qu'aujourd'hui? Les documents dont nous disposons ne le prouvent pas. Nous avons déjà noté que, le plus souvent, on trouve encore des sources auprès des agglomérations antiques.

L'Océan recevait le Sububus, « fleuve magnifique et navigable », dit Pline[1]. C'est l'oued Sebou, qui est encore navigable sur une cinquantaine de kilomètres en toute saison, et bien plus haut en hiver[2]. A l'Est du détroit de Gibraltar, la disposition des montagnes du Tell empêche la formation de fleuves aussi importants[3]. Quelques rivières du Nord du Maroc sont cependant indiquées comme navigables par Pline[4] : le Tamuda, le Laud, la Malvane; ce sont l'oued Martil, l'oued Laou, la Moulouïa[5]. Si le mot « navigable » veut dire que, pendant une partie de l'année, ces oueds peuvent être remontés par des barques jusqu'à une certaine distance de leur embouchure, l'assertion est encore vraie. Dans le Nord de l'Algérie et de la Tunisie, on rencontre quelques ruines de ponts romains[6]; ils n'ont pas été construits pour traverser des lits plus larges que les lits actuels, qui, il faut le dire, sont rarement remplis. Ce qui est plus digne de remarque, c'est le nombre assez peu élevé de ces ponts, dans un pays qui était sillonné par beaucoup de routes. Sur bien des points, le tracé des voies n'est pas douteux : on constate qu'elles franchissaient des rivières sur lesquelles il ne reste aucune trace de pont. On peut supposer que ces cours d'eau se passaient sur des bacs ou des ponts de bateaux, mais

---

1. V, 5 : « amnis Sububus magnificus et navigabilis. »
2. Des bateaux à fond plat pourraient le remonter jusqu'à 250 kilomètres de son embouchure : *Annales de Géographie*, XXI, 1912, p. 381.
3. Méla (I, 28) parle des « parva flumina » de la côte méditerranéenne de la Maurétanie, c'est-à-dire du Maroc.
4. V, 18.
5. Tissot, dans *Mémoires présentés à l'Académie des Inscriptions*, IX, 1ʳᵉ partie p. 155-7.
6. Gsell, *Monuments antiques de l'Algérie*, II, p. 9-10; p. 11, n. 2, nᵒˢ 1 et 4. Tissot *Géographie*, II, p. 231, 266, 273, 232, 339, 371, 411, 419, 536, 570, 576. Saladin dans *Nouvelles Archives des missions*, II, 1892 p. 403-411 437-439.

l'hypothèse la plus vraisemblable est qu'ils se traversaient à gué[1]. Il y a donc lieu de croire qu'à l'époque romaine, leur débit maximum ne différait guère de ce qu'il est aujourd'hui.

Suffisamment humectées, les régions voisines de la côte étaient fertiles, sauf dans quelques parties. Polybe[2], réfutant Timée, dit que « la fécondité de la Libye est admirable ». Strabon écrit[3] que « le littoral, de Carthage aux Colonnes d'Héraclès, est en général fertile ». Il dit ailleurs[4] que « tous s'accordent pour déclarer que la Maurusie (le Maroc) est un pays fertile et bien pourvu d'eau, à l'exception de quelques déserts peu étendus » (il indique, parmi ces régions arides, le canton de Métagonion, au cap de l'Agua, près de l'embouchure de la Moulouia[5]). Du Métagonion au cap Tréton (cap Bougaroun), « les terres du littoral sont fertiles[6] ». Méla affirme que l'Afrique est extrêmement fertile partout où elle est habitée[7]. Il fait l'éloge de la côte océanique du Maroc[8].

A l'intérieur des terres, les pluies ne manquaient pas tout à fait. Salluste[9] en mentionne à Capsa (Gafsa), à Thala (probablement dans la même région que Capsa). Mais, bien souvent, elles étaient insuffisantes pour assurer la bonne venue des céréales. C'est ce que remarque saint Augustin[10] : « La Gétulie a soif, tandis que la mer reçoit de la pluie... Ici (à Hippone), Dieu fait tomber la pluie tous les ans, et, tous les ans, il nous donne le blé; ... là (en Gétulie), il ne le donne que rarement,

---

1. Certains de ces gués correspondent à ceux d'aujourd'hui. Pour celui de Medjez Sfa, entre Duvivier et Souk Ahras, voir Mercier, *Bull. archéologique du Comité*, 1888, p. 116 et 119; Gsell, *Atlas archéologique de l'Algérie*, f° 9, n° 223.
2. XII, 3, 1.
3. II, 5, 33. Conf. XVII, 3, 1.
4. XVII, 3, 4. Conf. XVII, 3, 7.
5. XVII, 3, 6.
6. XVII, 3, 9. Conf. XVII, 3, 13.
7. I, 21.
8. III, 106 : « adeo est fertilis ut frugum genera non cum serantur modo benignissime procreet, sed quaedam profundat etiam non sata. »
9. *Jug.*, LXXXIX, 6; LXXV, 7.
10. *Enarr. in psalm.* CXLVIII, 10.

quoique en grande quantité. » Le climat étant humide sur le littoral et sec en Gétulie, les grains se conservaient beaucoup mieux chez les Gétules.

Après avoir dit que la côte est fertile entre les caps Métagonion et Tréton, Strabon[1] ajoute qu'au-dessus, sauf quelques parties cultivées, appartenant aux Gétules[2], on ne trouve qu'une suite de montagnes et de déserts jusqu'aux Syrtes. Le géographe grec mentionne bien un pays de marais et de lacs, que les Pharusiens, indigènes du Sud du Maroc, traversent pour aller de chez eux jusqu'à Cirta (Constantine)[3]. Mais ces lacs existent encore, au milieu des steppes du Maroc oriental et de l'Algérie centrale; ils s'appellent chott Gharbi, chott Chergui, les deux Zahrès. Ce sont, nous l'avons dit[4], des bas-fonds, humides en hiver, desséchés en été, s'allongeant dans un pays stérile; les indigènes dont parle Strabon voyagent en emportant des outres pleines d'eau, qu'ils attachent sous le ventre de leurs chevaux. Nous n'avons aucune preuve que ces chotts aient été plus étendus dans l'antiquité que de nos jours. Au contraire, on constate l'existence de ruines romaines à El Khadra, au bord du chott Chergui[5]. C'est le seul point des steppes que les maîtres du Tell aient occupé, pour garder un passage de nomades. Ils ne se soucièrent pas d'annexer à leur empire de grandes plaines arides.

Au Sud-Ouest de la province de Constantine, il y a aussi des ruines antiques à la lisière des terres couvertes par le chott el Hodna pendant la saison d'hiver[6]. Il est vrai que, dans le bassin de ce chott et autour des sebkhas ou lacs dont nous

---

1. XVII, 3, 9. Conf. XVII, 3, 10.
2. Ce membre de phrase est altéré dans le texte : le sens est donc incertain.
3. XVII, 3, 7. Conf. XVII, 3, 19, où Strabon indique aussi de grands lacs à l'intérieur des terres.
4. P. 13.
5. La Blanchère, dans *Archives des missions*, 3ᵉ série, X, 1883, p. 75. Cagnat, *Armée romaine d'Afrique*, 2ᵉ édit., p. 666.
6. Gsell, *Atlas archéologique de l'Algérie*, f° 26.

allons parler, les irrigations ont pu diminuer sensiblement les apports des oueds. Mais les habitants de ces régions n'auraient pas eu l'imprudence de placer leurs demeures de telle sorte qu'elles eussent été inondées, si les irrigations avaient été suspendues pour une cause quelconque; il eût été absurde de leur part de s'infliger l'obligation d'irriguer au moment où quelque pluie survenait et, tout en grossissant les oueds, rendait l'irrigation des champs superflue[1]. Il faut donc admettre que ces habitations étaient situées en dehors des terres recouvertes par les lacs en hiver, à l'époque où les oueds recueillaient le plus d'eau. Les pluies étaient rares, du reste, dans le bassin du Hodna. A la fin du v⁰ siècle, les environs de Macri et de Thubunae, au Nord-Est et à l'Est du chott[2], passaient pour des déserts[3].

Les sebkhas situées au Sud-Est de Sétif, celles qui s'étendent au Nord de l'Aurès et qui sont alimentées par des cours d'eau descendant de ce massif, n'étaient pas plus grandes qu'aujourd'hui, car on rencontre aussi des ruines sur leurs bords[4].

Le Muthul, dit Salluste, — il s'agit de l'oued Mellègue, principal affluent de droite de la Medjerda[5], — traverse une région sèche et sablonneuse; le milieu de la plaine est désert, par suite du manque d'eau, sauf les lieux ...as du fleuve[6]. Capsa, dit encore Salluste, se trouve au milieu d'immenses solitudes; sauf dans le voisinage immédiat de la ville, qui possède une

---

1. Cela pour répondre aux observations de Th. Fischer, dans *Verhandlungen des achten deutschen Geographentages* (1889), p. xv.
2. Gsell, *Atlas*, f° 26, n° 111; f° 37, n° 10.
3. Victor de Tonnenna, *Chronique*, à l'année 479 (dans Mommsen, *Chronica minora*, II, p. 189) : « Hugnericus... Tubunis, Macri et Nipp's aliisque heremi partibus catholicos relegat. » Conf. Victor de Vite, II, 26 : « exilium heremi »; *ibid.*, 37 : « solitudinis loca ».
4. Gsell, *l. c.*, f°° 16, 26, 27, 28.
5. Gsell, *l. c.*, f° 18, n°° 519 et 535.
6. *Jug.*, XLVIII, 4-5 : « ... arido atque harenoso... Media autem planities deserta penuria aquae, praeter flumini propinqua loca. » — La plaine de Cilla, que mentionne Appien (*Lib.*, 40) et qui se trouvait peut-être dans cette région, était sans eau.

source intarissable, tout le pays est désert, inculte, dépourvu d'eau[1]. Thala, ville dont le site est semblable à celui de Capsa, est bien entourée de quelques sources[2], mais, entre elle et le fleuve le plus voisin, sur un espace de cinquante milles, la contrée est sèche et déserte[3]. Métellus, marchant sur Thala, Marius marchant sur Capsa, doivent charger leurs troupes d'abondantes provisions d'eau[4]. Salluste observe qu'à l'intérieur de l'Afrique (c'est-à-dire de l'Afrique du Nord), les indigènes évitent de manger des aliments qui les altéreraient : l'eau pourrait leur faire défaut pour étancher leur soif[5].

A l'époque de la domination romaine, l'eau courante manque presque partout entre Kairouan, Gafsa et Sfax. On ne rencontre en effet dans cette région que de très rares vestiges de barrages sur les ravins[6] : l'abondance d'autres travaux hydrauliques prouve que, si l'on ne tirait pas parti de ces ravins, c'était parce qu'ils restaient généralement vides.

Sur le littoral même de la Tunisie orientale, qui, nous l'avons dit, est aujourd'hui assez sec, les troupes de César, faisant campagne aux environs de Sousse, manquent d'eau en hiver et au commencement du printemps[7]. Six siècles plus tard, en septembre, les soldats de Bélisaire, après avoir débarqué un peu plus au Sud, au cap Kaboudia, se trouvent dans un pays

---

1. *Jug.*, LXXXIX, 4 : « Erat inter ingentes solitudines... Capsa »; *ibid*, 5 : « praeter oppido propinqua, alia omnia vasta, inculta, egentia aquae. »
2. *Jug.*, LXXXIX, 6.
3. *Jug.*, LXXV, 2 : « inter Thalam flumenque proximum, in spatio milium quinquaginta, loca arida atque vasta. »
4. *Jug.*, LXXV, 3; XCI, 1 (il faut dire que l'expédition de Marius eut lieu à la fin de l'été : XC, 1).
5. *Jug.*, LXXXIX, 7. Conf. ce que Pline (X, 201) dit sur un moyen que les Gètes ont trouvé pour se désaltérer.
6. Blanchet, dans *Enquête sur les installations hydrauliques romaines en Tunisie*, I, p. 54; le même, dans *Association française pour l'avancement des sciences*, Tunis, 1896, II, p. 809. — Aucun reste de barrage n'a été relevé dans la région de Kairouan : *Enquête*, I, p. 265.
7. *Bell. afric.*, LI, 5 : César choisit pour établir son camp un endroit où « putei complures poterant; aquatione enim longa et angusta utebatur »; LXIX, 5 : l'ennemi s'efforce de faire camper César « ubi omnino aquae nihil esset »; LXXIX, 1 : « aquae penuriam ».

entièrement desséché, et c'est par un hasard providentiel que des terrassements font rencontrer une nappe d'eau, enfouie sous le sol [1]. Des villes qui furent importantes à l'époque romaine, Leptis Minor, Thysdrus, se passaient d'eau de source [2].

Dans les premiers siècles de notre ère, le travail opiniâtre de l'homme, les façons données au sol pour retenir l'humidité qu'il pouvait emmagasiner, le choix de cultures fort peu exigeantes au point de vue de l'eau ont transformé en de riches campagnes une bonne partie des régions africaines où la pluie ne tombait guère, où les sources étaient rares, où d'ordinaire les ravins étaient vides. Dans ces pays, on voit partout des restes de bassins, de réservoirs, de citernes, de puits, qui servaient à l'alimentation des hommes et du bétail, bien plus qu'à l'irrigation des cultures [3]. Les eaux qui tombaient du ciel, celles que recélait le sol étaient si précieuses qu'on ne négligeait rien pour les recueillir et qu'on ne les gaspillait pas à des usages vulgaires.

Les travaux hydrauliques ne manquaient pas non plus dans des régions plus favorisées sous le rapport des pluies. Ceux qui alimentaient des villes, des bourgs témoignent surtout du désir que les habitants avaient de boire une eau aussi pure, aussi saine que possible [4]. Mais d'autres attestent que, même dans ces régions, l'eau du ciel ne suffisait pas toujours aux besoins agricoles. Quand on le pouvait, on recourait aux irrigations, soit pendant la saison d'été, pour les cultures maraichères et fruitières, soit même pendant l'hiver, dans les périodes de sécheresse persistante qui, nous le savons, n'étaient pas

---

1. Procope, *Bell. vand.*, I, 15, 31; *Édifices*, VI, 6.
2. *Enquête Tunisie*, I, p. 9, 11, 59.
3. Conf. Blanchet, dans *Enquête*, I, p. 49.
4. Les aqueducs qui amenaient des eaux de source dans certaines villes importantes étaient parfois très longs (aqueduc principal de Cirta, 33 kilomètres; aqueduc de Caesarea, 28; aqueduc de Carthage, 132). Cela ne prouve pas que les sources manquassent dans le voisinage de ces villes. Mais ou bien l'eau qu'elles fournissaient n'a pas été jugée assez bonne, ou bien elle eût été insuffisante pour alimenter de très fortes agglomérations. Conf. Fischer. *Verhandlungen des achten Geographentages*, p. xv.

rares en cette saison. Une remarque de Frontin mérite d'être citée : « En Italie et dans quelques provinces, vous causez un grave préjudice à votre voisin si vous faites pénétrer l'eau dans sa propriété ; en Afrique, si vous empêchez l'eau de passer chez lui[1]. »

Les textes que nous venons d'étudier manquent souvent de précision ; ils ne doivent pas être tous accueillis avec une confiance aveugle. Ils permettent cependant quelques conclusions.

Au Sud de la Berbérie, le Sahara était déjà un désert dans les siècles qui précédèrent et suivirent l'ère chrétienne. Mais il était peut-être un peu moins sec que de nos jours.

Il est inexact de dire que, pendant une partie de l'époque historique, la lisière septentrionale du Sahara ait été une zone humide. On a cependant quelques raisons de supposer que les montagnes qui bordent le désert recevaient un peu plus de pluie qu'aujourd'hui.

Quant à l'Afrique du Nord proprement dite, elle jouissait d'un climat, sinon semblable, du moins très analogue au climat actuel : sécheresse habituelle en été, sécheresse parfois pendant toute l'année, pluies irrégulières et souvent torrentielles, bien moins abondantes, d'une manière générale, à l'intérieur du pays que dans le voisinage de l'Océan et de la Méditerranée, depuis le détroit de Gibraltar jusqu'au cap Bon. Que cette contrée ait été un peu plus humide qu'aujourd'hui, cela est possible : à défaut de preuves, on peut invoquer quelques indices, qui ne sont pas dénués de valeur. Mais, en somme, si le climat de la Berbérie s'est modifié depuis l'époque romaine, ce n'a été que dans une très faible mesure.

---

1. De controversiis agrorum, dans *Gromatici veteres*, p. 57 : « In Italia aut quibusdam provinciis non exigua est iniuria si in alienum agrum aquam immittas; in provincia autem Africa, si transire non patiaris. » Conf. Agenius Urbicus, *ibid.*, p. 83. — Frontin dit encore (*l. c.*, p. 36) : « Cum sit regio aridissima (il s'agit de l'Afrique), nihil magis in querela habent quam si quis inhibuerit aquam pluviam in suum influere; nam et aggeres faciunt et excipiunt et continent eam, ut ibi potius consumatur quam effluat. »

CHAPITRE IV

FAUNE ET FLORE DE L'AFRIQUE DU NORD DANS L'ANTIQUITÉ

I

Nous n'avons pas l'intention de faire ici une revue complète de ce que les restes fossiles, les documents archéologiques, les textes des auteurs peuvent nous apprendre sur la faune et la flore de l'Afrique septentrionale, avant la fin des temps antiques. Nous désirons surtout indiquer, d'une manière rapide, les relations de cette faune et de cette flore avec les hommes, les ressources qu'ils en pouvaient tirer, les obstacles qu'elles leur opposaient.

Parmi les animaux qui vivaient dans le pays à l'époque pleistocène, ou quaternaire, et dont les ossements se trouvent mêlés aux plus anciens témoignages de l'industrie humaine, on a reconnu[1] :

Un éléphant, de grande taille et pourvu d'énormes défenses, qualifié d'*Elephas atlanticus*, espèce éteinte[2];

---

1. Voir surtout A. Pomel, *Carte géologique de l'Algérie, Paléontologie, Monographies* (Alger, 1893-1897); conf. le compte rendu de cette publication par Boule, dans l'*Anthropologie*, X, 1899, p. 563-571. Boule, *ibid.*, XI, 1900, p. 6-14.
2. Stations de Ternifine, d'Aboukir, du lac Karar, dans le département d'Oran (industrie paléolithique ancienne) : Pomel, *Éléphants quaternaires*, p. 42-59, pl. VI-X, XII, XIII; *Matériaux pour l'histoire primitive et naturelle de l'homme*, XXII, 1888, p. 232; Boule, dans l'*Anthropologie*, XI, p. 6-7. — A Ternifine, Pomel

L'hippopotame, espèce actuelle [1];

Le rhinocéros, sans doute le rhinocéros camus, qui vit actuellement en Afrique [2];

Le lion [3], la panthère [4], le caracal [5], l'hyène [6];

L'ours [7];

Le sanglier [8]; le phacochère, qu'on retrouve encore au Soudan [9].

Des zèbres, dont une espèce au moins paraît être le dauw actuel de l'Afrique australe [10];

(*l. c.*, p. 18-19, pl. I, fig. 2) a cru reconnaître une autre espèce d'éléphant, d'après un fragment d'une petite molaire, en mauvais état.

1. Ternifine; lac Karar : Pomel, *Hippopotames*, p. 12-27, pl. V-XII; Boule, *l. c.*, p. 10-11. — Grotte d'Aïn Turk, près d'Oran, et grotte des Bains-Romains, près d'Alger (époque plus récente) : Pallary, *Bulletin de la Société d'anthropologie de Lyon*, XI, 1892, p. 293; Ficheur et Brives, *Comptes rendus de l'Académie des Sciences*, CXXX, 1900, p. 1486. M. Flamand (*Association française pour l'avancement des sciences*, Ajaccio, 1901, II, p. 730) signale encore l'hippopotame dans une grotte de Mustapha-Supérieur (Alger), avec une industrie qui paraît néolithique.

2. Ternifine; Aboukir; lac Karar : Pomel, *Rhinocéros quaternaires*, pl. I, IV, XI; Boule, *l. c.*, p. 7-9. — Avec une industrie paléolithique plus récente, dans diverses grottes : à Aïn Turk (Pomel, *l. c.*, p. 41-43, pl. III et IV), à Oran (Pomel, p. 46; Pallary et Tommasini, *Assoc. française*, Marseille, 1891, II, p. 643), aux Bains-Romains (Ficheur et Brives, *l. c.*, p. 1487), à Constantine, grotte dite des Ours (Pallary, *Rec. de Constantine*, XLII, 1908, p. 150-1), à la Mouillah, dans le département d'Oran (Barbin et Pallary, *Bull. d'Oran*, 1910, p. 83). On a retrouvé aussi le rhinocéros dans des escargotières du Sud-Ouest de la Tunisie : Gobert, dans *Bull. de la Société préhistorique de France*, 24 nov. 1910.

3. Ternifine (douteux) : Pomel, *Carnassiers*, p. 8, pl. VII.

4. Constantine, grotte des Ours : Pallary, *l. c.*, p. 133.

5. Abris de la Mouillah (indication de M. Pallary).

6. Ternifine : Pomel, *Carnassiers*, p. 12, pl. III. — Constantine, grotte des Ours : Pallary, *l. c.*, p. 135-6.

7. Constantine, grotte des Ours : Pallary, *l. c.*, p. 137-8; même lieu, grotte du Mouflon : Debruge, *Assoc. franç.*, Lille, 1909, II, p. 821. M. Pallary observe que les os d'ours trouvés dans la première de ces grottes ne sont pas brisés, que, par conséquent, l'homme ne les a pas utilisés pour sa nourriture. L'ours a dû vivre dans la caverne à une époque où elle n'était pas occupée par des hommes, peut-être dans des temps antérieurs. — Les ossements de félins, de chacals, d'hyènes qu'on rencontre dans les cavernes ont pu aussi appartenir à des animaux qui les habitèrent dans des périodes où les hommes n'y séjournaient pas.

8. Ternifine; lac Karar : Pomel, *Suilliens*, p. 12 et suiv., pl. II; Boule, *l. c.* p. 11. — Grotte des Ours, à Constantine : Pallary, *l. c.*, p. 132. Escargotière d'Aïn Mlila, dans le département de Constantine : Pomel, *l. c.*, p. 17.

9. Station moustérienne de l'oued Temda, dans le Dahra : Pallary, *Assoc. française*, Tunis, 1896, II, p. 762.

10. Lac Karar : Boule, *l. c.*, p. 9-10. Même espèce à Ternifine : Pomel, *Équidés*, p. 19 et suiv., pl. III-VII (Pomel croit qu'il s'agit d'un cheval, qu'il appelle *Equus mauritanicus*). — Constantine, grotte des Ours : Pallary, *Rec. de Constantine*,

Un chameau[1];

La girafe, espèce actuelle de l'Afrique centrale[2];

Des cervidés[3];

Des gazelles[4];

L'antilope bubale, ou alcélaphe[5];

Le gnou, espèce actuelle du Sud de l'Afrique[6];

Des restes d'ovidés[7];

XLII, p. 151-152. Abris de la Mouillah, où le zèbre est très abondant : Barbin et Pallary, *Bull. d'Oran*, 1910, p. 86. Escargotières de la région de Tébessa et du Sud-Ouest de la Tunisie : Pallary, *Rec. de Constantine*, XLIV, 1910, p. 100.

1. Ternifine : Pomel, *Caméliens et cervidés*, p. 14 et suiv., pl. III-IV; Pallary, *Bull. de la Société géologique de France*, 1900, p. 909. Il était de plus grande taille et d'une membrure plus forte que le chameau actuel. Pomel n'a pu l'identifier avec aucune espèce vivante; Boule (dans *l'Anthropologie*, XII, 1901, p. 691) pense, au contraire, qu'il est identique au dromadaire. — Le chameau a été aussi signalé dans la grotte d'Aïn Turk : Pallary, *Bull. de la Société d'anthropologie de Lyon*, XI, p. 203.

2. Ternifine : Pallary, *Bull. de la Soc. géologique*, l. c., p. 908. — La girafe figure peut-être dans la faune d'une grotte de Mustapha-Supérieur (Alger), habitée par l'homme à une époque plus récente : Flamand, *Assoc. française*, Ajaccio, 1901, II, p. 730.

3. Lac Karar : Boule, *l'Anthropologie*, XI, p. 11 (molaire d'un cerf, apparenté au cerf actuel). — Grotte des Bains-Romains (Alger) : Ficheur et Brives, l. c., p. 1486 (*Cervus pachygenys* de Pomel?). Grotte des Ours à Constantine (douteux) : *Rec. de Constantine*, XLII, p. 133. Abris de la Mouillah : *Bull. d'Oran*, 1910, p. 86. On a trouvé aussi des restes de cerfs dans les escargotières du département de Constantine et du Sud de la Tunisie.

4. Aboukir : Pomel, *Antilopes Pallas*, p. 14, pl. V. — Dans des grottes : à Oran (Doumergue, *Assoc. française*, Pau, 1892, II, p. 624), aux Bains-Romains (Ficheur et Brives, l. c., p. 1486), à Constantine, grotte des Ours (*Rec. de Constantine*, XLII, p. 133), à la Mouillah (*Bull. d'Oran*, 1910, p. 86). Dans des escargotières du département de Constantine : à Aïn Mlila (Thomas, *Bull. de la Société zoologique de France*, VI, 1881, p. 126; Pomel, l. c., p. 12 et pl. XIII); aux environs de Tébessa (*Rec. de Constantine*, XLIV, p. 100).

5. Lac Karar : Boule, l. c., p. 13 (il pense qu'il s'agit soit de l'*Alcelaphus bubalis*, qui vit encore en Berbérie, soit de l'*Alcelaphus caama* du Sud de l'Afrique). Aboukir, et peut-être Ternifine : Pomel, *Bosélaphes Ray*, p. 27 et suiv., p. 52 et suiv., pl. IV, VI, X. — Grotte des Bains-Romains : Ficheur et Brives, l. c. Grotte des Ours, à Constantine : *Rec. de Constantine*, XLII, p. 134. Abris de la Mouillah : *Bull. d'Oran*, 1910, p. 86. Escargotières de la région de Tébessa : *Rec. de Constantine*, XLIV, p. 100.

6. Ternifine; Aboukir; lac Karar : Pomel, *Bosélaphes Ray*, p. 9 et suiv., pl. I-III; Boule, l. c., p. 11-12. — Grotte des Bains-Romains : Ficheur et Brives, l. c. Grotte des Ours : *Rec. de Constantine*, XLII, p. 133-4. Abris de la Mouillah : *ibid.*, XLII, p. 134. Escargotières de la région de Tébessa : *ibid.*, XLIV, p. 100. — Peut-être encore dans la grotte de Mustapha-Supérieur : Flamand, l. c.

7. Lac Karar : Boule, l. c., p. 12 (molaire d'un ovidé indéterminé). Ternifine : Pomel, *Ovidés*, p. 22, pl. XI (tronçon de mandibule d'ovidé). — Grotte des Ours : Pallary, *Rec. de Constantine*, XLII, p. 134 (mouflon).

Un bœuf, appelé par Pomel *Bos opisthonomus*[1], de grande taille, dont les cornes, longues et fortes, se recourbent en avant des yeux[2] : espèce éteinte, selon Pomel, mais plus probablement variété du *Bos primigenius* d'Europe et d'Asie[3];

Un autre bœuf, plus petit, mal connu, que Pomel qualifie de *Bos curvidens*[4];

Peut-être d'autres bovidés[5].

Les débris d'œufs d'autruche abondent dans les stations paléolithiques récentes[6].

Il y a dans cette faune des animaux identiques ou apparentés à un certain nombre de ceux qui habitèrent l'Europe aux temps quaternaires[7] : hippopotame, rhinocéros, lion, panthère, hyène, sanglier, phacochère, ours, cerf[8]; les deux continents, certainement unis à l'époque pliocène, communiquèrent peut-être encore pendant une partie de l'époque suivante. D'autres espèces, qui manquent dans les pays européens, offrent au

---

1. Ce nom a été emprunté à Hérodote (IV, 183). Mais il n'est nullement prouvé que le bœuf indiqué par l'historien grec soit celui qu'on trouve dans les stations primitives; Pomel lui-même le reconnaît (*Bœufs-taureaux*, p. 15, 24-25). Thomas avait appelé ce bœuf *Bos primigenius mauritanicus* (*Bull. de la Société zoologique de France*, VI, 1881, p. 123).

2. Aboukir : Pomel, *l. c.*, p. 15 et suiv., pl. I-IV, VI-VIII, X, XVIII. Peut-être au lac Karar : Boule, *l. c.*, p. 12-13. — Grotte d'Aïn Turk : Pomel, p. 55, pl. IX; Pallary, *Bull. de la Société d'anthropologie de Lyon*, XI, p. 293. Grotte des Bains-Romains : Ficheur et Brives, *l. c.* Grotte des Ours : *Rec. de Constantine*, XLII, p. 154-5. Abris de la Mouillah : *Bull. d'Oran*, 1910, p. 86. Escargotières du département de Constantine et du Sud de la Tunisie : Thomas, *l. c.*, p. 125-6; Pallary, *Rec. de Constantine*, XLIV, p. 100.

3. Dürst, dans *l'Anthropologie*, XI, 1900, p. 147 et suiv.

4. Ternifine; Aboukir : Pomel, *l. c.*, p. 95 et suiv., pl. XV et XVII. — Peut-être à la grotte des Ours : *Rec. de Constantine*, XLII, p. 155.

5. Les ossements de bovidés ne sont pas toujours, on le comprend, faciles à classer avec précision. Voir Boule, *l. c.*, p. 12 (lac Karar); Barbin et Pallary, *Bull. d'Oran*, 1910, p. 86 (abris de la Mouillah); Pallary, *Rec. de Constantine*, XLIV, p. 100 (escargotières de la région de Tébessa).

6. *Bull. d'Oran*, 1910, p. 86 (abris de la Mouillah). *Rec. de Constantine*, XLIV, p. 63 (escargotières de la région de Tébessa).

7. Trouessart, La faune des mammifères de l'Algérie, du Maroc et de la Tunisie, dans *Causeries scientifiques de la Société zoologique de France*, I, 1903, p. 358. Boule, dans *l'Anthropologie*, XVII, 1906, p. 279, 283.

8. Ajouter l'*Elephas africanus*, le macaque, le serval, le chat ganté. Pour le *Bos opisthonomus*, voir plus haut, n. 3.

contraire une étroite parenté avec des espèces actuelles du centre et du Sud de l'Afrique[1], soit qu'elles aient pu traverser le Sahara, soit que les communications aient eu lieu par ailleurs.

Plus tard, la Berbérie, isolée par la mer et par le désert, possède une faune d'une physionomie particulière[2], qui présente cependant des affinités avec celle de l'Europe méridionale et, pour les régions sèches, avec celle de l'Égypte et de la Nubie[3]. Elle conserve des animaux qui disparaissent de l'Europe; elle en perd d'autres qui, sauf quelques exceptions, se maintiennent au delà du Sahara.

L'*Elephas atlanticus* s'éteignit d'abord, peut-être par suite du refroidissement et de l'assèchement du climat; puis ce fut le tour de l'hippopotame et du rhinocéros.

Des débris d'œufs d'autruche se rencontrent en abondance dans les stations néolithiques[4]. On y trouve des restes de félins (lion, panthère, etc.[5]), l'hyène[6], le chacal[7], le renard[8], le sanglier[9],

---

1. Boule, dans *l'Anthropologie*, X, 1899, p. 571.
2. Polybe (XII, 3, 5) observe que la Libye nourrit quantité d'éléphants, lions, panthères, antilopes, autruches, animaux qui n'existent pas en Europe. Hérodote (IV, 192) énumère une série d'animaux qui vivent dans le pays des Libyens nomades et qui sont, dit-il, propres à ce pays.
3. Conf. Cosson, *le Règne végétal en Algérie* (Paris, 1879), p. 57.
4. On a recueilli aussi des ossements de cet oiseau dans des grottes d'Oran : Doumergue, *Assoc. française*, Pau, 1892, II, p. 623.
5. Grotte du Grand-Rocher, près d'Alger : Pomel, *Carnassiers*, p. 8, pl. IX (lion?). Grotte voisine d'Oran : *ibid.*, p. 11 (lion?) et 12. Grotte de Saïda, dans le département d'Oran : Doumergue et Poirier, *Bull. d'Oran*, 1894, p. 109-110 (lion, caracal, serval). Grotte de Mustapha-Supérieur : Flamand, *Assoc. française*, Ajaccio, II, p. 730 (panthère). Grotte de Bougie : Doumergue, *ibid.*, Cherbourg, 1905, II, p. 630 (lion).
6. Grand-Rocher; Mustapha-Supérieur : Pomel, *l. c.*, p. 13, 15, pl. V-VII. Saïda : *Bull. d'Oran*, 1894, p. 109.
7. Grand-Rocher : Pomel, *l. c.*, p. 23. Mustapha-Supérieur : *Assoc., l. c.* Saïda : *Bull. d'Oran, l. c.* Grottes d'Oran : p. ex. *Bull. de la Société d'anthropologie de Lyon*, XI, 1892, p. 300.
8. Grottes d'Oran et de Saïda : *Assoc. française*, Marseille, 1891, II, p. 643; *Bull. d'Oran, l. c.* Pour la présence de ces divers animaux dans les grottes, conf. l'observation faite p. 101, n. 7.
9. Grand-Rocher; Mustapha-Supérieur; grottes d'Oran : Pomel, *Suilliens*, p. 15, 17, 22, 23, 24, 26, pl. III, IV, VIII. Saïda : *Bull. d'Oran, l. c.*, p. 111. Etc.

le phacochère[1], le zèbre, qui semble devenir rare[2], le dromadaire, rare aussi[3], le cerf[4], des gazelles[5] et d'autres antilopes[6], l'alcélaphe[7], le gnou[8], le mouflon[9], le bœuf dit *Bos opisthonomus*[10], d'autres bovidés[11]. Un buffle, dit *Bubalus antiquus*, qui est peu fréquent[12], devait atteindre 3 mètres de longueur, 1 m. 85 de hauteur au garrot et 1 m. 70 à la

1. Mustapha-Supérieur; Oran (grotte dite du Polygone) : Pomel, *l. c.*, p. 29 et suiv., pl. IX-X.
2. Les ossements d'équidés sont en général peu déterminables. Pomel (*Équidés*, p. 26) indique au Grand-Rocher son *Equus mauritanicus*, qui est probablement un zèbre. Conf. à la grotte de Mustapha-Supérieur : *Assoc. française*, Ajaccio, II, p. 730. — Nous reparlerons des équidés quand nous étudierons les animaux domestiques (livre II, chapitre II).
3. Grottes du Grand-Rocher, de Mustapha-Supérieur, de Fort-de-l'Eau : Pomel, *Caméliens et cervidés*, p. 6-9, pl. I. Grotte de Saïda : *Bull. d'Oran*, 1894, p. 111. Le dromadaire a été aussi trouvé à l'oued Seguen, entre Constantine et Sétif : Pomel, *l. c.*, p. 11-12, pl. II. Conf. Flamand, dans *l'Anthropologie*, VIII, 1897, p. 291-2; Boule, *ibid.*, X, 1899, p. 564.
4. Grand-Rocher; Mustapha-Supérieur : Pomel, *l. c.*, p. 44, pl. VII; *Assoc. française*, Ajaccio, II, p. 730.
5. Grottes de Mustapha-Supérieur, d'Oran, de Saïda : *Assoc., l. c.*; Pomel, *Antilopes Pallas*, p. 14, 23, pl. II, V, X; Pallary et Tommasini, *Assoc. française*, Marseille, 1891, II, p. 643; *Bull. d'Oran*, 1894, p. 113. Abri de Redeyef (Sud-Ouest de la Tunisie) : Gobert, dans *l'Anthropologie*, XXIII, 1912, p. 167.
6. Difficiles à déterminer. Grottes du Grand-Rocher, de Mustapha-Supérieur, d'Oran, de Saïda : Pomel, *l. c.*, p. 35, 38, 39, 44, pl. VI et X; *Assoc. française*, Ajaccio, *l. c.*; *ibid.*, Pau, 1892, II, p. 623; *Bull. d'Oran, l. c.*
7. Grand-Rocher; Mustapha-Supérieur; Oran; Saïda : Pomel, *Bosélaphes Ray*, p. 31, 32, 36, 38, 41, 45, pl. IV, VII-X; *Assoc. française*, Ajaccio, *l. c.*; *ibid.*, Marseille, *l. c.*; *Bull. d'Oran, l. c.* Abri de Redeyef : Gobert, *l. c.*
8. Grotte de Bougie : Debruge, *Assoc. française*, Cherbourg, 1905, II, p. 631. Grotte du Mouflon, à Constantine : *ibid.*, Lille, 1909, II, p. 521.
9. Grottes d'Oran : Pomel, *Ovidés*, p. 7, 9, pl. VI, VII. Grotte de Mustapha-Supérieur : *Assoc.*, Ajaccio, *l. c.* On a trouvé aussi le mouflon (et non le bouquetin) dans un abri de Redeyef : *Revue de l'École d'anthropologie*, XX, 1910, p. 271-2; Gobert, *l. c.*
10. Grottes d'Oran, de Saïda, de Mustapha-Supérieur : Pomel, *Bœufs-taureaux*, pl. II-V, VII; *Bull. d'Oran*, 1894, p. 112; *Assoc.*, Ajaccio, *l. c.* Station d'Arbal, près d'Oran : Doumergue, dans *Assoc.*, Nantes, 1898, II, p. 575.
11. *Bos euridens* (?), à Saïda : *Bull. d'Oran*, 1894, p. 112-3. — Nous reviendrons sur les ovidés et les bovidés dans l'étude des animaux domestiques.
12. Grottes du Grand-Rocher et de Mustapha-Supérieur : Pomel, *Bubalus antiquus*, p. 76, pl. IX; *Assoc.*, Ajaccio, *l. c.* Probablement dans des grottes d'Oran : Pomel, *l. c.*, p. 77. — Le *Bubalus antiquus* n'a pas encore été rencontré avec certitude dans les stations paléolithiques : Pomel, *l. c.* (conf. Boule, dans *l'Anthropologie*, XI, 1900, p. 12). M. Flamand (*Recherches sur le Haut-Pays de l'Oranie*, p. 729) dit, il est vrai, que « les gisements incontestables du *Bubalus antiquus* sont, dans le Tell algérien et dans le Haut-Pays, tous pleistocènes récents »; que les restes de ce buffle « n'ont jamais été rencontrés dans des dépôts actuels »; c'est même un

croupe[1]. Pomel croit qu'il s'agit d'une espèce propre à l'Afrique septentrionale, aujourd'hui disparue[2]; d'autres l'identifient avec le *Bubalus palaeindicus*, qui vécut en Inde, dans l'Asie antérieure, et même en Europe, et qui existe encore dans le Nord de l'Inde, sous le nom d'arni[3]. Ce fut alors, sans doute, que les Africains commencèrent à avoir des animaux domestiques; mais il est difficile d'indiquer dans quelle mesure ceux-ci se rattachent à des espèces sauvages indigènes et de faire la part des importations.

Le lion, le chacal, le sanglier, la gazelle, l'autruche apparaissent sur des dessins rupestres de la région de Guelma[4], qui ne semblent pas dater d'un autre âge que les gravures préhistoriques du Sud de l'Algérie. Ces dernières[5], du moins en partie, sont, croyons-nous, contemporaines de l'industrie néolithique récente. Elles nous montrent souvent des éléphants[6], qui, selon Pomel, auraient appartenu à l'espèce dite *Elephas atlanticus*[7], mais qu'il est plus vraisemblable de regarder comme les descendants de l'*Elephas africanus* et les ancêtres directs des éléphants signalés dans le Nord de l'Afrique à l'époque histo-

de ses principaux arguments pour attribuer une très haute antiquité aux gravures rupestres, sur lesquelles le *Bubalus* est très fréquent. Il faudrait tirer cette question au clair.

1. Pomel, *l. c.*, p. 7, 69, 71.
2. *L. c.*, p. 6, 70.
3. Dürst, dans l'*Anthropologie*, XI, 1900, p. 130 et suiv. Pomel (p. 69 et 89) nie cette identité.
4. Gsell, *Monuments antiques de l'Algérie*, I, p. 47-49. — Pomel (*Boséphales Ray*, pl. XI, fig. 3) a cru reconnaître des gnous : opinion qui ne semble pas fondée.
5. Gsell, *l. c.*, p. 41-47. Gautier, *Sahara algérien*, p. 87 et suiv. J'ai pu consulter des photographies et des dessins exécutés ou recueillis depuis de longues années par M. Flamand, qui les a mis libéralement à ma disposition.
6. Tissot, *Géographie de la province romaine d'Afrique*, I, p. 372, fig. 41. Pomel, *Éléphants quaternaires*, pl. XIV et XV. Flamand, dans l'*Anthropologie*, III, 1892, p. 149, fig. 1. Etc. — Il y a peut-être aussi des éléphants sur des gravures de la région de Constantine : Bosco et Solignac, *Rec. de Constantine*, XLV, 1911, pl. IV et V, aux p. 338 et 340.
7. *L. c.*, p. 61, 63, 67. A mon avis, les gravures ne permettent pas de dire avec précision quelle était la conformation des oreilles des éléphants; rien ne prouve qu'elle ait été différente de celle que nous observons sur des images d'éléphants des temps historiques.

rique[1]. Le *Bubalus antiquus* est aussi très fréquent[2]. On reconnait encore le lion, la panthère, le cerf[3], des gazelles[4], d'autres antilopes[5], le mouflon[6], des bœufs[7], l'autruche. La girafe est figurée, mais rarement[8].

1. Voir plus haut, p. 77.
2. Flamand, *Bull. de la Société d'anthropologie de Lyon*, XX, 1901, p. 194 et suiv., et figures; le même, apud Pomel, *Bubalus antiquus*, pl. X. Gautier, *l. c.*, fig. aux p. 91 et 93.
3. Le cerf est représenté à Guebar Rechim.
4. Pomel, *Antilopes Pallas*, pl. XV, fig. 5-7. Gautier, p. 99, fig. 18, n° 3.
5. Antilope addax : Gautier, *ibid.*, n° 1. Pomel (*l. c.*, fig. 1-4) a reconnu l'oryx leucoryx : ce qui me paraît admissible (Gautier, p. 113, en doute). La même antilope paraît être représentée sur une gravure signalée à l'Est de Constantine par MM. Bosco et Solignac, *Rec. de Constantine*, XLV, 1911, pl. III, à la p. 336 (conf. p. 337). — L'alcélaphe (antilope bubale) serait figurée à Tazina, selon Pomel (*Bosélaphes Ray*, pl. XI, fig. 7-8) : opinion très contestable (conf. Boule, dans *l'Anthropologie*, X, 1899, p. 563). Je reconnaîtrais volontiers cet animal à Moghar (Bonnet, *Revue d'ethnographie*, VIII, 1889, p. 151, fig. 2). — Il y a peut-être des antilopes de l'espèce dite mohor, ou nanguer, sur des gravures sahariennes : Flamand, *Bull. de géographie historique*, 1903, p. 291, pl. X, n° 8. — Pomel (*l. c.*, fig. 1) croit que le gnou est représenté à Moghar. C'est plus que douteux (Gautier, p. 95).
6. Maumené, *Bull. archéologique du Comité*, 1901, p. 301, fig. 4; conf. Delmas, *Bull. de la Société dauphinoise d'ethnologie et d'anthropologie*, IX, 1902, p. 114. Flamand, *Bull. de la Soc. d'anthr. de Lyon*, XX, p. 194.
7. Voir plus loin, livre II, chap. II.
8. Elle est très douteuse à Tyout, à Moghar et à El Hadj Mimoun, où elle a été signalée (pour Moghar, voir Bonnet, *Revue d'ethnographie*, *l. c.*, p. 130 et p. 153, fig. 6; Flamand, *Bull. de la Soc. d'anthr. de Lyon*, XX, p. 199, fig. IV, n° 3), mais certaine à Guebar Rechim. On la retrouve sur des gravures du Sud du Maroc (Duveyrier, *Bull. de la Société de géographie de Paris*, 1876, II, p. 136 et pl., n° 18; Douls, *ibid.*, 1888, p. 456), et probablement à Barrebi, sur la Zousfana, au Sud-Ouest de Figuig (Duvaux, *Bull. d'Oran*, 1901, p. 310 et pl. IV, fig. 8 : gravure qui pourrait être de date relativement récente). Elle apparaît aussi à l'oued Taghit, dans l'Ahnet, en plein Sahara : Gautier, *l. c.*, p. 104; fig. 21, n° C, à la p. 103. Une girafe est peinte sur un rocher, dans le Sud du djebel Amour (Maumené, *Bull. archéologique du Comité*, 1901, p. 306 et pl. XXV, fig. 10). Cette image est peut-être plus récente que les gravures préhistoriques de la même région. — Sur une gravure de la région de Figuig, Mme de la Rive a cru reconnaître l'okapi, animal vivant actuellement dans l'Ouganda : de Saussure, dans *l'Anthropologie*, XVI, 1905, p. 119-120. Cette identification paraît hasardée (conf. Gautier, *l. c.*, p. 96). — Le rhinocéros a été reconnu sur une gravure du Sud du Maroc : Duveyrier, *l. c.*, p. 132, et pl., n° 42; conf. Pomel, *Éléphants quaternaires*, p. 60. Je doute fort de l'hippopotame, signalé au Sud du Maroc (Douls, *l. c.*), à Tyout et à Moghar (conf. Bonnet, *l. c.*, p. 130 et 136). — Pomel voit un singe sur une gravure du Sud oranais (*Singe et homme*, p. 11; pl. II, fig. 9); mais c'est peut-être un homme dans une posture bestiale.

II

On sait que l'éléphant a vécu dans l'Afrique du Nord jusqu'aux premiers siècles de notre ère[1]. Nous n'avons aucune preuve certaine de l'existence, aux temps historiques, du grand buffle (*Bubalus antiquus*)[2]. Il n'est pas impossible que la girafe se soit maintenue çà et là, en Tripolitaine[3] et même dans le Sud de l'Algérie[4].

Les animaux que mentionnent les auteurs grecs et latins, ou que reproduisent des monuments des époques carthaginoise et romaine, vivent encore, pour la plupart, en Berbérie. D'autres ont disparu ou ont émigré depuis peu. Nous ne parlerons pas ici de la faune domestique, que nous étudierons ailleurs[5].

---

1. Voir plus haut, p. 74 et suiv.

2. Il peut avoir survécu plus au Sud, peut-être dans la région de la Saguia el Hamra. Strabon (XVII, 3, 5) mentionne, d'après Hypsicrate (ou Iphicrate), dans le pays des Éthiopiens occidentaux, des animaux, appelés rhizes (ῥοῦς καλούμενοι ῥίζαι), qui, par leur aspect, ressemblent à des taureaux, mais qui, par leur genre de vie, leur taille et leur ardeur belliqueuse, rappellent les éléphants.

3. A Ghirza, en Tripolitaine, des bas-reliefs d'époque tardive représentent des girafes : Méhier de Mathuisieulx, dans *Nouvelles Archives des missions*, XII, 1904, p. 23.

4. Un chroniqueur, Jean de Biclar, raconte qu'en 573, les *Maccuritae* envoyèrent à Constantinople des députés, qui offrirent à l'empereur des défenses d'éléphant et une girafe (dans Mommsen, *Chronica minora*, II, p. 213). On s'est demandé (Mommsen, *l. c.*, note à la p. 212; Diehl, *l'Afrique byzantine*, p. 323) si cette tribu n'était pas identique aux Μαχχούραι, indiqués par Ptolémée (IV, 2, 5) en Maurétanie Césarienne : ceux-ci vivaient peut-être dans le voisinage de la vallée du Chélif (voir Cat, *Essai sur la province romaine de Maurétanie Césarienne*, p. 76; *C. I. L.*, VIII, 21492). La girafe mentionnée aurait pu être capturée non loin de là, dans les steppes de la province d'Alger, ou plus au Sud (dans le djebel Amour et dans le Nord du Sahara, des images rupestres représentant des girafes ne sont peut-être pas préhistoriques : conf. p. 107, n. 8). Mais le rapprochement entre les *Maccuritae* et les Μαχχούραι est incertain; quand même il serait fondé, on pourrait supposer que l'animal avait été amené du Soudan, d'où venaient sans doute les défenses d'éléphant. — En tout cas, si la girafe existait encore dans l'Afrique septentrionale aux époques romaine et byzantine, elle devait y être rare. Les Romains virent pour la première fois une girafe en 46 avant J.-C., un siècle après leur établissement en Afrique, et cet animal fut amené d'Alexandrie : Friedländer, *Sittengeschichte Roms*, II, p. 493 de la 5ᵉ édition.

5. Livre II, chap. II. — Tissot (*Géographie de la province romaine d'Afrique*, I, p. 321-333) a donné des indications, d'ailleurs bien incomplètes, sur la faune de l'Afrique du Nord dans l'antiquité.

Les singes, signalés assez souvent[1], étaient, sans aucun doute, des magots : on en rencontre aujourd'hui sur plusieurs points de l'Algérie et au Maroc (dans le massif de l'Andjera, entre Tétouan et Ceuta)[2], mais non plus en Tunisie, où il y en avait autrefois, d'après le témoignage des textes[3].

L'Afrique était pour les anciens la terre classique des bêtes féroces[4]. Avant la domination romaine, elles abondaient tellement dans certaines régions qu'elles empêchaient les hommes

---

1. Hérodote, IV, 194 : les Gyzantes (peuplade de la Tunisie) mangent des singes (πιθηκοφαγέουσι), qui existent en très grand nombre dans leurs montagnes. — Diodore de Sicile, XX, 58, 3 : à la fin du quatrième siècle, dans une expédition à l'intérieur des terres, Eumaque, lieutenant d'Agathocle, traversa un pays où les singes abondaient et vivaient familièrement avec les hommes; il y avait là trois villes, appelées d'après le nom de ces animaux (en grec Πιθηκοῦσσαι). Le Périple de Scylax (§ 111 : *Geogr. gr. min.*, I, p. 90) mentionne, au quatrième siècle, un autre lieu, appelé de même (Πιθηκοῦσαι), avec un port, et, en face, une île avec une ville. Ce lieu était situé entre Bizerte et Philippeville : peut-être à Tabarca. De son côté, Étienne de Byzance indique un Πιθήκων κόλπος, port en Libye, dans la région de Carthage. — Plaute, *Poenulus*, 1074 : singe apprivoisé, à Carthage. — Athénée, XII, 16, p. 518, e, citant Ptolémée Évergète : mention de gens qui venaient acheter des singes en Afrique, au temps de Masinissa. — Strabon, XVII, 3, 4 : la Maurusie (Maroc actuel) abonde en singes. Strabon ajoute que Posidonius, abordant sur le littoral, lors d'un voyage de Gadès en Italie, en vit un grand nombre dans une forêt, spectacle qui le divertit beaucoup. — Manilius, IX, 666 : il indique en Afrique des *cercopes*, mot fort mal choisi, puisqu'il désigne des singes à queue (chez les magots la queue est très rudimentaire). — Juvénal, X, 193-5 : singes des forêts de Thabraca (Tabarca). — Lucien, *Dipsad.*, 2 : dans le désert, dit-il. — Élien, *Nat. anim.*, V, 54 : ruse des panthères en Maurusie pour prendre les singes. — *Anthologia latina*, édit. Riese, p. 267, n° 330 : singe savant à Carthage, à l'époque vandale. — Isidore de Séville, *Etymol.*, XIV, 5, 12 : singes en Maurétanie Tingitane. — Sur une stèle punique de Carthage, on voit un singe grimpant à un palmier : *Comptes rendus de l'Académie des Inscriptions*, 1883, p. 102. Les singes représentés sur deux mosaïques d'Oudna (Gauckler, *Inventaire des mosaïques de Tunisie*, n° 392 et n° 381 = *Monuments Piot*, III, p. 218, fig. 12) ne sont pas des singes de Berbérie, car ils sont pourvus d'une longue queue.

2. Et aussi, me dit M. Brives, dans le Haut-Atlas.

3. Hérodote, Juvénal et probablement Diodore de Sicile, *ll. cc.* — Il y en avait peut-être aussi en Cyrénaïque. Un de ces animaux se voit sur une coupe du sixième siècle, représentant un roi de Cyrène, Arcésilas : Perrot, *Histoire de l'Art*, IX, pl. XX (à la p. 494).

4. Hannon, *Périple*, 7 (*Geogr. gr. min.*, I, p. 6). Hérodote, II, 32; IV, 174; IV, 181; IV, 191. Aristote, *Hist. animalium*, VIII, 28 (27), 7. Polybe, XII, 3. Diodore, IV, 17. Strabon, XVII, 3, 1; XVII, 3, 6; XVII, 3, 15. Vitruve, VIII, 3, 24. Pomponius Méla, I, 21. Pline, V, 9; V, 13; V, 22; V, 26. Appien, *Lib.*, 71. Élien, *Nat. anim.*, VII, 5. Solin, XXVI, 2; XXVII, 12. Isidore de Séville, *Etymol.*, XIV, 5, 9 et 12.

110   LES CONDITIONS DU DÉVELOPPEMENT HISTORIQUE.

d'y vivre et d'y travailler en sécurité[1]. Mais, avec le temps, leur nombre diminua[2]. On les chassa avec ardeur (c'était une occupation favorite des habitants du pays[3]), soit pour se débarrasser d'elles[4] et se procurer du gibier, soit pour fournir à la capitale du monde[5] et à bien d'autres villes[6] des animaux destinés à figurer dans les spectacles. Ainsi, Auguste indique qu'environ 3500 bêtes africaines furent tuées dans vingt-six fêtes qu'il donna au peuple[7]. On en expédia à Rome dès le commencement du IIe siècle avant notre ère[8], et ces envois continuèrent jusque sous le règne de Théodoric[9]. Des mentions de *ferae libycae*[10], de *ferae* ou *bestiae africanae*[11], ou même simplement d'*africanae*[12] (terme qui désignait principalement les panthères) se rencontrent dans les auteurs et parfois aussi dans

---

1. Strabon, II, 5, 33; XVII, 3, 1 et 15. Méla, I, 21. Salluste (*Jugurtha*, XVII, 6) parle des indigènes « qui bestiis interiere ». Voir encore Virgile, *Géorgiques*, III, 245-9.
2. Strabon le remarque déjà (II, 5, 33). Conf. Friedländer, *l. c.*, II, p. 335 (3e édition).
3. Salluste, *Jug.*, VI, 1; LXXXIX, 7. Strabon, II, 5, 33. Méla, I, 41. Élien, *Nat. anim.*, XIV, 5. C. I. L., VIII, 212 (l. 29), 17938. Les mosaïques représentant des scènes de chasse sont très fréquentes dans l'Afrique romaine : voir aux index des *Inventaires des mosaïques de Tunisie* et *d'Algérie*, par Gauckler et de Pachtere, s. v. *Chasse*.
4. Diane est qualifiée de « victrix ferarum » sur une inscription de Maurétanie : C. I. L., VIII, 9831.
5. Friedländer, *l. c.*, p. 348 et suiv., 490 et suiv.
6. Voir, par exemple, pour l'Italie, Pline le Jeune, *Lettres*, VI, 34 (Vérone); C. I. L., IX, 2350 (Allifae); *ibid.*, X, 539 (Salerne). Pour Gadès : Columelle, VII, 2, 4. Pour Carthage : *Comptes rendus de l'Académie des Inscriptions*, 1910, p. 133-6; Passion de sainte Perpétue, 19-21; Audollent, *Defixionum tabellae*, n°s 247, 250, 252, 253. Pour Rusicade : C. I. L., VIII, 7969. Etc.
7. *Res gestae Divi Augusti* (Mommsen, 2e édition, p. 94), IV, 39 et suiv.
8. Tite-Live, XXXIX, 22 (en 186); XLIV, 18 (en 169). Plaute, *Poenulus*, 1011.
9. Cassiodore, *Chronique*, année 1364 (en 519).
10. Histoire Auguste, *Gordiani tres*, III, 6; *ibid.*, *Aurélien*, XXXIII, 4. C. I. L., X, 539. Conf. Symmaque, *Lettres*, VII, 122 (*Libycae*, pris substantivement). — En grec, Λιβυκὰ θηρία : Dion Cassius, LIII, 27; LIV, 26; LIX, 7; LX, 7; Plutarque, *Sylla*, 5.
11. Pline, XXXVI, 40 (*ferae africanae*). Varron, *Rust.*, III, 13, 3; *Res gestae Divi Augusti*, l. c.; C. I. L., IX, 2350 (*bestiae africanae*).
12. Caelius, apud Cicéron, *Lettres*, VIII, 8, 10; VIII, 9, 3. Tite-Live, XLIV, 18. Pline l'Ancien, VIII, 64. Pline le Jeune, *Lettres*, VI, 34. Suétone, *Caligula*, 18; *Claude*, 21. *Comptes rendus de l'Académie des Inscriptions*, 1910, p. 136. Conf. *Thesaurus linguae latinae*, I, p. 1262.

les inscriptions. A l'époque de Pline l'Ancien, c'était surtout la Numidie qui les fournissait[1].

Parmi les fauves, ceux que les textes signalent le plus souvent sont les lions[2], qui n'ont disparu de l'Algérie et de la Tunisie qu'à la fin du xix° siècle et qui existent encore au Maroc. Le lion apparaît sur des monnaies indigènes[3] et il est donné pour compagnon à l'Afrique personnifiée sur des monnaies impériales romaines[4]. Ces animaux étaient très redoutés. Élien[5] parle, peut-être d'après le roi Juba, d'une tribu entière qu'ils détruisirent, dans une région riche en pâturages. Ils osaient même s'approcher des villes : Polybe en vit qu'on avait mis en croix, pour écarter les autres par la crainte d'un pareil supplice[6]. On eut beau leur donner la chasse[7]; ils restè-

---

1. Pline, V, 22.
2. Hérodote, IV, 191. Polybe, XII, 3, 5. Salluste, *Jug.*, VI, 1. Plutarque, *Pompée*, 12. Virgile, *Bucoliques*, V, 27; *Énéide*, IV, 159. Horace, *Odes*, I, 22, 13-16. Ovide, *Ars amat.*, I, 183. Manilius, IV, 664. Strabon, XVII, 3, 4; XVII, 3, 5; XVII, 3, 7. Sénèque, *Brevit. vitae*, XIII, 6. Lucain, IV, 685-6; IX, 947. Pline, VIII, 42; VIII, 45-48; VIII, 54; VIII, 57. Silius Italicus, I, 406; II, 440; III, 288. Martial, VIII, 55, 1-2; IX, 71, 1. Stace, *Silves*, II, 5, 8. Lucien, *Quomodo historia conscribenda sit*, 23. Oppien, *Cyneg.*, III, 35 et suiv. Élien, *Nat. anim.*, III, 1; VII, 23; XVII, 27. Athénée, XV, 20, p. 677, e. Solin, XXVII, 12. Claudien, *Bell. Gildon.*, 358; *Cons. Stilich.*, III, 333 et suiv. Saint Augustin, *De Genesi ad litteram*, XII, 22, 47; *Enarr. in psalm.* XXXVII, 15. *C. I. L.*, VIII, 21567 (B, l. 12).
3. Monnaies de Juba I" et de Juba II : Müller, *Numismatique de l'ancienne Afrique*, III, p. 43, n° 38, p. 103, n° 21, p. 107, n° 73; *Revue numismatique*, 1908, pl. XIII, fig. 15. — Une tête de lion se voit sur des monnaies frappées en Afrique par Clodius Macer, en 68 après J.-C. : Cagnat, *Armée romaine d'Afrique*, 2° édit., fig. à p. 113.
4. Cohen, *Monnaies impériales*, 2° édit., II, p. 117, n°° 149, 152; III, p. 235, n° 69 et figure; IV, p. 0, n° 25, p. 32, n° 493; VI, p. 500, n° 65, p. 503, n° 91, p. 504, n° 106; etc. Conf. Helbig, *Wandgemälde der Städte Campaniens*, n° 1116 (peinture). — Une monnaie frappée par les Pompéiens en Afrique, au milieu du premier siècle avant notre ère (Babelon, *Monnaies consulaires*, I, p. 280, n° 51; conf. II, p. 135, n° 21), et des statues en terre cuite de Bir bou Rekba, en Tunisie (Merlin, *Le Sanctuaire de Baal et de Tanit près de Siagu*, p. 44-47, pl. III) représentent une déesse à tête de lion, qu'on croit être le Génie de la terre d'Afrique. Mais l'explication G(enius) T(errae) A(fricae), qu'on a donnée des sigles qui accompagnent l'image de la monnaie, me paraît bien hasardée.
5. *Nat. anim.*, XVII, 27.
6. *Apud* Pline, VIII, 47. On connaît l'usage que Flaubert a fait de cette indication dans *Salammbô*.
7. Sur la chasse aux lions et les manières dont on les capturait en Afrique, voir Lucain, IV, 685-6; Pline, VIII, 54; Oppien, *Cyneg.*, IV, 77 et suiv.; Claudien, *Cons. Stilich.*, III, 339-344; ainsi que des mosaïques : Gauckler, *Invent. Tunisie*,

rent un des fléaux du pays¹. Nous trouvons cependant quelques mentions de lions apprivoisés².

Les panthères, qui commencent à devenir rares dans l'Afrique du Nord, y étaient fort nombreuses autrefois³. Les auteurs les appellent παρδάλεις⁴, *pardi*⁵, *pantherae*⁶, *leopardi*⁷. Les mots παρδάλεις et *pardi* ont dû servir aussi à désigner les guépards, qui, plus petits que les panthères, ont à peu près la même robe⁸. Le terme *africanae*⁹ a pu s'appliquer, non seulement aux panthères, mais aussi à d'autres félins (guépards, servals, caracals), et peut-être aux hyènes¹⁰. Plusieurs textes¹¹ et des mosaïques¹² nous renseignent sur la chasse à la panthère. Les *pardi*

---

nᵒˢ 607, 672, 753; de Pachtere, *Invent. Algérie*, nᵒˢ 45 (= *Mélanges de l'École de Rome*, XXXI, 1911, p. 337, pl. XIX-XX), 316, 422.

1. Une ordonnance de l'année 414 (*Code Théodosien*, XV, 11, 1) permit aux particuliers de tuer les lions (la chasse au lion était un droit régalien).

2. Élien, *Nat. anim.*, V, 39; Pline, VIII, 55; Plutarque, *Praecepta gerendae rei publicae*, III, 9 (*Moralia*, Didot, II, p. 976); Maxime de Tyr, *Dissert.*, II, 3 (Didot, p. 5). Silius Italicus, XVI, 235 et suiv. Élien, *l. c.*, III, 1. Saint Augustin, *De Genesi ad litteram*, VII, 10, 15; *Contra epistolam Fundamenti*, XXXIV, 38.

3. Elles sont fréquemment représentées sur les mosaïques africaines. Voir en particulier Gauckler, *Invent. Tunisie*, nᵒ 122 (= Gauckler, Gouvet et Hannezo, *Musée de Sousse*, pl. I, fig. 2); de Pachtere, *Invent. Algérie*, nᵒ 450 (au musée d'Alger).

4. Polybe, XII, 3, 5. Strabon, XVII, 3, 4 et 7. Élien, *Nat. anim.*, V, 54 et XIII, 10. — Aux second et troisième siècles de notre ère, des colons d'un domaine impérial, situé à l'Ouest de Sétif, s'appelaient *Pardalarii*, ou *Pardalarienses* : C. I. L., VIII, 8425, 8426.

5. Pline, VIII, 41-43; VIII, 63; X, 202. *Pardus* était le nom du mâle.

6. Pline, VIII, 62-63; XXXVI, 40. Tite-Live, XXXIX, 22. Des auteurs regardaient les *pardi* et les *pantherae* comme deux espèces différentes : Pline, VIII, 63. — Les πάνθηρες qu'Hérodote (IV, 192) signale chez les Libyens nomades sont peut-être, non des léopards, ou panthères, mais d'autres félins (guépards?) : l'auteur du *Traité de la chasse*, attribué à Xénophon (XI, 1), énumère à la fois (avec les lions, les lynx, les ours) les παρδάλεις et les πάνθηρες.

7. A ma connaissance, ce nom apparaît pour la première fois, en latin, dans un écrit africain du début du troisième siècle, la Passion de sainte Perpétue (chap. xix et xxi). Conf. Histoire Auguste, *Probus*, XIX, 7.

8. Voir Trouessart, dans *Causeries scientifiques de la Société zoologique de France*, I, 1905, p. 384, fig. 9.

9. Voir plus haut, p. 110.

10. Conf. Friedländer, *t. c.*, II, p. 350 et 490 (3ᵉ édition).

11. Oppien, *Cyneg.*, IV, 320 et suiv. (il prétend que des Africains prennent les panthères en les enivrant). Élien, *Nat. anim.*, XIII, 10.

12. De Pachtere, *Invent. Algérie*, nᵒˢ 45 (= *Mélanges de l'École de Rome*, XXXI, 1911, pl. XIX-XX), 443, 450; Gauckler, *Invent. Tunisie*, nᵒ 672. Conf. une peinture d'Henchir Tina : *Bull. archéologique du Comité*, 1910, p. 92.

apprivoisés, qu'un poète africain nous montre chassant avec des chiens[1], étaient sans doute des guépards, qui, de nos jours encore, sont dressés par les Arabes à forcer la gazelle.

On doit reconnaître le caracal dans le lynx qu'Élien[2] signale chez les Maures : animal qui ressemble, dit-il, à la panthère, avec des poils à l'extrémité des oreilles[3] et qui est excellent sauteur[4].

Diodore de Sicile[5], racontant une expédition faite à l'intérieur des terres par des Grecs, à la fin du IVe siècle avant J.-C., parle d'une haute chaîne de montagnes, longue de deux cents stades (37 kilomètres), qui était pleine de chats; aucun oiseau n'y faisait son nid, à cause de l'inimitié qui existe entre ces animaux. Il s'agit soit du chat ganté, espèce répandue dans toute la Berbérie[6], soit peut-être du serval, appelé vulgairement chat-tigre africain[7].

L'hyène[8] et le renard[9] sont mentionnés. C'est sans doute le chacal qu'Hérodote[10] indique chez les Libyens nomades sous le

---

1. *Anthologia latina*, édit. Riese, p. 231, n° 360.
2. *Nat. anim.*, XIV, 6.
3. Conf. Trouessart, *l. c.*, p. 387, fig. 13.
4. Les lynx, ennemis des singes, que mentionne une pièce de vers africaine (*Anthologia latina*, édit. Riese, p. 301, v. 20), sont aussi des caracals (conf. O. Keller, *die antike Tierwelt*, I, p. 82). De même, les lynx qui, dit Pline (VIII, 72), abondent en Éthiopie. Voir encore Virgile, *Énéide*, I, 323 : « maculosae... lyncis ».
5. XX, 58.
6. Lataste, *Faune des vertébrés de Barbarie, Mammifères* (extrait des *Actes de la Société linnéenne de Bordeaux*, XXXIX, 1885), p. 103 et suiv. Trouessart, *l. c.*, fig. 12, à la p. 387.
7. Lataste, p. 104. Trouessart, fig. 10 et 11, à la p. 386. — Conf. peut-être Timothée de Gaza (dans *Hermes*, III, 1869, p. 22, § 36) : le chat est apparenté au pard, en Libye. De Pachtere (*Invent. Algérie*, n° 113) signale un chat sauvage sur une mosaïque de Timgad.
8. Hérodote, IV, 192 : ὕαιναι chez les Libyens nomades. Pline, VIII, 108 : « Hyaenae plurimae gignuntur in Africa »; conf. Solin, XXVII, 23. — Hyènes sur des mosaïques : Gauckler, *l. c.*, n° 501 ; de Pachtere, *l. c.*, n° 440.
9. Némésien de Carthage, *Cyneg.*, 52 et 307. Chasse au renard sur une mosaïque d'Oudna : Gauckler, n° 375 (= *Monuments Piot*, III, pl. XXIII, bas). — Hérodote, IV, 192 : βασσάρια chez les Libyens nomades. Hésychius : Βασσάρια τὰ ἀλωπέκια οἱ Λίβυες λέγουσι. Ce sont sans doute des fennecs, petits renards du Sahara : conf. Trouessart, fig. 7, à la p. 381.
10. IV, 192.

nom de θώς[1], et, l'absence du loup étant à peu près certaine dans l'Afrique septentrionale, on peut supposer que les *lupi* de quelques auteurs latins[2] étaient en réalité des chacals. Tels étaient probablement aussi les λύκοι qui arrachèrent, affirma-t-on, les bornes-limites de la colonie fondée à Carthage par C. Gracchus[3]. Les loups d'Afrique et d'Égypte, dit Pline[4], sont lâches et de petite taille : observation qui s'applique bien aux chacals[5].

L'ichneumon (la mangouste) est signalé par Vitruve[6] dans le Maroc actuel. Strabon[7] mentionne, dans la même contrée, un animal qu'il appelle γαλῆ, semblable au chat, si ce n'est que son museau est plus proéminent : ce détail fait penser à la genette. Il parle ailleurs d'animaux sauvages africains du même nom[8], dont les habitants du Sud de l'Espagne se servent pour forcer les lapins dans leurs terriers. Les auxiliaires que les Espagnols employaient ainsi étaient sans doute des furets[9]; cependant il faut observer qu'il n'y en a pas aujourd'hui en Afrique. Hérodote[10] indique aussi des γαλαῖ chez les Libyens nomades, dans la région qui produit le silphium (à l'Est de la grande Syrte); elles ressemblent beaucoup, dit-il, à celles de Tartessos (Sud de l'Espagne)[11]. S'agit-il ici de genettes? ou de quelque mustélidé?

---

1. On identifie généralement avec le chacal l'animal appelé θώς, *thos* par Aristote, Élien, Pline, Solin, et que ce dernier (XXX, 27) qualifie de *lupus aethiopicus*.
2. Apulée, *Florida*, 17 : « luporum acutus ululatus ». Némésien, *Cyneg.*, 52; 307. Peut-être Corippus, *Johannide*, IV, 353 et suiv.
3. Appien, *Lib.*, 136; *Bell. civ.*, I, 24, 103. Plutarque, *Caius Gracchus*, 11. Conf. Tissot, I, p. 374. Les loups, λύκοι, qu'Aristote indique en Cyrénaïque étaient probablement aussi des chacals : *Hist. anim.*, VIII, 28 (27), 8. — De même, le mot arabe *dib*, qui signifie loup, est employé pour désigner le chacal.
4. VIII, 80.
5. Chacal sur une mosaïque de Cherchel : de Pachtere, *l. c.*, n° 140.
6. VIII, 2, 7.
7. XVII, 3, 4.
8. III, 2, 6 : γαλᾶς ἀγρίας, ἃς ἡ Λιβύη φέρει.
9. Les *viverrae* de Pline (VIII, 218).
10. IV, 192.
11. L'espèce dite γαλῆ Ταρτησσία est aussi mentionnée par Élien (*Var. hist.*, XIV, 4), par une scolie aux *Grenouilles* d'Aristophane (v. 475) et par Suidas.

L'ours, qui existait en Berbérie à l'époque quaternaire[1], vit peut-être encore au Maroc[2] et il est vraisemblable qu'il ne s'est éteint en Algérie qu'à une époque assez récente[3]. Pline[4] soutient cependant qu'il n'y a pas d'ours en Afrique. Mais cette assertion est contredite par Hérodote[5], Virgile[6], Strabon[7], Martial[8], Juvénal[9], Némésien[10], Solin[11]. Ce dernier nous apprend que les ours de Numidie l'emportaient sur les autres par leur férocité et la longueur de leur poil. Les images d'ours sont fréquentes sur les mosaïques africaines[12]. Des ours de Numidie parurent plus d'une fois dans les spectacles de Rome[13] et ce furent sans doute des animaux du pays qui figurèrent dans les amphithéâtres de Carthage[14] et d'autres villes de l'Afrique du Nord[15].

C'est à tort que plusieurs auteurs[16] ont nié l'existence dans

1. Voir plus haut, p. 101. Il convient d'observer que, jusqu'à présent, on ne l'a pas rencontré dans les stations néolithiques.
2. Trouessart, l. c., p. 373. Des ours indigènes auraient été signalés au Maroc en 1834 : le fait reste douteux.
3. Reboud, dans *Rec. de Constantine*, XVII, 1873, p. 9-10 (reproduit par Tissot, I, p. 351-2). Conf., sur cette question, Kobelt, *Studien zur Zoogeographie*, II, p. 140-1.
4. VIII, 131 et 228.
5. IV, 191.
6. *Énéide*, V, 37; VIII, 368.
7. XVII, 3, 7 (dans le Maroc actuel).
8. I, 104, 5.
9. IV, 99-100.
10. *Cyneg.*, 306.
11. XXVI, 3. Voir aussi *Anthologia latina*, édit. Riese, p. 270, n° 331. — Charlemagne reçut un ours d'Afrique : Friedländer, *l. c.*, II, p. 351.
12. Inventaires de Gauckler et de Pachtere, Index, *s. v.* Voir en particulier Gauckler, n° 28 (ours dressé par un dompteur), n° 593 (chasse à l'ours); de Pachtere, n° 306 (ours dansant); *Procès-verbaux de la Commission de l'Afrique du Nord*, janvier 1912, p. xiv (chasse aux ours); *ibid.*, février, p. xviii-xix (ours apprivoisés).
13. Pline, VIII, 131 : cent ours de Numidie au cirque, en 61 avant J.-C. (c'est à tort que Juste-Lipse et d'autres ont supposé que les Romains qualifièrent les lions d'*ursi numidici*). Dion Cassius, LIII, 27; LIX, 7.
14. Passion de sainte Perpétue, 19. Audollent, *Defixionum tabellae*, n°° 247, 230, 252, 253.
15. A Thuburbo, en 304 : *Analecta Bollandiana*, IX, 1890, p. 115 (chap. vi). A Thagaste : saint Augustin, *Contra Academicos*, I, 2. — Voir aussi le même, *Sermons*, XXXII, 20; *C. I. L.*, VIII, 10579, n° 51; Héron de Villefosse, *Comptes rendus de l'Académie des Inscriptions*, 1903, p. 107; Carton, *ibid.*, 1909, p. 600.
16. Hérodote, IV, 192. Aristote, *Hist. anim.*, VIII, 28 (27), 3. Pline, VIII, 228. Élien, *Nat. anim.*, XVII, 10.

cette contrée du sanglier, qui y vit depuis l'époque quaternaire[1], qui y abonde encore, qui, du reste, est signalé par des textes anciens[2] et fréquemment représenté sur les monuments[3], en particulier sur les mosaïques[4].

Les ânes qui errent aujourd'hui dans le Sahara sont des ânes marrons, d'origine domestique, laissés en liberté[5]. Nous n'avons pas de raisons de croire qu'il en ait été de même des ânes sauvages, des onagres que les anciens mentionnent dans l'Afrique septentrionale[6]. Ils vivaient en bandes, formées d'un mâle, qui commandait, et d'un certain nombre de femelles[7]; on prétendait que le mâle était jaloux au point de châtrer ses petits à leur naissance[8]. Les Africains chassaient volontiers à

1. Voir plus haut, p. 101 (conf. p. 104).
2. Chasse au sanglier : Némésien, *Cyneg.*, 306; saint Augustin, *Sermons*, LXX, 2; *Anthol. latina*, édit. Riese, p. 238, n° 307. Sangliers à l'amphithéâtre de Carthage : Passion de sainte Perpétue, 19; Audollent, *Defixionum tabellae*, n° 250; *Anthol. latina*, p. 294-5, n°° 384-5. — On peut encore citer Virgile, *Énéide*, I, 324, et IV, 159, quoique ces textes poétiques aient peu de valeur. — Des dents de sanglier ont été trouvées dans des tombeaux romains, à Cherchel : Pomel, *Suilliens*, p. 10.
3. Gauckler, *Musée de Cherchel*, pl. XV, fig. 4 (bas-relief). Waille, *Bull. archéologique du Comité*, 1892, p. 463 (moule). Delamare, *Exploration scientifique de l'Algérie, Archéologie*, pl. 10, fig. 5-6 (figurine). Müller, *Numismatique de l'ancienne Afrique*, III, p. 66, n° 77 (monnaie). Etc.
4. Gauckler et de Pachtere, *Inventaires*, index, s. v. Surtout Gauckler n°° 362, 598, 607, 643, 753, 770; de Pachtere, n°° 329, 450 : ce sont des scènes de chasse. Voir aussi une peinture représentant une chasse au sanglier : *Bull. archéol. du Comité*, 1910, p. 93. Une pièce de vers de l'époque vandale décrit une peinture dont le sujet était le même : *Anthol. latina*, p. 256, n° 304.
5. Chudeau, *Sahara soudanais*, p. 204-5. Gautier, *Sahara algérien*, p. 317 : « Un de ces animaux fut chassé, abattu et on le trouva châtré » (voir plus loin l'explication que les anciens auraient donnée de ce fait et dont je ne prends pas la responsabilité).
6. Pline, VIII, 108 : « ...Africa, quae et asinorum silvestrium multitudinem fundit »; VIII, 39 : « asini feri »; VIII, 174 : « onagri ». Arrien, *Cyneg.*, XXIV, 1 et 3-4. Lucien, *Dipsad.*, 2 (dans le désert). Élien, *Nat. anim.*, XIV, 10 (ânes de Maurétanie; le contexte montre qu'il s'agit d'ânes sauvages, bien qu'Élien ne le dise pas expressément). Solin, XXVII, 27. Passion de Tipasius, dans *Analecta Bollandiana*, IX, 1890, p. 118, chap. III : « onager » dans une forêt, chassé par des cavaliers. Isidore de Séville, *Etymol.*, XII, 1, 39 : « Onager interpretatur asinus ferus... Hos Africa habet magnos et indomitos et in deserto vagantes »; XIV, 5, 8 et 9. — Les ânes sans cornes et qui ne boivent pas, signalés par Hérodote (IV, 192) chez les Libyens nomades, sont peut-être des onagres.
7. Pline, VIII, 108; conf. Oppien, *Cyneg.*, III, 191 et suiv. On a observé les mêmes mœurs chez les hémiones de Mongolie et les ânes sauvages d'Asie et de Nubie.
8. Pline, VIII, 108 (conf. Solin, XXVII, 27; Isidore de Séville, XII, 1, 39). Oppien, *l. c.*, 197 et suiv. L'auteur du traité *De mirabilibus auscultationibus*, mis

cheval ces animaux très rapides; pour les capturer, ils se servaient souvent de lassos[1]. La chair des poulains était très estimée[2]. On pourrait se demander si certains de ces équidés n'étaient pas des zèbres. Nous savons, en effet, que ceux-ci ont été qualifiés quelquefois d'ânes sauvages par les Grecs[3] et que le zèbre a été rencontré dans des stations préhistoriques[4] : il ne serait pas inadmissible qu'il eût subsisté dans quelques régions. Cependant l'hypothèse n'est pas valable pour les ânes sauvages dont parle Oppien, puisque cet auteur affirme qu'ils sont de couleur d'argent[5], c'est-à-dire gris cendré, comme les onagres actuels de Nubie.

Le cerf, dont l'existence est certaine à l'époque préhistorique[6], qui se rencontre encore aux confins de l'Algérie et de la Tunisie et dans l'extrême Sud tunisien[7], vivait en Berbérie pendant l'antiquité historique[8], malgré les affirmations contraires d'Hérodote[9], d'Aristote[10], de Pline[11] et d'Élien[12]. Il est

sous le nom d'Aristote, raconte une histoire analogue à propos des onagres de Syrie (chap. x).

1. Arrien, *l. c.* Mosaïque d'Hippone, où l'on voit un âne sauvage pris au lasso par un cavalier : de Pachtere, dans *Mélanges de l'École de Rome*, XXXI, 1911, p. 331, 336-7, pl. XIX-XX (l'animal a des raies transversales aux jambes, comme les onagres de Nubie). — Élien (*l. c.*) dit que les ânes de Maurétanie, quoique très rapides, se fatiguent vite et s'arrêtent; les indigènes qui les poursuivent descendent alors de cheval, leur jettent une corde au cou, puis les emmènent en les attachant à leur monture.

2. Pline, VIII, 174 : «... onagri...; pullis eorum ceu praestantibus sapore Africa gloriatur, quos lalisiones appellat. » Conf. Martial, XIII, 97.

3. Philostorge, *Hist. eccles.*, III, 11 (ὄνος ἄγριος). On trouve aussi, pour désigner le zèbre, le terme ἱππότιγρις : Dion Cassius, LXXVII, 6; Théodore de Gaza, dans *Hermes*, III, 1869, p. 10, § 10 (ἱππότιγρις... ἔοικε τοῖς ἀγρίοις ὄνοις).

4. Voir plus haut, p. 101 et 103.

5. *L. c.*, 186 : ἀργύριος χροίην.

6. Voir p. 102 et 103.

7. Reboud, dans *Rec. de Constantine*, XVII, 1875, p. 9 et 22. De Bosredon, *ibid.*, XIX, 1878, p. 37. Tissot, *Géographie*, I, p. 346. Ph. Thomas, *Essai d'une description géologique de la Tunisie*, I, p. 93. Lataste, *Faune des vertébrés de Barbarie*, p. 164-6. Joleaud, *Revue africaine*, LVI, 1912, p. 476-7.

8. Sur cette question, voir Clermont-Ganneau, *Études d'archéologie orientale*, *Imagerie phénicienne* (Paris, 1880), p. 53-58.

9. IV, 192.

10. *Hist. anim.*, VIII, 28 (27), 3.

11. VIII, 120 et 228.

12. *Nat. anim.*, XVII, 10.

indiqué par Virgile[1], Arrien[2], Oppien[3], Némésien[4], saint Augustin[5], et même par Élien[6]; des chasses au cerf sont représentées sur des mosaïques africaines[7]. Il n'y a pas lieu, croyons-nous, de supposer qu'il ait disparu durant un certain nombre de siècles et qu'il ait été introduit de nouveau sous la domination romaine, après Pline[8].

On trouve quelquefois des daims près de la frontière de l'Algérie et de la Tunisie, dans la région de la Calle[9]. Ces animaux ne sont pas signalés par les anciens[10], car les *dammae*, aux cornes droites, qu'un poète de l'époque vandale, Dracontius, attribue à l'Afrique[11], paraissent avoir été des antilopes[12].

Pline dit avec raison qu'il n'y a pas de chevreuils dans cette contrée[13]. Un poète, qui écrivait sans doute sous la domination

1. *Énéide*, I, 184; IV, 154 : témoignage qui, s'il était isolé, n'aurait pas grande valeur, comme le remarque Tissot, *l. c.*, p. 347.
2. *Cyneg.*, XXIV, 1.
3. *Cyneg.*, II, 253.
4. *Cyneg.*, 306.
5. *Sermons*, LXX, 2. Voir encore *Anthol. latine*, édit. Riese, p. 238, n° 307. — Le Périple de Scylax (§ 112 : *Geogr. gr. min.*, I, p. 94) mentionne le commerce de peaux de cerfs fait par des Éthiopiens qui habitaient la côte de l'Atlantique, au delà du Maroc.
6. *L. c.*, III, 1.
7. Gauckler, *Invent. Tunisie*, n°° 607, 771, 886 (d'Utique; cavalier prenant un cerf au lasso : O. Keller, *Thiere des klassischen Alterthums*, p. 82, fig. 24); de Pachtere, *Invent. Algérie*, n° 422. — Toutes les images de cerfs trouvées en Afrique ne sont évidemment pas des preuves de l'existence de ces animaux dans le pays. Voir cependant Gauckler, n° 124 : cerf dans un paysage de domaine africain; *Bull. archéologique du Comité*, 1889, p. 220, n° 104 : au bas d'une stèle du culte de Saturne, un animal qui paraît être un cerf. Peut-être le cerf était-il parfois offert en sacrifice au dieu; on s'est demandé si cet animal n'est pas déjà mentionné sur des tarifs de sacrifices puniques : *Corpus inscriptionum semiticarum*, Pars I, p. 231; *Rev. de l'histoire des religions*, LXI, 1910, p. 282. Voir à ce sujet Clermont-Ganneau, *l. c.*, p. 69 et suiv.; Joleaud (*l. c.*, p. 489 et suiv.) croit qu'il s'agit du daim.
8. Opinion de Judas, dans *Rec. de Constantine*, IX, 1863, p. 7 (conf. Tissot, I, p. 347).
9. Lataste, *Catalogue des mammifères de la Tunisie* (Paris, 1887), p. 35. Joleaud, *l. c.*, p. 484.
10. On a cependant reconnu le daim sur des monnaies de Cyrénaïque : Rainaud, *Quid de natura Cyrenaicae Pentapolis monumenta tradiderint*, p. 76.
11. *Laud. Dei*, I, 313 : « Cornibus erectos sortita est Africa dammas. »
12. Voir plus loin, p. 121.
13. VIII, 228. Par le mot *caprea*, Pline désigne le chevreuil (conf. XI, 124). Cependant, dans le passage où . indique l'absence en Afrique de sangliers, de cerfs, de *capreae*, il s'inspire d'Aristote (*Hist. anim.*, VIII, 28, 3), qui dit que le

des Vandales, en mentionne (*capreae*)[1] : on les avait peut-être introduits pour avoir le plaisir de les chasser.

Les ruminants de la famille des antilopidés, fréquents même sur le littoral aux temps préhistoriques, sont aujourd'hui de plus en plus rares au Nord de l'Atlas saharien[2], mais ils abondent encore dans le désert. Ce sont : plusieurs espèces de gazelles, dont les plus connues sont la gazelle ordinaire (*Gazella dorcas*) et la corinne, ou gazelle de montagne (*Gazella dorcas kevella*); l'antilope addax, l'antilope mohor, ou nanguer, l'antilope bubale (*Alcelaphus bubalis* ou *Bubalis boselaphus*)[3]. Nous rencontrons dans les auteurs anciens différents termes pour désigner ceux de ces animaux qui existaient dans l'Afrique du Nord à l'époque historique; il est souvent difficile de dire de quelles espèces il s'agit.

La gazelle est mentionnée, sous le nom de δορκάς, par Hérodote[4], chez les Libyens nomades; par Théophraste[5], dans la partie de la Libye où il ne pleut pas; par Diodore de Sicile[6], dans le désert, au Sud de la Cyrénaïque; par Strabon[7], dans le Maroc actuel; par Arrien[8], qui indique que les Libyens la chassent à cheval; par Élien[9], qui la décrit et parle aussi des chasses que les cavaliers libyens lui livrent. Le mot *dorcas* a été employé en latin par Martial[10].

Hérodote[11] signale, chez les Libyens nomades, des ὄρυες, qui

---

sanglier, le cerf et la chèvre sauvage (αἲξ ἄγριος) manquent en Libye. Or il ne semble pas que, par le terme « chèvre sauvage », Aristote ait voulu désigner le chevreuil.

1. *Anthol. latina*, édit. Riese, p. 258, n° 307.
2. Au Maroc, il y a encore beaucoup de gazelles au Nord-Ouest du Haut-Atlas.
3. Conf. Trouessart, *l. c.*, p. 406-110; P. Sclater et O. Thomas, *the Book of Antelopes* (quatre volumes, Londres, 1894-1900), *passim*.
4. IV, 192 (ζορκάδες).
5. *Hist. plantar.*, IV, 3, 5.
6. III, 50.
7. XVII, 3, 4.
8. *Cyneg.*, XXIV, 1.
9. *Nat. anim.*, XIV, 14.
10. X, 65, 13; XIII, 98.
11. IV, 192.

sont de la grandeur des bœufs et dont les cornes servent à faire des lyres phéniciennes : on a corrigé, avec vraisemblance, ὄρυς en ὄρυγες. L'oryx, au dire de Pline[1], vit dans les parties de l'Afrique, dépourvues d'eau, que parcourent les Gétules; il se passe de boire. Juvénal[2] mentionne aussi l'oryx gétule, dont la chair était appréciée des gourmets. Pline dit encore, à propos des oryx, qu'ils ont le poil tourné vers la tête[3] et qu'ils n'ont qu'une corne[4], indication qu'il a empruntée à Aristote[5]. Il n'est pas sûr que, dans ces divers textes, le terme ὄρυξ, *oryx* désigne l'antilope appelée aujourd'hui par les zoologistes *Oryx leucoryx*, qui vit en Nubie et dans le Soudan, mais dont l'existence dans le Nord-Ouest de l'Afrique n'a pas été constatée avec certitude. En ce qui concerne l'animal dont parle Hérodote, je croirais volontiers qu'il s'agit de l'addax[6].

L'*addax* est mentionné par Pline[7] : « Le strepsiceros[8], que l'Afrique appelle addax, a des cornes dressées, autour desquelles tournent des cannelures et qui se terminent par une petite pointe; elles conviendraient pour faire des lyres[9]. » A la fin du IVe siècle, Symmaque[10] était en quête d'*addaces*, destinés à paraître dans des spectacles. On peut admettre que ce strepsi-

---

1. X, 201.
2. XI, 140. Voir encore Martial, XIII, 95.
3. VIII, 214.
4. XI, 255.
5. *Hist. anim.*, II, 1, 9; *Part. anim.*, III, 2. Peut-être cette assertion a-t-elle été motivée par des images où l'animal était représenté de profil et où l'une des cornes cachait l'autre. Peut-être aussi l'informateur d'Aristote avait-il vu des antilopes qui n'avaient réellement qu'une corne, l'autre ayant été cassée par accident : le cas est assez fréquent.
6. Pour les cornes en forme de lyre de cette antilope, voir Gautier, *Sahara algérien*, pl. XXXIV.
7. XI, 124.
8. Conf. Pline, VIII, 214 (*strepsicerotes*).
9. « Erecta (cornua) rugarumque ambitu contorta et in leve fastigium exacuta, ut lyras decerent, strepsiceroti, quem addacem Africa appellat. » On n'est pas d'accord sur le sens de ce passage. Littré admet la correction : « ut liras diceres ». Il traduit : « Le strepsiceros... a les siennes droites, parcourues par des cannelures qui forment un léger relief, de sorte qu'on dirait des sillons. »
10. *Lettres*, IX, 144.

ceros, ou addax, est bien l'antilope à laquelle le nom d'addax a été donné par les modernes.

Hérodote[1] indique le πύγαργος (« cul-blanc ») dans le pays des Libyens nomades. Le même nom, *pygargus*, se retrouve dans des auteurs latins, Pline[2], Juvénal[3], Symmaque[4] : ce dernier réclamait des *pygargi* en même temps que des *addaces*.

Nous avons parlé des *dammae*, aux cornes dressées, du poète Dracontius[5]. Némésien de Carthage mentionne aussi ces animaux[6]. Pline dit qu'ils habitent de l'autre côté de la mer (par rapport à l'Italie)[7]; il observe qu'ils ont les cornes recourbées en avant[8]. D'après ce détail, Cuvier les a identifiés avec l'espèce d'antilope dite nanguer, ou mohor, qu'on rencontre au Maroc et dans le Sahara[9].

Élien[10] décrit un quadrupède africain qu'il appelle κέμας et dont il parle en même temps que de la gazelle. Le κέμας a le poil roux, très épais, et la queue blanche; ses yeux sont de couleur bleu foncé, ses oreilles, remplies de poils fort abondants; ses belles cornes, se présentant de face, constituent des armes dangereuses. Il court avec une grande rapidité et traverse à la nage les rivières et les lacs.

Les animaux appelés aujourd'hui antilopes bubales sont bien, en effet, ceux que les Grecs désignaient sous le nom de βούβαλος, βούβαλις[11]. Ils sont signalés en Afrique par Héro-

1. IV, 192.
2. VIII, 214.
3. XI, 138.
4. *L. c.*
5. Voir plus haut, p. 118.
6. *Cyneg.*, 51.
7. VIII, 214 (comme les *oryges*, les *pygargi* et les *strepsiceroles*).
8. XI, 124.
9. Conf. Sclater et Thomas, *l. c.*, III, pl. LXXII.
10. *Nat. anim.*, XIV, 14.
11. Voir en particulier la description d'Oppien, *Cyneg.*, II, 300-5. Conf Hehn, *Kulturpflanzen und Hausthiere*, p. 590 de la 6ᵉ édition. Ils sont mentionnés en même temps que les ὀρύγες par plusieurs auteurs (Hérodote, Strabon : passages cités plus loin; voir aussi Aristote, *Part. anim.*, III, 2; Élien, *Nat. anim.*, X, 23) il s'agit donc de deux genres différents.

dote¹, chez les Libyens nomades; par Polybe², qui vante leur beauté; par Strabon³ et Élien⁴ (en Maurétanie); par Dion Cassius⁵, qui raconte qu'en 41 avant notre ère, le passage d'une troupe de ces animaux causa une panique, la nuit, dans un camp romain : l'événement eut lieu dans un pays de montagnes, en Tunisie.

Ce nom a été adopté par les Latins : des lampes, portant l'inscription *Bubal*, représentent une antilope bubale⁶. Pourtant, dans le langage populaire, le nom de *bubalus* fut donné à l'urus, bœuf sauvage d'Europe (*Bos primigenius*); Martial lui-même l'a employé dans ce sens⁷, bien que Pline⁸ eût fait remarquer que c'était là un abus de langage : le *bubalus*, observe le naturaliste, est un animal d'Afrique, qui ressemble plutôt au veau et au cerf⁹.

Sur des monuments figurés africains, — ce sont surtout des mosaïques¹⁰ —, on voit des gazelles¹¹, des antilopes qui nous

---

1. IV, 192.
2. XII, 3, 5.
3. XVII, 3, 4.
4. *Nat. anim.*, III, 1.
5. XLVIII, 23.
6. *Catalogue du Musée Alaoui*, Supplément, p. 205, n° 984; *C. I. L.*, VIII, 22611, n°ˢ 9 et 10 (conf. n° 8). Elles n'ont pas été reproduites.
7. *Spectac.*, 23, 4.
8. VIII, 38 : « ... uros quibus imperitum volgus bubalorum nomen imponit, cum id gignat Africa vituli potius cerrique quadam similitudine. » Conf. Timothée de Gaza, dans *Hermes*, III, 1869, p. 18, § 29.
9. Diodore (III, 50) affirme qu'on ne trouve dans le désert, au Sud de la Cyrénaïque, d'autres quadrupèdes que la gazelle et le bœuf, πλὴν δορκάδος καὶ βοός. N'a-t-il pas voulu parler de l'antilope bubale? Conf. plus haut, p. 57.
10. Il serait utile de revoir avec soin ceux de ces monuments qu'on a décrits sans les reproduire, afin de reconnaître la nature exacte des animaux qui y sont figurés. Une étude spéciale de la faune des mosaïques africaines par un zoologiste serait très désirable. Elle pourrait être intéressante, non seulement pour l'histoire naturelle, mais aussi pour l'histoire de l'art : en ce qui concerne les animaux étrangers à la Berbérie, elle nous donnerait des indications sur l'origine des modèles employés par les mosaïstes.
11. Mosaïques d'Oglet Atha (Gauckler, *Invent. Tunisie*, n° 17; *Bull. archéologique du Comité*, 1899, pl. VII; d'El Djem (Gauckler, n° 71; *Catalogue du Musée Alaoui*, Supplément, pl. XIV); de Sousse (Gauckler, n°ˢ 140 et 153; Gauckler, Gouvet et Hannezo, *Musée de Sousse*, pl. VII, fig. 1, en haut, et pl. IX, fig. 1, à droite); de Carthage (Gauckler, *Invent.*, n° 763 : chasse à la gazelle); d'Oued Atménia (de Pachtere, *Invent. Algérie*, n°ˢ 260 et 262 : chasses à la gazelle); de Cherchel (de

paraissent être des oryx leucoryx[1], l'addax[2], l'antilope bubale[3]. Les images d'oryx leucoryx n'indiquent pas nécessairement que cette antilope ait alors vécu dans le pays, car elles ont pu être copiées sur des modèles alexandrins. Cependant, comme il est probable que l'oryx est déjà représenté sur les gravures rupestres[4], nous sommes disposé à croire à son existence dans le Nord-Ouest africain, pendant la période historique.

Au dire d'Élien[5], le catoblepon (κατώβλεπον), animal d'Afrique, ressemble au taureau, mais a un aspect plus terrible. Il a des sourcils relevés et épais; ses yeux, plus petits que ceux du bœuf, sont injectés de sang; il regarde, non devant lui, mais à terre : d'où son nom. Une crinière, ressemblant à celle du cheval, part du sommet de la tête, descend à travers le front et garnit la face, donnant au visage un air encore plus farouche. Le catoblepon se repaît de racines vénéneuses. Lorsqu'il regarde en dessous, à la façon des taureaux, il se hérisse aussitôt et dresse sa crinière; ses lèvres se découvrent et un souffle lourd, fétide, sort de son gosier, empoisonnant l'air au-dessus de sa tête. Cet air est funeste aux animaux qui le respirent : ils perdent la voix et tombent dans des convulsions mortelles. Aussi s'enfuient-ils le plus loin possible du catoblepon, car ils connaissent, comme lui-même, son pouvoir malfaisant.

Pachtere, n° 440; *Bull. des antiquités africaines*, II, 1884, fig. à la p. 306). — Bas-relief de Kaoua, représentant une chasse à la gazelle (Gsell, *Monuments antiques de l'Algérie*, I, p. 104-6). Même sujet sur des bas-reliefs de Ghirza, en Tripolitaine (Méhier de Mathuisieulx, dans *Nouvelles Archives des missions*, XII, 1904, p. 25).

1. Mosaïques de Sousse (Gauckler, *Invent.*, n° 136; Gauckler, Gouvet et Hannezo, l. c., pl. VII, fig. 1, en bas, à droite); d'Oudna (Gauckler, *Invent.*, n°° 359 et 381; *Monuments Piot*, III, p. 193, fig. 5, vers le milieu, sur la droite; *ibid.*, p. 218, fig. 12, à gauche, vers le bas); d'Hippone (de Pachtere, l. c., n° 43; *Mélanges de l'École de Rome*, XXXI, 1911, pl. XIX-XX: scène de chasse); de Cherchel (de Pachtere, n° 423; *Revue africaine*, XLVIII, 1904, pl. III : scène de chasse).
2. L'addax est probablement représenté sur une mosaïque de Tébessa : de Pachtere, n° 3; Gsell, *Musée de Tébessa*, pl. IX.
3. Mosaïque d'Oudna : Gauckler, *Invent.*, n° 381; *Monuments Piot*, III, p. 218, fig. 12, à droite, vers le bas.
4. Voir plus haut, p. 107, n. 5.
5. *Nat. anim.*, VII, 5.

Athénée[1], citant Alexandre de Myndos, parle aussi du catoblepon. En Libye, écrit-il, les nomades disent que la gorgone est le catoblepon, qui vit dans le pays. Il ressemble à un mouton sauvage, ou, selon d'autres, à un veau. De son souffle, affirme-t-on, il tue tous ceux qu'il rencontre. Il porte une pesante crinière, qui descend du front sur les yeux. Il la secoue avec peine quand il fixe quelqu'un, et ce regard est mortel. Dans la guerre contre Jugurtha, des soldats de Marius, voyant la gorgone qui s'avançait tête baissée et se mouvait lentement, crurent que c'était un mouton sauvage. Ils se précipitèrent sur elle, voulant la tuer avec leurs épées. Effrayé, l'animal secoua la crinière qui lui couvrait les yeux et regarda les agresseurs; ceux-ci moururent aussitôt. D'autres subirent le même sort. Enfin, sur l'ordre de Marius, des cavaliers libyens tuèrent de loin le catoblepon, à coups de javelots, et l'apportèrent au général. Des peaux de ces bêtes sauvages auraient été envoyées par Marius à Rome et placées dans le temple d'Hercule.

Pomponius Méla[2] et Pline[3] signalent le même animal, qu'ils appellent *catoblepas*: ils disent qu'il vit chez les Éthiopiens occidentaux, près de la source que beaucoup croient être l'origine du Nil (c'est-à-dire au Sud du Maroc). Il est de taille médiocre, a des membres inertes et se contente de porter avec peine sa tête, qui est très lourde; il la tient toujours inclinée vers le sol. Autrement, il serait un fléau pour le genre humain, car tous ceux qui voient ses yeux expirent aussitôt; c'est son seul moyen d'attaque : jamais il ne fonce, ni ne mord.

Il convient de rejeter dédaigneusement ces sottises, dont la responsabilité incombe peut-être, en bonne partie, au roi Juba. Pourtant, à certains détails, Cuvier a cru reconnaître l'antilope

---

[1] V 64, p. 221.
[2] III, 98.
[3] VIII, 77.

gnou, qui vit aujourd'hui dans l'Afrique australe[1]. Le gnou
offre des ressemblances à la fois avec le bœuf, le cheval et l'antilope ; il a des touffes de poils sur le museau[2] ; « son regard
paraît être celui d'un fou[3] ». Il faut ajouter qu'il se meut avec
une grande rapidité. Nous avons vu qu'il a existé dans l'Afrique
du Nord à l'époque préhistorique[4] ; il ne serait pas impossible
qu'il eût survécu dans le Sud de cette contrée.

Des béliers sauvages sont indiqués par Hérodote[5] (chez les
Libyens nomades) et aussi par Columelle[6]. Celui-ci raconte que
son oncle acheta à Gadès quelques béliers africains d'une couleur étonnante, qu'on avait transportés en Espagne pour les
exhiber dans des spectacles[7], et qu'il les croisa avec des brebis
de son domaine. Dans Timothée de Gaza[8], nous trouvons la
mention d'une espèce de moutons sauvages de Libye, animaux
stupides et d'une chasse facile, dont la laine est sans valeur.

Élien[9] parle de chèvres sauvages qui fréquentent les sommets
des montagnes de la Libye. Elles atteignent presque la taille
des bœufs. Leurs cuisses, leur poitrine, leur nuque, leur menton
sont garnis de poils très épais. Elles ont le front bombé, les yeux
vifs, les jambes courtes ; au lieu d'être droites, comme chez les
autres chèvres de montagne, leurs cornes divergent en sens
transversal et descendent obliquement pour se rapprocher des
épaules, tant elles sont longues. Il n'y a pas de chèvres plus
agiles. Elles sautent avec une grande facilité de crête en crête ;
quand elles tombent, elles ne se font aucun mal, à cause de la

---

1. Conf. O. Keller, *die antike Tierwelt*, I, p. 296. Pomel (*Boselaphes Ray*, p. 7) se
refuse à admettre cette identification ; il croit qu'il s'agit du phacochère.
2. Voir Sclater et Thomas, *l. c.*, I, pl. XI et XII.
3. Brehm, *la Vie des animaux, Mammifères*, trad. française, II, p. 581-2.
4. P. 102 et 103.
5. IV, 192 : χριοί ἄγριοι. Voir aussi Athénée, cité p. 124.
6. VII, 2, 4-5.
7. « Cum in municipium Gaditanum ex vicino Africae miri coloris silvestres
ac feri arietes, sicut aliae bestiae, munerariis deportarentur... »
8. Dans *Hermes*, III, 1869, p. 21, § 34.
9. *Nat. anim.*, XIV, 16.

dureté de leurs membres, de leur crâne et de leurs cornes. Mais il est aisé, même à un médiocre marcheur, de les prendre en plaine, car elles sont sans vigueur pour fuir. Leur peau protège les pâtres et les artisans des froids les plus vifs; de leurs cornes, on fait de vastes gobelets pour puiser l'eau des rivières et des sources.

Cette description convient au mouflon à manchettes [1] (*aroui* des Arabes), qui vit dans les montagnes du Sud de la Berbérie et dans celles du Sahara [2] : il n'existe pas de véritables chèvres sauvages en Afrique [3]. Les béliers sauvages d'Hérodote et de Columelle sont probablement aussi des mouflons [4]. Un de ces animaux est peut-être représenté sur une mosaïque d'El Djem, en Tunisie [5].

On trouve en Libye, dit Élien [6], une quantité innombrable de bœufs sauvages, vivant en liberté. Les taureaux errent avec les vaches et les veaux. Quand ils ne sont pas fatigués par de longues courses, ils l'emportent en vitesse sur les cavaliers qui les poursuivent et ils parviennent le plus souvent à leur échapper, en se dissimulant dans des broussailles et des bois. Des chasseurs réussissent cependant à s'emparer à la fois d'une vache et d'un veau. Lorsqu'ils ont pu capturer ce dernier, ils l'attachent avec une corde et vont se cacher. La vache accourt; en cherchant à dégager son petit, elle s'embarrasse les cornes dans les nœuds et demeure prisonnière. Les Libyens, survenant, la tuent, extraient le foie, coupent les mamelles pleines, enlèvent la peau et laissent le reste aux oiseaux de proie.

---

1. Conf. Tissot, *Géographie*, I, p. 340.
2. Voir Trouessart, *l. c.*, fig. 19, à la p. 406.
3. Comme l'observe Aristote, *Hist. anim.*, VIII, 28 (27), 3; conf. plus haut, p. 118, n. 13. — Si l'on veut que les « ferae saxi delectae vertice caprae », dont parle Virgile (*Énéide*, IV, 152), aient été des animaux véritablement africains, on peut y voir des mouflons.
4. Je ne sais pas de quelle espèce Timothée de Gaza veut parler.
5. Gauckler, *Invent. Tunisie*, n° 71; *Catalogue du Musée Alaoui*, Supplément, pl. XV, fig. 5.
6. *Nat. anim.*, XIV, 11.

Quant au veau, ils l'emmènent chez eux. C'est un mets succulent.

Nous n'avons pas d'autre mention de bœufs sauvages en Berbérie, à l'époque romaine. Étaient-ce des descendants de ces grands buffles qui vivaient dans le pays aux temps préhistoriques[1]? des bœufs véritablement sauvages? ou des bœufs d'origine domestique, rendus à la liberté? Les buffles qu'on trouve aujourd'hui en Afrique sont d'importation toute récente[2]. On a signalé de prétendus bœufs sauvages au Maroc[3], mais ce renseignement est sujet à caution[4].

Les lièvres abondaient[5], comme de nos jours, et l'on aimait à les chasser[6]. Hérodote indique chez les Libyens nomades trois espèces de rats[7] : « Les uns s'appellent δίποδες; les autres,

1. Je suis peu disposé à le croire : ces animaux sont si remarquables par leur taille et leurs cornes que, s'ils avaient abondé en Afrique aux environs de notre ère, nous en aurions sans doute des mentions et des images. Les animaux dont parle Don Cassius (XLVIII, 23) sont des antilopes bubales, et non des buffles : voir plus haut, p. 122. Isidore de Séville (Etymol., XII, 1, 33) indique le bubalus, après les articles taurus, bos, vacca, vitulus, et avant l'article urus : « Bubali vocati per derivationem, quod sint similes boum; adeo indomiti ut prae feritate iugum cervicibus non recipiant. Hos Africa procreat. » Dans la pensée d'Isidore, il s'agit bien ici de bovidés. Mais on peut se demander si les mots « Hos Africa procreat » n'ont pas été ajoutés par suite d'une confusion entre le bubale d'Afrique (antilope) et l'animal qui, en latin vulgaire, était appelé bubalus.
2. Ceux que Tissot (I, p. 343) indique dans le district de Mater sont issus d'animaux lâchés par un bey de Tunis : Kobelt, Studien zur Zoogeographie, II, p. 131. — Le prétendu buffle rouge, mentionné par Tissot (I, p. 343) et appelé, dit-il, begueur et ouahach par les indigènes, est l'antilope bubale : conf. Lataste, Faune des vertébrés de Barbarie, p. 170.
3. Voir Blyth, cité par Lataste, l. c., p. 167-170.
4. M. Brives, que j'ai consulté, ne regarde pas comme des animaux sauvages les bœufs très nombreux qui paissent dans la forêt de Mamora, entre l'oued Sebou et l'oued Bou Regreg, au Nord-Est de Rabat.
5. Même au Sahara : Théophraste, Hist. plantar., IV, 3, 5.
6. Inscription trouvée près de Mdaourouch, publiée Bull. archéologique du Comité, 1895, p. 230, n° 27 :

Iu[ven]ibus sen[i]or leporem monstrabat et ipse.

Chasse au lièvre sur des mosaïques : Gauckler, Invent. Tunisie, n°⁵ 64, 375, 598, 607, 613; sur une lampe africaine : Rec. de Constantine, XLII, 1908, p. 268; sur une terre cuite : Bull. de la Société archéol. de Sousse, IV, 1900, p. 17, fig. 1.
7. IV, 192 : μυῶν γένεα τρίξα. — Pour des animaux africains que les auteurs appellent μύες, mures, voir Aristote, Hist. anim., VIII, 28 (27), 7 (conf. Pline, X,

ζεγέριες, — c'est un nom libyque, qui signifie en grec βουνοί [collines] — ; ceux de la troisième espèce, ἐχινέες ». On a admis, avec raison[1], que les δίποδες (« bipèdes ») sont les gerboises[2], qui s'avancent en sautant sur leurs deux pattes de derrière, beaucoup plus longues que celles de devant[3]. Les ζεγέριες sont peut-être des rats de montagne : on a proposé[4] de les identifier avec les gondis[5]. Les ἐχινέες paraissent être les mêmes animaux que les ἐχίνοι, c'est-à-dire des hérissons[6]. Les ὕστριχες, *hystrices*, qu'Hérodote[7], Élien[8] et Pline[9] signalent en Afrique sont nos porcs-épics[10].

III

Aux temps préhistoriques, il y avait partout des autruches, depuis le littoral jusque dans le Sahara. Elles continuèrent à habiter la Berbérie à l'époque historique. Les Carthaginois recherchaient leurs œufs : ils les transformaient en vases, en coupes[11],

201); Pline, XXX, 43. Les *mures africani* dont il est question dans le *Poenulus* de Plaute (vers 1011) n'ont probablement rien à voir avec les rats. Selon Juste Lipse, les Romains auraient désigné ainsi par plaisanterie les panthères.

1. Voir, entre autres, Neumann, *Nordafrika nach Herodot* (Leipzig, 1892), p. 160.
2. Conf. ce qu'Élien (*Nat. anim.*, XV, 26) dit, d'après Théophraste, des δίποδες d'Égypte, qu'il classe aussi parmi les rats et qui sont certainement des gerboises (image de cet animal dans Trouessart, *l. c.*, p. 398, fig. 17).
3. Une gerboise est représentée sur une mosaïque de Carthage : Gauckler, *Invent. Tunisie*, n° 640. — Pour les gerboises en Cyrénaïque, voir Rainaud, *Quid de natura Cyrenaicae*, etc., p. 77.
4. Tissot, I, p. 373-4 (d'après Reboud). Neumann, *l. c.*, p. 161.
5. Image de gondi dans Trouessart, p. 399, fig. 18.
6. Conf. Élien, *l. c.*, XV, 26 (en Cyrénaïque); il range aussi les hérissons parmi les rats.
7. IV, 192 (chez les Libyens nomades).
8. *L. c.*, XII, 26.
9. VIII, 125. — Porcs-épics sur des mosaïques : Gauckler, *Invent.*, n° 598; de Pachtere, *Invent.*, n°ˢ 221, 223.
10. On ignore ce que sont les δίκτυες et les βέρυες, mentionnés par Hérodote (IV, 192) chez les Libyens nomades. C'est à tort que Pline (XXXII, 27) indique des castors en Afrique.
11. Cet usage persista : voir Lucien, *Dipsad.*, 7 (il prétend même que des indigènes coupent en deux de grands œufs et s'en font des bonnets). Conf. Pline, X, 2.

qu'ils ornaient de peintures et de gravures; ils les taillaient en disques ou en croissants, sur lesquels ils traçaient des visages[1]. Les autruches sont assez souvent mentionnées dans les textes grecs et latins[2] et représentées sur les monuments africains[3]. Elles figurèrent dans des spectacles à Rome[4]. Au XIXe siècle, on en rencontrait encore en Tripolitaine et dans les steppes de l'Algérie[5]. Elles ont disparu de ces régions et elles sont devenues très rares dans le désert[6].

En qualifiant l'Afrique de mère féconde de grands oiseaux, le poète Némésien de Carthage[7] pense aux rapaces, très nombreux dans cette contrée. D'une manière générale, la faune ornithologique, qui ne se heurtait pas aux mêmes obstacles que les mammifères, devait, comme aujourd'hui, ressembler beaucoup à celle de l'Europe méridionale. On ne trouve à ce sujet que de rares indications dans les auteurs anciens[8]. Quant

---

1. Voir Gsell, *Fouilles de Gourcya* (Paris, 1903), p. 35-37.
2. Hérodote, IV, 192 (chez les Libyens nomades) : στρουθοὶ κατάγαιοι; conf. IV, 175 (les Maces, peuplade des Syrtes, se servent de boucliers en peau d'autruche). Aristote, *Hist. anim.*, IX, 15 (16); *Part. anim.*, II, 14; IV, 12; IV, 14; *Anim. generat.*, III, 1 : ὁ στρουθὸς ὁ Λιβυκός. Théophraste, *Hist. plantar.*, IV, 3, 5 (dans le désert). Polybe, XII, 3, 5. Pline, X, 1 : « struthocameli Africi ». Lucien, *Dipsad.*, 2; 6; 7 (dans le désert). Oppien, *Cyneg.*, III, 482 et suiv.; *Halieut.*, IV, 630. Élien, *Nat. anim.*, XIV, 7. Hérodien, I, 15, 5 : ταῖς Μαυρουσίαις στρουθοῖς. Histoire Auguste, *Gordiani tres*, III, 7 : « strutiones Mauri ». Isidore de Séville, *Etymol.*, XIV, 5, 12 (en Maurétanie Tingitane).
3. Stèle de Saint-Leu, près d'Oran : Doublet, *Musée d'Alger*, pl. III, fig. 2. Stèle d'Abizar (Kabylie) : *ibid.*, pl. IV. Bas-reliefs du Sud de la Tunisie : *Bull. archéologique du Comité*, 1894, p. 394. Bas-reliefs de Ghirza, en Tripolitaine : Tissot, I, p. 348, fig. 16; Méhier de Mathuisieulx, *Nouvelles Archives des missions*, XII, 1904, p. 25. Mosaïques : Gauckler, *Invent.*, n° 903; de Pachtere, *Invent.*, index, *s. v.*, et surtout le n° 45, reproduit dans *Mélanges de l'École de Rome*, XXXI, 1911, pl. XIX-XX (chasse aux autruches).
4. Depuis le commencement du second siècle avant J.-C. : Plaute, *Persa*, 199. Voir Friedländer, *Sittengeschichte Roms*, II, p. 492 (5e édit.).
5. Méhier de Mathuisieulx, *Nouvelles Archives des missions*, XIII, 1905, p. 94. Gsell, *Fouilles de Gouraya*, p. 36. — Au temps du géographe Édrisi (douzième siècle), l'autruche existait encore dans le pays des Chaouias au Maroc, au Sud de Casablanca : Doutté, *Merrâkech*, p. 45.
6. Chudeau *Sahara Soudanais*, p. 199-200.
7. *Cyneg.*, 313 :

Lybie, magnarum avium fecunda creatrix.

8. Éperviers (*accipitres*) : Pline, X, 22 (les éperviers de toute la Masæsylie naissent dans l'île de Cerné, sur l'Océan). — Corbeaux : Élien, *Nat. anim.*, II, 48. —

aux oiseaux représentés sur les mosaïques, ils devraient être étudiés par un naturaliste, capable de les dénommer avec précision, de dire quels sont ceux qui appartiennent au pays et ceux qui ont dû être copiés sur des modèles orientaux[1].

Pline[2] et Élien[3] parlent des tortues d'Afrique. Nous avons cité[4] les textes anciens indiquant des crocodiles dans le Sud de la Maurétanie, à la lisière du désert[5]. Dans les lézards longs de deux coudées, qui, dit Strabon[6], se rencontrent en Afrique, on a reconnu[7] des varans[8], sauriens qui atteignent en effet et dépassent même un mètre, et qui abondent dans le Sud de la

---

Étourneaux : la Table de Peutinger indique un lieu appelé *Ad Sturnos*, à l'Est de Sétif. Un Carthaginois s'appelait Hannibal l'Étourneau (Ψάρ) : Appien, *Lib.*, 68. — Hirondelles : saint Augustin, *Enarr. in psalm.* XC, 1ʳᵉ partie, 5. — Perdrix : lieu appelé *Perdices*, au Sud de Sétif : Gsell, *Atlas archéologique de l'Algérie*, f° 26, n°ˢ 40-42. — Pintades (μελεαγρίδες, *meleagrides*). Le Périple de Scylax (§ 112) prétend que toutes les méléagrides sont originaires d'un lac voisin de l'Océan, sur la côte du Maroc actuel (conf. Pline, XXXVII, 38, citant Mnaséas); selon Tissot (dans *Mémoires présentés à l'Académie des Inscriptions*, IX, 1ʳᵉ partie, p. 198), il n'y a plus de pintades dans cette région. Voir aussi Varron, *Rust.*, III, 9, 18, et Pline, X, 74. Appelées par les Latins *gallinae Africanae*, *Afrae aves*, *Numidicae*, elles devinrent à l'époque romaine des oiseaux de basse-cour. — Grues : Élien, *l. c.*, III, 13 (les grues de Thrace vont à l'automne en Égypte, en Libye et en Éthiopie). — Cigognes : saint Augustin, *Enarr. in psalm.* LVIII, 10 (« annuae nostrae hospites ciconiae »); *ibid.*, XC, 1ʳᵉ partie, 5. — Porphyrion, ou poule sultane : Athénée, IX, 40, p. 388, d, d'après Alexandre de Myndos (c'était, dit-il, un oiseau sacré chez les Libyens).

1. On signale les oiseaux suivants (index des *Inventaires* de Gauckler et de Pachtere) : aigle, faucon (employé à la chasse à l'époque vandale : Gauckler, n° 598), corbeau, pie, moineau, hirondelle, rossignol, grive, tourterelle, coq de bruyère, perdrix (voir en particulier Gauckler, n° 362 : mosaïque d'Oudna, sur laquelle est représentée une chasse aux perdreaux), caille, pintade, outarde, poule de Carthage, bécassine, cigogne, héron, grue, poule sultane, flamant, cygne, oie, canard, macreuse.

2. IX, 38 (dans le désert); XXXII, 33.

3. *Nat. anim.*, XIV, 17.

4. P. 67, n. 1. — Un crocodile, rapporté d'un cours d'eau qui sortait d'une montagne de la Maurétanie, près de l'Océan, fut consacré par Juba II dans le temple d'Isis, à Césarée; on l'y voyait encore au temps de Pline (V, 51). Strabon (XVII, 3, 4) indique aussi que les fleuves de la Maurusie (Maroc) nourrissent dit-on, des crocodiles.

5. Le crocodile a peut-être vécu sur le littoral à l'époque de l'industrie néolithique : M. Flamand (*Assoc. française*, Ajaccio, 1901, II, p. 731) signale des dents de crocodile dans une grotte de Mustapha-Supérieur, à Alger.

6. XVII, 3, 11 : σαύρας διπήχεις.

7. Tissot, I, p. 320.

8. L'*ouarane* des Arabes.

Berbérie, ainsi qu'au Sahara[1]. Cette identification convient aussi aux crocodiles terrestres, longs de trois coudées et très semblables aux lézards, qu'Hérodote[2] signale chez les Libyens nomades[3]. Pline fait mention des caméléons[4].

L'Afrique du Nord, terre des fauves, était aussi la terre des serpents[5], dont il est question dans un grand nombre de textes[6]. Ces reptiles pullulaient dans certaines régions et y répandaient la terreur. Parmi ceux que les anciens énumèrent[7] et sur lesquels ils donnent des indications plus ou moins vraisemblables, nous citerons : le céraste[8], de la couleur du sable, avec deux cornes sur le front; c'est la vipère à cornes (*lefad* des

---

1. Pausanias (I, 33, 6) indique, auprès d'une source située au pied de l'Atlas, des crocodiles n'ayant pas moins de deux coudées (κροκόδειλοι διπήχεων ἥσσω οὐκ ὄντες) : expression dont on peut s'étonner, puisque le crocodile du Nil atteint sept mètres. Peut-être s'agit-il de varans. L'animal appelé σκίγκος, que Dioscoride (*Mater. medica*, II, 66, édit. Wellmann) mentionne en Maurétanie, paraît être le varan.

2. IV, 192 : κροκόδειλοι ὅσον τε τριπήχεις χερσαῖοι, τῇσι σαύρῃσι ἐμφερέστατοι.

3. Conf. Brehm, *les Reptiles*, traduct. française, I, p. 247; Battandier et Trabut, *l'Algérie*, p. 269.

4. VIII, 120. Voir aussi Tertullien, *De pallio*, 3. — Lézards sur des mosaïques africaines : Gauckler, *Invent.*, n°˚ 640, 903; de Pachtere, n° 291.

5 Vitruve, VIII, 3, 24 : « Africa parens et nutrix ferarum bestiarum, maxime serpentium. » Solin, XXVII, 28 : « Africa serpentibus adeo fecunda est, ut mali huius merito illi potissimum palma detur. » Parmi les noms de la Libye, Alexandre Polyhistor indiquait celui d'Ὀφιοῦσσα (la terre des serpents) : apud Etienne de Byzance, s. v. Λιβύη.

6. Outre ceux qui seront cités plus loin, voir : Salluste, *Jug.*, LXXXIX, 5 (région de Gafsa); Diodore de Sicile, III, 50 (dans le désert) et XX, 42 (le long de la grande Syrte); Horace, *Odes*, III, 10, 18; *Satires*, II, 8, 95; Manilius, IV, 662; Strabon, XVII, 3, 4 et 11; Pline, V, 15 (au Sud de l'Atlas, d'après Suétonius Paulinus); V, 26 (dans des déserts, au Sud de la Tunisie); Silius Italicus, I, 211-2; Oppien, *Cyneg.*, II, 234; Victor de Vite, II, 37 (dans la région du Hodna); Isidore de Séville, *Etymol.*, XIV, 5, 8 et 12 (chez les Gétules et en Maurétanie Tingitane).

7. A propos de la marche de Caton le long de la grande Syrte, Lucain (IX, 700 et suiv.) donne les noms d'une quinzaine de serpents. Il a emprunté ces indications à un contemporain d'Auguste, Æmilius Macer, qui lui-même s'était servi de Nicandre, et peut-être aussi de Sostrate : Fritzsche, *Quaestiones Lucaneae* (Gotha, 1892), p. 10 et suiv.; Wellmann, dans *Real-Encyclopädie* de Wissowa, I, p. 597; Pichon, *les Sources de Lucain*, p. 40-41. Un certain nombre de serpents africains sont énumérés par Solin, XXVII, 28 et suiv. Voir encore Lucien, *Dipsas*, 3.

8. Κεράστης, *cerastes*. Diodore de Sicile, III, 50. Lucain, IX, 716. Silius Italicus, I, 413. Lucien, *l. c.* Élien, *Nat. anim.*, I, 57; XVI, 28. Nicandre (*Theriaca*, 261) et Pline (VIII, 85; conf. Solin XXVII, 28) prétendent que les cérastes ont souvent quatre cornes.

Arabes), fréquente dans le Sud des steppes et dans le Sahara; — l'aspic[1], dont le cou se gonfle quand il est irrité; c'est le naja, qui habite le Sud de la Berbérie; — la dipsade[2], animal d'assez petite taille, dont la piqûre, mortelle comme celle de l'aspic et du céraste, provoque une soif inextinguible. Les petits serpents, pourvus d'une seule corne, qu'Hérodote[3] indique chez les Libyens nomades, sont sans doute des vipères ammodytes[4]. Des fables nombreuses couraient sur le basilic[5], dont la longueur ne dépassait pas douze doigts (0 m. 22)[6] et qui avait sur la tête une tache blanche, formant une sorte de diadème. Il s'avançait en se tenant dressé sur le milieu du corps. On prétendait qu'il mettait en fuite les autres serpents par son sifflement, que son souffle seul détruisait les broussailles, brûlait les herbes, faisait éclater les pierres, que son venin se propageait le long du bâton ou de la lance qui le frappait; que, cependant, l'odeur de la belette et le chant du coq le faisaient mourir, etc. Les Psylles, tribu du littoral de la grande Syrte, passaient pour être insensibles aux morsures des serpents, avec lesquels ils vivaient familièrement; ils guérissaient les blessés par des

---

1. Ἀσπίς, *aspis*. Hérodote, IV, 191. Aristote, *Hist. anim.*, VIII, 29 (28), 2. Varron, *apud* Priscien, *Institut.*, X, 32 (Keil, *Grammatici latini*, II, p. 524). Helvius Cinna, *apud* Aulu-Gelle, IX, 12, 12. Lucain, IX, 610, 700 et suiv. Lucien, *l. c.* Élien, *l. c.*, III, 33; VI, 38. Solin, XXVII, 31. — Un aspic est représenté sur une mosaïque d'Oudna : Gauckler, *Invent. Tunisie*, n° 392.
2. Διψάς, *dipsas*. Élien, *l. c.*, VI, 51, citant Sostrate : serpent blanc, avec deux lignes noires sur la queue (conf. Suidas, s. v. Διψάς). Lucain, IX, 610, 718, 737 et suiv. Silius Italicus, III, 312-3. Lucien, *Dipsad.*, 4 et 6. Solin, XXVII, 31 (il indique la *dipsas* parmi les *aspides*).
3. IV, 192 : ὄφιες σμικροί, κέρας ἓν ἕκαστος ἔχοντες.
4. On trouve en Berbérie la vipère dite de Lataste, dont les uns font une espèce particulière, les autres, une variété de la vipère ammodyte. Elle a un « museau atténué en une pointe molle, écailleuse, obtuse, retroussé et incliné en arrière » : Olivier, dans *Mémoires de la Société zoologique de France*, VII, 1894, p. 124; conf. Doumergue, *Bull. d'Oran*, 1901, p. 81.
5. Βασιλίσκος, *basiliscus* ou *regulus* (*regali serpentes* : Tertullien, *De baptismo*, 1). Élien, *l. c.*, II, 7 (citant Archélaos); III, 31. Lucain, IX, 724 et suiv., 828 et suiv. Pline, VIII, 78-79 (il indique ce serpent en Cyrénaïque); conf. Solin, XXVII, 51-53. Voir Wellmann, dans *Real-Encyclopädie*, s. v. *Basilisk*.
6. Pline, VIII, 78; Élien, *l. c.*, II, 5. Solin (XXVII, 51) dit : « à peine un demi-pied » (0 m. 148).

succions et, ajoutait-on, par des applications de salive, des potions bizarres, des pratiques magiques[1].

Des serpents de très grande taille sont mentionnés par quelques auteurs[2]; ils appartenaient sans doute à la famille des pythons. On racontait sur eux d'étranges histoires. Des marins prétendaient que des serpents d'Afrique dévoraient des bœufs; que quelques-uns de ces reptiles, s'étant lancés du rivage à leur poursuite, avaient retourné un de leurs navires[3]. Tout le monde connaît le serpent que l'armée de Régulus aurait rencontré sur les bords de la Medjerda[4] et qui aurait fait de nombreuses victimes; les Romains auraient dû employer des machines de guerre pour le tuer. La peau fut envoyée à Rome et exposée dans un temple jusqu'au temps de la guerre de Numance, pendant plus d'un siècle. Cet animal aurait eu une longueur de cent vingt pieds, c'est-à-dire de plus de trente-cinq mètres[5] : ce qu' aucun zoologiste moderne ne peut admettre.

Une araignée de Libye, appelée ῥάξ, est, au dire d'Élien, ronde, noire et ressemble à un grain de raisin : elle a des pattes très courtes et la bouche au milieu du ventre. Il s'agit proba-

---

1. Élien, *l. c.*, I, 57; XVI, 27 (d'après Agatharchide); XVI, 28 (d'après Callias et Nicandre). Varron, *apud* Priscien, *l. c.* Strabon, XIII, 1, 14 et XVII, 1, 44. Celse, VII, 27, 3. Lucain, IX, 890 et suiv. Pline, VII, 14; VIII, 93; XXI, 78; XXVIII, 30. Silius Italicus, I, 411 et suiv,; III, 301-2. Suétone, *Auguste*, 17. Plutarque, *Caton le Jeune*, 56. Pausanias, IX, 28, 1. Aulu-Gelle, IX, 12, 12; XVI, 11,3. Dion Cassius, LI, 14. Arnobe, II, 32.

2. Hérodote, IV, 191 : ὄφεις οἱ ὑπερμεγάθεις. Chez les Éthiopiens occidentaux, au Sud du Maroc, Strabon (XVII, 3, 5) indique, d'après Hypsicrate (ou Iphicrate), de grands serpents, dont le dos est garni d'herbe. Voir encore Diodore de Sicile, III, 34.

3. Aristote, *Hist. anim.*, VIII, 28 (27), 6.

4. Vibius Sequester (De fluminibus, dans Riese, *Geographi latini minores*, p. 147) place l'événement à Musti (« Bagrada iuxta oppidum Musti, ubi Regulus, etc. »). Il ne s'agit pas, en tout cas, de la ville de Musti que nous connaissons (*C. I. L.*, VIII, p. 192 et 1301) : elle était située au Sud du Bagrada, loin de ce fleuve.

5. Sur le serpent de Régulus, voir Q. Aelius Tubero, *apud* Aulu-Gelle, VII (VI), 3; Valère-Maxime, I, 8, ext., 19 (d'après Tite-Live : conf. Live, *Periocha l.* XVIII); Pline, VIII, 37, et d'autres auteurs, indiqués par Meltzer, *Geschichte der Karthager*, II, p. 569.

blement de la tarentule. Élien ajoute que sa morsure tue très promptement[1]. De son côté, Strabon[2] signale une espèce d'araignée, très répandue, remarquable par sa grande taille.

Sur des monnaies de l'empereur Hadrien, l'Afrique personnifiée est représentée tenant un scorpion[3]. Divers écrivains anciens[4] mentionnent « ce funeste animal africain », « ce fléau de l'Afrique[5] ». Strabon[6] prétend que, pour écarter les scorpions, les indigènes frottaient les pieds de leurs lits avec de l'ail et les entouraient d'épines. Selon Élien[7], ils portaient des sandales creuses et couchaient dans des lits très élevés, qu'ils avaient soin d'éloigner des murs et dont ils plaçaient les pieds dans des cruches pleines d'eau. Précautions qui pouvaient être vaines! Le crédule auteur affirme que les scorpions s'assemblaient sous le toit, d'où ils faisaient la chaîne pour atteindre leurs victimes[8]. A Carthage, on enfouissait sous les maisons des images en métal de ces animaux, talismans destinés à protéger les habitants et peut-être surtout à mettre en fuite les scorpions véritables[9]. C'est sans doute pour les mêmes raisons

---

1. *Nat. anim.*, III, 36 (conf. Pline, XXIX, 86). Élien parle ailleurs (XVI, 27), d'après Agatharchide, d'araignées dont la morsure est mortelle, sauf pour les Psylles. Voir encore *ibid.*, I, 57.
2. XVII, 3, 11.
3. Cohen, *Monnaies impériales*, 2ᵉ édit., II, p. 116, nᵒˢ 136-137. — Je ne vois pas de bonnes raisons pour admettre, avec M. Jatta (*le Rappresentanze figurate delle provincie romane*, p. 63), que ce scorpion est un symbole zodiacal, comme le serait aussi le lion qui accompagne souvent l'Afrique.
4. Pline, XI, 86 et suiv.; XXVIII, 24. Dioscori. II, 141, édit. Wellmann. Plutarque, *Marius*, 40. Lucien, *Dipsad.*, 3. Victor de Vite, II, 37. — Sur quelques monuments africains, le dieu Mercure est accompagné d'un scorpion : Merlin, dans *Bull. de la Société archéol. de Sousse*, IV, 1906, p. 125. Voir aussi *Catalogue sommaire des marbres antiques du Louvre*, nᵒ 1735. — Strabon (XVII, 3, 11). Pline (XI, 89), Lucien (*l. c.*) parlent de scorpions volants (voir aussi, pour l'Égypte, Élien, *l. c.*, XVI, 42). On a supposé que c'étaient des panorpes, appelées vulgairement mouches-scorpions. Voir Brehm, *les Insectes*, trad. française, I, p. 510.
5. Pline, V, 42 : « dirum animal Africae »; XI, 89 : « hoc malum Africae ».
6. XVII, 3, 11.
7. *Nat. anim.*, VI, 23.
8. Pour les scorpions, voir encore Élien, *l. c.*, XVI, 27.
9. Audollent, *Carthage romaine*, p. 427-8. Gauckler, dans *Nouvelles Archives des missions*, XV, 1907, p. 503. *Catalogue du Musée Alaoui*, p. 118, nᵒ 27, p. 126, nᵒ 23; Supplément, p. 132, nᵒˢ 130-1, p. 137, nᵒ 34 et pl. LXX, fig. 4; conf. p. 335, nᵒˢ 933-4

qu'un scorpion est représenté sur un linteau de porte, dans la région de Dougga[1]. La médecine et la magie avaient inventé différents remèdes contre les piqûres[2]. Les chrétiens faisaient sur la blessure un signe de croix, accompagné de prières; puis ils frottaient la plaie avec le corps même de la bête écrasée[3] : pratique en usage aussi chez les païens[4], et qui s'est conservée chez les indigènes. *Scorpiace*, c'est-à-dire antidote contre les scorpions, tel fut le titre que Tertullien de Carthage donna à un traité contre les gnostiques, ces êtres malfaisants qui cherchaient à empoisonner et à tuer la foi[5].

Les sauterelles, originaires du Soudan[6], venaient souvent, comme de nos jours, visiter l'Afrique septentrionale[7]; des œufs qu'elles déposaient dans le sol, sortaient d'innombrables criquets, encore plus redoutables qu'elles. Si ces insectes servaient, en certains lieux, de nourriture aux indigènes[8], on les regardait en général comme une calamité, envoyée par la colère des dieux[9]. Le poète africain Corippus décrit ainsi une invasion de sauterelles[10] : « ... telles les sauterelles, vers la fin

---

(moules). Un scorpion analogue a été recueilli à Bulla Regia : *Cat. Alaoui*, p. 118, n° 28. — On a aussi trouvé à Carthage des plaquettes de plomb sur lesquelles un scorpion est représenté : Audollent, *Defixionum tabellae*, p. xxxv; *Cat. Alaoui*, Suppl., p. 137, n° 55, pl. LXX, fig. 5.

1. Carton, *Découvertes faites en Tunisie*, p. 318, fig. 103.
2. Tertullien, *Scorpiace*, 1. — La terre de l'île de Galata (La Galite) et celle de Clupea (au cap Bon) passaient pour tuer les scorpions : Pline, V, 42; XXXV, 202.
3. Tertullien, *l. c.*
4. Pline, XXIX, 91.
5. Voir en particulier le chapitre I de ce traité, où Tertullien décrit le scorpion.
6. C'est l'*Acridium peregrinum*. Il y a une autre espèce (*Stauronotus maroccanus*), qui est indigène. Voir Battandier et Trabut, *l'Algérie*, p. 288 et suiv.
7. Outre les textes cités dans les notes suivantes, voir Strabon, XVII, 3, 10 (d'après Posidonius); Victor de Vite, II, 31. — Des sauterelles sont représentées sur un cippe funéraire de Constantine : Doublet et Gauckler, *Musée de Constantine*, p. 21, 75, pl. II, fig. 1.
8. Hérodote, IV, 172 (les Nasamons font sécher des sauterelles au soleil, les pilent et arrosent de lait cette bouillie). Dioscoride, II, 52, édit. Wellmann (dans la région de Leptis). Beaucoup d'indigènes du Sahara et de la Berbérie mangent encore des sauterelles.
9. Pline, XI, 104.
10. *Johannide*, II, 196 et suiv.

du printemps[1], quand l'Auster (vent du Sud) souffle sous les astres, tombent en se disséminant sur les campagnes de la Libye; telles les sauterelles, lorsque le Notus, du haut des airs, les pousse, les entraîne dans ses violents tourbillons et les précipite vers la mer. Les agriculteurs s'inquiètent et leur cœur tremble de voir l'horrible fléau détruire les récoltes, anéantir les fruits tendres encore, dévaster les jardins verdoyants, ou abîmer les fleurs de l'olivier, pointant sur les rameaux flexibles. » Varron prétendait que certains Africains avaient dû abandonner le territoire qu'ils occupaient, par suite des ravages des sauterelles[2]. Des auteurs indiquent les diverses mesures que l'on préconisait pour se débarrasser d'elles[3]; il faut dire que plusieurs semblent fort saugrenues. En Cyrénaïque, une loi ordonnait à la population la destruction des œufs, des criquets, des sauterelle adultes, et punissait les contrevenants d'une peine très sévère[4].

L'invasion qui laissa les plus cruels souvenirs fut celle de l'année 125 avant notre ère. « Par toute l'Afrique, dit Paul Orose[5], des multitudes immenses de sauterelles s'amassèrent. Elles ne se contentèrent pas de détruire complètement les céréales sur pied, de dévorer toutes les herbes avec une partie des racines, les feuilles des arbres avec les tiges tendres; elles rongèrent même les écorces et les bois secs. Un coup de vent subit les arracha du sol et les porta longtemps à travers les airs, réunies en masses serrées, jusqu'à la mer, où elles s'engloutirent. Mais les vagues en rejetèrent d'énormes quantités sur les côtes. Leurs cadavres, pourris et décomposés, répandirent une odeur délétère. Une peste terrible frappa tous les animaux,

---

1. Les sauterelles dites pèlerines, venant du Sud, arrivent en avril ou en mai dans le Tell.
2. Pline, VIII, 104 : « M. Varro auctor est... ab ranis civitatem in Gallia pulsam, ab locustis in Africa. »
3. Voir Lacroix, dans *Revue africaine*, XIV, 1870, p. 119.
4. Pline, XI, 105.
5. *Adversum paganos*, V, 11, 2-3.

oiseaux, troupeaux et autres bêtes, dont les corps putréfiés, gisant partout, accrurent encore le fléau... En Numidie, pays où régnait alors Micipsa, on dit qu'il périt huit cent mille hommes; dans la zone maritime où sont situées Utique et Carthage, plus de deux cent mille. Près d'Utique, trente mille soldats, qui formaient l'armée romaine d'Afrique, furent exterminés par cette peste. Elle se déchaîna avec tant de rapidité et de violence qu'en un jour plus de quinze cents corps de ces jeunes gens furent emportés, affirme-t-on, par une seule porte [1]. »

Aux temps préhistoriques, les Africains étaient grands mangeurs d'escargots, comme le prouve l'abondance extraordinaire de ces mollusques dans presque toutes les stations. A l'époque romaine, on appréciait fort les escargots d'Afrique [2] : ils servaient de mets de choix [3], ou de médicaments [4]. Ils étaient alors l'objet d'un véritable élevage.

IV

La flore de la Berbérie ressemble beaucoup, dans le Tell, à celle de l'Espagne, du Midi de la France, de la Sicile, de l'Italie. Des deux côtés de la Méditerranée, ce sont d'ordinaire

---

1. Saint Augustin (*Civit. Dei*, III, 31) raconte les mêmes faits d'après la même source. Il ajoute que, sur 30 000 soldats, 10 000 seulement survécurent. Voir encore Tite-Live, *Epit.* l. LX (c'est probablement de cet historien que dérivent les indications données par Augustin et Orose); Julius Obsequens, 90 (il nous apprend que le fléau sévit aussi très cruellement en Cyrénaïque).
2. Les plus célèbres étaient les *cocleae Solitanae* (Varron, *Rust.*, III, 14, 4; Pline, IX, 173), ou *Iolitanae* (Pline, XXX, 45). S'agit-il d'*Iol* (Cherchel)? Dans ce cas, Varron et Pline les auraient qualifiés d'escargots de Maurétanie, plutôt que d'escargots d'Afrique. Les *Cinyphii campi*, dont Stace (*Silves*, IV, 9, 32-33) vante les escargots, ne paraissent pas être spécialement la région du Cinyps (en Tripolitaine) : c'est une manière poétique de désigner l'Afrique.
3. Horace, *Satires*, II, 4, 58-59.
4. Scribonius Largus, édit. Helmreich, 122. Pline, XXVIII, 211; XXX, 44 et 45; XXX, 56 et 57; XXX, 73 et 74; XXX, 127; XXXII, 109. Dioscoride, II, 9, édit. Wellmann. Pelagonius. *Ars veterinaria*, édit. Ihm, 330 et 331.

les mêmes végétaux qui tapissent le sol, qui forment les forêts, où les espèces à feuillage persistant dominent; ce sont les mêmes plantes, les mêmes arbres fruitiers qui, depuis une longue série de siècles, constituent la richesse agricole. Dans les régions de steppes, on rencontre, à côté d'espèces européennes, des végétaux qui se retrouvent en Égypte, en Palestine, en Arabie, dans la Perse méridionale[1]. Les affinités avec l'Orient désertique sont plus grandes encore au Sahara, où le dattier permet de vivre dans les oasis. « Sous le rapport de la géographie botanique, écrit Cosson[2], s'éloigner du littoral dans le sens du méridien, c'est moins se rapprocher du tropique que de l'Orient[3]. »

Nous étudierons ailleurs la flore agricole et nous nous bornerons ici à examiner les documents anciens qui concernent les forêts[4]. Ils sont malheureusement peu nombreux et souvent peu précis.

L'importance des forêts de l'Afrique septentrionale a été affirmée par Hérodote et par Strabon. Le premier dit que la Libye occidentale (c'est-à-dire le pays situé à l'Ouest du golfe des Syrtes) « est beaucoup plus boisée que la région occupée par les nomades », « qu'elle est très boisée[5] ». Le second indique que la Maurusie (le Maroc actuel) « est boisée et que les arbres y atteignent une très grande hauteur[6] ». Des textes, que nous avons cités, signalent en Afrique l'abondance de

---

1. En Tunisie, des représentants de cette flore orientale, à caractère désertique, s'avancent au Nord jusqu'à la base de la presqu'île du cap Bon. Dans la province d'Oran, ils atteignent la mer : Battandier et Trabut, *l'Algérie*, p. 51.

2. *Le Règne végétal en Algérie*, p. 57.

3. Conf. Battandier et Trabut, l. c., p. 55 : « Sur environ 3 000 espèces que comprend la flore algérienne, 1 900 se retrouvent en Espagne; 1 600 au moins sont communes à l'Algérie et à l'Italie, 1 500 à l'Algérie et à la France; environ 600 sont spéciales;... 195 ne sont communes qu'à l'Algérie et à l'Orient. »

4. Sur cette question, voir des indications de Lacroix, dans *Revue africaine*, XIII, 1869, p. 171-8, et de Tissot, *Géographie*, I, p. 275-282.

5. IV, 191. Il convient d'ajouter qu'Hérodote est mal renseigné pour cette partie de l'Afrique : conf. Bourde, *Rapport sur les cultures fruitières dans le centre de la Tunisie*, p. 9.

6. XVII, 3, 4.

divers animaux dont l'habitat ordinaire est la forêt : singes, panthères, ours, sangliers. D'autre part, des constitutions du Bas-Empire nous apprennent que cette contrée pouvait fournir à Rome de grandes quantités de bois, pour le chauffage des bains publics[1].

Nous voudrions connaître la répartition de ces forêts. Mais les renseignements dont nous disposons sont bien maigres.

Strabon affirme que le mont Abilé (sur le détroit de Gibraltar) porte des arbres élevés[2]. Hannon mentionne sur l'Océan le cap Soloeis (aujourd'hui cap Cantin), couvert d'arbres[3]. Des forêts épaisses, dont parlent Virgile[4], Pline[5], Silius Italicus[6], Pausanias[7], Élien[8], se dressaient sur l'Atlas marocain. Pline indique aussi[9] des forêts, peuplées d'éléphants, près du fleuve Amilo, que Tissot croit être l'oued Amlilou (ou Melillo), affluent de gauche de la Moulouia : ce qui n'est pas certain[10].

On ne sait à peu près rien sur les forêts du pays qui, à l'époque romaine, fut la province de Maurétanie Césarienne (Ouest et centre de l'Algérie)[11]. Le mont Ancorarius, qui porta

---

1. *Code Théodosien*, XIII, 5, 10 (en 364) : confirmation des privilèges accordés jadis aux armateurs africains qui doivent transporter des bois destinés aux usages publics (« navicularios africanos qui idonea publicis dispositionibus ac necessitatibus ligna convectant... »). *Ibid.*, XIII, 5, 12 (en 369) : constitution fixant au nombre de soixante les *linteones* (des tisserands, qu'on s'étonne de rencontrer ici) et les armateurs, chargés de ce service par Constantin. Elle défend de leur demander plus que n'exigent les besoins des bains (« amplius... quam necessitas exigit lavacrorum »). Conf. les commentaires de Godefroy. — Symmaque (*Lettres*, X, 49; en 384-5) mentionne aussi les « navicularios lignorum obnoxios functioni ».
2. XVII, 3, 6.
3. *Périple*, 3 (*Geogr. gr. min.*, I, p. 3).
4. *Énéide*, IV, 248-9.
5. V, 6; V, 14 et 15 (d'après Suétonius Paulinus).
6. I, 205-6.
7. I, 33, 6.
8. *Nat. anim.*, VII, 2.
9. VIII, 2.
10. Conf. *supra*, p. 78, n. 8.
11. A Lamoricière, à l'Est de Tlemcen, on a trouvé une dédicace « Dianae deae, nemorum comiti, victrici ferarum » : *C. I. L.*, VIII, 9831.

de magnifiques boisements de thuyas, épuisés au temps de Pline[1], était situé dans le voisinage de la vallée du Chélif; on a supposé que c'était l'Ouarsenis[2].

La région forestière de la Numidie que mentionne Solin[3] devait être celle qui s'étend sur le Nord-Est de l'Algérie et le Nord-Ouest de la Tunisie. Les fauves y pullulaient[4]. Il est probable que les bois qu'on expédiait à Rome sous le Bas-Empire en provenaient, car les frais de transport eussent été trop élevés s'il eût fallu les faire venir de l'intérieur. Une inscription indique des pins dans le voisinage de la mer et de l'Amsaga (au Nord-Ouest de Constantine[5]). Juvénal[6] parle des forêts ombreuses, pleines de singes, de Thabraca, aujourd'hui Tabarca[7]. Le *castellum* d'Auzea, au dire de Tacite, était entouré de vastes forêts[8] : ce bourg fortifié se trouvait probablement en Numidie, mais nous ignorons son emplacement exact. Il en est de même des lieux boisés où Jugurtha attira Aulus Postumius, qui assiégeait Suthul[9], et de ceux où il s'enfuit après avoir été vaincu par Métellus près de l'oued Mellègue, affluent de droite de la Medjerda[10]. Au VIᵉ siècle de notre ère, des forêts

---

1. XIII, 95 : « Ancorarius mons vocatur Citerioris Mauretaniae, qui laudatissimam dedit citrum, iam exhaustus. »
2. Gsell, *Atlas archéologique de l'Algérie*, fᵉ 23, nᵒ 1.
3. XXVI, 2 : « qua parte silvestris est (Numidia)... » Conf. Isidore de Séville, *Etymol.*, XIV, 5, 9.
4. Pline, V, 22.
5. *C. I. L.*, VIII, 7759 :

In qua frondicoma odoratur ad mare pinus.

6. X, 194 : « ... umbriferos ubi pandit Thabraca saltus. » — On a trouvé à Tabarca une dédicace à Faunus, dieu silvestre italique : *Bull. archéologique du Comité*, 1894, p. 241, nᵒ 24.
7. Posidonius, cité par Strabon (XVII, 3, 4), racontait qu'allant de Gadès en Italie, il fut porté sur le rivage de la Libye et qu'il y vit une forêt pleine de singes. Mais rien ne prouve que cette forêt ait été dans le voisinage de Tabarca, comme celles dont parle Juvénal; elle paraît avoir été plutôt située en Maurétanie.
8. *Annales*, IX, 25 : « vastis circum saltibus claudebatur. » Il ne s'agit pas d'Auzia (Aumale), comme on l'a cru : voir Gsell, *Atlas*, fᵉ 14, nᵒ 103 (p. 8, col. 1, en bas).
9. *Jug.*, XXXVIII, 1 : « saltuosa loca ».
10. *Ibid.*, LIV, 2 : « loca saltuosa ».

s'élevaient autour de la ville de Laribus, aujourd'hui Lorbeus, au Sud-Est du Kef[1]. Une dédicace à Silvain, découverte non loin de là, dans la plaine du Sers, entre le Kef et Maktar, mentionne un bois près d'une source[2], mais ce n'était peut-être qu'un simple bosquet.

Des cèdres de Numidie servirent de bonne heure de matériaux de construction. Pline parle des poutres qui, placées dans le temple d'Apollon à Utique, lors de la fondation de la ville, étaient en bon état 1178 ans plus tard[3]. Si la répartition des forêts de cèdres était la même il y a trois mille ans que de nos jours, ces poutres avaient dû être apportées de loin, de l'Aurès ou des monts de Batna[4]. Nous trouvons dans Corippus[5] une allusion aux forêts de l'Aurès, massif qui est encore très boisé.

Au milieu du second siècle avant J.-C., il y avait des bois à peu de distance de Carthage. Le consul Censorinus, qui assiégeait cette ville, traversa le lac de Tunis pour aller chercher des matériaux propres à fabriquer des machines et des échelles[6].

Corippus mentionne fréquemment les forêts qui existaient de son temps (au VIe siècle) dans le centre et le Sud de la Tunisie. La plupart de ses indications sont vagues[7], et il est

---

1. Corippus, *Johannide*, VII, 143 :

    Urbs Laribus mediis surgit tutissima silvis.

2. *Comptes rendus de l'Académie des Inscriptions*, 1909, p. 468. Châtelain, dans *Mélanges de l'École de Rome*, XXX, 1910, p. 77 et suiv.

3. Pline, XVI, 216 : « Memorabile Uticae templum Apollinis, ubi cedro Numidica trabes durant ita ut positae fuere prima urbis eius origine, annis MCLXXVIII. » — Blümner (*Technologie der Gewerbe*, II, p. 392) croit qu'il s'agit de genévrier. Je ne vois pas de raison d'adopter cette opinion.

4. Il n'y a pas de cèdres en Tunisie, ni dans le Nord de la province de Constantine (sauf au Nord-Ouest de cette province, dans les Babors, région qui, à l'époque de Pline, faisait partie de la Maurétanie, et non de la Numidie).

5. *Johann.*, III, 304 :

    In mediis tremuit Romanos currere silvis.

Il s'agit d'un personnage qui était chef des tribus de l'Aurès.

6. Appien, *Lib.*, 97.

7. *Johann.*, II, 5, 9, 164, 167, 182, 237, 421, 463, 471, 484; III, 204, 211, 218; IV, 639; VI, 42; VIII, 173. Les textes de Corippus ont été pour la plupart cités par Lacroix, *Rev. africaine*, XIII, p. 349-350; conf. Tissot, *Géographie*, I, p. 277; Diehl, *L'Afrique byzantine*, p. 403-6.

impossible de dire où était Ifera, « aux forêts épaisses[1] », dans quelles régions vivaient les Silcadenit[2], les Silvaizan, les Macares[3], dont les territoires étaient boisés. Nous connaissons cependant l'emplacement des forêts au milieu desquelles le général Solomon livra une bataille qui lui fut funeste[4] : elles étaient situées près de Cillium (Kasserine), entre Sbéitla et Fériana[5]. Les *saltus* que Pline signale au delà de la petite Syrte, vers le Sud[6], n'étaient peut-être pas de véritables forêts[7]. Rappelons enfin les bois très épais qu'Hérodote indique à la colline des Grâces[8], au Sud de Lebda, en Tripolitaine, et ceux qui, d'après Strabon, ombrageaient le cap Céphales[9] (cap Misrata), un peu plus à l'Est.

On sait que le mot *saltus* signifiait espace couvert de végétation naturelle[10] et, le plus souvent, forestière[11]. A côté de ce sens propre, nous rencontrons fréquemment en Afrique un sens dérivé : grand domaine[12]. Avant d'être mis en valeur, plus d'un de ces domaines dut être, partiellement ou totalement, couvert de forêts ou de broussailles[13]. Mais il ne faudrait pas

1. II, 37 : « densis Ifera silvis ».
2. II, 53-4 :
   Silcadenitque feras, celsis qui vivila silvis
   Bella dolis metuenda parat.
3. II, 62-4 :
   Silvaizan Macaresque vagi, qui montibus altis
   Horrida praeruptis densisque mapalia silvis
   Obiectae condant securi rupis ad umbram.
4. III, 419 :
   Congreditur mediis commisceas proelia silvis.
5. Diehl, *l'Afrique byzantine*, p. 343, 406.
6. V, 26.
7. Conf. plus haut, p. 69, n. 3.
8. IV, 175. Conf. plus haut, p. 69.
9. XVII, 3, 18.
10. Voir, entre autres, Schulten, *die römischen Grundherrschaften*, p. 23.
11. Par exemple, Juvénal, X, 194 : « ...umbriferos ubi pandit Thabraca saltus. »
12. Pour ces deux sens, voir en particulier saint Augustin, *Enarr. in psalm.* CXXXI, 11 (à propos du texte « invenimus eam in campis saltuum ») : « Qui sunt campi saltuum? Non enim quemadmodum vulgo dicitur : saltus ille, verbi gratia, centurias habens tot. Saltus proprie locus adhuc incultus et silvester dicitur. Nam et quidam codices in campis silvae habent. »
13. Un domaine de la région de Sétif, qu'on appelait *saltus Horreorum*, était exploité par des colons, qualifiés de *Pardalarii* : *C. I. L.*, VIII, 8425 (conf. 8426).

croire que, partout où l'on trouve mentionné un saltus-domaine, il y ait eu autrefois un saltus-forêt, puisque le sens du mot s'était modifié. Une remarque analogue doit être faite au sujet des mentions de Silvanus, qui eut de nombreux dévots dans l'Afrique romaine. Que ce dieu ait été adoré en certains lieux comme un protecteur des forêts, on peut l'admettre[1], mais il n'est pas prouvé qu'il en ait été toujours ainsi : nous savons qu'en Italie, il devint le protecteur du bétail, des jardins, des champs cultivés, des limites. Les inscriptions qui indiquent des saltus et les dédicaces à Silvain ne sont donc guère utiles pour déterminer les emplacements des forêts antiques.

Est-il possible de suppléer à l'insuffisance des textes par l'étude de la répartition des ruines? Elles sont rares dans des pays aujourd'hui couverts de forêts : par exemple, en Khoumirie, au Sud-Ouest de Collo, au Sud-Est et au Sud-Ouest de Djidjeli, dans les montagnes des Bibans, dans l'Est de la grande Kabylie, dans le massif qui s'étend au Sud de la Mitidja, dans l'Ouarsenis[2]. Dans ces régions, la civilisation latine s'est très peu répandue; les villes manquent; les villages, les hameaux, du reste peu nombreux, sont situés dans les vallées qui offraient des terres cultivables. Quelques ruines romaines que l'on rencontre dans les parties accidentées représentent d'ordinaire des

---

Ce saltus, où l'on cultivait des céréales, contenait donc, ou avait contenu, des bois habités par des panthères. — Dans une région de saltus impériaux, une inscription (Carcopino, *Mélanges de l'École de Rome*, XXV, 1905, p. 368) mentionne des espaces forestiers, que des pétitionnaires demandent à planter en oliviers et en vignes : « ... in paludibus et in silvestribus ». Mais ce dernier mot pourrait désigner de simples broussailles.

1. Cela est évident pour le Silvanus Silvestris que mentionne une inscription d'Azziz ben Tellis, entre Constantine et Sétif : *C. I. L.*, VIII, 8243. Nous avons signalé (p. 141) une inscription de la plaine du Sers, où Silvanus était adoré dans un bois. Un temple de ce dieu fut élevé sur les hauteurs, encore très boisées, qui dominent Lambèse au Sud : *C. I. L.*, 2671 = 18107; Gsell, *Atlas*, f° 27, n° 233. On pourrait aussi reconnaître une divinité des forêts dans le Silvanus adoré sur la pente du djebel Chettaba, près de Constantine, et au sommet du djebel Borma, au Sud de cette ville, près de Sila : *C. I. L.*, 6963 et 5880.

2. Voir l'*Atlas archéologique de l'Algérie*.

habitations isolées, peut-être des fermes, établies sur des clairières. Cependant, il ne faut pas attacher trop d'importance à ces constatations. L'absence ou la rareté de ruines d'aspect romain, de constructions faites en matériaux durables, ne prouvent pas, d'une manière péremptoire, qu'un pays ait été jadis désert ou presque désert, car beaucoup d'indigènes ont pu vivre sous des huttes qui, une fois abandonnées, ne laissaient aucune trace.

Les auteurs ne nous apprennent pas grand'chose sur les espèces qui constituaient la végétation arbustive naturelle de l'Afrique du Nord. Ils mentionnent : le chêne vert, ou yeuse[1]; le cèdre[2]; le pin[3], probablement le pin d'Alep, et peut-être aussi le pin maritime[4]; le frêne[5]; le peuplier[6]; le géné-

---

1. *Ilex*. Pline, XVI, 32 : « gignitur in Africa ». Salluste, *Jug.*, XCIII, 4 : « grandis ilex coaluerat inter saxa ». On faisait une belle teinture rouge avec le *coccum*, qu'on recueillait en Afrique : Pline, XVI, 32; XXII, 3 (conf. XXIV, 8); Silius Italicus, XVI, 334 (« Cinyphio... cocco »). Les anciens le prenaient pour un produit végétal; il était en réalité tiré d'une cochenille, parasite du chêne kermès (*Quercus coccifera*) et du chêne vert : conf. Battandier et Trabut, *l'Algérie*, p. 19. — Le mot *thakerrouchth*, qui désigne le chêne en Kabylie, vient peut-être de *quercus* : Basset, dans *Orientalische Studien Th. Nöldeke gewidmet*, p. 440, n. 1.

2. Vitruve, II, 19, 13 : « nascuntur eae arbores maxime Cretae et Africae et nonnullis Syriae regionibus ». Pline, XVI, 197 : « cedrus in Creta, Africa, Syria laudatissima ». Conf. plus haut, p. 141.

3. Virgile, *Énéide*, IV, 248-9; Silius Italicus, I, 205-6 (mais ces poètes veulent peut-être parler du cèdre). Selon Duveyrier (*Bull. de la Société de géographie de Paris*, 1876, II, p. 41, n. 2), des indigènes de l'Aurès se servent, pour désigner le cèdre, du mot *biyna*, qui paraît être une déformation de *pinus*.

4. *C. I. L.*, VIII, 7759; conf. plus haut, p. 140, n. 5. Actuellement, le pin maritime, qui exige un climat très humide, ne se trouve qu'entre Bougie et le cap Bougaroun, c'est-à-dire dans la région où notre inscription signale des pins le long de la mer : Lefebvre, *les Forêts de l'Algérie* (Alger, 1900), p. 432.

5. Corippus, *Johann.*, VIII, 612 : « fraxineam... hastam ».

6. Un lieu appelé *Popleto* était situé près de Timgad, au Nord de l'Aurès, et le Géographe de Ravenne indique dans la même région, autant qu'il semble, une rivière qu'il nomme *Puplitus* : voir Gsell, *Atlas*, f° 27, p. 29, col. 2, vers le bas. L'Itinéraire d'Antonin mentionne un *Popleto flumen*, fleuve côtier, à l'Ouest de Nemours : Gsell, *l. c.*, f° 30, n° 2. C'étaient des cours d'eau le long desquels s'élevaient probablement des peupliers. Conf. le nom de *Safsaf* (peuplier) donné par les indigènes à une rivière qui débouche dans la mer près de Philippeville. — Le peuplier libyque dont parle Pline (XVI, 85) doit être une autre espèce : « Quae Libyca appellatur minima folio et nigerrima fungisque enascentibus laudatissima. » S'agit-il du tremble (*Populus tremula*), comme on l'a cru? Cet arbre est très peu répandu dans l'Afrique du Nord; il ne se rencontre guère que dans les Babors : Lefebvre, *l. c.*, p. 87.

vrier[1]; le térébinthe[2] (pistachier térébinthe, ou peut-être lentisque); le thuya[3]; l'olivier sauvage, dont nous reparlerons[4]. Il faut ajouter l'orme, le nom berbère *thoulmouth*, usité en Kabylie, étant certainement dérivé du latin *ulmus*[5]. Nous n'avons trouvé aucune indication précise sur le chêne liège[6], qui est aujourd'hui la principale richesse forestière de la Berbérie[7].

Quelques détails nous sont donnés sur le *citrus*[8]. Le bois de cet arbre, déjà renommé à l'époque de Masinissa[9], servit, dans les derniers temps de la République et au début de l'Empire, à faire des tables qui atteignirent des prix fort élevés[10]. Dans les

---

1. Corippus, *l. c.*, II, 131-2 :

   ...lancea duplex
   Iuniperum ferro validam suffigit acuto.

2. Pomponius Méla, III, 104 (sur la côte du Maroc) : « Amoeni saltus citro, terebintho, ebore abundant. » — Une ville située en Tunisie, à l'Ouest de Maktar, s'appelait Thugga Terebinthina : *C. I. L.*, VIII, p. 77 et 1217.

3. Voir ci-après.

4. Chap. v. Nous reparlerons aussi de l'amandier, du merisier et du châtaignier.

5. Basset, *l. c.*

6. Il est étonnant que Pline ne parle pas de l'Afrique dans le passage du livre XVI (34) où il traite du liège. Pour la Gaule, il dit expressément qu'elle n'a pas de chênes lièges, ce qui est inexact. — Diodore de Sicile (XX, 57) mentionne une ville, Φελλίνη, qui fut prise par des troupes d'Agathocle à la fin du IVe siècle avant J.-C. Ce nom, comme on l'a fait remarquer, vient peut-être de φελλός, chêne liège.

7. Parmi les arbrisseaux, on indique des myrtes (Salluste, *Jug.*, XLVIII, 3), des lauriers (*C. I. L.*, VIII, 7759), des tamarix (Corippus, *Johann.*, VI, 572 : « steriles... myricae »; lieu appelé *Tamariceto*, entre Berrouaghia et Sour Djouab : Gsell, dans *Rev. africaine*, LIII, 1909, p. 22). Pour le lotus, voir liv. II, chap. II. — Pline (XIX, 63) signale comme un fait curieux l'existence d'une mauve en arbre, près de la ville de Lixus, sur la côte océanique de la Maurétanie : « Elle est haute de vingt pieds et d'une telle grosseur que personne ne peut l'embrasser. » On ne voit pas de quoi il s'agit. Lacroix (*Rev. africaine*, XIII, 1869, p. 164) montre qu'il ne faut pas penser à un cotonnier arborescent.

8. Voir Lacroix, *l. c.*, p. 171-2, 374-8; Tissot, *Géographie*, I, p. 273-282. Les principaux textes qui indiquent la provenance africaine, et plus particulièrement maurétanienne, du *citrus* sont : Varron, *Sat. Menipp.*, fragm. 182 (dans *Petronii Satirae*, édit. Bücheler); Pomponius Méla, III, 104; Pétrone, *Satir.*, CXIX, 27-28; Lucain, IX, 426-430, et X, 144-5; Pline, V, 12; XIII, 91 et 95; Martial, IX, 22, 5; XII, 66, 6; XIV, 89 et 90. Allusion dans Strabon, XVII, 3, 4.

9. Masinissa envoya aux Rhodiens du bois de θύον (il s'agit de *citrus* : voir plus loin), en même temps que de l'ivoire : Suidas, s. v. θύον.

10. Pline, XIII, 92; conf. *ibid.*, 102. Tertullien, *De pallio*, 5.

belles pièces, il était de la couleur du vin mélangé de miel. Il présentait soit des veines, soit des taches brillantes : de là, les noms de *tabulae tigrinae* et *pantherinae* qu'on donnait à ces tables[1]. On employait pour les faire des loupes qui croissaient sur les souches[2] et qui étaient parfois très larges. La plus grande table d'un seul morceau appartint à un affranchi de Tibère ; elle mesurait près de quatre pieds. Une autre, que posséda Ptolémée, roi de Maurétanie, était plus grande encore (quatre pieds et demi), mais elle était formée de deux pièces ajustées[3]. On fit aussi avec ce bois des crédences, des placages de meubles et de portes, des lambris, des vases, etc[4]. Le *citrus* ressemblait, dit Pline l'Ancien, par le feuillage, l'odeur et le tronc, au cyprès sauvage[5]. L'eau de mer le desséchait, le durcissait et le rendait incorruptible[6]. C'est le même arbre[7] que Théophraste[8] appelle θύον, ou θύα, et qu'il indique comme existant en Cyrénaïque et dans l'oasis de Zeus Ammon. « Il ressemble au cyprès par la forme, les branches, les feuilles, le tronc, le fruit...; son bois est entièrement incorruptible. Sa racine est veinée et on en fait des ouvrages très soignés. » D'après ces renseignements, le *citrus* est le thuya (*Callitris quadrivalvis*), dont la souche forme « ces belles loupes noueuses, si richement marbrées de rouge fauve et de brun, qui en font un bois d'ébénisterie des plus précieux[9] ». Actuellement, il est de taille médiocre. Mais nous savons par Pline[10] que les forêts du mont

---

1. Pline, XIII, 96-97. Voir, *ibid.*, 98-99, d'autres détails sur le *citrus*.
2. Pline (XIII, 95) dit : « Tuber hoc est radicis, maximeque laudatum quod sub terra totum fuerit. » Conf. XVI, 185.
3. Pline, XIII, 93.
4. Voir Marquardt, *das Privatleben der Römer*, 2ᵉ édit., p. 722-3 ; Blümner, *Technologie*, II, p. 276-7. Il y avait à Rome une corporation de *negotiatores eborarii et citriarii* : *Mittheil. des archäol. Instituts, Römische Abtheilung*, V, 1890, p. 281 et suiv.
5. XIII, 95.
6. XIII, 99.
7. Comme Pline l'indique : XIII, 100.
8. *Hist. plantarum*, V, 3, 7.
9. Battandier et Trabut, *l. c.*, p. 43.
10. XIII, 95.

Ancorarius, qui avaient fourni les plus beaux thuyas, étaient déjà épuisées de son temps[1].

Le général Suétonius Paulinus, cité par le même auteur[2], signalait, au pied de l'Atlas (au Maroc), des forêts épaisses, formées d'arbres inconnus ailleurs, d'une grande taille, au tronc poli et sans nœud, ressemblant par leur feuillage au cyprès et exhalant une forte odeur[3]; « ils sont recouverts d'un duvet léger, avec lequel des gens habiles pourraient faire des étoffes, comme avec de la soie ». Peut-être, ainsi qu'on l'a supposé[4], ces arbres merveilleux étaient-ils simplement des pins, infestés de chenilles processionnaires, qui y auraient construit des bourses soyeuses de couleur blanche, leur servant d'habitations communes[5].

Telles sont les indications que les anciens nous ont laissées sur les forêts de l'Afrique septentrionale.

V

L'étendue et la densité des forêts, la répartition des espèces qui les composent dépendent du climat, de l'altitude et de la constitution géologique du sol[6].

En Berbérie, la région forestière par excellence est la longue zone qui s'étend en arrière du littoral, depuis la grande Kabylie jusqu'au delà de la Khoumirie : zone montagneuse, où les

---

1. Voir plus haut, p. 139-140.
2. V, 14.
3. « Frondes cupressi similes, praeterquam gravitate odoris. » Cela peut vouloir dire soit que l'odeur de ces arbres est moins forte que celle des cyprès, soit qu'elle est, au contraire, plus forte. On a proposé de corriger : « praeterque gravitatem odoris ». Solin (XXIV, 8), qui a copié ce passage, écrit : « Arboribus proceris opacissimus (Atlas), quarum odor gravis, comae cupressi similes, etc. »
4. Guyon, dans *Comptes rendus de l'Académie des Sciences*, XXXIII, 1851, p. 42-43, Lacroix, *l. c.*, p. 163.
5. Conf. Rivière et Lecq, *Manuel de l'agriculteur algérien*, n. 815-6.
6. Pour ce qui suit, voir surtout Lefebvre, *les Forêts de l'Algérie*, p. 68 et suiv., avec la note de M. Ficheur.

pluies sont abondantes et où dominent les terrains siliceux, formés surtout de grès, très propices à la végétation arbustive. C'est le pays du chêne liège [1], espèce silicicole, qui exige au moins 0 m. 60 de pluie et qui s'élève jusqu'à 1 300 mètres, tout en prospérant surtout entre 600 et 800 mètres. C'est aussi le pays du chêne zéen, qui commence à apparaître à une altitude d'environ 800 mètres et s'élève plus haut que le liège, jusqu'à 1 800 mètres environ.

Les terrains calcaires, qui forment une grande partie des montagnes de l'intérieur, sont également des terrains forestiers, mais, comme ils reçoivent en général moins de pluie que la zone côtière, ils portent surtout des espèces qui demandent peu d'eau. L'arbre typique est le pin d'Alep [2], très peu exigeant pour le sol comme pour l'humidité (il se contente de 0 m. 30 de pluie). Il s'avance jusqu'à la lisière du Sahara et atteint une altitude de 1 500 à 1 600 mètres. Il est souvent accompagné du genévrier de Phénicie, petit arbre qui s'élève jusqu'à 1 700 mètres.

Parmi les autres espèces, le chêne vert, le thuya et le cèdre s'accommodent aussi bien des grès que des calcaires. Le chêne vert, arbre sobre et robuste, forme des boisements importants entre 600 et 1 200 mètres environ, mais il peut atteindre 1 700 mètres. Le thuya ne dépasse guère 800 mètres; il est fréquemment associé au pin d'Alep. Le cèdre vient entre 1 300 et 2 000 mètres.

Les causes naturelles qui régissent la végétation forestière en Afrique ne paraissant pas s'être modifiées depuis l'antiquité, il n'y a point lieu de supposer que la répartition des espèces ait été différente de ce qu'elle est aujourd'hui.

En ce qui concerne la densité et l'étendue des forêts, il convient de se souvenir de certains textes anciens, qui montrent

1. Il occupe plus de 400 000 hectares en Algérie et environ 120 000 en Tunisie.
2. En Algérie, il couvre plus de 500 000 hectares.

qu'il y avait dans l'Afrique septentrionale de très vastes espaces non boisés.

Dans la célèbre description de Salluste [1], on lit ces mots : *ager... arbori infecundus*. Certes, l'affirmation de l'historien est beaucoup trop absolue : les documents que nous avons cités l'attestent. Mais, si l'absence d'arbres a frappé Salluste, qui fut, on le sait, gouverneur de l'*Africa nova* (l'Ouest de la Tunisie et l'Est de la province de Constantine), il fallait bien qu'elle fût réelle pour une bonne partie du pays. « En Numidie, écrit Columelle au premier siècle de notre ère, le sol, généralement dépourvu d'arbres, est ensemencé en blé [2]. » Saint Augustin, voulant montrer, contrairement aux prétentions des donatistes, qu'un passage de l'Écriture, où il est question d'un *mons umbrosus*, ne peut pas s'appliquer à la Numidie, décrit ainsi cette région [3] : « Tu y trouves partout la nudité, des campagnes fertiles, il est vrai, mais portant des récoltes; elles ne sont pas riches en oliviers, elles ne sont pas égayées par d'autres arbres. » Ailleurs, il dit [4] : « Prenez un Gétule, placez-le parmi ces arbres agréables (il s'agit des alentours d'Hippone) : il voudra fuir d'ici et retourner vers la Gétulie nue. » César, combattant aux environs d'Hadrumète et de Thapsus, dut faire venir de Sicile du bois pour fabriquer des machines, car les matériaux nécessaires, observe l'auteur du *Bellum africum*, manquaient en Afrique [5]. A l'intérieur des terres, les régions de Capsa (Gafsa) et de Thala étaient nues au temps de Jugurtha [6] et

---

1. *Jug.*, XVII, 5.
2. II, 2, 23 : « Numidiae et Aegypto,... ubi plerumque arboribus viduum solum frumentis seminatur. »
3. *Sermons*, XLVI, 16, 39 : « Sed ostende mihi partem Donati a Numidia de monte umbroso venire. Invenis nuda omnia, pingues quidem campos, sed frumentarios, non olivetis fertiles, non caeteris nemoribus amoenos. »
4. *Enarr. in psalm.* CXLVIII, 10 : « Apprehende inde Getulum, pone inter istas arbores amoenas; fugere hinc vult et redire ad nudam Getuliam. »
5. XX, 3 : « crates materiemque ad arietes, cuius inopia in Africa esset. »
6. Salluste, *Jug.*, LXXV, 2; LXXXIV, 4. Il en était de même de la plaine parcourue par le Muthul (oued Mellègue) : *ibid.*, XLVIII, 4.

si, plus tard, elles se couvrirent d'arbres, ce furent des arbres fruitiers.

Ainsi, ces textes indiquent la Numidie, la Gétulie, une partie de ce qui fut sous le Bas-Empire la province de Byzacène comme des pays dénudés. Par Numidie, saint Augustin n'entend pas la zone côtière, en arrière des ports de Tabarca, de la Calle, de Philippeville, de Collo. Il y a en effet tout lieu de croire que ces parties de la Numidie étaient boisées dans l'antiquité, comme aujourd'hui : nous avons cité le témoignage de Juvénal au sujet des forêts de Tabarca. L'évêque d'Hippone devait le savoir mieux que personne. La Numidie qu'il vise, celle où ont dominé ces donatistes qu'il réfute, c'est le pays de plaines qui s'étend au Sud de Constantine, jusqu'au pied du massif de l'Aurès. Par le nom de Gétulie, les anciens désignaient une zone intérieure, située entre les régions voisines du littoral et le Sahara. Les plaines méridionales du centre de la province de Constantine appartenaient à la Gétulie. Madauros (Mdaourouch, au Sud de Souk Ahras) était à la limite du pays gétule et du pays numide[1] (il ne s'agit pas ici de la Numidie dans le sens administratif de ce mot). En Tunisie, Sicca (Le Kef) paraît avoir été à proximité de la Gétulie[2].

Ce manque d'arbres sur de grands espaces ne doit pas être attribué à des déboisements que les hommes auraient exécutés pour se préparer des pâturages et des terrains de culture. Il y a dans l'Afrique du Nord des sols qui ne se prêtent pas à la végétation forestière[3]. Telles beaucoup de parties du centre de

---

1. Apulée, *Apologie*, 24.
2. Columelle, X, 107.
3. Conf. les réflexions très justes de Niepce, dans la *Revue des Eaux et forêts*, IV, 1865, p. 4 : « Tel sol convient à la végétation forestière, et particulièrement à telle ou telle essence, tandis que les céréales n'y poussent qu'à grand'peine et dans des conditions particulières d'engrais et d'amendement; tel autre, au contraire, est propre aux céréales et se trouve, pour ainsi dire, dépourvu de végétaux ligneux, sauf quelques espèces rares qui s'en accommodent. C'est à ces conditions, en général, plutôt qu'à des causes de destruction, qu'on peut attribuer l'état de l'Algérie, très boisé dans certaines contrées, complètement nu dans d'autres. »

la province de Constantine et de la Tunisie, sur lesquelles s'étend une sorte de carapace gypso-calcaire, due à l'évaporation d'eaux remontant par capillarité[1] : cette croûte, quand l'homme n'intervient pas pour la casser, est un obstacle au développement des racines des arbres. Telle aussi une bonne partie des steppes des provinces d'Alger et d'Oran, où existe une croûte analogue et où les pluies ne sont pas assez abondantes pour alimenter des arbres, même très peu exigeants. Telles les terres argileuses de beaucoup de vallées et de plaines, sols qui se dessèchent complètement pendant la saison d'été. Telles enfin les terres fertiles de l'Ouest du Maroc, qui ne forment qu'une mince couche, recouvrant un sous-sol pierreux compact[2]. Quand des écrivains arabes affirment qu'à la fin du viie siècle, des ombrages continus s'étendaient de Tripoli à Tanger[3], leur assertion ne peut pas plus être admise que les mots *ager arbori infecundus* de Salluste, même si l'on se souvient que ces auteurs veulent parler d'ombrages formés, non seulement par des forêts, mais aussi par des plantations d'arbres fruitiers[4].

Sur quelques points, la forêt a repris possession de terrains qui, à l'époque romaine, devaient être cultivés, car on y trouve des ruines enfouies dans des massifs d'arbres. Ce fait a été observé en Khoumirie et dans le Nord-Est de la province de Constantine, entre Souk Ahras et la Calle[5], régions où des pluies abondantes développent la végétation et

---

1. Pervinquière, dans *Revue de Géographie*, III, 1909, p. 393. Battandier et Trabut, *l'Algérie*, 323-6. Une croûte semblable se retrouve souvent dans le Maroc occidental : Gentil, *le Maroc physique*, p. 307, 319.
2. Gentil, *l. c.*, p. 309.
3. En Noweiri, dans la traduction de l'*Histoire des Berbères* d'Ibn Khaldoun par de Slane, I, p. 341. Ibn Khaldoun, *ibid.*, p. 214. Conf. El Kairouani, *Histoire de l'Afrique*, trad. Pellissier et Rémusat, p. 25 et 54; Moul: Ahmed, *Voyages dans le Sud de l'Algérie*, trad. Berbrugger, p. 237.
4. Conf. Toutain, *les Cités romaines de la Tunisie*, p. 41.
5. Goyt, dans *Rec. de Constantine*, XXVII, 1892, p. 225. Gsell, *Atlas archéol. de l'Algérie*, f° 10; f° 18 (angle Nord-Est). Clergel, dans *la Géographie*, XXV, 1913, p. 49.

où les troupeaux, moins nombreux qu'ailleurs, ne l'empêchent pas de se reconstituer. On a de même constaté l'existence dans l'Aurès d'une ruine importante, aujourd'hui cachée en pleine forêt[1].

En revanche, parmi les textes anciens que nous avons cités, plusieurs nous font connaître des forêts qui ont disparu : celles qui entouraient *Laribus*, non loin du Kef[2]; probablement aussi une grande partie de celles que Corippus signale dans le centre et le Sud de la Tunisie, qui sont aujourd'hui très peu boisés; celles qu'Hérodote et Strabon indiquent dans le voisinage de Lebda, à la colline des Grâces et au cap Misrata[3].

Le déboisement de la Berbérie a dû commencer dès les temps antiques. Si les hommes transformèrent en champs de céréales beaucoup de sols dénudés ou couverts seulement de broussailles (lentisques, jujubiers, genêts, palmiers nains, etc.), s'ils y plantèrent même des arbres fruitiers, il est probable que l'agriculture agrandit aussi son domaine aux dépens des forêts naturelles.

Aux époques d'insécurité antérieures à la paix romaine, des massifs montagneux servirent peut-être de refuges à des populations qui s'y sentaient mieux défendues que dans les pays plats contre les attaques brusques et le pillage : ce qui dut contribuer à la diminution des forêts.

Dans les premiers siècles de notre ère, l'agriculture reçut une

1. Vaissière, dans *Comptes rendus de l'Académie d'Hippone*, 1890, p. LVIII. — Au Maroc, les ruines de Lixus, près de Larache, sont en partie couvertes par des chênes lièges. — Il y a de nombreuses ruines dans la rabah de Chebba, à l'Est d'El Djem, en Tunisie (Maumené, dans *Enquête sur les installations hydrauliques romaines en Tunisie*, I, p. 19). Mais cette forêt « n'est en réalité qu'une broussaille peu serrée ».
2. Diehl, dans *Nouvelles Archives des missions*, IV, 1893, p. 383 : « A 10 kilomètres à la ronde, dans la plaine et dans la montagne, on ne rencontre pas le moindre arbre. »
3. On peut noter aussi la disparition des bois indiqués par Hannon au cap Cantin. Le djebel Borma et le djebel Chettaba sont aujourd'hui dénudés; on doit admettre qu'il n'en était pas ainsi dans l'antiquité, si l'on reconnaît un dieu des forêts dans le Silvanus qui y était adoré.

impulsion vigoureuse; des mesures législatives encouragèrent le défrichement. L'Afrique septentrionale était alors très peuplée; au début du III⁰ siècle, Tertullien écrivait, non sans emphase[1] : « De riants domaines ont effacé les déserts les plus fameux, *les champs cultivés ont dompté les forêts*, les troupeaux ont mis en fuite les bêtes féroces... Preuve certaine de l'accroissement du genre humain! nous sommes à charge au monde... Partout retentit cette plainte : la nature va nous manquer! » En s'exprimant ainsi, le prêtre de Carthage devait surtout penser à son pays natal.

Par suite de la mise en valeur d'un grand nombre de terres fertiles, dans les plaines et dans les vallées, par suite de l'accroissement de la population, les régions montagneuses et forestières, où les indigènes, restés barbares, étaient refoulés, furent sans doute exploitées plus activement que par le passé. Le récit qu'Ammien Marcellin fait de la révolte de Firmus, à la fin du IV⁰ siècle, atteste le fort peuplement de la Kabylie orientale, d'une partie des Babors, des pays qui bordent la vallée du Chélif, qui entourent Aumale[2]. Procope donne des indications analogues pour le massif de l'Aurès, au VI⁰ siècle[3]. Ces indigènes se livraient soit à l'élevage, soit, quand le sol s'y prêtait, à l'agriculture. Dans les deux cas, ils devaient être tentés de s'attaquer à la forêt, comme à la broussaille, non seulement pour augmenter la surface des terres disponibles, mais aussi pour écarter les fauves, si nombreux, ennemis redoutables des hommes et des troupeaux. En beaucoup de lieux, la végétation naturelle ne subsista peut-être que sur les sols dont on ne pouvait pas tirer un parti plus avantageux.

Ajoutons aux causes de la diminution des forêts une exploitation probablement abusive. Pline constatait déjà la dispari-

---

1. *De anima*, 30. Conf. *De pallio*, 2, *in fine*.
2. Gsell, dans *Rec. de Constantine*, XXXVI, 1902, p. 32 et suiv.
3. *Bell Vand.*, II, 13, 1, et II, 19, 19. Conf. Diehl, *l'Afrique byzantine*, p. 43.

tion de certains boisements de thuyas[1]. Des documents du Bas-Empire indiquent, nous l'avons vu, que des quantités importantes de bois étaient expédiées à Rome. En Afrique même, la population, très dense, devait en consommer beaucoup pour la charpenterie, la menuiserie, le chauffage ; il fallait du charbon pour traiter les minerais dans des exploitations situées généralement en pays de montagne et de forêt[2].

Les incendies, accidentels ou prémédités, étaient sans doute fréquents, comme de nos jours[3]. Par les chaudes journées d'été, quand souffle le siroco desséchant, une étincelle suffit pour causer des dommages très étendus. Allumé à dessein, le feu préparait le sol pour la culture, en l'enrichissant de la potasse fournie par les cendres ; il mettait à la disposition du bétail, l'année suivante, une végétation herbacée vigoureuse et les jeunes pousses du recrû[4].

La destruction des forêts a pu aussi accompagner les maux qu'entraînaient les guerres. Corippus nous montre des indigènes révoltés brûlant les arbres en Byzacène[5]. Il est vrai qu'il s'agit surtout d'arbres fruitiers. On nous dit que, vers la fin du VII siècle, la fameuse héroïne berbère, la Kahena, fit couper partout les arbres qui, depuis Tripoli jusqu'à Tanger, formaient des ombrages continus[6]. Il y a là, certainement, une forte exa-

1. Voir plus haut, p. 140.
2. Carton, dans *Revue tunisienne*, XIII, 1906, p. 585.
3. Strabon (XVII, 3, 8) mentionne, d'après Gabinius, des incendies de forêts en Afrique ; l'auteur qu'il cite prétendait que les éléphants se donnaient la peine de combattre le feu. — Corippus (*Johann.*, VIII, 69 et suiv.) décrit un incendie de forêt, allumé volontairement (« ignis... appositus »). Mais ces vers sont une comparaison imitée d'Homère : voir, par exemple, *Iliade*, XI, 155-7 ; XX, 490-2.
4. Conf. les vers de Lucrèce, V, 1243 et suiv.
5. *Johann.*, I, 331-3 :
   Uritur almae seges cultae matura per agros,
   Omnis et augescit crescentem frondibus ignem
   Arbor, et in cineres sese consumpta resolvit.

Ibid., III, 451-3 :
   Raptor ubique furens urbes succendit et agros.
   Nec seges aut arbor, flagrans quae solvitur igne,
   Sola perit.

6. En Noweiri, passage cité plus haut, p. 131, n. 3.

gération. D'ailleurs, la Kahena voulait, assure-t-on, enlever des ressources aux envahisseurs arabes et les empêcher de faire du butin : si les ravages qu'on lui impute ont été véritablement commis, ils ont atteint les plantations d'arbres fruitiers, beaucoup plus que les peuplements forestiers[1]. Il paraît donc inexact d'affirmer que les mesures ordonnées par la Kahena aient « accru dans une proportion irréparable la dévastation des forêts africaines[2] ».

Quoi qu'il en soit, ces forêts avaient dû, depuis longtemps déjà, être fort éprouvées. A la fin du v° siècle, les Vandales faisaient couper en Corse des arbres qui leur servaient à construire des navires[3]; peut-être leur était-il difficile de trouver en Afrique les matériaux nécessaires.

Les progrès du déboisement ont été sans doute très grands depuis l'invasion hilalienne, qui, au xi° siècle, jeta sur l'Afrique du Nord des milliers de nomades et développa beaucoup la vie pastorale. L'introduction du bétail dans les forêts prospères présente peu d'inconvénients ; elle a même l'avantage de détruire le sous-bois, cause d'incendie[4]. Mais le berger, méconnaissant du reste ses véritables intérêts, est l'ennemi de la forêt, à laquelle il met le feu pour se procurer des pâturages. Elle se reconstitue assez facilement, surtout dans les pays humides du littoral, lorsqu'on la laisse en repos. Il n'en est pas de même des espaces où l'on introduit le bétail. Les moutons, par leur piétinement répété, durcissent le sol et empêchent l'éclosion des germes; les bœufs écrasent les pousses; les chèvres et les

---

1. Conf. El Kairouani, *l. c.*, p. 51 : « Kahina ordonna aux peuples qui lui étaient soumis de ravager les campagnes et les jardins, de couper les arbres, pour que les Arabes, ne trouvant de ressources nulle part..., ne rencontrassent rien qui pût les attacher à l'Afrique. » Moula Ahmed, *l. c.*, p. 237 : la Kahena envoie l'ordre « de couper les oliviers et tous les arbres à fruits ».

2. Tissot, I, p. 278. Conf. Lacroix, *Rev. africaine*, XIII, p. 177; Diehl, *l'Afrique byzantine*, p. 406.

3. Victor de Vite, III, 20 : « Iussi estis in Corsicanam insulam relegari, ut ligna profutura navibus dominicis incidatis. »

4. Rivière et Lecq, *Manuel de l'agriculteur algérien*, p. 931.

chameaux broutent les bourgeons naissants, les jeunes tiges avec leurs feuilles et leur écorce.

Les effets de l'invasion se firent sentir là même où les nomades ne pénétrèrent pas. Se retirant devant eux, des indigènes qui habitaient des plaines allèrent se réfugier dans des districts montagneux, dont ils accrurent la population ; il fallut y faire de la place à l'agriculture aux dépens de la forêt.

On peut apprécier en Algérie les ravages commis dans les régions forestières depuis la conquête française. Ils ont pour causes principales le pacage et les incendies. Ils sont manifestes dans les montagnes qui dominent les grandes plaines de la province de Constantine, au pied méridional de l'Aurès, dans l'Atlas de Blida, dans le djebel Amour, etc.[1]. Les forêts de la Tunisie centrale sont aussi en décroissance. Il en est de même de celles du Maroc[2].

Mais l'œuvre de destruction qui se poursuit sous nos yeux date de loin. Sur beaucoup de points, elle se devine. Des forêts devaient s'étendre jadis sur des montagnes, aujourd'hui dépourvues de végétation, qui offrent les mêmes sols que des chaînes voisines, portant encore des arbres. « Le djebel Mégris, entièrement dénudé, dit M. Ficheur[3], présente la même constitution (grès medjaniens) que le Tamesguida et les crêtes boisées de la région de Djidjeli, à trente kilomètres au Nord... Dans tous les chaînons disséminés sur les plateaux, de Sétif à Aïn Beïda, ce sont les calcaires du crétacé inférieur qui forment ces crêtes mamelonnées ou ces croupes entièrement dénudées, que l'on voit passer progressivement vers le Sud à des montagnes boisées, de constitution et d'allures identiques, dans les Ouled Sellem et le Bellezma[4]. » En général, il est impossible de fixer

1. On trouvera de nombreux renseignements à ce sujet dans une publication du Gouvernement général de l'Algérie : *Commission d'études forestières*, Compte rendu des séances et rapport de la Commission (Alger, 1901).
2. Gentil, *le Maroc physique*, p. 277.
3. Dans l'ouvrage de Lefebvre, *les Forêts de l'Algérie*, p. 80 et 83.
4. Voir d'autres exemples cités par Ficheur, *l. c.*, p. 76-77, 83, 89, 91.

l'époque de ces déboisements[1]. Ils se sont certainement répartis sur une période très longue, qui commença sans doute aux temps antiques. La reconstitution de certaines forêts n'a pas pu compenser les pertes, qui se sont aggravées de siècle en siècle, qui sont presque irréparables dans les régions de l'intérieur, plus sèches et plus peuplées de bétail que le littoral.

En plaine et sur les pentes douces, la disparition de la végétation naturelle donne aux hommes les terrains de culture qui leur sont nécessaires. Elle a ailleurs des conséquences fâcheuses. Pourtant il faut se garder de les exagérer. Nous ne pensons pas que les forêts aient une grande influence sur la formation des pluies[2]. Elles ne paraissent pas favoriser autant qu'on l'a dit l'alimentation des sources. Les arbres arrêtent une bonne partie de l'eau du ciel, que reprend l'évaporation produite par le soleil ou par le vent. Quant à celle qui parvient au sol, elle est assurément moins exposée à s'évaporer que dans les surfaces découvertes, mais elle est souvent accaparée par le terreau et par les mousses, qui s'en imbibent, par les racines des arbres, auxquelles elle suffit à peine dans beaucoup de lieux de l'Afrique septentrionale. La terre en absorbe beaucoup moins que la forêt n'en reçoit[3].

Ce qui est certain, c'est qu'en pays de montagne, le revêtement du sol, forêt ou broussaille, atténue beaucoup le ruissellement. A cet égard, le déboisement a été un mal : personne ne saurait le contester. On peut cependant en diminuer les inconvénients et les dangers, en établissant sur les pentes des

---

1. Le déboisement du Chettaba, près de Constantine, est, paraît-il, de date relativement récente : Féraud, *Rec. de Constantine*, XIII, 1869, p. 47-48. De même, le déboisement de diverses montagnes de l'ancienne tribu des Ouled Abd en Nour, au Sud-Ouest de cette ville : *ibid.*, VIII, 1864, p. 144-5. Le djebel Sadjar, au Sud du Chettaba, porte un nom qui signifie la montagne des arbres ; il n'y en a plus un seul : Cherbonneau, *ibid.*, XII, 1868, p. 403.

2. Voir plus haut, p. 82-83.

3. Voir à ce sujet Rabot, dans *la Géographie*, XVI, 1907, p. 169-170, et, en sens contraire, Buffault, dans *Bull. de géographie historique*, 1910, p. 153 et suiv. La vérité est entre les deux opinions extrêmes.

terrasses superposées, portant des cultures. Les anciens ont souvent pratiqué ce mode d'aménagement des sols accidentés.

Des remarques qui précèdent, nous pouvons conclure que, dans l'antiquité comme de nos jours, il y avait en Berbérie de vastes régions dénudées, où la constitution du sol et le climat ne se prêtaient pas à la végétation arbustive. Il y avait aussi dans cette contrée des forêts étendues. Elles étaient probablement plus nombreuses qu'aujourd'hui[1]. Dans quelle mesure ? nous l'ignorons. Le déboisement avait commencé dès cette époque, mais ses effets, funestes sur les terrains montagneux, furent combattus en maints endroits par le travail de l'homme.

1. Actuellement, les forêts couvrent 2 800 000 hectares en Algérie, dont 2 000 000 pour le Tell, soit 15 à 16 p. 100 de la superficie de cette région. Il faut dire qu'en bien des lieux, ce qu'on appelle forêt n'est qu'une humble broussaille. En Tunisie, la superficie de forêts est d'environ 500 000 hectares, à peine 5 p. 100. En France, la proportion est de 18,2 p. 100, en Allemagne, de 25,9 (Brunhes. *La Géographie humaine*, p. 418), mais il s'agit de vraies forêts.

CHAPITRE V

LES CONDITIONS DE L'EXPLOITATION DU SOL

I

Pendant tout le cours de leur histoire, les populations de l'Afrique du Nord ont tiré presque uniquement leurs ressources de la culture et de l'élevage. Il n'y eut dans l'antiquité qu'une exception : Carthage, grande ville industrielle et commerçante.

Il ne sera donc pas inutile d'exposer brièvement quelles furent, dans la Berbérie d'autrefois, les conditions de l'exploitation du sol. L'étude des régions naturelles et du climat a montré qu'elles ne pouvaient pas être partout les mêmes, qu'elles ne permettaient point partout des résultats également heureux.

Les végétaux cultivés dans l'Afrique septentrionale à l'époque antique furent ceux dont le choix était indiqué par la situation de cette contrée, ceux qui, depuis une longue série de siècles, sont répandus dans les autres pays de la Méditerranée. Nous n'avons pas à parler ici de certaines plantes dites exotiques, que les anciens ont peu connues; qu'en tout cas, ils ne paraissent pas avoir acclimatées en Berbérie, où elles ne peuvent réussir que dans quelques lieux privilégiés : tels le cotonnier et la canne à sucre, cultivés çà et là à l'époque arabe[1]; tel le

---

[1]. Pour le cotonnier, voir de Mas Latrie, *Traités de paix et de commerce concer-*

riz, qui n'a été introduit dans l'agriculture méditerranéenne qu'au moyen âge [1].

Dans l'Afrique du Nord, ce sont surtout les sols argilo-calcaires (marnes) et silico-calcaires qui conviennent aux céréales [2]. Les premiers constituent des terres fortes, exigeant un labour intensif ; les autres, des terres légères, faciles à travailler, absorbant et conservant bien l'humidité, dont l'agronome romain Columelle a pu dire : « En Afrique, en Numidie, des sables friables l'emportent en fertilité sur les sols les plus robustes [3]. »

La distribution des couches de phosphate de chaux est importante au point de vue agricole. On sait qu'elles représentent des sédiments, d'épaisseur variable, qui se sont accumulés le long d'anciens rivages à l'époque tertiaire, dans la période éocène, et où abondent les restes de grands poissons, les coprolithes, les coquilles de mollusques, etc. [4]. L'érosion a attaqué

---

nant les relations des chrétiens avec les Arabes de l'Afrique septentrionale, p. 221 Lacroix, dans *Rev. africaine*, XIII, 1869, p. 166-7 et 311. Pour la canne à sucre :; Mas Latrie, *l. c.*, p. 218; Lacroix, *l. c.*, p. 167 (conf. Berbrugger, *Rev. africaine*, VI, 1862, p. 116-9).

1. Movers (*die Phönizier*, II, 2, p. 411, note) semble disposé à faire venir le mot latin *oryza* (riz) du berbère « *aruz* ». Mais le terme *rouz*, dont les Berbères se servent, est un mot qu'ils ont emprunté aux Arabes, et *oryza* est évidemment une transcription du grec. — Un passage de Strabon (XVII, 3, 23), relatif à l'oasis d'Augila, au Sud de la Cyrénaïque, se lit ainsi : ὀρυζοτροφεῖ δ'ἡ γῆ διὰ τὸν αὐχμόν. Mais dire que la sécheresse est une condition de la culture du riz est une absurdité. Le texte est donc altéré ; voir dans l'édition de Müller, p. 1044, les diverses corrections proposées (conf. le même, édition de Ptolémée, n. à p. 671).

2. Les terrains siliceux qui s'étendent sur la majeure partie de la région littorale, dans la province de Constantine et le Nord de la Tunisie, manquent de calcaire et ne sont point propices à la culture des céréales, si on ne les amende pas. Certains sols, comme ceux de la plaine voisine d'Oran, de quelques plaines du centre de la province de Constantine, sont rendus infertiles par leur forte salure.

3. *De re rustica*, I, préface : « In Africa, Numidia putres arenae fecunditate vel robustissimum solum vincunt. » Conf. le même, II, 2, 25 : « ...Numidiae et Aegypto, ubi plerumque arboribus viduum solum frumentis seminatur. Atque eiusmodi terram pinguibus arenis putrem, veluti cinerem solutam, quamvis levissimo dente moveri satis est. » Pline l'Ancien (XVII, 41) parle des terres du Byzacium, où, après les pluies, le travail de la charrue se fait très facilement.

4. Rappelons à ce propos un passage assez curieux de Pomponius Méla (I, 32) : « Interius (à l'intérieur de la Numidie) et longe satis a littore, si fidem res

ces dépôts en beaucoup d'endroits, en a charrié d'innombrables parcelles, éléments de fertilité qu'elle a mêlés au sol des vallées et des plaines. « Il est curieux d'étudier, écrit un géologue [1], la répartition des ruines romaines [en Tunisie]; on constate que les ruines d'exploitations agricoles sont tout particulièrement nombreuses sur les marnes de l'éocène, qui accusent toujours une teneur notable en phosphate de chaux ». Les principaux gisements de phosphate aujourd'hui connus se trouvent au Sud-Ouest de Kairouan (à Sidi Nasser Allah); entre le Kef et Tébessa et dans le voisinage de cette dernière ville; à l'Ouest de Gafsa, sur une longueur d'une soixantaine de kilomètres; au Sud du pays des Némenchas (djebel Ong); dans la région de Souk Ahras; dans la Medjana (au Sud-Ouest de Sétif); aux environs d'Aumale, de Berrouaghia, de Boghari.

Mais l'étendue des sols géologiquement fertiles surpasse celle des terres où la culture des céréales peut se faire dans des conditions favorables. Une tranche de pluie de 35 à 40 centimètres est en général considérée comme un minimum nécessaire pour le succès des récoltes. Or, d'après un calcul approximatif, il n'y aurait guère, en Algérie et en Tunisie, que 18 millions d'hectares recevant 0 m. 40 de pluies annuelles [2] : c'est à peu près le tiers de la France. Pour suppléer par l'irrigation au manque ou aux caprices des précipitations atmosphériques, il faudrait disposer de réserves d'eaux, superficielles et souterraines, bien plus abondantes qu'elles ne le sont en Berbérie. On évalue à environ 220 000 hectares la surface totale des terres irriguées actuellement en Algérie et en Tunisie [3], et si de futurs travaux

capit, mirum ad modum spinae piscium, muricum ostrearumque fragmenta, saxa adtrita, uti solent, fluctibus et non differentia marinis, infixae cautibus anchorae [!] et alia eiusmodi signa atque vestigia effusi olim usque ad ea loca pelagi in campis nihil alentibus esse invenirique narrantur. » Conf. Strabon, XVII, 3. 11.

1. Perrinquière, dans *Revue scientifique*, 1903, II, p. 333. Voir aussi Bernard et Ficheur, dans *Annales de Géographie*, XI, 1902, p. 363.
2. Saurin, *l'Avenir de l'Afrique du Nord* (Paris, 1896), p. 48.
3. Bernard, dans *Annales de Géographie*, XX, 1911, p. 111.

hydrauliques, inspirés par les exemples de l'antiquité, élèvent ce chiffre, ce ne sera pas de beaucoup : peut-être du double. L'irrigation fait prospérer des cultures arbustives ou maraîchères relativement peu étendues ; elle n'est possible qu'exceptionnellement pour les vastes champs où l'on sème les céréales. Aussi ce mode d'exploitation est-il très aléatoire dans des régions où la nature des terres s'y prêterait fort bien, par exemple dans le centre et le Sud de la Tunisie.

Même dans les pays qui conviennent aux céréales par la constitution du sol et le climat normal, on doit compter avec les sécheresses, trop fréquentes durant la saison des pluies et particulièrement graves à l'époque des semailles et au printemps[1]. Il en résulte que les récoltes sont bien plus incertaines et d'un produit beaucoup plus variable que dans l'Europe centrale[2]. Les pluies cessant ou devenant rares en mai, parfois en avril, et les chaleurs brusques qui surviennent alors nuisant à la bonne formation des grains dans l'épi, il est nécessaire de semer de bonne heure, afin de moissonner tôt. Mais, pour labourer et semer, il faut que le sol, durci pendant l'été, soit amolli par les pluies, qui tardent souvent en automne. Ajoutons que cette saison d'automne est celle où il est le plus difficile de trouver de la nourriture pour les bœufs de labour.

On peut, il est vrai, remédier, dans une certaine mesure, à ces conditions défavorables, cultiver même en céréales des régions où la tranche de pluie s'abaisse au-dessous de 0 m. 35, où elle n'atteint guère que 0 m. 25. L'agriculture antique a pratiqué les labours préparatoires, exécutés au cours d'une année de jachère : ils facilitent l'absorption de l'eau dans le sol, l'empêchent de s'évaporer, détruisent les herbes qui l'épuiseraient. Il est ainsi possible de semer sans attendre

1. Voir plus haut, p. 45-46.
2. Par contre, la très grande rareté des pluies d'été permet de faire dans de meilleures conditions la moisson et le battage.

les pluies, dès la fin de septembre ou le début d'octobre. En semant clair dans les pays secs, on ménage l'humidité qui s'est emmagasinée pendant la jachère et que des plantes trop serrées tariraient vite[1].

Dans une bonne partie de l'Afrique du Nord, à proximité du littoral et à de basses altitudes, la douceur du climat en hiver[2] permet aux céréales de poursuivre leur croissance et de parvenir rapidement à maturité[3]. Mais, dans les hautes plaines de l'intérieur, par exemple dans la région de Sétif, le froid retarde la végétation et, après qu'elle est partie, les gelées printanières peuvent lui être funestes. Les mauvaises herbes (folle avoine, chiendent, etc.) abondent et se développent vigoureusement[4]. Enfin, au printemps, le siroco cause parfois de graves dommages.

« De toutes les cultures méridionales, disent MM. Rivière et Lecq[5], c'est incontestablement celle des céréales qui est le moins bien adaptée au climat méditerranéen. » Cette affirmation est plus vraie encore pour le blé que pour l'orge, qui craint moins la sécheresse et met un mois de moins à mûrir : elle doit donc être préférée au blé dans les pays où il ne pleut guère, dans les années où l'on est forcé de semer tard.

1. Voir Bernard, *l. c.*, p. 412 et suiv.
2. Il ne faut cependant pas oublier les refroidissements nocturnes : voir plus haut, p. 41.
3. Conf. Pline, XVII, 31 : « Est fertilis Thracia frugum rigore, aestibus Africa et Aegyptus. »
4. Rivière et Lecq, *Manuel de l'agriculteur algérien*, p. 792; Battandier et Trabut, *l'Algérie*, p. 49; Trabut et Marès, *l'Algérie agricole en 1906*, p. 110. Conf., pour l'antiquité, Corippus, *Johannide*, II, 299-303. — Columelle et Pline donnent, il est vrai, des indications contraires. Columelle : II, 12, 3 : « .. Aegypti et Africae, quibus agricola post sementem ante messem segetem non attingit, quoniam caeli condicio et terrae bonitas ea est, ut vix ulla herba exeat, nisi ex semine iacto, sive quia rari sunt imbres, seu quia qualitas humi sic se cultoribus praebet. » Pline, XVIII, 186 : « In Bactris, Africa, Cyrenis... a sementi non nisi messibus in arva redeunt, quia siccitas coercet herbas, fruges nocturno tantum rore nutriente. » On voit qu'il s'agit ici des régions sèches de l'Afrique. Mais, même pour ces régions, les assertions des deux auteurs que nous venons de citer ne sont pas conformes à la vérité.
5. *Cultures du Midi, de l'Algérie et de la Tunisie*, p. 77.

Malgré les risques qu'elle comporte, la culture des céréales a pris une grande extension en Berbérie à l'époque antique. Nous ne savons guère comment elle s'y est établie et propagée. La lutte contre la forêt et le marais dut être moins pénible qu'en Gaule [1] : les sols marécageux sont assez peu nombreux [2] et nous avons vu que beaucoup de terrains ne sont pas favorables à la végétation arbustive [3]. Mais il fallut s'attaquer à la broussaille, qui est souvent très dense et très tenace, surtout dans les bonnes terres [4].

L'identité des conditions naturelles et quelques témoignages explicites [5] permettent de croire que les régions où l'on cultivait les céréales étaient à peu près les mêmes qu'aujourd'hui. Nous mentionnerons surtout : les plateaux du Maroc occidental, où s'étendent en vastes nappes les terres noires, connues sous le nom de *tirs*, et où des terres rouges sont fertiles aussi; la plaine de Sidi bel Abbès; des espaces, d'ailleurs assez restreints, dans les régions de Saïda et de Tagremaret; le plateau de Tiaret et le Sersou; les plaines de la Medjana, de Sétif et celles qui sont situées au Sud de Constantine, de Guelma, de Souk Ahras; les plaines de Ghardimaou et de la Dakhla, traversées par la Medjerda; le plateau central tunisien et les vallées environnantes;

---

1. Voir Jullian, *Histoire de la Gaule*, I, p. 103.
2. Pour les plaines voisines du littoral, voir plus haut, p. 6. Il y a des raisons de croire que les anciens ont desséché le lac Halloula, au Nord-Ouest de la plaine de la Mitidja : Gsell, *Atlas archéologique de l'Algérie*, f° 4, n° 56. Il est bien plus douteux qu'ils aient mis à sec le lac Fetzara, au Sud-Ouest de Bône : voir *ibid.*, f° 9, n° 25. Dans cette dernière région, des marais furent desséchés au second siècle de notre ère, mais peut-être seulement pour établir une route : Cagnat, dans *Comptes rendus de l'Académie des Inscriptions*, 1904, p. 330 et 331. Dans la Tunisie centrale, l'inscription d'Aïn el Djemala nous montre des colons demandant des concessions de terres marécageuses, afin de les planter en arbres fruitiers : Carcopino, dans *Mélanges de l'École de Rome*, XXVI, 1906, p. 368 (conf. p. 370).
3. P. 149 et suiv.
4. Conf. saint Augustin, *Quaest. in Heptateuchum*, II, 2 : « Sicut solet uber terra, etiam ante utilia semina, quadam herbarum quamvis inutilium feracitate laudari... » Le même, *Contra Faustum*, XXII, 70 : « ... agricolae quam terram viderint, quamvis inutiles, tamen ingentes herbas progignere, frumentis aptam esse pronuntiant. »
5. Nous les indiquerons quand nous étudierons l'agriculture carthaginoise et l'agriculture romaine.

une partie du littoral oriental de la Tunisie, au Sud du golfe de Hammamet, au Nord et autour de Sousse. La plupart des pays que nous venons d'énumérer sont des plaines, hautes ou basses. Ailleurs, dans les régions montagneuses, Rif, grande et petite Kabylie, Khoumirie, Aurès, etc., des vallées se prêtent à la culture des céréales, mais les superficies disponibles sont en général peu étendues.

L'arboriculture a été autrefois et redeviendra sans doute très florissante en Afrique. Elle peut réussir sur des terres médiocrement favorables aux céréales. En premier lieu, dans les pays de montagnes, à pluies abondantes, mais à sol pauvre : comme la végétation naturelle des forêts, certaines espèces fruitières s'en contentent. Les sources, nombreuses dans ces régions, servent en été ou durant les périodes sèches de l'hiver à des irrigations, nécessaires aux jeunes plants et utiles aux arbres adultes.

Cependant les arbres fruitiers, surtout l'olivier, le figuier, l'amandier, supportent assez bien de longues sécheresses[1]. Leurs racines puissantes vont chercher l'humidité qui s'est maintenue dans les profondeurs du sol, alors que le soleil a desséché la croûte supérieure. Cette réserve existe en quantité suffisante, même dans des pays où la tranche de pluie ne dépasse guère 0 m. 25. Si, par l'aménagement habile des eaux disponibles, on s'y procure le liquide nécessaire à l'arrosage des jeunes sujets, on peut y créer de vastes vergers, à récoltes presque assurées. Telle fut, dans l'antiquité et même plus tard, la cause de la prospérité de la Tunisie orientale et méridionale, du pays des Némenchas, du Hodna.

Il est naturel que les centres de quelque importance s'entourent d'arbres fruitiers, dont les produits servent surtout à la consommation locale. Aujourd'hui encore, bien des villes de

1. Il faut excepter les espèces à pépins qui craignent les chaleurs sèches, et aussi les cerisiers et les pruniers.

l'Afrique septentrionale sont parées d'une ceinture de beaux jardins[1]. Il en fut de même au moyen âge, comme l'attestent les géographes arabes, et sans doute aussi dans l'antiquité : on sait que les vergers de Tlemcen ont succédé à ceux de *Pomaria*. Enfin, dans les oasis du Sud où l'irrigation permet la culture, de nombreux arbres à fruits poussent sous le couvert des palmiers-dattiers, assez chétivement et au prix d'un travail acharné. Seul, le dattier, probablement indigène au Sahara[2], a une véritable valeur économique, que les anciens n'ont pas négligée[3].

Dans la Berbérie proprement dite, les deux espèces principales sont la vigne et l'olivier, qui y existent à l'état sauvage depuis les temps les plus reculés[4]. Des oléastres se rencontrent

1. Tétouan, Fez, Sefrou, Meknès, Demnat, Debdou, Miliana, Mila, Msila, Ngaous, etc.
2. Cosson, *le Règne végétal en Algérie*, p. 52. De Candolle, *Origine des plantes cultivées*, p. 240-2. Fischer, Die Dattelpalme, dans *Petermanns Mitteil.*, Ergänzungsheft LXIV (1881), p. 2. Il convient d'ajouter que l'on n'a aucune preuve de l'existence actuelle de dattiers véritablement sauvages dans le Sahara.
3. Hérodote, IV, 172, 182, 183. Théophraste, *Hist. plant.*, II, 6, 2 ; IV, 3, 5. Pline, V, 13 ; XIII, 26 (où il est question de dattes qui ne se conservent pas et doivent être consommées sur place) ; XIII, 111 ; XVIII, 188.
4. Dans l'antiquité, des oliviers sauvages (oléastres) sont indiqués en divers lieux : Pline, V, 3 (près de Lixus, sur la côte occidentale du Maroc) ; Ptolémée, IV, 1, 3 ('Ολιαστρων ἄκρον, sur la côte septentrionale de la même contrée) ; Salluste, *Jug.*, XLVIII, 3 (région de l'oued Mellègue) ; Table de Peutinger (*Ad Oleastrum*, entre Sfax et Gabès) ; Corippus, *Johannide*, VI, 573 (au Sud-Est de Gabès) ; Périple de Scylax, § 110, dans *Geogr. gr. min.*, I, p. 87 (Ile de Djerba) ; inscriptions d'Henchir Mettich, d'Aïn Ouassel et d'Aïn e Djemala, *apud* Toutain, *l'Inscription d'Henchir Mettich*, p. 8 (III, 10-11), et Carcopino, *Mélanges de l'École de Rome*, XXVI, 1906, p. 370 (Tunisie centrale). Conf. saint Augustin, *Contra Faustum*, XXII, 70 : « Agricolae... quem montem oleastris silvescere adspexerint, oleis esse utilem cultura accedente non dubitant. » — Battandier, *Flore de l'Algérie, Dicotylédones*, p. 581 : « Aucune plante ne peut, d'après sa dispersion actuelle, être considérée comme indigène en Algérie à plus juste titre que l'olivier, qui constitue notre espèce forestière la plus généralement répandue, en dehors de toute action de l'homme. » Conf. Fischer, Der Oelbaum, dans *Petermanns Mitteil.*, Ergänzungsheft CXLVII (1904), p. 4-5, 8. On peut cependant se demander si une partie de ces oléastres ne sont pas nés de noyaux provenant d'oliviers cultivés, noyaux que les oiseaux auraient transportés.
La vigne, bien nettement caractérisée, a été trouvée dans des dépôts quaternaires en Algérie (Battandier et Trabut, *l'Algérie*, p. 20), comme en Europe (de Saporta et Marion, *l'Évolution du règne végétal*, II, p. 179 ; en Italie, dès le pliocène). Des textes anciens mentionnent des vignes sauvages. Telles étaient sans doute celles du cap Spartel, qui valurent à ce promontoire le nom d'*Ampe-*

à peu près partout, fort loin dans l'intérieur des terres [1], et n'attendent que la greffe pour donner d'excellents produits. L'olivier cultivé vient, sans avoir besoin d'engrais, sur les sols les plus pauvres, sauf sur les terrains marécageux [2]. Il peut fructifier à des altitudes assez hautes, plus hautes même qu'on ne le dit d'ordinaire, puisque nous trouvons des restes de pressoirs antiques à plus de 1 000 mètres [3]. Cependant il se ressent des froids vifs et persistants de l'hiver, des gelées tardives et répétées du printemps. Au contraire, la chaleur, pourvu qu'elle ne soit pas excessive [4], semble exercer une influence heureuse sur la teneur des fruits en huile : on a constaté que « les mêmes

lusia ('Αμπελουσία, d'ἄμπελος, vigne), traduction grecque d'un mot indigène ayant, nous dit-on, la même signification (*kôtès*): Pomponius Méla, I, 25; conf. Strabon, XVII, 3, 2, et Ptolémée, IV, 1, 2. Telles étaient peut-être aussi ces vignes de la Maurusie (Maroc actuel), au sujet desquelles Strabon (XVII, 3, 4) donne des indications dont il ne se porte pas garant : deux hommes pouvaient à peine en étreindre le tronc et les grappes avaient une coudée de longueur. Les Lixites, habitants de l'Atlas, se nourrissaient, dit Pausanias (I, 33, 5), du raisin des vignes sauvages (ἀμπέλων ἀγρίων). Pline (XII, 133; conf. XXIII, 9) parle du produit de la vigne sauvage d'Afrique, qui servait à des usages médicinaux; on l'appelait *massaris*. Un traité faussement attribué à Aristote (*De mirabilibus auscultationibus*, 161) signale une espèce de vigne qui existait en Libye et qu'on appelait vigne folle : elle portait presque dans le même temps des fruits mûrs, verts et en fleur. C'était probablement une vigne sauvage. — La vigne pousse encore à l'état sauvage dans beaucoup de lieux de la Berbérie : Battandier et Trabut, *l'Algérie*, p. 20-21; Engler, *apud* Hehn, *Kulturpflanzen und Hausthiere*, p. 89 de la 6e édition. Il faudrait savoir, il est vrai, s'il s'agit de vignes véritablement sauvages, ou de pieds issus de pépins pris à des plants par des oiseaux : sur les caractères distinctifs de la *Vitis silvestris* et de la *Vitis vinifera* (vigne cultivée), voir Stummer, *Mitteilungen der anthropologischen Gesellschaft* (Vienne), XLI, 1911, p. 283 et suiv. Dans l'Afrique du Nord, la *Vitis vinifera* a peut-être été introduite par les Phéniciens.

1. On en trouve en plein Sahara : Schirmer, *le Sahara*, p. 190. Dans l'Ahaggar, l'olivier sauvage est appelé *aleo*, nom qui n'est sans doute que le mot latin *olea* (olivier cultivé) : indication de M. Basset, d'après le P. de Foucauld.
2. Rivière et Lecq, *Manuel*, p. 353. Conf. Columelle, *De arboribus*, 17, 1.
3. Voir plus haut, p. 83, n. 6. — Selon une opinion rapportée par Théophraste (*Hist. plant.*, VI, 2, 4; conf. Pline, XV, 1), l'olivier ne croîtrait pas à plus de trois cents stades de la mer (55 kilomètres). D'autres indiquaient une distance plus grande. Columelle, V, 8, 5 : « Hanc arborem plerique existimant ultra miliarium sexagesimum (près de 90 kilomètres) a mari aut non vivere, aut non esse feracem. Sed in quibusdam locis recte valet. » On rencontre dans l'Afrique du Nord des oliviers bien plus loin du littoral.
4. Conf. Pline, XV, 4 : « Fabianus negat provenire in frigidissimis oleam, neque in calidissimis. » *Géoponiques*, IX, 3 : l'air chaud et sec est nécessaire à l'olivier, comme cela se voit en Libye et en Cilicie.

variétés sont plus riches en matières grasses en Afrique qu'en France, et dans les stations du Sud que dans celles du Nord[1] ». La vigne cultivée prospère admirablement dans les régions à climat tempéré, voisines de la mer. A l'intérieur, elle peut être très éprouvée par des gelées survenant au printemps, alors qu'elle a déjà commencé à bourgeonner[2].

Le figuier et l'amandier paraissent être indigènes aussi en Berbérie[3]. Le premier de ces arbres ne souffre ni du froid, ni de la sécheresse; il accepte tous les terrains et s'élève à de hautes altitudes (1 200 mètres en Kabylie). L'amandier est de même très rustique[4] et ne redoute guère, en dehors du littoral, que les froids printaniers.

Parmi les cultures légumières, celle des fèves convient particulièrement à l'Afrique du Nord[5]. Cette plante craint peu la sécheresse, grâce à ses racines très longues. De plus, par la qualité qu'elle a de fixer l'azote de l'air, elle constitue un véritable engrais et prépare le sol à recevoir des céréales; il en est de même, du reste, des autres légumineuses.

---

1. Battandier et Trabut, *l'Algérie*, p. 80. Conf. Fischer, *l. c.*, p. 39-40.
2. D'autre part, la culture de la vigne présente des risques dans les régions où règnent de très fortes chaleurs à l'époque de la vinification (par exemple dans la vallée du Chélif). La fermentation s'y fait dans de mauvaises conditions, à moins qu'on n'emploie des procédés de réfrigération, inconnus des anciens.
3. Pour l'indigénat du figuier dans les pays méditerranéens, voir Engler, *apud* Hehn, *l. c.*, p. 97-99. Le figuier cultivé descend certainement du figuier sauvage : de Candolle, *Origine des plantes cultivées*, p. 236. — L'amandier abonde à l'état sauvage (avec des amandes toujours amères) dans de nombreuses montagnes de l'Algérie. Cosson (*le Règne végétal en Algérie*, p. 26) déclare qu'il est « manifestement indigène ». Battandier, *Flore de l'Algérie, Dicotylédones*, p. 203 : « Il paraît réellement spontané sur divers points. »
4. Conf. Columelle, V, 10, 12; Palladius, *Agric.*, II, 13, 7.
5. Il est possible que cette plante soit indigène en Berbérie. Pline (XVIII, 121) mentionne en Maurétanie une fève sauvage : « (faba) nascitur et sua sponte plerisque in locis,... item in Mauretania silvestris passim, sed praedura et quae percoqui non possit. » On trouve encore dans le Sersou une fèvrole qui paraît être spontanée : voir Trabut, dans *Bull. de la Société d'histoire naturelle de l'Afrique du Nord*, 1911, p. 116-122. — Nous devons toutefois observer que le nom berbère de la fève, *ibioa*, plur. *ibaouen* (en dialecte zouaoua), n'est nullement un indice d'une très haute antiquité, comme de Candolle (p. 236) semble disposé à le croire; il vient du mot latin *faba* : Stumme, dans *Zeitschrift für Assyriologie*, XXVII, 1912, p. 122 et 126.

II

Pour l'élevage comme pour l'agriculture, il faut tenir compte de la répartition des pluies. Dans les pays où la moyenne annuelle dépasse 0 m. 35, et lorsque les chutes d'eau ont lieu sans trop d'irrégularité, les conditions d'existence du bétail sont bonnes pendant une grande partie de l'année. En décembre, dès novembre même quand les pluies sont précoces, le sol se couvre d'un tapis d'herbes naturelles, graminées et légumineuses, dont beaucoup plaisent aux troupeaux. Elles sont plus savoureuses et plus nutritives dans les régions élevées, telles que les montagnes du Nord du département de Constantine, les hautes plaines de Sétif et de Tiaret. Mais elles se développent mieux dans les parties basses du littoral, où le climat est plus doux. Aux hautes altitudes, le froid ralentit la vie des plantes; les chutes de neige empêchent le bétail de paître; la rigueur de la température et surtout les gelées nocturnes font de nombreuses victimes. A partir du mois de juin, le soleil grille les pâturages que n'humecte plus la pluie, et son action peut être hâtée par des coups de siroco. En juillet, parfois en août, le bétail s'alimente encore, tant bien que mal, avec les herbes desséchées et les chaumes. Mais, entre le mois d'août et la fin de novembre environ, la campagne ne lui fournit presque rien, sauf sur des terres où l'humidité est maintenue par des irrigations artificielles, et dans les forêts où les arbres protègent le gazon contre les ardeurs du soleil. Pendant cette période critique, il est en général nécessaire de nourrir au moins le gros bétail avec des réserves.

Dans les pays de steppes, c'est-à-dire dans le Sud de la Tunisie, dans une partie des hautes plaines de la province de Constantine, dans celles des provinces d'Alger et d'Oran, dans le

Dahra marocain (à l'Est de la Moulouia supérieure), dans la zone intérieure des plateaux qui s'étendent entre l'Océan et l'Atlas, les pluies, peu abondantes et irrégulières, font cependant pousser une végétation chétive, composée de graminées et de salsolacées. L'alfa vient sur les sols calcaires [1], le drinn sur les dunes, l'armoise blanche (chih des indigènes) dans les dépressions limoneuses; le guettaf est surtout répandu dans l'Est, sur les terres salées. Le bétail ne se nourrit pas d'alfa, il mange de l'armoise quand il n'a pas autre chose à se mettre sous la dent, mais il recherche le guettaf et les petites herbes qui viennent s'intercaler entre l'alfa et le chih [2]. Il y a donc en hiver, dans ces régions, d'utiles pâturages, moins souvent ensevelis sous la neige que les montagnes élevées du Tell. Mais ils s'épuisent vite : ce qui nécessite le déplacement fréquent des troupeaux, qu'exigent aussi la rareté et le peu d'abondance des points d'eau. Le bétail doit subir le froid sans abri, car des étables l'immobiliseraient. Après la saison des pluies, la végétation est encore entretenue pendant quelque temps par des rosées, que provoque un rayonnement nocturne très intense. Mais, en été, l'eau manque dans les steppes, le sol ne donne plus guère de nourriture; les maigres herbes qui le tapissaient en hiver n'ont pas pu être fauchées pour constituer des réserves. Il faut donc que les troupeaux se transportent ailleurs, soit dans les montagnes du Sud, où ils ne trouvent pas toujours l'alimentation liquide et solide dont ils ont besoin, soit plutôt dans le Tell.

Enfin, la lisière septentrionale du Sahara offre çà et là, dans la saison hivernale, des pâturages, vite épuisés.

Les bœufs ne peuvent être élevés que dans les régions à pluies abondantes et à pâturages riches. Ils se plaisent surtout

---

1. L'alfa est le *spartum africanum* de Pline (XIX, 26; XXIV, 65), sorte de jonc, propre à un sol aride, qui est en Afrique de taille exiguë et ne sert à rien.
2. Battandier et Trabut, *l'Algérie*, p. 113.

dans les pays montagneux, où les herbes sont fines, où la végétation se conserve plus longtemps qu'ailleurs, grâce aux nombreux suintements des eaux souterraines et au couvert des forêts. Ils sont nombreux au Maroc, chez les Zemmours et les Zaïanes, dont les territoires sont parcourus par l'oued Bou Regreg et ses affluents; dans la pointe Nord-Ouest du Maghrib (entre Tanger et l'oued Sebou); dans les régions d'Aumale et de Boghar; dans le Nord-Est de la province de Constantine (pays de Guelma, de Jemmapes, de Bône, de Souk Ahras); dans le Nord de la Tunisie.

Le cheval a besoin de moins d'humidité et peut même vivre dans la steppe. Les pays qui produisent aujourd'hui les plus beaux sujets sont, au Maroc, la province d'Abda (au Sud-Est de Safi); en Algérie, les régions de Sebdou, de Daya, de Frenda, d'Ammi Moussa, de Tiaret, de Chellala, de Boghar, d'Aumale, les hautes plaines de la province de Constantine (Medjana, régions de Saint-Arnaud, de Châteaudun-du-Rummel, d'Aïn Mlila, de Batna, de Khenchela, de Tébessa), le bassin du Hodna; en Tunisie, les environs du Kef, les plaines de Kasserine et de Fériana.

Le mouton s'accommode naturellement fort bien des pâturages du Tell[1], et il ne faudrait pas que l'expression banale « pays du mouton », par laquelle on désigne les steppes de l'intérieur de l'Algérie, fît croire qu'elles soient les terres qui lui conviennent le mieux. Ce qui est vrai, c'est qu'elles doivent surtout à cet animal leur valeur économique, d'ailleurs très médiocre. Sur de vastes espaces où l'eau est rare et où les déplacements s'imposent, le mouton peut rester jusqu'à quatre jours sans boire et accomplir de longues marches. Il recherche les herbes salées et accepte les eaux magnésiennes, fréquentes dans les steppes.

1. Sauf dans les pays de froid humide.

Si les chèvres sont très nuisibles par la voracité avec laquelle elles broutent les bourgeons, les écorces et même les rameaux des jeunes arbres, elles savent, quand il le faut, se contenter des plus maigres pâturages, des plus misérables broussailles. Elles supportent au besoin la soif pendant plusieurs jours, comme les moutons, et elles résistent bien aux intempéries. Très prolifiques, elles rendent de grands services par leur lait, leur viande, leur poil et leur peau.

Un des grands obstacles au développement de l'élevage fut, dans l'antiquité, l'abondance des fauves, dont le nombre diminua beaucoup à l'époque romaine[1].

III

Dans certaines parties de l'Afrique septentrionale, on n'a guère l'embarras du choix entre les différents modes d'exploitation que nous venons de passer en revue. Les steppes ne se prêtent qu'à l'élevage; les hautes plaines du centre de la province de Constantine, les terres noires de l'Ouest du Maroc, propices aux céréales, ne sont pas favorables, en général, à la bonne venue des arbres; au contraire, le sol d'une partie du centre et du Sud de la Tunisie convient bien à l'arboriculture, tandis que le climat exclut presque les céréales; dans les oasis, on ne peut guère faire que des cultures fruitières.

Cependant une classification qui prétendrait répartir les régions de l'Afrique du Nord en terres à céréales, en pays d'élevage, en pays d'arboriculture, serait évidemment inexacte. Beaucoup d'entre elles admettent des exploitations diverses. La monoculture, souvent reprochée à nos contemporains, ne se justifie pas dans une grande partie du Tell. Sous un ciel

---

1. Voir plus haut, p. 110.

d'ordinaire clément, l'homme de la campagne peut s'occuper dehors pendant presque toute l'année et il dispose de plus de temps que dans l'Europe centrale; par suite des conditions de la végétation, les travaux nécessaires aux différentes cultures s'échelonnent de manière à pouvoir être exécutés les uns après les autres par les mêmes bras. « Les labours pour les céréales, dit M. Saurin[1], se font de juillet à fin novembre; à peine les semailles sont-elles terminées qu'il est temps de labourer, de piocher et de tailler les vignes. Aussitôt après, le cultivateur... coupe ses fourrages et ses moissons (avril à fin juin). Les travaux de la vendange interrompent, durant une quinzaine de jours, les labours préparatoires aux semailles. »

Ce ne sont pas seulement les produits qu'ils peuvent tirer du sol qui déterminent les hommes à se fixer dans telle ou telle région. Ils doivent se préoccuper d'avoir à leur disposition l'eau nécessaire à leur alimentation et à celle des animaux domestiques. C'est auprès des sources que s'élèvent les habitations. Or il y a des pays de l'Afrique septentrionale où ces sources sont rares et tarissent même en été. Ils ne peuvent être que très maigrement peuplés, si l'on n'y constitue pas des réserves en emmagasinant les pluies d'hiver, si l'on ne creuse pas des puits pour atteindre les nappes souterraines : tel est le cas du Sud de la Tunisie et d'une bonne partie du Maroc occidental.

Il faut tenir compte aussi de la résistance plus ou moins grande des organismes humains au climat. L'Afrique du Nord est presque partout salubre[2]. Elle l'était déjà autrefois. Hérodote dit que les Libyens sont les plus sains des hommes qui lui soient connus[3]. Salluste parle en ces termes des indigènes :

1. *La Tunisie* (Paris, 1897), p. 14-15.
2. Surtout le Maroc, où la malaria paraît être très rare : Fischer, *Mittelmeer-Bilder*, II, p. 361.
3. IV, 187; conf. II, 77. Les Maures, dit Élien (*Nat. anim.*, XIV, 5) sont beaux et grands.

« Race d'hommes au corps sain, agile, résistant à la fatigue : la plupart succombent à la vieillesse, sauf ceux qui périssent par le fer ou par les bêtes, car il est rare que la maladie les emporte[1]. » — « Les Numides, écrit Appien[2], sont les plus robustes des Libyens et, parmi ces hommes qui vivent longtemps, ceux dont la vie est la plus longue. La cause en est peut-être que l'hiver est peu rigoureux chez eux et que l'été n'y est pas d'une chaleur torride, comme chez les Éthiopiens et les Indiens. » Masinissa, qui mourut nonagénaire, qui eut, dit-on, un fils à quatre-vingt-six ans et montait encore à cheval deux ans avant sa mort, fut, pour les Grecs et les Romains, le plus bel exemple de cette vigueur et de cette endurance physiques[3]. A l'époque de la domination romaine, les inscriptions latines qui mentionnent des centenaires sont fort nombreuses[4].

Certaines régions sont cependant fiévreuses, surtout quelques plaines basses, voisines du littoral ; elles devaient l'être plus encore dans l'antiquité, du moins dans les parties qui n'étaient pas drainées par des canaux artificiels, car le travail des fleuves, comblant peu à peu les marécages par des apports d'alluvions, était moins avancé qu'aujourd'hui. Nous avons dit[5] que la Mitidja était alors à peu près inhabitable ; là même où la terre ferme avait pris la place du marais, la malaria s'opposait à des établissements humains. Il en était sans doute de même de la plaine de la Macta et d'une partie de celles qui

---

1. *Jug.*, XVII, 6 : « Genus hominum salubri corpore, velox, patiens laborum ; plerumque senectus dissolvit, nisi qui ferro aut bestiis interiere ; nam morbus haud saepe quemquam superat. »
2. *Lib.*, 71.
3. Polybe, XXXVI, 16 (édition Büttner-Wobst). Appien, *Lib.*, 71. Cicéron, *De senectute*, X, 34. Valère-Maxime, IX, 13, ext., 1.
4. Conf., entre autres, Masqueray, dans *Bull. de correspondance africaine*, I, 1882-3, p. 108 ; Poulle, dans *Rec. de Constantine*, XXII, 1882, p. 291-6 ; *ibid.*, XXXI, 1897, p. 314-8. Je citerai en particulier cette inscription de Sétif (C. I. L., VIII, 20387) : « Pescennia Saturnina vix(it) an(nis) CXXV ; se valente fecit. »
5. P. 67.

s'étendent en arrière de Bône. L'air de la ville d'Hippone était assez malsain, du moins en été[1]. A l'intérieur, il y avait aussi des régions insalubres. Une inscription d'Auzia (Aumale) est l'épitaphe d'une femme, qui vécut quarante ans sans avoir souffert des fièvres, *sine febribus*[2] : c'était, dans cette ville romaine, une exception digne d'être signalée[3]. Observons aussi que les nombreux travaux hydrauliques établis par les anciens ont pu çà et là contribuer à la diffusion du paludisme. Au Sud de la Berbérie, les oasis, où les eaux d'irrigation s'écoulent mal, où souvent les rideaux de palmiers empêchent le vent de circuler, sont malsaines pour les blancs; les nègres et les métis en supportent mieux le climat[4].

Des pestes, dont on n'indique pas en général le caractère exact, sont mentionnées à plusieurs reprises, soit à l'époque carthaginoise[5], soit à l'époque romaine[6]. L'une d'elles, qui éclata à la fin du ve siècle avant J.-C., paraît avoir été propagée par des troupes qui l'avaient contractée en Sicile[7]. Une autre, qui fit beaucoup de victimes à Carthage au milieu du IIIe siècle de notre ère, vint d'Éthiopie et se répandit dans tout le bassin de la Méditerranée[8]. Celle qui sévit sous la domination byzan-

---

1. Saint Augustin, *Lettres*, CXXVI, 4 : « aeris morbidi ». Augustin y mourut des fièvres, à la fin du mois d'août 430) : Possidius, *Vie de saint Augustin*, 29. Conf. Gsell. *Atlas archéologique de l'Algérie*, f° 9, n° 59 (p. 5, col. 1).
2. *C. I. L.*, VIII, 9050.
3. Pour les fièvres d'Afrique dans l'antiquité, voir encore Celse, *Medic.*, III, 4; saint Augustin, *Sermons*, XIX, 6.
4. Schirmer, *le Sahara*, p. 231 et suiv.
5. Justin, XVIII, 6, 11 : au vi[e] siècle, à Carthage. Diodore de Sicile, XIII, 114 : à la fin du ve siècle, à Carthage et dans d'autres lieux de l'Afrique. Le même, XV, 24 et 73 : vers 370, à Carthage (cette peste fut très meurtrière).
6. *C. I. L.*, VIII, 9048 (Aumale); 18792 (région d'Aïn Beïda). *Comptes rendus de l'Académie des Inscriptions*, 1905, p. 431 (Carthage).
7. Diodore, XIII, 114.
8. Saint Cyprien, *De mortalitate*, 14 (où il décrit les effets physiques de la maladie); *Ad Demetrianum*, 10. Pontius, *Vie de saint Cyprien*, 9. Conf. Monceaux, *Histoire littéraire de l'Afrique chrétienne*, II, p. 224-5, 303 et suiv. — Le martyr Marianus, exécuté à Lambèse, en mai 259, aurait prophétisé, au dire de celui qui raconta sa passion peu de temps après, « varias saeculi plagas..., luem.... famem, terraeque motus et cynomiae venena cruciantia (il s'agit de mouches venimeuses) » : von Gebhardt, *Ausgewählte Märtyrerakten*, p. 145.

tine, en 543, fut aussi apportée d'Orient[1]. Une autre, signalée en 125 avant J.-C., fut provoquée par une terrible invasion de sauterelles; elle s'étendit en Numidie, dans la province romaine et en Cyrénaïque[2]. Ces contagions désastreuses, comme aussi certains tremblements de terre[3], furent des accidents, qui ne causèrent que des maux passagers.

En somme, l'Afrique du Nord est une contrée où la vie humaine se développe dans des conditions favorables, pour les autochtones aussi bien que pour les immigrants originaires des régions tempérées de l'Europe et de l'Asie; où, d'ordinaire, le climat n'affaiblit ni la force physique, ni l'intelligence. Ces qualités doivent se déployer presque partout avec vigueur, car le pays n'est pas une terre bénie qui dispense libéralement ses dons. Nous verrons qu'une grande partie de ses habitants, non seulement les Carthaginois et les Romains, mais encore beaucoup d'indigènes, ont fait bon usage des ressources qui s'offraient à eux, lorsqu'ils ont été libres de travailler en paix, lorsqu'ils ont su qu'ils tireraient de leur travail un profit équitable.

---

1. Corippus, *Johannide*, III, 343 et suiv. Conf. Partsch, édition de Corippus, p. xvi-xvii; Diehl, *l'Afrique byzantine*, p. 339.
2. Voir plus haut, p. 136-7.
3. *C. I. L.*, VIII, 15562 (à Aunobaris, dans la Tunisie centrale : « [templum... per ter]rae motum dilabsum ». — Tremblement de terre en Asie, à Rome, en Libye, en 202 de notre ère. Histoire Auguste, *Gallieni duo*, V, 4 : « mota et Libya » (mais il n'est pas sûr qu'il s'agisse de la Berbérie). — *C. I. L.*, 2480 et 2481 (en 267, à *Ad Maiores*, au Sud de la Numidie) : « [post terra]e motum quod patriae, Paterno et Arcesilao co(n)s(ulibus), hora noc[tis..., somno f]essis contigit... » Ce tremblement de terre paraît avoir aussi causé des dégâts à Lambèse : Wilmanns, au *C. I. L.*, VIII, 2571; Cagnat, *l'Armée romaine d'Afrique*, 2ᵉ édit., p. 442. — Saint Augustin, *Sermons*, XIX, 6 : en 419, tremblement de terre violent à Sétif; pendant quinze jours, toute la population campa dans les champs.

LIVRE II

LES TEMPS PRIMITIFS

CHAPITRE PREMIER

LA CIVILISATION DE LA PIERRE [1]

I

Les plus anciens témoignages de l'existence de l'homme dans l'Afrique du Nord sont des armes et des outils de pierre, trouvés avec des restes d'animaux qui habitaient le pays à l'époque quaternaire, pendant une période de chaleur humide [2]. Ces objets appartiennent aux premières phases de l'industrie paléolithique et ressemblent à ceux qui ont été recueillis dans d'autres contrées, surtout dans l'Europe occidentale; les pré-

---

1. J'ai adopté les grandes divisions indiquées par M. Pallary, dans ses *Instructions pour les recherches préhistoriques dans le Nord-Ouest de l'Afrique* (*Mémoires de la Société historique algérienne*, t. III, Alger, 1909); voir en particulier p. 39-56 (on trouvera une bibliographie aux p. 102-113). M. Pallary a donné plusieurs bibliographies très détaillées du préhistorique de la province d'Oran : *Association française pour l'avancement des sciences*, Marseille, 1891, II, p. 770-5; Besançon, 1893, II, p. 682-692; Tunis, 1896, II, p. 494-500; Paris, 1900, II, p. 770-5; voir aussi *Revue africaine*, LI, 1907, p. 274-8. Bibliographie du préhistorique saharien par Flamand et Laquière, dans *Revue africaine*, L, 1906, p. 233-7. — Le musée le plus riche en antiquités préhistoriques de l'Afrique du Nord est celui d'Alger : voir Pallary, *Revue africaine*, LV, 1911, p. 306-325. Il y a aussi des collections importantes à Oran et à Constantine (musées municipaux), au musée de Saint-Germain et au musée d'ethnographie du Trocadéro.

2. Conf. plus haut, p. 100 et suiv.

historiens distinguent trois types, qui se rencontrent souvent ensemble, surtout les deux derniers : chelléen (« coups-de-poing » sommairement taillés), achauléen (« haches » en forme d'amande, d'une technique plus soignée), moustérien (pointes, lames, racloirs, travaillés sur une seule face)[1].

A Ternifine, dans la province d'Oran[2], on a découvert de nombreux instruments en pierre et des ossements, débris de chasse, se rapportant à une faune quaternaire chaude : *Elephas atlanticus*, rhinocéros, hippopotame, sanglier, zèbre, chameau, girafe, antilopidés, etc. Ils gisaient pêle-mêle[3] au pourtour d'une colline de sable, haute d'une trentaine de mètres, constituée par des apports de sources artésiennes et recouverte d'une couche de grès. Beaucoup d'os présentent des incisions, ou sont cassés au milieu, sans doute pour l'extraction de la moelle. Les outils ou armes sont des coups-de-poing chelléens, en grès et surtout en quartzite, très grossiers, dont la forme est vaguement celle d'une amande, longue de 0 m. 15 à 0 m. 20, ou bien d'un rectangle; des galets de grès, ou des moitiés de galets, en partie bruts (du côté où on les tenait en main), en

---

1. Nous laisserons de côté les éolithes, pierres qui auraient été simplement accommodées pour l'usage. On sait que des préhistoriens placent avant l'industrie paléolithique une longue période éolithique. Que les hommes se soient servis, non seulement de pierres brutes, mais aussi d'instruments très rudimentaires, soit avant, soit après l'invention de la taille, c'est ce que l'on peut admettre sans difficulté. Mais il faudrait pouvoir distinguer les éolithes, accommodés et utilisés, des cailloux qui présentent un aspect tout à fait semblable et qui, pourtant, n'ont été façonnés que par des agents naturels. Dans l'Afrique du Nord, on a signalé de prétendus éolithes à Chetma (près de Biskra) et à Gafsa : Chantre, dans *Assoc. française*, Clermont-Ferrand, 1908, II, p. 683; Eybert, dans *Bull. de la Société archéologique de Sousse*, IV, 1906, p. 141 et suiv.; Schweinfurth, dans *Zeitschrift für Ethnologie*, XXXIX, 1907, p. 150. Pour ceux de Gafsa, MM. de Morgan, Capitan et Boudy (*Revue de l'École d'anthropologie*, XX, 1910, p. 220) ont montré que ce sont des éclats qui se retrouvent dans des ateliers paléolithiques de la région, avec des pièces chelléennes, acheuléennes et moustériennes.

2. Près du village de Palikao, à l'Est de Mascara : Gsell, *Atlas archéologique de l'Algérie*, f° 32, n° 14. — Sur ces trouvailles, voir surtout Pallary et Pomel, dans *Matériaux pour l'histoire primitive de l'homme*, XXII, 1888, p. 221-232.

3. Nous devons ajouter que toutes les trouvailles faites en ce lieu ne datent pas de l'époque quaternaire. Des restes de poteries grossières (*Matériaux*, l. c., p. 223-4) sont certainement beaucoup plus récents.

partie façonnés à grands éclats; des morceaux de silex et de quartzite, de dimensions moindres, simplement cassés, ou à peine travaillés, qui ont pu servir de pointes et de racloirs.

Des constatations analogues ont été faites au lac Karar, petit réservoir naturel situé au Nord de Tlemcen[1], et ont donné lieu à une étude attentive[2]. Le gravier qui constituait le fond de la nappe d'eau contenait le même mélange d'ossements (*Elephas atlanticus*, rhinocéros, hippopotame, sanglier, zèbre, etc.) et d'outils primitifs. Parmi ceux-ci, les uns, en quartzite, ont la forme d'une amande, avec une pointe plus ou moins effilée; les plus longs dépassent 0 m. 20. Ils reproduisent exactement les deux types chelléen et acheuléen. Les autres sont des silex de petites dimensions : soit des éclats, qui ont pu être utilisés, soit quelques instruments taillés sur une seule face, pointes et racloirs. Il est très probable que les deux séries sont contemporaines[3].

Ces stations[4] sont datées par la faune associée aux restes du travail humain. Sur bien d'autres points[5], au Maroc[6], en Algérie[7],

1. Près du village de Montagnac : Gsell, *Atlas*, f° 31, n° 47.
2. Boule, dans *l'Anthropologie*, XI, 1900, p. 1-21, pl. I-II (découvertes de M. Gentil).
3. Conf. les observations de Boule, *l. c.*, p. 18. Une hache polie et des pointes de flèches à ailerons, trouvées aux abords immédiats de la pièce d'eau, sont d'une autre époque.
4. Une troisième station de la province d'Oran, celle d'Aboukir, au Sud-Est de Mostaganem, a donné des calcaires taillés à grands éclats et des bouts de silex, en général non retouchés, avec des ossements d'*Elephas atlanticus*, de rhinocéros, d'antilopes, d'un grand bœuf, et des amas d'escargots. Ces objets étaient ensevelis dans des sables, charriés par une source artésienne. Voir Pomel, dans *Matériaux*, XXII, 1888, p. 232; Pallary, dans *Assoc. française*, Marseille, 1891, II, p. 606.
5. Dans les notes qui suivent, je ne mentionnerai que les découvertes les plus importantes.
6. Rabat (chelléen) : Pallary, dans *l'Anthropologie*, XVIII, 1907, p. 309-310; XIX, 1908, p. 173-4. Oudjda (acheuléen) : Pallary et Pinchon, *ibid.*, XIX, p. 177-8, 427-9.
7. Ouzidane, au Nord de Tlemcen (acheuléen) : Pallary, *Assoc. française*, Besançon, 1893, II, p. 657-661. Aïn el Hadjar, au Sud de Saïda (acheuléen) : Doumergue, *Bull. d'Oran*, 1892, p. 547-550, fig. 2 et 3. Takdempt, à l'Ouest de Dellys (chelléen et acheuléen) : Reinach, *Bull. archéologique du Comité*, 1892, p. 196; Lacour et Tureat, *ibid.*, 1900, p. 513. Diverses stations dans la région de Tébessa, au Nord et surtout au Sud de cette ville (chelléen, acheuléen) : Indi-

dans le Sud de la Tunisie[1], au Sahara[2], on a recueilli, à fleur de terre ou dans des alluvions, des instruments chelléens et acheuléens, non accompagnés d'ossements Tantôt ils sont seuls, tantôt ils se trouvent avec des objets moustériens[3], pointes, racloirs, auxquels sont souvent mêlés des disques à bords coupants[4] et des galets dont la base est restée brute et dont le côté opposé offre des facettes concaves, alternées de manière à former une arête sinueuse : galets et disques devaient être des projectiles[5].

Nous mentionnerons en particulier les découvertes faites aux environs de Gafsa, dans le Sud de la Tunisie[6]. Les outils chelléens, acheuléens et moustériens abondent dans cette région. Très fréquemment, ils sont confondus et paraissent être de même époque. Ils se rencontrent soit sur des emplacements de stations, situées d'ordinaire en plaine, soit dans des ateliers, établis aux lieux où il y a des gisements de silex utilisable : ateliers qui étaient souvent importants, surtout sur les collines

---

cations de M. Latapie; conf. le même, *Bull. archéol. du Comité*, 1910, p. CCLXI; Debruge, *Rec. de Constantine*, XLIV, 1910, p. 83; Reygasse et Latapie, *ibid.*, XLV, 1911, p. 331-5 et trois planches.

1. Oum el Ksob, au Nord-Ouest de Gafsa (acheuléen) : Pallary, *Revue africaine*, LV, 1911, pl. à la p. 312, fig. 1 et 2. Région de Redeyef, à l'Ouest de Gafsa (chelléen, acheuléen) : Fleury, *Bull. de la Société archéologique de Sousse*, VI, 1908, p. 67-69. Région de Gafsa : voir plus loin. — On n'a pas encore découvert d'outils chelléens et acheuléens dans la Tunisie septentrionale et centrale.

2. Outils acheuléens. Ghardaïa : *Revue africaine*, LV, pl. à la p. 312, fig. 3. Région de Temassinine : Rabourdin, dans *Documents relatifs à la mission Flatters*, p. 231-5 et pl. VII A; Foureau, *Documents scientifiques de la mission Foureau-Lamy*, pl. XXVI (conf. Verneau, *ibid.*, p. 1114); voir aussi Flamand et Laquière, *Revue africaine*, L, 1906, p. 213-4. A 400-500 kilomètres au Nord de Tombouctou : Capitan, *Comptes rendus de l'Académie des Inscriptions*, 1911, p. 313-8.

3. Oudjda : Pinchon, dans *l'Anthropologie*, XIX, 1908, p. 427-430. Ouzidane : Pallary, *Assoc. française*, Besançon, 1893, II, p. 661, et *Bulletins de la Société d'anthropologie de Paris*, 1893, p. 92-93. Aïn el Hadjar : Doumergue, *Bull. d'Oran*, 1892, p. 547-550. Oum el Ksob : musée d'Alger. Redeyef : de Morgan, Capitan et Boudy, *Revue de l'École d'anthropologie*, XX, 1910, p. 270. Chabet Rechada, dans l'extrême Sud tunisien, *ibid.*, p. 339-342.

4. Voir, par exemple, *Revue de l'École d'anthropologie*, XX, p. 273, fig. 69.

5. Pallary, dans *l'Homme préhistorique*, 1909, p. 179-180; le même, *Instructions*, p. 17-18. On trouve de ces galets à éclats alternés et de ces disques dans les industries plus récentes, jusqu'au néolithique berbère.

6. De Morgan, Capitan et Boudy, *l. c.*, XX, p. 110 et suiv.

d'El Mekta, au Nord-Ouest de Gafsa, et de Redeyef, à l'Ouest du même lieu. Les roches employées pour fabriquer les objets des trois types n'étaient pas les mêmes : les coups-de-poing chelléens étaient faits en pétrosilex (craie pénétrée de silice), matière moins cassante que le silex, mais ne comportant pas une taille aussi fine; les haches acheuléennes sont en silex foncé ordinaire, les instruments moustériens, en silex très fin, de couleur claire. Il s'ensuit que, dans certains ateliers où les artisans exploitaient des gisements déterminés, ils ne se livraient qu'à l'une de ces trois industries, pourtant contemporaines.

Il est vrai que, près de Gafsa, dans une éminence formée de couches d'alluvions, on a cru reconnaître une superposition de divers types paléolithiques, qui permettrait de les attribuer à des périodes successives : en bas, des coups-de-poing chelléens, plus haut, des outils moustériens, d'abord mêlés à des haches acheuléennes, puis seuls [1]. Mais l'exactitude de ces observations a été contestée : M. de Morgan a montré [2] que les objets dont il s'agit ont été enlevés par des pluies torrentielles tantôt à un campement ou à un atelier, tantôt à un autre, et que leur place parmi les alluvions dépend des hasards du ruissellement.

On n'a pas trouvé d'outils chelléens et acheuléens dans des cavernes de l'Afrique du Nord [3]. Les hommes vivaient en plein air; il n'est d'ailleurs pas impossible qu'ils se soient abrités sous des huttes en roseaux ou en branchages [4]. Ils s'établissaient de préférence près des sources, près des rivières, surtout aux confluents, sur de petits plateaux ou des croupes d'où la

---

1. Collignon, dans *Matériaux*, XXI, 1887, p. 173-180; conf. Capitan et Boudy, *Assoc. française*, Lyon, 1906, II, p. 723-6. Je ne parle pas des prétendus éolithes. — Selon Couillault (dans *l'Anthropologie*, V, 1894, p. 531-3), une superposition analogue existerait dans d'autres couches d'alluvions, situées non loin de là, à 2 kilomètres au Nord du village de Sidi Mansour.
2. *Revue de l'École d'anthropologie*, XX, p. 216 et suiv.
3. Pallary (*Bulletins de la Société d'anthropologie de Paris*, 1895, p. 87-93) a prouvé qu'à Ouzidane des outils acheuléens, trouvés dans les parois de grottes artificielles, sont bien antérieurs au creusement de ces grottes.
4. Peut-être enduites de terre.

vue s'étendait au loin et où il leur était plus facile de se défendre[1]. Dans les pays où le gibier abondait, où l'eau coulait en toute saison[2], ils n'avaient sans doute guère besoin de se déplacer. Nous connaissons trop mal cette période de la préhistoire africaine pour pouvoir dire quelles étaient les régions les plus peuplées, et nous ignorons l'importance des groupes d'individus associés dans une vie commune : on constate cependant qu'autour de Gafsa, les campements étaient nombreux[3], mais en général peu étendus[4].

Ces primitifs avaient peut-être des objets en bois, massues, gourdins, piques dont la pointe était durcie au feu[5]. Des os pointus ont dû leur servir d'armes[6]; des peaux, de vêtements et de récipients. Les découvertes ne nous renseignent que sur les instruments en pierre. Il y avait des armes et des outils de fortune, simples éclats utilisés comme pointes ou racloirs, sans parler des pierres brutes qui pouvaient être employées comme projectiles, massues, broyeurs. Les instruments chelléens et acheuléens étaient fabriqués en silex dans les hautes plaines de l'intérieur de l'Algérie et dans le Sud de la Tunisie[7]; en quartzite, en grès et en calcaire dans le Tell algérien, où les galets de silex de bonne qualité sont généralement trop petits pour la confection d'un gros outillage[8]. Les uns ont probablement servi à des usages multiples, d'autres avaient sans doute une destination particulière. D'après leurs diverses formes, ils

1. De Morgan, *l. c.*, p. 112. Pallary, *Instructions*, p. 62-63.
2. Il ne faut pas oublier que le climat était plus humide qu'aujourd'hui : voir plus haut, p. 51.
3. Ce qui s'explique par la proximité de gisements importants de silex.
4. De Morgan, *l. c.*, p. 110.
5. A l'époque historique, divers peuples africains se servaient encore de javelots appointés de cette manière : Hérodote, VII, 71; Périple de Scylax, 112 (*Geogr. gr. min.*, I, p. 94); Silius Italicus, III, 303-5.
6. A Ternifine, des cornes d'antilopes et des défenses d'hippopotames ont peut-être rempli cet office : Pomel, dans *Matériaux*, XXII, p. 231; Pallary, dans *Assoc. française*, Marseille, 1891, II, p. 600.
7. Dans le Sahara, les outils acheuléens sont soit en silex, soit en grès, soit en quartzite.
8. Pallary, *Instructions*, p. 53.

ont pu être des coups-de-poing, des haches, des marteaux, des coins, des ciseaux, des pics, des pioches pour extraire les racines[1]. Les outils moustériens, en quartzite et surtout en silex, pierre dont les cassures donnent des arêtes coupantes, étaient faits pour percer et trancher, pour gratter les peaux.

La parfaite ressemblance des instruments trouvés dans la Berbérie et de ceux qui ont été recueillis dans d'autres contrées plus ou moins voisines, en Égypte[2], en Italie[3], en Espagne[4], s'explique-t-elle par des relations entre les habitants de ces pays? ou par l'identité des besoins qui, en différentes régions, aurait fait inventer les mêmes outils? Il est probable qu'on ne résoudra jamais ce problème. On n'a pas le droit d'écarter comme invraisemblable la première hypothèse, surtout si l'on admet, avec quelques géologues, qu'à l'époque quaternaire, l'Europe a pu être reliée au continent africain[5].

Tandis que les outils chelléens et acheuléens ont disparu de bonne heure[6], les formes moustériennes se sont maintenues très longtemps dans l'Afrique du Nord[7] : nous verrons qu'elles se rencontrent, en différents lieux, pêle-mêle avec des produits d'une industrie beaucoup plus récente[8]. D'autres stations ne

1. Conf. Capitan, dans *l'Anthropologie*, XII, 1901, p. 111-7.
2. Voir, entre autres, H. de Morgan, *Revue de l'École d'anthropologie*, XIX, 1909, p. 131 et suiv.
3. Modestov, *Introduction à l'histoire romaine*, p. 7 et suiv.
4. Pallary, *Instructions*, p. 28-31.
5. Conf. Capitan, *Revue anthropologique*, XXI, 1911, p. 225. Il faut cependant remarquer que, jusqu'à présent, on n'a pas recueilli d'outils chelléens et acheuléens en Sicile, ni dans le Nord de la Tunisie, deux régions qui, à l'époque de ces industries, n'auraient pas été séparées par la mer.
6. On ne les trouve jamais avec les industries paléolithique récente et néolithique dans les gisements où l'on peut affirmer qu'il n'y a pas eu de mélanges de diverses époques : par exemple dans les grottes. — Foureau et Verneau (*Documents de la mission Foureau-Lamy*, p. 1082, 1106-7, 1121) croient, il est vrai, qu'au Sahara les haches acheuléennes sont contemporaines des flèches et autres instruments néolithiques, mais ils ne le prouvent pas. Une opinion contraire est exprimée par Pallary, *Revue africaine*, LI, 1907, p. 77.
7. Conf. Pallary, dans *l'Anthropologie*, XXII, 1911, p. 563.
8. Voir plus loin, § IV, au néolithique berbère. Au Sahara, on trouve aussi des outils moustériens, en grès, en quartzite, plus rarement en silex, avec des ins-

contiennent que des types moustériens[1]. Il est impossible de les dater avec certitude, quand la faune et la disposition des couches de terrain ne donnent pas d'indications à cet égard. Mais, dans quelques grottes de l'Algérie, des instruments moustériens apparaissent avec une faune quaternaire, et d'ordinaire au-dessous de couches renfermant une industrie néolithique[2]. D'autre part, l'absence d'outils chelléens et acheuléens permet de croire que ces stations sont postérieures à celles dont nous avons parlé précédemment.

Ce fut alors, en effet, que les Africains commencèrent à séjourner dans des cavernes ou des abris sous roche[3]. Cette coutume s'est perpétuée à travers les siècles, pendant la période néolithique et plus tard encore[4]. Des auteurs anciens mentionnent certaines peuplades de l'Afrique septentrionale qui vivaient, en pleine époque historique, dans des grottes, naturelles ou artifi-

---

truments néolithiques : voir Verneau, apud Foureau, l. c., p. 1113, 1116, 1119; Capitan, Bull. archéologique du Comité, 1909, p. cxxxvii.

1. Pallary (Instructions, p. 43, 44, 97) en indique quelques-unes, qui se répartissent de l'Océan au Sud de la Tunisie, du littoral des provinces d'Oran et d'Alger à l'Atlas saharien. Voir aussi Pallary, Bull. de la Société préhistorique française, 1911, p. 162-4 (station de Karouba, près de Mostaganem).

2. Couche inférieure de la grotte des Troglodytes, à Oran (racloirs, pointes en calcaire, silex et quartzite; molaire de rhinocéros): Pallary et Tommasini, Assoc. française, Marseille, 1891, II, p. 633, 636-7; de la grotte du Polygone, au même lieu : Pallary, Bull. de la Société d'anthropologie de Lyon, XI, 1892, p. 303. La couche moustérienne des grottes d'Oran se distingue par sa couleur, blanchâtre ou rougeâtre, des couches supérieures, néolithiques, qui sont noires. — Grotte voisine d'Ain Turk, au Nord-Ouest d'Oran (quelques quartzites taillés; hippopotame, rhinocéros, zèbre, chameau, etc.) : Pallary, Bull. de la Soc. d'anthr. de Lyon, XI, p. 295-7. — Abri de la Mouillah, près de Lalla Marnia (province d'Oran), couche inférieure jaune, avec des pièces moustériennes en quartzite et parfois en silex (la couche supérieure, à industrie paléolithique récente, est grisâtre) : Barbin, Bull. d'Oran, 1912, p. 390-1. — Grotte des Bains-Romains, au Nord-Ouest d'Alger (silex moustériens; rhinocéros, hippopotame, etc.) : Ficheur et Brives, Comptes rendus de l'Académie des Sciences, CXXX, 1900, p. 1485-7. — Couche inférieure de la grotte des Ours, à Constantine (racloirs et pointes en quartzite et en silex; rhinocéros, zèbre, etc.): Debruge, Rec. de Constantine, XLII, 1908, p. 145-6 et fig. 31 ; Pallary, ibid., p. 149 et suiv.

3. Les Libyens primitifs, affirme Pausanias (X, 17, 2), vivaient dispersés dans des huttes ou dans les cavernes qui s'offraient à eux. Mais il dit sans doute cela au hasard.

4. Comme, du reste, dans d'autres contrées : voir, par exemple, pour l'Europe occidentale, Jullian, Histoire de la Gaule, I, p. 150.

cielles¹. Le troglodytisme a persisté depuis lors dans diverses régions : en Tripolitaine et dans le Sud-Est de la Tunisie, sur les bords déchiquetés du plateau saharien; dans les montagnes du Sud de la province de Constantine; dans l'Atlas marocain².

Les cavernes sont des demeures où les hommes peuvent se garder assez aisément des attaques de leurs semblables et des fauves, où ils sont à l'abri de la pluie, du froid des hivers et des nuits, et aussi, ce qui est important en Afrique, des chaleurs excessives de l'été. En Europe, la principale raison qui décida les sauvages de l'époque quaternaire à s'établir dans des cavernes fut sans doute un refroidissement du climat. Nous avons montré que ce refroidissement a été beaucoup moins sensible au Sud de la Méditerranée³. En tout cas, beaucoup d'Africains continuèrent à habiter des stations à ciel ouvert.

1. Périple d'Hannon, 7 (*Geogr. gr. min.*, I, p. 6) : troglodytes dans les montagnes d'où sort le Lixos (oued Draa). — Strabon, XVII, 3, 7 : certains Pharusiens (au Sud du Maroc) vivent dans des grottes qu'ils creusent. — Pline, V, 34, mentionne des troglodytes à sept jours de marche au Sud-Ouest des Amantes, qui sont eux-mêmes à douze jours à l'Ouest de la grande Syrte. Vivien de Saint-Martin (*le Nord de l'Afrique dans l'antiquité*, p. 116) pense qu'ils habitaient le djebel Ghariane (au Sud-Sud-Ouest de Tripoli), où il y a encore des troglodytes (voir, entre autres, Méhier de Mathuisieulx, *A travers la Tripolitaine*, p. 171 et suiv.). Mais cette région ne correspond guère aux indications de Pline. — Hérodote (IV, 183) dit que les Garamantes, sur leurs chars à quatre chevaux, vont à la chasse des Éthiopiens Troglodytes (conf. Méla, I, 44; Pline, V, 45, qui parle de grottes artificielles : « specuus excavant »). Vivien de Saint-Martin (*l. c.*, p. 31, après d'autres) croit qu'il s'agit des habitants du Tibesti, qui sont encore troglodytes (ils demeurent dans des grottes naturelles).

2. Ces grottes, qui offrent divers types, ont été presque toutes creusées artificiellement, ou tout au moins aménagées par les hommes. Il y a cependant, près de Tlemcen, des troglodytes qui vivent dans des cavernes naturelles : Bel, *la Population musulmane de Tlemcen* (extrait de la *Revue des Études ethnographiques et sociologiques*, 1903), p. 31. Aux Canaries, avant la conquête européenne, un grand nombre d'indigènes vivaient aussi dans des grottes.

3. Voir plus haut, p. 53.

II

Après la première période paléolithique, caractérisée par les types chelléen, acheuléen et moustérien, les préhistoriens français distinguent une seconde période, dite âge du renne, pendant laquelle se sont succédé les industries dites aurignacienne, solutréenne, magdalénienne. Il n'est pas possible d'appliquer cette classification à l'Afrique septentrionale[1]. Entre le paléolithique ancien et le néolithique, nous n'y retrouvons que deux industries bien marquées, l'une à l'Est de la Berbérie, l'autre à l'Ouest.

Des stations des régions de Gafsa[2], de Redeyef (à l'Ouest de Gafsa)[3], de Tébessa[4] et de Négrine[5] (au Sud-Est de l'Algérie), du centre de la province de Constantine[6] nous ont révélé l'industrie que l'on a appelée capsienne[7], ou gétulienne[8]. Quelques-unes occupaient des abris sous roche[9], mais la plupart

---

1. Conf. Pallary, *Instructions*, p. 44 et 94.
2. De Morgan, Capitan et Boudy, *Revue de l'École d'anthropologie*, XX, 1910, p. 120, 133 et suiv., 211-4, 276.
3. De Morgan, etc., *l. c.*, p. 267, 270-4. Gobert, *Bull. de la Société préhistorique de France*, 24 novembre 1910. Récoltes de M. Pallary, au musée d'Alger.
4. Debruge, *Rec. de Constantine*, XLIV, 1910, p. 53 et suiv., avec les planches (conf. Pallary, dans *l'Anthropologie*, XXII, 1911, p. 559-560); Debruge, *Septième Congrès préhistorique de France*, Nîmes, 1911, p. 190-200. — Pour la station importante de Bir Oum Ali, entre Tébessa et Fériana, voir Gsell, *Atlas archéologique de l'Algérie*, f° 40, n° 106.
5. Bir Zarif el Ouar (Gsell, *l. c.*, f° 50, n° 161) : récoltes Pallary, au musée d'Alger.
6. Stations autour du djebel Sidi Rgheiss (au Nord-Ouest d'Aïn Beïda) : Gsell, *Bull. archéologique du Comité*, 1899, p. 437-8 ; Blayac et Capitan, *Assoc. française*, Angers, 1903, 1, p. 240-4. Aïn Mlila : Thomas, *Bull. de la Société des sciences physiques d'Alger*, XIII, 1877, p. 1-9 (pagination particulière). Châteaudun-du-Rummel : Mercier, *Rec. de Constantine*, XLI, 1907, p. 171-182. — On a trouvé ailleurs, et jusque dans le Sahara (voir, par exemple, Capitan, *Bull. archéol. du Comité*, 1909, p. cxxxvii), des outils de type aurignacien, ressemblant à ceux de ces stations, mais ils sont mélangés à d'autres types et ne constituent pas une industrie bien caractérisée.
7. De Morgan, *les premières Civilisations*, p. 136. Il classe dans son capsien des stations que nous attribuons à d'autres industries et il lui donne ainsi une grande extension vers l'Ouest (*Revue anthropologique*, XXI, 1911, p. 213-9). *Contra* : Pallary, *Revue africaine*, LV, p. 319, n. 1.
8. Pallary, *Instructions*, p. 44-45; *Revue africaine*, LV, p. 319-320.
9. El Mekta, au Nord-Ouest de Gafsa ; Redeyef : de Morgan, etc., *Revue de l'École*

étaient des campements, parfois assez étendus[1], établis d'ordinaire près des points d'eau[2]. On les reconnaît à des amas énormes d'escargots, mêlés à des couches épaisses de cendres, où se rencontrent, en assez petite quantité, des ossements de cerfs, de zèbres, d'antilopes, de bœufs, de mouflons et même de rhinocéros. Les œufs d'autruche, dont les restes, très nombreux, sont fréquemment calcinés, ont dû servir de récipients pour la cuisine, peut-être surtout pour faire bouillir les escargots[3]. La poterie et les haches polies manquent. Les instruments de pierre, fabriqués en beau silex, dans les campements mêmes, présentent des ressemblances, qui ne doivent pas être fortuites, avec ceux de l'aurignacien d'Europe[4]. Ce sont principalement des lames et des pointes, taillées sur une seule face et dont l'un des côtés longs, formant une sorte de dos, offre souvent des séries de retouches[5]; des grattoirs, les uns à peu près circulaires, les autres en lame avec une extrémité arrondie; des lames qui paraissent être des burins, se terminant en haut par une partie concave et une pointe d'angle aiguë. Quelques lames et grattoirs portent des encoches latérales, retaillées avec soin. On rencontre aussi des disques à arêtes coupantes[6] : probablement des pierres de jet[7].

---

d'anthropologie, XX, p. 112, 120, 271-3 ; Gobert, dans l'Anthropologie, XXIII, 1912, p. 152. Grottes du djebel Sidi Rgheiss, renfermant, dit-on, le même mobilier que les stations des plaines voisines : Gsell, Bull. archéol. du Comité, 1899, p. 138.

1. La station de Bir Laskeria, au pied du djebel Sidi Rgheiss, mesurait environ 70 mètres sur 50 (Gsell, l. c., p. 137) ; celle de Châteaudun-du-Rummel, environ 90 mètres sur 50 (Mercier, l. c., p. 173) ; celle d'Aïn Mlila, 80 à 90 mètres de diamètre (Thomas, l. c., p. 1) ; une autre, près de Tébessa, environ 200 mètres sur 50 (Debruge, Rec. de Constantine, l. c., p. 74).

2. Quelquefois dans des lieux escarpés. Conf. Latapie et Reygasse, Bull. de la Société préhistorique française, 20 mars 1912.

3. Debruge, l. c., p. 63. Pallary, dans l'Anthropologie, XXII, p. 561.

4. De Morgan, etc., l. c., p. 116-7, 207-8 (et Revue anthropologique, XXI, p. 226). On ne saurait dire cependant comment cette industrie s'est propagée. Le gétulien manque jusqu'à présent dans l'Ouest de la Berbérie, dans la direction de l'Espagne.

5. Quelques lames allongées sont retaillées très finement sur les deux côtés : de Morgan, etc., l. c., p. 133, fig. 37 a, et p. 203.

6. Par exemple, ibid., p. 213, fig. 49 et 50.

7. Conf. plus haut, p. 180.

Cette industrie semble avoir duré fort longtemps; elle devra, quand on l'aura mieux étudiée, être subdivisée en plusieurs périodes. Il convient d'attribuer à une époque relativement récente, sans doute en partie contemporaine du développement de la civilisation néolithique dans d'autres régions, des escargotières[1] où les outils de très petites dimensions sont nombreux[2] : pointes droites, ou recourbées en bec de perroquet; silex trapéziformes, qui étaient soit des tranchets, soit plutôt des bouts de flèches à tranchant transversal. L'os poli, rare dans les stations anciennes, devient plus fréquent; il est représenté par des poignards, des poinçons, des aiguilles. Des débris d'œufs d'autruche sont ornés de gravures, qui consistent en des traits parallèles, dont deux séries se coupent parfois de manière à figurer un quadrillé, en des suites de filets obliques ou de chevrons, en des lignes de points[3]. De petits disques ou des segments d'autre forme, taillés dans des œufs d'autruche et perforés[4], sont des restes de colliers, de même que des coquilles[5] et des cailloux[6] troués. Des molettes portent des traces d'une couleur rouge (hématite), qui a dû servir à étendre sur la peau un barbouillage, ou à y exécuter des dessins isolés[7].

---

1. Même industrie dans un abri sous roche de Redeyef : Gobert, *l'Anthropologie*, XXIII, p. 153-5.
2. Conf. de Morgan, etc., *l. c.*, p. 277; Gobert, *Bull. de la Société préhistorique*, 24 juillet et 24 novembre 1910. — Par exemple, Sidi Mansour, près de Gafsa : de Morgan, *l. c.*, p. 211-212; Aïn Aâchen, Henchir Souatir, Bir Khanfous, près de Tamerza (à l'Ouest de Redeyef) : récoltes au musée d'Alger; Morsott, dans la région de Tébessa : Debruge, *l. c.*, p. 70, fig. 6; Bir en Nsa, près de Sétif : Westerveller, *Rec. de Constantine*, XIX, 1878, p. 309-312, et Jacquot, *ibid.*, XXXV, 1901, p. 103-5, planches.
3. Gobert, *l. c.*, 24 novembre, fig. 7 et 8 (Bir Khanfous et Henchir Souatir). Debruge, *l. c.*, p. 96-97 et fig. 12 (région de Tébessa).
4. Gobert, *l. c.*, fig. 7.
5. De Morgan, etc., *l. c.*, p. 273. Gobert, *l. c.*, fig. 7.
6. Debruge, *l. c.*, p. 99 et pl. X.
7. De Morgan, etc., *l. c.*, p. 274; Debruge, *l. c.*, p. 99 et fig. 13; Pallary, *Revue africaine*, LV, p. 319. Au cinquième siècle, des peuplades du Sud-Est et de l'Est de la Tunisie se peignaient encore la peau en rouge : Hérodote, IV, 191 et 194. Cette couleur a pu être appliquée aussi sur des objets mobiliers, sur des vête-

La seconde industrie, qui rappelle à certains égards le magdalénien européen, est surtout connue par les fouilles faites dans les abris sous roche de la Mouillah, près de Lalla Marnia (Ouest de la province d'Oran)[1]. Les outils en silex, fort petits, sont des lames droites, brutes ou à bords retaillés; un grand nombre de lames en croissant allongé, à dos retouché; des grattoirs circulaires; quelques lames à encoches latérales, destinées peut-être à façonner des os; des projectiles à éclats alternés, des disques à arêtes coupantes. Les objets trapéziformes sont encore très rares[2]. Des percuteurs et des *nuclei* (rognons qui ont servi de matière première) attestent que la fabrication avait lieu sur place. Des poinçons ou débris de pointes de sagaies sont en os poli[3]. La faune est à peu près la même que celle des escargotières gétuliennes : elle comprend, entre autres espèces, le rhinocéros et le zèbre. Les escargots abondent, ainsi que les fragments d'œufs d'autruche calcinés. Là aussi, l'on a recueilli des molettes[4] conservant des vestiges de couleur rouge[5], des coquilles perforées[6], des cailloux troués[7]. Là aussi, la poterie et les haches polies sont absentes.

Dans l'Ouest de l'Algérie, quelques campements en plein air offrent la même industrie[8], que M. Pallary a proposé d'appeler ibéro-maurusienne, car elle se retrouve dans des stations paléolithiques récentes du Sud de l'Espagne[9].

ments (Hérodote, IV, 189, parle des peaux, coloriées en rouge, que portent les femmes libyennes). On a aussi trouvé des morceaux d'ocre jaune : Pallary, *l. c.*, p. 319-320. — Des minéraux colorants se trouvent dans les grottes européennes dès le début de l'époque du renne : Déchelette, *Manuel d'archéologie préhistorique*, I, p. 120, 203 et suiv.

1. Barbin, *Bull. d'Oran*, 1910, p. 77-90, pl. II-III; 1912, p. 389-402, pl. XXXIV.
2. Pallary, *Instructions*, 45-46; conf. Barbin, *l. c.*, 1910, p. 81.
3. Voir Barbin, *l. c.*, 1912, pl. XXXIV (p. 393).
4. Et aussi de simples galets, qui remplissaient le même office.
5. Barbin, *l. c.*, 1910, p. 82, 84, 87. Morceaux d'hématite rouge : *l. c.*, 1912, p. 400. On a également trouvé des restes d'ocre jaune : *l. c.*, 1910, p. 84.
6. *Ibid.*, 1910, p. 83; 1912, p. 396.
7. *Ibid.*, 1910, p. 83-84.
8. Pallary, *Instructions*, p. 46, 97
9. Pallary, *l. c.*, p. 31, 45-46.

III

De nombreuses grottes ont livré un mobilier nettement néolithique, comprenant en général des poteries et des haches polies, et appartenant à une époque où les espèces les plus remarquables de la faune chaude des temps quaternaires avaient disparu. On en connaît dans les trois provinces de l'Algérie. Plusieurs de ces abris ont été malheureusement fouillés d'une manière trop peu attentive. Ailleurs, les recherches font encore défaut, en particulier dans le Nord de la Tunisie. L'avenir nous réserve sans doute des découvertes intéressantes. Actuellement, c'est dans les grottes d'Oran[1] qu'on a le mieux étudié cette industrie, qui, en plusieurs lieux, se trouve dans des couches superposées à un étage plus ancien, renfermant des outils moustériens[2]. Nous signalerons aussi des grottes explorées au Rio Salado (au Sud-Ouest d'Oran)[3], à Saïda (province d'Oran)[4], au Grand-Rocher (près d'Alger)[5], à Bougie[6], à Constantine[7], à Bou Zabaouine (près d'Aïn Mlila, dans le centre de la province

---

1. Voir Pallary, *Bull. de la Société d'anthropologie de Lyon*, XI, 1892, p. 293-304. Fouilles de MM. Doumergue, Pallary, Tommasini; musées d'Oran et d'Alger. — On peut mentionner en particulier les grottes du Polygone, des Troglodytes (Pallary et Tommasini, *Assoc. française*, Marseille, 1891, II, p. 633-649), du Cuartel, de Noiseux, du Ciel-Ouvert (Doumergue, *Assoc. française*, Pau, 1892, II, p. 623-8), de la Forêt (Doumergue, *Bull. d'Oran*, 1907, p. 391-8), de la Tranchée (Pallary, *Bull. de la Soc. d'anthr. de Lyon*, XI, p. 292-4). Ce sont en général, non de véritables grottes, mais des abris sous roche.
2. Voir plus haut, p. 184.
3. Fouilles Sirel, dont les résultats n'ont pas encore été publiés. Musée d'Alger.
4. Doumergue et Poirier, *Bull. d'Oran*, 1894, p. 103-127.
5. *Bull. de la Société algérienne de climatologie*, XII, 1876, p. 132-9, 188-190; conf. Gsell, *les Monuments antiques de l'Algérie*, I, p. 1-2.
6. Grotte Ali Bacha (qui a servi à des ensevelissements, mais qui, je crois, a été aussi habitée) : Debruge, *Assoc. française*, Montauban, 1902, II, p. 860-883; le même, *Rec. de Constantine*, XL, 1906, p. 134-157. Grotte du Fort-Clauzel : Debruge, *Assoc. française*, Cherbourg, 1905, II, p. 624-632.
7. Grotte des Ours (couche supérieure) : Debruge, *Rec. de Constantine*, XLII, 1908, p. 117-148. Grotte du Mouflon : le même, *Assoc. française*, Lille, 1909, II, p. 813-822 (M. Debruge croit qu'elle a été habitée dès l'époque de l'industrie paléolithique).

de Constantine)[1], à Brezina (dans l'Atlas saharien, au Sud de Géryville)[2], à Kef el Ahmar et à Kef el Mazoul (près de Tébessa). Un abri de Redeyef (Sud-Ouest de la Tunisie) offre, au-dessus de couches gétuliennes, un mélange de la même industrie, dans une phase récente de son développement, et d'objets néolithiques sahariens[4].

Nous avons à peine besoin d'indiquer que le mobilier n'est pas partout le même. Les outils en silex sont naturellement assez rares là où la matière première manquait ou était peu abondante[5]. Certaines catégories d'instruments sont plus ou moins nombreuses. La taille est plus ou moins soignée. Ces différences peuvent s'expliquer soit par le développement inégal des industries locales, soit par des écarts chronologiques[6]. Il est évident, en effet, que cette période de civilisation a été fort longue. A en juger par l'épaisseur des débris[7], des grottes ont été habitées, d'une manière continue ou par intermittences, pendant une série de siècles, et il ne faut pas oublier qu'elles ont dû être plusieurs fois vidées, quand les couches de détritus et de cendres devenaient trop encombrantes[8].

1. Robert, *Rec. de Constantine*, XXXIV, 1900, p. 210-231; le même, dans *Congrès préhistoriques de France*, Périgueux, 1905, p. 222-231.
2. Delmas, *Assoc. française*, Toulouse, 1910, II, 2ᵉ partie, p. 367-379.
3. Fouilles de MM. Latapie et Reygasse (voir *Bull. de la Société préhistorique française*, 29 mars 1912).
4. Gobert, dans *l'Anthropologie*, XXIII, 1912, p. 155 et suiv.
5. Par exemple, dans les régions d'Alger et de Bougie : Flamand, *Assoc. française*, Ajaccio, 1901, II, p. 731; Debruge, *Rec. de Constantine*, XL, 1900, p. 123. — M. Flamand (*l. c.*, p. 731-3 et pl. VI) signale, dans une grotte de Mustapha-Supérieur (à Alger), des coquilles fossiles, taillées intentionnellement pour servir, pense-t-il, de pointes, grattoirs, etc., à défaut de silex; il croit ces objets contemporains de l'industrie néolithique.
6. A Oran, l'industrie semble être plus ancienne dans les grottes du Polygone et du Ciel-Ouvert que dans celle des Troglodytes. Les grottes de Saïda, du Rio Salado, des Ours (a Constantine) ont été probablement habitées à une époque plus récente que celles d'Oran : voir Pallary, *Instructions*, p. 49, et *Revue africaine*, LI, 1907, p. 273. — Noter que le vidage des grottes encombrées a dû faire disparaître en certains lieux des couches qui se sont conservées ailleurs : Pallary, *Assoc. française*, Caen, 1894, II, p. 744.
7. A la grotte des Troglodytes, la couche néolithique atteint çà et là 3 mètres d'épaisseur : Pallary et Tommasini, *l. c.*, p. 633.
8. Pallary et Tommasini, *l. c.*, p. 636-644. Doumergue et Poirier, *Bull. d'Oran*

Les instruments en pierre dont se servaient les troglodytes étaient le plus souvent façonnés sur place, comme le prouvent les percuteurs, les *nuclei*, les éclats de fabrication, les pièces restées à l'état d'ébauche. Ces objets sont pour la plupart en silex. Ils représentent une industrie dérivée de celle de la Mouillah et apparentée à l'industrie néolithique ancienne de l'Europe occidentale, surtout du Sud-Est de l'Espagne[1]. Ce sont des outils petits[2], minces, légers, travaillés sur une seule face : lames non retouchées ou à dos retaillé; lames à encoches, plus fréquentes que dans l' « ibéro-maurusien »[3]; pointes, les unes non retaillées, les autres retouchées sur tout ou partie de leur pourtour (bouts de flèches, poinçons, perçoirs)[4]; pointes en bec de perroquet (perçoirs?); burins, dont l'une des extrémités est taillée obliquement en biseau; forets en forme de cône étroit; grattoirs circulaires; scies; grand nombre de silex géométriques, trapéziformes, triangulaires, quadrangulaires (probablement des bouts de flèches)[5]. Un pédoncule rudimentaire indique parfois que des lames et des grattoirs étaient insérés dans des manches, en os ou en bois[6]. Des pointes de flèches, à ailerons et pédoncule, taillées sur les deux faces, ne

---

1891, p. 108. Pallary, *Assoc. française*, Caen, 1894, II, p. 743. Le même, *Instructions*, p. 61.

1. Siret, *Assoc. française*, Oran, 1888, I, p. 206-7. Pallary et Tommasini, *l. c.*, p. 649. Doumergue et Poirier, *l. c.*, p. 126. Pallary, *Instructions*, p. 33, 46, 96.

2. MM. Latapie et Reygasse nous signalent cependant à Kef el Ahmar, près de Tébessa, de grandes lames en silex blond (qui pourraient être des importations sahariennes).

3. Elles ont pu servir, non seulement à polir des os, mais aussi à racler des bois de flèches.

4. Des objets fusiformes, terminés à chaque extrémité par une pointe, ont été regardés à tort comme des hameçons doubles : Lacoste, *Bull. d'Oran*, 1911, p. 387 (conf., pour le Sahara, Flamand et Laquière, *Revue africaine*, L, 1906, p. 223 et fig. 11); contra : Pallary, dans *l'Anthropologie*, XVIII, 1907, p. 142. Ce sont probablement des bouts de flèches.

5. Conf. plus haut, p. 188. Des silex semblables ont été retrouvés dans des stations néolithiques d'Europe, d'Égypte et d'Asie : Déchelette, *Manuel d'archéologie préhistorique*, I, p. 505 et suiv.

6. Il y avait dans la grotte de Saïda quelques pointes de javelots pédonculées : Doumergue et Poirier, *l. c.*, p. 110 et fig. 10.

se rencontrent que par exception[1]; il est à croire qu'elles étaient fabriquées dans des ateliers éloignés[2], peut-être sahariens[3].

Le quartzite, le grès, le calcaire ont été employés quelquefois, en même temps que le silex, pour façonner de grossiers outils[4].

Les haches polies[5] sont assez rares[6] et généralement petites. Quelques-unes sont faites en grès ou en schiste[7], la plupart en ophite, roche verte tirée des gisements triasiques que l'on trouve sur de nombreux points de la Berbérie[8] et près desquels devaient être établis des ateliers, d'où ces objets étaient exportés dans diverses directions. On distingue deux formes : l'une évasée et assez plate, ressemblant aux types européens; l'autre en boudin, allongée et cylindrique, terminée, du côté opposé au tranchant, par une pointe mousse. Cette seconde forme, propre à l'Afrique du Nord, s'est conservée dans l'industrie néolithique récente, mais souvent avec des dimensions plus grandes.

L'os poli[9] est bien plus abondant que dans les abris de

1. Quelques-unes dans les grottes d'Oran : voir, par exemple, Pallary et Tommasini, *l. c.*, p. 639 Deux à Saïda : Doumergue et Poirier, *l. c.*, p. 120, fig. 18 et 19. Quatre à Kef el Ahmar : fouilles de MM. Latapie et Reygasse.
2. Pallary, *Instructions*, p. 49.
3. Voir plus loin, p. 204.
4. Grotte du Fort-Clauzel, à Bougie : Debruge, *Assoc. française*, Cherbourg, 1905, II, p. 629. Grotte Ali Bacha, au même lieu : Debruge, *Rec. de Constantine*, XL, 1906, p. 160 et fig. 14 (je ne crois pas qu'ils soient d'une autre époque que les objets néolithiques). Grotte de Brezina : Delmas, *Assoc. française*, Toulouse, 1910, II, 2, p. 371.
5. Haches, ou coins, ou herminettes. Ces objets ne sont pas toujours polis sur toute leur surface.
6. Il y en avait cependant un assez grand nombre dans une grotte de Brezina : Delmas, *l. c.*, p. 374. La matière première (ophite) se trouve en abondance dans cette région.
7. Doumergue, *Assoc. française*, Pau, 1892, II, p. 627. Debruge, *Rec. de Constantine*, XLII, 1908, p. 133.
8. Flamand, *Assoc. française*, Paris, 1900, I, p. 210.
9. Deux carreaux d'aragonite, trouvés à l'entrée de la grotte du Grand-Rocher, près d'Alger, présentent une rainure médiane, qui servait sans doute a polir des objets en os : *Bull. de la Société algérienne de climatologie*, XII, p. 153. Dans la grotte de Brezina, deux pierres à rainures devaient avoir la même destination : Delmas, *l. c.*, p. 373.

la Mouillah[1]. On faisait en cette matière des aiguilles[2], des poinçons, des lissoirs, des retouchoirs[3], quelques cuillères[4], peut-être aussi des poignards et des pointes de sagaies.

Il n'est rien resté du travail du bois. Quant à celui des peaux, employées sans doute en vêtements, litières, couvertures, il est attesté par les grattoirs et les perçoirs en pierre, et surtout par les poinçons et les aiguilles en os, qui servaient à coudre les pièces.

D'ordinaire, on recueille des tessons de poteries[5], aux parois épaisses, d'aspect grisâtre, noirâtre, rougeâtre, fabriquées à la main, cuites à feu libre. C'étaient des marmites[6], des écuelles[7], des bols à fond arrondi, à bords droits, évasés ou rentrants[8]. La surface extérieure a été souvent lissée avec un tampon d'herbes ou un outil en os[9]; quelquefois, une couleur rouge a été appliquée à l'intérieur[10]. Beaucoup de ces vases portaient à l'extérieur, vers le haut, une ornementation géométrique rudimentaire, tracée avec des burins en pierre, des pointes en os ou en bois, des peignes en bois[11] · raies circulaires, simples ou

1. Voir, par exemple, *Rec. de Constantine*, XLII, fig. 22-23, aux p. 133 et 140; conf. Pallary, *Instructions*, pl. à la p. 20.
2. D'ordinaire sans chas : conf. Pallary et Tommasini, *l. c.*, p. 640. Quelques aiguilles avec chas dans une grotte voisine de Tébessa; trois dans l'abri de Redeyef (Gobert, dans *l'Anthropologie*, XXIII, 1912, p. 159).
3. Pallary, *Instructions*, p. 20 (pour détacher par pression de petits éclats de silex).
4. Une à la grotte des Ours, à Constantine : Debruge, *Rec. de Constantine*, XLII, p. 139 et fig. 22. Deux, l'une en os, l'autre en corne, à Brezina : Delmas, *l. c.*, p. 373.
5. Il n'y en a pas dans la grotte de Bou Zabaouine, dans le centre de la province de Constantine : Robert, *Congrès préhistorique*, Périgueux, 1905, p. 224. A Redeyef, dans le Sud-Ouest de la Tunisie, on ne trouve de tessons que dans la partie supérieure du gisement néolithique : Gobert, *l. c.*, p. 159. D'une manière générale, il semble bien que l'emploi de la poterie ait été plus tardif dans l'Est de la Berbérie que dans l'Ouest. M. Pallary (dans *l'Anthropologie*, XXII, 1911, p. 500) suppose qu'elle était remplacée par les œufs d'autruche.
6. Doumergue, *Bull. d'Oran*, 1907, p. 397; conf. Debruge, *Rec. de Constantine*, XLII, p. 120.
7. Voir en particulier Doumergue, *l. c.* et planche (écuelle pourvue d'un téton latéral, qui est foré).
8. Pallary et Tommasini, *l. c.*, p. 642, fig. 2 (= Pallary, *Instructions*, p. 47, fig. 40).
9. Pallary et Tommasini, *l. c.*, p. 642. Debruge, *l. c.*, p. 128.
10. Pallary et Tommasini, *l. c.* Debruge, *l. c.*, p. 130. Delmas, *l. c.*, p. 377.
11. Debruge, *l. c.*, p. 135.

parallèles; suites de points, de trous, fréquemment superposés sur plusieurs lignes; hachures verticales, obliques, croisées de manière à former un quadrillé; zones de traits ondulés, dressés; séries de chevrons[1]. Des sortes de virgules ont été faites à coups d'ongle[2]. Il y a aussi des poteries avec des côtes ou des cordons en saillie, qui sont parfois décorés de hachures[3]. Des mamelons facilitaient la préhension; quelques-uns offrent un trou transversal, qui permettait de suspendre le vase[4]. A Brezina (Sud oranais), des poteries ont été poussées dans un moule en vannerie, selon un procédé que nous retrouverons au Sahara[5].

Des œufs d'autruche servaient aussi de récipients, allant au feu[6]. Ils recevaient quelquefois une décoration de points et de lignes[7]. On a même découvert à Redeyef des fragments portant des vestiges d'images d'animaux (antilope; peut-être autruche); les traits gravés qui indiquent les contours des corps enferment des hachures simples ou croisées[8].

Dans les escargotières gétuliennes et dans les abris de la

1. Voir Pallary, *Instructions*, fig. 16-25, 42-47. Gobert, dans *l'Anthropologie*, XXIII, 1912, p. 159.
2. Pallary et Tommasini, *l. c.*, p. 613. Debruge, *l. c.*, p. 135. Doumergue et Poirier, *l. c.*, p. 123. Delmas, *l. c.*, p. 378.
3. Pallary, *Instructions*, p. 47, fig. 41.
4. Il y a des anses véritables à la grotte des Ours, à Constantine (Debruge, *l. c.*, p. 120), et à Kef el Ahmar, près de Tébessa.
5. Delmas, *l. c.*, p. 377. — Dans la grotte des Ours, des fonds de vases montrent des empreintes de toiles à larges mailles, sur lesquelles ils avaient dû être placés avant d'être secs : Debruge, *l. c.*, p. 128-9 et fig. 4. Mais ces tessons sont-ils bien de l'époque néolithique? La poterie reproduite fig. 4 paraît avoir été fabriquée au tour.
6. Une provision d'œufs d'autruche a été découverte dans l'abri sous roche de Kef el Ahmar; trois d'entre eux étaient percés d'un trou régulier à l'un de leurs sommets (indication de MM. Latapie et Reygasse).
7. A Saïda, deux fragments avec un pointillé et un treillis de lignes obliques : Doumergue et Poirier, *l. c.*, p. 123-4. A Kef el Ahmar, quelques fragments portant des ornements géométriques. A Redeyef : Gobert, *l'Anthropologie*, XXIII, 1912, p. 159, 162 et fig. 10.
8. Gobert, *l. c.*, p. 162 et fig. 11. — A Bou Zabaouine, M. Robert (*Congrès préhistoriques*, Périgueux, 1905, p. 225 et fig. 2) a cru reconnaître sur un fragment l'image gravée d'une tête et d'un cou d'autruche; sur un autre, celle d'un serpent.

Mouillah, on a rencontré les plus anciens témoignages de ce que nous appelons la parure. Ils deviennent bien plus abondants dans la civilisation néolithique : molettes ou galets pour broyer de la couleur rouge, dont ils portent les traces[1]; restes de colliers en segments d'œufs d'autruche[2]; coquilles percées[3], cailloux troués[4], dents de sanglier[5], plaquettes en carapace de tortue[6]. Ces pendeloques étaient sans doute moins des ornements que des amulettes.

Les habitants des grottes vivaient dans une saleté incroyable, au milieu des foyers et des détritus de cuisine, presque en contact avec des corps humains, enfouis sous une couche peu épaisse de terre et de cendres.

1. Saïda : Doumergue et Poirier, *l. c.*, p. 121; Bougie (grotte Ali Bacha) : Debruge, *Rec. de Constantine*, XL, p. 149; Bou Zabaouine : Robert, *Congrès, l. c.*, p. 228; Brezina : Delmas, *l. c.*, p. 373. Morceaux d'hématite dans les grottes d'Oran : Pallary, *Bulletin de la Société d'anthropologie de Lyon*, XI, 1892, p. 301; Pallary et Tommasini, *l. c.*, p. 648; Doumergue, *Bull. d'Oran*, 1907, p. 308; à Saïda : Doumergue et Poirier, *l. c.*, p. 125; à Bougie : Debruge, *l. c.*, p. 148; à Kef el Ahmar : indication de MM. Latapie et Reygasse; à Redeyef : Gobert, *l. c.*, p. 164. A la grotte Ali Bacha, une valve de pétoncle a servi de godet : Debruge, *l. c.*, p. 131. — Cette couleur rouge, avec laquelle on devait exécuter des peintures sur la peau (voir plus haut, p. 183), a été aussi employée pour peindre des vases (voir p. 194), des objets en os (Pallary et Tommasini, *l. c.*, p. 640), des coquilles (*ibid.*, p. 647; Debruge, *l. c.*, p. 134, et *Assoc. française*, Montauban, 1902, II, p. 871, 872). — On a également trouvé des morceaux d'ocre jaune : Pallary et Tommasini, *l. c.*, p. 648.
2. Constantine, grotte des Ours : Debruge, *Rec. de Constantine*, XLII, 1908, p. 147. Brezina : Delmas, *l. c.*, p. 378. Kef el Ahmar, Redeyef : Gobert, *l. c.*, p. 162 et fig. 8, n° J, II.
3. Grottes d'Oran : voir, par exemple, Pallary et Tommasini, *l. c.*, p. 641 et 648. Grotte Ali Bacha, à Bougie : Debruge, *Assoc. française, l. c.* Grotte des Ours, à Constantine : Debruge, *Rec. de Constantine*, XLII, p. 147. Brezina : Delmas, *l. c.*, p. 378.
4. Saïda : Doumergue et Poirier, *l. c.*, p. 124.
5. Grotte du Mouflon, à Constantine : Debruge, *Assoc. française*, Lille, 1909, II, p. 820-1 et fig. 7 (deux pendeloques perforées, taillées dans des dents de sanglier). — A la grotte des Ours, un os poli, long de 0 m. 18, est percé d'un trou de suspension : Debruge, *Rec. de Constantine*, XLII, p. 140-1 et fig. 20. A Bou Zabaouine, des morceaux de bois de cerf sont troués : Robert, *ibid.*, XXXIV, 1900, p. 220 et pl. XXI; *Congrès préhistoriques*, Périgueux, 1905, p. 228 et fig. 5. Ces objets ont pu être des pendeloques.
6. Oran : Pallary et Tommasini, *l. c.*, p. 642. Saïda : Doumergue et Poirier, *l. c.*, p. 124. Constantine : Debruge, *l. c.*, p. 140 et fig. 24. Bou Zabaouine : Robert, *Congrès*, p. 230.

Les débris de leur nourriture consistent, comme dans les stations antérieures, en morceaux d'œufs d'autruche, en coquilles de mollusques, en ossements. Les mollusques sont soit des espèces marines (dans les grottes du littoral), surtout des patelles et des moules[1], soit des escargots, toujours très abondants[2]. Les ossements d'animaux ne représentent sans doute pas tous des reliefs de repas humains : des fauves, qui séjournèrent dans des cavernes temporairement abandonnées par les hommes, ont dû y apporter les restes de leurs victimes et y mourir eux-mêmes[3]. Mais il n'est pas douteux que les troglodytes ne se soient nourris de sangliers, de cerfs, de diverses espèces d'antilopes, de mouflons, de moutons, de chèvres, de bœufs, d'ânes, dont ils ont fendu les os longs avec des outils en pierre, pour en extraire la moelle. Nous aurons à examiner au chapitre suivant la question de la domestication de certains de ces animaux[4]. Le cheval et le chien ne se trouvent que dans les couches les plus récentes.

Presque partout, on recueille des ossements humains, en nombre plus ou moins grand. La plupart, sinon tous, ont appartenu à des individus ensevelis dans les grottes[5]. Il n'est pas surprenant que ces os soient confondus avec les débris de cuisine qui constituaient le sol des abris. Cependant on peut s'étonner de les trouver très souvent en désordre. Peut-être ont-ils été bouleversés soit par des animaux fouisseurs, soit surtout par les hommes, lorsque ceux-ci vidaient plus ou moins sommairement leur demeure. Le cannibalisme des troglodytes n'est pas inadmissible[6], mais il n'est pas prouvé.

1. Pallary et Tommasini, *l. c.*, p. 647.
2. A la grotte du Ciel-Ouvert (Oran), les poches des parois étaient pleines d'escargots, constituant peut-être des réserves : Doumergue, *Assoc. française*, Pau, 1892, II, p. 627.
3. Conf. plus haut, p. 101, n. 7. Noter cependant que des Marocains mangent du chacal et que les anciens Égyptiens paraissent avoir mangé de l'hyène.
4. Pour les animaux non domestiques, voir plus haut, p. 104 et suiv.
5. Voir au chap. III de ce livre.
6. Au-dessus de la grotte du Grand-Rocher, près d'Alger, de nombreux osse-

Ajoutons que, dès cette époque, il y avait des indigènes qui se nourrissaient de céréales, comme l'atteste la découverte de meules à grains dans les grottes du Rio Salado et de Brezina[1].

IV

On a retrouvé dans l'Afrique du Nord beaucoup de stations néolithiques en plein air, qui, en général, avaient été aussi des ateliers. Mais nos connaissances sur ces établissements sont encore bien incomplètes. Dans diverses régions, dans le Maroc presque inexploré, dans le Nord de la Tunisie et dans le Nord de la province de Constantine, trop négligés par les préhistoriens, les découvertes ont été fort rares. Des recherches attentives combleront probablement d'apparentes lacunes[2].

Ces stations, dont quelques-unes sont importantes et méritent plutôt d'être appelées villages, n'ont pas été nécessairement occupées d'une manière ininterrompue. On doit cependant admettre que beaucoup d'Africains étaient alors sédentaires. Ce que nous avons dit des chasseurs est vrai aussi des pasteurs, pour les pays où les troupeaux peuvent vivre en toute saison. Même chez des peuplades peu civilisées, élevage n'est pas synonyme de nomadisme. Quand la culture des céréales se répandit, elle attacha fortement les hommes au sol.

Le choix des emplacements ne se faisait pas au hasard. Comme aux temps lointains du paléolithisme, les indigènes recherchaient surtout l'eau et la facilité de la défense. Une

---

ments humains, en désordre, ont été trouvés dans un foyer, avec des coquilles de mollusques, des os de gazelle, quelques outils en silex, une hachette en pierre polie et des débris de poteries : *Bull. de la Société algérienne de climatologie*, XII, 1876, p. 153-5. L'hypothèse d'un ensevelissement collectif peut paraître ici moins vraisemblable que celle d'un repas de cannibales.

1. Voir au chap. II de ce livre.
2. M. Collignon (dans *Matériaux*, XXI, 1887, p. 196) croit cependant que le Nord et le centre de la Tunisie sont réellement très pauvres en préhistorique. Lui-même et d'autres ont fait çà et là des recherches, qui sont restées infructueuses. Conf. Bellucci, *l'Età della pietra in Tunisia* (Roma, 1876), p. 11-12.

langue de terre presque entourée par la mer, un plateau, une croupe au confluent de deux rivières ou entre des ravins : tels étaient les lieux qu'ils préféraient, quand ils trouvaient une source dans le voisinage immédiat[1]. Peut-être même, dès cette époque, ont-ils quelquefois protégé leurs villages par des remparts, en blocs bruts, ajustés à sec : au djebel el Kalaa, dans la presqu'île du cap Bon, on a constaté l'existence de murs, d'aspect très primitif, à assises disposées en grossiers gradins, barrant les deux extrémités d'une étroite arête rocheuse, longue de 400 mètres, sur laquelle ont été recueillis des instruments en pierre, pointes de flèches et éclats de silex[2].

Une étude approfondie des foyers, de leur répartition et des débris qui les entourent permettrait peut-être de présenter des hypothèses sur l'aspect et le groupement des habitations, de dire si les huttes étaient rondes ou quadrangulaires, si, en quelques endroits, on n'avait pas déjà commencé à édifier des maisons en moellons.

La civilisation néolithique des grottes se retrouve dans des stations découvertes sur différents points de l'Algérie[4]. Elles ont été très peu explorées et nous nous abstiendrons d'en parler, car nous ne pourrions que répéter ce que nous avons dit au sujet des troglodytes.

1. Conf. Pallary, *Bull. de la Société d'anthropologie de Lyon*, XI, 1892, p. 287; Debruge, *Assoc. française*, Ajaccio, 1901, II, p. 735; Pallary, *Instructions*, p. 61, 62-63.
2. *Atlas archéologique de la Tunisie*, f° de Tozegrane, n° 136.
3. On retrouve des débris de murs en pierres sèches sur l'arête du djebel el Kalaa : *Atlas de la Tunisie*, l. c.
4. M. Pallary en mentionne quelques-unes de la province d'Oran, dans *l'Homme préhistorique*, III, 1903, p. 38 et 39, et dans ses *Instructions*, p. 49. La station de la gare d'Arbal, au Sud-Est d'Oran, paraît aussi appartenir à cette époque : Doumergue, *Assoc. française*, Nantes, 1898, II, p. 574-5; *Bull. d'Oran*, 1903, p. 399, et 1910, p. 411. Il en est peut-être de même de plusieurs stations découvertes au cap Djinet, à l'Est d'Alger (Viré, *Rec. de Constantine*, XXXIX, 1905, p. 10-11 et planches); d'une partie de celles de la région d'Aumale, où, cependant, on n'indique pas de poteries (Debruge, *Assoc. française*, Paris, 1900, II, p. 739-760; *ibid.*, Ajaccio, 1901, II, p. 733-740; *l'Homme préhistorique*, III, 1903, p. 270-5); de celle d'Aïn el Bey, au Sud de Constantine, où l'on ne signale pas non plus de poteries (Thomas, *Bull. de la Société des sciences physiques d'Alger*, XIII, 1877, p. 37-51).

C'est seulement dans des stations en plein air, et non plus dans des abris[1], qu'apparaît une autre industrie néolithique, plus récente : on l'a qualifiée de berbère[2]. Elle a été rencontrée dans un grand nombre de lieux, depuis l'Océan jusqu'à Gafsa, depuis le littoral des départements d'Oran et d'Alger jusque dans le Sahara français occidental (vallées de l'oued Zousfana, de l'oued Souara, Tidikelt)[3]. La décadence de la technique est

---

1. Pallary, *Instructions*, p. 52. — Dans le Sud oranais, près d'Aïn ed Douis, on trouve des stations situées en avant de cavités naturelles, que les hommes ont agrandies et qui contiennent une partie du mobilier (haches polies) : Flamand, dans *l'Anthropologie*, III, 1892, p. 150-2. Un abri fouillé près de Bougie pourrait bien avoir été habité à l'époque de la civilisation néolithique berbère : Debruge, *Rec. de Constantine*, XXXVII, 1903, p. 146 et suiv. (« Grand Abri »).

2. Pallary, *Instructions*, p. 51. C'est M. Pallary qui a nettement reconnu le caractère récent de cette industrie.

3. L'énumération qui suit n'a pas la prétention d'être complète. Larache, sur l'Océan : Pallary, dans *l'Anthropologie*, XVIII, 1907, p. 306-7. Eckmuhl, près d'Oran : Carrière, *Bull. d'Oran*, 1886, p. 148-9, fig. 7, 9-23. Canastel, près d'Oran : Pallary, *Bull. de la Société d'anthropologie de Lyon*, XI, 1892, p. 287. Takdempt, à l'Ouest de Dellys (département d'Alger); La Mizrana, à l'Est du même lieu : Lacour et Turcal, *Bull. archéologique du Comité*, 1900, p. 313-6, pl. XXVII-XXVIII; Viré. *Rec. de Constantine*. XXXIX, 1905, p. 12 et planches. — Oudjda, Lalla Marnia, aux frontières du Maroc et de l'Algérie : Pinchon, dans *l'Anthropologie*, XIX, 1908, p. 432, fig. 12-13; Barbin, *Bull. d'Oran*, 1910, p. 89-90. Divers lieux de la région de Mascara (Ras el Ma, djebel Khallel, Sidi Daho, Palixao, etc.) : Pallary, dans *l'Anthropologie*, XXII, 1911, p. 563; musée d'Alger. Régions de Saïda et de Frenda : musée d'Alger. Région de Chellala : Joly, *Revue africaine*, LIII, 1909, p. 12, fig. 23. Aïn Sefra, dans le Sud oranais : Lenez, dans *l'Homme préhistorique*, II, 1901, p. 111, fig. 81-83; Pallary, *ibid.*, p. 159. — Aïn el Mouhad, à l'Est de Tébessa : Debruge, *Rec. de Constantine*, XLIV, 1910, p. 78, pl. I et II; Pallary, dans *l'Anthropologie*, XXII, p. 563. Nombreuses stations dans les régions de Tamerza, Redeyef, Gafsa : Couillault, dans *l'Anthropologie*, V, 1894, p. 534 et fig. 3; Pallary, *Bull. de la Société archéologique de Sousse*, V, 1907, p. 194-5; Fleury, *ibid.*, VI, 1908, p. 71-73, fig. 6-9; de Morgan, Capitan et Boudy, *Revue de l'École d'anthropologie*, XX, 1910, p. 274, 276, fig. 73 et 74. — Dans le Sahara occidental français, régions de l'oued Zousfana, de l'oued Souara, Tidikelt : Gautier, *Sahara algérien*, p. 122 et suiv., fig. 38; Barthélemy et Capitan, *Revue de l'École d'anthropologie*, XII, 1902, p. 303 et suiv., fig. 93-97; musée d'Alger. — Çà et là, mais rarement, on recueille des pointes pédonculées du néolithique berbère au milieu de stations où l'on trouve une autre industrie (néolithique saharienne), décrite au § V : dans l'extrême Sud Tunisien (de Morgan, etc., *l. c.*, fig. 93 et 95, à la p. 286), dans les régions d'Ouargla et du grand Erg oriental (Verneau, *apud* Foureau, *Documents scientifiques de la mission Foureau-Lamy*, p. 1117; Capitan, *Bull. archéologique du Comité*, 1909, p. cxxvi; musée d'Alger). — A cette industrie berbère appartiennent des objets découverts à Oglat el Hassi, entre Laghouat et El Goléa, sous une couche de travertin formée par des sources, aujourd'hui disparues (conf. Weisgerber, *Revue d'ethnographie*, IV, 1885, p. 421, fig. 169). C'est bien à tort que Tissot (*Géographie de la province d'Afrique*, I, p. 389)

évidente. Les outils, en silex et en quartzite, sont massifs[1] et taillés hâtivement à grands éclats sur une seule face, au point de ressembler beaucoup à des types moustériens[2]. Ce sont des lames, des pointes, des grattoirs, des pierres de jet (disques coupants et galets à facettes). Ce sont surtout des pointes à pédoncule, épaisses, irrégulières, dont les plus grosses ont dû être adaptées à des javelots et à des piques, les plus petites à des flèches[3]. Les haches polies, souvent de grande taille[4], présentent presque toutes la forme en boudin[5]; elles sont d'ordinaire fabriquées en roche verte. La poterie est plus grossière que celle des grottes. On n'a constaté cette industrie que dans l'Afrique du Nord[6].

Les gravures rupestres du Sud oranais doivent être de la même époque; à leur base, se retrouvent fréquemment des campements néolithiques berbères[7]. Elles nous donnent diverses indications sur le costume et l'armement des indigènes. On y voit des gens coiffés, semble-t-il, d'une couronne de plumes[8].

considère cette station « comme un des plus anciens monuments de l'industrie humaine qu'on ait retrouvés jusqu'à présent ». Il n'est nullement nécessaire d'admettre que la formation de la couche de travertin ait exigé un temps très long; Rolland déclare qu'elle date de l'époque géologique actuelle : *Comptes rendus de l'Académie des Sciences*, XCI, 1880, p. 246.

1. Il n'y a plus de petits silex à formes géométriques.
2. Conf. Fleury, *Bull. de la Société archéologique de Sousse*, VII, 1909, p. 79 et 84.
3. Barthélemy et Capitan, *Revue de l'École d'anthropologie*, XII, p. 303. Assez souvent, la pointe, cassée, a été retouchée; l'instrument est devenu soit un grattoir, soit un bout de flèche ou de javelot à tranchant transversal : Barthélemy et Capitan, *l. c.*, p. 304, fig. 99-101; Pallary, *Instructions*, p. 51.
4. L'une d'elles, trouvée près de Dellys, dépasse 0 m. 31 (musée d'Alger).
5. Les haches plates deviennent très rares.
6. Pallary, *Instructions*, p. 34, 50. On la rencontre dans quelques îles très voisines du littoral, Zaffarines, Habibas, Rachgoun : Pallary, *ibid.*, p. 52.
7. Bonnet, *Revue d'ethnographie*, VIII, 1889, p. 154. Flamand, dans *l'Anthropologie*, III, 1892, p. 150-2. Pallary, *l. c.*, p. 52. Voir aussi Maumené, *Bull. archéologique du Comité*, 1901, p. 304-5.
8. Moghar et Tahtani : Flamand, *Bull. de la Société d'anthropologie de Lyon*, XX, 1901, p. 199, fig. IV (reproduite dans *Revue de l'École d'anthropologie*, X, 1900, p. 262, fig. 43, et XII, 1902, p. 172, fig. 63). Cette coiffure de plumes se retrouve à Tyout (Gsell, *Monuments antiques de l'Algérie*, I, p. 42 : tête d'un archer) et aussi, semble-t-il, à Asla (Flamand. *Bull. de géographie historique*, 1903, p. 512, fig. 11).

Il y en a qui portent des ceintures, minces[1] ou larges[2], dont quelques-unes paraissent serrer de courtes tuniques[3]. Des personnages sont peut-être ornés d'un collier[4], de bracelets[5], de pendeloques tombant autour des bras[6]. Plusieurs chasseurs, accompagnés de chiens, tiennent des arcs[7]. Des objets, adaptés obliquement à un long manche, ressemblent aux haches en boudin qu'on découvre dans les stations[8]. Des instruments coudés pourraient être des bâtons de jet, ou boumerangs[9]. Les boucliers, sans doute en peau, sont soit ovales[10], soit arrondis

1. Tyout : Gsell, *l. c.*, 1, p. 42, fig. 10. Ksar el Ahmar : Pomel, *Singe et homme*, pl. I, fig. 1 (c'est une femme).
2. Moghar : Flamand, *Bull. de la Soc. d'anthr. de Lyon*, *l. c.*
3. Tyout : Gsell, *l. c.* (en bas, sur la droite). Moghar : Flamand, *l. c.*
4. Er Richa : Delmas, *Bull. de la Société dauphinoise d'ethnologie et d'anthropologie*, IX, 1902, p. 140, fig. IV, et p. 144.
5. Er Richa : Delmas, *l. c.*, p. 140, fig. IV; p. 143, fig. VI, et p. 144.
6. Tyout : Tissot, *l. c.*, I, p. 491, fig. 49; Pomel, *l. c.*, pl. II, fig. 2; Gsell, *l. c.* Tissot (p. 490) donne une autre interprétation : « une femme semble porter une tunique, dont les manches sont ornées de franges ».
7. Tyout : Tissot, *l. c.*, fig. 49; Pomel, *l. c.*, pl. II, fig. 2, 3, 7; Gsell, *l. c.* Conf. une gravure saharienne, vue par Barth dans la région de Ghat : *Reisen und Entdeckungen*, I, fig. à la p. 210.
8. Ksar el Ahmar : Flamand, dans l'*Anthropologie*, III, 1892, p. 148-9 et 151; Pomel, *l. c.*, pl. II, fig. 5; Gsell, *l. c.*, p. 45, fig. 12 (cet objet est tenu par un homme). Asla : Pomel, *l. c.*, pl. I, fig. 7 (objet isolé). A Tyout, deux personnages tiennent un instrument allongé, à extrémité coudée, qui peut être une hache emmanchée : Flamand, *l. c.*
9. Asla : Pomel, *l. c.*, pl. I, fig. 5 et 6 (« casse-tête »); conf. Flamand et de Mortillet, *Assoc. française*, Paris, 1900, I, p. 210-1. Peut-être aussi sur une image rupestre de la région de Constantine : Bosco et Solignac, *Rec. de Constantine*, XLV, 1911, pl. IV à la p. 338 (conf. p. 337). — Le boumerang était une arme des Libyens voisins de l'Égypte : Percy Newberry, *Beni Hasan*, I, pl. XLV et XLVII; Dümichen, *die Flotte einer ägyptischen Königin*, pl. VI et XI. Il était peut-être encore en usage à l'époque historique chez les *Macae*, peuplade des Syrtes : Silius Italicus, III, 277 (« panda manus est armata cateia »); peut-être aussi chez les Garamantes : Silius, III, 318-9 (« cui tragula semper fulmineam armabat, celebratum missile, dextram »); conf. Damsté, *Mnemosyne*, XXXVIII, 1910, p. 227-8 et p. 231. — Sur les gravures de Khanguet el Hadjar, dans la région de Guelma, les personnages représentés tiennent soit un instrument coudé (hache emmanchée? boumerang? hoyau?), soit un bâton courbe (boumerang?), soit un objet qu'on a comparé à une raquette carrée : Vigneral, *Ruines romaines du cercle de Guelma*, pl. IX et X; Gsell, *l. c.*, p. 47.
10. Bou Alem. Bouclier de forme ovale, autant qu'il semble, sur la gravure rupestre saharienne vue par Barth, *Reisen*, *l. c.* (à moins que ce ne soit un arc). Sur une gravure qui existe près d'Asla, dans le Sud oranais, un personnage tient peut-être un petit bouclier rond : Flamand, *Bull. de géographie historique*, 1903, p. 512, fig. 11.

en haùt et en bas, avec des échancrures latérales[1], rappelant la forme du bouclier dit béotien[2].

Les gravures de l'oued Itel (au Sud-Ouest de Biskra), qui sont peut-être aussi du même temps, nous montrent des hommes avec un vêtement couvrant le haut de la poitrine et probablement agrafé sur une épaule : on doit supposer que c'est une peau de bête. Un autre personnage, vêtu d'une tunique (?), tient un bouclier à double échancrure[3].

V

Une troisième civilisation néolithique nord-africaine est, au moins en partie, contemporaine de la précédente, puisque, dans diverses stations, on découvre pêle-mêle des objets typiques des deux industries[4]. Mais elle remonte à une époque plus ancienne, partiellement contemporaine du néolithique des grottes, auquel elle est mélangée dans l'abri de Redeyef[5].

Elle peut être appelée saharienne, car elle a couvert de stations et d'ateliers le Sahara oriental français, aujourd'hui si

1. Asla : Pomel, l. c., pl. I, fig. 9; Flamand, l. c., p. 506, fig. 6. Je ne crois pas qu'on puisse y voir une double hache : l'objet présente au milieu un motif allongé, qui ne s'expliquerait pas sur une hache.
2. En usage, au second millénaire avant J.-C., dans la Méditerranée orientale, et plus tard encore en Grèce : voir Lippold, dans *Münchener archäologische Studien dem Andenken A. Furtwänglers gewidmet*, p. 410 et suiv.; A. J.-Reinach, *Revue de l'histoire des religions*, 1910, I, p. 210, 213. C'était aussi la forme des *ancilia* romains, qui se conservèrent dans les cérémonies religieuses. Il n'est du reste pas nécessaire de croire à l'origine commune de ces divers boucliers. Cette forme est naturellement donnée par une peau de quadrupède, tendue sur une armature en bois (conf. A. J.-Reinach, *ibid.*, 1909, II, p. 321). Dans l'Afrique australe, les Betchouanas se servent encore de boucliers analogues : voir Schurtz, *Urgeschichte der Kultur*, p. 332.
3. *Rec. de Constantine*, XXXIII, 1899, pl. à la p. 304. Conf., pour l'homme au bouclier, *ibid.*, XXXVIII, 1904, pl. à la p. 167; *Bull. de géographie historique*, 1903, p. 506, fig. 7.
4. Aïn Sefra : Lenez, dans *l'Homme préhistorique*, II, 1904, p. 111-113; Pallary, dans *l'Anthropologie*, XVIII, 144-5. Région d'Igli et Tidikelt, dans le Sahara : musée d'Alger. Voir aussi plus haut, p. 200, n. 3 (vers la fin), l'indication de pointes berbères trouvées dans des stations à industrie saharienne.
5. Conf. plus haut, p. 191, n. 4.

désolé[1]. Elle s'est étendue aussi sur la Tunisie méridionale, aux environs[2] et au Sud de Gabès[3]. Des pointes de flèches qui la caractérisent ont été recueillies à Redeyef (à l'Ouest de Gafsa)[4], à Messaad (dans l'Atlas saharien, au Nord-Est de Laghouat)[5], à Aïn Sefra (dans le Sud oranais)[6] et dans les steppes de l'Algérie centrale[7] : elles avaient été sans doute apportées de loin dans ces différentes régions.

Les stations sahariennes se rencontrent presque toutes, non dans les espaces rocheux et montagneux[8], mais dans les dunes, le long des anciennes rivières[9], souvent dans des lieux où il y a encore des mares, des cuvettes humides, des puits. On recherchait évidemment l'eau et il est certain qu'elle se trouvait beaucoup plus facilement que de nos jours, soit parce que le climat était moins sec, soit parce que les vallées étaient moins obstruées par les sables[10]. Les régions où les silex néolithiques abondent le plus sont celles de l'oued Rhir[11], d'Ouargla[12], de

---

1. Sur cette civilisation néolithique saharienne, voir surtout Foureau, *Documents scientifiques de la mission Foureau-Lamy*, p. 1063-1090; Hamy, *ibid.*, p. 1097-1103 (= *Comptes rendus de l'Académie des Inscriptions*, 1903, p. 58-71); Verneau, *ibid.*, p. 1106-1131 et pl. XX-XXIX; Flamand et Laquière, *Revue africaine*, L, 1906, p. 204-241.
2. Bellucci, *l'Età della pietra in Tunisia*, en particulier tav. III, 5. De Nadaillac, *Bulletins de la Société d'anthropologie de Paris*, 1884, p. 7-8. Zaborowski, *Revue de l'École d'anthropologie*, IX, 1899, p. 50-51. Vassel, *Assoc. française*, Boulogne, 1899, I, p. 284.
3. Gauckler (d'après Tribalet), *Bull. archéologique du Comité*, 1901, p. CLXIII-IV. Schweinfurth, *Zeitschrift für Ethnologie*, XXXIX, 1907, p. 905. Chantre, *Assoc. française*, Reims, 1907, I, p. 292-3. Pervinquière, *Revue de Géographie*, III, 1909, p. 466-7. De Morgan, Capitan, Boudy, *Revue de l'École d'anthropologie*, XX, 1910, p. 283 et suiv., 343-4.
4. En assez grand nombre (une cinquantaine) : Gobert, dans *l'Anthropologie*, XXIII, 1912, p. 137 et fig. 5.
5. Hartmayer, *Revue africaine*, XXIX, 1885, p. 144-5 (sous des ruines romaines).
6. Lenez, dans *l'Homme préhistorique*, II, 1904, p. 112-3, fig. 84-91.
7. Joly, *Revue africaine*, LIII, 1909, p. 12.
8. Weisgerber, *Revue archéologique*, 1881, II, p. 4. Foureau, *Documents*, p. 1079, 1083. Voinot, *Bull. d'Oran*, 1908, p. 327-8, 331. Gautier, *Sahara algérien*, p. 134.
9. Voir plus haut, p. 53.
10. *Supra*, p. 56.
11. Jus, *Revue d'ethnographie*, VI, 1881, p. 343-6.
12. Hamy, *C. r. de l'Acad. des Inscriptions*, 1903, p. 60-61 (historique des découvertes). Chipault, *Revue de l'École d'anthropologie*, VI, 1896, p. 253 et suiv.

l'oued Mya[1], du grand Erg oriental et de l'Erg d'Issaouane[2]. Il faut abandonner l'hypothèse, présentée tout d'abord[3], mais réfutée par des constatations ultérieures, d'un développement de cette civilisation du Midi vers le Nord[4] : on ignore en réalité comment elle s'est répandue[5].

La matière employée pour la confection des armes et des outils, est presque toujours le silex[6]. Çà et là, il y avait des ateliers fort importants : on a même observé que des artisans s'adonnaient exclusivement à la taille de tel ou tel instrument[7].

Les pointes de flèches[8], fines, légères, sont fort nombreuses et souvent d'un travail admirable, surtout autour d'Ouargla, dans le grand Erg et dans l'Erg d'Issaouane. Il y en a qui offrent la forme d'une feuille de laurier; d'autres, d'un losange, ou d'un triangle[9]. Mais la plupart présentent des ailerons[10], avec ou sans

1. Hamy, *Bull. du Muséum d'histoire naturelle*, V, 1899, p. 334-6. Cartailhac, *Assoc. française*, Montauban, 1902, I, p. 231-2.
2. Foureau, *Documents*, p. 1066 et suiv. — Belles collections, récoltées dans ces régions et dans celle d'Ouargla, au musée du Trocadéro (Foureau) et au musée d'Alger (Père Huguenot et autres).
3. Rabourdin, dans *Documents relatifs à la mission Flatters*, p. 264. Weisgerber, dans *Revue archéologique*, 1881, II, p. 5, et *Revue d'ethnographie*, IV, 1885, p. 422. Foureau, *C. r. de l'Acad. des Inscriptions*, 1894, p. 21.
4. On avait cru que les instruments en silex les plus fins se trouvaient dans la partie septentrionale du Sahara et les plus grossiers plus avant dans le désert. Il n'en est rien. Au Nord de Touggourt, le travail de la pierre est médiocre; il devient meilleur entre Touggourt et Ouargla, parfait dans les régions situées entre Ouargla et l'Erg d'Issaouane : Foureau, *Documents*, p. 1064 et suiv. Conf. Hamy, *C. r. de l'Acad. des Inscriptions*, 1903, p. 70; Flamand et Laquière, *Revue africaine*, L, 1906, p. 231.
5. Dans le Sud du Sahara, l'industrie de la pierre présente un aspect différent et se rattache au néolithique soudanais : voir Gautier, *Sahara algérien*, p. 126-130, 134.
6. On rencontre cependant des pointes et racloirs, de type moustérien, en grès et en quartzite : voir plus haut, p. 183, n. 8.
7. Rabourdin, dans *Documents Flatters*, p. 241; conf. Zaborowski, *Revue de l'École d'anthropologie*, IX, 1899, p. 44 (Hassi el Rhatmaia, au Sud d'Ouargla). De Nadaillac, *Bulletins de la Société d'anthropologie de Paris*, 1884, p. 51 (région de Gabès).
8. Voir la classification de Pallary, dans *l'Homme préhistorique*, IV, 1906, p. 168-173.
9. On peut mentionner aussi la forme en écusson rectangulaire, se terminant par deux pointes aiguës, dont l'une est le pédoncule : Flamand et Laquière, *l. c.*, p. 220-2, fig. 8-9.
10. Les flèches à aileron unique sont sans doute des flèches cassées, qui paraissent avoir servi dans cet état : Pallary, dans *l'Anthropologie*, XVIII, 1907, p. 142.

pédoncule[1]; elles sont très soigneusement taillées sur les deux faces. Quelques-unes sont munies de barbelures sur les bords.

Notons encore des lames diverses (simples[2], à bords retouchés, à dos retaillé, à encoches); des instruments fusiformes, pointus aux deux extrémités (prétendus hameçons doubles, mais probablement pointes de flèches)[3]; de petits trapèzes, qui sont sans doute des bouts de flèches à tranchant transversal[4]; des outils coupants, de forme semi-circulaire, à dos retaillé, qui ont peut-être servi au même usage, à moins que ce ne soient des tranchets; des grattoirs circulaires ou consistant en une lame terminée par un bout convexe; des scies, des perçoirs, des burins. Des pointes de javelots ou de piques, en forme de feuille de laurier, taillées sur les deux faces, sont de type solutréen.

Cette industrie offre nombre d'instruments semblables à ceux qu'on trouve dans les grottes néolithiques du Tell[5], et aussi dans les escargotières gétuliennes à petit outillage. Mais elle est surtout étroitement apparentée à celle qui florissait en Égypte à l'époque préhistorique et au temps des premières dynasties[6].

Les haches polies[7] sont, pour la plupart, en silex ou en

1. Plus fréquemment avec pédoncule.
2. Plusieurs lames, trouvées près d'Ouargla, sont remarquables par leur taille exceptionnelle (0 m. 20-0 m. 25 de longueur): Chipault et Capitan, *Revue de l'École d'anthropologie*, VI, p. 258 et 261, fig. 46-48.
3. Conf. p. 192, n. 4.
4. Conf. p. 188 et 192.
5. Surtout les petites lames de divers types et les petits trapèzes.
6. Voir Zaborowki, *Revue de l'École d'anthropologie*, IX, 1899, p. 46 et 51; Cartailhac, *Assoc. française*, Montauban, 1902, I, p. 232; de Morgan, Capitan et Boudy, *Revue de l'École d'anthropologie*, XX, 1910, p. 311, 313; les mêmes, *Revue d'anthropologie*, XXI, 1911, p. 219, 220. Ressemblance des lames à bords retouchés, à dos retaillé, à encoches, des instruments fusiformes à double pointe, des trapèzes, des outils semi-circulaires, des scies, des pointes solutréennes, de quelques poignards ou grands couteaux d'un beau travail (région d'Ouargla; au musée d'Alger), de divers types de pointes de flèches. Pour ces derniers objets, M. Capitan (*Bull. archéologique du Comité*, 1909, p. cxxxviii) croit même à des importations d'Égypte : hypothèse que réfutent leur abondance et la présence de pièces ébauchées.
7. Conf. Flamand et Laquière, *l. c.*, p. 214-9. — Elles sont extrêmement rares dans les stations du Sud-Est de la Tunisie : *Assoc. française*, Tunis, 1896, I, p. 200.

calcaire siliceux[1], assez petites[2], aplaties et trapéziformes[3] ; elles ressemblent aux haches égyptiennes[4].

Les poteries[5], dont on ne recueille que des tessons, étaient en général de petites dimensions. Comme celles des grottes, elles ont souvent reçu une ornementation géométrique très simple : lignes de points, de trous ; suites de hachures, de chevrons, de zigzags verticaux ; diagonales croisées ; coups d'ongles. On les a parfois badigeonnées en rouge. Des vases ont été façonnés en poussant de la terre dans des moules en vannerie, qui brûlaient à la cuisson[6] : procédé en usage dans l'Afrique orientale (chez les Somalis)[7] et au Soudan[8].

Les œufs d'autruche ont laissé des débris plus abondants encore que dans les stations du Tell ; ils portent souvent des traces de feu. Ils servaient de vases : on en a découvert plusieurs, encore intacts[9]. Quelques fragments sont ornés de dessins géométriques, traits parallèles, chevrons, lignes croisées, formant un quadrillé, suites de points[10].

Il faut aussi mentionner de grands plats en grès[11], et surtout des meules dormantes, également en grès, avec des molettes et des pilons[12]. Ces meules sont de forme à peu près elliptique, et leur surface supérieure est légèrement concave. Il est certain qu'on y a broyé des grains.

1. On en trouve aussi en roche ophitique.
2. Quelquefois si petites qu'on s'est demandé si ce n'étaient pas des amulettes.
3. La forme en boudin existe, mais elle est rare.
4. Cartailhac, *l. c.* Flamand et Laquière, *l. c.*, p. 232.
5. Voir Verneau, dans Foureau, *Documents*, p. 1123-8, pl. XXVII-XXIX.
6. Verneau, *l. c.*, p. 1125. Voinot, *Bull. d'Oran*, 1908, p. 359.
7. Hamy, *C. r. de l'Académie des Inscriptions*, 1903, p. 69.
8. Desplagnes, *le Plateau central nigérien*, p. 27 et 431.
9. Rabourdin, dans *Documents Flatters*, p. 242. Foureau, *l. c.*, II, p. 1072. Flamand et Laquière, *l. c.*, p. 220.
10. Flamand et Laquière, p. 230, fig. 17 (région de l'oued Mya) ; voir aussi un fragment recueilli par Foureau : Verneau, *l. c.*, p. 1128.
11. Foureau, *l. c.*, p. 1082. Flamand et Laquière, p. 230. — Foureau (p. 1068, 1073) indique aussi de petites « urnes » en grès et en ophite.
12. Foureau, p. 1033, 1070, 1072, 1073, 1074, 1082. Verneau, *apud* Foureau, p. 1119-1120. Conf. Gautier, *Sahara algérien*, p. 130.

Les indigènes sahariens se paraient de colliers en rondelles ou en segments d'œufs d'autruche[1], en perles formées de tronçons de tiges d'encrines fossiles[2]; ils portaient parfois aussi des pendeloques consistant en globules de grès ou en cailloux perforés[3].

Nous croyons volontiers que l'industrie de la pierre remonte à des temps très reculés dans le Sahara, comme dans la Berbérie; que les outils acheuléens qu'on y a trouvés datent de l'âge quaternaire[4]; que les types néolithiques, en tous points semblables à ceux qui se fabriquaient en Égypte plusieurs milliers d'années avant l'ère chrétienne, ont été connus vers la même époque dans le désert actuel. Cependant les stations que nous venons d'étudier paraissent être, pour la plupart, relativement récentes[5]. Les meules attestent la connaissance des céréales[6] et ces ustensiles sont identiques à ceux que des Touaregs[7] et des Nigériens[8] emploient aujourd'hui. Çà et là, on a ramassé quelques débris d'objets en métal[9] et en verre[10], peut-être contemporains des instruments en pierre auxquels ils étaient mélangés. Il est possible que des tribus néolithiques aient encore habité le Sahara au temps de ces Éthiopiens, voisins de l'Égypte,

---

1. Verneau, *l. c.*, p. 1128. Flamand et Laquière, p. 220, fig. 13.
2. Flamand et Laquière, *ibid.*, fig. 14.
3. Foureau, p. 1073. Verneau, p. 1129.
4. Voir plus haut, p. 183, n. 6.
5. Certains silex sont très usés; d'autres, au contraire, offrent un aspect très frais, avec des arêtes encore vives. Mais cela ne prouve pas que les premiers soient beaucoup plus anciens que les autres. Préservés par le sable qui les a recouverts, ceux-ci n'ont été ramenés que depuis peu à la surface par le vent, qui, comme le dit M. Gautier (*Sahara algérien*, p. 122), s'est chargé des fouilles, en décapant le sable.
6. Un cylindre en pierre, long de 0 m. 45, aplati et aminci du bout, qu'on a trouvé dans la région de l'oued Mya, aurait été un soc de charrue primitive, selon Hamy (*Assoc. française*, Paris, 1900, I, p. 60, et *Comptes rendus de l'Acad. des Inscriptions*, 1905, p. 62).
7. Foureau, *l. c.*, p. 1063, 1094.
8. Gautier, *l. c.*, p. 131.
9. Foureau, p. 1068 (plaquettes, clou de bronze).
10. Foureau, p. 1070, 1071 (perles), 1077 (débris de bracelets, pour la plupart multicolores); conf. Verneau, *l. c.*, p. 1129. Perles en verre dans une station de la région d'Ouargla : musée d'Alger.

qui, selon le témoignage d'Hérodote[1], se servaient de pointes de flèches en pierre vers le début du ve siècle avant Jésus-Christ.

VI

La civilisation de la pierre s'est développée dans l'Afrique du Nord à la fois par des perfectionnements locaux et par des relations pacifiques ou belliqueuses. Nous avons indiqué[2] que les haches polies et les pointes de flèches n'ont pas dû être fabriquées partout où on les trouve. Les silex ont été importés dans les régions où cette matière faisait défaut. Les poteries ont pu aussi voyager : en tout cas, il est difficile d'attribuer au hasard l'identité des motifs qui décorent cette céramique en divers pays. Les industries se ressemblent trop dans le Sud de la péninsule ibérique et dans l'Ouest de l'Algérie, à la fin du paléolithique et pendant la période néolithique ancienne[3], pour qu'on se refuse à admettre des rapports entre ces deux contrées[4]. Des relations, plus ou moins directes, ont évidemment existé entre l'Égypte et les populations néolithiques du Sahara et du Sud-Est de la Tunisie[5]. La domestication de certains animaux a été une étape décisive de l'humanité : cette conquête

1. VII, 69.
2. P. 193 et 204.
3. Voir p. 189 et 192.
4. Plus tard, le néolithique berbère d'Afrique différa beaucoup du néolithique récent d'Espagne : conf. Pallary, *Instructions*, p. 51. Cependant il y eut encore quelques rapports entre les deux contrées. Il est impossible de ne pas attribuer une origine africaine à des grains de collier taillés dans des œufs d'autruche, que M. Siret a trouvés en Espagne, dans des couches du néolithique récent (*l'Anthropologie*, XX, 1909, p. 139). A l'époque de la civilisation néolithique berbère, les Africains n'étaient pas incapables de naviguer, puisqu'ils ont occupé des îles voisines du littoral : voir plus haut, p. 201, n. 6.
5. Voir p. 206. Probablement par l'intérieur du Sahara, avec une extension vers le Sud de la Tunisie, plutôt que par une pénétration au fond de la petite Syrte et une extension progressive vers le Midi. Les haches polies de type égyptien se retrouvent dans le Sahara, mais sont, nous l'avons dit (p. 206, n. 7), fort rares dans la région de Gabès

difficile ne fut sans doute faite que dans quelques pays, d'où elle se répandit au loin, de même que la culture des céréales. Des importations peuvent seules expliquer la présence d'une perle en verre dans une grotte néolithique de Saïda[1]; d'outils en obsidienne dans une station voisine de Bizerte et dans l'une des îles Habibas, à l'Ouest d'Oran[2] (cette roche n'existe pas en Berbérie[3]); de coquilles marines, retrouvées à l'intérieur des terres[4]; de coquilles étrangères à l'Afrique du Nord, recueillies dans des campements sahariens[5].

Quand la connaissance des métaux[6] pénétra-t-elle au milieu des populations qui se servaient d'instruments en pierre, et

1. Doumergue et Poirier, *Bull. d'Oran*, 1891, p. 124.
2. Pallary, *Instructions*, p. 50; musée d'Alger.
3. On trouve de l'obsidienne dans l'île de Pantelleria, en Sardaigne, en Sicile, sans parler d'autres régions plus éloignées de l'Afrique du Nord : conf. Modestov, *Introduction à l'histoire romaine*, p. 36.
4. Abris de la Mouillah, qui ne sont, il est vrai, qu'à une quarantaine de kilomètres de la mer (coquillages ayant servi d'aliments et d'objets de parure) : Barbin, *Bull. d'Oran*, 1910, p. 83, 87; 1912, p. 396. Grotte de Saïda (valve de pétoncle) : Doumergue et Poirier, *l. c.*, p. 123. Station néolithique dans l'Atlas saharien, près d'Aïn Sefra (*Murex truncatus* perforé) : Flamand, dans *l'Anthropologie*, III, 1892, p. 152; conf. *Revue africaine*, L, 1906, p. 228-9 et fig. 13. Abri de Redeyef, à l'Ouest de Gafsa : Gobert, dans *l'Anthropologie*, XXIII, 1912, p. 153, 163.
5. Coquilles du Nil, de la mer Rouge et de l'océan Indien : Rabourdin, *Documents Flatters*, p. 242, 243; Zaborowski, *Revue de l'École d'anthropologie*, IX, 1899, p. 44; Pallary, dans *l'Homme préhistorique*, IV, 1906, p. 141-3. Cependant il n'est pas toujours possible d'affirmer que ces coquilles aient appartenu aux habitants des stations néolithiques au milieu desquelles on les trouve : conf. Flamand, *Assoc. française*, Paris, 1900, I, p. 212-3. Les cauris de l'océan Indien sont encore en usage comme monnaies dans toute l'Afrique centrale : conf. Deniker, *les Races et les peuples de la terre*, p. 324-5. — Une gravure du Sud oranais a paru représenter un cauris (Pomel, *Singe et homme*, p. 22, pl. Ii, fig. 6). Mais, à supposer que cette identification soit certaine, s'agit-il d'une gravure préhistorique?
6. Je ne parle pas ici des minéraux non ouvrés qui ont servi à fabriquer de la couleur ou à d'autres usages indéterminés, et qui se rencontrent dans des stations paléolithiques récentes et néolithiques. Morceaux de fer oligiste : Barbin, *Bull. d'Oran*, 1910, p. 87; Pallary et Tommasini, *Assoc. française*, Marseille, 1891, II, p. 649; etc. Morceaux de minerai de plomb : Barbin, *l. c.*, 1912, p. 400. Noyau de fer, dans la grotte Ali Bacha, à Bougie; M. Debruge croit qu'il a servi de percuteur : *Rec. de Constantine*, XL, 1906, p. 151. Morceaux de minerais de fer et de cuivre, dans un foyer au-dessus de la grotte du Grand-Rocher, près d'Alger : *Bull. de la Société algérienne de climatologie*, XII, 1876, p. 134.

quand les leur fit-elle abandonner? Nous n'avons pas de données suffisantes pour répondre à cette double question. A Bougie, une poche de la grotte Ali Bacha abritait plusieurs centaines de rondelles et de plaquettes quadrangulaires en cuivre : il y avait sans doute en ce lieu un petit atelier de métallurgie[1]. Mais on ne saurait dire s'il est contemporain du mobilier néolithique rencontré dans la caverne. Non loin de là, au pic des Singes, une station, qui fut habitée par des pêcheurs, contenait des silex taillés, des outils en os poli, des tessons de poteries grossières, et aussi quelques objets en cuivre[2] (une pointe, trois hameçons, une tige), ainsi que des débris de colliers, globules de sable aggloméré, revêtus d'émaux de différentes couleurs, dont la fabrication avait lieu sur place. Il en était de même des instruments en cuivre : on a recueilli des scories auxquelles adhérait encore du charbon[3]. Il est probable que nous sommes ici en présence d'un établissement de date récente : un indice permet de supposer qu'à cette époque le fer était en usage dans le pays[4]. Ailleurs, dans un abri sous roche de la Kabylie occidentale, un hameçon en fer a été trouvé avec des outils grossiers en pierre taillée, une hache néolithique et quelques fragments de poteries[5].

Dans d'autres contrées méditerranéennes, le fer paraît avoir

---

1. Debruge, *Rec. de Constantine*, XL, 1906, p. 142-3 et planche; conf. *Assoc. française*, Montauban, 1902, II, p. 876; *l'Homme préhistorique*, IV, 1906, p. 275-7.

2. Des fragments de cuivre ont été également trouvés au Grand-Abri, à Bougie, avec des outils grossiers en silex, calcaire, quartzite, des débris de poteries, un poinçon en os, etc. : Debruge, *Rec. de Constantine*, XXXVII, 1903, p. 150.

3. Debruge, *Rec. de Constantine*, XXXIX, 1903, p. 72 et suiv. Pour les objets en cuivre, voir p. 97-99; pour les perles émaillées, Debruge, dans *l'Homme préhistorique*, III, 1903, p. 71-73.

4. A cinquante mètres de là, on a découvert des foyers, avec des vases contenant des cendres, et aussi avec d'autres objets qui se retrouvent dans la station. Entre deux foyers, mais à un niveau inférieur, il y avait une lame de fer : Debruge, *Rec. de Constantine*, XXXIX, p. 113.

5. Abri de la Cascade, près de Bordj Ménaïel : Viré, *Assoc. française*, Bordeaux, 1893, II, p. 875; *Rec. de Constantine*, XXXII, 1898, p. 9.

été connu vers la fin du second millénaire avant J.-C., ou vers le début du premier millénaire; auparavant s'était écoulée une longue période, dite âge du bronze, précédée elle-même, au moins dans certaines régions[1], d'une époque où l'on se servit de cuivre pur : celle-ci se confond avec les derniers temps de l'industrie néolithique. Les choses se passèrent-elles ainsi dans l'Afrique du Nord? Sans vouloir oublier les lacunes de nos connaissances, nous serions plutôt disposé à le nier[2]. Il semble bien que le cuivre et le bronze aient été très peu répandus parmi les indigènes, ou ignorés d'eux, avant l'époque où ils commencèrent à faire usage du fer[3].

Chez des populations voisines du littoral, des objets en métal durent être introduits par des étrangers, surtout par les marchands des colonies maritimes phéniciennes qui furent fondées à partir de la fin du second millénaire[4]. Ensuite, la métallurgie

1. Espagne, Sicile, Italie, pour ne parler que des pays voisins de la Berbérie.
2. Conf. Gautier, *Sahara algérien*, p. 133.
3. On n'a trouvé jusqu'ici que quelques haches de bronze, offrant des types en usage avant le premier millénaire : une, près de Cherchel (conservée en ce lieu, dans la collection Archambeau); une autre, à Saint-Eugène, près d'Alger (Pélagaud, *la Préhistoire en Algérie*, p. 43, fig. 7); un fragment au musée d'Alger (de provenance inconnue, mais probablement algérienne). La hache de Saint-Eugène est à talon, d'un type répandu dans l'Europe occidentale vers le milieu du second millénaire, mais qui manque dans la Méditerranée orientale (Déchelette, *Manuel d'archéologie préhistorique*, II, p. 248; p. 249, fig. 81, n° 2; pl. III, fig. 2). Celle du musée d'Alger, dont il ne reste que le bout évasé, peut avoir eu la même forme. Je n'ai pas noté la forme de celle de Cherchel. Une hache en bronze aurait été recueillie dans une grotte à Lamoricière, à l'Est de Tlemcen : Cureyras, *Bull. d'Oran*, 1886, p. 127. — Une inscription de Karnak, du temps du roi Ménephtah (XIII° siècle), indique qu'après une grande victoire, les Égyptiens prirent les vases de bronze du chef des Lebou et 9111 armes de bronze des Mashaouasha : de Rougé, dans *Revue archéologique*, 1867, II, p. 41 et 43; Chabas, *Études sur l'antiquité historique*, 2° édit., p. 196 et 200. Il s'agit de deux peuples africains. Mais ils habitaient au Nord-Ouest de l'Égypte et rien ne permet de croire qu'ils se soient étendus au delà de la grande Syrte, du côté de l'Occident. — Noter que les habitants de l'Afrique du Nord n'ont pu faire usage du bronze qu'en recevant du dehors soit des objets tout fabriqués, soit de l'étain destiné à être allié au cuivre : il n'y a pas d'étain dans cette contrée.
4. Dans les dialectes berbères, le nom du fer est *azzel*, *ouzzel*. M. Stumme (*Zeitschrift für Assyriologie*, XXVII, 1912, p. 120) se demande s'il n'a pas été emprunté à la langue phénicienne, qui devait désigner le fer par un mot apparenté ou identique à l'hébreu *barzel*.

se développa[1]. Le travail de la pierre tomba en pleine décadence, puis disparut. Il a pu cependant se maintenir dans des groupes isolés ou réfractaires au progrès. Le néolithique berbère, si grossier, a peut-être persisté dans certaines régions durant une partie des temps historiques[2]. L'industrie de la pierre se conserva aussi, pendant longtemps, dans le Sud de la Tunisie et dans la partie du Sahara située au Sud de la province de Constantine, contrées où la rareté du bois et sans doute aussi le manque de minerai s'opposaient à l'essor de la métallurgie. Mais elle y demeura fidèle à de vieilles traditions. Elle continua à produire des œuvres d'une technique remarquable, surtout ces flèches, principales armes des tribus sahariennes, des Éthiopiens qui, à l'époque historique, bordaient au Sud la Berbérie[3], et que des auteurs anciens nous signalent comme des

1. Dans l'Afrique septentrionale, comme dans bien d'autres pays, le fer dut passer pour une nouveauté redoutable. Les forgerons sont encore tenus à l'écart en beaucoup de lieux : Doutté, *Magie et religion dans l'Afrique du Nord*, p. 12-13.

2. Des pointes pédonculées, présentant la forme propre à l'industrie néolithique berbère, ont été découvertes dans les ruines romaines de Sbéitla (Tunisie centrale) : Collignon, dans *Matériaux*, XXI, 1887, p. 190, pl. VII, fig. 18; Pallary, *Bull. de la Société archéologique de Sousse*, V, 1907, p. 196. Mais on peut se demander si ces objets n'ont pas appartenu à quelque station antérieure à la ville romaine et s'ils n'ont pas été entraînés par le ruissellement jusqu'aux points où on les a trouvés. Des silex mal taillés, ou plutôt des éclats de silex, ont été recueillis dans d'autres ruines romaines (Collignon, *l. c.*, p. 200; La Blanchère, dans *Archives des missions*, 3e série, X, 1883, p. 41; Pallary, *Assoc. française*, Tunis, 1896, II, p. 496), ou dans des ruines berbères qui ne paraissent pas antérieures à l'ère chrétienne (La Blanchère, *l. c.*), voire même dans des ruines beaucoup plus récentes, au Sahara (Gautier, *Sahara algérien*, p. 124 : dans la région de l'oued Zousfana). Ils ne se rapportent pas à des types bien définis. Jamais, à ma connaissance, des instruments en pierre, nettement caractérisés, tels que des bouts de javelots à pédoncule, n'ont été trouvés dans des sépultures avec des monnaies et des poteries puniques ou romaines. Quant aux haches polies découvertes dans des ruines romaines et berbères (à Lamoricière, près de Tlemcen, et à Benian Djouhala dans le Dahra : Pallary, *Assoc. française*, Marseille, 1891, II, p. 601, et Tunis, 1896, II, p. 497, 766), leur présence peut s'expliquer par des croyances superstitieuses ou par leur emploi comme coins (voir plus loin), lorsqu'elles n'ont pas été simplement ramassées pour servir de moellons : à Lamoricière, une hache faisait partie d'une maçonnerie de l'époque romaine. J'hésite donc à adopter l'opinion de quelques savants, qui pensent qu'une véritable industrie néolithique s'est perpétuée dans le Nord de l'Afrique jusque sous l'Empire.

3. Voir livre II, chap. IV.

archers[1], tandis que les Numides et les Maures ne combattaient guère qu'avec des javelots[2].

Parmi les survivances de cette industrie dans l'Afrique du Nord, nous pouvons indiquer des instruments en pierre dure polie, identiques aux haches du néolithique berbère, qui servirent dans des carrières et dans des mines[3], soit qu'on fît usage d'objets fabriqués longtemps auparavant, soit qu'on en fabriquât sous la domination romaine. Dans les montagnes du Sud oranais et dans le Sahara, des poinçons en pierre tracèrent les gravures dites libyco-berbères[4], à une époque où l'emploi des dromadaires était général, c'est-à-dire plusieurs siècles après l'ère chrétienne. En Tunisie, on dépique encore les céréales avec des éclats de silex, enfoncés dans la face inférieure d'une table de bois, que tirent des animaux[5]; ce traîneau, décrit par Varron[6], devait être déjà connu des Africains dans l'antiquité[7]. Remarquons enfin qu'on retrouve en Berbérie une superstition répandue dans bien d'autres

---

1. Périple de Scylax, 112 (*Geogr. gr. min.*, I, p. 94) : les Éthiopiens voisins de l'île de Cerné (au delà du Maroc) sont armés de javelots et d'arcs. Strabon, XVII, 3, 7 : les Pharusiens et les Nigrètes (dans le Sud du Maroc) sont archers, comme les Éthiopiens. Festus Aviénus, *Descriptio orbis terrae*, 324-5 : (Garamas) « arundinis usu nobilis ». Silius Italicus, XV, 681 (il s'agit d'un chef que le poète fait venir de l'oasis d'Ammon).

2. M. Gautier (*Sahara algérien*, p. 133) est disposé à attribuer à des nègres l'industrie néolithique du Sahara.

3. Près d'Orléansville, dans une carrière de pierre calcaire, hache en roche noire, qui était encore engagée dans le banc exploité : Galland, *Revue africaine*, XIV, 1870, p. 302-4; Pélagaud, *la Préhistoire en Algérie*, p. 16-17. A Khenchela, hache en roche verte dans le filon d'une mine : Pélagaud, *l. c.*, p. 18. Coin en roche verte, dans les mines du djebel Serdj : Gauckler, *Bull. archéologique du Comité*, 1902, p. cxviii; *Catalogue du musée Alaoui*, Supplément, p. 364, n° 289.

4. Gautier, *Sahara algérien*, p. 133.

5. Hamy, *Assoc. française*, Paris, 1900, I, p. 63 et fig. 8. Ph. Thomas, *Essai d'une description géologique de la Tunisie*, I, p. 79. Cette table à dépiquer se retrouve dans d'autres pays : Hamy, *l. c.*, p. 64; de Mortillet, *Revue d'anthropologie*, XXI, 1911, p. 91.

6. *Rust.*, I, 52 (*tribulum*).

7. Conf. probablement Servius, à Virgile, *Géorgiques*, I, 164 : « *Tribula*, genus vehiculi omni parte dentatum unde teruntur frumenta, quo maxime in Africa utebantur. »

pays[1] : les haches polies passent pour des pierres tombées du ciel avec la foudre et sont conservées comme amulettes[2].

1. En Afrique, dans la région du Niger : Desplagnes, *le Plateau central nigérien*, p. 33.
2. Haches polies dans des marabouts de l'Oranie : Bleicher, dans *Matériaux pour l'histoire primitive de l'homme*, XI, 1875, p. 201-2 et fig. 85-86 (conf. Cartailhac, *L'Age de pierre dans les souvenirs et les superstitions populaires*, Paris, 1878, p. 89 et fig. 59-60); Pallary, *Assoc. française*, Besançon, 1893, II, p. 688 (Saint-Hippolyte); Doumergue, *Bull. d'Oran*, 1910, p. 420. — Ce fut peut-être pour cette raison que trois haches polies, en silex, furent déposées sous une dalle de pierre, dans l'enceinte qui entourait un dolmen des Beni Snassen (Nord-Est du Maroc) : Vélain, *Revue d'ethnographie*, IV, 1885, p. 310-1; que d'autres furent placées dans des dolmens de Guyotville (près d'Alger) et de Djelfa : *Bull. de la Société algérienne de climatologie*, VI, 1869, p. 70 (si ces indications sont exactes, ce dont je doute).

CHAPITRE II

ORIGINES DE L'ÉLEVAGE ET DE LA CULTURE

I

« A l'origine, dit Salluste[1], l'Afrique fut habitée par les Gétules et les Libyens, gens rudes et sauvages, qui se nourrissaient de la chair des bêtes fauves et aussi, comme le bétail, de l'herbe des champs... Errants à l'aventure, ils s'arrêtaient là où la nuit les surprenait. »

Il n'y a dans ce passage que de simples hypothèses sur le genre de vie des premiers habitants de l'Afrique du Nord[2]. Il n'est pas nécessaire, nous l'avons dit, de supposer qu'ils aient tous mené une existence vagabonde[3]. D'autre part, les découvertes faites dans les stations préhistoriques prouvent que la chasse leur procurait, en effet, une large part de leur alimentation : chasse qui, surtout à l'époque quaternaire, visait souvent des animaux très vigoureux et où les ruses, les pièges donnaient des résultats plus sûrs que les attaques ouvertes.

Pendant longtemps, les Africains s'y livrèrent sans auxi-

---

1. *Jug.*, XVIII, 1-2 (d'après un ouvrage écrit en langue punique; voir plus loin, chap. vi).
2. Voir dans Denys le Périégète (187 et suiv. : *Geogr. gr. min.*, II, p. 112) des indications analogues sur la prétendue vie des indigènes restés sauvages.
3. Voir p. 182.

liaires. Le chien n'apparaît que dans quelques grottes à mobilier néolithique[1] ; il s'agit sans doute d'un animal domestiqué hors de la Berbérie et qui n'y fut introduit qu'assez tard. A l'époque des stations néolithiques berbères en plein air, il était le compagnon de chasse de l'homme, comme l'attestent les gravures rupestres de Tyout[2]. Les chiens qui y sont figurés ont des oreilles droites : peut-être appartenaient-ils à une race descendant du chacal, auquel se rattache probablement celle qui est aujourd'hui la plus répandue dans l'Afrique septentrionale et qui sert du reste à la garde[3], non à la chasse[4]. Une autre image rupestre du Sud oranais[5] semble représenter un chien apparenté aux *slouguis* actuels (lévriers), race originaire du Nord-Est de l'Afrique[6].

Les primitifs se nourrissaient aussi de mollusques marins et terrestres[7]. Il est vraisemblable, bien que les documents

---

1. M. Pallary ne le signale que dans les couches les plus récentes des grottes d'Oran : *Assoc. française*, Caen, 1894, II, p. 741. — A la grotte du Grand-Rocher, près d'Alger, on a recueilli de nombreux ossements de chiens : Pomel, *Carnassiers*, p. 30, 32, 34, 35, pl. XI-XIV. Mais appartenaient-ils bien à la couche néolithique? Flamand (*Assoc. française*, Ajaccio, 1901, II, p. 730) indique aussi le chien dans une grotte de Mustapha-Supérieur, à Alger. Il aurait été également retrouvé dans la grotte des Bains-Romains, près d'Alger : Ficheur et Brives, *Comptes rendus de l'Académie des Sciences*, CXXX, 1900, p. 1486. Mais, si cette détermination est exacte, il me paraît difficile d'admettre que les ossements de canidés découverts en ce lieu l'aient été dans la même couche que les restes d'hippopotames et de rhinocéros.

2. Pomel, *Singe et homme*, pl. II, fig. 2 et 3. — Il y a peut-être aussi des images de chiens à Ksar el Ahmar (Pomel, *Bubalus antiquus*, pl. X, fig. 1), à Tazina (Flamand, *Bull. de la Société d'anthropologie de Lyon*, XX, 1901, p. 195, fig. 11) et à Guebar Rechim, dans le Sud oranais; à Khanguet el Hadjar, près de Guelma; à l'oued Itel, au Sud-Ouest de Biskra (*Rec. de Constantine*, XXXVIII, 1904, planches à la p. 167, « pierre n° 1 », « pierre n° 3 »). Un chien paraît être représenté auprès d'un homme sur une gravure de la région de Constantine : Bosco et Solignac, *Rec. de Constantine*, XLV, 1911, pl. II, à la p. 336.

3. Nous savons par Valère-Maxime (IX, 13, *ext.*, 2) que Masinissa se faisait garder par des chiens. Élien prétend, d'autre part, que les Libyens nomades n'avaient pas de chiens (*Nat. anim.*, VI, 10).

4. Dans l'antiquité, des chiens africains furent même dressés à la guerre. Pline l'Ancien, VIII, 142 : « Garamantum regem canes ce ab exilio reduxere, proeliati contra resistentes. »

5. À Moghar et Tatnani (dessin de M. Flamand).

6. Voir C. Keller, *Naturgeschichte der Haustiere*, p. 79, 91, 93.

7. Voir p. 187, 189, 197. — Ils ont pu encore se nourrir d'insectes et de reptiles,

archéologiques ne nous apprennent rien à ce sujet, que leur alimentation se composait encore de végétaux : fruits, glands, racines, herbes, plantes. Ces moyens de subsistance se sont perpétués dans certaines régions jusqu'en pleine époque historique[1], combinés avec des ressources nouvelles.

Nous sommes très insuffisamment renseignés sur les débuts de l'élevage en Berbérie. Les ossements, encore peu nombreux, qu'on a recueillis dans les stations néolithiques, n'ont pas été étudiés avec autant de soin que ceux des villages lacustres de l'Europe centrale; les gravures rupestres sont des documents bien misérables auprès des images si fidèles que nous ont laissées les artistes de l'Égypte, de la Chaldée, de la mer Égée; enfin les races actuelles, dont certaines peuvent exister dans le pays depuis fort longtemps, restent assez mal connues.

Les bœufs qui vivent aujourd'hui dans l'Afrique du Nord[2] sont d'une taille peu élevée. Ils ont une tête petite ou moyenne, avec des cornes courtes et fines, un cou et des membres courts, un garrot épais, une poitrine ordinairement ample, un dos allongé et droit. La robe est le plus souvent rousse ou grise, la tête et les jambes sont fréquemment de couleur noire. Ces animaux sont vigoureux, agiles, nerveux et sobres. Quand ils se nourrissent bien, ils engraissent vite et leur viande est bonne; mais les vaches ne donnent qu'une quantité peu abondante de

---

comme les mangeurs de sauterelles signalés dans l'antiquité et de nos jours (conf. p. 135), comme les Éthiopiens troglodytes du Sahara, qui, au dire d'Hérodote (IV, 183), vivaient de serpents et de lézards.

1. Pour les fruits, voir Pomponius Méla, I, 41 (« sucus bacarum »); Pausanias, I, 33, 5 (raisins sauvages). On connaît les Lotophages d'Homère (*Odyssée*, IX, 84 et suiv.), qui se nourrissaient des fruits du lotus, doux comme le miel. A tort ou à raison, des auteurs grecs identifièrent le lotus du poète avec un arbuste qui paraît bien être le jujubier sauvage et dont les baies, à l'époque historique, étaient cueillies par des indigènes de la région des Syrtes : Hérodote, IV, 177 et 178; Périple de Scylax, 110 (*Geogr. gr. min.*, I, p. 86 et 87); Strabon, XVII, 3, 17; conf. Théophraste, *Hist. plantar.*, IV, 3, 2. — Les Kabyles s'alimentent encore aujourd'hui avec des glands doux. — Numides mangeurs de racines : Strabon, XVII, 3, 15; d'herbes : Appien, *Lib.*, 11 et 106. De nos jours, les indigènes recherchent les asperges et surtout les cardons sauvages.

2. Je ne parle pas ici des importations européennes récentes.

lait[1]. On distingue plusieurs types, surtout ceux qui sont désignés sous les noms de race de Guelma et de race d'Oran[2]. Cependant il est probable qu'il s'agit seulement de variétés et que les bœufs de Berbérie sont tous apparentés étroitement[3] : l'opinion la plus répandue les classe dans la race dite ibérique, qui se retrouve en Espagne, en Italie et dans les îles de la Méditerranée occidentale[4].

On a recueilli dans les stations paléolithiques des ossements de divers bovidés, dont l'un, de forte taille, a été qualifié par Pomel de *Bos opisthonomus*, à cause de ses cornes recourbées en avant, mais paraît être une variété du *Bos primigenius*[5]. Ce bœuf se rencontre aussi dans des grottes à mobilier néolithique[6] ; rien ne prouve qu'il ait été alors domestiqué.

D'autres ossements, découverts dans des grottes néolithiques[7], ont été attribués par Pomel à la race ibérique[8].

Pomel veut aussi reconnaître cette race sur des gravures rupestres[9]. Mais la grossièreté des images impose une grande réserve. On peut néanmoins constater l'absence presque complète d'animaux pourvus de la bosse de graisse[10] qui distingue

1. Voir Sanson, *Traité de zootechnie*, 4ᵉ édit., IV, p. 112; Rivière et Lecq, *Manuel de l'agriculteur algérien*, p. 913 et suiv.; Bonnefoy, *Algérie, Espèce bovine* (Alger, 1900), p. 13-19.
2. Cette dernière devrait être appelée race marocaine. Elle se rencontre principalement dans le Maroc occidental.
3. M. Bonnefoy (*l. c.*, p. 7 et suiv.) le conteste. Il croit la race de Guelma d'origine asiatique, la race marocaine autochtone.
4. Sanson, *l. c.*, p. 137 et suiv.
5. Voir plus haut, p. 103.
6. Voir p. 103.
7. Grand-Rocher, près d'Alger : Pomel, *Bœufs-taureaux*, p. 72, pl. XIII, XVI, XVIII. Mustapha-Supérieur : Flamand, *Assoc. française*, Ajaccio, 1901, II, p. 730. Oran, grotte des Troglodytes : Pallary et Tommasini, *Assoc. franç.*, Marseille, 1891, II, p. 640 (« diffère peu du bœuf domestique »); grotte de la Forêt (douteux) : Doumergue, *Bull. d'Oran*, 1907, p. 393. M. Robert signale aussi le *Bos ibericus* à la grotte de Bou Zabaouine (*Rec. de Constantine*, XXXIV, 1900, p. 218); M. Reygasse, à celle de Kef el Ahmar, près de Tébessa.
8. *L. c.*, p. 91-92 et 103.
9. *L. c.*, p. 93-94 (il s'agit des bœufs à cornes recourbées vers le front : voir plus loin).
10. Un renflement indique quelquefois le garrot, mais ce n'est pas une véritable bosse, sauf peut-être sur un bœuf de Tyout et sur un autre de Bou Alem.

les zébus, nombreux dans l'antiquité en Égypte et de nos jours au Soudan, d'où ils ont été importés çà et là dans le Sahara[1]. La direction et la longueur des cornes sont si variables chez les bœufs qu'on ne saurait en faire des caractères spécifiques. Certaines gravures nous montrent des animaux à cornes recourbées vers le front[2]. Ailleurs, les cornes, à peu près droites, ou recourbées au sommet (soit en avant, soit en arrière), s'élèvent obliquement en avant, ou même verticalement; elles sont le plus souvent courtes, ou de longueur moyenne[3]; parfois, cependant, elles atteignent de grandes dimensions[4]. Quelques bœufs ont des cornes dressées, entièrement courbes, dont les pointes se dirigent l'une vers l'autre[5]. Il y a aussi des bovidés pourvus de longues cornes courbes et dirigées en avant[6]; on peut toutefois se demander si les graveurs n'ont pas voulu

---

1. Schirmer, *le Sahara*, p. 123, 191; Chudeau, *Sahara soudanais*, p. 203; conf. *supra*, p. 61. Rien ne prouve cependant que les bœufs des Garamantes, mentionnés par Hérodote (voir note suivante), aient été des zébus. S'ils avaient eu une bosse, l'historien n'aurait sans doute pas dit qu'à l'exception des cornes et de la peau, ils ne différaient en rien des autres bœufs. Les bœufs des gravures rupestres sahariennes, signalées à Telliz Zarhène par Barth (*Reisen und Entdeckungen*, I, fig. à la p. 214) et dans le Tibesti par Nachtigal (*Sahara und Sudan*, I, fig. à la p. 307), ne sont pas des zébus.

2. Nombreux à Tyout : conf. Pomel, *l. c.*, pl. XIX. Un à Ksar el Ahmar (Sud oranais). Peut-être à Aïn Memnouna : Gautier, *Sahara algérien*, fig. 18, n° 5, à la p. 99. — La direction de ces cornes fait penser à la description qu'au v° siècle, Hérodote donne des bœufs du pays des Garamantes (IV, 183) : « Ils paissent à reculons, parce qu'ils ont des cornes qui s'inclinent en avant. Voilà pourquoi ils vont à reculons; s'ils allaient devant eux, leurs cornes s'enfonceraient dans la terre. Au reste, ils ne diffèrent en rien des autres bœufs, sinon par l'épaisseur de leur peau et l'impression qu'elle produit au toucher. » Pomel (*l. c.*, p. 92 et 94) observe qu'on rencontre encore fréquemment, dans la race dite de Guelma, des bœufs dont les cornes sont recourbées en avant, mais non pas au point de les forcer à paître à reculons.

3. Khanguet el Hadjar, près de Guelma. Stations du Sud oranais : Tyout, Ksar el Ahmar, Asla, Kef Mektouba, Guebar Rechim (dessins de M. Flamand). Col de Zenaga : Gautier, *l. c.*, fig. 12, n° γ, à la p. 90); Aïn Memnouna : *ibid.*, fig. 18, n° 6 et probablement n° 2, à la p. 99.

4. Oued Itel : *Rec. de Constantine*, XXXIII, 1899. pl. à la p. 301; *ibid.*, XXXVIII, 1904, planches à la p. 167 (« pierre n° 3 » et « pierre n° 4 »).

5. Plusieurs à Tyout un à Bou Alem. Col de Zenaga : Gautier, *l. c.*, fig. 13, n° α, à la p. 91; peut-être à Hadjra Mektouba : *ibid.*, fig. 19, n° 3, à la p. 100.

6. Khanguet el Hadjar. Oued Itel : *Rec. de Constantine*, XXXVIII, pl. à la p. 167 (« pierre n° 1 »). Barrebi, au Sud de Figuig : Gautier, *l. c.*, fig. 15, n° 2, à la p. 93.

représenter des buffles, non des bœufs, et s'ils n'ont pas donné aux cornes une direction inexacte, afin qu'elles fussent plus distinctes.

Il est à peu près certain que des bœufs domestiques existaient alors en Berbérie[1]. A Khanguet el Hadjar, dans la région de Guelma, un bœuf, à cornes courtes, est tenu en laisse par un homme[2]. Ailleurs, plusieurs bovidés à longues cornes paraissent porter une sorte de bât ou de housse[3]. A l'oued Itel, au Sud-Ouest de Biskra, des signes ressemblant à des lettres de l'alphabet libyque sont tracés sur le cou et la croupe de l'un d'entre eux[4] : ce sont peut-être des marques de propriété[5].

Ces animaux domestiques étaient-ils issus de bovidés sauvages indigènes[6]? ou d'individus domestiques importés[7]? ou de croisements entre des bœufs étrangers et des bœufs indigènes? Il nous est impossible de le dire. A l'exception du *Bos opisthonomus* de Pomel, nous ne connaissons pas les bœufs

---

1. Nous savons que des Africains qui vivaient entre l'Égypte et la grande Syrte possédaient des bœufs au XIII° et au XII° siècle avant notre ère. Inscription de Ménephtah, à Karnak (bœufs du chef des Lebou) : de Rougé, *Rev. archéologique*, 1867, II, p. 41; Chabas, *Études sur l'antiquité historique*, 2° édit., p. 196. Inscription de Ramsès III, à Medinet Habou (139 taureaux pris aux Mashaouasha) : Chabas, l. c., p. 244.

2. De Vigneral, *Ruines romaines du cercle de Guelma*, pl. IX (et, d'après lui, Pomel, *Bœufs-taureaux*, pl. XIX, fig. 1) : reproduction assez peu exacte (*vidi*).

3. Oued Itel : *Rec. de Constantine*, l. c. Barrebi : Gautier, fig. 13, n°° 2 et 3, à la p. 95. — Dans le Tibesti, Nachtigal (*Sahara und Sudan*, I, p. 307-8) signale des gravures rupestres représentant des bœufs, qui ont une corde enroulée autour de leurs cornes et dont quelques-uns portent des bâts. Mais il n'est pas certain que ces images soient de la même époque que les gravures préhistoriques de la Berbérie.

4. Les signes figurés à la hauteur de la croupe semblent être tracés, non sur la peau, mais sur une housse.

5. *Rec. de Constantine*, XXXIII, pl. à la p. 304. — A Khanguet el Hadjar, on remarque un signe analogue sur le corps d'un quadrupède qui m'a paru être un bœuf : Reboud, *ibid.*, XXII, 1882, p. 63; Bernelle, *ibid.*, XXVII, 1892, p. 57; Gsell, *Bull. archéologique du Comité*, 1899, p. 440.

6. Selon Pomel, il y aurait eu en Berbérie, dès l'époque quaternaire, une espèce qu'il a appelée *Bos curvidens*. « Elle paraît, dit-il (l. c., p. 103), avoir de grands rapports d'affinité avec le bœuf ibérique. »

7. C. Keller (*Naturgeschichte der Haustiere*, p. 133, 137) croit que la race de Berbérie est originaire d'Asie et qu'elle a passé par l'Égypte; elle se serait répandue en Europe soit par l'Asie Mineure, soit plutôt par le Nord-Ouest de l'Afrique.

sauvages qui vivaient dans le pays à l'époque préhistorique. Nous manquons, d'autre part, de bons documents pour instituer des comparaisons entre les plus anciens bœufs domestiques de l'Afrique du Nord et ceux qui existèrent en Égypte et en Europe depuis des temps très reculés [1].

Les bœufs domestiques fournissaient aux indigènes, comme les bœufs sauvages, leur viande [2] et leur cuir. De leur vivant, ils pouvaient servir de bêtes de bât et de selle [3], et aussi de bêtes de trait, là où le chariot et la charrue étaient en usage. La production du lait se développe par la traite régulière, mais ce n'est pas, nous l'avons dit, une des principales qualités des vaches de Berbérie [4].

Le *Bubalus antiquus*, fréquemment représenté sur les gravures rupestres, a-t-il été domestiqué, ou tout au moins dompté? La puissante stature et la vigueur de ce buffle ne justifient peut-être pas une réponse négative [5], surtout si l'on admet qu'il ait été identique à l'arni, animal domestique en Inde. Nous venons de mentionner des gravures représentant des bovidés qui portent probablement un bât et qui pourraient être des buffles [6].

Les ossements de suidés qui se trouvent dans les stations préhistoriques ont appartenu à des sangliers sauvages [7]. Quant

---

1. Au quatrième millénaire, au plus tard, en Égypte; à l'époque néolithique dans l'Europe centrale : Keller, *l. c.*, p. 114, 115.
2. A l'imitation des Égyptiens, les Libyens des pays situés à l'Est de la Tunisie ne mangeaient pas de viande de vache : Hérodote, IV, 186. Nous ignorons si les habitants de la Berbérie s'imposèrent la même abstinence.
3. Conf. plus haut, p. 221 et, pour l'époque historique, p. 61.
4. On sait que certains peuples, en particulier ceux de l'Asie orientale, ont horreur du lait. Il n'en était pas de même des indigènes de l'Afrique septentrionale (voir Homère, *Odyssée*, IV, 88-89; Hérodote, IV, 172 et 186; Périple de Scylax, 112; Salluste, *Jug.*, LXXXIX, 7; Strabon, XVII, 3, 8 et 13; Méla, I, 41). Un passage de Synésius (*Lettre* 148) indique, il est vrai, qu'en pleine époque chrétienne, les habitants de la Cyrénaïque s'abstenaient de traire leurs vaches. Mais rien ne prouve qu'il en ait été de même en Berbérie.
5. Pomel, *Bubalus antiquus*, p. 91 : « Il n'est pas probable qu'un pareil et si puissant colosse ait pu être domestiqué à aucun degré »
6. Voir p. 221.
7. Voir p. 101 et 104.

au porc, qui, dans l'Europe centrale, était domestiqué dès l'époque néolithique, nous n'avons aucune preuve qu'on l'ait élevé en Berbérie avant la domination romaine. Il n'est pas vraisemblable qu'il y ait été introduit par l'intermédiaire des Libyens qui habitaient entre la vallée du Nil et la Tunisie, car ceux-ci, à l'exemple des Égyptiens, ne mangeaient pas de cet animal [1]; les Phéniciens s'en abstenaient aussi [2].

On distingue plusieurs « races » parmi les moutons qui vivent dans l'Afrique septentrionale [3] : 1°) des races dites arabes, à queue fine, à tête blanche, noire ou brune, répandues en Algérie et au Maroc, dans les pays de plaines : animaux robustes, sobres, dont la viande est bonne d'ordinaire, la laine « généralement courte, tassée, plus ou moins fine et presque toujours entremêlée de jarre [4] »; — 2°) la race dite berbère, qui se trouve dans les régions montagneuses de l'Algérie : petite, mal bâtie, à la viande coriace, à la laine longue, mais rêche et grossière; — 3°) la race barbarine, dans l'Est de la province de Constantine, dans toute la Tunisie et au delà vers l'Orient : caractérisée par sa large queue, que termine une masse de graisse, dont le poids peut atteindre cinq kilogrammes; la viande est le plus souvent médiocre; la laine, qui recouvre presque tout le corps, est de qualité variable, rude chez la plupart des individus, soyeuse chez d'autres. Il y a eu naturellement un grand nombre de croisements entre ces divers groupes.

Selon une opinion courante, la race barbarine aurait été importée par les Arabes. Il est certain qu'il existe depuis fort longtemps des moutons à grosse queue dans l'Asie occi-

---

1. Hérodote, IV, 186.
2. Porphyre, *De abstinentia ab esu animalium*, I, 14. Les porcs, regardés comme des animaux impurs, étaient exclus du temple de l'Hercule phénicien, à Gadès : Silius Italicus, III, 22-23.
3. Voir à ce sujet Couput, *Algérie, Espèce ovine* (Alger, 1900), p. 61 et suiv.; conf. Rivière et Lecq, *Manuel de l'agriculteur algérien*, p. 940-1.
4. Couput, *l. c.*, p. 63.

dentale¹, mais il n'est pas moins certain que des animaux offrant cette particularité ont vécu en Berbérie dès les époques punique et romaine². On peut du reste se demander s'il convient de faire une race à part des moutons qui possèdent ce réservoir de graisse.

La race « berbère » serait autochtone, ou du moins extrêmement ancienne. Parmi les moutons dits arabes, la race à tête blanche aurait été introduite par les Romains, la race à tête brune par les Arabes, qui l'auraient amenée de Syrie. La première serait la souche des fameux mérinos d'Espagne; mais, en Berbérie, elle se serait abâtardie³. Ce ne sont là que des hypothèses très contestables.

Nous mentionnerons encore des moutons de race soudanaise, qui vivent au Sud de la Berbérie, dans le Sahara. Ils ont le crâne étroit, le chanfrein busqué, les pattes hautes et fines; leur corps est couvert, non d'une toison, mais de poils analogues à ceux des chèvres⁴.

Les chèvres indigènes actuelles sont en général de très petite taille, avec des poils longs et noirs et des cornes dirigées en arrière; elles donnent peu de lait. Cette race est propre au continent africain, où elle a une grande extension, depuis l'Abyssinie jusqu'à l'Atlantique⁵.

---

1. Voir, entre autres, Hérodote, III, 113. Conf. Hahn, *die Haustiere und ihre Beziehungen zur Wirtschaft der Menschen*, p. 159; C. Keller, *Naturgeschichte der Haustiere*, p. 156.

2. Nous citerons plus tard les documents qui le prouvent.

3. Couput, *l. c.*, p. 63. — Il est cependant fort douteux que la race des mérinos ait été importée d'Afrique en Espagne et qu'elle ait été introduite dans ce dernier pays par les Maures. Il y eut en Espagne, sous l'Empire romain, de très beaux moutons, qui furent probablement les ancêtres des mérinos : voir Strabon, III, 2, 6; Columelle, VII, 2, 4; etc. Keller (*l. c.*, p. 156, 165-6) croit les mérinos originaires d'Asie Mineure. Ils auraient été transportés en Occident par les colons grecs.

4. Conf. Duveyrier, *les Touâreg du Nord*, p. 222-3. — Strabon (XVII, 2, 3) signale des moutons à poil de chèvre en Nubie (conf. Diodore, III, 8).

5. Une autre chèvre, élevée par les indigènes et meilleure laitière, est plus grande et sans cornes : Rivière et Lecq, *l. c.*, p. 984. — Les chèvres maltaises, espagnoles et d'Angora sont des importations récentes.

Parmi les restes d'ovidés rencontrés dans les stations de l'époque quaternaire, on n'a pu identifier avec certitude que le mouflon [1], qui se retrouve dans les stations néolithiques [2].

Celles-ci contiennent des restes de moutons [3] et de chèvres [4]. Se fondant sur une cheville osseuse de corne et sur un os maxillaire, Pomel est disposé à admettre une parenté entre ces moutons et les mérinos [5] : opinion qui doit être mise à l'épreuve de documents plus nombreux. Les chèvres pourraient être les ancêtres des chèvres actuelles [6].

Sur les gravures rupestres sont représentés quelques moutons. L'un d'eux, à Ksar el Ahmar, accompagne un homme [7]. Il est remarquable par le profil busqué de sa tête et par la longueur de ses pattes, qui rappellent la race soudanaise [8]. Ses cornes sont recourbées en demi-cercle, avec la pointe tournée en avant; la queue est longue et, autant qu'il semble épaisse. Il n'y a aucune indication de toison [9].

1. Voir p. 102, n. 7.
2. P. 105.
3. Grottes d'Oran : Pomel, Ovidés, pl. XII, fig. 6-7; Pallary et Tommasini, Assoc. française, Marseille, 1891, II, p. 646; Pallary, Bull. de la Société d'anthropologie de Lyon, XI, 1892, p. 300; Doumergue, Assoc. franç., Pau, 1892, II, p. 626; le même, Bull. d'Oran, 1907, p. 394. Grotte de Saïda : Doumergue et Poirier, Bull. d'Oran, 1894, p. 111. Grotte du Grand-Rocher, près d'Alger : Pomel, l. c., p. 22, 24, 25, pl. XI, XII, XIII. Grotte de Mustapha-Supérieur : Flamand, Assoc. franç., Ajaccio, 1901, II, p. 730. Grottes de Bougie : Debruge, Rec. de Constantine, XXXVII, 1903, p. 150, 160; le même, Assoc. franç., Cherbourg, 1905, II, p. 630. Grotte de Bou Zabaouine : Robert, Congrès préhistoriques de France, Périgueux, 1905, p. 223.
4. Grottes d'Oran : Pallary et Tommasini, l. c.; Pallary, Bull. de la Soc. d'anthr. de Lyon, l. c.; Doumergue, Assoc. franç. Pau, l. c. Saïda : Doumergue et Poirier, l. c. Grand-Rocher : Pomel, l. c., p. 27, pl. XIV. Mustapha-Supérieur : Flamand, l. c. Abri près de Bordj Menaïel (Kabylie occidentale) : Viré, Rec. de Constantine, XXXII, 1898, p. 11. Grotte de Kef el Ahmar, près de Tébessa : indication de M. Reygasse.
5. L. c., p. 31-32; conf. p. 20.
6. Pomel, l. c., p. 32.
7. Gsell, Monuments antiques de l'Algérie, I, p. 43, fig. 12.
8. Conf. Pomel, l. c., p. 19-20, 31, et Singe et homme, p. 19.
9. Un mouton à longues pattes et à cornes recourbées est aussi figuré à Bou Alem, mais il n'a pas, comme celui de Ksar el Ahmar, le chanfrein busqué. A Moghar, une gravure représente un animal qui paraît être un mouton, à longues pattes et à longue queue : Flamand, Bull. de la Société d'anthropologie de Lyon, XX, 1901, p. 109, fig. IV, n° 2.

A Bou Alem[1], au col de Zenaga[2], à Er Richa[3], on voit des béliers dont les cornes offrent la même forme. Ils sont coiffés d'un disque ou d'une sphère, et plusieurs portent des colliers. Ce ne sont donc pas des animaux sauvages[4]. Des chèvres sont aussi figurées sur des gravures rupestres[5]; à Er Richa, il y a un bouc à collier.

Les moutons et les chèvres qui, à une époque antérieure, servirent aux repas des troglodytes devaient être aussi domestiqués. Leur brusque apparition ne s'explique que si l'on admet l'introduction par l'homme d'animaux étrangers[6].

La domestication du mouton et de la chèvre remonte, en Europe[7] comme en Égypte[8], à des temps très lointains. On peut remarquer qu'en Égypte, la race la plus ancienne avait des pattes longues, comme le mouton de Ksar el Ahmar, mais des cornes différentes (transversales spiralées); dans la vallée inférieure du Nil, elle semble s'être éteinte avant le Nouvel Empire[9]. A partir du Moyen Empire, il y eut en Égypte une autre race, à cornes recourbées en avant : c'était à celle-ci qu'appartenait le bélier sacré d'Ammon[10], dont des gravures du Sud oranais nous montrent de grossières images (les béliers coiffés d'un

1. L'un de ces béliers de Bou Alem est reproduit dans Gsell, *l. c.*, p. 46, fig. 13 (sur son corps sont figurées des séries de traits qui ressemblent plus à des poils qu'à de la laine; le chanfrein est très busqué). Pour l'autre bélier du même lieu, voir *Bull. de la Soc. d'anthr. de Lyon*, XX, p. 99, fig. 9 (chanfrein busqué, longues pattes, longue queue).
2. Gautier, *Sahara algérien*, fig. 14, à la p. 93 (reproduit par Pallary, *Instructions*, p. 72, fig. 58).
3. Dessin communiqué par M. Flamand (chanfrein busqué, longues pattes).
4. Au col de Zenaga il y a peut-être un mouton avec une corde au cou : Gautier, *l. c.*, fig. 11, n° 2, à la p. 89; conf. p. 88.
5. A Khanguet el Hadjar, à Tyout, peut-être aussi à Guebar Rechim (Flamand, *Bull. de la Soc. d'anthr. de Lyon*, XX, p. 204, fig. vi; Pomel, *Antilopes Pallas*, pl. XV, fig. 7, y voit des antilopes) et à l'oued Itel.
6. Le mouflon indigène contribua-t-il à la formation d'une race locale? nous l'ignorons.
7. C. Keller, *Naturgeschichte der Haustiere*, p. 155 et 180.
8. Keller, *l. c.*, p. 157. Conf. Lortet et Gaillard, *la Faune momifiée de l'ancienne Égypte*, p. 102.
9. Lortet et Gaillard, *l. c.*, p. vi, 87, 209.
10. Lortet et Gaillard, p. 87 et 102.

disque)¹. Quant aux chèvres, elles ne sont point venues d'Europe, où l'on ne constate pas l'existence de la race naine africaine. Mais, comme cette race paraît se rattacher à la chèvre égagre², qui vit encore à l'état sauvage dans l'Asie occidentale, il est probable qu'elle a été importée par le Nord-Est de l'Afrique.

L'élevage de la chèvre et du mouton est si aisé et si utile qu'il dut se développer rapidement en Berbérie, comme chez les indigènes plus voisins de l'Égypte³. Cependant il n'y a pas lieu de croire, avec Movers⁴, que les Libyens aient été à cet égard les maîtres des Grecs : les arguments invoqués par le savant allemand n'ont, à notre avis, aucune valeur⁵.

Nous ne savons pas quel était l'aspect des ânes sauvages qui vécurent dans l'Afrique du Nord jusqu'en pleine époque historique⁶. Des ossements d'ânes ont été recueillis dans quelques

1. Voir chapitre suivant. — On peut se demander si des béliers à cornes transversales ne sont pas représentés sur des peintures rupestres de la région de Constantine (Busco et Solignac, *Rec. de Constantine*, XLV, 1911, pl. IV et V, aux p. 338 et 340). Mais ces images sont d'une facture si maladroite qu'il est impossible de rien affirmer. Peut-être ceux qui les ont tracées ont-ils indiqué les cornes dans une position inexacte, afin qu'elles fussent plus distinctes. Et ces prétendus béliers ne seraient-ils pas des mouflons?

2. Keller, *l. c.*, p. 183.

3. Au XIII° siècle, l'inscription de Ménephtah, à Karnak, mentionne les chèvres du chef des Lebou : de Rougé, *Revue archéologique*, 1867, II, p. 41; Chabas, *Études*, p. 196. Plus tard, Homère (*Odyssée*, IV, 85-89), un oracle de Delphes (Hérodote, IV, 155), Pindare (*Pythiques*, IX, 6) vantent la richesse en moutons de cette partie de l'Afrique.

4. *Die Phönizier*, II, 2, p. 366-8, n. 7; conf. p. 409 et 463.

5. Selon Varron (*Rust.*, II, 1, 6), Hercule aurait conquis, dans le jardin des Hespérides, non des pommes d'or, mais des chèvres et des moutons, qu'il aurait ramenés d'Afrique en Grèce. Si l'on veut prendre au sérieux cette indication, on ne peut guère penser qu'à un souvenir très déformé de l'introduction en Grèce de certaines races propres à l'Afrique (conf. peut-être, pour les moutons, Lortet et Gaillard, *l. c.*, p. 96-97, qui signalent, dans le Sud-Est de l'Europe, une race ovine étroitement apparentée à la race la plus ancienne de l'Égypte). — Quand même Hérodote (IV, 189) aurait raison de dire que les Grecs ont emprunté l'égide d'Athéna au vêtement en peau de chèvre des femmes libyennes, cela ne prouverait pas naturellement qu'ils aient connu par les Libyens la chèvre domestique. — Le mot grec τίτυρος (bouc), qui, selon un commentateur de Virgile (Probus, *apud* Thilo et Hagen, édit. de Servius, III, 2, *Appendix Serviana*, p. 329), aurait appartenu à la langue libyque, a dû être importé en Cyrénaïque par les Doriens : il n'était pas plus d'origine africaine que les mots latins *capra* et *hircus*, auxquels Movers cherche sans raison une étymologie libyque.

6. Voir plus haut, p. 116.

grottes à mobilier néolithique[1], mais il est impossible de dire si ces animaux étaient domestiqués. Les gravures rupestres ne nous donnent pas non plus d'indications certaines[2].

L'âne domestique, issu d'un âne sauvage qui se rencontre encore dans le Nord-Est du continent africain[3], existait en Égypte dès le quatrième millénaire avant J.-C.[4]. Au XIIIe et au XIIe siècle, les Libyens établis entre la vallée du Nil et la grande Syrte possédaient des ânes[5]. Il est permis de croire que les habitants de la Berbérie apprirent d'eux les services que pouvaient rendre ces précieuses bêtes de somme et de selle. Les ânes actuels appartiennent à une race qualifiée d'africaine, dont les plus beaux représentants se trouvent en Égypte[6]. Ils sont petits, avec une tête forte, aux yeux grands et doux, une enco-

---

1. Grottes d'Oran : Pallary et Tommasini, *Assoc. française*, Marseille, 1891, II, p. 615; Pallary, *Bull. de la Société d'anthropologie de Lyon*, XI, 1892, p. 300. Grotte de Saïda : Doumergue et Poirier, *Bull. d'Oran*, 1894, p. 111. Grotte du Grand-Rocher, près d'Alger (restes abondants) : Pomel, *Équidés*, p. 30, pl. IX-XII (p. 41 : « âne qui, s'il n'est pas l'*africanus* actuel, n'en est pas très différent »). Ficheur et Brives (*Comptes rendus de l'Académie des Sciences*, CXXX, 1900, p. 1487) signalent, avec doute, l'âne dans la grotte des Bains-Romains (près d'Alger), abri habité à une époque plus ancienne, au temps de l'hippopotame et du rhinocéros.
2. A Ennefous, près d'Er Richa, dans le Sud oranais, sont représentés des équidés (Maumené, *Bull. archéologique du Comité*, 1901, p. 303, fig. 2; Delmas, *Bull. de la Société dauphinoise d'ethnologie et d'anthropologie*, IX, 1902, p. 137-138, fig. 11), que M. Delmas regarde, peut-être avec raison, comme des ânes. Sur l'un d'eux, on voit nettement une croix, formée par deux bandes dont l'une court le long du dos et dont l'autre coupe la première près du garrot; des zébrures raient transversalement l'une des jambes : ces particularités sont fréquentes chez les ânes africains. M. Maumené indique des mouchetures sur tout le corps de ces animaux, en faisant cependant observer qu'elles sont très frustes et paraissent avoir été obtenues en frottant la pierre; M. Delmas signale seulement un polissage de la surface du grès, correspondant aux naseaux, au cou et à une bande horizontale le long du ventre. Si les gravures offrent véritablement des mouchetures, on peut penser à des chevaux pommelés. Il y a aussi un équidé au corps moucheté à Guebar Rechim (Gsell, *Monuments antiques de l'Algérie*, I, p. 46). Il m'est difficile de reconnaître un âne sur une gravure d'Aïn Memnouna : Gautier, *Sahara algérien*, fig. 18, n° 2, à la p. 99. A Telliz Zarhène, dans le Sahara, Barth (*Reisen und Entdeckungen*, I, p. 216) mentionne un animal qui pourrait être un âne. Mais il n'est pas sûr qu'il s'agisse d'une gravure fort ancienne.
3. *Equus taeniopus* (Nubie et pays des Somalis).
4. Conf. Keller, *l. c.*, p. 217.
5. Anes du chef des Lebou : de Rougé, *l. c.*; Chabas, *Études*, p. 196. Anes des Mashaouasha : Chabas, p. 244.
6. Sanson, *Traité de zootechnie*, 4e édit., III, p. 149 et suiv.

lure mince, une crinière très courte, un dos court et tranchant, une poitrine étroite; la robe est le plus souvent grise, comme celle des onagres de Nubie. Ils vivent vieux et montrent des qualités remarquables de docilité, de sobriété, d'endurance et d'agilité [1].

Indépendamment des importations récentes [2], il y a en Berbérie deux types de chevaux, le barbe et l'arabe..

Le cheval barbe [3] a une tête assez forte, un front bombé, des arcades orbitaires peu saillantes, un chanfrein busqué, des joues fortes, des lèvres minces, une bouche petite, des oreilles minces et droites, une encolure arrondie et large, à crinière bien fournie, un garrot élevé, un dos et des lombes courts, une croupe courte et tranchante, une queue touffue, attachée bas, des membres forts, mais souvent assez mal plantés [4]. La taille est peu élevée (1 m. 50 en moyenne). La robe est de couleur variable; le gris domine. L'aspect général est lourd, sans élégance. Mais cet animal possède de grandes qualités : docilité,

---

1. Sanson, *l. c.*, p. 145-6; conf. Rivière et Lecq, *Manuel de l'agriculteur algérien*, p. 1005.
2. Sanson (*l. c.*, p. 81) indique en Berbérie un certain nombre de chevaux qui seraient de race germanique. A supposer que le fait soit exact, l'époque de l'introduction de ces animaux reste très incertaine, car rien ne prouve qu'ils aient été amenés par les Vandales, ni surtout, comme le croit Piétrement (*les Chevaux dans les temps préhistoriques et historiques*, p. 734), par « les blonds constructeurs des dolmens des États barbaresques ».
3. J'indique ses principales caractéristiques surtout d'après Sanson, *l. c.*, p. 62. Voir aussi Aureggio, *les Chevaux du Nord de l'Afrique* (Alger, 1893), p. 82.
4. Sanson (*l. c.*, p. 52-53, 63) a observé que des barbes n'ont, comme les ânes, que cinq vertèbres lombaires, au lieu de six. Il a constaté aussi (p. 141-2), chez quelques barbes, comme chez les ânes, l'absence de châtaignes aux membres postérieurs. La race, à l'état pur, offrait, croit-il, ces deux caractères, que la plupart des chevaux africains auraient perdus par suite de croisements. La race barbe serait donc apparentée à l'âne. J'ajouterai, d'après une indication de M. Neuville, qu'elle serait aussi apparentée au zèbre, qui, lui aussi, possède seulement cinq vertèbres lombaires et n'a de châtaignes qu'aux membres antérieurs. Mais d'autres savants ont montré que les deux particularités indiquées ne sont pas propres à la race africaine. M. Cossart Ewart (cité par Boule, *les Chevaux fossiles des grottes de Grimaldi*, p. 8, dans *Annales de paléontologie*, V, 1910) en fait des caractères typiques de son *Equus caballus celticus*. Certains prétendent même qu'il s'agit simplement d'anomalies individuelles : pour les vertèbres, voir Aureggio, *l. c.*, p. 64-65, 171-2.

vitesse, vigueur, résistance aux privations et aux fatigues. Les barbes, dont le type pur est devenu rare par suite de croisements multipliés avec les arabes, sont apparentés à des chevaux qui ont existé ou existent encore dans le Nord-Est de l'Afrique[1].

Le cheval dit arabe a le front plat et large, les arcades orbitaires saillantes, le chanfrein droit ou légèrement concave, les joues plates, les narines plus larges que celles du barbe, les oreilles plus petites, la crinière moins abondante, mais plus fine. Les formes du corps sont sveltes, souples, d'une élégance et d'une harmonie qui n'exclut pas la vigueur. Cette race, dont les exemplaires les plus beaux sont en Syrie, se retrouve aujourd'hui dans tous les pays musulmans. C'est elle qui a donné naissance aux pur-sang anglais, par des individus exportés, au XVIIe et au XVIIIe siècle, soit de Turquie, soit des États barbaresques. Il n'est pas vraisemblable qu'elle soit originaire d'Arabie. Jusqu'aux environs de notre ère, les Arabes montaient des chameaux[2]; plus tard, ils eurent des chevaux, qui durent venir surtout de Syrie[3] et qui restèrent en petit nombre jusqu'aux conquêtes de l'Islam[4].

En Berbérie, la diffusion de la race arabe, ou plutôt syrienne, ne paraît pas dater de bien loin. On croit d'ordinaire, mais sans preuves, qu'elle n'a été introduite que par les musulmans, à partir du VIIe siècle. En tout cas, la plupart des monuments

1. C'est la race de Dongola. — La race barbe a été introduite en Espagne (Sanson, *l. c.*, p. 57), peut-être dès l'antiquité.
2. Conf. Hehn, *Kulturpflanzen and Hausthiere*, p. 28-29 de la 6e édition.
3. Il y eut aussi des importations de la côte orientale d'Afrique. Ce sont les chevaux de Berbera [et non de Berbérie], dont il est question dans Amro'lkaïs, au VIe siècle : voir de Slane, *Diwan d'Amro'lkaïs*, p. 92. Ils devaient être de la race de Dongola, apparentée à la race barbe. Mais ce ne serait pas une raison pour soutenir que les chevaux qu'on appelle aujourd'hui arabes, et qu'il vaudrait mieux appeler syriens, soient simplement des descendants de chevaux africains. Ils ont, nous l'avons indiqué, des caractères différents.
4. Voir Hehn, *die Hausthiere*, p. 199. Il ne faut cependant pas affirmer que les Arabes n'aient eu de bons chevaux qu'après la conquête de l'Afrique du Nord (*contra* : Hehn, *l. c.*, p. 29-30). On sait combien l'éloge du cheval est fréquent dans la poésie antéislamique.

antiques qui représentent des chevaux de l'Afrique du Nord et les textes anciens qui les concernent semblent se rapporter à la race barbe[1]. Depuis quand occupe-t-elle cette contrée?

Dans les stations paléolithiques, les seuls équidés dont les ossements puissent être déterminés avec certitude sont des zèbres[2]. Nous n'avons aucune preuve que le cheval ait existé alors en Berbérie. Il est également absent ou très douteux dans les stations néolithiques les plus anciennes. Il ne se trouve que dans les couches supérieures des grottes[3]. Il apparaît, mais rarement, sur les gravures rupestres du Sud oranais, contemporaines de l'industrie néolithique berbère. Sur l'une d'elles[4], un quadrupède, fort mal dessiné, mais qui ne peut être qu'un cheval, est « affublé, dit Pomel, d'une large ceinture, probablement en guise de selle[5] ». Une seconde image[6], non moins grossière, nous montre un autre cheval, portant une sorte de housse. On voit qu'il s'agit d'animaux domestiques. Un cheval, recouvert d'une grande housse et attaché à un tronc d'arbre, est aussi représenté sur un dessin du Sud du Maroc, qui semble bien, comme les précédents, appartenir à la série des gravures dites préhistoriques[7].

Dans l'état actuel de nos connaissances, nous pouvons donc admettre que le cheval était étranger à la faune de l'Afrique septentrionale et qu'il a été introduit par l'homme à une époque assez récente.

Aux épaules, aux genoux, aux jarrets de quelques-uns des

---

1. Nous reviendrons sur cette question. Voi. Tissot, *Géographie*, I, p. 334 et suiv.; Bernard, *Bull. archéologique du Comité*, 1906, p. 1 et suiv., en particulier p. 16.
2. Voir p. 101.
3. Grottes d'Oran : Pallary, *Assoc. française*, Caen, 1894, II, p. 741. Doumergue et Poirier (*Bull. d'Oran*, 1894, p. 111) indiquent de nombreux restes de chevaux dans la grotte de Saïda ; ne seraient-ce pas des zèbres?
4. Hadj Mimoun (Sud oranais) : Pomel, *Singe et homme*, pl. I, fig. 8.
5. Observer cependant qu'au même lieu, on voit une « ceinture » analogue autour du corps d'un animal qui paraît être une antilope : Pomel, *l. c.*, pl. I, fig. 2.
6. Oued Bridj (Sud oranais) : Pomel, *l. c.*, p. 19, pl. I, fig. 4.
7. Duveyrier, *Bull. de la Société de géographie*, 1876, II, p. 137 et planche, n° 51.

chevaux représentés sur des mosaïques africaines, on observe des zébrures, qui se voient encore aujourd'hui chez des barbes[1]. Il ne semble pas impossible que cette race se soit constituée par des croisements de zèbres africains et de chevaux domestiques importés[2].

Nous avons dit qu'un type très voisin de celui des barbes se trouve dans le Nord-Est de l'Afrique. Des monuments égyptiens nous apprennent qu'il existait dans la vallée du Nil depuis le Nouvel Empire, vers le XVIe siècle[3]; auparavant, le cheval paraît avoir été inconnu en Égypte[4]. D'où l'on peut conclure soit que la race africaine s'est formée à une époque antérieure dans le Nord-Ouest du continent et que, de là, elle s'est répandue vers l'Est[5], soit, au contraire, qu'elle s'est constituée dans le Nord-Est de l'Afrique, vers le début du Nouvel Empire, ou un peu plus tôt, et qu'elle s'est ensuite propagée en Berbérie. Mais rien n'oblige à croire que, dans ce dernier pays, le cheval ait été domestiqué avant le temps où les Égyptiens s'en servirent. Nous n'avons non plus aucune raison d'admettre que la Berbérie ait

---

Autres chevaux sur des gravures, peut-être préhistoriques, de la même région : *ibid.*, p. 136, 137; planche, n°° 17 et 36. — A Telliz Zarhène, dans le Sahara, Barth (*l. c.*, p. 216) a cru reconnaître un cheval parmi des bœufs. Mais ce cheval est-il une gravure préhistorique ?

1. Ridgeway, *the Origin and Influence of the thoroughbred horse* (Cambridge, 1903), p. 437, 476 (conf. S. Reinach, dans *l'Anthropologie*, XIV, 1903, p. 202-3); Bernard, *l. c.*, p. 22. Des zébrures analogues se constatent, mais plus rarement, dans d'autres races de chevaux, soit par suite de croisements avec des africains, soit parce que ces races ont eu elles-mêmes des équidés zébrés parmi leurs très lointains ancêtres : conf. Boule, dans *l'Anthropologie*, XVII, 1906, p. 152. Mais il est fort douteux que des équidés véritablement zébrés aient encore vécu en Europe à l'époque quaternaire (Boule, *les Chevaux fossiles*, etc., p. 21). — Les ânes d'Afrique offrent les mêmes indices d'une parenté avec le zèbre : ils ont souvent, eux aussi, des raies transversales aux jambes.

2. Voir aussi l'observation faite à la note 4 de la page 229. On a contesté, il est vrai, que les produits du cheval et du zèbre puissent être féconds. La question paraît devoir être tranchée dans le sens de l'affirmative : voir Brehm, *Vie des animaux, Mammifères*, II, p. 432 de la traduction française.

3. Sanson, *l. c.*, p. 51 (« cheval dongolàwi »). Piétrement, *les Chevaux*, p. 458-7.

4. Selon l'opinion commune (Maspero, *Histoire ancienne des peuples de l'Orient classique*, II, p. 51), il aurait été introduit par les Hyksôs : ce qui n'est pas prouvé.

5. Opinion de M. Ridgeway, *l. c.*, p. 227.

reçu de l'Europe les animaux qui ont formé la race barbe Au contraire, l'Égypte, à l'époque où elle commença à avoir des chevaux, était en relations suivies avec l'Asie. Or, dans l'Ouest de ce continent, il y a des chevaux qui, tout en offrant un type distinct des barbes, leur sont cependant apparentés[1], et il est certain que cet animal a été employé par l'homme dans l'Asie occidentale plus tôt que dans la vallée du Nil[2]. Sans nous dissimuler notre manque de compétence en cette question et la fragilité de nos hypothèses, nous sommes disposé à croire que le cheval domestique a été importé d'Asie en Égypte, que, dans le voisinage de l'Égypte, peut-être dans la Nubie, soumise aux Pharaons, une race nouvelle s'est formée, par des croisements avec des zèbres, et qu'ensuite elle s'est répandue vers le Nord-Ouest[3], dans la seconde moitié du deuxième millénaire avant J.-C., par l'intermédiaire des Libyens habitant entre l'Égypte et la grande Syrte : ceux-ci avaient certainement des chevaux au XIIIe et au XIIe siècle, mais encore en petit nombre[4].

Chez les peuples de l'antiquité, les chevaux furent d'abord utilisés surtout comme bêtes de trait, attelées par paires à des

1. Le général Daumas (les Chevaux du Sahara, p. 30) va jusqu'à écrire : « Tous les chevaux de l'Afrique et de l'Asie peuvent être confondus sous une dénomination commune. » — Il est vrai que certains auteurs (voir, entre autres S. Reinach, Comptes rendus de l'Académie des Inscriptions, 1903, p. 193) pensent que ces chevaux asiatiques apparentés aux africains sont leurs descendants, non leurs ancêtres; qu'en Asie, il n'y avait auparavant que des chevaux semblables aux chevaux européens préhistoriques (petits, avec une grosse tête). Il faudrait alors admettre, puisque le cheval n'est pas indigène dans le Nord de l'Afrique, que des animaux, introduits soit d'Europe, soit d'Asie dans le continent africain s'y seraient beaucoup modifiés dans un laps de temps très court. Du reste M. Boule (Annales de paléontologie, mémoire cité) a montré que, dès l'époque quaternaire, il y avait déjà divers types de chevaux.
2. Voir E. Meyer, Geschichte des Altertums, 2e édit., I, 2, p. 579. Selon ce savant, la Mésopotamie a pu connaître, vers 1900 avant J.-C., des chevaux importés du plateau iranien, où les Aryens les auraient introduits.
3 Peut-être y a-t-il eu en Berbérie de nouveaux croisements avec le zèbre.
4. Inscription de Ménephtah, à Karnak (de Rougé, Revue archéologique, 1867, II, p. 43; Chabas, Études, p. 200) : les Égyptiens s'emparent de quatorze paires de chevaux, appartenant au chef des Lebou et à ses fils. A propos de ce chiffre,

chars légers, qui portaient des guerriers. Il en fut ainsi chez les Libyens orientaux[1] : Hérodote prétend même que les Grecs apprirent d'eux à atteler quatre chevaux[2]. Les habitants de la Berbérie eurent aussi des chars, qui sont signalés aux temps historiques[3]. Mais, dès une époque reculée, ils durent se servir de leurs chevaux comme de montures : les gravures rupestres que nous avons mentionnées autorisent cette supposition.

En résumé, nous ignorons l'origine des bœufs domestiques de l'Afrique du Nord; on peut se demander s'il ne s'agit pas d'une race issue de bœufs sauvages indigènes. Il en a peut-être été de même des ânes, quoique l'introduction d'animaux domestiques du Nord-Est de l'Afrique nous paraisse beaucoup plus probable. Les moutons, les chèvres, les chiens et les chevaux sont sans doute d'origine étrangère. Les chèvres et les moutons semblent avoir été introduits tout d'abord et il est permis de conjecturer qu'ils sont venus de l'Est. Nous croyons qu'on peut en dire autant des chevaux.

II

L'élevage, associé d'ordinaire à la chasse, resta pendant fort longtemps, jusqu'aux environs de notre ère, la ressource essentielle d'un grand nombre d'indigènes, non seulement dans

---

de Rougé observe : « Il paraît que les chevaux n'étaient pas encore très nombreux sur les côtes africaines. » — Inscription de Ramsès III, à Medinet Habou (Chabas, l. c., p. 244) : 183 chevaux et ânes pris aux Mashaouasha.

1. Si l'inscription de Karnak indique des paires de chevaux, c'est sans doute parce que ces animaux étaient attelés à des chars. Parmi le butin fait sur les Mashaouasha, l'inscription de Medinet Habou mentionne non seulement des chevaux, mais aussi 93 chars.

2. IV, 189. Pour les chars des Libyens orientaux, voir encore Hérodote, IV, 170 et 183; VII, 86 et 184.

3. Hérodote, IV, 193. Diodore de Sicile, XX, 38, 1; XX, 64, 1. Strabon, XVII, 3, 7. On pourrait admettre des influences puniques.

les régions de steppes où le climat interdisait la culture du sol, mais même dans une bonne partie du Tell. Faire paître des troupeaux et recueillir leurs produits est une occupation qui demande assurément moins de peine que le défrichement et l'agriculture, que la plantation, la greffe, l'entretien des arbres fruitiers, et c'était peut-être par indolence que bien des Africains se contentaient des maigres profits qu'ils tiraient d'un travail intermittent et facile. Mais il faut aussi se souvenir que, dans les contrées où la sécurité est précaire, les pasteurs, avec leurs troupeaux mobiles, échappent aux dangers du pillage et de la guerre mieux que les cultivateurs. Ceux-ci doivent être assurés de la possession paisible de leurs terres pendant les mois qui s'écoulent entre les semailles et la récolte, pendant les années qui se passent entre la plantation ou le greffage des arbres et l'âge de la fructification. Ils ne peuvent pas déplacer aisément leurs provisions; la destruction de leurs vergers les ruine pour longtemps. Si beaucoup d'indigènes se bornèrent à l'élevage, alors que le climat et le sol leur auraient permis un autre genre d'existence, ce fut moins par paresse que par crainte de travailler en vain.

D'autres se livrèrent à la culture. Des chasseurs, des pasteurs pouvaient vivre, sans s'astreindre à de longs parcours, dans les pays de la Berbérie qui leur offraient en toute saison du gibier et les pâturages nécessaires à leurs troupeaux. Ils n'avaient aucune raison de se déplacer, quand ils ne devaient pas s'enfuir devant des tribus plus fortes, ou quand ils ne convoitaient pas eux-mêmes des territoires plus riches. Ils étaient ainsi dans des conditions favorables pour devenir cultivateurs. En bien des lieux, cette occupation nouvelle a pu être un des effets, et non pas la cause première de la fixité des demeures.

Il n'est pas trop téméraire de croire que quelques légumes aient été cultivés dans l'Afrique du Nord dès une époque fort ancienne[1], entre autres la fève, peut-être spontanée dans cette contrée[2].

Quant aux céréales, elles furent connues dans certaines régions d'assez bonne heure, en tout cas avant la domination carthaginoise[3], avant même la colonisation phénicienne. Il est vrai que les stations néolithiques du Sahara où l'on trouve des meules à grains peuvent dater seulement de quelques siècles avant notre ère[4]. Mais on a découvert des ustensiles semblables dans une grotte du Rio Salado, sur le littoral oranais[5], et dans une grotte de Brezina (Atlas saharien)[6], avec un mobilier qui appartient à une industrie néolithique vraiment préhistorique[7].

Le sorgho paraît être indigène dans le continent africain[8], où il a rendu les mêmes services aux hommes que le millet dans d'autres contrées; mais nous n'avons pas de preuves qu'il

1. Mais il faut écarter les hypothèses de Movers (die Phönizier, II, 2, p. 410), qui attribue à plusieurs cultures légumières une lointaine origine africaine. Ses arguments sont inadmissibles. Le terme panicum cicer, qu'on trouve dans Columelle (II, 10, 20; IX, 1, 8), indique simplement l'existence d'une variété de pois, cultivée par les Carthaginois, et non par les Libyens. Les étymologies berbères que Movers donne des mots cicer, lens, faba, πύανος, κράμβη sont tout à fait invraisemblables; dans les cas même où les noms berbères sont réellement apparentés aux noms latins, l'emprunt est imputable aux Africains, non aux Italiens.
2. Voir plus haut, p. 163. Les fèves étaient impures pour les Égyptiens (Hérodote, II, 37), mais rien ne prouve que les indigènes de la Berbérie s'en soient abstenus. A Bougie, on a trouvé des féveroles calcinées, avec des objets d'une haute antiquité, postérieurs cependant à la connaissance du fer : Debruge, Rec. de Constantine, XXXIX, 1905, p. 119.
3. Vers 500, Hécatée (Fragm. hist. graec., édit. Müller, I, p. 23, n° 303) indiquait des Libyens laboureurs et mangeurs de blé, probablement dans la Tunisie orientale. Or il est à croire qu'à cette époque, Carthage n'avait pas encore de possessions territoriales en Afrique (conf. Meltzer, Geschichte der Karthager, I, p. 82).
4. Voir p. 208.
5. Meule elliptique en basalte, avec un broyeur circulaire aplati; au musée d'Alger : conf. Pallary, Revue africaine, LV, 1911, p. 324.
6. Delmas, Assoc. française, Toulouse, 1910, II, 2ᵉ partie, p. 372 (meules elliptiques), p. 371 (pilons et molettes). — Peut-être aussi à Redeyef, dans le Sud-Ouest de la Tunisie : Gobert, dans l'Anthropologie, XXIII, 1912, p. 157-8 (débris de meules dormantes en grès; nombreuses molettes, consistant en galets de grès; cependant il n'est pas sûr que ces objets aient servi à écraser des grains)
7. Des meules en granit et en grès, des broyeurs en quartzite ont été aussi recueillis à Bougie, mais ces objets sont postérieurs à la connaissance du fer : Debruge, l. c., p. 109, 118, 119.
8. De Candolle, Origine des plantes cultivées, p. 306-7. Körnicke, die Arten und Varietäten des Getreides, p. 19 et 302.

ait été cultivé très tôt en Berbérie[1]. Nous ne savons pas où a commencé la culture de l'orge et du blé, ni de quelle manière elle s'est répandue. En général, on est disposé à chercher leur centre de diffusion dans l'Asie occidentale, où ces végétaux existent encore à l'état sauvage[2], quoiqu'un témoignage ancien, d'ailleurs sujet à caution, indique du blé spontané dans une région voisine de la Berbérie, en Sicile[3].

Faut-il admettre une période primitive de culture à la houe? Ou l'orge et le blé ont-ils été introduits dans l'Afrique du Nord en même temps que la charrue et l'usage des bovidés châtrés pour la tirer : conditions de l'agriculture des peuples classiques[4], qui étaient réalisées en Égypte dès le début des temps historiques? les habitants de la Berbérie auraient reçu le tout par l'intermédiaire des Libyens orientaux[5]. Ces hypothèses sont tellement fragiles qu'il vaut mieux ne pas insister[6].

Nous n'avons aucune indication précise sur le lin, dont la

---

1. On peut même douter qu'il l'ait été aux époques punique et romaine.
2. Pour le blé sauvage de Syrie et de Palestine, voir Aaronsohn, *Agricultural and botanical explorations in Palestine* (Washington, 1910), p. 42 et suiv. Il a pour satellite l'*Hordeum spontaneum* et M. Aaronsohn (p. 50) estime que la culture des deux céréales a dû commencer simultanément.
3. Diodore, V, 2 (il cite aussi Homère, *Odyssée*, IX, 109-110; mais il n'est pas certain que le pays des Cyclopes du poète ait été situé en Sicile). — Pomponius Méla (III, 103) prétend même que des céréales poussent spontanément sur la côte du Maroc : « Adeo est fertilis ut frugum genera non cum serantur modo benignissime procreet, sed quaedam profundat etiam non sata. »
4. Hahn, *die Haustiere*, p. 89 et 568.
5. Remarquer qu'actuellement encore la culture à la charrue n'est pratiquée en Afrique (en dehors des colonies européennes) qu'en Égypte, en Abyssinie et dans les pays riverains de la Méditerranée : Hahn, *das Alter der wirtschaftlichen Kultur der Menschheit*, p. 136. Aux Canaries, les Guanches, qui cultivaient le blé et l'orge, n'avaient pas de charrues.
6. Nous noterons cependant la ressemblance des meules néolithiques de la Berbérie et des meules qu'on trouve en Espagne avec un mobilier analogue à celui des grottes africaines : voir Siret, *l'Espagne préhistorique* (extrait de la *Revue des questions scientifiques*, octobre 1893), p. 28 et fig. 123 (avec le commentaire). — Selon Polémon d'Ilion, écrivain de l'époque hellénistique (*Fragm. hist. graec.*, édit. Müller, III, p. 119), les habitants d'Argos prétendaient que c'était chez eux que le froment avait été semé pour la première fois en Grèce et que le héros Argos l'avait apporté de la Libye [c'est-à-dire, sans doute, du pays situé entre l'Égypte et la grande Syrte]; conf. Festus, s. v. *Libycus campus*. Nous ignorons les motifs de cette croyance. S'agit-il d'une historiette, inventée pour expliquer

culture remonte à une très haute antiquité en Égypte, comme dans l'Europe centrale[1]. Il est fort douteux que quelques rondelles en terre cuite, trouvées dans des grottes à mobilier néolithique, aient été des pesons de fuseaux[2]. Des fonds de poteries, recueillis dans la grotte des Ours, à Constantine, offrent des empreintes de toiles grossières, sur lesquelles on avait placé ces vases pour les faire sécher, mais il ne paraît pas certain qu'ils appartiennent à l'industrie néolithique[3].

L'arboriculture exige la pratique de la greffe, la création de vergers, des soins attentifs et une vie tout à fait sédentaire. La vigne, l'olivier, le figuier, l'amandier sont indigènes en Berbérie[4]; cependant rien ne prouve qu'il y ait eu des espèces cultivées avant la période phénicienne[5], que les autochtones aient connu le vin et l'huile aux temps préhistoriques[6]. Observons toutefois que la langue berbère a, pour désigner l'olivier cultivé, un nom particulier, *azemmour*[7]; tandis que les Italiens empruntèrent le nom de cet arbre aux Grecs, qui furent sans doute leurs maîtres en oléiculture, les Libyens n'ont pas adopté le nom sémitique, importé par les Phéniciens[8]. Il y a

le nom de Λίβυσσα, donné à une Déméter adorée à Argos, nom qui n'avait peut-être à l'origine aucun rapport avec la Libye?

1. Ce n'étaient pas les mêmes espèces qu'on cultivait en Europe et en Égypte. Le lin des stations lacustres croît spontanément en Berbérie : de Candolle, *Origine des plantes cultivées*, p. 93.
2. Grottes d'Oran : Pallary et Tommasini, *Assoc. française*, Marseille, 1891, II, p. 613; Doumergue, *ibid.*, Pau, 1892, II, p. 628.
3. Voir plus haut, p. 105, n. 3.
4. Voir p. 166-8.
5. Fenestella, auteur du début de l'Empire, cité par Pline (XV, 1), affirmait qu'il n'y avait d'oliviers cultivés ni en Italie, ni en Espagne, ni en Afrique au temps de Tarquin l'Ancien, c'est-à-dire au début du vi° siècle. Nous ne savons pas sur quoi il fondait cette assertion.
6. Au iv° siècle, les habitants de l'île de Djerba faisaient de l'huile avec des fruits d'oliviers sauvages (Périple de Scylax, 110 : *Geogr. gr. min.*, I, p. 87). Mais s'ils n'avaient pas imité les Phéniciens pour la greffe, ils avaient pu apprendre d'eux la fabrication de l'huile.
7. Pour l'olivier sauvage, les Berbères, comme les Arabes, se servent du mot *zeboudj*; il est douteux que ce mot soit d'origine berbère.
8. Et donné par eux à la ville de *Zitha*, sur la petite Syrte, près de l'île de Djerba : conf. Tissot, *Géographie*, II, p. 200.

là un léger indice d'une culture très ancienne. Au reste, il est certain qu'en dehors du territoire punique, l'oléiculture et la viticulture ne se sont guère propagées avant la domination romaine.

Au v⁰ siècle, les Nasamons, peuplade du littoral de la grande Syrte, allaient s'approvisionner de dattes à Augila, au Sud de la Cyrénaïque [1]. C'était sans doute de l'Orient, des oasis égyptiennes, que les habitants de ce lieu et d'autres oasis situées plus à l'Ouest [2] avaient reçu les leçons qui leur permettaient de se livrer à une culture pénible. Peut-être s'était-elle répandue au Sud-Est de la Berbérie dès une époque reculée : nous avons montré l'étroite parenté de la civilisation néolithique saharienne avec celle de l'Égypte protohistorique [3]. En tout cas, il n'y a pas lieu de croire que les Phéniciens aient contribué à la diffusion de la culture du dattier au Sahara [4].

Assurément, les Phéniciens ont pris une part fort importante au développement de la civilisation dans l'Afrique du Nord. Il ne faut cependant pas l'exagérer, comme on l'a fait trop souvent. Les indigènes de cette contrée n'ont pas attendu la venue des navigateurs syriens pour pratiquer l'élevage et l'agriculture. Quelques-uns de leurs progrès furent-ils dus à leur initiative intelligente? Nous l'ignorons. Mais nous pouvons affirmer qu'ils reçurent beaucoup de l'étranger, nous avons des raisons de supposer qu'une bonne partie de ces précieuses acquisitions leur vint d'Égypte.

---

1. Hérodote, IV, 172 (conf. IV, 182).
2. Hérodote, IV, 183 (il n'a d'ailleurs que des notions très vagues sur ces oasis).
3. Voir p. 209.
4. Le palmier que l'on voit sur les monnaies frappées par Carthage, depuis la fin du v⁰ siècle ou le début du iv⁰, est une arme parlante, qui s'explique par un jeu de mots grec, φοῖνιξ signifiant à la fois *palmier* et *Phénicien*. Cela ne prouve pas, évidemment, que les Phéniciens aient été les introducteurs de la culture du palmier dans le Nord-Ouest de l'Afrique : le palmier, on l'a fait remarquer, ne fructifie pas en Phénicie (Meltzer, *l. c.*, I, p. 420).

CHAPITRE III

ÉTAT SOCIAL. MAGIE ET RELIGION. ART. PRATIQUES FUNÉRAIRES

I

Nous ne savons à peu près rien sur l'état social des Africains primitifs. Les stations les plus anciennes paraissent n'avoir été occupées que par un petit nombre d'individus; mais nous ignorons si chacune d'elles servait de demeure à un groupe en quelque sorte autonome, ou si celui-ci n'était pas rattaché par des liens plus ou moins étroits à d'autres groupes du voisinage. Dès les temps néolithiques[1], existent, nous l'avons dit[2], de véritables villages, dont les habitants devaient former des sociétés distinctes.

Les textes grecs et latins qui, à partir du v° siècle avant J.-C., donnent quelques renseignements sur les indigènes de la Berbérie nous montrent la famille constituée : famille dont l'homme, mari et père, est le chef[3], où la femme est tenue le

---

1. Et même dès l'époque de l'industrie gétulienne, qui peut être, il est vrai, en partie contemporaine du développement de l'industrie néolithique dans d'autres régions de l'Afrique du Nord : voir p. 187, n. 2.
2. P. 193.
3. Il y a des exceptions, sur lesquelles nous reviendrons : voir en particulier Hérodote, IV, 180. — Chez les Touaregs qui vivent actuellement dans le Sahara, la paternité n'est pas légalement reconnue, la maternité l'est seule; les enfants dépendent et héritent de leur oncle maternel, non de leur père (voir, entre autres, Gautier, *la Conquête du Sahara*, p. 191). Il y a là, sans doute, une survi-

plus souvent dans une condition inférieure, où la polygamie est fréquente. Ils indiquent des tribus ou des peuplades, disposant de territoires étendus, soumises, autant qu'il semble, à un régime monarchique[1]. Des États unissent sous une autorité commune un certain nombre de tribus.

Nous ignorons comment se sont formés ces divers organismes sociaux[2]. Peut-être les États ne sont-ils pas très anciens. On peut supposer qu'à une époque antérieure, des tribus se liguaient parfois en cas de guerre et que ces confédérations temporaires étaient commandées par des chefs, Agamemnons dont les pouvoirs expiraient à la fin des hostilités[3]. Mais, à vrai dire, nous sommes dans une incertitude complète à cet égard. Quant aux tribus, elles se sont probablement constituées de bonne heure : il était nécessaire aux hommes de former des associations assez fortes pour se défendre contre les attaques, pour s'assurer la possession de territoires où les troupeaux ne fussent pas à l'étroit sur des champs vite épuisés, où des sols variés pussent offrir des pâturages en toute saison.

vance d'un état de choses datant d'une lointaine antiquité : c'est ce que l'on appelle souvent, et improprement, le matriarcat. Cependant les documents anciens, qui font allusion à l'existence de cette coutume chez les Éthiopiens (Nicolas de Damas, *Fragm. hist. graec.*, édit. Müller, III, p. 462, n° 42), ne la signalent pas chez les Libyens.

1. A une époque plus reculée, dans la deuxième moitié du second millénaire avant J.-C., des documents égyptiens nous font connaître, entre la vallée du Nil et la Berbérie, des peuplades dont les plus importantes paraissent avoir été les Lebou et les Mashaouasha; elles avaient des chefs, qui, du moins chez les Lebou, appartenaient à une famille princière.

2. Sur les gravures rupestres préhistoriques de Tyout (Sud oranais), les gens représentés forment souvent des couples et un trait joint leurs parties génitales : peut-être a-t-on voulu indiquer ainsi le lien du mariage (les sexes ne sont pas distincts; mais, quand l'un des deux personnages tient un arc, il y a lieu de supposer qu'il s'agit d'un homme). Une de ces gravures nous montre trois individus ainsi associés : l'un est un archer, l'autre pourrait être une femme, le troisième, de plus petite taille, est probablement un enfant; les traits indiqueraient ici à la fois le mariage et la filiation. Conf. Bonnet, *Revue d'ethnographie*, VIII, 1889, p. 136; Pomel, *Singe et homme*, p. 18.

3. Tels étaient peut-être Maraiou, prince des Lebou, et Kapour, prince des Mashaouasha, qui, sous Ménephtah et sous Ramsès III, commandèrent des armées que les Égyptiens eurent à combattre : voir Maspero, *Histoire ancienne des peuples de l'Orient classique*, II, p. 431-2 et 471.

II

On constate encore de nos jours dans le Maghrib[1], et quelques textes anciens[2] signalent des pratiques dites magiques, destinées à acquérir des biens, à expulser ou à détourner des maux, à nuire à des ennemis. Bien qu'on ne puisse pas le prouver, certaines d'entre elles remontent sans doute à une très haute antiquité. Mentionnons, par exemple, les rites pour provoquer la pluie[3], auxquels un passage de Dion Cassius fait allusion[4]; les baignades accomplies dans la même intention, lors du solstice d'été : saint Augustin s'élève contre cet usage[5], qui a persisté çà et là en Berbérie[6]; la coutume, indiquée peut-être par Arnobe[7], de nouer à des arbres des morceaux d'étoffe, dans lesquels on croyait fixer les maux dont on voulait se délivrer[8]; les luttes rituelles, dont parlent Hérodote[9] et saint Augustin[10], et qui avaient, semble-t-il, pour objet l'expul-

---

1. Voir surtout le livre de Doutté, *Magie et religion dans l'Afrique du Nord* (Alger, 1909).
2. Outre ceux qui seront indiqués plus loin, voir Pline, VII, 16, citant Isigone et Nymphodore (en Afrique, il existe des familles de fascinateurs, dont les incantations font périr les troupeaux, sécher les arbres, mourir les enfants); Lucain, IX, 913 et suiv. (pratiques magiques des Psylles contre les serpents; conf. Plutarque, *Caton le Jeune*, 56, et Silius Italicus, III, 301). — Il n'y a pas à tenir compte ici de la prêtresse massyle dont il est question dans l'*Énéide* (IV, 480 et suiv.). Ce sont des opérations de la magie classique que Virgile lui attribue : conf. Basset, *Bull. de la Société archéologique de Sousse*, III, 1903, p. 266; Pichon, *Revue de philologie*, XXXIII, 1909, p. 218-9.
3. Voir surtout Bel, dans *Recueil de mémoires publié en l'honneur du XIV° congrès des Orientalistes par l'École des Lettres d'Alger* (Alger, 1905), p. 64-68, 70, 71, 83-87, 93-97; Doutté, *l. c.*, p. 582 et suiv.
4. LX, 9.
5. *Sermons*, CXCVI, 4 : « Natali Joannis, de solemnitate superstitiosa pagana christiani ad mare veniebant et ibi se baptizabant. »
6. Doutté, p. 567, 584.
7. I, 39 : « veternosis in arboribus taenias ».
8. Doutté, p. 436 et suiv.
9. IV, 180 : combats rituels entre jeunes filles chez les Auses et les Machlyes, sur le littoral de la petite Syrte.
10. *De doctrina christiana*, IV, 24, 53 : dans une fête, d'origine fort ancienne, qui revenait tous les ans à date fixe et durait plusieurs jours (on l'appelait la

sion violente des maux logés dans les corps des combattants[1].

C'est une opinion très répandue qu'on est maître de celui dont on possède l'image. Elle a vraisemblablement inspiré, à l'époque préhistorique, les auteurs des gravures rupestres : il est permis de croire que beaucoup de ces dessins ont été tracés pour mettre à la disposition des hommes les animaux qui y étaient représentés[2]; des paroles magiques, prononcées devant les images, pouvaient en compléter l'effet.

L'animisme est, selon l'acception usuelle de ce terme, la croyance à des esprits doués d'intelligence et de volonté, résidant d'une manière permanente ou temporaire dans des enveloppes matérielles, provoquant les phénomènes dont l'homme est témoin; êtres bienfaisants ou nuisibles, sur lesquels il convient d'agir par des procédés de contrainte ou de propitiation. Quelques documents de l'époque romaine, que nous aurons à étudier, nous font connaître, en différents lieux, des cultes des montagnes, des eaux, des arbres, qui témoignent plus ou moins nettement de superstitions animistes. Mais les peuples qui, aux temps historiques, ont pris pied en Berbérie ont pu contribuer à les propager : on sait l'importance des hauts lieux dans la religion phénicienne[3]; les *Genii* des sources, des rivières, des montagnes que mentionnent des inscriptions latines sont, au moins en apparence, des divinités romaines. Nous ne saurions dire non plus si le culte des pierres, prétendues demeures d'esprits puissants, a dans l'Afrique du Nord des origines très lointaines, car rien ne prouve qu'il ait existé avant la venue

---

Caterva), les habitants de Caesarea (Cherchel), partagés en deux camps, se battaient à coups de pierres. Saint Augustin les fit renoncer à cette coutume.

1. Doutté, *Merrâkech*, p. 323-4; le même, *Magie et religion*, p. 509.
2. Conf. Reinach, *Cultes, mythes et religions*, I, p. 123 et suiv. (pour l'art quaternaire d'Europe).
3. Maxime de Tyr (*Dissert.*, VIII, 7) mentionne (avec des indications géographiques fantaisistes) un culte célébré par les Libyens occidentaux au mont Atlas. Peut-être ce culte était-il proprement indigène.

des Phéniciens[1]. Cette observation s'applique d'une manière générale au fétichisme, qui attribue un pouvoir protecteur soit à une force impersonnelle, sorte de fluide, soit à des esprits, enfermés dans des objets naturels ou fabriqués, dont on s'assure la possession. Cependant il est probable que les hommes des temps préhistoriques regardaient comme des fétiches, et non comme de simples ornements, les objets dont ils composaient des colliers[2].

Nous pouvons être un peu plus affirmatifs pour la zoolâtrie. Vers le début du ve siècle de notre ère, saint Augustin attribuait aux Égyptiens seuls le culte des animaux[3]. Il y avait pourtant dans sa patrie des indigènes auxquels ce culte n'était pas étranger. Des vers écrits par Corippus au vi^e siècle attestent que les Laguatan, peuplade de la Tripolitaine, adoraient Gurzil, né du dieu Ammon et d'une vache[4]; il s'incarnait dans un taureau, qu'on lâchait sur les ennemis au moment d'engager le combat[5]. Plus tard, au xie siècle, El Bekri mentionne une tribu, habitant un pays montagneux dans le Sud du Maroc, qui adorait un bélier[6]. De nos jours, on observe chez les Berbères des traits de mœurs qui pourraient être interprétés comme de vagues indices d'une zoolâtrie primitive, ou tout au moins d'antiques alliances entre les bêtes et les hommes : égards par-

1. Notons qu'à Tamentit, dans le Touat, en plein Sahara, on conserve encore un aérolithe, qui fut autrefois vénéré (Gautier, *Sahara algérien*, p. 233). Il s'agit sans doute d'un culte indigène. Mais nous ignorons s'il date d'une antiquité très reculée. Un passage de Quinte-Curce (IV, 7, 23) a pu faire croire qu'à l'oasis d'Ammon, le dieu était adoré sous la forme d'une pierre (voir H. Meltzer, dans *Philologus*, LXIII, 1904, p. 186 et suiv.). Mais l'*umbilicus* que l'auteur latin prend pour le dieu est probablement la chapelle qui contenait son image. — Des traces de l'adoration de pierres dressées se retrouvent dans les contes berbères : voir, par exemple, Masqueray, *Bull. de correspondance africaine*, III, 1885, p. 101. Mais ces légendes s'appliquent souvent à des pierres romaines.
2. Conf. p. 190.
3. *Sermons*, CXCVII, 1.
4. *Johannide*, II, 110-1.
5. *Ibid.*, V, 22 et suiv. Il y avait aussi des images de Gurzil en bois et en métal : *ibid.*, II, 404-6 ; V, 493-502.
6. *Description de l'Afrique septentrionale*, trad. de Slane, p. 353.

ticuliers pour certains animaux, respect de leur vie, abstinence de leur chair[1].

Outre les vers de Corippus, plusieurs documents anciens témoignent de l'existence en Afrique d'animaux sacrés. Nous laisserons de côté ceux qui concernent peut-être des cultes importés à l'époque historique[2]. Mais il faut citer ici un passage intéressant de Diodore de Sicile[3]. Racontant l'expédition d'Agathocle, qui eut lieu à la fin du IV° siècle avant J.-C., cet historien parle d'un pays peuplé d'une multitude de singes, où se trouvaient trois villes, appelées, d'après ces animaux, d'un nom dont la traduction grecque était Πιθηκούσαι (on sait que πίθηκος signifie singe en grec). Les singes y vivaient dans les habitations des hommes, qui les regardaient comme des dieux; ils disposaient à leur gré des provisions de bouche. Les parents donnaient de préférence à leurs enfants des noms tirés de ceux des singes. Tuer un singe était dans ce pays la plus grande des impiétés, qu'on expiait par la mort.

Les gravures rupestres préhistoriques de la Berbérie nous permettent de remonter encore plus haut. Parmi les animaux divers qu'elles représentent, il en est auxquels les hommes de ce temps attribuaient assurément un caractère sacré : cela ne peut pas être mis en doute pour les béliers coiffés d'un disque, dont nous parlerons tout à l'heure.

---

1. Voir, entre autres, Duveyrier, *les Touareg du Nord*, p. 401; Monchicourt, *Revue tunisienne*, XV, 1908, p. 12-13; Bertholon, *ibid.*, XVII, 1910, p. 139; Bernard, *les Confins algéro-marocains*, p. 107-8; Cour, *Bull. d'Oran*, 1911, p. 57 et suiv.

2. D'après une indication recueillie par Eustathe (*Commentaire sur l'Iliade*, XXII, p. 1257, l. 30), les paons étaient sacrés pour les Libyens et ceux qui leur faisaient du mal étaient punis. Eustathe dit aussi (*ibid.*, l. 31) que les Libyens vénéraient l'ibis. Mais le paon ne fut introduit dans les pays de la Méditerranée occidentale que peu de temps avant l'ère chrétienne. Quant à l'ibis, il est très rare en Berbérie : peut-être, si l'assertion d'Eustathe a quelque valeur, s'agit-il de quelque autre échassier (on peut penser à la cigogne, qui est encore très respectée des indigènes). — Athénée (IX, 40, p. 388, *f*) dit, d'après Alexandre de Myndos, érudit du premier siècle de notre ère, qui se servit des écrits du roi Juba, que le porphyrion (poule sultane) est un oiseau consacré aux dieux en Libye. Rien ne prouve que le respect accordé à cet oiseau remontât à des temps très anciens.

3. XX, 58.

Le totémisme est une croyance sur laquelle on a beaucoup disserté dans ces dernières années, non sans en exagérer l'importance. Un totem est généralement une espèce animale à laquelle un clan, groupe d'hommes unis entre eux par le sang, se prétend apparenté. Le clan prend le nom du totem; les gens de ce clan vivent, autant que possible, dans la familiarité des animaux de l'espèce élue; ils s'abstiennent d'ordinaire de les tuer et de les manger. Ils estiment qu'ils n'ont rien à craindre d'eux; si l'un de ces animaux fait quelque mal à un individu du clan, c'est un signe qu'il a de bonnes raisons de le renier pour son parent. Cette croyance a été constatée de nos jours dans les deux Amériques, en Inde, en Océanie, dans le continent africain[1]. On a produit des arguments, dignes tout au moins d'attention, pour soutenir qu'elle a existé, dans les temps primitifs, chez divers peuples des pays méditerranéens et que, çà et là, il en est resté des vestiges jusqu'en pleine époque historique. Peut-être est-il permis d'alléguer pour l'Afrique du Nord le texte de Diodore de Sicile que nous avons mentionné. Divers détails y font penser au totémisme : « villes » qualifiées de villes des singes; familiarité des hommes et des singes; respect pour la vie de ces animaux. On peut être aussi tenté de retrouver une superstition totémique dans des indications relatives aux Psylles de la région des Syrtes[2]. Les cérastes (vipères à cornes), ennemis des autres Libyens, avaient, raconte Élien[3], une alliance avec les Psylles[4], qui étaient

---

1. Rappelons, entre autres exemples, que les Touaregs du Sahara ne mangent pas l'ourane, qu'ils disent être leur oncle maternel (c'est-à-dire le parent qui légalement leur tient lieu de père : conf. p. 240, n. 3) : Gautier, *Sahara algérien*, p. 333.
2. Conf. Reinach, *Cultes, mythes et religions*, I, p. 71.
3. *Nat. anim.*, I, 57. Conf. ibid., XVI, 27, où Élien cite Agatharchide. Voir aussi Pline, VII, 14; Varron, *apud* Priscien, *Instit.*, X, 32, dans Keil, *Grammatici latini*, II, p. 524; Lucain, IX, 893-908; Silius Italicus, I, 413; Dion Cassius, LI, 14. Varron et Lucain disent que les serpents qui servaient à l'épreuve étaient des aspics.
4. On pourrait se demander si le nom des Psylles n'avait pas quelque rapport avec celui des serpents auxquels ils étaient alliés. Ce nom aurait été une onomatopée, imitant le sifflement des reptiles.

insensibles à leurs morsures. Au dire des Libyens, quand un Psylle craignait que l'enfant mis au jour par sa femme ne fût adultérin, il remplissait de cérastes un coffre, dans lequel il jetait le nouveau-né. Si les serpents, d'abord menaçants, s'apaisaient dès que l'enfant les avait touchés, l'auteur de l'épreuve en concluait que cet enfant était bien son fils.

Une forme de la zoolâtrie, dont les rapports avec le totémisme restent fort obscurs[1], a consisté dans l'adoration d'un animal appartenant à une espèce déterminée et choisi d'après certaines marques : on croyait qu'une divinité s'incarnait en lui. L'Égypte ancienne était pleine de ces dieux animaux, qui se retrouvent en Berbérie. Tels devaient être le taureau des Laguatan dont parle Corippus et le bélier des montagnards marocains que signale El Bekri. Il faut en dire autant des béliers représentés sur les rochers du Sud oranais avec des insignes spéciaux, qui prouvent qu'on les distinguait nettement du menu peuple de leurs congénères. Nous allons voir que ces animaux sacrés devaient être considérés comme les incarnations d'un grand dieu.

D'autres gravures rupestres nous montrent des images où la forme humaine est associée à une forme animale. Dans le Sud oranais, à Er Richa, c'est un homme assis, à oreilles de lièvre, tenant de la main droite un bâton (?) recourbé[2]; sur des gravures que Barth[3] a vues à Telliz Zarhène (dans le Sahara, région de Ghat), ce sont deux personnages debout, se faisant vis-à-vis[4] : l'un a une tête de bœuf ou d'antilope et est pourvu d'une queue; il tient un arc et des flèches; la tête de l'autre offre, selon Barth, une vague ressemblance avec celle de l'ibis[5];

1. Si l'on veut admettre des rapports : hypothèse très contestable.
2. Delmas, *Bull. de la Société dauphinoise d'ethnologie et d'anthropologie*, IX, 1902, p. 140, fig. IV. Dessin qui m'a été communiqué par M. Flamand.
3. *Reisen und Entdeckungen*, I, p. 210-2, fig. à p. 210.
4. Entre eux est un bœuf.
5. Cette ressemblance ne me frappe nullement sur le dessin inséré dans l'ouvrage de Barth et que celui-ci qualifie du reste d'esquisse imparfaite.

il tient soit un arc, soit plutôt un bouclier ovale[1]. Des monstres, auxquels la superstition attribuait une existence réelle ont été adorés par divers peuples de l'antiquité, en particulier par les Babyloniens. En Égypte, le mélange des formes humaine et animale fut une sorte de compromis entre la zoolâtrie et l'anthropomorphisme. Mais il faut probablement admettre ici une autre interprétation. Les personnages figurés peuvent être simplement des hommes, qui se revêtaient de masques dans des cérémonies. De tels déguisements sont fréquents chez les peuples de civilisation primitive; par ce signe matériel, on s'identifie soit avec les animaux divins, soit, lorsqu'il s'agit d'une espèce totem, avec ceux qui sont apparentés au clan[2].

Quant aux personnages que les gravures représentent sous des traits complètement humains et dans des postures diverses, rien ne nous autorise à les considérer comme des divinités.

Hérodote dit que tous les Libyens offrent des sacrifices au soleil et à la lune; que c'est au soleil et à la lune seuls qu'ils sacrifient[3]. On ne doit pas invoquer, à l'appui de cette assertion,

---

1. On peut rapprocher de ces images une peinture beaucoup plus récente, tracée dans une grotte artificielle de Tunisie (près de Grombalia); elle représente deux personnages à tête de cerf : Deyrolle, *Bull. de la Société archéologique de Sousse*, I, 1903, p. 60-61, fig. 5 et 6.

2. Voir, par exemple, pour l'Afrique centrale, Desplagnes, *le Plateau central nigérien*, p. 308. D'une manière générale : Cartailhac et Breuil, *la Caverne d'Altamira*, p. 164 et suiv., 197, 242; Cumont, *les Mystères de Mithra*, 2e édit., p. 23 et 127-8. Ces mascarades paraissent avoir été usitées en Espagne et dans le Sud de la France dès l'époque quaternaire : Cartailhac et Breuil, *l. c.*, p. 56-58, fig. 41-43; Déchelette, *Manuel d'archéologie préhistorique*, I, p. 223-4 et 237; Alcade del Rio, Breuil et Sierra, *les Cavernes de la région cantabrique*, p. 98, fig. 96 et pl. LV. Il convient d'observer qu'elles n'ont pas toujours un caractère sacré : dans certains cas, ce sont des déguisements de chasse.

3. IV, 188; Il fait exception pour ceux des bords du lac Tritonis (au Sud de la Tunisie), qui sacrifiaient aussi à Athéna, à Triton et à Poseidon. — Il indique d'autre part (IV, 184) que les Atarantes, qui vivaient en plein désert, à l'Ouest des Garamantes, maudissaient et injuriaient le soleil, dont les rayons trop brûlants desséchaient leur pays; mais ces Atarantes étaient probablement des Éthiopiens, non des Libyens. Conf. Nicolas de Damas, fragment 140, apud Müller, *Fragm. historic. graec.*, III, p. 463. Pomponius Méla (I, 43) et Pline (V, 45) attribuent cela aux Atlantes, par suite d'une altération des manuscrits d'Hérodote, et ils disent que ces indigènes maudissent le soleil à son coucher, aussi bien qu'à son lever.

les dédicaces latines à *Sol* et à *Luna* qui ont été découvertes en Afrique, ni les images des deux astres qui apparaissent sur des stèles, trouvées en général dans des lieux où les civilisations punique et romaine s'étaient fortement implantées; car il est probable ou certain que ces monuments se rapportent à des croyances d'origine étrangère[1]. Il convient peut-être d'attacher plus d'importance à un passage d'Ibn Khaldoun, qui parle de Berbères païens, adorateurs du soleil et de la lune[2]: on peut supposer qu'il s'agit de cultes vraiment indigènes[3]. Notons aussi un texte de Macrobe[4]. Les Libyens, dit-il, représentent avec des cornes de bélier le dieu Ammon, qu'ils regardent comme le soleil couchant. Il est vrai que cet auteur retrouve le culte du soleil partout; son affirmation n'aurait guère de valeur, si elle n'était pas corroborée par d'autres témoignages[5].

Diodore de Sicile (III, 9) et Strabon (XVII, 2, 3) indiquent que certains Éthiopiens maudissent le soleil, lorsqu'ils le voient se lever.

1. Quelques monuments d'un art très grossier pourraient témoigner de croyances vraiment indigènes. Nous citerons : 1° une gravure tracée sur un rocher, non loin de l'oasis de Kriz, sur la rive septentrionale du chott el Djerid (Tunisie méridionale) : elle représente une tête absolument sphérique, surmontée d'un croissant, par conséquent une image de la lune (Duveyrier, *Sahara*, *Journal de route*, p. 86 et fig. à la p. 85; conf. Tissot, *Géographie*, I, p. 479-480 et fig. 48); — 2° une pierre trouvée près de Bordj Ménaïel, dans l'Ouest de la Kabylie : on y voit une tête radiée, figurée d'une manière fort maladroite (Viré, *Rec. de Constantine*, XXXII, 1898, fig. 3, à la p. 48); — 3° une image rupestre existant à l'Est de Constantine (*Atlas archéologique de l'Algérie*, f° 17, n° 144), qui offre aussi une tête radiée (il me paraît impossible d'y voir une image de la lune, comme le croit Mercier, *Rec. de Constantine*, XXXIV, 1909, p. 191-2); une inscription latine (*C. I. L.*, VIII, 5673 = 19107) lui donne le nom d'*Ifru*, ou peut-être d'*Ieru*, appellation sans doute indigène, qu'on ne retrouve pas ailleurs. Mais le dernier de ces documents et probablement aussi les deux autres appartiennent à l'époque romaine (à Kriz, il y a des inscriptions votives latines sur une roche voisine de celle qui porte l'image de la lune). Ils ne prouvent pas grand'chose pour l'existence d'un culte très ancien du soleil et de la lune en Berbérie.

2. *Histoire des Berbères*, trad. de Slane, I, p. 177.

3. Conf. Basset, *Revue de l'histoire des religions*, 1910, I, p. 302 : « Les Guanches de Palma (Canaries) vénéraient le soleil et lui donnaient le nom de Magec, et aussi d'Aman, qui paraît avoir signifié Seigneur. »

4. *Satura.*, I, 21, 19 : « Ammonem, quem deum solem occidentem Libyes existimant, arietinis cornibus fingunt. »

5. Ne serait-il pas possible de rapprocher du nom d'Ammon celui d'Aman, donné par les Guanches au soleil (conf. n. 3)?

Les deux principales divinités des Carthaginois furent Baal Hammon et Tanit Pené Baal [1], qui semblent bien avoir été un dieu solaire et une déesse lunaire [2]. Baal Hammon se confondit avec l'Ammon des autochtones, dont nous allons parler, mais il n'est pas prouvé que ce Baal importé de Phénicie ne soit devenu un dieu solaire qu'après son introduction dans l'Afrique du Nord. Il est également impossible d'affirmer que Tanit Pené Baal ait été transformée dans cette contrée en une déesse lunaire par suite de son identification avec une divinité indigène [3]. On pourrait même être tenté de se demander si le culte du soleil et de la lune, répandu chez les Libyens au temps d'Hérodote, vers le milieu du v° siècle, ne leur venait pas des Phéniciens. En ce qui concerne la lune, les documents nous manquent pour dissiper nos doutes.

Il n'en est pas de même pour le soleil : il y a de fortes raisons d'admettre que le culte de cet astre est antérieur, en Berbérie, au développement de la colonisation phénicienne.

Nous avons déjà fait allusion aux gravures rupestres du Sud oranais qui figurent des béliers dont la tête est coiffée d'un disque [4], maintenu par une jugulaire : on en connaît à Er Richa (dans l'annexe d'Aflou), à Bou Alem (dans la région de Géryville), où il y en a deux, et au col de Zenaga (près de Figuig) [5]. Sur l'un des dessins de Bou Alem et à Zenaga, le disque est flanqué ou surmonté de deux appendices, qui repré-

---

1. Transcription conventionnelle d'une appellation phénicienne dont la signification reste douteuse.
2. Nous n'en avons pas de preuves péremptoires pour l'époque carthaginoise. Mais, à l'époque romaine, cela est certain pour le Baal Hammon auquel on érigeait à Maktar des stèles portant des dédicaces en langue punique, comme pour la déesse Caelestis, qui doit être identifiée avec Tanit Pené Baal.
3. Remarquer que le nom de la lune est masculin dans les dialectes berbères (Basset, *l. c.*, p. 305) : ce qui pourrait faire croire que, si les Libyens primitifs ont adoré la lune, ils en ont fait un dieu, et non une déesse, comme du reste la plupart des peuples de l'Orient (Égypte, Arabie, Babylonie, Asie Mineure).
4. Ou peut-être d'une sphère.
5. Pour les références, voir à la p. 226.

sentent des serpents[1]. La signification de cet attribut est indiquée par un grand nombre de monuments égyptiens, où l'on voit le disque solaire, à droite et à gauche duquel se dresse un serpent naja. Nos gravures nous paraissent donc prouver que, dans le Sud-Ouest de l'Algérie, le culte du soleil s'associa à des superstitions zoolâtriques, dès une époque très ancienne, antérieure sans doute au premier millénaire avant J.-C.

Il n'est pas trop téméraire de donner le nom d'Ammon au bélier sacré que ces images nous font connaître. Elles s'accordent avec le texte de Macrobe, indiqué plus haut, qui attribue au dieu libyen Ammon, à cornes de bélier, un caractère solaire : représenté d'abord sous une forme entièrement animale, le dieu fut ensuite figuré en homme, tout en conservant de sa forme primitive soit la tête, soit seulement les cornes[2]. Ce qui est plus important encore, c'est que nos gravures s'accordent avec nombre d'images égyptiennes d'Amon[3] (appelé le plus souvent Amon-Râ, c'est-à-dire Amon-Soleil), où la tête du dieu bélier thébain est surmontée du disque solaire, flanqué de deux serpents (uræus)[4].

La puissance des Pharaons dont Thèbes fut la capitale, au cours du second millénaire, rehaussa le prestige de la divinité principale de cette ville et répandit son culte, même en dehors de l'Égypte. Ce fut certainement l'Amon de Thèbes qui eut des sanctuaires en Nubie. A l'Ouest de la vallée du Nil, il fut adoré dans l'oasis de Syouah, appelée par les Grecs Ἀμμώνιον. Les colons grecs de la Cyrénaïque le connurent et l'adoptèrent

---

1. L'un de ces serpents est bien reconnaissable à Zenaga. A Bou Alem, on a imité très maladroitement des najas au cou gonflé.
2. Sans parler ici des images inspirées par l'art grec, mentionnons une idole grossière à cornes de bélier, trouvée à Saint-Leu, sur le littoral de l'Oranie : Doublet, *Musée d'Alger*, pl. IV, fig. 6.
3. Ou Ammon.
4. MM. S. Reinach et Valdemar Schmidt ont, il est vrai, contesté la justesse de ce rapprochement (*l'Anthropologie*, XII, 1901, p. 537). Mais il me paraît s'imposer, malgré la grossièreté des gravures oranaises. M. Schweinfurth (*Zeitschrift für Ethnologie*, XL, 1908, p. 93) est aussi de cet avis.

sous le nom de Zeus Ammon. Les gravures du Sud oranais attestent que le culte d'Ammon s'implanta de bonne heure en Berbérie. Il s'y maintint après la venue des Phéniciens, après la conquête romaine [1], non sans subir, dans une grande partie de cette contrée, des transformations plus ou moins profondes. Il s'étendit donc sur tout le Nord du continent africain.

Nous n'avons aucun motif de croire qu'avant d'être atteints par les influences égyptiennes, les Libyens aient adoré un dieu bélier, qu'ils auraient appelé Ammon [2] et qui, à Thèbes, aurait été un étranger, venu de l'Ouest dès une époque lointaine [3]. Il est certain, d'autre part, que l'association chez ce dieu de la nature animale et de la nature solaire s'est accomplie dans la vallée du Nil. Ce fut, en effet, à Râ, dieu soleil de la ville d'An (Héliopolis), que l'Amon bélier de Thèbes emprunta son second nom; ce fut en s'identifiant avec lui qu'il devint une divinité solaire, comme d'autres dieux, également identifiés avec Râ; ce fut à la suite de cette identification qu'il reçut comme attribut le disque, flanqué de deux serpents.

Ainsi les gravures du Sud oranais représentent Amon-Râ de Thèbes. Il a dû parvenir jusque-là en passant de tribu en tribu, car rien n'indique que les habitants de la Berbérie aient eu des rapports directs avec les Égyptiens. Ce fut peut-être entre

---

1. Il faut probablement reconnaître le dieu Ammon dans le bélier qui, au temps d'El Bekri (voir plus haut, p. 244), était adoré dans le Sud du Maroc.
2. L'étymologie de ce nom est inconnue. On lit dans le commentaire de Servius sur l'*Énéide* (IV, 196) : « Libyes ammonem arietem appellant »; dans saint Athanase (*Contra gentes*, 24) : Λίβυες κριόβατον, ὃ καλοῦσιν ἄμμωνα, θεὸν ἔχουσι. D'après ces indications, *ammon* aurait été un mot de la langue libyque, signifiant bélier, mouton. A ma connaissance, on ne trouve rien de tel dans les dialectes berbères. Mais, même si cela est exact, le mot a pu être emprunté à l'Égypte.
3. Léon de Pella, auteur d'un traité sur les dieux égyptiens, prétendait, il est vrai, qu'un certain Hammon était venu d'Afrique en Égypte, amenant à Liber (Osiris) beaucoup de bétail, et qu'en récompense, il avait reçu un champ en face de Thèbes (citation faite par Hygin : voir *Fragm. historic. graec.*, II, p. 332, n° 6). L'existence du culte d'Ammon chez les Libyens comme en Égypte a peut-être donné naissance à cette fable, qu'on ne doit pas prendre au sérieux, ainsi que le fait Movers, *die Phönizier*, II, 2, p. 383.

le xviᵉ et le xiiᵉ siècle, à l'époque de la grande puissance des souverains thébains, à l'époque aussi où les Libyens qui vivaient à l'Est de la grande Syrte étaient attirés par l'Égypte, qu'ils tentèrent plusieurs fois d'envahir et que beaucoup d'entre eux habitèrent comme mercenaires [1].

Nos gravures prouvent que, dès ces temps reculés, les indigènes de l'Afrique du Nord n'adoraient pas seulement des génies locaux, des dieux de clans; le culte d'une grande divinité cosmique, du soleil, était répandu dans le Sud oranais, depuis Aflou jusqu'à Figuig, et sans doute aussi dans les pays intermédiaires entre cette région et l'Égypte.

Il n'est pas impossible qu'un autre dieu égyptien ait été adoré à Bou Alem. Une gravure de ce lieu figure un taureau, portant entre les cornes deux objets allongés. On a pu se demander (ce n'est d'ailleurs qu'une hypothèse) si cette image n'est pas celle du taureau d'Erment, dont la tête était surmontée de deux plumes [2].

Les peuplades voisines de la vallée du Nil adoptèrent d'autres divinités égyptiennes [3]. Au xivᵉ siècle, des guerriers libyens portaient aux bras et aux jambes des tatouages représentant le symbole de Nît, la déesse de Saïs [4]. Celle-ci pénétrat-elle par leur intermédiaire en Berbérie, comme Ammon? On peut dire seulement qu'une Athéna, — tel est le nom que lui donne Hérodote [5], — adorée au vᵉ siècle dans le Sud de la Tunisie, ressemble par son caractère guerrier à Nît, identifiée elle aussi avec Athéna [6].

---

1. Cependant il ne serait pas inadmissible de remonter plus haut, au temps des rois thébains de la xiiᵉ dynastie (commencement du second millénaire, selon la chronologie proposée par E. Meyer).
2. Gsell, *Monuments antiques de l'Algérie*, I, p. 47, n. 1 (d'après Lefébure).
3. A l'époque d'Hérodote (IV, 186), Isis était adorée par les femmes de la Cyrénaïque. Mais nous ignorons quand elle avait été introduite dans cette contrée.
4. Brugsch, *Geographische Inschriften*, II, p. 79. Capart, *les Débuts de l'art en Égypte*, fig. 10, à la p. 31.
5. IV, 180 et 188.
6. Conf. Meltzer, *Geschichte der Karthager*, I, p. 67.

Hérodote et des auteurs plus récents signalent chez les Libyens, ou qualifient de libyques d'autres divinités qu'ils désignent sous des noms grecs. Nous étudierons plus tard ces textes, qui se rapportent à l'époque historique. Les dieux qu'ils mentionnent n'ont peut-être pas été tous adorés dans la contrée que nous appelons la Berbérie, puisqu'il y eut des Libyens, beaucoup mieux connus des Grecs, dans des régions plus orientales; d'autre part, il est possible que l'épithète « libyque » n'indique pas toujours une origine indigène, mais qu'elle s'applique parfois à des dieux introduits en Libye par les Phéniciens[1].

Si la connaissance des divinités des temps préhistoriques nous échappe presque complètement, nous ne sommes pas mieux informés des rites.

Des gravures rupestres d'El Haria (à l'Est de Constantine)[2], de Khanguet el Hadjar (dans la région de Guelma[3]), de l'oued Itel (au Sud-Ouest de Biskra)[4], du Sud oranais[5] montrent des hommes et des femmes[6], se tenant debout ou fléchissant les genoux, les bras plus ou moins levés[7]. Tantôt les mains sont ouvertes et vides; tantôt elles tiennent des objets qui sont le plus souvent difficiles à déterminer[8] : à Ksar el Ahmar, probablement une hache emmanchée[9]; à l'oued Itel, des objets ovales, rayés de stries. L'attitude de ces personnages[10] fait

---

1. L'Hercule qui passait pour le fondateur de Capsa (Gafsa) est qualifié de libyen par Salluste (*Jugurtha*, LXXXIX, 4), de phénicien par Paul Orose (V, 15, 8).
2. Bosco et Solignac, *Rec. de Constantine*, XLV, 1911, pl. II, à la p. 338.
3. Vigneral, *Ruines romaines du cercle de Guelma*, pl. IX et X.
4. Blanchet, *Rec. de Constantine*, XXXIII, 1899, pl. à la p. 304.
5. A Ksar el Ahmar, Tyout, Moghar, Asla, Karrouba. Voir Pomel, *Singe et homme*, pl. I, fig. 1; Gsell, *Monuments antiques de l'Algérie*, I, p. 42, fig. 10, et p. 43, fig. 12; Flamand, *Bull. de la Société d'anthropologie de Lyon*, XX, 1901, p. 199, fig. IV; Delmas, *Bull. de la Société dauphinoise d'ethnologie et d'anthropologie*, IX, 1902, p. 143, fig. VI.
6. A Ksar el Ahmar, le sexe d'une femme est indiqué très nettement (Pomel, *l. c.*).
7. Ils lèvent généralement les deux bras. Cependant, à l'oued Itel, on voit trois personnages qui ne lèvent que le bras gauche (Blanchet, *l. c.*). A Karrouba, un homme lève seulement l'avant-bras gauche (Delmas, *l. c.*).
8. Pour Khanguet el Hadjar, voir plus haut, p. 202, n. 9.
9. Voir p. 202, n. 8. Peut-être aussi à Tyout.
10. On constate déjà cette attitude en Espagne sur des images qui datent des

penser au geste classique de la prière et l'on peut supposer que certains d'entre eux tiennent des offrandes. D'autres gravures, qui se voient à Moghar[1], à Er Richa[2] (dans le Sud oranais) et à l'oued Itel[3] représentent de face des gens assis, les jambes écartées et les mains levées[4]; s'agit-il aussi d'une posture rituelle? Nous avons parlé des individus qui paraissent porter des masques d'animaux et qui participent peut-être sous ce déguisement à une cérémonie[5]. Il n'y a aucune image de sacrifice[6]. Près de Tiaret (dans le département d'Oran)[7], existe un grand rocher en forme de table grossière, qui s'est détaché d'une montagne; la face supérieure porte trois bassins étagés, flanqués de petits trous[8]. On a voulu y voir un lieu saint, d'une haute antiquité, où des sacrifices auraient été célébrés : ce qui nous semble une hypothèse bien hasardée[9].

---

temps quaternaires : Cartailhac et Breuil, *la Caverne d'Altamira*, p. 56-58, fig. 41-43; Déchelette, *Manuel d'archéologie préhistorique*, I, p. 237; Alcade del Rio, Breuil et Sierra, *les Cavernes de la région cantabrique*, fig. 96 (à la p. 106) et pl. LV.

1. Deux personnages, dont le sexe n'est pas distinct. Flamand, *Bull. de la Société d'anthr. de Lyon*, l. c.; voir aussi *Bull. de la Société de géographie de Toulouse*, II, 1883, pl. 2, à la p. 40.
2. Dessin communiqué par M. Flamand. Le personnage représenté paraît bien être un homme.
3. Deux personnages, dont l'un est certainement de sexe féminin. *Rec. de Constantine*, XXXIII, 1899, planches aux p. 300 et 504; conf. ibid., XXXVIII, 1904, planches à la p. 167). — Cette femme a la tête surmontée d'un objet qu'on a comparé à un turban.
4. Peut-être aussi dans une grotte de la Tripolitaine, à l'ouadi el Cheil, entre Mizda et Ghadamès : « une femme nue dans une posture très indécente » (Rohlfs, *Quer darch Afrika*, I, p. 52).
5. Voir p. 247-8. Une gravure du Sud oranais (Pomel, *Singe et homme*, p. 11 et pl. II, fig. 9) représente peut-être, non un singe, comme le croit Pomel, mais un homme marchant « à quatre pattes », pour imiter l'allure d'un animal.
6. A El Hadj Mimoun (Sud oranais), un homme qui lève la main droite paraît entraîner de l'autre main un quadrupède cornu (antilope?) : Pomel, l. c., pl. I, fig. 2. A Khanguet el Hadjar, un personnage tient un bœuf en laisse (conf. plus haut, p. 221, n. 2). A Ksar el Ahmar, un homme, levant les bras et tenant une hache, est suivi d'un mouton qui semble bien avoir été gravé en même temps : Gsell, *Monuments*, I, p. 45, fig. 12. Sont-ce des animaux destinés à être sacrifiés? Il serait bien téméraire de l'affirmer.
7. *Atlas archéologique de l'Algérie*, f° 33, n° 11.
8. La Blanchère, dans *Archives des missions*, 3ᵉ série, X, 1883, p. 41-43, pl. VII, fig. 4, n° 6; conf. Basset, *Revue de l'histoire des religions*, 1910, I, p. 206-7.
9. M. Fabre (*Bull. d'Oran*. 1903, p. 136 et planche) signale, à trois kilomètres de

Il est à croire que des actes religieux s'accomplissaient devant ces images qui représentent des êtres divins et probablement aussi des scènes d'adoration. Elles ont été presque toutes tracées sur des rochers en plein air Cependant, à l'oued Itel, les dessins couvrent les parois de quelques hypogées artificiels, formés d'un couloir d'accès et d'une ou plusieurs galeries, perpendiculaires au couloir et assez régulières[1]. En Tripolitaine, à l'ouadi el Cheil, des gravures tapissent une grotte naturelle[2]. Les cavernes qui, pendant de longs siècles, avaient servi d'habitations durent rester çà et là des lieux de culte. Ce fut peut-être avec une intention religieuse que l'on traça une figure anthropomorphe à l'entrée de la grotte de Bou Zabaouine (près d'Aïn Mlila, dans le département de Constantine)[3]. Il y avait encore en Berbérie des grottes sacrées à l'époque historique, même au temps de saint Augustin. Si l'on peut admettre que, dans quelques-unes, se célébraient des cérémonies d'origine étrangère[4], d'autres servaient sans doute à des cultes véritablement indigènes[5].

---

là, un rocher qui offre des dispositions analogues et qui me paraît avoir servi de pressoir.

1. Blanchet, *Rec. de Constantine*, XXXIII, p. 296-7 ; conf. Gsell, *Monuments*, I, p. 48.
2. Rohlfs, *l. c.* A Timissao, en plein Sahara, le sol, les parois et le plafond d'un abri sous roche sont couverts de gravures, dont quelques-unes paraissent appartenir à la série préhistorique : Gautier, *Sahara algérien*, p. 112-3.
3. Robert, dans *Congrès préhistoriques de France*, Périgueux, 1905, p. 223, fig. 1. Nous ne savons pas de quand date cette figure : il n'est pas prouvé qu'elle soit contemporaine du mobilier néolithique recueilli à l'intérieur de la grotte. M. Robert (*Rec. de Constantine*, XXXIV, 1900, p. 232) signale aussi deux personnages, d'un dessin informe, à l'entrée de la grotte de Dekhlet Zitoune, dans la même région. — Un grand nombre de signes, gravés et peints en rouge, ont été tracés, à une époque indéterminée, à l'entrée d'une caverne de Kef el Kherraz (*Atlas archéologique de l'Algérie*, f° 18, n° 255).
4. Tel était peut-être le cas pour une grotte consacrée à Hercule, près de Tanger (Méla, I, 26). Il est assez vraisemblable qu'il s'agit de l'Hercule phénicien.
5. Conf. Basset, *l. c.*, p. 207 s

III

Dans les pages précédentes, nous avons souvent mentionné des gravures rupestres, dont il convient de parler d'une manière plus détaillée[1].

Nous n'avons pas à étudier ici toutes les gravures sur roche de l'Afrique septentrionale[2]. Il est certain, en effet, que beaucoup d'entre elles ne datent pas des temps dits préhistoriques. Ce sont celles que l'on qualifie généralement de libyco-berbères et qui se rencontrent en abondance dans le Sud oranais[3] et dans tout le Sahara[4]; il y en a aussi dans le Sud du Maroc[5].

1. Sur ces gravures, voir surtout Bonnet, *Revue d'ethnographie*, VIII, 1889, p. 149-158; Flamand, *l'Anthropologie*, III, 1892, p. 145-156; le même, *Bull. de la Société d'anthropologie de Lyon*, XX, 1901, p. 181-222; Gsell, *Monuments antiques de l'Algérie*, I, p. 41-54 (avec la bibliographie); Gautier, *Sahara algérien*, p. 87-120. M. Flamand, qui prépare depuis vingt ans un ouvrage d'ensemble sur cette question, a bien voulu me communiquer ses documents.

2. On a signalé aussi, en divers lieux, des images rupestres non gravées, mais peintes en rouge ou en rouge-brun : 1° au Sud-Est de Constantine : Bosco et Solignac, *Rec. de Constantine*, XLV, 1911, p. 340-2 et planches; 2° au djebel Bliji, entre Gafsa et Tamerza : Roux, *Revue tunisienne*, XVIII, 1911, p. 320-2 et fig.; le même, *Bulletins de la Société d'anthropologie de Paris*, 1911, p. 31-32; 3° dans le Sud du djebel Amour : Maumené, *Bull. archéologique du Comité*, 1901, p. 305-7 et pl. XXV. Je dois me contenter de les mentionner ici, car je crois que de nouvelles études seraient nécessaires pour élucider leur technique et fixer leur âge. On peut se demander s'il s'agit bien de peintures, et non de raclages qui auraient fait apparaître la couleur naturelle rouge de la roche de grès, oxydée à la surface par les agents atmosphériques (comme le croit M. Flamand; conf. Cartailhac et Breuil, *la Caverne d'Altamira*, p. 171, note à la fig. 129). Par leur style, ces images se distinguent nettement des gravures rupestres préhistoriques. Constituent-elles cependant une série à peu près contemporaine de celles-ci? ou sont-elles beaucoup plus récentes, et doivent-elles être comparées aux gravures libyco-berbères? J'avoue que je suis dans le doute.

3. Voir Hamy, *Revue d'ethnographie*, I, 1882, p. 132 et suiv. (figures); Bonnet l. c., p. 152-3, 157; Flamand, *l'Anthropologie*, III, 1892, p. 153-4, et VIII, 1897, p. 281-292; le même, *Bull. de la Soc. d'anthr. de Lyon*, XX, p. 215; Hilaire, *Bull. archéologique du Comité*, 1904, p. 160-2.

4. Foureau, *Documents scientifiques de la mission Foureau-Lamy*, p. 1003, fig. 383-392. Duvaux, *Bull. d'Oran*, 1901, p. 306-311 et planches. Flamand, *Bull. de géographie historique*, 1903, p. 498-526; 1905, p. 275-297 et planches. Gautier, l. c., p. 97 et suiv., *passim*. Benhazera, *Six mois chez les Touareg du Ahaggar* (Alger, 1908), p. 213-9. Etc.

5. Des gravures appartenant à cette série se trouvent certainement parmi

Ces images, de petites dimensions, sont pour la plupart tracées en un pointillé grossier, peu profond, qui ne donne que des contours vagues et d'ordinaire fort incorrects [1]. D'autres, cependant, que l'on trouve dans le Sahara, consistent en des traits continus, minces et d'un dessin moins barbare, à l'intérieur desquels la surface du rocher a été souvent grattée [2]. Les instruments employés étaient en pierre [3]. Les sujets représentés sont des guerriers, fantassins et cavaliers, qui tiennent un bouclier et plusieurs javelines, des dromadaires, dont beaucoup sont montés, des chiens, des bœufs, quelquefois bâtés, des moutons, des girafes (dans le Sahara central) [4], des antilopes, des autruches et probablement d'autres oiseaux, des lézards, etc. Les figures sont très fréquemment accompagnées d'inscriptions en lettres dites *tifinagh*, qui doivent être, pour une bonne part, contemporaines des images [5], comme l'indiquent l'identité de facture et aussi l'identité de patine. Or ces inscriptions offrent un alphabet intermédiaire entre l'écriture dite libyque, usitée dans l'Afrique septentrionale à l'époque romaine, et celle dont les Touaregs du Sahara se servent de nos jours. L'abondance des images de dromadaires prouve que ces animaux étaient très répandus dans le Sud du Maghrib et dans le Sahara : ce qui nous reporte à des temps postérieurs au Haut-Empire romain. Dans le Nord de l'Aïr, une inscription arabe d'un type très ancien a paru à M. Chudeau [6] appartenir à

---

celles dont les estampages ont été pris par le rabbin Mardochée (Duveyrier, *Bull. de la Société de géographie*, 1876, II, p. 129 et suiv., avec la planche annexe) et celles qu'a signalées Lenz (*Timbaktu*, II, p. 11) : conf. Flamand, *Bull. de la Soc. d'anthr. de Lyon*, XX, note à la p. 183.

1. Bonnet, *l. c.*, p. 152. Flamand, *l'Anthropologie*, III, p. 153; VIII, p. 236.
2. Gautier, *l. c.*, p. 112. Flamand, *Bull. de géographie historique*, 1903, p. 501. Ces gravures au trait sont souvent plus grandes que les autres.
3. Gautier, p. 118, 119.
4. Gautier, p. 114, 115.
5. Il y en a de plus récentes, qui recouvrent des figures : voir, par exemple, Foureau, *l. c.*, p. 1095 et 1096.
6. *Bull. de la Soc. d'anthropologie de Paris*, 1907, p. 143-4; conf. Gautier, *l. c.*, p. 115-6.

la même époque que des gravures libyco-berbères qu'elle accompagne[1]. Quant aux tifinagh, les indigènes d'aujourd'hui ne les comprennent plus. On peut d'ailleurs admettre que ces figures et ces inscriptions s'échelonnent sur une période assez longue, que les plus récentes datent seulement de quelques siècles[2].

Il était utile de parler brièvement des gravures libyco-berbères, d'abord pour montrer que les renseignements qu'elles nous apportent ne concernent en rien les Africains primitifs, ensuite parce qu'elles nous donnent un indice sur l'époque des autres gravures rupestres, de celles qui peuvent être appelées préhistoriques. En divers lieux[3], elles recouvrent ces dernières, dont la patine très sombre est toute différente[4] et auxquelles elles sont certainement bien postérieures. Il faut donc distinguer deux séries : l'une ancienne, caractérisée, comme nous le verrons, par un tracé large et profond et par une faune qui a en partie disparu de l'Afrique septentrionale; l'autre, par le dessin en pointillé ou en traits minces et par une faune qui existe encore dans le pays, surtout par le dromadaire. Du reste, il est probable qu'entre ces deux époques l'usage de graver des images rupestres ne s'est jamais complètement perdu : des recherches et des examens attentifs permettront sans doute de constituer une série intermédiaire[5].

Les gravures préhistoriques sont assez rares dans les pays voisins de la Méditerranée[6]. Dans le département de Constan-

---

1. En général, les inscriptions arabes tracées auprès des figures et inscriptions libyco-berbères sont plus récentes qu'elles.
2. Dans cette question de chronologie, il n'y a pas à tenir compte de la prétendue aversion des musulmans pour les images d'êtres animés : conf. Flamand, Bull. de géographie historique, 1903, p. 201, n. 2.
3. Voir Hamy, l. c., p. 132 et fig. 87-88, aux p. 131 et 133; Bonnet, l. c., p. 131, 137; Flamand, l'Anthropologie, III, p. 153 et fig. 2, à la p. 151; le même, Bull. de la Soc. d'anthr. de Lyon, XX, p. 208.
4. Bonnet, l. c., p. 152. Flamand, l'Anthropologie, III, p. 150. Gautier, l. c., p. 87
5. Conf. Gautier, p. 110-2 (Mouidir, Ahnet), 114-5 (Ahaggar), 120.
6. Comme l'observe M. Chudeau (Sahara soudanais, p. 237), ces gravures ont pu être détruites par les pluies dans les régions humides du Tell plus facilement que dans les pays secs où on les rencontre encore en abondance.

tine, on en connaît au lieu dit Khanguet el Hadjar (au Sud-Ouest de Guelma[1]), et non loin de là, au Sud-Est, à Kef Messiouer[2]; il y en a aussi dans les régions d'El Haria et du Kroub (à l'Est et au Sud-Est de Constantine)[3].

Elles abondent au contraire dans les montagnes de l'Atlas saharien, au Sud de la province d'Oran (djebel Amour et monts des Ksours)[4] : dans les régions d'Aflou[5], de Géryville[6], d'Aïn Sefra[7] et, plus au Sud-Ouest, près de Figuig[8]. On en retrouve au delà de cette ville, dans le Sahara, aux abords de l'oued Zousfana et de la haute Saoura[9]. Dans ces pays, elles ont été étudiées avec soin et distinguées des graffites libyco-berbères.

Il n'en a pas été de même des gravures sur roche du Sud du

1. Vigneral, *Ruines romaines du cercle de Guelma*, pl. IX et X (dessins qui ne sont pas très exacts). Gsell, *Monuments*, I, p. 47 (avec la bibliographie).
2. Gsell, *l. c.*, p. 47-48 et fig. 14; conf. *Rec. de Constantine*, XXVII, 1892, pl. à la p. 98. A une cinquantaine de mètres de là, autres gravures (gazelles, autruches) : *Atlas archéologique de l'Algérie*, f° 18, n° 253. — On signale encore, dans la région située entre Guelma et Constantine, des « dessins libyques », représentant deux chevaux, un bœuf à grandes cornes et peut-être un mouton : *Bull. archéologique du Comité*, 1883, p. 105. S'agit-il de gravures préhistoriques? Je ne les ai pas vues.
3. Bosco et Solignac, *Rec. de Constantine*, XLV, 1911, p. 324, 333 et suiv., et planches (conf. Laborde, *ibid.*, XXXV, 1901, p. 192-3). — Les grossières figures tracées à l'entrée des grottes de Bou Zabaouine et de Dekhlet Zitoune (voir plus haut, p. 256, n. 3) ne sont peut-être pas de la même époque que les images de Khanguet el Hadjar et de Kef Messiouer.
4. Les stations actuellement connues sont énumérées par Flamand, *Bull. de la Soc. d'anthr. de Lyon*, XX, p. 188-9 et 205.
5. Voir Delmas, *Bull. de la Société dauphinoise d'ethnologie et d'anthropologie*, IX, 1902, p. 130-147; Maumené, *Bull. archéologique du Comité*, 1901, p. 301-5. Les principales stations sont celles d'Aïn Sfissifa, de Kef Mektouba et des environs d'Er Richa (en particulier à Ennefous).
6. Stations de Bou Alem (Gsell, *l. c.*, I, p. 46-47 et fig. 13), de Ksar el Ahmar, près de Keragda (*ibid.*, p. 45-46 et fig. 12), de Guebar Rechim (*ibid.*, p. 46), de Tazina (*ibid.*, p. 45 et fig. 11), d'Aïn ed Douis, d'Asla, etc.
7. Djebel Mahisserat (*ibid.*, p. 45); Tyout (*ibid.*, p. 41-43 et fig. 10, avec la bibliographie); Moghar et Tathani (*ibid.*, p. 43-44; ajouter à la bibliographie Jacquot, *Revue de l'École d'anthropologie*, XVI, 1906, p. 289-291).
8. El Hadj Mimoun (Hamy, *Revue d'ethnographie*, I, 1882, p. 131-4, fig. 87 et 88); Oued Dermel; col de Zenaga (Gautier, *Sahara algérien*, p. 87-93).
9. Barrebi, dans l'oasis de Taghit (Gautier, *l. c.*, p. 94-97); El Aouedj, plus au Sud-Ouest (Barthélemy et Capitan, *Revue de l'École d'anthropologie*, XII, 1902, p. 306 et fig. 108); Aïn Memnouna, entre la Zousfana et le Guir (Gautier, p. 98-99); Hadjra Mektouba, sur la Saoura, entre Beni Abbès et Kerzaz (Gautier, p. 100-101).

Maroc, signalées dans le Sous, dans l'Anti-Atlas et au Sud de l'oued Draa[1]. Les indications données par quelques voyageurs ne peuvent donc être utilisées qu'avec réserve.

A la lisière septentrionale du Sahara constantinois, au Sud-Ouest de Biskra, dans un ravin voisin de l'oued Itel, il existe un groupe intéressant d'images, qui appartiennent à la série ancienne[2].

Il y a aussi quelques gravures dites préhistoriques à l'intérieur même du grand désert[3]. Mais le nombre des dessins récents (avec figures de dromadaires) est infiniment plus élevé. D'autres appartiennent peut-être à une période intermédiaire[4].

Ces images, tracées sur des grès (sauf de rares exceptions, où la roche est calcaire[5]), décorent presque toutes des parois

1. Duveyrier, d'après les estampages du rabbin Mardochée, *Bull. de la Société de géographie*, 1876, II, p. 129-146 et planche. Douls, *ibid.*, 1888, p. 436. Lenz, *Timbakta*, II, p. 11. Ces trois auteurs mentionnent l'éléphant parmi les animaux représentés; Duveyrier indique aussi le rhinocéros, Douls, l'hippopotame.
2. Blanchet, *Rec. de Constantine*, XXXIII, 1899, p. 294-310 et planches. Gsell, *l. c.*, p. 48-49. Voir aussi *Rec. de Constantine*, XXXVIII, 1904, planches à la p. 167.
3. Elles y semblent rares : Gautier, *l. c.*, p. 120 et 133. Il y en a peut-être à la gara Bou Douma, dans le Tadmaït (Flamand, *Bull. de géographie historique*, 1903, p. 290 et pl. X, n° 8), et à l'oued Taghit, dans l'Ahnet (Gautier, p. 104, 105). Gautier (p. 112-3) en signale à Timissao, dans le Tanezrouft; Foureau (*Documents*, p. 1071, fig. 380), dans le Tassili. — En Tripolitaine, à l'ouadi el Cheil, entre Mizda et Ghadamès, Rohlfs (*Quer darch Afrika*, I, p. 52) indique, sur les parois d'une caverne, des figures grossières, représentant des éléphants, des chameaux, des antilopes, une femme : il y a là probablement des gravures préhistoriques et des graffites libyco-berbères (Rohlfs note cependant l'absence de tifinagh). — Pour les gravures de Telliz Zarhène, dans la région de Ghat, voir Barth, *Reisen und Entdeckungen*, I, p. 210-7. Les personnages à tête d'animal (conf. plus haut, p. 247) et sans doute aussi des bœufs appartiennent à la série ancienne, mais il doit y avoir des gravures plus récentes; Barth signale en ce lieu de nombreux tifinagh. — Nachtigal (*Sahara und Sudan*, I, p. 307-9) a vu dans le Tibesti, sur des rochers du fleuve des Gazelles, des gravures représentant surtout des bœufs. Une figure humaine, isolée, est un guerrier tenant une lance et un bouclier. Une image de chameau, fort mal dessinée, a paru à Nachtigal plus récente que les bœufs. Peut-être faut-il distinguer en effet deux séries d'époques différentes; mais la plus ancienne est-elle contemporaine de nos gravures préhistoriques? — Les gravures d'Anaï (au Sud du Fezzan), qu'on a signalées à Duveyrier (*Touareg du Nord*, p. 221, 438), représenteraient des bœufs à bosse, traînant des chariots. Il est probable qu'elles n'appartiennent pas à la série préhistorique.
4. Voir plus haut, p. 239, n. 5.
5. A Hadjra Mektouba, sur la Saoura : Gautier, p. 100. Les grottes de l'oued Itel ont été taillées dans des bancs calcaires : Blanchet, *l. c.*, p. 293. Les gravures

verticales, qui, fréquemment, dominent des points d'eau. A Khanguet el Hadjar, elles couvrent les deux faces d'un vaste rocher (la face principale mesure à peu près 17 mètres de long), à l'entrée d'une gorge et au-dessus d'une source. A Tyout, elles occupent une paroi longue d'environ 75 mètres, haute de 20. Il est rare qu'elles soient gravées sur des surfaces horizontales, comme à Moghar et Tathani, où elles s'étalent sur une longue série de roches, parsemant le plateau qui domine l'oasis; comme aussi à Aïn Memnouna[1]. Nous avons dit qu'elles tapissent, à l'oued Itel, des grottes faites de main d'homme et, ailleurs, des cavités naturelles[2].

On s'est rendu compte, surtout dans le Sud oranais, de la technique employée[3]. Un trait léger indiquait d'abord l'ensemble de la figure. Sur cette esquisse, l'artisan exécutait, à l'aide d'un poinçon, un pointillé fortement accusé, qu'il polissait ensuite avec soin, de manière à produire un trait régulier, continu, « très net, large de 1 centimètre à 1 centimètre et demi, profond de 10 millimètres, évasé à sa partie supérieure, jamais anguleux, lisse et parfaitement poli; il semble avoir été obtenu par le frottement prolongé d'un instrument à extrémité mousse[4] ». Cet outil ne pouvait être ni en bois, ni en métal, car il aurait été soit trop mou pour entamer le grès, soit trop tranchant; il était nécessairement en pierre, comme aussi, sans doute, la

---

sur calcaire que Lenz (*l. c.*) a vues dans l'Anti-Atlas paraissent être en général libyco-berbères; celles de Tilmas Djelguem, dans le Tadmaït (Flamand, *la Géographie*, 1900, I, p. 362), sont aussi d'un type récent. — M. Gautier (p. 48-49) fait remarquer que les gravures sur calcaire ont pu être beaucoup plus nombreuses, le calcaire résistant moins à la pluie que le grès.

1. Gautier, *l. c.*, p. 93. Il signale aussi des gravures sur des surfaces horizontales au col de Zenaga (p. 88). — Il y en avait peut-être un plus grand nombre : plus exposées à la pluie que les gravures tracées dans le sens vertical, elles risquaient plus de disparaître.

2. *Supra*, p. 256.

3. Bonnet, *Revue d'ethnographie*, VIII, 1889, p. 152. Flamand, *l'Anthropologie*, III, 1892, p. 149-150. Maumené, *Bull. archéologique du Comité*, 1901, p. 301. Conf., pour les gravures de la région de Constantine, Bosco et Solignac, *Rec. de Constantine*, XLV, 1911, p. 337 et 339.

4. Bonnet, *l. c.*

pointe et le poinçon employés préalablement. On a constaté quelquefois un polissage de la roche à l'intérieur des contours[1].

Les dimensions des images sont fort variables. Généralement, elles sont plus petites que nature. Il y a cependant des exceptions : par exemple à Kef Messiouer[2].

A notre connaissance, des plantes, des arbres, des fleurs n'apparaissent nulle part : on sait du reste que les primitifs reproduisent rarement les végétaux. Partout, au contraire, des animaux, sauvages ou domestiques; nous avons mentionné les espèces représentées[3]. Ce ne sont guère que des quadrupèdes; sauf des autruches, les oiseaux sont rares[4]; les reptiles sont exceptionnels[5]. Nous avons parlé aussi des hommes et de leurs attitudes[6]. Il y a quelques objets isolés. A Asla, on reconnaît une hache, un bouclier[7] et peut-être des boumerangs[8]. A Moghar, deux images énigmatiques sont formées de lignes croisées ou enchevêtrées[9].

1. Bonnet, p. 156 (à Tyout). Flamand, *apud* Pomel, *Singe et homme*, p. 20 (à Ksar el Ahmar). Gautier, p. 92 (à Zenaga). — MM. Bosco et Solignac (*l. c.*, p. 311, 312) indiquent, dans la région de Constantine, quelques gravures dont les creux offriraient quelques vestiges d'une couleur rouge-brun. S'agit-il bien d'une coloration intentionnelle, destinée à faire ressortir les images? ou ne serait-ce pas la teinte naturelle de la roche, au-dessous de la croûte plus foncée qui forme la surface? dans ce cas, les traits qui apparaissent en rouge auraient, pour telle ou telle raison, été préservés de la patine qui a donné aux autres traits une couleur sombre.

2. A Ksar el Ahmar, une femme mesure 1 m. 33 : Flamand, *l'Anthropologie*, III, p. 143. A Zenaga, les figures sont souvent de grandeur naturelle : Gautier, p. 88. Etc.

3. *Supra*, p. 106-7, pour les animaux sauvages. — P. 217 (chien), 219-220 (bœuf), 225-6 (mouton et chèvre), 228 (âne), 231 (cheval).

4. Échassier indéterminé à Ksar el Ahmar : Pomel, *Bubalus antiquus*, pl. X, fig. 1. Outarde à Tyout, selon Bonnet (*l. c.*, p. 156); Pomel (*Singe et homme*, p. 18 et pl. II, fig. 2) indique aussi à Tyout un oiseau qu'il désigne dubitativement sous le nom d'outarde : j'y verrais plutôt une autruche. Deux oiseaux indéterminés à Moghar : Jacquot, *Revue de l'École d'anthropologie*, XVI, 1906, p. 289, fig. 97 (conf. *Bull. de la Société de géographie de Toulouse*, II, 1883, pl. 2, à la p. 40). Voir aussi Duveyrier, *Bull. de la Société de géographie de Paris*, 1876, II, planche jointe au mémoire des p. 129-146, n°° 42 et 43.

5. M. Bonnet (*l. c.*, p. 156) indique une vipère à cornes à Tyout; M. Maumené (*l. c.*, p. 301), une ébauche de serpent à Aïn Sfissifa.

6. *Supra*, p. 201-3 et 231-5.

7. Pomel, *Singe et homme*, pl. I, fig. 7 et 9.

8. Pomel, *ibid.*, fig. 5 et 6. Conf. plus haut, p. 202.

9. L'un de ces objets est reproduit par Bonnet, *l. c.*, p. 152, fig. 5 : sphère

Les animaux se présentent de profil; les hommes, au contraire, sont fréquemment de face. Les figures se réduisent d'ordinaire à des contours, à de simples silhouettes; parfois, quelques détails intérieurs sont sommairement indiqués : yeux, poils, ligne des hanches, etc. Le dessin est presque toujours enfantin, gauche, incorrect[1]. Ces images sont assurément très supérieures aux graffites libyco-berbères, mais elles ne peuvent en aucune manière soutenir la comparaison avec les admirables œuvres de peinture, de gravure et de sculpture que les troglodytes quaternaires de l'Europe occidentale nous ont laissées. Bien souvent, il est impossible de distinguer l'animal que l' « artiste » a voulu représenter. Il y a pourtant des exceptions. Les lions, les chacals et le sanglier de Kef Messiouer[2], le bélier sacré de Bou Alem[3], des éléphants[4] et des buffles[5] de plusieurs stations du Sud oranais révèlent des dons d'observation assez remarquables : un profil ferme et net rend avec bonheur l'aspect des animaux, parfois même leur attitude dans tel ou tel mouvement.

Il semble bien qu'en général les images gravées dans chaque station aient été exécutées séparément. En quelques lieux, surtout à Tyout et à Khanguet el Hadjar, les figures, fort nom-

---

aplatie, rayée de traits qui se croisent et pourvue de trois appendices allongés ; on peut se demander si ce n'est pas une sorte de coiffure, destinée à un animal sacré. Pour l'autre, voir Jacquot, *Revue de l'École d'anthropologie*, XVI, p. 280, fig. 93 (conf. *Bull. de la Soc. de géographie de Toulouse*, II, pl. 2, à droite, en haut). — Voir aussi Jacquot, *l. c.*, p. 289, fig. 97 (en bas) : deux objets indéterminés, de forme allongée. Flamand, *Bull. de la Soc. d'anthr. de Lyon*, XX, p. 199, fig. iv (en bas, à gauche) : objet allongé, qui semble être attaché par une corde (peut-être à la jambe d'un personnage). Pomel, *l. c.*, pl. II, fig. 6 (et p. 22) : peut-être une coquille (conf. *supra*, p. 210, n. 5). — Dans la région de Constantine, il y a aussi des figures énigmatiques, formées de lignes enchevêtrées : Bosco et Solignac, *Rec. de Constantine*, XLV, 1911, pl. V et VI, à la p. 340.

1. En particulier pour les extrémités.
2. Gsell, *Monuments*, I, p. 48, fig. 14.
3. Gsell, *ibid.*, p. 46, fig. 13. *Zeitschrift für Ethnologie*, XL, 1908, fig. à la p. 92.
4. Pomel, *Éléphants quaternaires*, pl. XIV, fig. 4 (Guebar Rechim); pl. XV, fig. 6 (djebel Mahisserat).
5. Pomel, *Bubalus antiquus*, pl. X; Flamand, *Bull. de la Soc. d'anthr. de Lyon*, XX, p. 191, 195, 197, fig. i-iii (Ennefous, Tazina, Ksar el Ahmar).

breuses, s'offrent dans le plus grand désordre, avec des dimensions très diverses, en différents sens; quelquefois même elles se coupent et se mêlent. Cependant on trouve çà et là des scènes à plusieurs acteurs, des tableaux composés. A Ennefous, près d'Er Richa, c'est un combat de deux grands buffles[1]; à Aïn Sfissifa, un éléphant protégeant un éléphanteau contre une panthère, en présence d'un autre éléphant[2]; à Kef Messiouer, la curée du sanglier par une famille de lions, tandis que plusieurs chacals semblent attendre le moment de se jeter sur les restes[3] (le tableau comprend dix figures); à Guebar Rechim et au djebel Mahisserat, ce sont des troupeaux d'éléphants, s'avançant en file[4]; à Tyout, des chasseurs, accompagnés de chiens et visant de leur arc quelque gibier, autruche ou quadrupède[5]; à l'oued Itel, trois personnages alignés, dont la main gauche levée porte peut-être une offrande[6]; à Telliz Zarhène, deux guerriers couverts, semble-t-il, de masques d'animaux et se faisant vis-à-vis dans une danse sacrée[7].

Les gravures que nous venons d'étudier se répartissent sur une longue suite d'années, sans doute sur plusieurs siècles. Leur abondance en certains endroits, les recoupements que nous avons signalés attestent que de nombreuses générations ont passé par là. Mais il est difficile d'établir la chronologie de

1. Flamand, *l. c.*, p. 191, fig. 1 (reproduite dans la *Revue de l'École d'anthropologie*, XII, 1902, p. 169, fig. 60; dans la *Zeitschrift für Ethnologie*, *l. c.*, fig. à la p. 91; dans Déchelette, *Manuel d'archéologie préhistorique*, I, p. 267, fig. 109); conf. Maumené, *Bull. archéologique du Comité*, 1901, p. 303, fig. 3.
2. Delmas, *Bull. de la Société dauphinoise d'ethnologie et d'anthropologie*, IX, 1902, p. 133, fig. 1; Maumené, *l. c.*, p. 301, fig. 1.
3. Voir *supra*, p. 260, n. 2. — Sur la croyance, commune à divers peuples, que les chacals sont les serviteurs des lions et mangent leurs restes, voir O. Keller, *Thiere des classischen Alterthums*, p. 192.
4. Flamand, *l'Anthropologie*, III, 1892, p. 149, fig. 1. Tissot, *Géographie*, I, p. 372, fig. 41; conf. Gsell, *l. c.*, p. 45.
5. Gsell, *l. c.*, p. 42, fig. 10; conf. Pomel, *Singe et homme*, pl. II, fig. 2 et 3.
6. *Rec. de Constantine*, XXXIII, 1899, pl. à la p. 304. — Sur une gravure de la région d'El Haria, à l'Est de Constantine, il y a aussi, autant qu'il semble, trois personnages debout, alignés : *ibid.*, XLV, 1911, pl. III, à la p. 336.
7. Barth, *Reisen*, I, fig. à la p. 210.

cet art primitif. Constater par l'examen des patines que, dans le Sud oranais, les figures anciennes sont bien antérieures aux graffites libyco-berbères, cela permet seulement de dire qu'elles doivent remonter au moins au premier millénaire avant J.-C. La faune représentée dans cette région, et aussi dans le Sud du Maroc, comprend des espèces aujourd'hui disparues et qui avaient probablement besoin d'un climat plus humide que le climat actuel [1]. Mais ce n'est pas une preuve d'une antiquité très reculée [2] : nous savons que l'éléphant existait encore dans l'Afrique septentrionale au début de notre ère [3]. Nous avons dit que les hommes qui tracèrent ces images avaient des animaux domestiques, chiens, moutons, chèvres, bœufs, chevaux; qu'ils se servaient, autant qu'il semble, de haches emmanchées, identiques à celles que l'on trouve dans les stations néolithiques récentes; que quelques-unes de ces stations ont dû être habitées par eux [4]. Peut-être est-il permis de préciser davantage, si l'on admet avec nous que le cheval ait été introduit d'Égypte en Berbérie [5] et que les béliers coiffés d'un disque soient des images du dieu égyptien Ammon [6]. Il deviendrait vraisemblable que les gravures représentant des chevaux et des béliers sacrés ne sont pas antérieures au Nouvel Empire, qu'elles ne datent guère que de la deuxième moitié du second millénaire [7]. D'au-

1. Conf. *supra*, p. 54.
2. Qu'admet M. Flamand (*Recherches géologiques et géographiques sur le Haut-Pays de l'Oranie*, p. 728 et 746). Tout en reconnaissant sur ces gravures la présence d'ovidés et de chiens domestiqués, et d'une hache « dont la silhouette est tout à fait celle d'une hache néolithique emmanchée », il croit qu'elles « sont du pleistocène récent, c'est-à-dire quaternaires, et non actuelles; elles remontent donc à une très haute antiquité ». Je regrette de ne pas pouvoir adopter cette opinion.
3. Voir p. 74-75.
4. *Supra*, p. 201.
5. P. 233.
6. P. 250 et suiv.
7. Il y aurait lieu aussi d'invoquer la forme des boucliers à échancrures latérales (conf. p. 203, n. 2), si cette forme n'avait pu être inventée dans diverses régions, restées sans relations entre elles. — Le bouclier rond ne paraît pas avoir été en usage dans les pays méditerranéens avant les derniers siècles du second millénaire (A. J.-Reinach, *Revue archéologique*, 1910, I, p. 28 et 29; conf.

tres dessins de la série dite préhistorique peuvent être plus anciens ou plus récents.

Des gravures ont été tracées sur des rochers à des époques et dans des régions très diverses. Elles sont généralement fort différentes des nôtres, même celles de Suède et des Alpes maritimes, qui, elles aussi, pourraient dater en partie du second millénaire[1]. On connaît fort mal les images rupestres qui existent le long du Nil, dans la Haute Égypte[2] et en Nubie[3]. Il faut cependant les mentionner ici, car celles qui paraissent être les plus anciennes et qui représentent, entre autres animaux, des éléphants et des girafes, rappellent les gravures oranaises par leur technique et par leur style[4]. Mais, même si ces ressemblances ne doivent pas être imputées au hasard, on ne saurait en conclure que les hommes qui ont tracé ces figures aient été

Revue de l'histoire des religions, 1910, I, p. 208-9). Nous aurions peut-être là un indice chronologique, s'il était certain que cette arme ait été figurée à Asla (voir p. 202, n. 10).

1. Déchelette, *Manuel*, II, p. 492 et suiv. On peut observer que des images d'hommes gravées ou peintes de la région de Constantine (Bosco et Solignac, *Rec. de Constantine*, XLV, 1911, pl. IV, à la p. 338) rappellent assez, par leur style schématique, celles des Alpes Maritimes (conf., par exemple, Issel, *Liguria preistorica*, dans *Atti della Società ligure di storia patria*, XL, 1908, p. 472-3). Mais je ne sais si elles sont contemporaines des gravures certainement préhistoriques de la même région. — MM. Capitan, Breuil et Charbonneau-Lassy ont étudié des gravures rupestres, d'époque indéterminée, qui se trouvent à la Vaulx, en Vendée (*Comptes rendus de l'Académie des Inscriptions*, 1905, p. 132-133). Ils disent au sujet des figures de quadrupèdes (p. 140) : « Leur stylisation est extrême, et, chose singulière, rappelle absolument celle de certaines gravures rupestres d'Algérie. » Si l'on tient à cette comparaison, elle doit s'appliquer aux graffites libyco-berbères, et non aux gravures préhistoriques.

2. Entre Edfou et Silsilis : voir de Morgan (d'après Legrain), *Recherches sur les origines de l'Égypte*, I, p. 163-4 et fig. 487-492; Capart, *les Débuts de l'art en Égypte*, p. 194 et suiv. Près d'Assouân : Schweinfurth, *Zeitschrift für Ethnologie*, XLIV, 1912, p. 627-658.

3. Weigall, *a Report on the antiquities of Lower Nubia* (Oxford, 1907), en particulier pl. XXXVII et LXVII.

4. M. Capart le remarque (*l. c.*, p. 198). — De quand datent ces images? On ne saurait le dire. Leur style rappelle beaucoup celui des gravures et des peintures tracées sur des vases égyptiens qui peuvent être attribués au quatrième millénaire (conf. Capart, p. 194 et fig. 101, à la p. 134). Mais cela ne prouve pas qu'elles soient de la même époque. En tout cas, il me paraît impossible, malgré la ressemblance des styles, de faire remonter aussi haut les gravures rupestres de la Berbérie

apparentés. Duveyrier[1] et d'autres après lui[2] ont voulu attribuer celles de l'Afrique septentrionale à des populations noires[3]. Il est vrai qu'à l'époque historique des Éthiopiens occupaient les parties habitables du désert, au Sud de la Berbérie[4]. Il en était sans doute de même dans des temps plus reculés et, malgré l'absence de preuves, nous pourrions admettre que les gravures du Sahara, du Sud marocain, peut-être celles du Sud oranais ont été faites par des noirs. Mais nous n'avons point les mêmes raisons de croire que des Éthiopiens aient tracé celles des régions de Constantine et de Guelma. Il n'y a pas à faire intervenir l'anthropologie dans cette question, pas plus que dans celle des dolmens et dans d'autres encore où elle a été imprudemment invoquée.

L'exécution de ces dessins exigeait un travail long et pénible. Ceux qui les ont tracés obéissaient évidemment à d'autres mobiles qu'à un simple instinct d'imitation[5]. Le caractère religieux de plusieurs figures n'est pas contestable : nous l'avons montré pour les béliers coiffés d'un disque. Nous avons indiqué aussi que les attitudes de certains personnages semblent rituelles, que des scènes paraissent être des mascarades sacrées. Nous avons dit encore que les croyances de la magie sympathique expliquent peut-être une bonne partie des gravures : possédant les images des animaux, les hommes pensaient pouvoir se rendre maîtres des animaux eux-mêmes, soit pour s'en nourrir[6], soit pour obtenir leur assistance ou acquérir les qua-

---

1. *Touareg du Nord*, p. 279-280; *Bull. de la Société de géographie*, 1876, II, p. 144; *Compte rendu des séances de la Société de géographie*, 1882, p. 56-57.
2. Par exemple La Blanchère, *Bull. de correspondance africaine*, I, 1882-3, p. 356-8.
3. Les images d'hommes qu'on rencontre sur les gravures sont si sommaires et si imparfaites qu'elles ne peuvent rien nous apprendre à cet égard. Notons cependant que Rohlfs (*Quer durch Afrika*, I, p. 52) a cru reconnaître le type nègre chez une femme représentée dans une grotte de l'intérieur de la Tripolitaine.
4. Voir plus loin, chap. IV.
5. Conf., pour les gravures et peintures quaternaires d'Europe, S. Reinach, *Cultes, mythes et religions*, I, p. 132; Déchelette, *Manuel*, I, p. 268-271.
6. Reinach, *l. c.*, p. 132-3. M. Reinach (*ibid.*, p. 126) remarque que les animaux

lités qu'ils leur prêtaient[1]. Les petits tableaux de Tyout représentant des chasseurs ont pu garantir le succès des chasses véritables[2]. L'image du bélier Ammon rendait le dieu présent au milieu de ses adorateurs. En fixant sur le rocher certains rites que les dévots jugeaient propres à la réalisation de leurs souhaits, ils croyaient peut-être leur assurer une efficacité permanente. Sans doute, il est impossible d'expliquer d'une manière précise la signification de la plupart des gravures. Mais c'est du côté de la religion et de la magie qu'il faut diriger les hypothèses.

IV

Nous terminerons ce chapitre par des indications, malheureusement trop brèves, sur des pratiques funéraires qui témoignent, sinon d'un culte des morts, pour employer un terme dont on a abusé, du moins de quelque souci des défunts.

On a recueilli des ossements humains dans presque toutes les grottes occupées aux derniers temps de la civilisation paléolithique[3] et à l'époque néolithique[4]. On en a rencontré aussi

figurés par l'art quaternaire européen sont exclusivement ceux dont se nourrit un peuple de chasseurs et de pêcheurs. Je ne sais si cette explication est rigoureusement vraie pour les gravures africaines. En tout cas, elle ne nous fait pas comprendre pourquoi l'on a représenté certaines scènes, telles qu'une famille de lions dévorant un sanglier, une panthère attaquant un jeune éléphant, un lion dévorant une gazelle (à Er Richa : Delmas, *l. c.*, p. 139, fig. III), un combat de buffles, un combat de chèvres (à Guebar Rechim : Flamand, *Bull. de la Soc. d'anthr. de Lyon*, XX, p. 201, fig. VI).

1. On peut aussi se demander si certaines images d'animaux ne sont pas des offrandes permanentes à des divinités.
2. Plusieurs archers de Tyout sont reliés par des traits à d'autres personnages qui appartenaient peut-être à leur famille (voir p. 241, n. 2). Ceux-ci lèvent les bras ; prient-ils pour l'heureuse issue de la chasse de leur parent ?
3. Pour les abris de Lalla Marnia et de Redeyef, voir plus loin.
4. Par exemple, dans des grottes d'Oran (Pallary et Tommasini, *Association française pour l'avancement des sciences*, Marseille, 1891, II, p. 644), de Bougie (Debruge, *ibid.*, Montauban, 1902, II, p. 869-872 ; le même, *Rec. de Constantine*, XL, 1906, p. 143, 145, 146), de Khenchela (Julien, *Matériaux pour l'histoire primitive de l'homme*, XIII, 1877, p. 40).

Gsell. — Afrique du Nord. I.

dans des stations en plein air[1]. Ils apparaissent souvent en grand désordre et brisés. Ce n'est pas, nous l'avons dit[2], une preuve de cannibalisme : des squelettes ont pu être dispersés lorsque les troglodytes vidaient des cavernes encombrées. Du reste, ce désordre ne se constate pas partout. Çà et là, quelques dispositions permettent d'affirmer qu'on se trouve en présence de véritables sépultures.

Dans des abris voisins de Lalla Marnia (province d'Oran), gisaient parmi des cendres des squelettes, dont la tête était placée à l'Ouest et le corps incliné sur le côté droit; plusieurs d'entre eux avaient les jambes pliées. Une pierre plate protégeait la poitrine de chaque mort[3]; une autre avait été parfois placée sous le dos ou sous les reins. Toutes ces pierres, qui présentaient des traces de calcination, avaient appartenu à des foyers. La terre, mélangée de cendres, de débris de charbon et d'un grand nombre d'escargots, qui recouvrait les corps, semblait avoir été fortement tassée[4]. Ces ensevelissements datent de la fin de l'époque paléolithique, comme l'indiquent les objets trouvés à l'intérieur et en avant des grottes.

Un abri de Redeyef (Sud-Ouest de la Tunisie) contenait, entre autres ossements humains, huit squelettes d'enfants, rassemblés dans des positions diverses; deux d'entre eux étaient cachés sous des pierres plates. Les objets qui les entouraient se rapportaient à une industrie gétulienne assez récente[5].

---

1. Escargotières de la région de Tébessa (Debruge, *Rec. de Constantine*, XLIV, 1910, p. 67), de Châteaudun-du-Rummel (Mercier, *ibid.*, XLI, 1907, p. 177-9), d'Aïn Mlila (Thomas, *Bull. de la Société des sciences physiques d'Alger*, XIII, 1877, p. 1-9 (pagination particulière)]. Stations néolithiques d'Aïn el Bey (Thomas, *ibid.*, p. 40-42), de Roseville (Pallary, dans *l'Homme préhistorique*, III, 1905, p. 30). Etc.
2. P. 197.
3. Un squelette était même recouvert de trois pierres.
4. Barbin, *Bull. d'Oran*, 1910, p. 85; 1912, p. 393-9.
5. Gobert, dans *l'Anthropologie*, XXIII, 1912, p. 164. — Un autre squelette est celui d'un homme qui a été surpris et tué par un éboulement : voir Bouly, *Bull. archéologique du Comité*, 1906, p. CCXLVII; *Revue de l'École d'anthropologie*, XX, 1910, p. 271-2.

Dans deux grottes à mobilier néolithique, fouillées au Cuartel, près d'Oran, et au Rio Salado, au Sud-Ouest de cette ville, des restes de squelettes ont été trouvés entre de grossiers remparts de pierres [1].

On a recueilli, dans la grotte Ali Bacha, à Bougie, un crâne placé dans une sorte de niche naturelle et recouvert d'une pierre plate; tout auprès, il y avait des ossements humains en désordre, qui ont pu appartenir au même individu et être dérangés soit par un vidage partiel de l'abri, soit par des carnassiers [2].

Il est donc certain qu'en Berbérie des morts ont été ensevelis dans des grottes naturelles, selon une coutume que l'on constate dans beaucoup d'autres contrées aux époques paléolithique et néolithique, et qui, à proximité du continent africain, s'est conservée chez les Guanches des Canaries jusqu'au XVe siècle de notre ère.

On ne doit pas répugner à la pensée que les troglodytes aient occupé des abris qui auraient été en même temps des lieux de sépulture. Il est possible, cependant, que des cavernes aient servi alternativement de séjour aux vivants et aux morts [3]. A' Lalla Marnia, un des abris dont nous avons parlé était en partie barré par de grosses pierres, qui en défendaient l'accès [4].

Nous ignorons si les habitants des grottes, si ceux des stations à ciel ouvert ont aussi enterré les morts en dehors de leurs demeures, au fond de fosses creusées dans le sol [5].

1. Indications de M. Pallary.
2. Debruge, *Rec. de Constantine*, XL, 1906, p. 136-7. M. Debruge croit à un décharnement du corps avant l'ensevelissement définitif : ce qui ne me semble pas une hypothèse nécessaire. Il pense qu'il s'agit d'une sépulture de l'époque moustérienne. Je n'en suis pas certain : il n'est pas prouvé que les outils en pierre trouvés aux abords des ossements (*l. c.*, fig. 14) appartiennent à cette époque; on en a découvert de semblables en Algérie dans des gisements néolithiques.
3. Conf. Pallary et Tommasini, *l. c.*
4. Barbin, *l. c.*, 1910, p. 84.
5. Au cap Spartel, près de Tanger, des sépultures contenant des squelettes repliés ont été découvertes dans le voisinage de grottes qui furent habitées à

Les ossements humains étaient mêlés partout à des cendres; mais on ne peut pas en conclure que les corps aient été déposés intentionnellement dans des foyers; ces cendres, avec toute sorte de débris, formaient dans les grottes et dans les campements une couche plus ou moins épaisse, au milieu de laquelle les défunts étaient ensevelis. On ne saurait dire non plus si les objets trouvés en contact avec les ossements, instruments en pierre et en os, coquilles ayant servi à la parure, restes alimentaires[1], avaient été placés à dessein auprès des cadavres. Cette hypothèse est d'ailleurs fort admissible, puisque le dépôt de parures, consistant surtout en coquilles, et parfois aussi d'outils ou d'armes en os et en pierre a été constaté avec certitude dans des sépultures européennes d'une période reculée de la civilisation paléolithique : témoignage de la croyance à une survie matérielle[2].

Dans des grottes occupées à l'époque néolithique, l'une voisine d'Oran[3], l'autre près de Tébessa[4], deux crânes portaient des traces d'une coloration rouge[5]. Des découvertes analogues ont été faites en Europe dans des tombes de l'âge de la pierre[6],

---

l'époque néolithique, et aussi plus tard (Bleicher, dans *Matériaux*, XI, 1875, p. 210). Mais il n'est pas certain que ces ensevelissements datent du temps de l'occupation des grottes.

1. Voir, entre autres, Debruge, *l. c.*, p. 140 (grotte Ali Bacha, à Bougie); Pallary, *Bull. de la Société d'anthropologie de Lyon*, XI, 1892, p. 290 (grotte du Cuartel, à Oran).

2. Un abri sous roche, fouillé par M. Debruge près de Bougie (*Rec. de Constantine*, XXXVII, 1903, p. 133-140), contenait un squelette qui portait un collier composé de coquillages perforés, de rondelles d'œufs d'autruche, de cylindres en corail et de quelques perles de cornaline; près du corps, il y avait une boucle en cuivre. Il est évident que ces objets avaient été placés là pour servir de parure au mort. Mais cette sépulture est probablement d'une époque assez récente.

3. Grotte de la Tranchée : voir Pallary, *Bull. de la Soc. d'anthropologie de Lyon*, XI, 1892, p. 293; conf. *Revue africaine*, LV, 1911, p. 313.

4. Grotte fouillée récemment par MM. Latapie et Reygasse : indication de M. Pallary.

5. Dans la grotte Ali Bacha, il y avait un morceau d'hématite rouge auprès du crâne que nous avons mentionné (Debruge, *Rec. de Constantine*, XL, p. 138). Peut-être était-ce une provision de couleur laissée au mort (conf. Déchelette, *Manuel*, I, p. 204, 462, 464, 565; Modestov, *Introduction à l'histoire romaine*, p. 44).

6. Dès l'époque paléolithique.

en Berbérie dans des sépultures qui datent des temps historiques et que nous étudierons plus tard. L'usage des peintures corporelles, que nous avons signalé chez les vivants[1], devait être aussi appliqué aux morts. Il n'est pas nécessaire de croire qu'un badigeonnage ait été fait sur les ossements mêmes, décharnés à la suite d'une exposition en plein air ou d'un ensevelissement provisoire : la matière colorante pouvait être déposée sur le cadavre et, après la disparition des chairs, teindre les os avec lesquels elle entrait en contact[2]. Pour l'époque préhistorique, rien n'atteste avec évidence le rite du décharnement dans l'Afrique du Nord[3]. L'incinération aurait été constatée à Tifrit, près de Saïda (province d'Oran), dans une grotte à mobilier néolithique[4]; mais cette découverte n'a pas fait l'objet d'un compte rendu détaillé. Peut-être s'agit-il d'ossements calcinés accidentellement, par des foyers qui auraient été établis sur des sépultures.

On a vu qu'à Lalla Marnia plusieurs corps avaient les jambes pliées[5]. Cette attitude se retrouve, en dehors de la Berbérie, dans un grand nombre de tombes primitives. En Berbérie même, elle est très fréquente à une époque plus récente : nous indiquerons les diverses hypothèses qui ont été émises pour

---

1. *Supra*, p. 183, 196.
2. Conf. Déchelette, I, p. 470; Cartailhac, *les Grottes de Grimaldi*, *Archéologie*, II, p. 303 et suiv.
3. Le désordre des ossements peut, nous l'avons vu, s'interpréter autrement. L'hypothèse du décharnement expliquerait cependant certains faits (à supposer qu'ils aient été bien observés). Dans une grotte de Khenchela, Jullien (*Matériaux*, XIII, p. 46) a découvert un grand nombre d'ossements humains, d'ordinaire brisés et pêle-mêle, immédiatement au-dessous d'un amas de grosses pierres. Dans la grotte Ali Bacha, M. Debruge croit avoir trouvé deux crânes emboîtés l'un dans l'autre et bourrés d'ossements divers, qui auraient appartenu à plusieurs individus (*Assoc. française*, Montauban, 1902, II, p. 870).
4. Doumergue, *Assoc. française*, Nantes, 1898, II, p. 580 : « C'était plutôt un lieu de sépulture qu'un lieu d'habitation. Je crois y avoir relevé des preuves d'incinération méthodique. »
5. Dans la grotte du Mouflon, à Constantine, M. Debruge a trouvé, au sommet de la couche néolithique, un squelette dont, dit-il, « le corps avait été replié sur lui-même, car tous les ossements se trouvaient amoncelés dans un espace relativement restreint » : *Assoc. française*, Lille, 1909, II, p. 822.

l'expliquer lorsque nous décrirons les sépultures indigènes de la période historique[1].

Nous différons en effet l'étude des tombes en pierres sèches, désignées sous les noms de tumulus, bazinas, dolmens, chouchets, qui sont répandues par milliers dans l'Afrique septentrionale et qui se distinguent nettement des sépultures phéniciennes et romaines. Que les types de ces tombeaux remontent à une antiquité reculée, comme les rites funéraires qu'on y rencontre, nous le croyons sans peine : certains d'entre eux offrent des ressemblances qui ne peuvent pas être fortuites avec des monuments élevés, au troisième et au second millénaire avant J.-C., dans l'Ouest de l'Europe et dans les pays riverains de la Méditerranée occidentale. Mais, dans l'état actuel de nos connaissances, toutes les sépultures africaines en pierres sèches que l'on peut dater appartiennent aux siècles qui ont immédiatement précédé et suivi l'ère chrétienne.

1. Notons dès maintenant que les postures varient. Tantôt, comme à Lalla Marnia, les jambes sont simplement pliées, le reste du corps étant étendu. Tantôt les genoux sont ramenés vers la poitrine, le mort ayant été soit couché sur le flanc, soit assis sur les talons. En même temps que les jambes, les bras ont souvent été repliés.

CHAPITRE IV

ANTHROPOLOGIE

I

Quel était l'aspect de ces habitants primitifs de l'Afrique du Nord dont nous avons étudié les mœurs dans les chapitres précédents? En essayant de répondre à cette question, nous nous abstiendrons de l'embrouiller, comme on l'a fait trop souvent, par des considérations sur la langue et la civilisation : anthropologie, linguistique, ethnographie sont des sciences indépendantes, et de nombreux exemples nous apprennent que divers groupes humains peuvent parler le même idiome, mener le même genre de vie, professer les mêmes croyances, tout en différant beaucoup par leur conformation physique.

On sait que les textes classiques concernant les Libyens ne sont pas antérieurs au Ve siècle avant notre ère, qu'ils appartiennent à une période historique où ces indigènes étaient en rapports avec d'autres peuples méditerranéens, où une partie d'entre eux subissaient des maîtres étrangers. Cependant, comme nous le verrons tout à l'heure, les immigrés, les conquérants ne paraissent guère avoir modifié le fond de la population; si nous trouvions dans les auteurs grecs et latins des descriptions précises des Africains qui vivaient de leur temps, nous pourrions les invoquer, sans trop de témérité, pour l'époque dite préhistorique. Mais l'anthropologie est une science moderne : les anciens ne se sont guère inquiétés d'observer minutieusement l'aspect des hommes et de les classer d'après cet aspect. Si, d'une manière générale, ils distinguent en Afrique les Éthiopiens, c'est-à-dire les gens à la peau très foncée[1], du reste des indigènes[2], ils n'indiquent ni pour les uns ni pour les autres divers groupes correspondant à un ensemble de caractères physiques. Par les termes Numides, Gétules, Maures, Masæsyles, Massyles, etc., ils désignent les habitants de telle ou telle contrée, les sujets de tel ou tel royaume; nullement ce qu'aujourd'hui l'on se plaît à appeler des races.

Les représentations figurées ne compensent pas l'insuffisance des textes. Les gravures rupestres qui appartiennent à la période que nous étudions offrent quelques images humaines, mais elles sont d'une exécution si rudimentaire qu'elles ne peuvent pas, comme certaines peintures et sculptures égyptiennes, servir de documents anthropologiques[3]. Il en est de même des stèles plus récentes qui nous montrent des indigènes.

L'examen des ossements que contiennent les grottes occupées pendant l'âge de la pierre et les sépultures construites plus tard par les autochtones fera connaître la structure anatomique des Libyens primitifs et de leurs descendants. Mais ces recherches sont à peine ébauchées. Elles ne nous apprendront rien sur d'autres caractères importants : couleur de la peau, des yeux, couleur et forme des cheveux.

Faute de mieux, l'étude des indigènes actuels nous permettra d'indiquer ce qu'étaient leurs lointains ancêtres. On peut

1. Voir plus loin, p. 290.
2. Hérodote (IV, 197) dit nettement qu'en Libye il n'y a que quatre peuples (ἔθνεα), deux indigènes, les Libyens et les Éthiopiens, habitant les uns au Nord, les autres au Midi, et deux étrangers, les Phéniciens et les Grecs.
3. Conf. p. 268, n. 3.

admettre en effet que, depuis les temps historiques, la population de la Berbérie n'a pas été profondément modifiée par des éléments étrangers.

Les Phéniciens ont fondé sur les côtes des colonies qui, pour la plupart, étaient étroitement enfermées dans leurs murailles, ou ne disposaient que d'une banlieue restreinte. Carthage ne se décida qu'après plus de trois siècles à occuper un territoire qui ne semble pas s'être étendu au delà de la Tunisie septentrionale; rien ne prouve d'ailleurs qu'il ait été fortement colonisé par les conquérants.

Jusqu'à Jules César, les Romains ne détinrent que le Nord-Est de la Tunisie et, sauf une tentative malheureuse pour relever Carthage, ils n'instituèrent aucune colonie. Il est vrai que, dans le demi-siècle qui précéda et dans le siècle qui suivit l'ère chrétienne, la fondation de quelques douzaines de colonies implanta en Afrique un certain nombre d'étrangers, surtout d'Italiens. Nous savons très peu de choses sur cette immigration officielle, mais il ne faut point en exagérer l'importance : on a, par exemple, des raisons de croire que cinq cents familles, tout au plus, furent installées à Thamugadi, qui ne fut assurément pas la moindre de ces communes nouvelles[1]. Nous devons aussi tenir compte de ceux qui obtinrent des concessions sur des territoires non coloniaux, de ceux qui vinrent se fixer volontairement dans les provinces africaines. A leur égard, tout calcul précis est impossible; cependant il n'y a pas lieu d'admettre qu'ils aient été très nombreux. Ce furent surtout d'anciens soldats des armées d'Afrique qui reçurent des terres non coloniales. Or les effectifs de ces armées ne devaient guère dépasser vingt-cinq mille hommes sous le Haut-Empire et, comme le service militaire durait longtemps (vingt-cinq ans), le chiffre

---

[1]. Voir Barthel, *Römische Limitation in der Provinz Africa* (extrait des *Bonner Jahrbücher*, CXX, 1911), p. 104. — La colonie la plus importante d'Afrique, celle qu'Auguste fonda à Carthage, compta trois mille colons romains : Appien. *Lib.*, 136.

annuel des libérés était peu élevé. Depuis le IIe siècle, les troupes furent composées de gens du pays pour une très grande part, en totalité pour la légion, corps de citoyens romains. L'Italie, dont la natalité était faible, ne pouvait pas fournir de forts contingents à des régions qui étaient au contraire très peuplées. L'étude des mœurs, des croyances, des noms nous révèle moins l'afflux d'immigrants que l'acheminement d'une partie des Africains vers la civilisation latine[1]. Quant aux tribus restées barbares, sur lesquelles Ammien Marcellin, Procope et Corippus nous donnent quelques renseignements au IVe et au VIe siècle, il est évident qu'elles avaient conservé intact le sang de leurs pères[2].

A leur entrée dans l'Afrique du Nord, les Vandales devaient être tout au plus deux cent mille[3]. Ils ne se mêlèrent point aux Africains et lorsqu'au bout d'un siècle, le royaume fondé par

---

1. Sur le petit nombre des Romains qui vinrent s'établir en Afrique, conf. Toutain, *les Cités romaines de la Tunisie*, p. 216-233; Gauckler, *l'Archéologie de la Tunisie*, p. 61-63.

2. Il n'y a sans doute aucun compte à tenir des prétentions de certains groupes berbères à descendre des Romains (probablement parce qu'ils ont des ruines romaines sur leur territoire, ou même simplement parce qu'ils ont conservé un vague souvenir de la domination romaine). Voir, pour l'Aurès, Masqueray, *Revue africaine*, XXII, 1878, p. 263-4, 459; le même, *Bull. de correspondance africaine*, I, 1882-3, p. 327-332; le même, *Formation des cités de l'Algérie*, p. 161; Malbot et Verneau, dans *l'Anthropologie*, VIII, 1897, p. 15; — au Nord et au Nord-Ouest de l'Aurès : Pont, *Rec. de Constantine*, XII, 1868, p. 223; Joly, *Revue africaine*, LV, 1911, p. 413; — en Kabylie : Féraud, *Revue africaine*, II, 1857-8, p. 459-450, et *Rec. de Constantine*, XIII, 1869, p. 170; Viré, *ibid.*, XXXII, 1898, p. 62; Masqueray, *Formation*, p. 114; — dans la région de Djelfa : Hartmayer, *Revue africaine*, XXXIX, 1885, p. 149.

3. Victor de Vite (I, 2) indique qu'un recensement ordonné par Genséric, lors du passage en Afrique, donna un chiffre de 80 000 personnes, parmi lesquelles furent comptés vieillards, jeunes gens, enfants et esclaves. M. Schmidt croit qu'il s'agit de tous ceux qui accompagnèrent Genséric, y compris les femmes. Selon d'autres savants (et leur opinion me paraît plus vraisemblable), ce chiffre représenterait seulement ceux que Genséric voulait faire passer pour des combattants. Le nombre des Vandales et des gens que l'on confondait sous ce nom se serait accru pendant le règne de Genséric, par suite de l'excédent des naissances et de l'arrivée d'autres barbares (Procope, *Bell. Vand.*, I, 5, 20). Pourtant, vers l'année 486, Victor de Vite affirme (*l. c.*) que les Vandales étaient fort loin de compter 80 000 guerriers. Sur cette question, voir Haury, *Byzantinische Zeitschrift*, XIV, 1905, p. 527-8; Schmidt, *ibid.*, XV, 1906, p. 620-1; Martroye, *Genséric*, p. 104, 218-220; Diehl, *l'Afrique byzantine*, p. 8-9.

Genséric fut anéanti, ceux qui ne disparurent pas dans la tourmente furent presque tous exilés par les Grecs vainqueurs[1]. Ces derniers ne laissèrent pas de traces plus durables : ils défendirent, administrèrent, exploitèrent tant bien que mal les parties des anciennes provinces romaines dont ils purent se rendre maîtres; ils ne les couvrirent pas de colons.

Il en fut de même des guerriers arabes qui détruisirent la domination byzantine, soumirent les indigènes et les convertirent à l'islamisme[2]. Groupés dans les villes et d'ailleurs peu nombreux, ils ne pénétrèrent pas les masses profondes des Berbères, qui, bientôt même, reprirent possession de leur pays. Ce fut seulement au milieu du xie siècle que l'Afrique septentrionale eut à subir une grande invasion arabe, celle des Ouled Hilal et des Ouled Soleïm. Vinrent-ils au nombre de 150 000, de 200 000, de 500 000, d'un million, de deux millions? Tous ces chiffres ont été indiqués[3], tous sont arbitraires[4]. Mais il est certain que les nouveaux venus constituèrent désormais un des éléments importants de la population. Pasteurs nomades, ils se dispersèrent dans les plaines du Tell, dans les steppes du haut pays, sur la lisière septentrionale du Sahara. De nombreuses tribus se rattachent à ces envahisseurs. Cependant elles

---

1. Voir Procope, *l. c.*, II, 5, 1; II, 19, 3; II, 28, 40. Conf. Broca, *Revue d'anthropologie*, 1876, p. 399.
2. Je laisse de côté de prétendues invasions d'Arabes himyarites qui, passant par l'Éthiopie et le Sahara, se seraient succédé dans l'Afrique du Nord depuis les derniers siècles avant J.-C. jusqu'à la conquête musulmane (Slouschz, dans *Archives marocaines*, XIV, 1908, p. 319-321). Cette hypothèse ne s'appuie sur aucun argument solide. M. Slouschz a eu un précurseur, Tauxier, qui admettait une immigration arabe dans l'Afrique septentrionale au début du iie siècle de notre ère : *Revue africaine*, XXIV, 1880, p. 373 et suiv.; XXV, 1881, p. 138 et suiv.
3. Voir Carette, *Recherches sur l'origine des principales tribus de l'Afrique septentrionale*, p. 397 et 434; Mercier, *Histoire de l'Afrique septentrionale*, II, p. 10; Masqueray, *Formation des cités*, p. 12; Schirmer, *le Sahara*, p. 297.
4. M. Collignon (*Bull. de géographie historique*, 1886, p. 228 et 323) remarque que, d'après un poète cité par Ibn Khaldoun (*Histoire des Berbères*, trad. de Slane, I, p. 35), les envahisseurs n'auraient mis en ligne que 3 000 combattants dans une bataille décisive. Léon l'Africain (*Description de l'Afrique*, trad. Temporal, édit. Schefer, I, p. 42) parle d'une invasion de 50 000 combattants et d'un nombre infini de femmes et d'enfants.

sont toutes plus ou moins mélangées de sang berbère et le type arabe pur y est fort rare[1]. Crâne très renflé au-dessus de la nuque[2]; figure longue et régulièrement ovale; nez long, mince et aquilin; lèvres fines, belles dents; menton arrondi; yeux grands, foncés et brillants; sourcils peu fournis, d'une courbe régulière, d'un noir de jais, comme la barbe, également peu fournie; teint mat : telles sont les principales caractéristiques de ce type[3], bien distinct des types indigènes. Les Berbères se sont maintenus intacts dans la majeure partie de l'Afrique du Nord, surtout dans les massifs montagneux, où les Arabes n'ont pas pénétré.

Les aventuriers, soldats ou corsaires, qui sont venus des régions les plus diverses de la Méditerranée pendant la période turque[4], n'ont presque rien laissé derrière eux. Ils ne se sont pas répandus en dehors de quelques villes du littoral, de quelques garnisons de l'intérieur. Vite emportés par une vie de dangers et de plaisirs, ils fondaient rarement des familles durables : ce n'est guère qu'à Tlemcen qu'ont subsisté des Koulouglis, métis de soldats turcs et de femmes indigènes.

Nous devons mentionner encore d'autres étrangers, dont l'établissement en Berbérie n'a pas été la conséquence d'une conquête.

Il y a environ 300 000 Juifs en Tripolitaine, en Tunisie, en Algérie et au Maroc[5]. Ils étaient déjà assez nombreux à l'époque

---

1. Resterait à savoir si tous les envahisseurs dits arabes présentaient ce type : ce qui *a priori* est plus que douteux. Chez les Arabes de Tunisie, M. Collignon (*l. c.*, p. 326 et suiv.) distingue, outre le type classique « à nez leptorhinien aquilin vrai », deux types : 1° type grossier, assyroïde, à nez convexe mésorhinien; 2° type mongoloïde, à nez en museau de chèvre.
2. Occiput « en point d'interrogation ».
3. Conf. Collignon, *l. c.*, p. 326-330.
4. Les janissaires étaient surtout des Turcs, venus d'Asie Mineure. Les corsaires vinrent d'abord des rivages de la Méditerranée orientale soumis à l'empire turc, ou furent des Andalous, réfugiés en Berbérie; il y eut ensuite parmi eux un grand nombre de renégats, dont la plupart étaient originaires du Sud-Ouest de l'Europe.
5. On en compte plus de 60 000 en Tunisie et à peu près autant en Algérie.

romaine et il est à croire que la plupart d'entre eux étaient de véritables Hébreux, se rattachant peut-être à ceux qui, sous les Ptolémées, émigrèrent en Cyrénaïque[1]. Plus tard, il en vint beaucoup, à diverses reprises, du Sud de l'Europe, surtout de la péninsule ibérique, d'où les rois chrétiens les expulsèrent en masse. Ces Juifs formaient des colonies distinctes du reste de la population. On a cependant des raisons de supposer que, vers la fin des temps antiques, la religion israélite se propagea dans certaines tribus indigènes[2] : peut-être des descendants de ces convertis se trouvent-ils aujourd'hui confondus avec ceux des Juifs d'origine étrangère. Soit par atavisme, soit par adaptation au milieu, beaucoup de Juifs maghribins offrent des traits qui rappellent des visages berbères et n'ont rien de « sémitique »[3].

Des Maures ou Andalous, chassés d'Espagne par les chrétiens vainqueurs, ont fondé des colonies dans des villes marocaines[4], algériennes[5] et tunisiennes[6], où ils se livrent surtout au commerce et au jardinage. Ils se distinguent des Berbères par leur physionomie plus douce, leur teint plus clair, souvent

Ils peuvent être 15 à 20 000 en Tripolitaine. Au Maroc, leur nombre paraît dépasser de beaucoup le chiffre de 100 000, qui est approximativement celui de la population juive des villes importantes.

1. Voir Monceaux, *Revue des études juives*, XLIV, 1902, p. 1-28. On constaterait çà et là en Berbérie de vagues traces d'un judaïsme non talmudique, qui remonterait à une époque reculée : Slouschz, *l. c.*, p. 313 et suiv.

2. Ibn Khaldoun (*Histoire des Berbères*, I, p. 208-9; conf. p. 177) indique plusieurs tribus berbères professant le judaïsme. La question est fort obscure. Les groupes juifs que l'on trouve actuellement dans les campagnes croient à leur origine palestinienne et certains indices pourraient faire penser qu'ils n'ont pas toujours tort : voir (sans accepter les interprétations de l'auteur) Slouschz, dans *Mémoires présentés à l'Académie des Inscriptions*, XI, 2ᵉ partie, p. 491 et suiv., 539 et suiv. Je ne puis adopter les hypothèses relatives aux Juifs africains que M. Slouschz présente dans son livre intitulé *Hébræo-Phéniciens et Judéo-Berbères* (*Archives marocaines*, tome XIV).

3. Conf. Collignon, *l. c.*, p. 317 et 339; voir aussi dans *l'Anthropologie*, XVII, 1906, p. 178-180, l'analyse d'un travail de Fishberg.

4. Tétouan, Tanger, Rabat, Azemmour, Fez. Conf. Doutté, *Bull. d'Oran*, 1910, p. 30-38.

5. Coléa, Blida, quartier des Tagarins à Alger, Dellys, etc.

6. Bizerte, Tunis, Tébourba, Soliman, Zaghouane, Testour, Nabeul.

aussi par leur corpulence : différences qui doivent s'expliquer par la diversité des conditions d'existence [1].

Enfin les nègres, originaires du centre de l'Afrique, sont très nombreux au Maroc; ils ne manquent ni en Algérie, ni en Tunisie, quoiqu'ils aient beaucoup diminué depuis la conquête française et l'abolition de l'esclavage [2]. L'importation de noirs à travers le Sahara date peut-être de loin. Toutefois, dans l'antiquité, elle ne semble pas avoir été très active [3]. Mais, depuis que l'islamisme a pénétré dans le cœur du continent, la traite n'a guère cessé d'amener en Berbérie des convois de Soudanais. La plupart d'entre eux devenaient des esclaves domestiques; d'autres formaient des corps de troupes au service des souverains du Maghrib; dans les oasis du Sud, d'autres venaient renforcer la population agricole dont nous parlerons plus loin. Bien traités par les musulmans, qui n'ont pas de préjugé de couleur et qui regardent leurs esclaves presque comme des membres de leur famille, ils ont mêlé largement leur sang à celui des indigènes, surtout au Maroc [4], où des métis ont occupé et occupent encore un rang social élevé [5]. Il convient de tenir compte des altérations que ces mélanges ont pu faire subir aux types berbères primitifs. Mais les traits caractéristiques des Nigritiens, ou nègres du Soudan, — prognathisme, cheveux laineux, nez large et aplati, lèvres charnues et retroussées, —

1. Il y avait sans doute du sang berbère, mêlé à beaucoup de sang espagnol, chez les ancêtres de ces Maures.
2. Au Maroc même, l'importation des nègres est bien moindre depuis l'occupation par la France des régions soudanaises d'où on les tirait principalement.
3. Voir plus loin, p. 302.
4. M. Bloch (*Bulletins de la Société d'anthropologie de Paris*, 1903, p. 571-8) croit que beaucoup de Marocains noirs ne descendent pas de nègres soudanais, mais qu'ils appartiennent à une race spéciale, établie dans le pays depuis des temps très reculés, race non prognathe, qui n'aurait ni les cheveux crépus, ni le nez épaté, ni les pommettes saillantes, ni les lèvres déroulées. Cette hypothèse ne peut pas être rejetée *a priori* (voir plus loin, p. 301), mais elle est fondée sur des impressions trop rapides pour faire écarter l'hypothèse contraire : à savoir qu'il s'agit de métis de Soudanais et de Berbères.
5. Conf. Faidherbe, *Bull. de la Soc. d'anthr.*, 1873, p. 609-610.

sont aisés à reconnaître et l'on peut constater qu'ils font défaut chez la plupart des Berbères.

En résumé, malgré les apports que nous venons d'énumérer et dont les plus considérables sont probablement ceux des Arabes hilaliens et des nègres, il n'est pas téméraire de soutenir que les habitants actuels de l'Afrique du Nord ne doivent guère différer des hommes qui peuplaient le pays il y a environ trois mille ans. Pour savoir ce qu'étaient ces derniers, regardons autour de nous, sans négliger les rares documents que l'archéologie et les auteurs anciens nous fournissent.

II

Il faut avouer que l'étude anthropologique des Berbères d'aujourd'hui est encore bien peu avancée. Nous ne disposons que d'un petit nombre d'observations précises, minutieuses, et les essais de classement que l'on a présentés ne peuvent pas être regardés comme définitifs[1]. Comme à peu près partout sur la terre, les croisements ont été innombrables entre les indi-

---

1. Pour la Tunisie, il existe un excellent travail de M. Collignon, dans *Bull. de géographie historique*, 1886, p. 181-353; je m'en suis beaucoup servi (voir aussi le même, *Revue d'anthropologie*, 1888, p. 1-8). On peut encore consulter Bertholon, *Revue générale des sciences*, VII, 1896, p. 972-1008. Études particulières sur l'anthropologie de la Khoumirie et de la Mogodie : Bertholon, *Bull. de géographie historique*, 1891, p. 423 et suiv.; de l'île de Djerba : le même, dans *l'Anthropologie*, VIII, 1897, p. 399-425. — Pour l'Algérie, presque tout est à faire. Mensurations de Gillebert d'Hercourt, *Mémoires de la Société d'anthropologie*, III, 1868, p. 1-23; courtes indications de Topinard : *Bull. de la Soc. d'anthr.*, 1873, p. 623 et suiv., et 1881, p. 433-434. Kabyles : Duhousset, *Mém. de la Soc. d'ethnographie* (= *Revue orientale et américaine*, XII, 1874), p. 17-39; Sabatier, *Bull. de la Soc. d'anthr.*, 1882, p. 888-896. Dans un travail resté inédit, Prengrueber a consigné de nombreuses observations sur les Kabyles : Lissauer, *Zeitschrift für Ethnologie*, XL, 1908, p. 516 et suiv. Habitants de l'Aurès : Papillault, *Bull. de la Soc. d'anthr.*, 1897, p. 337-344; Randall-Maciver et Wilkin, *Libyan notes* (1901), p. 93 et suiv. Oasis de Biskra : Topinard, *Bull. de la Soc. d'anthr.*, 1870, p. 518-533; le même, *Assoc. française pour l'avancement des sciences*, Alger, 1881, p. 737-764. Mzabites : Amat, *le Mzab et les Mzabites* (1884), p. 239-252 (conf. *Revue d'anthropologie*, 1884, p. 623-631); Huguet, *Revue de l'École d'anthropologie*, XVI, 1906, p. 21, 28, 30-31; Chantre, *Bull. de la Société d'anthropologie de Lyon*, XXIX, 1910, p. 92-94. — Pour

gènes des diverses régions de l'Afrique septentrionale[1]. Relations créées par le voisinage, le commerce, les nécessités de la transhumance, migrations causées par les guerres et les famines, transplantations de tribus vaincues ont rapproché et confondu les groupes primitifs[2]. Nulle part, on ne constate l'existence de populations dont tous les individus offriraient un type uniforme[3]. Dans ce chaos, il est malaisé d'introduire l'ordre.

Les classifications proposées se fondent sur les caractères anatomiques (formes, dimensions et proportions du squelette, en particulier du crâne et des os de la face) et sur les caractères extérieurs (couleur de la peau, de l'iris des yeux, forme et couleur des cheveux et des poils). Mais les anthropologistes ne sont pas d'accord sur la valeur respective de ces caractères, sur leur persistance héréditaire, sur la durée des effets du métissage. Les uns attribuent une importance prépondérante à l'étude des crânes; ils partagent l'humanité en gens à tête longue, large ou moyenne (dolichocéphales, brachycéphales, mésocéphales). D'autres soutiennent que, même dans les groupes les plus isolés, il y a différentes formes de crânes. Certains admettent que ces formes se maintiennent immuables à travers les générations, en dépit des croisements et des

le Maroc, on n'a que des mensurations de quelques crânes de Mogador, par Verneau, dans l'*Anthropologie*, XXIII, 1912. p. 667-702. — Exposés généraux dans Sergi, *Africa, Antropologia della stirpe camitica* (1897), p. 273 et suiv.; dans Weisgerber, *les Blancs d'Afrique*, p. 31 et suiv. MM. Bertholon et Chantre préparent sur l'anthropologie de l'Afrique du Nord un ouvrage d'ensemble, au sujet duquel ils ont donné quelques indications : voir, en particulier, *Assoc. française*, Dijon, 1911, Compte rendu, p. 120-8, 130-1. [Cet ouvrage vient de paraître, sous le titre *Recherches anthropologiques dans la Berbérie orientale*. Je regrette de ne pas pouvoir l'utiliser dans le présent chapitre, déjà imprimé. Juin 1913].

1. Même dans les régions montagneuses, qui ont été des refuges.
2. On peut consulter là-dessus l'ouvrage de Carette, *Recherches sur l'origine et les migrations des principales tribus de l'Afrique septentrionale* (1853).
3. M. Collignon (*Bull. de géographie historique*, 1880, p. 282) écrit à propos de la Tunisie : « Il n'est pour ainsi dire pas de localité où il ne soit possible de retrouver plusieurs, sinon la totalité des types répandus sur le territoire. » Dans le massif de l'Aurès, en Kabylie, etc., on trouve pêle-mêle des types très divers (conf. Papillault, *Bull de la Soc. d'anthr.*, 1897, p. 539).

circonstances extérieures; d'autres croient qu'elles peuvent se modifier. Pour les uns, la couleur de la peau et celle des cheveux priment, comme éléments de classification, les caractères ostéologiques; d'autres restent plus ou moins fidèles à la vieille opinion qui rapporte les diversités de la pigmentation aux influences des climats. On ne sait pas exactement dans quelle mesure les conditions de la vie modifient la taille. Il est presque superflu d'ajouter que des individus ayant la même conformation peuvent beaucoup différer d'aspect selon leur alimentation, leur existence sédentaire ou active, l'intensité de la lumière et de la chaleur; sans parler des impressions trompeuses que les costumes provoquent chez des observateurs superficiels. Les pages qui suivent témoigneront de la difficulté et de l'insuffisance des recherches, aussi bien que de l'incertitude des méthodes.

En général, les Berbères ont le visage droit, des yeux horizontaux, non saillants, un nez plus ou moins long, plus ou moins large, mais non pas épaté, comme celui des nègres. Leur corps est d'ordinaire bien proportionné, leur complexion robuste. Ils résistent aux variations de la température, aux privations, aux longues marches et, quand cela est nécessaire, aux durs travaux; ils atteignent souvent une extrême vieillesse[1].

A leur naissance, leur peau est blanche, mais le soleil la brunit rapidement : il ne faut sans doute pas chercher d'autre cause au teint foncé que de nombreux textes anciens attribuent à des indigènes du Nord de l'Afrique[2]. La plupart ont des yeux

1. Conf. plus haut, p. 174.
2. Lucain, IV, 678-9 : « concolor Indo Maurus ». Silius Italicus, II, 439 : « usta cutem nigri soror horrida Mauri »; VIII, 267 : « adustus corpora Maurus ». Juvénal, V, 54 : « nigri Mauri »; XI, 125 : « Mauro obscurior Indus ». Némésien, Cyney., 261 : « coloratus Mazax », Corippus, Johannide, I, 245-6 : « Maura videbatur facies nigroque colore horrida »; II, 137 : « nigra planta »; IV, 321 : « nigrae facies »; VIII, 415 : « nigro de corpore »; voir encore V, 341; VIII, 426; VIII, 482. Procope (Bell. vand., II, 13, 29) qualifie les Maures de gens au teint noir : μελάγχροοι. Polémon (dans Scriptores physiognomoniae veteres, édit. Franz, p. 184)

noirs, très vifs chez les enfants, des cheveux noirs ou bruns[1] non laineux.

Un type[2] très répandu est de taille élevée (aux environs de 1 m. 70). Le crâne est long, le front droit, avec des arcades sourcilières bien accusées. La face s'allonge en pointe à partir des tempes, les pommettes étant à peine indiquées. Le nez est mince et long, souvent busqué, le menton droit, la barbe peu abondante. La musculature apparaît sur le corps maigre et sec. Des épaules larges surmontent un thorax qui se rétrécit en tronc de cône renversé. Les individus qui appartiennent à ce type sont très nombreux en Algérie[3]; selon M. Collignon[4], ils formeraient à peu près la moitié de la population de la Tunisie. On pourrait voir en eux les descendants de ces Africains, grands, secs, maigres, qui sont mentionnés dans l'antiquité[5].

D'autres Berbères[6] sont petits (en moyenne 1 m. 63). Leur crâne est également allongé, avec des bosses pariétales et un occiput très saillants : vu d'en haut, il présente une forme pentagonale. La face est, au contraire, courte et large; les pommettes sont fortement développées et les angles de la mâchoire très écartés. Le nez, assez large, est d'ordinaire

---

dit que les Libyens ressemblent aux Éthiopiens. — Par un jeu de mots, le nom ethnique *Maurus*, employé par les Latins (et plus tard par les Grecs : Μαῦρος), fut rapproché du mot grec ἀμαυρός, qui signifie *sombre, obscur*, et qui, à une basse époque, se présente même sous la forme μαῦρος. Voir Manilius, IV, 727-8 : « Mauretania nomen oris habet titulumque suo fert ipsa colore »; Isidore de Séville, *Etymol.*, IX, 2, 122 : « ... licet Mauri ob colorem a Graecis vocentur : Graeci enim nigrum μαῦρον vocant, aestifero quippe colore afflati atri coloris speciem ducunt »; conf. le même, XIV, 5, 10.

1. Conf. Claudien, *De consulatu Stilichonis*, III, 19 : « ... nigris hinc Mauri crinibus irent ».
2. Je dis *type*, et non *race*, terme que j'évite à dessein. — Sur ce premier type, voir Collignon, *Bull. de géographie historique*, 1886, p. 303-9.
3. Conf. les indications de Topinard, *Bull. de la Soc. d'anthr. de Paris*, 1881, p. 446-7; de Sabatier, *ibid.*, 1882, p. 891-4; de Chantre, *Bull. de la Soc. d'anthr. de Lyon*, XXIX, 1910, p. 85 (type I, a).
4. *L. c.*, p. 305.
5. Élien, *Nat. anim.*, III, 2; XIV, 5.
6. Collignon, *l. c.*, p. 313-321.

convexe; le menton, saillant, s'encadre d'une barbe bien fournie; la bouche est grande, aux lèvres charnues. Poitrine large, taille fine, hanches très développées. Ce type paraît être disséminé dans tout le Maghrib; on l'a signalé en Khoumirie [1], dans la vallée de la Medjerda [2], dans le massif montagneux de la Tunisie centrale [3], sur le littoral oriental [4], en particulier à Gabès [5], dans la région d'Alger, dans le Sud de l'Algérie [6]. Par la forme de la tête, il est étroitement apparenté au type dit de Cro-Magnon [7], qui se caractérise par la longueur du crâne et par la largeur de la face [8].

Les types que nous venons de décrire sont très anciens dans l'Afrique septentrionale. Des crânes qui pourraient être classés dans l'une ou l'autre des deux séries se rencontrent dès l'âge de la pierre [9], ainsi que dans des sépultures indigènes plus récentes [10].

1. Où il formerait le quart de la population : Bertholon, *Bull. de géographie historique*, 1891, p. 440, 448, 451.
2. Chantre et Bertholon, *Assoc. française*, Dijon, 1911, p. 127.
3. Collignon, *l. c.* (région d'Ellez et de Kessera).
4. Chantre et Bertholon, *l. c.*
5. Bertholon, *l'Anthropologie*, VIII, 1897, p. 416.
6. Chantre, *Assoc. française*, Toulouse, 1910, I, p. 353; *Bull. de la Soc. d'anthr. de Lyon*, XXIX, 1910, p. 86 (type III).
7. Du nom d'un gisement préhistorique du département de la Dordogne.
8. Collignon, *l. c.*, p. 256, 319-320. — La taille de ces Berbères est, il est vrai, plus petite que dans le type de Cro-Magnon. Mais, en Europe, les gens de Chancelade, de l'Homme-Mort, de Baumes-Chaudes, apparentés à ceux de Cro-Magnon, étaient de taille peu élevée, et il y a actuellement encore dans le Périgord des individus de petite taille qui présentent le type de Cro-Magnon : Collignon, *Annales de Géographie*, V, 1895-6, p. 161.
9. Grotte Ali Bacha, à Bougie : Delisle, *Rec. de Constantine*, XL, 1906, p. 197-200, planches à la p. 138; conf. *l'Anthropologie*, XVII, 1906, p. 124. Grotte du Grand-Rocher, près d'Alger : Pomel, *Singe et homme*, p. 24-26 et pl. VI. Escargotière d'Aïn Mlila : Thomas, *Bull. de la Société des sciences physiques d'Alger*, XIII, 1877, p. 3 [pagination spéciale]; Pomel, *l. c.*, p. 26-27 et pl. IV. Station néolithique d'Aïn el Bey : Thomas, *l. c.*, p. 41.
10. Dolmens de Roknia : Pruner-Bey, *apud* Bourguignat, *Histoire des monuments mégalithiques de Roknia*, p. 39-47 et pl. VII; Faidherbe, *Bull. de l'Académie d'Hippone*, IV, 1867, p. 51 et suiv., tableaux 1-3 et planches; le même, *Congrès international d'anthropologie de Bruxelles*, 1872, Compte rendu, p. 412-3; de Quatrefages et Hamy, *Crania ethnica*, p. 96. — Dolmens de Guyotville : collections géologiques de la Faculté des sciences d'Alger; musée des antiquités d'Alger. — Tombeaux voisins du Médracen, mausolée royal : Letourneau et Papillault, *Bull. de la Soc. d'anthr.*, 1896, p. 347-8. — La platycnémie (aplatissement transversal en lame de

On a constitué un troisième groupe[1] avec des gens à tête ronde, de stature médiocre (en moyenne 1 m. 64 — 1 m. 65). Visage large et court, front souvent bombé, sourcils épais, se rejoignant presque, nez court et assez large, bouche plutôt grande, menton arrondi, barbe clairsemée, poitrine trapue : telles sont les caractéristiques de ce type, très fréquent dans l'île de Djerba et dans les oasis du Mzab[2]. Il se retrouve, plus ou moins pur, sur la côte orientale de la Tunisie[3], dans les montagnes situées au Sud de Gabès[4], en Tripolitaine[5], sur le littoral algérien[6], en Kabylie[7], dans l'Aurès[8], etc.[9]. Beaucoup de Mzabites se distinguent des autres indigènes par leur teint très mat, que le soleil dore, au lieu de le brunir.

C'était peut-être au même type qu'appartenaient des individus à tête large, ensevelis sous des dolmens de Roknia[10] et de Guyotville[11].

sabre), observée sur des tibias de l'époque néolithique et de date plus récente (Pomel, *l. c.*, p. 30-31, pl. VII, fig. 3 et 4, pl. VIII, fig. 3-5; Tommasini, *Assoc. française*, Oran, 1888, I, p. 201), est un des caractères de la race de Cro-Magnon. Mais il faut ajouter qu'elle est à peu près générale dans l'Afrique du Nord : Collignon, *l. c.*, p. 319.

1. Collignon, *l. c.*, p. 283-303 (conf. *ibid.*, p. 216 et suiv.). Bertholon, *l'Anthropologie*, VIII, 1897, p. 399 et suiv., 419-423.
2. Les Mzabites, on le sait, n'occupent leurs oasis que depuis quelques siècles.
3. Chantre et Bertholon, *Assoc. française*, Dijon, 1911, p. 127. Surtout deux groupes voisins de Sousse : Collignon, *l. c.*, p. 283-9.
4. Bertholon, *l'Anthropologie*, VIII, p. 408. Chantre, *Assoc. française*, Reims, 1907, I, p. 204.
5. Chantre, *Assoc. française*, Clermont-Ferrand, 1908, II, p. 689.
6. Chantre, *Assoc. française*, Toulouse, 1910, I, p. 333; *ibid.*, Dijon, 1911, p. 127; *Bull. de la Soc. d'anthr. de Lyon*, XXIX, p. 83 (type II).
7. Sabatier, *Bull. de la Soc. d'anthr. de Paris*, 1882, p. 889-890. Collignon, *l. c.*, p. 297-300. Bertholon, *l'Anthropologie*, VIII, p. 423. Les têtes larges semblent être bien moins nombreuses en Kabylie que les têtes longues : conf. Lissauer, *Zeitschrift für Ethnologie*, XL, 1908, p. 518 (d'après Prengrueber).
8. Bertholon, *l. c.*
9. Il est rare en Khoumirie (Bertholon, *Bull. de géographie historique*, 1891, p. 440, 455), mais ne manque pas dans le centre de la Tunisie (Bertholon *l'Anthropologie*, VIII, p. 422). — Il paraît exister dans le Titteri, à l'intérieur de la province d'Alger : Joly, *Étude sur le Titteri* (extrait du *Bull. de la Société de géographie d'Alger*, 1906), p. 36.
10. Faidherbe, *Bull. de l'Acad. d'Hippone*, IV, p. 55; *Congrès de Bruxelles*, p. 413-4. Bertholon, *l. c.*, p. 423.
11. *Bull. de la Société algérienne de climatologie*, XII, 1876, p. 108.

Cette classification n'est nullement définitive; elle ne doit pas nous faire oublier qu'en dehors des Berbères se rattachant aux types mentionnés, il en est d'autres, sans doute plus nombreux, qui présentent des caractères mixtes : nous dirions hybrides, si nous voulions admettre que ces trois types seuls sont primitifs, et qu'ils ont produit des variétés en se croisant[1].

Dans la masse des indigènes, on rencontre souvent des barbes et des cheveux blonds, roux, châtains; des yeux bleus, gris, verts; des carnations pâles, qui, sous le soleil, rougissent au lieu de brunir, ou bien se couvrent de taches de rousseur. Ces particularités ne sont pas toujours associées, comme elles le sont d'ordinaire dans le Nord de l'Europe. Les yeux clairs, ou du moins très peu foncés, paraissent être bien plus fréquents que les cheveux et les teints clairs. On s'est le plus souvent contenté de noter la couleur des cheveux, sans indiquer d'autres caractères physiques. Il semble pourtant qu'il y ait beaucoup de gens de haute taille parmi ces blonds[2]. Leur présence au milieu d'une grande majorité de bruns a frappé plus d'un obser-

---

1. Ainsi, selon MM. Chantre et Bertholon (*Assoc. française*, Dijon, p. 128 et 130; *Bull. de la Soc. d'anthr. de Lyon*, XXIX, p. 85, type I, b), le premier et le troisième types, en se croisant, auraient produit un sous-type de haute taille, à tendance brachycéphale. — M. Verneau (dans *l'Anthropologie*, XXIII, 1912, p. 671-683) reconnaît au Maroc un type où l'on retrouve certains caractères de nos deux premiers : crâne assez allongé, à bosses pariétales très saillantes, front et face relativement étroits, nez d'ordinaire assez mince, menton saillant. Ce type présente d'autre part un notable prognathisme alvéolaire.

2. Voir, pour les Doukkalas du Maroc, Doutté, *Merrâkech*, p. 210; pour les blonds du voisinage d'Honaïn, Vélain, *Bull. de la Soc. d'anthr.*, 1874, p. 125; pour ceux de la Khoumirie, Bertholon, *Bull. de géographie historique*, 1891, p. 433. M. Bertholon classe les Berbères blonds dans le premier des trois types indiqués plus haut; il croit même que ce type représente une « race » primitivement blonde, qui s'est modifiée par des métissages avec des bruns (*Assoc. française*, Reims, 1907, II, p. 1040). Selon M. Verneau (*Archives des missions*, 3ᵉ série, XIII, 1887, p. 720 et suiv.), les Guanches, anciens habitants des Îles Canaries, étaient, pour une bonne part, des blonds de haute taille, offrant le type de Cro-Magnon. — Il est d'ailleurs certain que les blonds sont loin de présenter un type uniforme : conf. Collignon, *l. c.*, p. 322; Elisseleff, analysé par Deniker, *Revue d'anthropologie*, 1886, p. 353 (il signale des sous-brachycéphales blonds dans l'Aurès); Papillault, *Bull. de la Soc. d'anthr.*, 1897, p. 543-4 (il note que, dans l'Aurès, ce sont les indigènes les plus petits qui paraissent être les moins pigmentés); Viré, *ibid.*, 1893,

valeur au point de faire exagérer leur nombre [1]. Étaient-ils plus répandus autrefois? Nous ne pouvons pas l'affirmer, car il n'est nullement prouvé, comme on l'a cru [2], que, dans toute population mélangée de blonds et de bruns, la proportion des premiers ait tendance à diminuer.

Des blonds ont été signalés depuis le détroit de Gibraltar jusqu'au delà des Syrtes [3]. Cependant ils ne sont pas répartis d'une manière uniforme. Au Maroc, ils abondent dans le Rif [4], mais ailleurs ils sont beaucoup plus rares [5]. En Algérie, leur nombre est très élevé dans la grande Kabylie [6] et dans le massif

p. 71 (en Kabylie, les blonds ne différeraient guère des bruns pour la taille et pour la forme du crâne; ils auraient cependant la face plus raccourcie, le nez moins convexe et plus charnu); Joly, *Étude sur le Titteri*, p. 36 (brachycéphales qui tendent vers le type blond). Tout cela est à reprendre.

1. Conf. les réserves de Faidherbe, *Bull. de l'Académie d'Hippone*, IV, p. 69 : « Sur quatre cents tirailleurs de la garnison de Bône, presque tous Berbères de race, nous n'en avons trouvé que cinq blonds et vingt châtains. » Voir aussi Collignon, *Revue d'anthropologie*, 1883, p. 2-3.

2. Perier, *Mémoires de la Soc. d'anthropologie*, 2ᵉ série, I, 1873, p. 42-43. A. de Candolle, *Revue d'anthropologie*, 1887, p. 265. Bertholon, *Assoc. française*, l. c., p. 1017.

3. Voir, d'une manière générale, Perier, l. c., p. 36-48; Schirmer, *De nomine populorum qui Berberi dicuntur*, p. 59 et suiv.; Sergi, *Africa*, p. 284 et suiv., Bertholon, *Assoc. française*, Reims, p. 1036-1047. Pour la Tunisie, Collignon, *Revue d'anthropologie*, 1888, p. 1-8.

4. Tissot, *Géographie*, I, p. 403-4. Quedenfeldt (traduction française), *Revue africaine*, XLVI, 1902, p. 106. De Segonzac, *Voyages au Maroc*, p. 47 (à peu près la moitié de la population).

5. Conf. Quedenfeldt, l. c., p. 107 et 110; de Segonzac, l. c., p. 209; le même, *au Cœur du Maroc*, p. 169. Tissot (l. c., p. 403) se trompait fort quand il écrivait : « On reste certainement au-dessous de la vérité en affirmant que le type blond forme le tiers de la population totale du Maroc. » — En dehors du Rif, on a signalé des blonds chez les Beni Mtir, au Sud de Meknès (Weisgerber, *les Blancs d'Afrique*, p. 172); chez les Doukkalas, au Sud de Mazagan (Doutté, *Merrâkech*, p. 40; ils sont nombreux dans cette tribu); chez les Aït Atach, sur la haute Moulouia (Segonzac, *Voyages*, p. 160); à Figuig (Quedenfeldt, *Rev. africaine*, XLVII, 1903, p. 382), et même dans l'extrême Sud (voir Schirmer, l. c., p. 60).

6. Shaler et Daumas, cités par Vivien de Saint-Martin, *le Nord de l'Afrique dans l'antiquité*, p. 50, n. 1. Prévost, *Revue archéologique*, IV, 1847-8, p. 667. Fournel, *Richesse minérale de l'Algérie*, II, p. 106. Féraud, *Revue africaine*, II, 1857-8, p. 160. Duboussel, *Mémoires de la Soc. d'ethnographie* (article cité), p. 33. Bertillon, *Bull. de la Soc. d'anthr.*, 1882, p. 391-2. Viré, *ibid.*, 1893, p. 70. Etc. — M. Viré évalue les blonds, les roux et les châtains au tiers de la population de la Kabylie, ce qui me paraît exagéré. Parmi les Kabyles étudiés par M. Prengrueber, la proportion des blonds et des châtains réunis est de 13,44 p. 100 : Lissauer, *Zeitschrift für Ethnologie*, XL, p. 518.

de l'Aurès[1] ; on en retrouve aussi dans d'autres régions : près d'Honaïn (sur la côte oranaise[2]), autour de Saïda et de Tiaret[3], de Boghar et de Téniet[4], aux environs de Collo[5], au Nord de la plaine du Hodna[6], au Sud-Ouest et au Sud-Est de Constantine[7], entre Philippeville et Guelma[8]. En Tunisie, l'association du teint, des yeux et des cheveux clairs est exceptionnelle[9] ; il existe pourtant de véritables blonds, peu nombreux, en Khoumirie[10], dans les montagnes à l'Est de Gafsa[11], dans l'extrême Sud[12] et çà et là sur la côte orientale[13]. À peu près partout, en Algérie[14] comme en Tunisie[15], on rencontre

1. Auteurs cités par Vivien de Saint-Martin, l. c., et par Perier, l. c., p. 41, n. 1. Masqueray, *Revue africaine*, XXI, 1877, p. 98, 104, 106, 107 ; XXII, 1878, p. 112, 278, 280, 439. Randall-Maciver et Wilkin, *Libyan notes*, p. 93. Bertholon, l. c., p. 1042-3. — Là aussi, le nombre des blonds a été exagéré : conf. Papillault, *Bull. de la Soc. d'anthropologie*, 1897, p. 310 ; de Lartigue, *Monographie de l'Aurès*, p. 387.
2. Vélain, *Bull. de la Soc. d'anthr.*, 1874, p. 123.
3. La Blanchère, *Archives des missions*, 3ᵉ série, X, 1883, p. 33 (peu nombreux).
4. Joly, *Étude sur le Titteri*, p. 36, n. 1 (assez communs).
5. Les blonds de Collo ont été déjà signalés par Poiret, *Voyage en Barbarie*, I, p. 123, et par le baron Baude, *l'Algérie*, I, p. 140.
6. Goyt, *Rec. de Constantine*, XXIV, 1886-7, p. 73 (chez les Ouled Hannèche).
7. Féraud, *ibid.*, VIII, 1864, p. 255 (chez les Ouled Abd en Nour). Le même, *Revue africaine*, XVI, 1872, p. 406 (chez les Haraktas).
8. Sergent, *Bull. de la Soc. d'anthr.*, 1870, p. 55 (chez les Denhadjas : quelques individus seulement ; des conclusions très contestables ont été tirées de la présence de ces blonds près des dolmens de Roknia).
9. Collignon, *Bull. de géographie historique*, 1886, p. 234, 321-322 ; le même, *Revue d'anthropologie*, 1888, p. 5.
10. Bertholon, *Bull. de géogr. hist.*, 1891, p. 431-2 ; *Assoc. française*, l. c., p. 1041.
11. Provotelle, *Étude sur la tamazir't de Qalaât es Sened* (1911), p. 2. — Dureau de la Malle (*Province de Constantine, Recueil de renseignements*, p. 181) mentionne aussi, d'après Grenville Temple, des blonds plus au Sud, dans la région des chotts.
12. À Chenini : Bertholon, *Assoc.*, l. c., p. 1039.
13. Collignon, *Revue d'anthropologie*, 1888, p. 6 ; Bertholon, *Assoc.*, l. c., p. 1040 ; voir aussi le même, *Assoc.*, Lille, 1909, II, p. 908-9 (à El Djem). Sur le littoral, plus ouvert que l'intérieur du pays aux éléments étrangers, des blonds européens ont pu s'introduire dans ces derniers siècles. Voir cependant le texte de Scylax cité plus loin.
14. Voir, entre autres, Bertillon, *Bull. de la Soc. d'anthr.*, 1882, p. 391 (Kabylie) ; Papillault, *ibid.*, 1897, p. 311 (Aurès) ; Joly, l. c., p. 36 (Titteri). — De même au Maroc : voir, par exemple, Mouliéras, *le Maroc inconnu*, II, p. 777.
15. Bertholon, *Bull. de géogr. histor.*, 1891, p. 423-431 ; *Assoc.*, Reims, p. 1041 (au Nord de la Medjerda). Collignon, *Rev. d'anthr.*, 1888, p. 7 (massif central et côte orientale). Bertholon, *Assoc.*, Lille, p. 908 (Tunisie méridionale) ; *l'Anthropologie*, VIII, 1897, p. 403-5, 414-5 (Ile de Djerba). Etc.

des cheveux et des yeux à nuances intermédiaires entre la couleur claire et la couleur foncée : il est permis de croire que les gens qui offrent ces caractères ont eu des blonds parmi leurs ancêtres. Des blonds sont aussi signalés en Cyrénaïque[1]. Il y en aurait jusque dans les tribus nomades du Sahara, mais ils n'y forment certainement qu'une infime minorité[2]. Notons enfin qu'au Sud-Ouest du Maroc, les cheveux blonds paraissent avoir été fréquents chez les Guanches, qui habitaient les îles Canaries avant l'occupation espagnole[3].

Il est inutile de discuter l'opinion qui rattache ces blonds aux Vandales[4], ou celle qui en fait des descendants de soldats gaulois, introduits par Carthage et par Rome[5]. Nous savons qu'après leur défaite, les Vandales disparurent à peu près de l'Afrique septentrionale[6]. Les Gaulois qui y vinrent au service des Carthaginois et des Romains ne furent pas très nombreux et, en général, ils ne durent pas faire souche dans le pays; il n'est du reste pas prouvé qu'ils aient été surtout des gens blonds. La grande extension de ce type doit faire admettre qu'il a existé et qu'il s'est répandu en Berbérie dès une époque lointaine.

Il n'était pas inconnu des anciens[7]. Au vi^e siècle de notre ère, au lendemain de la destruction du royaume vandale, Ortaias, prince indigène, affirmait à Procope qu'au delà de

1. Bertholon, *Assoc.*, Reims, p. 1033-9 (dans le djebel Lakhdar).
2. Daumas, cité par Vivien de Saint-Martin, *l. c.*, p. 57, note. Deniker, d'après Elisseieff, *Rev. d'anthropologie*, 1886, p. 334. Duveyrier (*les Touareg du Nord*, p. 382) parle seulement de quelques yeux bleus.
3. Broca, *Revue d'anthropologie*, 1876, p. 402. Verneau, *Archives des missions*, 3e série, XIII, 1887, p. 583-4.
4. Shaw, *Voyages dans plusieurs provinces de la Barbarie* (traduct. française de 1743), I, p. 150, et beaucoup d'autres depuis, jusqu'à Quedenfeldt, *Revue africaine*, XLVI, 1902, p. 107. *Contra* : Broca, *l. c.*, p. 398-403.
5. Opinion indiquée par Faidherbe, *Bull. de l'Académie d'Hippone*, IV, p. 68, et *Collection complète des inscriptions numidiques*, p. 19. Conf. Perier, *l. c.*, p. 17.
6. Voir plus haut, p. 279.
7. Pour les textes concernant les blonds d'Afrique, voir, entre autres, Mehlis, *Archiv für Anthropologie*, Neue Folge, VIII, 1909, p. 285-6.

son territoire (situé à l'Ouest de l'Aurès), il y avait un désert très vaste, puis des hommes qui n'avaient pas le teint noir comme les Maures, mais dont le corps était très blanc, avec des cheveux blonds[1]. Cette indication sommaire ne permet malheureusement pas de dire quelle région ils occupaient. Neuf siècles environ plus tôt, le Périple mis sous le nom de Scylax mentionne des Libyens « blonds... et 'très beaux[2] » entre Thapsus et Néapolis (en arrière du golfe de Hammamet), c'est-à-dire dans un pays où les blonds sont aujourd'hui fort rares. A l'Est de la Bérbérie, les blondes Libyennes de la Cyrénaïque ont été célébrées par le poète Callimaque[3], né lui-même à Cyrène vers la fin du IV° siècle avant J.-C.[4]. Enfin des indigènes qui habitaient à l'Ouest de la vallée du Nil sont représentés avec un teint mat, blanc sale ou jaune clair, des yeux bleus, une barbe châtain sur des peintures égyptiennes de l'époque du Nouvel Empire, dans la deuxième moitié du second millénaire[5].

III

Dans les oasis du Sahara septentrional, depuis le Sud du Maroc jusqu'à la Tripolitaine, vivent des gens à la peau noire ou, tout au moins, très foncée. Ils y séjournent dans des conditions plus favorables que les blancs, car ils sont beaucoup

---

1. Procope, *Bell. Vand.*, II, 13, 29 : οὐχ ὥσπερ οἱ Μαυροὺσιοι μελανόχροοι, ἀλλὰ λευκοί τε λίαν τὰ σώματα καὶ τὰς κόμας ξανθοί.
2. § 110 (*Geogr. gr. min.*, édit. Müller, I, p. 88) : οὗτοι γὰρ ἅπαντες Λίβυες λέγονται ξανθοί, ἅπαστοι (corr. peut-être εὔπλαστοι) καὶ κάλλιστοι. Voir, pour le contexte, la traduction de M. Desrousseaux, publiée dans *Revue de géographie*, XXXVIII, 1890, p. 350.
3. Hymne à Apollon, vers 86 (p. 18 de l'édit. Meineke) : ἀνέρες ὠρχήσαντο μετὰ ξανθῇσι Λιβύσσαις.
4. Quant aux serviteurs blonds de Cléopâtre (Lucain, X, 129-131), on ignore d'où ils étaient venus en Égypte.
5. Rosellini, *Monumenti dell' Egitto*, I, pl. CLVI (en bas) et pl. CLX; voir aussi pl. CLIX (en haut).

moins atteints par les fièvres[1]. Ce sont soit des esclaves, d'origine soudanaise, soit des métayers, appelés *haratines* dans le Sud du Maroc et de l'Algérie[2]. La couleur de la peau des haratines offre des nuances variées : ébène, chocolat, cuivre, cannelle. Il en est dont la physionomie rappelle des visages berbères; d'autres sont de purs nègres, offrant les traits classiques des Nigritiens du Soudan.

Un type qui est très fréquent dans le Sud de la Tunisie, surtout dans le Djerid, où il a été étudié avec soin[3], et qui se retrouve ailleurs[4], offre les caractères suivants : taille au-dessus de la moyenne; crâne fort long et étroit, dont le sommet est rejeté en arrière; front oblique; arcades sourcilières saillantes; fortes pommettes, à partir desquelles le devant de la face s'allonge en triangle; nez à échancrure profonde, court et retroussé, mais non épaté; grande bouche, avec de fortes lèvres; menton fuyant; épaules larges et carrées; thorax en tronc de cône renversé, très étroit au-dessus du bassin. La peau est très foncée, d'un brun rougeâtre; les yeux sont très noirs; les cheveux, qui ne sont pas crépus, de la couleur du jais.

Il est certain que parmi les cultivateurs des oasis, il y a des fils et des petits-fils d'esclaves soudanais[5], que beaucoup d'autres sont des métis d'Arabes, de Berbères et de Nigritiens. Mais on peut se demander si bon nombre d'entre eux ne descendent pas de populations établies sur les lieux depuis fort longtemps.

1. Conf. plus haut, p. 173.
2. Au singulier *hartani*. Sur les haratines voir en particulier Gautier, *Sahara algérien*, p. 265 et suiv.
3. Collignon, *Bull. de géographie historique*, 1886, p. 309-315. Il est fort répandu à Gabès, dans le Nefzaoua, dans l'extrême Sud tunisien : conf. Bertholon et Chantre, *Assoc. française*, Dijon, 1911, Compte rendu, p. 131.
4. Oasis de la Tripolitaine et de l'Algérie; voir quelques indications données par MM. Bertholon et Chantre : *Revue tunisienne*, II, 1895, p. 23; *Assoc. française*, Tunis, 1896, I, p. 200-210; Reims, 1907, I, p. 314; Toulouse, 1910, I, p. 333; *Bull. de la Soc. d'anthr. de Lyon*, XXVI, 1907, p. 156-7.
5. Eux-mêmes le reconnaissent : Gautier, *l. c.*, p. 266.

De nombreux témoignages[1] prouvent que, dans l'antiquité, toute la Berbérie était bordée au Sud par des « Éthiopiens[2] », appelés quelquefois Éthiopiens occidentaux[3]. Strabon[4] déclare qu'il ne saurait indiquer les limites de l'Éthiopie et de la Libye, même dans la contrée qui est du côté de l'Océan. On peut cependant tirer des textes quelques renseignements, plus ou moins précis.

La traduction grecque du Périple d'Hannon mentionne des Éthiopiens, non seulement sur les côtes du Sahara[5], où on les retrouve plus tard[6], mais encore au Sud du Maroc, dans la région montagneuse d'où sort le Lixos, c'est-à-dire l'oued Draa[7]. Ce sont peut-être les Éthiopiens Daratites (riverains du fleuve Darat, qui est aussi l'oued Draa), nommés sur la côte par Pline, d'après Polybe ou Agrippa[8].

Pline classe parmi les Éthiopiens les *Nigritae*, les *Pharusii* et les *Perorsi*[9]. Ces derniers habitaient le littoral de l'Océan; les *Pharusii*, dit ailleurs Pline[10], étaient en arrière d'eux (à l'intérieur des terres). Du reste, il est vraisemblable que *Pha-*

1. En partie indiqués par M. Bloch, *Assoc. française*, Tunis, 1896, II, p. 513 et suiv.
2. Outre les textes qui vont être cités, voir d'une manière générale Isidore de Séville, *Etymol.*, XIV, 5, 17.
3. Strabon, III, 4, 3; XVII, 3, 5; XVII, 3, 7 et 8. Méla, III, 96. Pline l'Ancien, V, 43 et 77. Eustathe, *Commentaire à Denys le Périégète*, au vers 170 (*Geogr. gr. min.*, II, p. 248). Agathémère, II, 7 (*ibid.*, p. 473).
4. XVII, 3, 23.
5. § 11 (*Geogr. gr. min.*, I, p. 9).
6. Scylax, 112 (p. 94) : près de l'île de Cerné.
7. § 7 (p. 6). — Sur l'identité du Lixos et du Darat avec l'oued Draa, voir Tissot, dans *Mémoires présentés à l'Académie des Inscriptions*, IX, 1ʳᵉ partie (1878), p. 255-7.
8. Pline, V, 10 : « ... in ora Aethiopas Daratitas. »
9. Livre V, 43 : « ... Aethiopum gentes Nigritae a quo dictum est flumine, gymnetes Pharusii, iam oceanum attingentes quos in Mauretaniae fine diximus Perorsi. » D'après la tournure de la phrase, les mots *iam oceanum attingentes* se rapportent à *Perorsi*, et non aux peuples indiqués auparavant (conf. Schweder, dans *Philologus*, XLVII, 1888, p. 638). Le terme grec *gymnetes* paraît être une épithète de *Pharusii* : Vivien de Saint-Martin, *le Nord de l'Afrique*, p. 138-9. — Pour les Perorsi qualifiés d'Éthiopiens, voir encore Pline, V, 10, et VI, 195.
10. Livre V, 10 : « (promunturium) Surrentium, postea flumen Salsum, ultra quod Aethiopas Perorsos, quorum a tergo Pharusios. »

rusii (du grec Φαρούσιοι) et *Perorsi* ne sont que deux transcriptions d'un même nom africain[1]. L'énumération de Pline allant de l'Est à l'Ouest, les *Nigritae* habitaient plus loin vers l'Orient, — nous verrons tout à l'heure qu'ils devaient s'étendre jusqu'à l'oued Djedi, au Sud des provinces d'Alger et de Constantine, — et Méla doit se tromper[2] quand il affirme qu'ils atteignaient la côte[3]. Strabon, qui mentionne également les Pharusiens et les Nigrites[4], dit qu'ils habitent au-dessus [au delà] des Maurusiens, dans le voisinage des Éthiopiens occidentaux, dont il les distingue[5]. Il indique, probablement d'après le Périple d'Ophellas[6], que leur pays est éloigné de trente journées de marche de la ville de Lixus[7]. Si l'on admet que le chiffre est exact, on doit chercher ces deux peuples dans l'extrême Sud du Maroc, vers l'oued Draa, et sans doute aussi plus à l'Est, dans les régions de l'oued Ziz, de l'oued Guir, de l'oued Zousfana.

Nous ne savons rien de précis sur les Éthiopiens occidentaux contre lesquels Bogud, roi de Maurétanie, fit une expédition[8] : il est à croire qu'ils n'étaient pas très éloignés des états de ce prince. Des Éthiopiens, voisins du royaume maurétanien

1. Pline (V, 46) qualifie les Pharusii de « quondam Persae » : ce qui s'explique par un jeu de mots supposant le nom intermédiaire Perorsi. Ailleurs (V, 10), Pline indique, probablement d'après le général Suétonius Paulinus, que le peuple éthiopien des Perorsi se trouvait non loin du fleuve Ger, c'est-à-dire sans doute de l'oued Guir, par conséquent dans la région où il conviendrait de chercher les Pharusii. — Strabon (voir plus loin) et Méla (I, 22; III, 103) ne connaissent que les Φαρούσιοι, *Pharusii* (Méla paraît les placer sur le littoral). Comme Pline, Ptolémée mentionne à la fois les Πέρορσοι et les Φαρούσιοι (dans la Libye intérieure).
2. Comme le croit Schweder, *l. c.*, p. 637-8.
3. III, 104 : « Nigritarum Gaetulorumque passim vagantium ne littora quidem infecunda sunt. »
4. II, 5, 33; XVII, 3, 3 et 7. Il écrit soit Νιγρίται, soit Νιγρῆτες.
5. XVII, 3, 7 (conf. II, 5, 33, où il dit que les Garamantes, les Pharusiens et les Nigrites habitent au-dessous des Éthiopiens et au-dessus des Gétules). Méla (I, 22) donne une indication semblable : « Mauri in Atlanticum pelagus expositi. Ultra Nigritae sunt et Pharusii usque ad Aethiopas. » Voir aussi Denys le Périégète, 215-8 (*Geogr. gr. min.*, II, p. 111).
6. Qui date peut-être de la fin du IVᵉ siècle avant J.-C.
7. XVII, 3, 3.
8. Strabon, XVII, 3, 5. Il mentionne ailleurs (II, 3, 4), d'après une indication d'Eudoxe de Cyzique, des Éthiopiens voisins du royaume de Bogud.

de Bocchus, sont aussi mentionnés dans un fragment d'Appien [1]; ils s'étendaient vers l'Occident « jusqu'à la montagne de la Maurusie qu'on appelle l'Atlas », par conséquent jusqu'au Sud du Maroc [2].

Salluste [3] indique des Gétules au-dessus de la Numidie (c'est-à-dire au-dessus du royaume de Jugurtha, situé entre le Maroc et le centre de la Tunisie); puis, en arrière d'eux, des Éthiopiens; plus loin, se trouvent, dit-il, des lieux brûlés par l'ardeur du soleil [4]. Pline affirme que la limite entre la province romaine d'*Africa* (y compris la *Gaetulia*) et l'Éthiopie est le fleuve *Nigris* [5], qui paraît répondre à l'oued Djedi [6], rivière coulant de l'Ouest à l'Est depuis la région de Laghouat jusqu'au Sud-Est de Biskra. Dans un autre passage [7], il dit que les *Nigritae* doivent leur nom à ce fleuve [8]. C'est peut-être de ce côté qu'il faut chercher des Éthiopiens mentionnés par Ammien Marcellin; ils prirent part à la révolte du prince maure Firmus, vers la fin du IVe siècle [9].

---

1. *Numid.*, 3 (p. 323 de l'édition Mendelssohn).
2. Pausanias (I, 33, 5) parle des Éthiopiens qui sont voisins des Maures et qui s'étendent jusqu'aux Nasamons (il appelle Nasamons un peuple habitant au pied de l'Atlas).
3. *Jugurtha*, XIX, 6-7.
4. Paul Orose (I, 2, 93) mentionne aussi des Éthiopiens au delà des montagnes qui bordaient au Sud les deux provinces romaines de Maurétanie Césarienne et de Maurétanie Sitifienne, c'est-à-dire l'Ouest et le centre de l'Algérie.
5. V, 30 : « ... et tota Gaetulia ad flumen Nigrim, qui Africam ab Aethiopia dirimit. » Le mot *Africa* a ici un sens administratif : voir le contexte. Il désigne la province d'Afrique, dont faisait partie officiellement la région qui devint plus tard la province de Numidie. Dans deux autres passages, où Pline cite Polybe et Juba, *Africa* semble être un terme de géographie physique, désignant la contrée située au Nord du Sahara : VIII, 31 (« in extremis Africae, qua confinis Aethiopiae est »); V, 53 (le fleuve qu'on identifie avec le Nil sort d'une source appelée *Niger*, puis sépare l'Afrique de l'Éthiopie).
6. Voir Vivien de Saint-Martin, *le Nord de l'Afrique*, p. 437.
7. V, 43 (voir plus haut, p. 293, n. 9).
8. Même indication dans Étienne de Byzance : Νίγρητες, ἔθνος Αἰθίοψ, ἀπὸ ποταμοῦ Νίγρητος. — Ailleurs, Pline (V, 44) indique encore des Éthiopiens sur le fleuve *Nigris* : « oritur inter Tarraelios Aethiopas et Oechalicas ». Ptolémée (IV, 6, 5) mentionne le peuple τῶν Νιγριτῶν Αἰθιόπων au nord du Νίγειρ, mais il est très douteux que ce fleuve soit identique au *Nigris* de Pline.
9. XXIX, 5, 37. Voir à ce sujet Gsell, *Rec. de Constantine*, XXXVI, 1902, p. 39-40.

Selon Paul Orose[1], des tribus d'Éthiopiens « erraient » au delà des *montes Usarae*, qui bordaient au Midi la Numidie et la Byzacène : il s'agit de l'Aurès et des montagnes situées plus à l'Est. Il y avait des noirs, — de la couleur des corbeaux, dit Corippus[2], — dans la coalition d'indigènes du Sud tunisien et de la Tripolitaine que le général byzantin Jean Troglita vainquit au vi⁰ siècle. Enfin nous devons ranger parmi les Éthiopiens les Garamantes[3], qui, à l'époque d'Hérodote[4] comme au temps de l'Empire romain, peuplaient les oasis du Fezzan.

Les Éthiopiens occupaient donc, dans le voisinage immédiat de la Berbérie, toutes les parties habitables du grand désert. En général, ils étaient les maîtres des régions où ils séjournaient : plus tard, on ne sait quand ni comment, ils furent asservis et partiellement refoulés[5] par les Berbères[6], dont des

1. I, 2, 91-92.
2. *Johannide*, VI, 92-93 :

    Nec color ipse fuit captivis omnibus unus.
    Concolor illa sedet cum nigris horrida natis,
    Corrorum veluti videas nigrescere pullos,
    Matre sedente super....

3. Solin, XXX, 2 : « Garamantici Aethiopes ». Isidore de Séville (*Etymol.*, IX, 2, 128) indique aussi les Garamantes comme un peuple d'Éthiopiens. Ptolémée (I, 8, 5, édit. Müller) est disposé à les ranger parmi les Éthiopiens : Γαραμάντων... ὄντων τε καὶ αὐτῶν ἤδη μᾶλλον Αἰθιόπων. Strabon (II, 5, 33; XVII, 3, 19) et Denys le Périégète (v. 217-8) les en distinguent. Hérodote, qui sépare les Libyens des Éthiopiens (voir plus haut, p. 276, n. 2), mentionne c pendant parmi les Libyens nomades (conf. au chap. 181 du livre IV) une peuplade de la région de la grande Syrte que nos manuscrits appellent Γαράμαντες (IV, 174). Mais ces indigènes semblent n'avoir eu rien de commun avec les Garamantes du Fezzan (voir Vivien de Saint-Martin, *l. c.*, p. 50) et le texte primitif paraît avoir porté Γαμφάσαντες (conf. Méla, I, 47 et 23; Pline, V, 44 et 45). — Les Garamantes étaient certainement de couleur très foncée. Ils sont qualifiés de *perusti* par Lucain (IV, 679), de *furvi* par Arnobe (VI, 5); un poète africain écrit (*Anthologia latina*, édit. Riese, p. 153, n° 183) :

    Faex Garamantarum nostrum processit in axem
    Et piceo gaudet corpore verna niger.

4. IV, 183.
5. Au Sud du Maroc, sur la côte de l'Atlantique, où les anciens signalent des Éthiopiens, la limite septentrionale des véritables nègres est aujourd'hui vers le cap Blanc.
6. Il est possible que, dès l'époque d'Hérodote, les Nasamons, peuple libyen du littoral de la grande Syrte, aient possédé l'oasis d'Augila, où ils allaient en automne faire la récolte des dattes (Hérodote, IV, 172 et 182).

tribus se répandirent non seulement par tout le Sahara[1], mais même au delà de la boucle du Niger.

Qu'étaient ces Éthiopiens? Le mot grec Αἰθίοπες, que les Latins adoptèrent, veut dire gens au visage brûlé. Il s'appliquait aux véritables nègres[2]. Il a pu désigner aussi des hommes dont la peau, sans être absolument noire, était naturellement très foncée[3]. Il est vrai que Méla, Pline et Ptolémée mentionnent dans le Sahara des Éthiopiens blancs[4]; mais, à notre avis, il ne s'agit pas d'Éthiopiens à la peau blanche, termes qui auraient été contradictoires[5] : nous croyons plutôt que cette dénomination peut s'expliquer par la coutume qu'auraient eue des noirs de se peindre le corps en blanc[6].

Comme les haratines actuels, les Éthiopiens dont parlent les anciens devaient être doués d'une constitution leur permettant de résister aux fièvres et de se livrer à la culture.

On peut admettre qu'à l'époque historique, des esclaves

1. Pour quelques retours offensifs des États nègres dans cette contrée, voir Schirmer, *le Sahara*, p. 226 et 238.
2. Voir, entre autres, Hérodote, VII, 70; Diodore, III, 8.
3. Les Berbères, dont le teint blanc est noirci par le soleil, sont qualifiés de *nigri* par des auteurs anciens (voir p. 283, n. 2), mais on ne les appelle pas Éthiopiens. Quant aux hommes naturellement foncés, on a peut-être hésité quelquefois à ranger parmi les Éthiopiens ceux qui n'étaient pas tout à fait noirs. Doit-on expliquer par cette hypothèse les contradictions apparentes des textes relatifs aux Pharusiens, aux Nigrites et aux Garamantes? La question que nous traitons ici est vraiment bien embrouillée. En tout cas, nous ne croyons pas que le mot *Aethiopia* ait été employé dans un sens purement géographique, sans tenir compte de la couleur des habitants. L'Éthiopie était le pays des Éthiopiens, des « gens au visage brûlé ».
4. Méla, I, 23 : *Leucoaethiopes*. Pline, V, 43 : *Leucoe Aethiopes*. Ptolémée, IV, 6, 6 : Λευκαιθίοπες.
5. L'antithèse entre « blancs » et « Éthiopiens » est classique. Par exemple, Juvénal, II, 23 : « Loripedem rectus derideat, Aethiopem albus. »
6. Hérodote (VII, 69) dit que les Éthiopiens qui vivaient au Sud de l'Égypte se peignaient le corps, moitié avec de la chaux, moitié avec du vermillon. Il y a encore, au centre de l'Afrique, des nègres qui, dans certaines circonstances, se peignent tout le corps en blanc: Weisgerber, *les Blancs d'Afrique*, p. 5. — Des couleurs sacrées peuvent donner lieu à des dénominations analogues à celle qu'indiquent les trois auteurs cités. Dans la région nigérienne, les *Blancs*, les *Rouges* et les *Noirs* sont appelés ainsi, non pas à cause de leur teint, mais à cause de la couleur qui leur sert d'emblème : Desplagnes, *le Plateau central nigérien*, p. 104-5. — Pour les prétendus Éthiopiens rouges de Ptolémée, voir plus loin, p. 301, n. 4.

furent amenés de l'intérieur du continent jusque dans les oasis du Sahara septentrional. Suivant Hérodote[1], les Garamantes allaient donner la chasse aux Éthiopiens troglodytes, probablement aux habitants du Tibesti[2]; s'ils gardaient leurs prisonniers, ils les employaient peut-être à des travaux agricoles. Mais il est évident que tous les Éthiopiens établis au Sud de la Berbérie n'étaient pas de condition servile. Les textes nous les montrent formant des peuplades, se déplaçant à leur gré[3], faisant la guerre aux Maures et aux Romains. Ils étaient chez eux dans ces régions et ils les occupaient sans doute depuis fort longtemps[4]. Souhaitons que des fouilles de stations ou de sépultures préhistoriques nous apportent des précisions à cet égard. Récemment, on a découvert à Redeyef, dans le Sud-Ouest de la Tunisie, plusieurs squelettes d'individus contemporains de l'industrie gétulienne. Or ils présentent des caractères nettement négroïdes, « mâchoires prognathes,... extrême platyrhinie,... face courte et large,... relief médian de la voûte cranienne donnant à celle-ci, vue de face, un aspect ogival[5] ».

Le Sahara était alors plus habitable et plus facile à parcourir

1. IV, 183.
2. Observer que, s'il s'agit des ancêtres des Tédas, habitants actuels du Tibesti, ce n'étaient pas de vrais Nigritiens, mais des gens à la peau bronzée, aux traits réguliers (conf. Schirmer, *le Sahara*, p. 236).
3. Les Pharusiens se rendaient chez les Maures et même jusqu'à Cirta (Constantine) : Strabon, XVII, 3, 7. Avec les Nigrites, ils seraient allés détruire un grand nombre de colonies phéniciennes sur la côte du Maroc : XVII, 3, 3.
4. Comme le dit M. Gautier (*Sahara algérien*, p. 266-7), « dans un pays où, pour des raisons climatiques, les nègres sont les seuls cultivateurs possibles, et qui d'ailleurs est en libre communication avec la Nigritie, il serait imprudent, et l'on pourrait dire presque absurde, d'affirmer *a priori* qu'ils ont été un épiphénomène, des immigrants tardifs, ouvriers malgré eux de la onzième heure ».
5. Bertholon, dans *l'Anthropologie*, XXIII, 1912, p. 167. Ces individus étaient de petite taille. — M. Bertholon (*Septième Congrès préhistorique*, Nîmes, 1911, p. 214) a aussi constaté quelques caractères négroïdes sur des crânes trouvés dans une station gétulienne voisine de Tébessa : « léger prognathisme ; forme plutôt parabolique des arcades dentaires ; largeur du nez, avec aplatissement des os nasaux ; brièveté de la face ». Tébessa est déjà assez loin du Sahara. Mais on peut supposer que ces individus à caractères négroïdes étaient plus ou moins apparentés à des gens qui vivaient plus au Sud. Il est vrai qu'ils pouvaient l'être aussi à des populations, également négroïdes, qui auraient été établies jusque dans le voisinage de la Méditerranée : *v. infra*.

qu'aujourd'hui[1]; à l'intérieur comme au Nord et au Sud de cette contrée, ont pu vivre des populations d'aspect fort semblable[2]. D'autre part, le type, si répandu, du Djerid est nettement caractérisé. Résulte-t-il de croisements entre des noirs et des blancs? Nous l'ignorons[3]. En tout cas, il y a lieu de croire qu'il s'est fixé dès une époque lointaine. Peut-être les gens qui appartiennent à ce type ont-ils quelque parenté avec les peuples de haute taille et de couleur brun-rouge qu'on rencontre plus au Sud, en une longue traînée s'étendant depuis la côte des Somalis jusqu'au Sénégal[4], et dont le berceau est probablement l'Afrique orientale[5]. Tel aurait été le fond ancien[6], modifié plus tard par des éléments nouveaux : noirs amenés du Sud, Berbères et Arabes venus du Nord[7]. Les haratines actuels

1. Les habitants du Sud de l'Espagne, disait Éphore (*apud* Strabon, I, 2, 26), racontaient que les Éthiopiens avaient traversé la Libye jusqu'à l'Occident, où une partie d'entre eux étaient restés. Mais c'était probablement une manière d'expliquer la présence de noirs au Sud du Maroc comme au Sud de l'Égypte.

2. Il faut noter cependant que les Éthiopiens de très haute taille qui vivaient en face de l'île de Cerné, au Sud du Maroc, n'étaient pas des purs Nigritiens, à en juger par ce que le Périple de Scylax dit d'eux (§ 112) : « Ils ont une longue barbe et de longs cheveux et sont les plus beaux de tous les hommes. »

3. M. Collignon ne le croit pas (*Bull. de géographie historique*, 1886, p. 311-3); M. Chantre non plus (*Assoc. française*, Reims, 1907, I, p. 304; *Bull. de la Société d'anthropologie de Lyon*, XXVI, 1907, p. 157).

4. Gallas, Abyssins, Bedjas, Foulbés, etc. On a voulu leur rattacher des Éthiopiens rouges qui seraient mentionnés par Ptolémée (IV, 6, 5) : Kiepert, *Manuel de géographie ancienne*, trad. française, p. 133, n. 3; Schirmer, *l. c.*, p. 229. Mais d'abord cette mention n'est pas certaine : les manuscrits donnent Γιρρέων, Ηυρρέων, Ηυρχίων, Ηυρέων, Ηυρραίων (Αἰθιόπων). C'est par conjecture que l'on a corrigé Ηυρρών; Müller propose l'ειρέων, ou l'ειραίων (du fleuve l'αίρ). Quand bien même il y aurait eu des Éthiopiens qualifiés de rouges, l'épithète n'indiquerait pas nécessairement qu'ils aient eu la peau de cette couleur : conf. plus haut ce que nous avons dit des Éthiopiens blancs. Pline (VI, 190) dit, à propos de certaines peuplades noires de la vallée du Nil : « atri coloris tota corpora rubrica inlinunt ». On sait que les Peaux Rouges d'Amérique ont été appelés ainsi à cause de la couleur qu'ils étendaient sur leur visage.

5. Conf. Chantre, *Bull. de la Soc. d'anthr. de Lyon*, l. c.; Bertholon, *Assoc. française*, Lille, 1909, II, p. 903.

6. Divers auteurs estiment que les gens brun foncé des oasis appartiennent à une race saharienne spéciale, distincte des Nigritiens : Carette, *Recherches*, p. 303; Duveyrier, *les Touareg du Nord*, p. 283, 288 (« race subéthiopienne », ou « garamantique »); Topinard, *Bull. de la Soc. d'anthropologie*, 1873, p. 633, n. 1; Tissot, *Géographie*, I, p. 400, 402; Collignon, l. c. (pour le type du Djerid).

7. Les Mélanogétules que Ptolémée mentionne dans la Libye intérieure (IV, 6, 5) étaient-ils des métis, comme on le pense d'ordinaire? Cela n'est pas

représentent ces mélanges, où semble prédominer l'élément nigritien, sans cesse renforcé par des apports du Soudan[1].

Depuis la période carthaginoise, des noirs, originaires soit des oasis sahariennes, soit du centre africain, ont été introduits comme esclaves dans les villes ou dans les régions de l'Afrique du Nord voisines du littoral[2]. Ils ne devaient pas être très nombreux. Rien n'indique que la traite ait fourni, sous l'Empire romain, les bras nécessaires à l'exploitation des grands domaines : le pays était assez peuplé pour se passer d'une main-d'œuvre appelée du dehors.

Mais, bien avant la venue de ces étrangers, des hommes que les anciens auraient appelés Éthiopiens n'ont-ils pas vécu dans le Tell? Hypothèse qui n'aurait rien d'invraisemblable : les fouilles de Menton ont prouvé qu'à l'époque quaternaire il y avait des gens apparentés aux nègres jusque sur les côtes do

certain. D'autres hypothèses sont possibles. Conf. Duveyrier, *l. c.*, p. 392 (les Arabes qualifient parfois les Touaregs de *blancs* ou de *noirs* selon la couleur de leur voile); Avelot, *Bull. de géographie historique*, 1908, p. 55 (il croit que les Mélanogétules était une peuplade dont le noir était la couleur sacrée). — Il n'est pas sûr non plus que les *Libyaethiopes* d'Orose (I, 2, 89) aient été des métis : ce mot paraît signifier simplement Éthiopiens de Libye (d'Afrique).

1. Conf. Gautier, *l. c.*, p. 137.
2. Crâne de négresse dans une tombe punique de Carthage : Bertholon, *Revue générale des Sciences*, 1896, p. 974, n. 1, et apud Delattre, *la Nécropole de Douïmès* (extrait du *Cosmos*, 1897), p. 23, n. 1. Nourrice de deux Carthaginoises, dans Plaute, *Poenulus*, 1112-3 : « statura haud magna, corpore aquiloso,... specie venusta, ore atque oculis pernigris ». Saint Augustin, *Enarr. in psalm.* XXXIII, 2ᵉ partie, 13 : esclave « colore tetro ». *Passio Marcianae*, 3 (dans *Acta Sanctorum* Boll., Anvers, 1643, Januar., I, p. 569) : à Caesarea de Maurétanie, un gladiateur nègre, « de nation barbare, de couleur noire ». *Anthologia latina*, Riese, p. 155, n° 183 : vers cités plus haut, p. 298, n. 3; ils se rapportent à un noir qui était venu du pays des Garamantes à Hadrumète. Lettre du diacre Ferrand à saint Fulgence, dans Migne, *Patr. lat.*, LXV, p. 378 : mention d'un jeune serviteur nègre à Carthage, « colore Aethiops, ex ultimis credo barbarae provinciae partibus, ubi sicco solis ignei calore fuscantur, adductus ». Une mosaïque de Timgad représente un nègre avec une exactitude qui semble indiquer que l'artiste avait sous les yeux des modèles vivants : Ballu, *Bull. archéologique du Comité*, 1906, p. 209 (conf. d'autres nègres, figurés sur des mosaïques d'Hippone et d'El Djem : de Pachtere, *Mélanges de l'École française de Rome*, XXXI, 1911, pl. XIX-XX; Merlin, *Procès-verbaux de la Commission de l'Afrique du Nord*, avril 1913, p. XI). — Il est vrai que des nègres ont pu être amenés d'Orient, par Alexandrie : voir *Anthologia latina*, I, 277-8, n°ˢ 353-4; p. 231, n° 293; p. 153, n° 182.

la Ligurie¹. En Algérie, des crânes tirés de deux grottes à mobilier néolithique de la région d'Oran² ont paru présenter des caractères négroïdes, sur lesquels on n'a pas insisté jusqu'à présent. Sous des dolmens de la nécropole de Roknia (au Nord-Ouest de Guelma), on a aussi trouvé plusieurs crânes qui ont été attribués à des nègres et à des mulâtres³. Ces tombes, il est vrai, ne sont probablement pas fort antérieures à notre ère; les conditions politiques et économiques permettaient alors des relations entre la Berbérie et les pays du Sud habités par des Éthiopiens. Il s'agit donc, peut-être, d'immigrés ou de descendants d'immigrés, venus isolément jusqu'en Numidie. Mais un passage de Diodore de Sicile, relatif à l'expédition d'Agathocle, mentionne, à proximité d'une ville de Phelliné (Φελλίνη), une tribu tout entière, les Asphodélodes, qui rappelaient les Éthiopiens par la couleur de leur peau⁴. S'ils avaient été simplement des gens brunis par le soleil, il n'y avait sans doute pas de raisons pour qu'ils différassent de leurs voisins et leur coloration n'aurait pas frappé les Grecs. Phelliné signifiant, autant qu'il semble, la ville des chênes lièges⁵, ces Asphodélodes visités par les soldats d'Agathocle ne pouvaient guère habiter que dans le Nord de la Tunisie ou le Nord-Est de la province de Constantine. Était-ce une tribu autochtone? une colonie d'Éthiopiens venus des oasis sahariennes ou même de plus loin? Nous ne saurions le dire⁶. Mais il convient

1. Race dite de Grimaldi.
2. Grotte des Troglodytes à Oran, grotte du Rio Salado : voir Pallary, *Instructions pour les recherches préhistoriques*, p. 79, n. 2.
3. Faidherbe, *Bull. de l'Académie d'Hippone*, IV, 1867, p. 58, 60 (un nègre). Pruner-Bey, *apud* Bourguignat, *Histoire des monuments mégalithiques de Roknia*, p. 47-49 et pl. VIII (un nègre, deux mulâtres). Selon M. Bertholon, le caractère nègre de ces têtes est contestable : *Assoc. française*, Tunis, 1896, I, p. 210.
4. XX, 57 : τοὺς καλουμένους Ἀσφοδελώδεις, ὄντας τῷ χρώματι παραπλησίους τοῖς Αἰθίοψι.
5. Voir plus haut, p. 115, n. 6.
6. Au début du vᵉ siècle avant J.-C., il y avait en Sicile, dans une armée carthaginoise, des soldats auxiliaires qui étaient très noirs, « nigerrimi », dit Frontin (*Stratag.*, I, 11, 18). Mais nous ne savons pas d'où ils venaient.

d'observer que, dans la Khoumirie, véritable pays du chêne liège, M. Bertholon[1] a constaté l'existence d'un très grand nombre d'individus chez lesquels il a retrouvé le type du Djerid : ils formeraient environ le tiers de la population de cette région montagneuse.

Il y a donc quelques indices de l'existence d'Éthiopiens indigènes dans le Tell à l'époque préhistorique, aux temps antiques, peut-être même jusqu'à nos jours. Faut-il voir en eux les plus anciens habitants de l'Afrique du Nord? Ils auraient été refoulés par les ancêtres des Berbères et ne se seraient maintenus que dans des montagnes d'accès difficile et à la lisière méridionale de la contrée dont ils auraient été auparavant les seuls maîtres[2]? Nous pouvons le supposer, mais, à vrai dire, nous n'en savons rien.

IV

Nous ignorons également les origines des Berbères bruns[3]. Toutefois, il est permis d'affirmer qu'ils sont apparentés à une grande partie des habitants des îles méditerranéennes et de

1. *Bull. de géographie historique*, 1891, p. 453.
2. M. Deniker (*les Races et les peuples de la terre*, p. 491) croit que l'Afrique du Nord a été peuplée primitivement par des nègres et qu'un élément blanc, asiatique ou européen, s'est déposé sur ce fond primitif; resté pur chez les Berbères, il se serait transformé, peut-être sous l'influence de mélanges avec les nègres, en une race nouvelle, analogue à la race éthiopienne (c'est-à-dire à la race à laquelle appartiennent les Gallas, les Bedjas, etc.). Voir aussi La Blanchère, *Bull. de correspondance africaine*, I, 1882-3, p. 336. — M. Collignon (*Bull. de géographie historique*, 1886, p. 314-5, 316) est d'avis que le type du Djerid représente la population la plus ancienne de la Berbérie; conf. Bertholon, *Revue tunisienne*, II, 1895, p. 23. Lissauer (*Zeitschrift für Ethnologie*, XL, p. 527 et 528) admet l'existence d'une population primitive apparentée aux Gallas et parlant la langue dont dérivent les dialectes berbères; elle aurait été refoulée vers le Sud par des envahisseurs, ancêtres des Kabyles, venus d'Espagne, qui auraient adopté la langue des vaincus; conf. Stuhlmann, *Ein kulturgeschichtlicher Ausflug in den Aures* (*Abhandlungen des Hamburgischen Kolonialinstituts*, X, 1912), p. 127, 135-6.
3. Il nous paraît bien aventureux de vouloir déterminer, d'après la répartition actuelle des types indigènes, leur ordre de venue dans le pays, — à supposer

l'Europe méridionale. Nombre d'observateurs[1] ont été frappés de la ressemblance de beaucoup d'entre eux avec des Espagnols, des Français du Centre et du Midi, des Italiens, des Siciliens, des Corses, des Sardes[2]. Il y en a beaucoup aussi qui rappellent des fellahs égyptiens[3]. Ces impressions sont corroborées par l'examen des caractères anatomiques. On a insisté sur l'extrême fréquence, au Sud comme au Nord de la Méditerranée, des mêmes formes de têtes[4], en particulier du type dit de Cro-Magnon, qui, de part et d'autre, se rencontre dès une époque très ancienne[5]. Nous avons noté chez un grand nombre

qu'ils se soient succédé. MM. Bertholon et Chantre (*Assoc. française*, Dijon, 1911, p. 127-8) sont disposés à croire que les petits dolichocéphales (notre second type) sont les plus anciens; que le type à crâne court (troisième type) s'est enchâssé dans le précédent et qu'il a été introduit par une colonisation maritime; que les grands dolichocéphales (premier type) sont venus les derniers. Conf. Collignon, *l. c.*, p. 316-7; Stuhlmann, *l. c.*, p. 128.

1. H. Martin, *Bull. de la Soc. d'anthr.*, 1881, p. 461 (conf. Deloche, *ibid.*, p. 463). La Blanchère, *Archives des missions*, 3ᵉ série, X, 1883, p. 34-33. Collignon, *l. c.*, p. 306. Tissot, *Géographie*, I, p. 404. Lissauer, *l. c.*, p. 518. Etc.

2. Races Ibéro-insulaire, Cévenole, Littorale ou Atlanto-méditerranéenne de Deniker, *l. c.*, p. 388-390.

3. Faidherbe, *Bull. de la Soc. d'anthr.*, 1872, p. 612. Hartmann, *les Peuples de l'Afrique*, p. 14 et 68. Collignon, *l. c.*, p. 261. Chantre, *Recherches anthropologiques en Égypte*, p. 303 et suiv. F. von Luschan, *apud* Meinhof, *die Sprachen der Hamiten* (*Abh. des Hamburg. Kolonialinstituts*, IX, 1912), p. 243-4. Etc. Voir par exemple le fellah dont le portrait est donné par Weisgerber, *les Blancs d'Afrique*, p. 262 et 263 (d'après Chantre). Il a tout à fait l'aspect d'un Kabyle. En général, la physionomie des fellahs est beaucoup plus douce que celle des Berbères, mais c'est là une différence peu importante (on pourrait en dire autant des Tunisiens par rapport aux Marocains).

4. Voir, pour des crânes berbères et égyptiens, Pruner-Bey, *Mémoires de la Soc. d'anthr.*, I, 1860-3, p. 414-5. Ce savant (*apud* Bourguignat, *Histoire des monuments mégalithiques de Roknia*, p. 49 et pl. VIII) qualifie d'égyptien un crâne des dolmens de Roknia. — Dans divers écrits (*Origine e diffazione della stirpe mediterranea*, 1895; *Africa*, 1897; *Europa*, 1903, en particulier p. 111 et suiv., 233 et suiv.), M. Sergi a présenté son *Homo eurafricus*, originaire d'Afrique, d'où il aurait passé en Europe dès l'époque paléolithique. Diverses formes de crânes, ellipsoïde, ovoïde, pentagonoïde, etc., ne seraient que des variations internes d'une forme fondamentale, allongée; elles se retrouveraient partout où cet homme se serait répandu : dans tout le Nord du continent africain, sur toutes les rives de la Méditerranée, dans l'Europe occidentale.

5. De Quatrefages et Hamy, *Crania ethnica*, p. 96. De Quatrefages, *Histoire générale des races humaines*, p. 443. Hamy, *apud* Bertrand, *la Gaule avant les Gaulois*, 2ᵉ édit., p. 287 et suiv. Cartailhac, *les Ages préhistoriques de l'Espagne et du Portugal*, p. 327. Verneau, *Revue d'anthropologie*, 1886, p. 10-24; le même, dans *Bull. de la Soc. d'anthr.*, 1899, p. 27, et dans *l'Anthropologie*, XVI, 1905, p. 331. Collignon, *Annales de géographie*, V, 1895-6, p. 164.

de Berbères la largeur des épaules et l'amincissement du thorax en tronc de cône renversé : cette conformation se retrouve chez les Égyptiens qui, dans l'antiquité, l'ont reproduite fidèlement sur leurs monuments, souvent aussi chez les Espagnols[1] et les Basques[2].

Il conviendra de préciser ces ressemblances. Elles révèlent des origines communes, qui se perdent dans un passé très lointain. Elles ne justifient pas les théories aventureuses d'érudits qui prétendent savoir ce que nous ignorerons toujours. Les uns soutiennent que les ancêtres d'une bonne partie des Berbères[3], entre autres ceux du type de Cro-Magnon[4], sont venus d'Europe en Afrique, surtout par l'Espagne. D'autres croient, au contraire, que ceux qu'ils appellent les Ibères, les Ligures sont originaires du Nord-Ouest de l'Afrique[5]. Des savants ont placé le berceau des Berbères dans le Nord-Est africain[6], ou bien en Asie[7], ou même dans la fabuleuse Atlantide[8].

On s'est aussi efforcé d'expliquer la présence de blonds dans le Maghrib. Comme leur nombre diminue de l'Ouest à l'Est, on les a rattachés à des populations qui seraient venues par le détroit de Gibraltar et dont la force d'expansion aurait décru

---

1. Bertholon, *Bull. de la Soc. d'anthr.*, 1896, p. 663.
2. Collignon, *les Basques* (*Mémoires de la Soc. d'anthr.*, 3ᵉ série, I, 1895), p. 45. — Nous avons indiqué la même conformation dans le type du Djerid. Elle se retrouve chez les Bedjas, les Abyssins, les Gallas : conf. Deniker, *l. c.*, p. 504.
3. H. Martin, *Bull. de la Soc. d'anthr.*, 1881, p. 461. Tissot, *Géographie*, I, p. 402. Lissauer, *l. c.*, p. 527, 528.
4. Hamy, *apud* Bertrand, *l. c.*, p. 294. Verneau, *Revue d'anthr.*, *l. c.*
5. Roget de Belloguet, *Ethnogénie gauloise*, 2ᵉ édition, II, p. 331 et suiv. Kobelt, *Reiseerinnerungen*, p. 214-5. Mehlis, *Archiv für Anthropologie*, XXVI, 1899-1900, p. 1078 ; *ibid.*, Neue Folge, VIII, 1909, p. 273. Modestov, *Introduction à l'histoire romaine*, p. 122. Etc. (conf. la bibliographie donnée par Pais, *Atti dell' Accademia dei Lincei*, Serie terza, Memorie della classe di scienze morali, VII, 1881, p. 216, n. 1).
6. Sergi, dans son livre *Origine*, etc. (voir plus haut, p. 305, n. 4). Modestov, *l. c.*, p. 107 et suiv.
7. Kaltbrunner, *Recherches sur l'origine des Kabyles*, extrait du *Globe*, Genève, 1871. Fr. Müller, *Allgemeine Ethnographie*, 2ᵉ édit., p. 42 et 81. Stuhlmann, *Ein kulturgeschichtlicher Ausflug*, p. 127-9.
8. D'Arbois de Jubainville, *les Premiers habitants de l'Europe*, 2ᵉ édit., I, p. 21, 24, 69.

à mesure qu'elles s'avançaient vers l'Orient[1]. On a admis qu'une « race » blonde n'a pu se constituer que sous un climat froid et on a cherché la patrie primitive des blonds africains dans le Nord de l'Europe[2]. On les a qualifiés d'Aryens[3], ou même de Celtes[4]; on leur a attribué l'introduction des dolmens en Berbérie[5]. D'autres sont d'avis qu'ils appartenaient aux « peuples de la mer », signalés par des documents égyptiens, et qu'ils sont venus du Nord-Est, des rives de l'Archipel, au cours du second millénaire avant Jésus-Christ[6].

Mais le terme *aryen* ne signifie rien au point de vue anthropologique et n'a de valeur que pour le linguiste; rien ne prouve du reste qu'une langue de la famille indo-européenne (nommée inexactement aryenne) ait été parlée dans le Nord-Ouest de

---

1. Tissot, *Géographie*, I, p. 409; conf. Broca, *Revue d'anthropologie*, 1876, p. 397. — Noter que, si l'on s'en tient aux documents de l'antiquité, on peut croire au contraire que les blonds étaient fort nombreux dans le voisinage de l'Égypte, en Cyrénaïque et sur la côte orientale de la Tunisie.

2. Faidherbe, *Collection complète des inscriptions numidiques*, p. 23-24; le même, *Bull. de la Soc. d'anthr.*, 1869, p. 537-8; 1873, p. 606. Topinard, *ibid.*, 1873, p. 645-6. Broca, *l. c.*, p. 393 et suiv. Masqueray, *Revue africaine*, XXII, 1878, p. 278. Bertholon, *Assoc. française*, Lille, 1909, II, p. 909. Luschan, apud Meinhof, *l. c.*, p. 214-5. Stuhlmann, *l. c.*, p. 129. Etc. : voir les indications bibliographiques de M. Mehlis, *Archiv*, N. F., VIII, p. 262. M. Mehlis adopte cette opinion et la précise : la migration a eu lieu vers la fin du troisième millénaire et l'on peut retrouver à travers l'Europe des traces du passage de ces Aryens septentrionaux.

3. Lenormant, *Histoire ancienne de l'Orient*, 9ᵉ édit., II, p. 282; VI, p. 606. Tissot, *l. c.*, p. 409-410. V. de Lapouge, *l'Aryen*, p. 201. Etc.

4. H. Martin, *Rev. archéologique*, 1867, II, p. 393, et *Bull. de la Soc. d'anthr.*, 1881, p. 162.

5. H. Martin, *ll. cc.* Faidherbe, *ll. cc.* et *Congrès international d'anthropologie de Bruxelles*, 1872, p. 411. Topinard, *l. c.* Broca, *l. c.* Verneau, *Revue d'anthropologie*, 1886, p. 21. Etc. — Contra : Schirmer, *De nomine populorum qui Berberi dicuntur*, p. 71-72. Comme le fait remarquer Lissauer (*Zeitschrift für Ethnologie*, XL, p. 528), il n'y a pas de dolmens dans le Djurdjura, où les blonds sont nombreux. — De son côté, M. Collignon (*Bull. de géographie historique*, 1886, p. 320 et 346) serait disposé à attribuer l'introduction des dolmens aux petits dolichocéphales bruns : l'aire de ce type et celle des dolmens concorderaient à peu près dans la Tunisie centrale. On peut renvoyer les deux opinions dos à dos.

6. Lenormant, *l. c.*, II, p. 282-3. Bertholon, *Revue tunisienne*, IV, 1897, p. 417 et suiv.; VI, 1899, p. 50-51. — M. Brinton (*the Ethnologic affinities of the ancient Etruscans*, dans *Proceedings of the american philosophical Society*, XXVI, 1889, p 310-1) croit que les blonds africains étaient proches parents des Toursha (Étrusques), un des peuples de la mer, qui vint s'établir en Italie : il fait des Étrusques de grands dolichocéphales blonds.

l'Afrique avant la conquête romaine[1]. Nous ignorons quand, comment et par qui le type de sépulture appelé dolmen s'est répandu dans cette contrée. Les guerriers au teint mat et aux yeux bleus, figurés sur des peintures égyptiennes, sont des Africains[2], et non pas des gens appartenant aux peuples de la mer[3]. Nous n'avons aucune raison de croire que ceux-ci aient été blonds. S'ils se fixèrent en Berbérie, — ce qui est douteux[4], — ils n'étaient vraisemblablement pas en nombre suffisant pour laisser des descendants depuis les Syrtes jusqu'à l'Océan, et dans des régions éloignées des parages où l'on peut supposer qu'ils prirent pied. Nous ne connaissons guère les conditions de la production et de la diffusion du pigment dans le corps humain, par conséquent les causes des colorations diverses de la peau, des cheveux, des yeux[5] : est-il donc bien nécessaire d'admettre que les Berbères blonds descendent d'immigrés, que leurs ancêtres soient venus des pays froids du globe? Un fait reste cependant certain. L'Europe septentrionale est la seule partie de la terre où des hommes aux cheveux, aux yeux et au teint clairs forment une population homogène et très étendue, tandis qu'ailleurs ils sont disséminés et relativement peu nombreux[6] : argument spécieux en faveur de l'hypothèse qui place dans cette contrée le berceau des blonds épars à travers le monde, en particulier des blonds du Nord de l'Afrique. Mais il ne faut pas oublier que c'est une hypothèse, une fragile hypothèse.

1. Voir au chapitre suivant.
2. Comme l'indiquent leur coiffure de plumes d'autruche et la disposition de leurs cheveux (avec une mèche tombant sur le côté). Conf. Sergi, *Africa*, p. 291-2.
3. Parmi ces peuples étaient les Shardana, les Toursha et les Shagalasha, que des monuments égyptiens nous montrent sous un tout autre aspect : voir par exemple W. M. Müller, *Asien und Europa nach altägyptischen Denkmälern*, p. 374-7, 380-1; Maspero, *Histoire ancienne des peuples de l'Orient classique*, II, fig. aux p. 391 et 463.
4. Voir plus loin, p. 348.
5. M. Sergi (*Africa*, p. 296, d'après les recherches de M. Livi) est disposé à attribuer la coloration blonde au climat des montagnes (hypothèse déjà indiquée par Dureau de la Malle, *Province de Constantine*, p. 193). Mais si l'on trouve des Berbères blonds dans des pays montagneux, Rif, Kabylie, Aurès, ils paraissent être fort rares dans le Moyen et le Haut-Atlas, dont l'altitude est plus élevée.
6. Comme l'observe Lissauer, *l. c.*, p. 526.

CHAPITRE V

LA LANGUE LIBYQUE

I

Les indigènes de l'Afrique septentrionale parlent soit l'arabe, importé par la conquête islamique, soit une langue qui se ramifie en un assez grand nombre de dialectes[1], dits berbères[2]. Cet idiome, qui n'a pas produit d'œuvres littéraires[3] et qui n'a conservé un alphabet propre que chez les Touaregs, a subi et subit encore la concurrence de l'arabe, seule langue religieuse admise par les musulmans orthodoxes; il se défend cependant avec opiniâtreté : en Algérie, il est encore parlé par plus du quart de la population indigène[4].

Entre les dialectes berbères, il y a des différences marquées, qui portent surtout sur la prononciation[5] et sur le vocabulaire, plus ou moins riche, plus ou moins envahi par des termes

---

1. Une quarantaine.
2. Ils ont été étudiés par Brosselard, Newman, Hanoteau, Masqueray, Motylinski, Stumme, etc., surtout par M. Basset et ses élèves (nombreux fascicules des *Publications de l'École des Lettres d'Alger*; voir en particulier Basset, *Études sur les dialectes berbères*, Paris, 1894).
3. On peut tout au plus mentionner quelques ouvrages religieux, écrits au Maroc : voir de Slane, dans sa traduction d'Ibn Khaldoun, *Histoire des Berbères*, IV, p. 531 et suiv.; Luciani, *Revue africaine*, XXXVII, 1893, p. 159 et suiv.; Basset, *Revue de l'histoire des religions*, 1910, I, p. 338, 339, 340.
4. Gautier, *Annales de Géographie*, XXII, 1913, p. 256.
5. On a proposé un classement des dialectes fondé sur la prononciation : dialectes forts, faibles, intermédiaires : Basset, *Manuel de langue kabyle*, p. 3.

arabes. Ceux qui en font usage se comprennent mal ou ne se comprennent pas d'un groupe à l'autre. Mais l'identité du système grammatical et d'une foule de racines ne permet pas de douter que ces dialectes ne se rattachent à une même langue. Celle-ci s'est répandue en dehors de la Berbérie, sur le Sahara, de l'oasis de Syouah à l'Océan [1] ; elle a atteint le Sénégal et le Niger.

Quand même nous n'en aurions aucune preuve, nous devrions admettre qu'elle se parlait déjà dans les siècles qui précédèrent et suivirent l'ère chrétienne : nous sommes assez renseignés sur les temps postérieurs pour pouvoir affirmer qu'elle n'est pas d'importation plus récente. Malheureusement, le passé de cette langue berbère, ou, si l'on veut, libyque nous échappe presque entièrement.

On connaît quelques centaines d'inscriptions dites libyques, qui datent du temps des rois numides et surtout de la domination romaine. Elles sont écrites en un alphabet qui présente une étroite ressemblance avec celui des Touaregs; les inscriptions dites libyco-berbères du Sud oranais et du Sahara offrent une écriture intermédiaire [2]. Les inscriptions libyques ne sont évidemment rédigées ni en punique, ni en latin, car plusieurs sont accompagnées d'une traduction dans l'une de ces deux langues, qui avaient leur alphabet propre. De plus, beaucoup d'entre elles contiennent un terme que l'on a expliqué : c'est le mot *ou*, qui signifie *fils* et qui se retrouve dans la langue des Berbères. Il est donc certain qu'une bonne partie de ces textes, sinon tous, sont rédigés dans un idiome apparenté aux dialectes actuels. Mais, à l'exception du mot *ou* [3] et d'un grand nombre

---

1. Le guanche des Îles Canaries, aujourd'hui disparu, était aussi un dialecte berbère.
2. Conf. plus haut, p. 258.
3. On peut y joindre le mot *aguellid*, roi, chef, qui se rencontre avec cette signification dans une inscription libyco-punique de Dougga (où il est représenté par le groupe de lettres GLD) : voir Lidzbarski, *Sitzungsberichte der preussischen Akademie der Wissenschaften*, 1913, p. 297.

de noms propres, dont les uns sont puniques et dont d'autres ont une physionomie berbère, les inscriptions libyques sont restées indéchiffrables.

Il n'y a presque rien à tirer des auteurs anciens : on sait qu'en général les Grecs et les Latins ne s'intéressaient guère aux langues des barbares[1]. Quelques-uns se contentent de mentionner le parler âpre, sauvage des indigènes[2], de dire que ceux-ci peuvent seuls prononcer les noms de leur pays[3]. Ammien Marcellin[4] et, ce qui est plus important, l'Africain Corippus[5] notent la diversité des langues en usage dans les tribus : rien ne prouve du reste qu'il ne s'agisse pas simplement de dialectes, qui, comme ceux d'aujourd'hui, auraient été assez différents[6]. D'autre part, saint Augustin fait remarquer que de très nombreuses tribus barbares d'Afrique parlent une seule et même langue[7], mais les termes dont il se sert ne permettent pas de savoir s'il fait allusion à la langue libyque, dont il aurait connu l'unité sous ses divers dialectes, ou à quelque dialecte fort répandu.

Certains textes[8] signalent des termes qui, nous dit-on,

1. Salluste se contente d'indiquer incidemment (*Jugurtha*, LXXVIII, 4) que les Numides parlaient une autre langue que les colons phéniciens.
2. Silius Italicus, III, 305 :
   Miscebant avidi trucibus fera murmura linguis.
Corippus, *Johannide*, II, 27 :
   ... fera barbaricae latrant sua nomina linguae.
Ibid., IV, 351-2 :
   Latratus varios, stridentibus horrida linguis
   Verba ferunt.
3. Pline l'Ancien, V, 1 : « Populorum eius [de l'Afrique] oppidorumque nomina vel maxime ineffabilia praeterquam ipsorum linguis. »
4. XXIX, 5, 28 : « dissonas cultu et sermonum varietate nationes plurimas ».
5. *L. c.*, V, 36 : « varias... linguas »; conf. IV, 351 : « latratus varios ».
6. Saint Hippolyte (Bauer, *Chronik des Hippolytos*, p. 102) mentionne parmi les langues parlées en Afrique celles des Μαῦροι, des Μακουακοί (il s'agit des *Baquates*, en Maurétanie), des Γαιτούλοι, des Ἄφροι, des Μάζικες. Mais on ne saurait dire si cette indication a quelque valeur.
7. *Civ. Dei*, XVI, 6 : « Auctus est autem numerus gentium multo amplius quam linguarum, nam et in Africa barbaras gentes in una lingua plurimas novimus. »
8. En partie cités par de Slane, *l. c.*, IV, p. 578-580; conf. Bertholon, *Revue tunisienne*, XII, 1905, p. 563 et suiv.

ont été employés par les Libyens, par les Africains, par les indigènes. Ces indications ne doivent être accueillies qu'avec beaucoup de réserve. Les mots peuvent avoir été altérés en se transmettant oralement ou par écrit, avant de parvenir aux auteurs qui les mentionnent[1]; il est possible que quelques-uns l'aient été plus tard dans les manuscrits. D'ordinaire, on les a affublés de terminaisons grecques et latines. Il faut aussi se souvenir que les qualificatifs *libyen, libyque, africain* s'appliquent quelquefois à des hommes et à des choses puniques[2].

Une liste que nous avons dressée comprend une quinzaine de mots[3] : *addax*[4], *ammon*[5], βατταρία[6], βάττος[7], βρικόν[8], *caesai*

---

1. Le berbère a plusieurs sons que les étrangers prononcent difficilement.
2. Voir par exemple Arrien, *Indica*, XLIII, 11 : "Άννων ὁ Λίβυς. Il s'agit du fameux Hannon, roi des Carthaginois, dont nous avons le Périple. — Des listes jointes au traité de Dioscoride sur la matière médicale indiquent les noms que les Ἄφροι donnaient à un certain nombre de plantes médicinales. Mais il s'agit de noms puniques. Conf., par exemple, Dioscoride, édit. Wellmann, IV, 150 : Ἄφροι κανσαμιζαρ; et Pseudo-Apulée, *De Medicaminibus herbarum*, édit. Ackermann, 113 : « Punici cassimezar ». Certains noms ont d'ailleurs une tournure très nettement sémitique : voir Gesenius, *Scripturae linguaeque Phoeniciae monumenta*, p. 333 et suiv.; Blau, *Zeitschrift der deutschen morgenländischen Gesellschaft*, XXVII, 1873, p. 521-532.
3. Elle est peut-être incomplète.
4. Espèce d'antilope (conf. plus haut, p. 120). Pline, XI, 124 : « strepsiceroti quem addacem Africa appellat ».
5. Servius, *In Aeneid.*, IV, 196 : « Libyes ammonem arietem appellant ». Il y a probablement là une inexactitude. Ammon a dû rester le nom propre du dieu bélier (conf. plus haut, p. 232, n. 2).
6. Petits renards. Hésychius : Βατταρία τὰ ἀλωπέκια οἱ Λίβυες λέγουσι. Hérodote (IV, 192) mentionne des βαττάρια chez les Libyens nomades (conf. plus haut, p. 113). Voir encore Hésychius : Βατταρίς, ἀλώπηξ, καὶ βαττάρη παρὰ Κυρηναίοις; *Etymologicon magnum* (s. v. Βαττάρα) : λέγεται βαττάρας ἡ ἀλώπηξ κατὰ Ἡρόδοτον (ce qui est inexact) ὑπὸ Κυρηναίων. Le mot est probablement d'origine thrace et a dû être importé en Cyrénaïque par les colons grecs : conf. S. Reinach, *Cultes, mythes et religions*, II, p. 107 et suiv. Implanté en Libye, il a passé en Égypte, où il s'est transmis au copte (*bashar* = renard : Peyron, *Lexicon linguae copticae*, s. v.).
7. Roi. Hérodote, IV, 155 : Λίβυες βασιλέα βάττον καλέουσι. Ce terme fut adopté par les Grecs de Cyrénaïque.
8. Âne. Hésychius : Βρικόν· ὄνον Κυρηναίοι· βάρβαρον. Faut-il chercher de ce côté l'origine du mot latin *buricus, buirchus* (petit cheval : voir *Thesaurus linguae latinae*, s. v.), qui s'est perpétué dans l'italien *bricco*, l'espagnol *borrico*, le français *bourrique*?

ou *caesa*[1], ζεγέριες[2], κώτης[3], *lalisio*[4], λίλυ[5], *mapalia*[6], *nepa*[7], σμαθώ[8], τίτυρος (*tityrus*)[9]. Or un seul se retrouve peut-être

[1]. Éléphant. Spartien, *Aelius*, II, 3 ; « elephanto, qui lingua Maurorum caesai dicitur ». Servius, *In Aeneid.*, I, 286 : « elephantem, qui caesa dicitur lingua Poenorum ». Mot indigène adopté par les Carthaginois? Conf. plus haut, p. 77.

[2]. Selon Hérodote (IV, 192), c'était un nom libyque, qui signifiait en grec βουνοί (collines); il désignait des rats d'une certaine espèce (voir plus haut, p. 128) : οἱ δὲ ζεγέριες (τὸ δὲ οὔνομα τοῦτό ἐστι μὲν Λιβυκόν, δύναται δὲ κατὰ Ἑλλάδα γλῶσσαν βουνοί). Aucun mot ayant l'un de ces deux sens ne se rencontre dans les dialectes actuels : conf. Duveyrier, *Bull. archéologique du Comité*, 1888, p. 475, n. 1. Tissot (*Géographie*, I, p. 313; II, p. 689) veut le retrouver dans un nom propre, *Timezegeri turris*, que la Table de Peutinger indique dans le Sud de la Tunisie (voir déjà Judas, *Rec. de Constantine*, IX, 1865, p. 13-14, 21). Le P. Mesnage (*L'Afrique chrétienne*, p. 34) cite aussi l'ethnique *Auzegerensis*, nom d'un évêché de Byzacène (Notice de 484, *Byzacène*, n° 96). Il s'agit probablement d'un mot punique, signifiant colline; un mot dérivé aurait désigné le (rat) de colline, ou rat de montagne. Une addition à l'ouvrage médical de Dioscoride (édit. Wellmann, IV, 123) indique que les Africains (Ἄφροι) appellent ζίγαρ une plante nommée par les Grecs βουνίον (de colline); or le mot Ἄφροι désigne ici les Carthaginois (conf. plus haut, p. 312, n. 2). Voir à ce sujet Judas, *l. c.*, p. 12-15; Blau, *Zeitschrift der deutschen morgenländischen Gesellschaft*, XXVII, 1873, p. 532.

[3]. Les vignes : nom donné par les indigènes au cap Spartel et qui fut traduit en grec Ἀμπελουσία (d'Ἄμπελος, vigne). Pomponius Méla, I, 25 : « promunturium quod Graecia Ampelusiam, Afri aliter, sed idem significante vocabulo appellant », c'est-à-dire *kôtès*; conf. Ptolémée, IV, 1, 2 (Κώτης ἄκρον); Strabon, XVII, 3, 2 (αἱ Κώτεις λεγόμεναι).

[4]. Poulain de l'âne sauvage (conf. p. 117). Pline, VIII, 174 : « Onagri...; pulli eorum... sapore Africa gloriatur, quos lalisiones appellat. »

[5]. Eau. Hésychius : λίλυ, τὸ ὕδωρ Λίβυες. M. Halévy (*Journal asiatique*, 1874, I, p. 140) prétend retrouver ce mot dans le nom de *Lilybaeum*, « ville fondée par les Phéniciens en Sicile, car la principale population des colonies phéniciennes était presque toujours composée de Libyens émigrés de l'Afrique ».

[6]. Pluriel neutre. Huttes des indigènes. Salluste, *Jug.*, XVIII, 8 : « aedificia Numidarum agrestium, quae mapalia illi vocant ». Saint Jérôme, *Comm. in Amos*, prologus (dans Migne, *Patrologie latine*, XXV, p. 990) : « agrestes casae et furnorum similes, quas Afri appellant mapalia ». Ce mot se présente aussi sous la forme *majalia* (Virgile, *Énéide*, I, 421 ; IV, 259; Servius, *Comm.*, IV, 259; etc.). Peut-être est-il punique (noter que la lettre p manque dans les dialectes berbères; elle ne se rencontre que dans le zenaga, au Sénégal : Basset, *Études*, p. 4). Mais, quoi qu'en pense Servius, il paraît devoir être distingué du mot *magar*, qui, en punique, aurait signifié *villa* (ferme) : Servius, *l. c.*, à I, 421 ; conf. Isidore de Séville, *Etymol.*, XV, 12, 4.

[7]. Scorpion. Festus, *De verborum significata* (et Paul Diacre), édit. Thewrewk de Ponor, p. 166-7 : « Nepa, Afrorum lingua sidus quod dicitur nostris cancer, vel, ut quidam volunt, scorpios. » Le mot *nepa* a été employé par les Latins pour signifier soit scorpion, soit écrevisse; ce dernier sens ne peut pas être d'origine africaine, puisqu'il n'y a pas d'écrevisses en Afrique. Pour le p, voir l'observation à *mapalia*. Mot punique?

[8]. Grande. Alexandre Polyhistor, *apud* Étienne de Byzance, s. v. Μάγρα : νῆσος Λιβυκή... Ἡ κατὰ τὴν τῶν Λιβύων φωνὴν Σμαθώ, ὅ ἐστι μεγάλη. M. Bérard (*Annales de Géographie*, IV, 1894-5, p. 42)) croit ce mot phénicien.

[9]. Bouc. Probus, à Virgile, *Buc.*, I, 1 (dans Thilo et Hagen, édit. de Servius,

dans le langage des indigènes d'aujourd'hui : λιλυ, eau. M. Doutté[1] indique que les gens de Mazagan, sur la côte du Maroc, s'aspergent mutuellement d'eau à la fête de l'Aïd el Kebir et qu'ils appellent cela *helillou*. Aucun des autres mots cités par les anciens n'appartenait-il à l'idiome que représentent les dialectes berbères? Cette conclusion ne serait pas légitime, car le vocabulaire s'use et se remplace vite[2]. Mais nous devons nous résigner à ne pas tirer parti d'une série de renseignements qui semblaient précieux.

On a allégué[3] des mots berbères, ou prétendus tels, qui ressemblent plus ou moins à des mots grecs ou latins, ayant la même signification, et on a soutenu que ceux-ci ont été empruntés aux Africains. Mais pour les termes qui sont vraiment apparentés, c'est au contraire aux Africains que l'emprunt est imputable[4]. Il n'y a donc pas lieu de chercher de ce côté des informations sur la langue libyque[5].

L'étude des noms propres mentionnés soit dans les inscrip-

III, 2, *Appendix Serviana*, p. 329) : « Hircus Libyca lingua tityrus appellatur. » Mais ce mot est dorien et a été introduit par les Grecs en Cyrénaïque, comme en Sicile : conf. Servius, à Virgile, *l. c.* : « Laconum lingua tityrus dicitur aries maior »; Junius Philargyrius, dans *Appendix Serviana*, p. 13 : « Hircum Siculi tityrum vocant. » — Même observation pour σισύρα, vêtement fait de peaux cousues, qu'on indique comme un mot usité en Libye (κατὰ Λιβύην): Scolies d'Aristophane, *Oiseaux*, 122; Hésychius, s. v. — On a cru trouver dans Étienne de Byzance une indication du nom de la chèvre en langue libyque : Αἴγουσα, νῆσος; Λιβύης, κατὰ Λίβυας λεγομένη Κατρία. Mais ce texte ne dit pas expressément qu'Αἴγουσα (d'αἴξ, chèvre) soit une traduction de Κατρία, comme le veut Movers, *die Phönizier*, II, 2, p. 367, note. Il est vrai qu'on invoque à ce sujet (A. J.-Reinach, *Revue de l'histoire des religions*, 1910, I, p. 202) le mot *caetra*, nom d'un bouclier de cuir dont se servaient les Africains et les Espagnols : « caetra est scutum loreum quo utuntur Afri et Hispani » (Servius, *In Aen.*, VII, 732). J'avoue que cela ne me semble pas convaincant.

1. *Merrâkech*, p. 382.
2. Ajoutons que certains de ces mots n'ont peut-être été employés que dans une région limitée. Ils ont pu disparaître avec le dialecte auquel ils appartenaient.
3. Movers, *l. c.*, II, 2, p. 409-410.
4. Conf. plus haut, p. 236, n. 1.
5. On pourrait cependant retenir une observation de Tissot (*Bull. des antiquaires de France*, 1880, p. 180) au sujet d'un mot *val ssae*, qui se lit sur le tarif de douane de Zraïa : *C. I. L.*, VIII, 4508 (ligne 25) = 18643. Il rapproche ce mot, dont le sens est inconnu et qui n'est sans doute pas d'origine latine, de *fallus, fullusœ*, pois vert, dans le dialecte de Djerba.

tions[1], soit dans les auteurs donne des résultats plus satisfaisants.

Beaucoup de noms de personnes ont une tournure tout à fait berbère[2]. La *Johannide* de Corippus offre un intérêt particulier à cet égard, car le poète, au lieu de latiniser les noms propres, les reproduit en général sous leur forme indigène[3]. Un grand nombre d'entre eux se terminent par la désinence *an* (Altisan, Audiliman, Carcasan, Esputredan, Guenfan, Imastan, Manonasan, Sidifan, etc.)[4], qui rappelle la formation du participe berbère des verbes qualificatifs, participe tenant lieu d'adjectif : par exemple, *aberkan*, étant noir, celui qui est noir. D'autres se présentent avec la désinence *in* (Autufadin, Cutin, Garafin, Marzin, Sanzin, etc.), ou avec la désinence *asen* (Hisdreasen, Ielidassen, Macurasen, Manzerasen) : ces formes se sont perpétuées dans le Maghrib; pour l'époque musulmane, on peut citer Bologguin, Tâchfin, Yarmorâcen[5].

Des noms de lieux antiques s'expliquent par les dialectes berbères. Strabon nous apprend que les « barbares » appelaient l'Atlas Δύριν[6] : indication que confirme Pline[7]. Ce mot doit

1. Épitaphes latines; quelques inscriptions néopuniques et des inscriptions libyques (qui omettent les voyelles).
2. Nous reviendrons là-dessus quand nous étudierons l'onomastique africaine à l'époque romaine.
3. Voir à ce sujet de Slane, dans sa traduction d'Ibn Khaldoun, IV, p. 581-2; Partsch, dans *Satura Viadrina* (Breslau, 1896), p. 34-37.
4. Conf., sur les inscriptions, Cotuzan (*C. I. L.*, VIII, 5218), Vasefan (*ibid.*, 9725), Mastucaran (*Bull. archéologique du Comité*, 1901, p. 239), etc.
5. Pour les noms propres de personnes, on a invoqué aussi le groupe de lettres *Mas*, par lequel beaucoup de ces noms débutent. Les uns croient que c'est un mot signifiant fils (comme le remarque de Slane, *l. c.*, p. 500, il faudrait supposer que ce qui suit *Mas* représente le nom de la mère, car nous connaissons les pères de quelques personnages dont le nom commence ainsi, et la comparaison ne justifie nullement cette interprétation). D'autres le rapprochent de *mess*, qui veut dire maître chez les Touaregs. Cela me paraît bien aventureux. — Par contre, le nom *Mazic*, *Mazices*, fréquent pour désigner soit des individus, soit des tribus, est sans doute un vieux mot libyque; peut-être signifie-t-il noble, comme une indication de Léon l'Africain permettrait de le supposer (*Description de l'Afrique*, trad. Temporal, édit. Schefer, I, p. 28).
6. XVII, 3, 2 : ὄρος... ὅπερ οἱ μὲν Ἕλληνες Ἄτλαντα καλοῦσιν, οἱ βάρβαροι δὲ Δύριν. Conf. Eustathe, Commentaire de Denys le Périégète, v. 66, dans *Geog. gr. min.*, II, p. 229.
7. V, 13 : « amnem Fut; ab eo Addirim (hoc enim Atlanti nomen esse eorum

être rapproché de celui qui signifie montagne : singulier *adrar*, pluriel *idraren*; aujourd'hui encore, l'Atlas est appelé par ses habitants Idraren[1]. *Thala* signifie source en berbère : tel était le nom antique d'au moins deux localités situées dans la Tunisie actuelle[2]. *Souf*, rivière, explique le début des noms de *Sufes*, *Sufetula* (villes de la Tunisie centrale) et *Sufasar* (sur le Chélif)[3]. *Ghir*, *gher*, qui veut dire cours d'eau[4], se retrouve dans *Ger*, Γειρ, noms donnés dans l'antiquité à des rivières sahariennes[5]. *Tasaccora*, nom d'une rivière et d'une ville situées dans la province d'Oran[6], rappelle *thasekkourth*, perdrix[7]. *Agoursal*, me fait observer M. Basset, signifie champignon dans le dialecte de la grande Kabylie[8] : il ressemble fort à *Aggersel*, dans l'Enfida[9], à *Agarsel* et *Aggarsel Nepte*, dans la Tunisie méridionale[10]. *Thamalla* (*Thamallula*, *Thamalluma*, etc.), nom de deux villes dont l'une était dans la région de Sétif, l'autre dans le Sud de la Tunisie[11], se compare à *thamallalth*, la blanche.

— il s'agit des indigenae — lingua convenit) ce (milia passuum) ». Lire *ad Dirim* (conf. Meltzer, *Geschichte der Karthager*, I, p. 427), ce que n'a pas vu Solin (XXIV, 15), qui, copiant Pline, écrit : « de Atlante quem Mauri Addirim nominant »; Martianus Capella (édit. Eyssenhardt, p. 229) écrit de même : « hunc (l'Atlas) incolae Adirim vocant ». Vitruve (VIII, 2, 6) indique le Dyris comme un fleuve sortant « ex monte Atlante »; il a dû commettre une confusion : voir Müller, édit. de Ptolémée, n. à p. 741.

1. Conf. de Slane, *l. c.*, p. 579-580; Vivien de Saint-Martin, *le Nord de l'Afrique dans l'antiquité*, p. 134; Tissot, *Géographie*, I, p. 386, n. 2.
2. Salluste, *Jug.*, LXXV. Tacite, *Annales*, III, 21. Conf. C. I. L., VIII, p. 69.
3. Tissot, *l. c.*, p. 420, n. 1.
4. Duveyrier, *les Touareg du Nord*, p. 469; le même, *Bull. de la Société de géographie*, 1872, II, p. 226, n. 2.
5. Pline, V, 15; Ptolémée, IV, 6, 4. Conf. Tissot, p. 91, n. 3; Müller, à Ptolémée, p. 737-8.
6. Gsell, *Atlas archéologique de l'Algérie*, f° 21, n° 25; f° 31, n° 76. *Bull. d'Oran*, 1911, p. 202.
7. Conf. Demaeght, *Bull. archéologique du Comité*, 1894, p. 317, n. 1.
8. *Ioarsel* dans d'autres dialectes : Basset, *Nédromah et les Traras*, p. 140.
9. Table de Peutinger. Conf. Tissot, II, p. 560.
10. Table de Peutinger. Conf. Tissot, II, p. 685 et 686.
11. Voir Gsell, *Mélanges de l'École française de Rome*, XV, 1895, p. 61-66; le même, *Atlas archéologique de l'Algérie*, f° 26, n° 19; Mesnage, *l'Afrique chrétienne*, p. 157 et 389.

On a fait d'autres rapprochements qui ne sont pas aussi probants[1] et sur lesquels nous pouvons nous dispenser d'insister; mais il est certain qu'un savant familiarisé avec les dialectes berbères y trouverait l'explication d'un grand nombre de dénominations géographiques mentionnées dans les documents anciens. Notons l'abondance des noms commençant par *Th* (*Thabraca, Thagaste, Thamugadi, Thamascaltin,* etc.) : c'est peut-être, dans beaucoup de cas, le préfixe qui indique le féminin en berbère.

Les exemples que nous avons cités concernent des lieux disséminés dans le Maroc, en Algérie et en Tunisie. On en peut donc conclure que l'aire du libyque comprenait toute la Berbérie. C'est un fait remarquable que la diffusion de cette langue dans un pays que la nature a profondément morcelé : elle n'y a été d'ailleurs qu'un faible agent de cohésion, s'il est vrai que, dès une époque lointaine, elle se soit partagée en différents dialectes, nettement distincts[2].

S'étendait-elle aussi, comme de nos jours, sur le Sahara et jusque dans le Soudan? Nous n'avons pas de renseignements certains à cet égard. Hérodote[3] dit qu'on parlait un idiome mi-égyptien, mi-éthiopien dans l'oasis d'Ammon (ou de Syouah, qui a son dialecte berbère propre[4]). Mais l'information a-t-elle

---

1. On lit dans le *Géographe de Ravenne* (édition Pinder et Parthey, p. 164; conf. p. 8 et 162) : « Mauritania Gaditana quae et barbaro modo Abrida dicitur. » Ce nom a été comparé au mot berbère *abrid*, chemin : Carette, *Recherches sur l'origine des tribus,* p. 9; de Slane, *l. c.,* p. 580; Tissot, *l. c.,* I, p. 396, n. 2. — Tissot (*Mémoires présentés à l'Acad. des Inscriptions,* IX, 1ʳᵉ partie, p. 137) rapproche de *tamda,* marais, le nom du *Tamuda* (Pline, V, 18), l'oued Martil, fleuve du Rif dont l'embouchure est marécageuse. — *Aggar,* lieu habité, se retrouverait dans deux noms antiques, *Aggar,* près de Thapsus (*Bell. afric.,* LXVII, 1), et *Aggar,* dans la Tunisie centrale (Table de Peutinger) : Tissot, II, p. 685, n. 2. — Pour d'autres comparaisons, voir Tissot, I, p. 49, n. 2; p. 516; Partsch, édit. de Corippus, p. XXXI (conf. Tissot, II, p. 768-9). Etc.
2. Au temps de Masinissa et de ses successeurs, la langue officielle des rois numides fut le punique. Il n'y avait donc pas de raisons pour qu'un de ces dialectes s'élevât à la dignité de langue nationale et supplantât les autres.
3. II, 42.
4. Voir Basset, *Le Dialecte de Syouah* (Paris, 1890).

été puisée à une bonne source? et qu'était cette langue qualifiée d'éthiopienne? Selon le même auteur[1], les Éthiopiens troglodytes que les Garamantes allaient capturer, probablement dans le Tibesti, se servaient d'un langage qui n'avait rien de commun avec celui des autres hommes et qui ressemblait aux cris aigus de la chauve-souris : quoi qu'on pense de cette affirmation[2], il est à croire qu'ils ne parlaient pas une langue apparentée à celle des Libyens. Du reste, le berbère n'a pas pénétré depuis lors dans le Tibesti. Dans le désert, à dix journées l'Ouest des Garamantes, Hérodote mentionne un peuple qu'il appelle Atarantes[3]. Ce nom a frappé Barth[4], qui l'a rapproché d'un mot haoussa, *atara*, signifiant *rassemblé*. Si la conjecture est exacte[5], les Atarantes n'auraient pas fait usage de la langue libyque[6]. Hannon, lorsqu'il quitta le littoral voisin de l'oued Draa pour se diriger vers le Sud avec sa flotte, prit chez les Lixites des interprètes[7]. Comment ceux-ci pouvaient-ils se faire entendre des Carthaginois? parlaient-ils un dialecte libyque, que certains compagnons d'Hannon auraient compris? ou avaient-ils eu l'occasion d'apprendre un peu de punique? Nous l'ignorons. Ce qui est certain, c'est qu'ils ne comprenaient pas la langue des Éthiopiens qui vivaient sur la côte du Sahara, au delà du cap Bojador[8]. On peut enfin remarquer que les

---

1. IV. 183.
2. Peut-être s'agit-il d'un langage conventionnel, destiné aux communications à longue distance, qui n'aurait pas empêché les troglodytes de se servir d'une langue parlée. Sur le langage sifflé, aux Canaries et ailleurs, voir Deniker, *Races et peuples de la terre*, p. 159.
3. IV, 184 : ᾿Ατάραντες (c'est ainsi qu'il faut lire : voir, entre autres, Neumann, *Nordafrika nach Herodot*, p. 114, n. 1).
4. *Sammlung und Bearbeitung Central-afrikanischer Vokabularien*, I, p. CI-CII; conf. Tissot, I, p. 442, n. 2, et Schirmer, *le Sahara*, p. 327.
5. D'autres veulent au contraire dériver ce nom du mot berbère *adrar* (montagne) : voir Vivien de Saint-Martin, *le Nord de l'Afrique dans l'antiquité*, p. 60 et 134, n. 6.
6. Il est vrai que le haoussa est une langue apparentée aux dialectes berbères. Lepsius (*Nubische Grammatik*, p. LI) veut même voir dans ces Atarantes une colonie de Libyens.
7. Périple, 8 (*Geogr. gr. min.*, I, p. 6).
8. *Ibid.*, 11 (p. 9).

explorateurs Nasamons, mentionnés par Hérodote[1], rencontrèrent de petits hommes noirs dont le langage leur était inconnu, quand, après avoir traversé le désert, ils arrivèrent à de vastes marais et à un grand fleuve.

Ces divers textes ne nous apprennent pas grand'chose. Cependant ils donnent l'impression que, dans les siècles qui précédèrent l'ère chrétienne, le libyque ne s'était guère répandu au delà du Nord de l'Afrique, dans les régions occupées par les Éthiopiens.

Cette langue a dû beaucoup se modifier depuis le début des temps historiques. Dans le Nord-Est de la Berbérie et sur les côtes, elle a sans doute admis des mots puniques, dont on ne retrouve pas de traces certaines[2], mais qui, eu égard à l'étroite parenté de l'arabe et du phénicien, se dissimulent peut-être sous des mots arabes. Plus tard, elle a reçu des mots latins, qui subsistent encore çà et là, en très petit nombre, il est vrai[3]. Mais les apports les plus considérables ont été ceux de l'arabe. Dans les pays où la langue de l'Islam n'a pas anéanti les dialectes berbères, elle les a profondément pénétrés. Au Sud du Sahara, il faut tenir compte aussi de l'intrusion des idiomes parlés par les nègres. Les altérations, les emprunts ont porté surtout sur le vocabulaire, la partie la moins résistante des langues; cependant l'influence de l'arabe s'est exercée aussi sur

---

1. II, 32.
2. Sauf pour le nom de lieu *Agadir* (port de la côte marocaine; ancien nom de Tlemcen), qui s'explique par le phénicien : *enclos, lieu fortifié*. Pline, IV, 120 : « Gadir, ita Punica lingua saepem significante »; Festus Aviénus, *Ora maritima*, v. 268-9 : « Punicorum lingua conseptum locum Gadir vocabat »; conf. le même, *Orbis terrae*, v. 613-6. En hébreu *gadir* signifie mur. On ne connaît pas de mot arabe semblable. Voir Movers, *die Phönizier*, II, 2, p. 439, 622; Meltzer, *Geschichte der Karthager*, I, p. 447; Tissot, dans *Mémoires présentés à l'Académie des Inscriptions*, IX, 1ʳᵉ partie, p. 255, n. 1; Basset, *Nédromah et les Traras*, p. xi, n. 4; Mowat, *Bull. de la Société des antiquaires de France*, 1910, p. 390-1; Stumme, *Zeitschrift für Assyriologie*, XXVII, 1912, p. 123. — Pour quelques emprunts possibles des Berbères à la langue phénicienne, voir Stumme, *l. c.*, p. 125 et 126.
3. Voir des indications données par de Slane, *l. c.*, p. 580-1; Tissot, *Géographie*, I, p. 419, n. 1; Masqueray, *Bull. de correspondance africaine*, I, 1882-3, p. 243, n. 1; Stumme, *l. c.*, p. 122.

la grammaire et sur la prononciation. Nous n'avons aucun moyen de dire s'il en a été de même du punique et du latin.

II

On a souvent cherché à rattacher le libyque à d'autres langues, parlées autrefois ou aujourd'hui encore en dehors du Nord-Ouest de l'Afrique. Dans cette question, il faut étudier les faits grammaticaux, bien plus que les mots, qui s'échangent facilement d'un idiome à l'autre. Les comparaisons faites par des érudits entre les dialectes berbères et le basque [1], l'étrusque [2], le grec [3], les langues touraniennes [4] ont été conduites avec des méthodes critiquables et doivent être écartées. Il n'en est pas de même pour l'égyptien ancien, devenu plus tard le copte [5]; pour des idiomes parlés en Nubie (entre le Nil et la mer Rouge), en Abyssinie et au Sud de cette contrée; pour ceux des Gallas, des Somalis, des Massaïs; pour le haoussa (entre le lac Tchad et le Niger) et le peul (disséminé dans le Soudan central et occidental) [6]. La parenté de ces différentes langues entre elles et avec les dialectes berbères peut être aujourd'hui

---

1. Voir, entre autres, von der Gabelentz, *die Verwandtschaft des Baskischen mit den Berbersprachen Nord-Africas* (Brunswick, 1894); H. Keane, *Man past and present*, p. 460-2; de Charencey, *Association française pour l'avancement des sciences*, Pau, 1892, II, p. 573-8; le même, *Journal asiatique*, 1904, I, p. 534-540. Contra : Bladé, *Études sur l'origine des Basques*, p. 322-9; Tissot, I, p. 424. Il y aura peut-être lieu de reprendre cette question, mais avec d'autres procédés de comparaison.

2. Brinton, dans *Proceedings of the american philosophical Society*, XXVI, 1889, p. 514-527; XXVIII, 1890, p. 39-52.

3. Bertholon, *Revue tunisienne*, X-XIII, 1903-6 (*Origine et formation de la langue berbère*) : le libyque aurait été un dialecte hellénique, importé par une immigration thraco-phrygienne et encore transparent dans les dialectes berbères.

4. Rinn, *Revue africaine*, XXV-XXXIII, 1881-9 (*Essai d'études linguistiques et ethnologiques sur les origines berbères*).

5. Pour la comparaison des procédés grammaticaux de l'égyptien et du berbère, voir de Rochemonteix, dans *Congrès international des Orientalistes*, Première session (Paris, 1873), Compte rendu, II (1876), p. 66-106.

6. Voir C. Meinhof, *die Sprachen der Hamiten* (*Abhandlungen des Hamburgischen Kolonialinstituts*, IX, 1912). Quelques savants, entre autres M. Delafosse, excluent de ce groupe le haoussa et le peul.

regardée comme démontrée. On a ainsi constitué une famille linguistique que l'on appelle d'ordinaire chamitique [1] : famille qui s'étend ou s'est étendue sur tout le Nord du continent africain, depuis le cap Guardafui jusqu'à l'Atlantique, qui s'avance au Sud-Est jusqu'entre le lac Victoria-Nyanza et l'Océan Indien, et qui, dans le Soudan, est représentée çà et là au milieu de langues très différentes [2].

Mais cette parenté est évidemment très lointaine. Plusieurs milliers d'années avant notre ère, l'égyptien était constitué et suivait ses destinées; le libyque, de son côté, a développé son système grammatical d'une manière autonome. Il semble vain de se demander dans quelle partie de la terre a été parlée la langue qui leur a donné naissance, ainsi qu'aux autres idiomes de la famille chamitique.

Celle-ci a été parfois qualifiée de protosémitique [3]. Par ce mot, des savants ont voulu indiquer leur croyance à une parenté, du reste fort éloignée, des familles sémitique et chamitique [4]. On remonterait ainsi à une langue parlée à une époque extrêmement reculée, dans un pays qui a pu être soit en Afrique, soit en Asie (comme on le croit d'ordinaire, mais sans preuves [5]). Les deux branches de cette langue se seraient diversement développées, la famille chamitique s'étant arrêtée à des procédés grammaticaux élémentaires : d'où le nom de protosémitique qu'on a proposé de lui donner.

---

1. Renan, *Histoire générale des langues sémitiques*, p. 88 de la 2ᵉ édition. Lepsius, *Nubische Grammatik*, p. xv-xvi. Etc.
2. On y a rattaché aussi la langue des Hottentots, au Sud-Ouest de l'Afrique.
3. Basset, *Manuel de langue kabyle*, p. 1.
4. Sur la parenté probable de l'égyptien et des langues sémitiques, voir Maspero, *Histoire ancienne des peuples de l'Orient classique*, I, p. 46 (et n. 2 : indications bibliographiques) : « On peut presque affirmer que la plupart des procédés grammaticaux en usage dans les langues sémitiques se retrouvent dans l'égyptien à l'état rudimentaire. » Pour la parenté des deux familles chamitique et sémitique, voir en particulier L. Reinisch, *das persönliche Fürwort und die Verbalflexion in d. n chamito-semitischen Sprachen* (Vienne, 1909), surtout p. 308 et suiv.; Meinhof, *l. c.*, p. 227-8.
5. Voir par exemple Lepsius, *l. c.*, p. xv et xviii. Reinisch (*l. c.*, p. 314) cherche au contraire en Afrique le berceau du peuple chamito-sémite.

III

Quelles que soient les origines du libyque, nous le trouvons établi dans l'Afrique du Nord à l'époque où l'histoire commence pour cette contrée. Peut-on supposer qu'aux temps préhistoriques, d'autres langues y aient été parlées, sur des espaces plus ou moins étendus, langues qui s'y seraient introduites soit avant, soit après le libyque, et qui auraient ensuite disparu, ne laissant que quelques traces dans cet idiome? Les textes anciens ne contiennent aucun renseignement à ce sujet. Quelques mots qui se rencontrent dans les dialectes berbères et qui rappellent plus ou moins des mots de même signification existant dans d'autres langues, par exemple le basque ou un idiome indo-européen[1], ne prouvent pas grand'chose. Il faudrait être sûr que ce ne sont pas des ressemblances trompeuses : on sait combien de gens, en compulsant quelques dictionnaires, y ont trouvé les matériaux propres à édifier les hypothèses les plus imprévues. Il faudrait être sûr aussi que ces mots ne sont pas d'introduction relativement récente dans l'une des deux langues, ou dans les deux. Quand même on pourrait démontrer que les ressemblances datent de très loin, on n'aurait aucun moyen de dire s'il s'agit d'emprunts faits d'un pays à un autre, ou de vestiges d'une langue conservés dans une autre langue qui aurait remplacé la première.

L'onomastique géographique a plus d'importance : elle a parfois permis de délimiter l'aire d'idiomes disparus ou réduits avec le temps à un étroit espace.

---

1. Hérodote (IV, 159) parle d'un roi des Libyens de Cyrénaïque qui s'appelait Ἀλαζείρ. On a supposé que l'historien a pris ici pour un nom propre un nom commun, qu'on retrouverait dans le sanscrit *adikarana*, avec le sens de chef : Tissot, I, p. 419, n. 1 ; conf. Le Page Renouf, *Proceedings of the Society of biblical Archæology*, XIII, 1891, p. 601. Il me paraît tout à fait invraisemblable qu'un mot se soit ainsi conservé presque intact à travers les siècles, et comme un témoin isolé, dans deux contrées si éloignées.

Hérodote[1], le Périple de Scylax[2] et Ptolémée[3] indiquent un ou plusieurs lacs et fleuves appelés Τριτωνίς (Τριτωνίτις dans Ptolémée), Τρίτων, qu'ils placent certainement dans la Tunisie actuelle. Ces noms se retrouvent dans plusieurs régions de la Grèce[4]. Ils ont dû être introduits dans la nomenclature géographique de l'Afrique du Nord par les Grecs. Mais ce ne fut sans doute qu'en pleine période historique, après que ceux-ci eurent pris pied en Cyrénaïque, où il y eut aussi un ou deux lacs Τριτωνίς[5]. Le nom qu'ils donnèrent d'abord à des lacs du pays qu'ils occupèrent, ils l'auraient ensuite reporté plus à l'Ouest, de même qu'ils reportèrent vers l'Occident le jardin des Hespérides et le royaume d'Antée[6]. On ne saurait affirmer, sur ce prétendu témoignage, que des étrangers, parlant le grec, se soient établis en Tunisie à une époque très lointaine[7].

Sur la frontière militaire constituée par les Romains au Sud de la petite Syrte, l'Itinéraire d'Antonin indique un lieu qu'il appelle *Tillibari*[8]. Il faut en convenir : ce nom rappelle fort celui d'*Iliberri*[9], que l'on rencontre dans l'onomastique ancienne de l'Espagne et du Sud de la Gaule, et que l'on regarde comme ibère; le basque atteste qu'*Iliberri* est composé de deux éléments, dont le premier signifie *lieu habité* et le second *nouveau*[10].

1. IV, 178, 179, 180, 186, 187, 188.
2. § 110 (*Geogr. gr. min.*, I, p. 88).
3. IV, 3, 3 et 6.
4. Voir Pape, *Wörterbuch der griechischen Eigennamen*, s. v; Müller, édition de Ptolémée, n. à p. 625.
5. Müller, *l. c.*
6. Diodore de Sicile (III, 53, d'après Dionysios Scytobrachion) transporte le lac Tritonis et le fleuve Triton tout à fait à l'extrémité occidentale de la Libye, près de l'Océan.
7. Il est vrai qu'on a cru retrouver à profusion, dans l'onomastique de la Berbérie comme dans la langue des Berbères, des mots étroitement apparentés au grec. Citons au hasard *Thagora* et *Tipasa*, où l'on reconnaît en effet sans peine ἀγορά et πᾶσα (avec un préfixe indiquant le féminin) et qui doivent par conséquent signifier « le marché » et « la complète ». (*Revue tunisienne*, X, 1903, p. 489).
8. Édition Parthey et Pinder, p. 34 (un manuscrit donne *Tilliberi*). Ce lieu est aussi mentionné par Corippus (*Johannide*, II, 80) : *Tillibaris*.
9. Le rapprochement a été fait par Tissot, I, p. 424.
10. Conf., entre autres, Schuchardt, *die iberische Deklination*, p. 5, 8-9 (dans

La lettre T dans *Tillibari* pourrait être le préfixe berbère du féminin. Mais de quand date cette dénomination ? Peut-être seulement de l'époque romaine. Nous pouvons nous demander — je n'insiste point sur cette hypothèse, — s'il ne s'agit pas d'un camp fondé par un corps de troupes composé d'Espagnols qui servaient dans l'armée d'Afrique[1].

D'autres rapprochements ont été indiqués[2], ou peuvent l'être, entre des noms géographiques qui se rencontrent, d'une part dans l'Afrique du Nord, d'autre part dans le Sud et l'Ouest de l'Europe, surtout en Espagne : mots terminés par les groupes de lettres *ili*[3], *gi*[4] et, d'une manière générale, fréquence des désinences en *i*[5]; quelques noms tout à fait ou presque sem-

Sitzungsberichte der Akademie der Wissenschaften in Wien, Phil.-hist. Klasse, CLVII, 1907).

1. Il y avait dans cette armée plusieurs cohortes espagnoles : voir Cagnat, *l'Armée romaine d'Afrique*, 2ᵉ édit., p. 203-4.

2. Movers, *die Phönizier*, II, 2, p. 637 et suiv. Philipps, *Sitzungsberichte der Akademie der Wissenschaften in Wien, Phil.-hist. Classe*, LXV, 1870, p. 516-8. Berlioux, *les Atlantes*, p. 81-84. Tissot, *l. c.*, I, p. 419-420, 424-5. Hübner, *Monumenta linguae ibericae*, p. LXXXVII. Wackernagel, *Archiv für lateinische Lexikographie*, XIV, 1904-5, p. 23. Mehlis, *Archiv für Anthropologie*, Neue Folge, VIII, 1909, p. 273 et suiv. Parmi ces rapprochements, beaucoup sont évidemment arbitraires. — C'est bien à tort, je crois, qu'on a voulu retrouver les Libyens dans les noms des *Libui*, *Libici*, *Lebœci* (Italie septentrionale), des *Liburni* (Italie et Illyrie), des bouches occidentales du Rhône dites *Libica* : voir d'Arbois de Jubainville, *les Premiers habitants de l'Europe*, 2ᵉ édit., I, p. 37, 40, 70, 71 (il fonde là-dessus l'hypothèse d'un « vaste empire ibéro-libyen », de « conquêtes africaines de la race ibérique » ; conf. Berlioux, *l. c.*, p. 92).

3. *Volubilis*, au Maroc : C. I. L., VIII, p. 2072. *Cartili*, sur la côte de l'Algérie : Itinéraire d'Antonin, p. 6 ; Gsell, *Atlas archéologique de l'Algérie*, fᵒ 4, nᵒ 1 ; la première partie du mot est probablement phénicienne. *Igilgili* (Djidjeli) : Gsell, *l. c.*, fᵒ 7, nᵒ 77. Ἀσκαλίς, en Maurétanie Césarienne : Ptolémée, IV, 2, 6. *Thibilis*, dans l'Est de l'Algérie : Gsell, *l. c.*, fᵒ 18, nᵒ 107. *Zerquilis*, dans l'Aurès : Corippus, *Johannide*, II, 145. Ethnique *Midilensis*, dans la province de Numidie : Notice ecclésiastique de 484, *Numidie*, nᵒ 41. *Zersilis*, dans la région des Syrtes : Corippus, II, 76. — En Espagne, *Bilbilis*, *Singili*, etc.

4. *Tingi* (Tanger). Ethniques *Mizigitanus* et *Simingitanus*, en Tunisie : Mesnage, *l'Afrique chrétienne*, p. 59 et 143. — En Espagne, *Astigi*, *Ossigi*, etc.

5. On peut encore noter la désinence *uli* (i ou ii) pour des noms de peuples : en Afrique *Gaetuli*, *Maesulii*, *Masnesulii* (les Massyles et les Masæsyles : j'indique les formes données par Tite-Live); en Espagne, *Turduli*, *Varduli*, *Bastuli*. — Dans les documents latins, la désinence *tanus* est très fréquente pour les ethniques d'Espagne (voir, entre autres, Bladé, *Études sur l'origine des Basques*, p. 316 et suiv.). Elle l'est aussi pour les ethniques de l'Afrique du Nord (voir Wackernagel, *l. c.*, p. 20-22). En ce qui concerne l'Afrique, les Romains l'emploient dès la fin du

blables (en Afrique, *Ucubi*[1], *Subur*[2], *Tucca, Thucca, Thugga*[3] *Obba*[4], la tribu des *Salassii*[5]; en Espagne, *Ucubi*[6], *Subur*[7], *Tucci*[8], *Obensis*[9], ethnique formé sans doute d'*Oba*; sur les Alpes, la tribu des *Salassi*, qui occupait le val d'Aoste [10]). On a surtout comparé l'onomastique des rivières, qui est souvent très vivace [11]. C'est ainsi que l'on peut alléguer le *Bagrada* (la

second siècle avant J.-C. (loi agraire de l'année 111 : *C. I. L.*, I, 200, § LXXIX). On a cru que ces noms, sous leur forme indigène, avaient même terminaison en Afrique et en Espagne, et on y a vu la preuve d'une parenté linguistique (Wackernagel, après d'autres). C'est là une erreur. M. Schuchardt (*l. c.*, p. 31) a montré que, pour les noms d'Espagne, les suffixes *itanus* et *etanus* n'ont rien d'indigène. Pour les noms d'Afrique, la terminaison est presque toujours *itanus* et, sauf quelques exceptions, elle s'applique à des ethniques désignant des habitants de villes, non des peuples. Il est probable que les Latins ont d'abord employé cette forme d'après le suffixe grec ιτης, pour certaines villes du littoral que les Grecs fréquentaient comme eux (de même, pour les villes grecques d'Italie et de Sicile, on constate qu'ιτης a été rendu par *itanus*). Puis elle se sera généralisée, s'étendant même à des ethniques pour lesquels la forme ιτης n'existait pas. Pour *Maurétania*, qui est, je crois, le seul exemple africain de là forme *etan-*, j'admettrais volontiers, avec M. Schuchardt (*l. c.*), une imitation par les Latins des noms d'Espagne qu'ils terminaient de même : *Carpetanus* (*Carpetania*), *Turdetanus*, etc.

Dans la comparaison des désinences, on devra peut-être tenir compte des noms africains en *enna* : *Cartennas*, sur la côte de l'Algérie (Gsell, *l. c.*, f° 12, n° 20); *Matujenna*, près de Bône (*ibid.*, f° 9, p. 11, col. 1); *Uppenna*, en Tunisie (*C. I. L.*, VIII, 11137); *Siccenna* : Mesnage, *l. c.*, p. 221-2; ethnique *Bencennensis* : *ibid.*, p. 58, et *C. I. L.*, VIII, 15167.

1. En Tunisie : *C. I. L.*, VIII, 15669.
2. Fleuve et ville de Maurétanie Tingitane : Ptolémée, IV, 1, 2 et 7 (Σούβουρ). Le même mot se retrouve sans doute dans *Subarbures*, tribu de Numidie (Gsell, *l. c.*, f° 17, n° 214; conf. f° 10, n° 408); probablement aussi dans *Thubursicu Numidarum*, *Thubursica Bure*, *Thuburnica*, villes situées l'une dans l'Est de l'Algérie (Gsell, *l. c.*, f° 18, n° 297), les deux autres en Tunisie (*C. I. L.*, VIII, p. 177 et 1423).
3. Noms d'au moins trois villes, situées dans la province de Constantine et en Tunisie : Gsell, *l. c.*, f° 8, n° 3; *C. I. L.*, VIII, p. 77 et 182.
4. Tunisie, région du Kef : Table de Peutinger; *C. I. L.*, VIII, p. 1362.
5. En Maurétanie Césarienne : Ptolémée, IV, 2, 3 (Σαλάσσοι). Conf. *C. I. L.*, VIII, 19923 : inscription trouvée dans la région de Constantine, qui mentionne un préfet de la tribu des *Salas*....
6. Ville de Bétique : *Bell. hispan.*, VII, 1; VIII, 6; etc.; Pline l'Ancien, III, 12.
7. Ville de la région de Tarragone : Méla, II, 90; Pline, III, 21; Ptolémée, II, 6. 17; *C. I. L.*, II, 4271.
8. Villes de Bétique : Pline, III, 10 et 12; Ptolémée, II, 4, 9.
9. *Res publica Obensis*, en Bétique : *C. I. L.*, II, 1330.
10. Holder, *Alt-celtischer Sprachschatz*, s. v.
11. Observons cependant que beaucoup de rivières de l'Afrique du Nord ont changé de nom depuis l'époque romaine. Nous avons déjà indiqué (p. 26-27) que, dans cette contrée, les cours d'eau n'ont pas la même importance que dans d'autres pays, particulièrement en France.

Medjerda) et le *Magrada*, en Espagne¹ ; l'*Isaris*, dans l'Ouest de l'Algérie², et les *Isara* qui s'appellent aujourd'hui l'Isère, l'Oise, l'Isar³ ; le *Savus*, près d'Alger⁴, la *Sava*, dans la région de Sétif⁵, et les deux Save, *Sava* et *Savus*, affluents de la Garonne et du Danube⁶ ; l'*Ausere* de la petite Syrte⁷ et l'*Auser* d'Étrurie⁸ ; l'*Analis* de la Maurétanie Tingitane⁹ et l'*Anas* d'Espagne (la Guadiana). Des deux côtés de la Méditerranée, il y a des cours d'eau dont le nom commence par *Ar*¹⁰ et par *Sar*¹¹.

Ce sont là de simples indications. Un examen précis et étendu, entrepris par des linguistes, permettra peut-être de dire si elles ont quelque valeur. Il serait, croyons-nous, imprudent d'en faire état pour affirmer, sans plus tarder, qu'avant les temps historiques, une ou plusieurs langues étroitement apparentées ont été parlées en Europe et en Berbérie.

---

1. Dans le Nord de la péninsule : Méla, III, 15 (seul texte mentionnant cette rivière).
2. Géographe de Ravenne, édit. Pinder et Parthey, p. 163 ; conf. Gsell, *Atlas*, f° 31, n° 42 : probablement l'Isser de l'Ouest (il y a un autre Isser, en Kabylie). — Il faut peut-être aussi mentionner les deux Ἀσσαρία de Ptolémée (IV, 2, 2), dans l'Ouest de l'Algérie et près de Djidjeli ; l'*Usar* de Pline (V, 21) et du Géographe de Ravenne (p. 158), qui pourrait correspondre à l'Isser de Kabylie.
3. Cependant, pour l'*Isaris* d'Afrique, il est possible que ce nom soit simplement le mot libyque signifiant rivière (*ighzer* dans divers dialectes berbères).
4. Ptolémée, IV, 2, 2 (Σαούου, génitif).
5. Gsell, *l. c*, f° 16, n° 6.
6. Mais le nom des cours d'eau africains ne pourrait-il pas être rapproché de *souf*, *asif*, qui signifient rivière en berbère ?
7. Table de Peutinger ; conf. Tissot, II, p. 604.
8. Pline, III, 50 ; etc.
9. Pline, V, 9 (citant Polybe). Ce nom est-il certain ? Le même fleuve, autant qu'il semble, est appelé Ἀσάνα, ou Ἀσάμα, dans Ptolémée (IV, 1, 2), *Asana* dans Pline (V, 13), Ἀνίδης dans le Périple de Scylax (§ 112). Des savants ont d'ailleurs pensé que l'*Analis* mentionné par Pline est la Guadiana, fleuve espagnol.
10. *Arman*, sur la côte, entre Hippone et Tabarca : Pline, V, 22. *Armascla*, affluent de la Medjerda : Table de Peutinger ; conf. Tissot, I, p. 72. *Ardalio*, dans la région de Tébessa : Paul Orose, *Adv. paganos*, VII, 36, 6. — En Europe, *Arar*, *Araaris*, *Arva*, *Arnus* (Saône, Hérault, Arve, Arno), etc. Il faut lire qu'on en retrouve un peu partout : conf. Tissot, I, p. 420.
11. *Sardabale* ou *Sardaval*, dans l'Ouest de l'Algérie : Méla, I, 31 ; Pline, V, 21. — En Europe, *Sara*, *Saravus* (Sarre, affluent de la Moselle) ; *Sara* (Serre, affluent de l'Oise), *Sarnus* (Sarno, en Campanie). — Doit-on aussi mentionner la *Sira*, dans l'Ouest de l'Algérie (Géographe de Ravenne, p. 158 ; conf. Gsell, *l. c.*, f° 21, n° 28) ? Ces rapprochements ne sont guère convaincants.

CHAPITRE VI

RELATIONS DES INDIGÈNES DE L'AFRIQUE DU NORD AVEC D'AUTRES CONTRÉES

I

Des auteurs grecs et latins racontent ou mentionnent diverses invasions de l'Afrique septentrionale qui auraient eu lieu dans des temps très anciens. Avant tout examen, l'on peut écarter ces indications du domaine de l'histoire et les considérer soit comme des fables inventées par des faiseurs de romans, soit comme des traditions très suspectes, puisque, avant d'être écrites, elles auraient passé, pendant de longs siècles, par un grand nombre de bouches et se seraient profondément altérées.

Dans le *Timée*, dialogue de Platon[1], Critias répète, assure-t-il, un récit qui aurait été fait à Solon par un prêtre égyptien de Saïs; celui-ci l'aurait trouvé dans des livres sacrés.

En avant des Colonnes d'Héraclès, dans la mer Atlantique, existait jadis une île, l'*Atlantis*, plus grande que la Libye et l'Asie réunies. Les souverains très puissants qui y régnaient étendaient leur domination à l'Est du détroit, sur la Libye jusque dans le voisinage de l'Égypte et sur l'Europe jusqu'à la Tyrrhénie (l'Italie). Il arriva qu'une expédition, réunissant

---

1. P. 24, e-25, d. Dans le Critias, autre dialogue qui est resté inachevé, Platon fait de l'*Atlantis* un tableau dont tous les traits sont dus à son imagination.

toutes les forces de cet État, essaya de conquérir l'Égypte, la Grèce et, d'une manière générale, tous les pays de la mer intérieure. Mais les Athéniens arrêtèrent les envahisseurs, sauvèrent les peuples menacés et délivrèrent même ceux qui étaient asservis en deçà des Colonnes. Plus tard, des tremblements de terre et des inondations anéantirent en un jour et en une nuit vainqueurs et vaincus : tous les guerriers athéniens furent engloutis et l'*Atlantis* s'enfonça dans la mer. Depuis lors, celle-ci est inaccessible dans ces parages, à cause des boues que l'île effondrée a laissées. Cet événement se serait passé neuf mille ans avant Platon [1].

L'Atlantide n'est mentionnée que par Platon et par ceux qui l'ont lu [2]. Est-ce une pure invention du philosophe? Ou faut-il croire que Solon ait véritablement entendu ce récit en Égypte? Nous l'ignorons [3]. En tout cas, il est impossible aux historiens

---

1. Pour la date, voir *Critias*, p. 108, *e*.
2. Entre autres, par les Africains Tertullien (*Apolog.*, 40; *Ad nationes*, I, 9; *De pallio*, 2) et Arnobe (I, 5). — Un certain Marcellus, auteur d'un ouvrage historique intitulé Αἰθιοπικά, que Proclus cite dans son commentaire sur le Timée (édit. Diehl, I, p. 177; conf. *Fragm. hist. graec.*, IV, p. 443), parlait d'îles situées dans l'Océan : trois très grandes, dont l'une, celle de Poseidon, était au milieu des deux autres et avait mille stades de tour, et sept autres, plus petites. Les habitants de l'île de Poseidon auraient eu des traditions relatives à une île immense, l'*Atlantis*, qui, pendant fort longtemps, aurait dominé sur toutes les îles de la mer Atlantique. Mais comment Marcellus, qui ne nous est pas autrement connu, a-t-il recueilli ces prétendues traditions indigènes? et si ses sept îles sont les Canaries, où sont les trois autres? Il n'y a sans doute dans cette mention de l'*Atlantis* qu'un écho de Platon. — On n'a donné aucune bonne raison pour rapporter à l'Atlantide un récit, d'ailleurs purement légendaire, que Silène aurait fait au roi Midas (Élien, *Var. hist.*, III, 18, citant Théopompe = *Fragm. hist. graec.*, I, p. 289-290) : il y est question d'un continent situé au delà de l'Océan (et non d'une île de l'Océan), d'envahisseurs qui seraient venus de ce continent chez les Hyperboréens (et non en Afrique) et n'y seraient d'ailleurs pas restés. Un passage d'Ammien Marcellin (XV, 9, 4), que l'on a aussi allégué, ne se rapporte pas davantage à l'Atlantide.
3. Il y a dans Platon des contradictions qui mettent en défiance. Dans le Timée, Critias dit que cette histoire avait été racontée devant lui, alors qu'il était enfant, par son aïeul qui la tenait de Solon, et qu'il a dû réfléchir la nuit pour rassembler de lointains souvenirs. Dans le Critias, il affirme qu'il a en sa possession des notes de Solon sur ce sujet et qu'il les a beaucoup étudiées dans son enfance. Solon, de retour dans sa patrie, n'aurait eu aucun motif de se taire sur les exploits attribués aux ancêtres des Athéniens, surtout s'il y croyait au point de vouloir les célébrer lui-même, comme le dit Platon (et aussi Plutarque,

de tenir le moindre compte des assertions de Platon et il nous
paraît superflu de signaler les nombreuses hypothèses et discussions auxquelles elles ont donné lieu[1]. Des géologues et
des zoologistes[2] peuvent démontrer que, dans un passé très
lointain, l'Amérique et le Nord-Ouest de l'Afrique furent reliés
par un continent; que des cataclysmes successifs morcelèrent
ce pont gigantesque, puis le firent disparaître, sauf quelques
débris, Madère, Açores, Canaries, archipel du cap Vert. Ils
peuvent soutenir que les derniers effondrements eurent lieu
dans des temps assez récents pour que des hommes en aient été
témoins; que le chenal séparant les Canaries de l'Afrique est
postérieur à l'époque quaternaire. Mais, puisqu'ils se récla-
ment de Platon, il leur reste à nous convaincre que des contemporains de la civilisation paléolithique, ou même de la civilisation néolithique, ont été réunis en un très grand État, ont
formé d'immenses armées, construit d'innombrables vaisseaux,
conduit leurs flottes à travers l'Océan jusque dans la Méditerranée; que, dans le même temps, les ancêtres des Athéniens
ont constitué un État assez puissant pour repousser cette for-
midable invasion.

Nous trouvons dans la *Guerre de Jugurtha*[3] le résumé d'un

Solon, XXXI, 7, mais certainement d'après Platon). Il est vraiment bien étonnant
que Platon ait eu à les révéler à ses concitoyens, deux siècles plus tard : on voit
en effet, par les termes mêmes dont il se sert, que les interlocuteurs de Critias
les ignoraient. — Si l'on veut absolument que Platon n'ait pas inventé ce récit,
on peut supposer que c'est lui, et non Solon, qui l'a entendu en Égypte.

1. Voir l'exposé très détaillé fait en 1841 par Henri Martin, *Études sur le Timée
de Platon*, I, p. 257-333. La réfutation de Martin n'a pas empêché l'éclosion de
nouvelles dissertations sur l'Atlantide : par exemple, Gaffarel, dans la *Revue de
géographie*, 1880, I, p. 241-259, 331-343, 421-430, et II, p. 21-29; Lagneau, *Revue
d'anthropologie*, 1880, p. 460-8; nouvelle réfutation par Ploix, *ibid.*, 1887, p. 291-
312. Il faut naturellement écarter, avant toutes les autres, les hypothèses qui
faussent la donnée du problème (une île immense en avant du détroit de
Gibraltar) : par exemple celle de Berlioux (*les Atlantes*, Paris, 1882), qui place
l'Atlantide dans le Maroc occidental, au pied de l'Atlas.

2. Voir Gentil, *le Maroc physique*, p. 103-124; Termier, dans *Revue scientifique*,
n° du 11 janvier 1913; Germain, dans *Annales de Géographie*, XXII, 1913, p. 209-226.

3. Chap. XVIII. — Allusions à la légende rapportée par Salluste dans Pomponius Méla, III, 103, et dans Pline, V, 46 : conf. plus loin, p. 331. Je serais peu

long récit qu'on avait traduit à Salluste d'après des livres puniques, *qui regis Hiempsalis dicebantur* (nous reviendrons sur ce membre de phrase) : l'auteur latin ajoute que cet exposé, contraire à la tradition la plus répandue, est cependant conforme à l'opinion des gens du pays; d'ailleurs, il ne veut pas en prendre la responsabilité [1].

« L'Afrique fut d'abord habitée par les Gétules et les Libyens, gens rudes et sauvages, qui se nourrissaient de la chair des bêtes fauves et aussi, comme le bétail, de l'herbe des champs. Sans mœurs, sans lois, sans maîtres, ils erraient au hasard, s'arrêtant dans les lieux où la nuit les surprenait.

« Lorsque Hercule, selon l'opinion des Africains, mourut en Espagne, son armée, composée de différents peuples, ayant perdu un chef dont beaucoup se disputaient la succession, ne tarda pas à se disperser. Les Mèdes, les Perses et les Arméniens qui en faisaient partie passèrent en Afrique sur des vaisseaux et occupèrent les pays voisins de notre mer. Les Perses s'établirent plus loin que les autres, du côté de l'Océan, et se servirent en guise d'habitations des coques de leurs navires, qu'ils retournèrent, car ils ne trouvaient point de matériaux convenables sur place et ils ne pouvaient pas en tirer d'Espagne par achat ou par échange : l'étendue de la mer et l'ignorance de la langue empêchaient tout commerce. Peu à peu, ils se fondirent par des mariages avec les Gétules. Comme ils s'étaient souvent déplacés pour éprouver la valeur du pays, ils s'appelèrent eux-mêmes Nomades [2]. Aujourd'hui encore, les demeures des paysans numides, les *mapalia*, ainsi qu'ils les nomment, ressemblent à une carène de navire par leur forme oblongue et leur toiture cintrée.

---

disposé à trouver un écho de cette légende (voir Pichon, *les Sources de Lucain*, p. 35, n. 8) dans ces vers de Lucain (IV, 680-1) :

aequaturusque sagittas
Medorum, tremolum cum torsit missile, Mazax.

1. Chap. xvii, *in fine*.
2. « Semet ipsi Nomadas adpellavere. »

« Aux Mèdes et aux Arméniens s'unirent les Libyens, qui vivaient plus près de la mer africaine¹ (tandis que les Gétules étaient plus exposés aux ardeurs du soleil, non loin de la zone torride). Ils eurent de bonne heure des villes, car, n'étant séparés de l'Espagne que par le détroit, ils instituèrent avec les habitants de cette contrée un commerce d'échanges. Le nom des Mèdes fut peu à peu altéré par les Libyens, qui, dans leur langue barbare, les appelèrent Maures.

« Cependant la puissance des Perses s'accrut rapidement. L'excès de la population obligea une partie d'entre eux à s'éloigner de leurs familles et, sous le nom de Numides, ils allèrent occuper le pays qui s'appelle la Numidie, à proximité de Carthage. Plus tard, ces deux fractions des Numides, se prêtant un mutuel appui, soumirent à leur domination leurs voisins, soit par les armes, soit par la crainte, et accrurent leur nom et leur gloire : surtout les Numides qui s'étaient avancés jusqu'à notre mer, car les Libyens sont moins belliqueux que les Gétules. La plus grande partie de la région inférieure de l'Afrique² finit par tomber au pouvoir des Numides et tous les vaincus se fondirent avec les vainqueurs, dont ils prirent le nom. »

Salluste dit que ce récit est emprunté à des livres³ en langue punique. Qui les avait écrits?

Lorsque Carthage disparut, en 146, les bibliothèques que l'incendie épargna échurent à des rois indigènes⁴. Peut-être une partie des ouvrages qui les composaient devint-elle la propriété d'Hiempsal, roi de Numidie au commencement du premier siècle avant notre ère⁵, petit-fils et petit-neveu des princes

---

1. La Méditerranée.
2. La région du littoral.
3. Plus probablement à un ouvrage en plusieurs livres.
4. Pline, XVIII. 22 : « senatus noster... Carthagine capta... cum regulis Africae bibliothecas don..ret.... »
5. Il ne s'agit pas d'un autre Hiempsal (fils de Micipsa), qui fut assassiné dès le début de son règne.

contemporains de la destruction de Carthage. Le génitif employé par Salluste (*ex libris punicis qui regis Hiempsalis dicebantur*) marquerait la possession[1], et il faudrait en conclure que l'auteur était un Carthaginois. Cependant on ne voit guère pourquoi Salluste aurait nommé ici Hiempsal, qui n'aurait été, parmi les souverains numides, ni le premier, ni sans doute le dernier détenteur de ces livres : ils durent passer à son fils Juba Ier, roi du pays avant la constitution de la province romaine dont Salluste fut le premier gouverneur. Les termes dont l'historien se sert indiquent plutôt que l'auteur était Hiempsal[2]. Certains princes numides ne dédaignaient pas la littérature : le grand-père d'Hiempsal, Mastanabal, était, nous dit-on, instruit dans les lettres grecques[3]; son petit-fils, Juba II, fut un écrivain grec célèbre. Il n'y aurait pas lieu de s'étonner qu'Hiempsal se fût servi de la langue punique. Ces rois étaient tout imbus de civilisation carthaginoise; plusieurs d'entre eux portaient des noms puniques (Mastanabal, Adherbal); leur langue officielle était le punique, comme le prouvent leurs monnaies; enfin nous venons de voir qu'ils recueillirent les débris des bibliothèques de Carthage. Ajoutons que cette seconde hypothèse paraît mieux justifier la vogue dont le récit traduit par Salluste jouissait parmi les habitants du pays.

Quoi qu'il en soit, nous y reconnaissons un élément proprement phénicien. Cet Hercule, mort en Espagne, était sans doute le dieu qui avait près de Gadès, colonie tyrienne, un sanctuaire fameux où l'on montrait son tombeau[4] : c'était Melqart, le « maître de la ville » (de Tyr), dont le culte se répandit à tra-

---

1. Conf. Quatremère, *Journal des Savants*, 1838, p. 301. Voir aussi Meltzer, *Geschichte der Karthager*, I, p. 433.
2. Opinion de Movers, *die Phönizier*, II, 2, p. 111, et de beaucoup d'autres.
3. Live, *Epit. l. L* : « Graecis litteris eruditus ».
4. Pomponius Méla, III, 46 : « ... templum Aegyptii Herculis conditoribus, religione, vetustate, opibus inlustre. Tyrii constituere; cur sanctum sit ossa eius ibi sita efficiunt. » Arnobe, I, 36 : « Thebanus aut Tyrius Hercules, hic in finibus sepultus Hispaniae, flammis alter concrematus Oetaeis. »

vers la Méditerranée et que les Grecs identifièrent avec leur Héraclès.

Les légendes qui se rapportent aux expéditions d'Hercule en Occident sont très nombreuses. On peut supposer que certaines d'entre elles se rattachent, d'une manière plus ou moins étroite, à Melqart [1]. Cependant les Grecs, à l'imagination fertile, ont dû prendre une part beaucoup plus importante que les Phéniciens à la formation de ces fables, soit qu'ils les aient attribuées à un dieu purement grec, Héraclès, soit que le culte de Melqart, constaté par eux en divers lieux, ait fourni des traits à leurs contes. De leur côté, les écrivains de langue punique, fortement imprégnés de culture hellénique, purent faire des emprunts aux Grecs. Il est bien difficile, sinon impossible, de démêler les éléments dont se compose chaque légende.

Dans celle que nous étudions, une indication est d'origine grecque : c'est l'étymologie du nom des Numides, identifié avec le mot νομάδες, les nomades [2]. Il s'agit soit d'un nom africain, que les Grecs auraient transformé en Νομάδες par un jeu de mots, soit d'une appellation purement grecque [3]. Ce furent sans doute aussi des Grecs qui, les premiers, donnèrent le nom de Libyens (Λίβυες) aux habitants de la Berbérie. Ce nom, sous sa forme africaine *Lebou*, désigna d'abord des indigènes qui vivaient au Nord-Ouest de la vallée du Nil; les Grecs durent le recevoir des Égyptiens et le retrouver ensuite en Cyrénaïque; plus tard, ils l'étendirent jusqu'à l'extrémité occidentale de l'Afrique du Nord. Notons encore que la courte description des mœurs des autochtones répond à une conception en quelque sorte classique, bien que très contestable, de la vie

---

1. Mais non pas toutes, comme l'a prétendu Movers, *die Phönizier*, II, 2, p. 117 et suiv.
2. Conf. Meltzer, *l. c.*, I, p. 57, 58.
3. Dans la première hypothèse, le latin *Numidae* pourrait reproduire plus exactement le nom indigène; dans la seconde, les Romains auraient adopté le nom grec, en lui faisant subir une altération difficile à expliquer.

primitive de l'humanité¹ : peut-être est-elle également d'origine grecque.

D'autre part, un détail est africain. C'est en effet l'aspect des cabanes, des *mapalia* des Numides qui a inspiré le passage relatif aux vaisseaux des Perses, retournés et transformés en habitations.

Nous distinguons donc dans notre légende des éléments phéniciens, grecs et africains. Pourquoi amène-t-elle jusqu'en Afrique des Perses, des Arméniens et des Mèdes, dont la venue dans cette contrée est tout à fait invraisemblable²?

Pour les Perses, on peut donner une explication très plausible³. Nous avons vu⁴ qu'au Sud du Maroc, divers auteurs signalent des *Pharusii* et des *Perorsi*, qui n'étaient probablement qu'un seul et même peuple, bordant le rivage de l'Océan, mais s'enfonçant au loin dans l'intérieur des terres. Par désir de les rattacher à une nation célèbre, on en fit des Perses. Pline⁵, mentionnant les *Pharusii*, ajoute : *quondam Persae*; il y a là une allusion à la légende, comme le prouvent les mots qui suivent : *comites fuisse dicuntur Herculis ad Hesperidas tendentis*⁶. Les Mèdes ont-ils été introduits dans cette fable

1. Conf. plus haut, p. 216.
2. Quoi qu'en ait dit Movers (*l. c.*, II, 2, p. 124-5), qui croit que ces peuples ont pu prendre part à la colonisation phénicienne, représentée dans le récit d'Hiempsal par Hercule, c'est-à-dire Melqart de Tyr. — Voir le résumé de diverses hypothèses dans Vivien de Saint-Martin, *le Nord de l'Afrique dans l'antiquité*, p. 126. Cet auteur me paraît avoir indiqué la vraie solution, du moins d'une manière générale : invention pour expliquer les noms de certaines peuplades indigènes ; conf. Meltzer, *l. c.*, I, p. 57 et 434 ; Tissot, *Géographie*, I, p. 413, n. 1. Isidore de Séville (*Etymol.*, IX, 2, 118) présente une explication analogue et aussi absurde pour les Gétules : « Getuli Getae dicuntur fuisse, qui ingenti agmine a locis suis navibus conscendentes loca Syrtium in Libya occupaverunt, et, quia ex Getis venerant, derivato nomine Getuli cognominati sunt. »
3. Vivien, p. 127-8.
4. P. 295-6.
5. V, 46.
6. Conf. Méla, III, 103 : « Pharusii aliquando tendente ad Hesperidas Hercule dites. » Varron (*apud* Pline, III, 8) faisait venir des Perses en Espagne. S'agit-il d'une vieille tradition, d'origine inconnue, qui, avec l'existence des Pharusii, des Perorsi en Afrique, a pu contribuer à la formation de la légende? Il est plus probable que Varron a connu le récit reproduit par Salluste dans le *Jugurtha* ;

pour justifier l'appellation de Maures donnée à une grande partie des indigènes? Le passage *Libyes... barbara lingua Mauros pro Medis adpellantes* pourrait le faire croire. Il faudrait connaître exactement le nom, employé en Afrique, que les Romains ont transcrit *Mauri* et dont les Grecs ont fait Μαυρούσιοι. S'il s'agit d'un mot phénicien signifiant les Occidentaux, c'était *Mahourim*, ou quelque forme voisine; mais peut-être le terme dont les indigènes se servaient ressemblait-il davantage au nom que les Phéniciens donnaient aux Mèdes¹. Quant aux Arméniens, leur prétendue invasion doit s'expliquer de la même manière : il y avait sans doute quelque peuplade africaine portant un nom analogue; cependant on n'a présenté à cet égard que des hypothèses peu satisfaisantes².

Puisqu'on faisait venir de si loin les prétendus ancêtres d'une partie des indigènes, il fallait leur donner quelqu'un pour les conduire. Hercule, l'infatigable voyageur, était désigné pour ce rôle; nous allons voir que ce n'est pas la seule légende

peut-être les deux indications de Méla et de Pline relatives aux Pharusii, que nous venons de citer, lui ont-elles été empruntées.

1. Pour expliquer la mention de ces Mèdes, on a invoqué les noms de plusieurs tribus berbères signalées par des auteurs arabes : les Medáça, les Mediouna (Vivien, p. 127; conf. Tissot, I, p. 413, n. 1), les Masmouda (Tauxier, *Revue africaine*, VII, 1863, p. 464; Bertholon, *Revue tunisienne*, V, 1898, p. 132). On a aussi parlé de la Medjana, grande plaine à l'Ouest de Sétif (Cat, *Essai sur la province romaine de Maurétanie Césarienne*, p. 173; ce nom pourrait venir directement d'un terme employé par les Latins, *Medianus*, mais celui-ci est peut-être d'origine indigène). On peut encore penser à un ethnique qui se retrouverait dans Madghis, Madghès, prétendu ancêtre d'une des deux grandes familles des Berbères (Ibn Khaldoun, *Histoire des Berbères*, trad. de Slane, I, p. 168 et 181; conf. III, p. 180 et 181); d'où Madghasen, nom donné à un tombeau royal de Numidie (Gsell, *Monuments antiques de l'Algérie*, I, p. 65 et suiv.). Ou bien au mot *Mazic*, ethnique qui reparaît dans diverses régions de l'Afrique du Nord; dans ce mot le *z* avait un son voisin du *d* (C. I. L., VIII, 9613; Gsell, *Rec. de Constantine*, XXXVI, 1902, p. 23, n. 2). Mazigh, fils de Canaan, passait pour l'ancêtre d'une partie des Berbères : Ibn Khaldoun, *l. c.*, I, p. 169 et 178. Mais toutes ces conjectures sont évidemment très peu solides.

2. Vivien de Saint-Martin (p. 127) pense aux Ourmana, mentionnés par Ibn Khaldoun (*l. c.*, I, p. 279); Miller (dans *Philologus*, LVI, 1897, p. 333), aux Αρμαῖοι de Ptolémée (IV, 6, 6), ou bien aux riverains du fleuve *Armua*, en Numidie (Pline, V, 22), ou même aux Garamantes. Je ne suis nullement convaincu.

où il figure comme chef d'expéditions venues de l'Asie. Les Perorsi étant établis sur la côte de l'Océan, il était naturel de faire passer leurs aïeux par l'Espagne. La mort d'Hercule dans cette contrée expliquait pourquoi les Asiatiques, privés d'un tel chef, s'étaient contentés d'occuper une région limitée du littoral, à proximité de la péninsule ibérique, au lieu de conquérir immédiatement toute la Berbérie.

En somme, tout est fable dans ce récit[1]. Je ne vois même pas pourquoi l'on y chercherait un souvenir très vague d'une grande invasion qui aurait pénétré dans l'Afrique septentrionale par le détroit de Gibraltar[2].

II

Selon Strabon[3], quelques-uns disaient que les Maures étaient des Indiens, qui étaient venus en Libye avec Héraclès. On n'a pas d'autres renseignements sur cette légende[4]. Nous savons ce qu'il faut penser du rôle attribué à Hercule. Quant aux Indiens, rien ne permet de croire qu'ils aient contribué au peuplement de l'Afrique du Nord. Carl Ritter[5] a rapproché, il est vrai, le nom de Berbères, donné par les Arabes aux indigènes du Maghrib, de plusieurs autres noms que l'on rencontre soit en Inde (les Warwara, qui, dans des temps reculés, auraient habité dans le Dekhan), soit sur le golfe d'Aden (la région appelée

---

1. Que Movers (*l. c.*, II, 2, p. 112, 123-4) considère comme un document de la plus haute importance pour l'histoire ancienne de l'Afrique.
2. « Ainsi s'explique la présence, parmi les Kabyles de l'Algérie, de tribus blondes » : Lenormant (et Babelon), *Histoire ancienne de l'Orient*, VI, p 605-6. Conf. Tissot, *Géographie*, I, p. 414.
3. XVII, 3, 7 : Τοὺς δὲ Μαυρουσίους ἐνιοί φασιν Ἰνδοὺς εἶναι τοὺς συγκαταβάντας Ἡρακλεῖ δεῦρο.
4. Il paraît téméraire de citer ici Lucain (IV, 678-9) : « concolor Indo Maurus », et Juvénal (XI, 125) : « Mauro obscurior Indus ». Il se peut cependant que les gens dont parle Strabon n'aient pas eu d'arguments plus sérieux que ces comparaisons pour rattacher les Maures aux Indiens.
5. *Die Erdkunde*, 2ᵉ édit. (1822), I, p. 534 et suiv. Conf. Vivien de Saint-Martin, p. 208-9.

dans l'antiquité *Barbaria*, où se trouve le lieu qu'on nomme encore aujourd'hui Berbera), soit en Nubie (les Barabra[1], qui vivent dans la vallée du Nil entre la première et la quatrième cataracte; il y a sur le fleuve, en aval du confluent de l'Atbara, un lieu appelé Berber)[2]. Ces noms ne jalonneraient-ils pas la route suivie par les Berbères entre l'Inde et le Nord-Ouest du continent africain? Mais une telle hypothèse n'est pas soutenable. Sans vouloir discuter l'origine des autres noms indiqués, il nous suffira d'observer que, dans le Maghrib, le terme *Berber* n'est pas un ethnique datant d'une époque très lointaine, qu'il est simplement le mot latin *barbarus*, ou, comme l'on disait dans l'Afrique romaine, *barbar*[3]. Avant l'invasion arabe, il désignait les indigènes restés réfractaires à la civilisation latine; pour les Arabes eux-mêmes, il s'opposait au terme *Roum*, les Romains[4].

Josèphe[5] donne une très courte indication qui peut faire supposer que certains auteurs attribuaient aux Gétules une origine orientale. L'historien juif, commentant le chapitre x de la Genèse, dit qu'Εὐίλας (Hévila), fils de Χοῦσος (Koush) et petit-fils de Cham, fut l'auteur des Εὐιλαῖοι, « qui maintenant sont appelés Gétules (Γαιτοῦλοι)[6] ». Or les fils de Koush énumérés dans la Bible[7] (le passage semble dater du vi[e] ou du ve siècle)

1. Au singulier Berberi.
2. Ritter allègue aussi un passage d'Hérodote (II, 158) : βαρβάρους δὲ πάντας οἱ Αἰγύπτιοι καλέουσι τοὺς μὴ σφίσι ὁμογλώσσους. Mais le mot βάρβαρος est purement grec et Hérodote s'en sert ici pour traduire un terme égyptien.
3. *Appendix Probi*, édit. Heraeus, dans *Archiv für lateinische Lexikographie*, XI, p. 397 : [il faut dire] « barbarus, non barbar ». Avec G. Paris et d'autres, je crois que cette liste de fautes de langage a été rédigée en Afrique, au iiie siècle de notre ère.
4. Kaltbrunner (référence indiquée à la p. 306, n. 7) a soutenu aussi que, dans les temps préhistoriques, une migration partie de l'Inde était venue peupler tout le Nord de l'Afrique. Il s'est fondé sur la répartition des dolichocéphales et des dolmens : arguments dénués de valeur.
5. *Antiq. jud.*, I, 6, 2.
6. Conf. saint Jérôme, *Quaest. Hebraic. in Genesim*, X, 7 (dans Migne, *Patr. lat.*, XXIII, p. 953) : « Evila, Getuli in parte remotioris Africae eremo cohaerentes. »
7. Genèse, X, 7

représentent les peuples qui occupaient les pays situés au Sud de l'Égypte[1] et aussi [...] méridionale[2]. Mais, comme nous ne savons nullement pourquoi Josèphe identifie les Gétules avec les Εὐιλαῖοι, il vaut mieux nous abstenir d'inutiles hypothèses[3].

Un récit aussi fameux que celui de Salluste se trouve dans Procope[4], qui prétend expliquer d'où les Maures (Μαυρούσιοι) vinrent en Libye et comment ils s'y établirent.

« Lorsque les Hébreux, après leur sortie d'Égypte, arrivèrent près des limites de la Palestine, Moïse..., qui les avait

---

[1]. C'est ce qu'entend Josèphe quand il dit que Χοῦς fut le chef des Éthiopiens.

[2]. Il est vraisemblable qu'Hévila est une région de cette dernière contrée : voir Grüthe, dans la *Realencyklopädie für protest. Theologie* d'Herzog-Hauck, XX, p. 710.

[3]. Dans le même passage, Josèphe indique qu'un fils de Cham, Φούτης, colonisa la Libye, et il signale un fleuve de ce nom qui se trouvait en Maurétanie : il s'agit d'un cours d'eau débouchant dans l'Océan, que Pline (V, 13) appelle Fut, et Ptolémée (IV, 1, 2) Φθύθ, aujourd'hui l'oued Tensift. Déjà les Septante ont quelquefois traduit Phout par Λίβυες (Ézéchiel, XXVII, 20; XXXVIII, 5). Pourtant, dans la Genèse, Phout est le Pouanit des Égyptiens, c'est-à-dire le Sud de l'Arabie et le pays des Somalis. Est-ce le nom du fleuve maurétanien qui a fait assigner la Libye aux enfants de Phout? Ce fut peut-être par un motif aussi futile qu'on transforma les Gétules en enfants d'Hévile. — Il n'y a pas non plus à tenir compte d'une autre indication de Josèphe (*Antiq. jud.*, I, 15; conf. Eusèbe, *Praep. evang.*, IX, 20) : un petit-fils d'Abraham, Ophren (Ὠφρήν), serait allé occuper la Libye, que ses descendants, établis dans ce pays, auraient appelée Ἀφρική d'après son nom. Selon Alexandre Polyhistor, que Josèphe cite à ce sujet, deux fils d'Abraham, Apheras et Iaphra, firent campagne en Libye avec Héraclès, lors de son expédition contre Antée; d'eux vinrent les noms de la ville d'Aphra et de la terre d'Afrique. On voit que ces personnages ont été introduits en Libye (à la suite d'Hercule, comme d'autres) pour fournir une étymologie fantaisiste.

[4]. *Bell. Vand.*, II, 10, 13 et suiv. — Échos du récit de Procope : 1° dans Évagre, *Hist. eccles.*, IV, 18 (Migne, *Patr. gr.*, LXXXVI, p. 2736); il cite expressément Procope; Georges le Syncelle, *Chronogr.*, p. 87 de l'édit. de Bonn; Théophane, *Chronogr.*, 170 (Migne, *Patr. gr.*, CVIII, p. 452); Suidas, s. v. Χαναάν; 2° dans le Talmud (référence *apud* Movers, II, 2, p. 427); 3° dans Moïse de Khoren (I, 19), dont l'*Histoire d'Arménie* date du VIIIe siècle, et non du Ve, comme on l'avait cru, et qui, dans ce passage, s'est servi de la même source intermédiaire que Suidas, peut-être un fragment perdu de la *Chronique* de Malalas (Carrière, *Nouvelles sources de Moïse de Khoren*, Supplément, Vienne, 1894, p. 30 et suiv.); 4° dans une indication d'Ibn el Kelbi, cité par Ibn Khaldoun (*Histoire des Berbères*, trad. de Slane, I, p. 177). — Dans une version latine de la Chronique de saint Hippolyte, il est dit au sujet des Iles Baléares : « Harum inhabitatores fuerunt Chananei fugientes a facie Ihesu, fili Nave... Gades autem Iebusei condiderunt et ipsi similiter profugi » : Mommsen, *Chronica minora*, I, p. 110, § 216. C'est certainement une addition inspirée par le récit de Procope.

guidés, mourut. Il eut pour successeur Jésus[1], fils de Navé, qui fit entrer ce peuple en Palestine et qui occupa le pays, montrant dans la guerre une valeur surhumaine. Il triompha de toutes les tribus, s'empara sans peine des villes et acquit la réputation d'un chef invincible. Alors toute la région maritime qui s'étend de Sidon jusqu'aux frontières de l'Égypte était appelée Phénicie; dès une époque lointaine, elle fut soumise à un roi, comme le disent d'un commun accord ceux qui ont écrit sur les antiquités phéniciennes. Là vivaient des tribus qui comptaient une grande multitude d'hommes, les Gergéséens, les Jébuséens et d'autres encore qui sont nommés dans l'histoire des Hébreux. Cette population, lorsqu'elle vit qu'il était impossible de résister au général étranger, sortit de sa patrie et se rendit en Égypte. Mais, constatant que la place lui manquerait dans une contrée qui fut de tout temps très peuplée, elle se dirigea vers la Libye.

« Les nouveaux venus l'occupèrent tout entière, jusqu'aux Colonnes d'Héraclès, et y fondèrent un grand nombre de villes; leur descendance y est restée et parle encore aujourd'hui la langue des Phéniciens. Ils construisirent aussi un fort en Numidie, au lieu où s'élève la ville de Tigisis. Là, près de la grande source, on voit deux stèles de pierre blanche, portant, gravée en lettres phéniciennes et dans la langue des Phéniciens, une inscription dont le sens est : « Nous sommes ceux qui avons fui loin de la face du brigand Jésus, fils de Navé[2]. »

« Avant eux, la Libye était habitée par d'autres peuples qui, s'y trouvant fixés depuis une haute antiquité, étaient regardés comme autochtones... Plus tard, ceux qui quittèrent la Phénicie avec Didon allèrent rejoindre ces parents, établis en Libye,

---

1. Josué.
2. II, 10, 23 : [στῆλαι] γράμματα Φοινικικὰ ἐγκεκολαμμένα ἔχουσαι τῇ Φοινίκων γλώσσῃ λέγοντα ὧδε· « Ἡμεῖς ἐσμεν οἱ φυγόντες ἀπὸ προσώπου Ἰησοῦ τοῦ λῃστοῦ, υἱοῦ Ναυῆ. »

et furent autorisés par eux à fonder Carthage. Puis, devenue grande et très peuplée, Carthage fit la guerre à ses voisins, qui, comme nous l'avons dit, étaient venus de Palestine et qui s'appellent maintenant les Maures. Elle les vainquit et les refoula le plus loin qu'elle put. »

Tigisis était située à environ cinquante kilomètres au Sud-Est de Constantine, au lieu appelé aujourd'hui Aïn el Bordj[1]. On y retrouve la source abondante dont parle Procope : celui-ci, qui avait accompagné Bélisaire en Afrique et était ensuite resté auprès du général Solomon, avait peut-être visité Tigisis; en tout cas, il lui était facile d'être renseigné. Nous pouvons parfaitement admettre l'existence dans ce bourg, au VI° siècle, de deux stèles portant des inscriptions en langue et en écriture phéniciennes. On en a découvert dans la région[2]; elles offrent le type d'alphabet qualifié de néopunique, qui fut en usage sous la domination romaine et même auparavant. Ce sont soit des dédicaces religieuses, soit des épitaphes. Il n'est pas vraisemblable qu'on en fît encore dans le pays à l'époque de Procope; il est même fort possible qu'il n'y ait eu alors à Tigisis personne en état de déchiffrer ces textes. Un siècle environ plus tôt, au temps de saint Augustin, le punique était encore parlé, sinon aux environs de Constantine, du moins dans les régions de Bône et de Souk Ahras[3]; mais c'était un idiome dont se servaient les paysans et que les savants dédaignaient : il ne devait guère s'écrire. En tout cas, la traduction donnée à Procope de ces inscriptions plus ou moins anciennes est évidemment fantaisiste. Elle est peut-être une invention de quelque clerc[4], qui savait par la Bible que les Hébreux s'étaient

1. Gsell, *Atlas archéologique de l'Algérie*, f° 17, n° 340.
2. Voir Gsell, dans *Recueil de mémoires publiés en l'honneur du XIV° Congrès des Orientalistes par l'École des Lettres d'Alger* (Alger, 1905), p. 367-8.
3. Gsell, *Recueil* cité, p. 366-7.
4. Ou, si l'on veut, d'un Juif. Ἰησοῦς et Ναυή sont des formes adoptées par les Septante; naturellement, elles ne pouvaient pas figurer dans un texte sémitique. Mais il ne faut pas attacher d'importance à ce détail, puisque Procope ne nous

établis à l'Ouest du Jourdain aux dépens de divers peuples, les
Gergéséens, les Jébuséens, etc., habitants du pays de Canaan.
Ce dernier nom s'appliquait non seulement à l'intérieur de la
Palestine, mais aussi au littoral occupé par les Phéniciens : dans
la fameuse énumération des descendants de Noé qui se trouve
au chapitre x de la Genèse[1], Sidon est appelé le premier-né de
Canaan. Les Phéniciens eux-mêmes s'en servaient[2]. Aussi les
Africains qui parlaient encore la langue phénicienne à l'époque
de saint Augustin reçurent-ils et acceptèrent-ils le nom de
Cananéens[3]. Un demi-lettré pouvait en conclure qu'ils descendaient des Cananéens de Palestine et, puisque Josué passait
pour avoir conquis cette contrée, il était naturel d'admettre que
les vaincus l'avaient alors quittée et qu'ils avaient pris le chemin
de l'Afrique. Telle paraît être l'origine du récit de Procope. Il
n'a, comme on le voit, aucune valeur historique.

Quelques savants ont été cependant d'un avis différent[4].
Movers a cru que la prise de possession de la Palestine par les

---

donne qu'une interprétation de l'inscription (conf. Schröder, *die phönizische
Sprache*, p. 3).

1. X, 15.
2. Voir E. Meyer, *Geschichte des Altertums*, 2ᵉ édit., I, 2, p. 389.
3. Augustin, *Epistolae ad Romanos inchoata expositio*, 13 (Migne, *Patr. lat.*,
XXXIV-V, p. 2096) : « Interrogati rustici nostri quid sint, punice respondentes
Chanani, corrupta scilicet voce, sicut in talibus solet, quid aliud respondent
quam Chananaei? » Les Phéniciens ont-ils introduit ce terme en Afrique, en se
désignant par un ethnique dérivé du nom de leur pays d'origine? Nous n'en
avons en tout cas aucune preuve. Peut-être le nom de Cananéens, donné aux
Africains parlant le punique, date-t-il seulement du temps où le christianisme et,
par conséquent, la connaissance de la Bible commencèrent à se répandre. Dans
plusieurs documents qui dépendent de la *Chronique* de saint Hippolyte, écrite
en 235 de notre ère, il est dit que les Ἄφροι et les Φοίνικες (*Afri et Phoenices*)
descendent de Canaan : voir Bauer, *Chronik des Hippolytos*, p. 66; Chronique pascale, I, p. 49 de l'édition de Bonn. Cette indication devait se trouver dans l'ouvrage même d'Hippolyte, quoique le mot Ἄφροι ait été omis dans le manuscrit
de Madrid (Bauer, *l. c.*). Il est donc probable que, dès le début du iiiᵉ siècle, des
auteurs chrétiens ont rattaché à Canaan les Africains de langue punique. Les
clercs ont dû répandre cette notion, si bien qu'au temps de saint Augustin, les
paysans eux-mêmes se qualifiaient de Cananéens.
4. Voir, entre autres, Schröder, *l. c.*; Lenormant (et Babelon), *Histoire ancienne*,
VI, p. 499; Büdinger, *Sitzungsberichte der Akademie der Wissenschaften in Wien,
Phil.-hist. Classe*, CXXV, 1892, mémoire n° X, p. 37 (il qualifie les inscriptions de
Tigisis de « reverenda antiquitatis Phoeniciae testimonia »).

Hébreux détermina réellement le départ d'un grand nombre de Cananéens agriculteurs. Ce n'aurait pas été une exode brusque, mais une série d'émigrations, se succédant pendant plusieurs siècles, depuis l'arrivée de Josué jusqu'à David et Salomon, qui achevèrent la conquête. Ces Cananéens fugitifs auraient passé en Afrique sur les vaisseaux des Phéniciens du littoral syrien. Restés cultivateurs, ils auraient occupé une bonne partie du pays, se mélangeant aux indigènes : ainsi se serait formée une population que les textes anciens désignent sous le nom de Libyphéniciens[1].

Il est, au contraire, très probable que le terme Libyphéniciens désignait, avant l'époque romaine, les Phéniciens de la Libye, c'est-à-dire les gens d'origine phénicienne qui vivaient dans les colonies fondées sur le littoral africain soit par les Phéniciens de Syrie, soit par les Carthaginois[2]. Plus tard seulement, on l'appliqua à des habitants de l'intérieur du pays, à ceux qui, sous la domination de Carthage, avaient adopté les mœurs puniques et pouvaient être regardés comme des Libyens devenus Phéniciens[3]. La diffusion de la langue, de la religion, des coutumes phéniciennes dans l'Afrique du Nord s'explique par les influences que la civilisation carthaginoise exerça sur les indigènes, de diverses manières et par différentes voies. Ce furent là des faits qui se passèrent en pleine époque historique, qui furent même en partie postérieurs à la chute de Carthage. On ne trouve donc en Berbérie aucune preuve de ces prétendues migrations cananéennes.

D'autre part, nous ne pouvons guère discerner ce qui est vrai dans les récits relatifs à la conquête du pays de Canaan par les

---

1. Movers, *l. c.*, II, 2, p. 16, 413, 435 et suiv.; 411-2. Büdinger (*l. c.*, p. 33) croit que la conquête de Josué, qu'il place vers la fin du xii° siècle, a été la véritable cause de la fondation en Occident de plusieurs importantes colonies phéniciennes, qui datent du même temps.

2. Nous ne parlons pas ici d'un sens administratif qui paraît avoir été donné à ce mot et sur lequel nous aurons à revenir.

3. Voir Meltzer, *l. c.*, I, p. 60-63, 436-8; Gsell, *Recueil* cité, p. 305-6.

Hébreux. Elle ne se fit évidemment pas d'un coup. Les nouveaux venus semblent n'avoir occupé que des îlots dont l'étendue varia : tantôt livrant des combats qui ne furent pas toujours heureux, tantôt concluant avec les Cananéens des accords plus ou moins stables, tantôt s'insinuant parmi eux. Avant les règnes de David et de Salomon se place une période de progrès et de reculs, qui correspond à l'époque des Juges et au début de la royauté, et dont on ignore la durée. Que, pendant cette période, des Cananéens, refoulés par les Hébreux, aient cherché refuge sur le littoral où s'élevaient les villes des Phéniciens, qu'ils aient ensuite participé à la colonisation phénicienne en Occident, c'est fort possible, quoique nous n'en ayons aucune preuve. Mais cette hypothèse n'a qu'un rapport fort éloigné avec le récit de Procope.

Celui-ci fait traverser l'Égypte à ses Cananéens fuyant devant Josué. Des érudits[1] ont cru qu'en effet des peuplades de l'Asie occidentale[2] séjournèrent dans la vallée du Nil et que, de là, elles passèrent en Berbérie, mais bien avant l'époque de l'entrée des Hébreux en Palestine. On sait que les Hyksôs, venus par l'isthme de Suez, occupèrent le Delta pendant plus de six siècles, selon les uns, pendant un siècle à peine, selon d'autres. Quelle était l'origine de ces envahisseurs? Différentes hypothèses ont été proposées; tout ce que l'on peut affirmer, c'est que beaucoup d'entre eux, sinon tous, parlaient une ou diverses langues sémitiques. Leur domination fut définitivement brisée vers le début du xvie siècle. Mais on n'est nullement autorisé à supposer que, soit à cette époque, soit au temps de leur puissance, des Hyksôs aient pris le chemin de l'Occident et soient allés s'établir parmi les Libyens[3].

---

1. Movers, II, 2, p. 46, 424-6. Ebers, *Ægypten und die Bücher Mose's*, p. 68, 222. Lenormant, *Histoire*, VI, p. 499. Etc.
2. Des pasteurs cananéens, selon Movers.
3. M. Winckler (*Altorientalische Forschungen*, I, p. 421 et suiv., et dans *Zeitschrift für Socialwissenschaft*, VI, 1903, p. 356-8, 448-9) croit à des migrations de Cana-

III

Des auteurs grecs indiquent des migrations parties des pays riverains de la mer Égée. Hérodote dit que les *Maxyes* (Μάξυες) se prétendaient descendants des Troyens[1]. Ils vivaient, selon l'historien, à l'Ouest du fleuve Triton, ce qui répond à la côte orientale de la Tunisie. Diodore de Sicile mentionne une grande ville, *Meschela* (Μεσχέλα), qui aurait été fondée par des Grecs au retour de la guerre de Troie[2]; comme elle fut prise par un lieutenant d'Agathocle, il est probable qu'elle était située dans la partie orientale de la Berbérie, peut-être dans le Nord-Ouest de la Tunisie ou dans le Nord-Est de l'Algérie. D'après une citation d'Étienne de Byzance, Hécatée aurait indiqué une ville des Ioniens, *Cybos*, dans la Libye des Phéniciens et, autant qu'il semble, auprès d'une des deux *Hippo* (Bizerte, Bône)[3]. Plutarque, copiant sans doute le roi Juba, affirme que des Grecs, Olbiens et Mycéniens, furent laissés par Héraclès dans la région de Tanger[4].

Ces textes sont de très mince valeur[5]. Le dernier s'écarte de

néens, par terre ou par mer, avant le milieu du second millénaire. Ils auraient conquis une partie de l'Afrique du Nord. Ils se seraient même établis à Malte, en Sardaigne, aux Baléares, en Espagne. Plus tard, Tyr aurait étendu son hégémonie sur ces frères de race. Ce sont là des hypothèses en l'air.

1. IV, 191 : φασὶ δὲ οὗτοι εἶναι τῶν ἐκ Τροίης ἀνδρῶν.
2. XX, 57 : Μεσχέλαν, μεγίστην οὖσαν, ᾠκισμένην δὲ τὸ καλαιὸν ὑπὸ τῶν ἐκ Τροίας ἀνακομιζομένων Ἑλλήνων. Diodore ajoute qu'il en a parlé dans son troisième livre, ce qui est inexact. — Movers (II, 2, p. 22, n. 51) soutient que le nom de *Meschela* est phénicien.
3. Édit. Meineke : Κύβος, πόλις Ἰώνων ἐν Λιβύῃ Φοινίκων. Ἑκαταῖος περιηγήσει αὐτῆς « καὶ λιμὴν κου [corr. peut-être Ἵππου : Meineke, *ad loc.*; conf. Müller, *Geogr. gr. min.*, I, note à la p. 90] ἄκρη καὶ Κυβώ ».
4. Vie de Sertorius, 9 : ...Ἑλληνικὸν ἔχοντα στράτευμα τῶν αὐτόθι κατῳκισμένων ὑφ' Ἡρακλέους Ὀλβιανῶν καὶ Μυκηναίων. Plutarque mentionne Juba aussitôt après. On ne sait pas de quelle Olbia l'auteur veut parler.
5. Il ne faut pas y joindre un passage de Polémon (*Scriptores physiognomoniae veteres*, édit. Franz, p. 181) : « οἱ μὲν Λίβυες Αἰθίοψιν ὅμοιοι, οἱ δ' εἰσὶ Κρῆτες ». Ce texte ne signifie pas que, parmi les Libyens, les uns ressemblent aux Éthiopiens et que les autres sont des Crétois; le second membre de phrase se rapporte aux

lui-même par le rôle qu'il attribue à Hercule ; il est à croire que, comme les Perses, Mèdes et Arméniens d'Hiempsal, les Olbiens et les Mycéniens de Juba étaient de prétendus ancêtres de peuples africains dont le nom était à peu près semblable[1]. Le passage d'Étienne de Byzance est altéré et il n'est pas du tout certain qu'Hécatée ait parlé d'une ville ionienne en Libye[2]. Les anciens ont fait errer et ont établi un peu partout les Grecs après la prise de Troie. Dans ces légendes, la Libye a eu sa part de naufragés[3] et de colons[4] ; il n'est guère vraisemblable

Ἴρες (voir le contexte) et Κρῆτς ; doit être corrigé en Κιλικές : conf. ibid., p. 184, n. 17, et p. 411. — Naturellement, on doit aussi laisser de côté les contes qu'ont fait éclore des étymologies absurdes. Solin (XXVII, 7), expliquant par le mot grec ἱππεῖς le nom des deux *Hippo*, ajoute : « equites Graeci condidere ». Le même Solin (XXV, 17) dit qu'*Icosium* (Alger) vient d'εἴκοσι et justifie ainsi cette étymologie : « Hercule illa transeunte viginti qui a comitatu eius descieverant locum deligunt, iaciunt moenia ; ac, ne quis inposito a se nomine privatim gloriaretur, de condentium numero urbi nomen datum. » Il n'y a pas non plus à tenir compte des noms grecs donnés à quelques villes du littoral africain : Neapolis, Aphrodision, Megalopolis (conf. Tissot, I, p. 429). Ces noms sont probablement des traductions de noms phéniciens ; mis en circulation par les Grecs qui fréquentaient la côte, ils furent adoptés par les Romains.

1. Ptolémée (IV, 2, 3) indique des Μυκῆνοι en Maurétanie Césarienne. Conf. la note de Müller, *ad locum*.

2. Peut-être doit-on lire : Κύλος, πόλις Ἰώνων. (Κυβώ) ἐν Λιβύῃ Φοινίκων. Il s'agirait de deux villes, l'une ionienne, l'autre phénicienne (en Libye) : conf. Meltzer, I, p. 453. Müller (édit. de Ptolémée, n. à p. 616) fait une autre conjecture. Il remarque que Ptolémée (IV, 3, 6) indique un peuple appelé Ἴωνες dans le pays situé à l'Ouest de Thabraca (Tabarca), par conséquent près d'Hippone. Il croit que ce sont les prétendus Ἴωνες d'Étienne de Byzance : Ἴωνος ἄκρα serait Hippone, non Bizerte. C'est peut-être trop ingénieux.

3. Ce fut la tempête qui poussa Ulysse au pays des Lotophages (*Odyssée*, IX, 82-104), que les anciens plaçaient d'ordinaire sur le littoral des Syrtes. — Le roi Juba racontait qu'en revenant de Troie, Diomède fut jeté sur les côtes de la Libye. Le roi du pays, Lycos, fils d'Arès, s'apprêtait à le sacrifier à son père, mais sa fille Callirrhoé délivra l'étranger. Celui-ci se rembarqua sans se soucier des tendres sentiments de sa bienfaitrice. Pseudo-Plutarque, *Parallela graeca et romana*, 23 (= *Fragm. hist. graec.*, III, p. 472, n° 23). — Ménélas, dans ses courses errantes, aurait visité la Libye (*Odyssée*, IV, 83 ; conf. Hérodote, II, 119), mais ce mot désigne ici le pays situé entre l'Égypte et la grande Syrte (Hérodote, IV, 169 ; Strabon, I, 2, 32, *in fine*). Il est vrai que certains prétendaient que Ménélas avait fait le tour de la Libye, en passant par Gadès (voir Strabon, I, 2, 31) : ce n'était là qu'un développement de l'indication de l'Odyssée. — Thucydide, VI, 2, 3 : des Phocéens, revenant de Troie, furent portés par la tempête d'abord en Libye, puis en Sicile.

4. Gouneus, chef thessalien, se serait établi en Libye, sur le fleuve Cinyps (entre les deux Syrtes) : *Apollodori Bibliotheca*, édit. Wagner, p. 219 ; conf. p. 218. — Une autre légende installait aussi en Libye des Locriens, compagnons d'Ajax,

que la tradition rapportée par Diodore mérite plus de confiance. Nous ignorons comment Hérodote a su que les Maxyes se disaient Troyens. Ces gens se barbouillaient le corps en rouge et se rasaient la partie gauche de la tête, tandis qu'ils laissaient pousser leurs cheveux à droite : modes inconnues des sujets de Priam et qui rappelaient au contraire celles d'autres tribus africaines [1].

Il est difficile d'indiquer pour quelles raisons des fables grecques ont transporté dans le Nord-Ouest africain certains héros mythiques, Persée, Héraclès, les Argonautes. On peut proposer diverses explications : désir de rattacher à des régions que les Grecs commençaient à connaître des exploits qui se perdaient auparavant dans un vague lointain; ambitions coloniales qui cherchaient à stimuler le zèle populaire en invoquant des précédents [2]; peut-être existence en certains lieux d'un culte de l'Hercule phénicien [3]. Mais il ne faut pas voir dans ces légendes des souvenirs, même très troubles, d'une époque où les ancêtres des Hellènes auraient visité les côtes africaines.

Il convient aussi d'écarter les conclusions qu'on a tirées de l'étude des dialectes berbères et de l'onomastique de la Ber-

---

fils d'Oilée : Virgile, *Énéide*, XI, 265. D'après des indications données par Servius (*Comm.*, *ad locum*, et III, 399), on prétendait que des Locriens Ozoles avaient abordé dans la Pentapole (en Cyrénaïque). Selon d'autres opinions, ils se seraient fixés autour des Syrtes; ils auraient pris possession de certaines îles voisines de la Libye (on disait que l'île de *Cercina*, Kerkenna, avait été occupée par eux); ils auraient été les ancêtres des Nasamons; ils se seraient avancés jusqu'à l'oasis d'Ammon sous la conduite d'un bélier. On racontait aussi qu'ayant abordé à Tinneia, ils étaient allés fonder la ville d'Uzalis. Ce dernier détail a évidemment pour origine un jeu de mots (Uzalis et 'Οζόλαι, les Locriens Ozoles). Quant au prétendu établissement des Locriens sur la petite Syrte, peut-être a-t-il été inventé pour expliquer le nom d'un lieu qu'un document géographique de l'époque romaine, le Stadiasme, appelle Λοκροί et qui était situé entre Sabratha et le lac des Bibân (*Geogr. gr. min.*, I, p. 464; conf. Tissot, I, p. 210). Tinneia paraît être une altération d'un mot qui aurait signifié pêcherie de thons. Faut-il le rapprocher des Ταρυχεῖαι qui se trouvaient au lac des Bibân (Périple de Scylax, 110, dans *Geogr. gr. min.*, I, p. 86; Tissot, I, p. 207)?

1. Hérodote, IV, 175, 180, 191.
2. Conf. Meltzer, *l. c.*, I, p. 95, 429 et 436.
3. Voir plus haut, p. 333.

bérie. Dans un grand nombre de noms et de mots africains, M. Bertholon a cru retrouver des noms et des mots appartenant à des idiomes étroitement apparentés à la langue grecque : témoignages, selon ce savant, de plusieurs migrations venues des rivages égéens dans le cours du second millénaire[1]. Mais les rapprochements de M. Bertholon obtiendront difficilement l'approbation des linguistes.

On ne doit cependant pas nier la possibilité de certaines relations entre les habitants du littoral de la Berbérie et les peuples qui occupaient les îles et les côtes de la mer Égée à l'âge du bronze, pendant le troisième et le second millénaire avant J.-C. Des influences de la civilisation égéenne se sont alors exercées à Malte, en Sicile, en Sardaigne, aux Baléares, en Espagne[2]. Aux derniers siècles de cette longue période, des objets fabriqués dans des pays du Nord-Est de la Méditerranée furent importés en Sicile[3] et en Sardaigne[4]. Des vaisseaux venus des rivages qui appartinrent plus tard aux Grecs parcouraient donc le bassin occidental de la mer intérieure.

Il est également certain que, dans la deuxième moitié du second millénaire, les indigènes qui vivaient au Nord-Ouest de l'Égypte entretinrent des rapports avec les riverains de la mer Égée. Sous Ménephtah, vers 1220, Màraiou, roi des Lebou, envahit le Delta avec une armée composée d'Africains (Lebou, Mashaouasha, Kahaka) et de gens venus des « pays de la mer ». Ceux-ci étaient des Akaïouasha, des Toursha, des Loukou, des Shardana, des Shagalasha. Ils étaient nombreux, moins cependant que les Africains; dans la victoire que les Égyptiens remportèrent, 6365 Lebou furent tués; il périt 222 Shagalasha et

1. *Les premiers Colons de souche européenne dans l'Afrique du Nord*, dans la *Revue tunisienne*, IV-VI, 1897-1899; voir aussi la référence indiquée p. 320, n. 3.
2. Voir en particulier Déchelette, *Manuel d'archéologie préhistorique*, II, p. 2, 37, 69, 75, 76, 78, 79, 80 et suiv.; Mayr, dans *Abhandlungen der bayer. Akademie der Wissenschaften*, I" Classe, XXI, p. 716-7; le même, *die Insel Malta im Altertum*, p. 59.
3. Déchelette, *l. c.*, p. 77, 199, 214, 329.
4. Le même, p. 393.

712 Toursha[1]. Or les Loukou devaient habiter la Lycie[2]; les Toursha, qu'on peut identifier avec les Tyrsènes, étaient vraisemblablement établis dans le Nord de la mer Égée et dans l'Ouest de l'Asie Mineure; les Shardana et les Shagalasha étaient aussi, semble-t-il, des peuples de l'Asie Mineure, où s'élevèrent les villes de Sardes et de Sagalassos[3], qui rappellent leurs noms; enfin les Akaïouasha sont peut-être identiques aux Achéens[4]. L'inscription de Karnak qui nous fait connaître l'invasion de Maraïou ne prouve point, il est vrai, que les Toursha et autres aient eu des colonies sur la côte de la Libye, à l'Ouest du Delta : ceux qui combattirent dans l'armée commandée par le roi des Lebou pouvaient n'être que des alliés récemment débarqués, ou même des mercenaires[5]. Plus tard, des Toursha vinrent se fixer dans la Méditerranée occidentale et formèrent la nation des Étrusques. Il est possible aussi que des Shardana soient allés occuper la Sardaigne, à laquelle ils auraient donné leur nom.

Ces constatations ne nous autorisent pas à affirmer que des marins du Nord-Est de la Méditerranée aient visité les côtes de la Berbérie, que des colons venus des mêmes régions s'y soient établis. Mais si des découvertes ultérieures dissipent toute incertitude, il ne faudra pas s'en étonner. Les preuves manquent aujourd'hui. Les Égéens auraient dû exercer une

1. Maspero, *Histoire ancienne des peuples de l'Orient classique*, II, p. 430 et suiv.
2. Maspero, *l. c.*, p. 359, n. 3.
3. Maspero, *l. c.*, p. 360, n. 2; p. 432, n. 2.
4. Cela n'est pas certain : voir Weill, *Revue archéologique*, 1904, I, p. 65-67. — Pour ces différents peuples, voir d'une manière générale la carte de Maspero, II, p. 361.
5. Des Shardana servirent comme mercenaires dans les armées égyptiennes depuis la dix-huitième dynastie : A. J.-Reinach, *Revue archéologique*, 1910, I, p. 53; Maspero, II, p. 214 (n. 4), 372, 390 (n. 1), 766. Au temps de Ramsès II, des Loukou furent au service du roi des Hittites : Maspero, II, p. 339, 398. — Que certains peuples de la mer, comme les appelaient les Égyptiens, se soient établis en masse dans l'Afrique septentrionale et soient identiques aux Lebou et aux Mashaouasha, c'est ce dont on n'a aucune preuve (conf. plus haut, p. 308, n. 3). L'identification des Mashaouasha avec les Maxyes d'Hérodote, ces prétendus Troyens, nous paraît très contestable : voir plus loin.

influence profonde sur la civilisation des indigènes[1], répandre surtout parmi eux l'usage du métal. Or nous avons vu[2] que les objets caractéristiques de l'âge du bronze font presque entièrement défaut dans les inventaires archéologiques de l'Afrique du Nord[3].

M. van Gennep[4] croit cependant que la céramique berbère apporte le témoignage désiré. Dans de nombreuses tribus, les femmes font des vases à décor rectilinéaire, peint en noir ou en rouge sur une couverte claire. Par leurs formes et leur ornementation, ces objets présentent des ressemblances véritablement frappantes avec des poteries qui se fabriquaient dans la Méditerranée orientale au premier âge du bronze (troisième millénaire) et qui sont surtout connues par des trouvailles

1. Il est vrai que M. Stuhlmann (*Ein kulturgeschichtlicher Ausflug in den Aures*, dans *Abhandl. des Hamburgischen Kolonialinstituts*, X, 1912) est très disposé à leur reconnaître cette influence. Culture du figuier, de l'olivier, de la vigne (p. 83, 89, 93), introduction du cheval (p. 97), mode de construction des maisons de l'Aurès (p. 55), métier vertical sur lequel les femmes tissent des étoffes de laine (p. 129, 146), tout cela serait ou pourrait être d'origine égéenne. Je ne suivrai pas M. Stuhlmann sur ce terrain : quand on ne sait rien, mieux vaut ne rien dire.
2. P. 212.
3. Il est douteux, nous l'avons dit (p. 203, n. 2), que les boucliers à échancrures latérales, figurés sur les gravures rupestres, aient été imités de modèles importés. On pourrait supposer que les Libyens avaient emprunté le bouclier rond aux Shardana ou à d'autres peuples de la Méditerranée orientale (voir A. J. Reinach, *Revue de l'histoire des religions*, 1910, I, p. 208-9), si la représentation de ce bouclier sur une gravure du Sud oranais était certaine (conf. p. 202, n. 10). — Quant aux prétendus emprunts des Grecs aux Libyens, ils sont ou très contestables, ou imputables aux colons qui vinrent s'établir en Cyrénaïque au vii° siècle. Hérodote se trompe évidemment quand il dit (II, 50) que Poseidon est un dieu libyen, adopté par les Grecs : il s'agit sans doute d'une divinité africaine assimilée au Poseidon hellénique. Le même auteur affirme (IV, 189) que les Grecs ont emprunté aux Libyens l'égide qu'ils donnent à Athéna : l'égide ressemble en effet, dit-il, à un vêtement de dessus en cuir de chèvre, teint en rouge et orné de courroies formant des franges, que portent les femmes libyennes. Il indique aussi (*ibid.*) que les exclamations répétées et bruyantes (ὀλολυγή) proférées par les Grecs dans les cérémonies religieuses lui paraissent être d'origine africaine : car les femmes libyennes en font un usage fréquent et remarquable [ce qui rappelle à la fois les you-you des femmes berbères et les λοῦ λοῦ des anciens Grecs]. Ces comparaisons ethnographiques sont curieuses : c'est sans doute tout ce qu'on en peut dire. Pour les cultures et les animaux domestiques, les hypothèses d'emprunts faits aux Libyens par les ancêtres des Grecs sont sans valeur : voir plus haut, p. 227, 236 (n. 1), 237 (n. 6).
4. *Études d'ethnographie algérienne* (extrait de la *Revue d'ethnographie et de sociologie*, 1911), p. 62 et suiv. Conf. Stuhlmann, *l. c.*, p. 124, 146.

faites dans l'île de Chypre. La même céramique s'est rencontrée en Sicile, dans des habitations et des tombes qui datent du début de l'âge du bronze[1]. On en a aussi recueilli quelques exemplaires, d'époque indéterminée, dans l'île de Malte[2]. Peut-on expliquer ces ressemblances sans admettre l'hypothèse d'origines communes? M. Dussaud le pense[3]. Je ne serais guère disposé à lui donner raison. Mais il ne faut pas oublier que tous les produits actuellement connus de la céramique berbère sont modernes[4]. Quoique l'opinion de M. van Gennep soit, à notre avis, probable, nous estimons qu'il faut attendre pour l'adopter des découvertes attestant que cette classe de poteries est vieille dans le Maghrib de plus de quatre mille ans[5].

IV

Nous avons passé en revue les textes relatifs à de prétendues migrations vers le Nord-Ouest de l'Afrique. Selon quelques auteurs, des Libyens auraient, au contraire, occupé la Sardaigne[6]. Ils auraient eu pour chef un fils d'Hercule, Sardus[7].

---

1. Orsi, *Bull. di paletnologia italiana*, XIX, 1893, p. 41-43, 47-51, pl. V-VII. T. E. Peet, *the Stone and bronze age in Italy and Sicily* (Oxford, 1909), p. 215-9.
2. Mayr, *die Insel Malta im Altertum*, p. 56-57.
3. Institut français d'archéologie, séance du 21 février 1912.
4. M. Carton (*Association française pour l'avancement des sciences*, Dijon, 1911, Mémoires, p. 771; conf. *Comptes rendus de l'Académie des Inscriptions*, 1911, p. 601) a découvert cependant dans le Nord-Ouest de la Tunisie, parmi les ruines romaines de Bulla Regia, des débris de poteries « décorées de traits géométriques et de fleurs, exécutés au pinceau. Leur aspect et leur ornementation révèlent des affinités très réelles avec certaines poteries de la Carthage punique, d'une part, et avec la céramique moderne des Kabyles, d'autre part, constituant ainsi un chaînon qui manquait jusque-là. » Je n'ai pas vu ces tessons.
5. Il importerait aussi de mieux connaître le développement chronologique de cette céramique dans les autres pays méditerranéens.
6. Pausanias (X, 17, 8) parle aussi d'une occupation de la Corse par des Libyens, mais il ne dit pas quand ils y seraient venus.
7. Pausanias, X, 17, 2 : Πρῶτοι δὲ διαβῆναι λέγονται ναυσὶν εἰς τὴν νῆσον Λίβυες· ἡγεμὼν δὲ τοῖς Λίβυσιν ἦν Σάρδος ὁ Μακήριδος, Ἡρακλέους δὲ ἐπονομασθέντος ὑπὸ Αἰγυπτίων τε καὶ Λιβύων. « L'île, ajoute Pausanias, prit le nom de ce Sardos. Les Libyens ne chassèrent pas les indigènes, mais ils se mêlèrent à eux, vivant

Il nous est impossible de dire s'il convient de rejeter cette invasion dans le domaine de la fable[1], en même temps que le personnage, assurément fictif, qui l'aurait dirigée. L'Héraclès des Égyptiens et des Libyens dont il aurait été le fils était, dit Pausanias, surnommé Μάκηρις, nom qui est probablement une déformation de *Melqart*. Cette légende renferme donc un élément phénicien : elle doit peut-être son origine à la conquête de l'île par les Carthaginois, qui semblent y avoir établi de nombreux Libyens.

D'autre part, il y avait en Sardaigne un peuple que les Grecs et les Latins appelaient Ἰολάενοι, Ἰολαεῖς, Ἰλιεῖς, *Ilienses*, et qui, à l'époque punique, occupait les régions montagneuses. Aucun texte n'indique que ces hommes soient venus d'Afrique. Mais Pausanias[2] affirme qu'ils avaient tout à fait l'aspect, l'armement et le genre de vie des Libyens[3]. On a rapproché leur nom de celui d'Iol, divinité adorée par les Carthaginois et

comme ceux-ci dispersés dans des cabanes et dans des grottes, car les uns et les autres étaient incapables de fonder des villes. » Silius Italicus, XII, 359-360 :

> Libyci Sardus generoso sanguine fideas
> Herculis, ex sese mutavit nomina terrae.

Solin, IV, 1 (Sardus, fils d'Hercule, venu de Libye, a donné son nom à l'île). — Une monnaie qui paraît avoir été frappée en Sardaigne au Ier siècle avant notre ère représente ce « Sard(us) Pater », la tête surmontée d'une coiffure de plumes, ce qui est peut-être une allusion à son origine africaine : Babelon, *Monnaies de la République romaine*, I, p. 223-4 et fig.; A. J.-Reinach, *Revue archéologique*, 1910, I, p. 23, fig. 6 (si c'est bien une coiffure de plumes; d'autres reconnaissent un modius : Pais, dans *Atti dell'Accademia dei Lincei*, Serie terza, Memorie della classe di scienze morali, VII, 1881, p. 324).

1. Je ne crois pas qu'on puisse invoquer (Pais, *l. c.*, p. 270) la prétendue ressemblance du nom de la Sardaigne (Σαρδώ en grec) avec les noms de *Saldae* et de *Sardaral*, ville et fleuve de Maurétanie.

2. X, 17, 7.

3. Je ne sais s'il convient de parler ici des Σαρδολίβυες, dont il est question dans un fragment de Nicolas de Damas (*Fragm. hist. graec.*, III, p. 463, n° 137). Peut-être étaient-ce des nomades d'Afrique, comme paraîtrait l'indiquer la comparaison de ce texte avec un passage d'Hellanicus (apud Athénée, XI, 6, p. 462, a-b = *Fragm. hist. graec.*, I, p. 57, n° 93). — M. Pettazzoni (*Revue d'ethnographie et de sociologie*, 1910, p. 219-232 ; voir aussi *Rendiconti dell' Accademia dei Lincei*, 1910, p. 89-91) ne m'a pas convaincu que l'analogie de certaines coutumes des anciens Sardes et de divers peuples africains (pratique de l'incubation, etc.) démontre une « connexion ethnique sardo-africaine ». Ces coutumes ont été constatées chez bien d'autres peuples.

identifiée par les Grecs avec leur Iolaos[1]. Faut-il voir en eux des Libyens? C'est là, je crois, une hypothèse assez téméraire. Il n'est nullement prouvé qu'Iol ait été un dieu africain, et non phénicien. D'ailleurs la ressemblance des noms est peut-être fortuite, et l'on ne saurait dire si ce rapprochement a plus de valeur qu'un autre, fait par quelques anciens : ils prétendaient que les Ioléens étaient des Grecs, amenés en Sardaigne par Iolaos, neveu d'Héraclès[2].

Les tours appelées *nuraghi* en Sardaigne, comme aussi les *sesi* de l'île de Pantelleria et les *talayots* des Baléares, offrent des ressemblances avec les nombreux tombeaux cylindriques en pierres sèches qu'on nomme *chouchets* en Berbérie[3]. Les chouchets dont l'époque peut être déterminée sont beaucoup plus récentes que ces monuments des îles, qui paraissent dater en général de l'âge du bronze. Cependant je croirais volontiers qu'il s'agit d'un type de sépulture très ancien, qui, comme tant d'autres choses dans l'Afrique du Nord, s'est conservé fort longtemps. Mais, même si l'on admet une véritable parenté entre ces diverses constructions, il n'est pas nécessaire de supposer qu'elles se soient répandues à travers la Méditerranée par suite de migrations importantes[4].

---

1. Pais, *l. c.*, p. 270, 312.
2. On rapprocha aussi ce nom de celui d'Ilion : de là, une légende qui faisait venir des Troyens en Sardaigne, où ils se seraient mêlés aux Grecs (Pausanias, X, 17, 6). Ces Ioléens ou Iliens se seraient réfugiés dans les montagnes à la suite des conquêtes carthaginoises (Diodore de Sicile, V, 15), ou, comme le dit Pausanias (X, 17, 7), à la suite d'une nouvelle immigration de Libyens, qui aurait été plus importante que la première et qui aurait eu lieu beaucoup d'années après la guerre de Troie.
3. Conf. Pais, *l. c.*, p. 299-300; Issel, *Liguria preistorica*, dans *Atti della Società ligure di storia patria*, XL, 1908, p. 622. — Il y a cependant des différences très notables. Les tours dont nous parlons offrent des chambres rondes voûtées à encorbellement, avec des couloirs d'accès : dispositions qui manquent dans les chouchets.
4. A la suite de M. Pais (*l. c.*, p. 300; conf. p. 274), M. Mayr (*Abhandl. der bayer. Akademie*, XXI, p. 717-720; *Insel Malta*, p. 62-65) croit que, vers le début de l'âge du bronze, des Libyens sont allés peupler les Baléares, la Sardaigne, Pantelleria, Gozzo, Malte. Mais les comparaisons archéologiques qu'il fait ne me paraissent pas convaincantes.

Les gravures rupestres représentant Ammon-Soleil attestent que, dès une époque lointaine, probablement dans la deuxième moitié du second millénaire, un culte égyptien a pénétré jusque dans le Sud oranais [1]. Nous avons aussi indiqué les raisons qui nous font penser que, vers le même temps, le cheval a été introduit d'Égypte en Berbérie [2]. Des relations directes se sont-elles établies entre les indigènes de cette dernière contrée et les habitants de la vallée du Nil [3]?

Sous les règnes de Ménephtah (fin du XIIIe siècle) [4] et de Ramsès III (début du XIIe siècle) [5], sont mentionnés des Mashaouasha, qui tentèrent à plusieurs reprises, mais sans succès, d'envahir l'Égypte. D'autres Mashaouasha servaient déjà dans

1. Voir p. 231-3.
2. P. 233.
3. Écartons une série d'arguments sans valeur. « Les flottes de Thoutmès III, écrit Tissot (*Géographie*, I, p. 426), soumirent tout le littoral libyen. » D'Arbois de Jubainville dit de son côté (*les Premiers habitants de l'Europe*, 2e édit., I, p. 71) : « Thoutmos III aurait, a-t-on dit, étendu sa domination jusqu'en Algérie. » Cette conquête de Thoutmosis III (au XVe siècle) serait un fait très important. Mais l'inscription sur laquelle on s'appuie ne dit rien de tel : voir la traduction donnée par Maspero, *Histoire*, II, p. 210 (et n. 1). — Un fragment d'une statue de Thoutmosis Ier a été trouvé à Cherchel (Gauckler, *Musée de Cherchel*, p. 11, 85-86, pl. II, fig. 1). Comment est-il venu là? Nous l'ignorons. Peut-être cette statue fut-elle un objet de curiosité, apporté à *Caesarea* aux environs de notre ère, comme une autre œuvre égyptienne découverte récemment dans le même lieu, une statuette de l'époque ptolémaïque (Bénédite, *Bull. archéologique du Comité*, 1908, p. CCLIV-VI et pl. XLVII). — L'Hercule égyptien qui aurait atteint et même franchi le détroit de Gibraltar (Diodore, III, 74; Méla, III, 46; Philostrate, *Vit. Apoll.*, II, 33, et V, 4-5) n'était autre, en réalité, que l'Hercule phénicien, Melqart (conf. Méla, *l. c.*; Pausanias, X, 17, 2). — Le nom de Faraoun apparaît çà et là dans l'onomastique de l'Afrique du Nord : par exemple, Nkal Faraoun, îlots du chott el Djerid (Tissot, I, p. 115); djebel Faraoun, dans l'Aurès (Masqueray, *Bull. le correspondance africaine*, III, 1883, p. 102; conf. p. 82); Krett Faraoun, vaste muraille autour du djebel Bou Taleb (Jacquot, *Rec. de Constantine*, XLV, 1911, p. 273 et suiv.); Ksar Faraoun, l'antique *Volubilis*, au Maroc (*C. I. L.*, VIII, p. 2072). Mais ce nom a été introduit dans le pays par les Arabes : il est plus d'une fois question de Pharaon dans le Koran (trad. Kasimirski, VII, 101; XI, 99-100; XLIII, 45-54; etc.). — Je pense que M. Capart (*les Débuts de l'art en Égypte*, p. 268) ne tiendrait pas à insister sur le rapprochement qu'il a fait entre le Touat, pays du Sahara algérien, et la région infernale à laquelle les anciens Égyptiens donnaient le même nom. Voir d'autres rapprochements onomastiques aussi fragiles dans Tissot, I, p. 427, n. 3 (il les explique d'ailleurs par l'affinité des deux langues).
4. Maspero, *Histoire*, II, p. 432.
5. Maspero, II, p. 456, 459, 471.

les armées de Ramsès II[1], et, depuis le xiie siècle jusqu'au viie, des Africains que l'on désignait sous ce nom formèrent dans la vallée d'importantes colonies militaires, au service du souverain ou des seigneurs féodaux[2]. Plusieurs savants[3] les ont identifiés avec les Μάξυες qu'Hérodote[4] signale à l'Occident du fleuve Triton, c'est-à-dire en Tunisie; on a aussi invoqué les Μάζυες, les *Mazices*, les *Maxitani*, les *Mazaces*, que divers textes indiquent dans la Berbérie actuelle[5]. Il ne nous paraît pas que la ressemblance des noms soit assez grande pour justifier ces rapprochements. En tout cas, les Mashaouasha dont il est question dans les inscriptions hiéroglyphiques devaient habiter beaucoup plus près de l'Égypte, avec laquelle ils eurent tant de rapports[6]. Quant aux indigènes de la Berbérie, ce fut sans doute par l'intermédiaire des Libyens orientaux qu'ils subirent quelques influences égyptiennes. Certains d'entre eux, tentés par les aventures lointaines, ont pu aller rejoindre les Mashaouasha ou les Lebou et pénétrer dans le royaume des Pharaons, soit en ennemis, soit comme mercenaires; mais rien ne permet de croire qu'une seule tribu des pays situés à l'Ouest de la Cyrénaïque figure dans les inscriptions de Thèbes[7].

---

1. Maspero, II, p. 390, n. 1.
2. Maspero, II, p. 460, 489, 763-8; III, p. 161, 499.
3. Brugsch, *die Geographie der Nachbarländer Aegyptens*, p. 80-81. De Rougé, *Revue archéologique*, 1867, II, p. 84. Chabas, *Études sur l'antiquité historique*, 2e édit., p. 237. Meltzer, *Geschichte der Karthager*, I, p. 52 et 64. Tissot, *Géographie*, I, p. 388. Maspero, *Histoire*, II, p. 430, n. 4; III, p. 552. E. Meyer, *Geschichte des Alterthums*, 1re édit., I, p. 281.
4. IV, 191. Conf. *supra*, p. 344.
5. Dans le manuscrit de la *Chronique* de saint Hippolyte (Bauer, *Chronik des Hippolytos*, p. 102) sont mentionnés en Afrique des Μαχουαχοί. N'y cherchons pas des descendants des Mashaouasha. C'est simplement un nom estropié (sans doute depuis fort longtemps, car l'auteur d'une des versions latines et celui de la *Chronique pascale* l'ont lu ainsi). Il s'agit des *Baquates*, peuple maurétanien, comme l'indique une autre version latine (Bauer, p. 103 : « Baccuates »).
6. M. Maspero, qui identifie les Mashaouasha avec les Μάξυες, ajoute (III, p. 552) : « Une de ces révolutions fréquentes au désert avait chassé ceux-ci (les Mashaouasha) de leurs territoires au voisinage de la vallée et les avait transportés fort loin à l'Occident, sur les bords du fleuve Triton. » Conf. Meltzer, I, p. 64.
7. Il est surprenant qu'on ait voulu retrouver un fond de vérité historique dans un plat roman de Denys de Milet (Dionysios Scytobrachion), analysé par

V

Nous n'insisterons pas sur les indications très diverses données par les écrivains arabes au sujet de migrations qui auraient peuplé l'Afrique du Nord dans des temps très reculés[1]. C'est bien à tort que Movers les a prises au sérieux[2] : elles n'ont aucune valeur historique. Tous ces auteurs font venir les Berbères de l'Asie occidentale, qui était alors le centre du monde pour les musulmans et qu'ils regardaient comme le berceau de l'humanité. Parfois, ils s'inspirent de traditions dont la source lointaine est la série de généalogies énumérées dans le chapitre x de la Genèse[3]. Les uns, par dédain, rattachent les Berbères à la postérité de Cham le Maudit et les font venir des pays syriens. Les autres attribuent à ce peuple, ou tout au moins à certaines tribus puissantes, l'origine que les musulmans considéraient comme la plus noble[4] : ils en font des Arabes, des frères de race du Prophète.

Les savants modernes ont présenté bien des hypothèses sur les peuples qui seraient venus s'établir en Afrique, ou qui en seraient sortis. Nous avons indiqué la plupart d'entre elles et montré combien elles sont fragiles. Il faut les écarter, comme les légendes anciennes. Il faut se résigner à ignorer les événe-

---

Diodore de Sicile (III, 53-55) : Myrina, reine d'une nation d'Amazones à l'extrémité occidentale de la Libye, près de l'Océan, après divers exploits dans cette contrée, se dirige vers l'Orient, traverse l'Égypte, l'Arabie, la Syrie, l'Asie Mineure, où elle finit par être tuée par des Thraces et des Scythes.

1. Voir l'exposé d'Ibn Khaldoun, *Histoire des Berbères*, trad. de Slane, I, p. 173-185 (et aussi III, p. 180-183). Conf. de Slane, *ibid.*, IV, p. 565 et suiv.; Fournel, *les Berbers*, I, p. 33-35, 36-40; Basset, *Nédromah et les Traras*, p. xiii, n. 2.

2. *Die Phönizier*, II, 2, p. 419 et suiv., 434-5.

3. On trouve même des traces du récit de Procope : Ibn el Kelbi, cité par Ibn Khaldoun, I, p. 177. Il faut tenir compte aussi du rapprochement qui paraît avoir été fait entre le mot berbère *aguellid*, roi (conf. *supra*, p. 310, n. 3), et *Djalout* (Goliath) : il en résulta que celui-ci fut donné pour roi ou pour ancêtre aux Berbères qui vivaient, disait-on, en Palestine : voir de Slane, IV, p. 572.

4. Conf. Ibn Khaldoun, III, p. 183-4.

ments qui ont créé des liens entre les habitants du Nord-Ouest africain et ceux d'autres contrées. C'est déjà beaucoup de pouvoir constater ces liens.

Les recherches des anthropologistes, des linguistes, des archéologues ont établi une série de faits importants :

Parenté physique des indigènes de la Berbérie avec les populations du Sud de l'Europe, d'une part, du Nord-Est de l'Afrique, d'autre part. A la lisière du Sahara, peut-être aussi dans quelques régions de la Berbérie, existence d'Éthiopiens, probablement apparentés à d'autres peuples du continent africain, quoiqu'on ne puisse pas encore s'arrêter à des conclusions précises. Dans la Berbérie même, existence de blonds qui nous rappellent ceux du Nord de l'Europe, sans que nous puissions affirmer qu'ils soient venus de cette contrée;

Parenté de la langue libyque avec d'autres langues parlées dans tout le Nord-Est de l'Afrique. Dans la nomenclature géographique, peut-être des indices de la diffusion d'une ou plusieurs mêmes langues dans le Nord-Ouest africain et dans l'Europe méridionale et occidentale;

Ressemblance des industries paléolithiques anciennes au Sud-Ouest et au Nord-Ouest de la Méditerranée; des industries paléolithique récente et néolithique ancienne dans le Tell et dans le Sud de la péninsule ibérique; de l'industrie néolithique récente au Sahara et en Égypte;

Introduction probable d'Orient en Berbérie de plusieurs animaux domestiques : chèvre, mouton, à l'époque néolithique ancienne; cheval, chien, dans le cours du second millénaire;

Influences religieuses égyptiennes durant le second millénaire.

A cette énumération, il est permis d'ajouter les ressemblances de certaines constructions en pierres sèches : dolmens d'Afrique et dolmens élevés dans l'Ouest de l'Europe au troisième millénaire; chouchets d'Afrique et tours de l'âge du bronze dans les îles de la Méditerranée occidentale. On a vu que, malgré l'absence de preuves, nous sommes enclin à faire remonter aux temps préhistoriques l'adoption de ces types de sépultures en Afrique. Nous pouvons ajouter également, mais avec plus de réserve, la presque identité de la céramique berbère moderne à peintures géométriques et de celle qui était en usage au troisième millénaire dans la Méditerranée, depuis la Sicile jusqu'à l'île de Chypre.

Les ressemblances physiques, la communauté d'origine des langues supposent des migrations importantes, mais il est impossible de dire dans quelle direction, de quelle manière ces mouvements de populations se sont accomplis. Les industries, les types de constructions, les animaux domestiques, les croyances ont pu être propagés sans conquête violente et par un petit nombre d'individus. Il convient de noter les parentés, les relations, les influences probables, mais non pas d'en faire un faisceau pour échafauder quelque système, car il s'agit de faits s'échelonnant sur une très longue suite de siècles, dont l'histoire nous échappe entièrement.

LIVRE III

LA COLONISATION PHÉNICIENNE ET L'EMPIRE DE CARTHAGE

CHAPITRE PREMIER

LES PHÉNICIENS DANS L'AFRIQUE DU NORD FONDATION DE CARTHAGE

I

On peut admettre que la colonisation phénicienne marque pour l'Afrique du Nord le début des temps historiques. Nous sommes malheureusement très peu renseignés sur cette colonisation. Quelques textes tardifs, dont il est malaisé, sinon impossible, de reconnaître les sources : voilà ce dont nous disposons.

« Les Phéniciens, qui, depuis une époque lointaine, écrit Diodore de Sicile[1], naviguaient sans cesse pour faire le commerce, avaient fondé beaucoup de colonies sur les côtes de la Libye et un certain nombre d'autres dans les parties occidentales de l'Europe. » Ces établissements, selon Diodore[2], auraient été antérieurs à la fondation de Gadès.

---

1. V, 20 : Φοίνικες, ἐκ παλαιῶν χρόνων συνεχῶς πλέοντες κατ' ἐμπορίαν, πολλὰς μὲν κατὰ τὴν Λιβύην ἀποικίας ἐποιήσαντο, etc.
2. L. c.

360 COLONISATION PHÉNICIENNE, EMPIRE DE CARTHAGE.

Strabon[1] parle des navigations des Phéniciens, « qui parvinrent au delà des Colonnes d'Héraclès et fondèrent des villes dans ces parages, comme aussi vers le milieu de la côte de la Libye, peu de temps après la guerre de Troie ». Il dit ailleurs[2] que les Phéniciens possédaient le meilleur de l'Ibérie et de la Libye avant l'époque d'Homère.

Velleius Paterculus mentionne le retour des Héraclides dans le Péloponnèse, événement qu'il place environ quatre-vingts ans après la prise de Troie, c'est-à-dire vers 1110 avant notre ère[3], et il ajoute[4] : « A cette époque, la flotte tyrienne, qui dominait sur la mer, fonda Gadès..., à l'extrémité de l'Espagne et au terme de notre monde; Utique fut aussi fondée par les Tyriens, peu d'années après. »

Selon Pline l'Ancien[5], on voyait encore de son temps, à Utique, au temple d'Apollon, des poutres en cèdre de Numidie, dans l'état où elles avaient été placées lors de la fondation de cette ville, 1178 ans plus tôt. L'*Histoire naturelle* de Pline fut dédiée à Titus en 77. Utique aurait donc été fondée en l'année 1101 avant J.-C. Dans un traité attribué à tort à Aristote[6], nous lisons qu' « Utique passe pour avoir été fondée par les Phéniciens 287 ans avant Carthage, comme cela est écrit dans les histoires phéniciennes[7] ». Cette date concorde avec celle de Pline, si nous plaçons la fondation de Carthage en 814-813,

---

1. I, 3, 2 : ...ἡ Φοινίκων ναυτιλία, οἳ καὶ τὰ ἔξω τῶν Ἡρακλείων Στηλῶν ἐπῆλθον καὶ πόλεις ἔκτισαν κἀκεῖ καὶ περὶ τὰ μέσα τῆς Λιβύης παραλίας μικρὸν τῶν Τρωικῶν ὕστερον.
2. III, 2, 14 : τοὺς Φοίνικας ... καὶ τῆς Ἰβηρίας καὶ τῆς Λιβύης τὴν ἀρίστην οὗτοι κατέσχον πρὸ τῆς ἡλικίας τῆς Ὁμήρου.
3. Pour la date qu'il assigne à la prise de Troie voir I, 8, 4..
4. I, 2, 4 : « Ea tempestate et Tyria classis, plurimum pollens mari, in ultimo Hispaniae tractu, in extremo nostri orbis termino... Gadis condidit. Ab iisdem post paucos annos in Africa Utica condita est. »
5. XVI, 216 : « Memorabile et Uticae templum Apollinis, ubi cedro Numidica trabes durant ita ut positae fuere prima urbis eius origine, annis MCLXXVIII. »
6. C'est une compilation qui ne date peut-être que du II⁰ siècle de notre ère.
7. *De mirabilibus auscultationibus*, 134 : ... ἣ (= Ἰτύκη) καὶ πρότερον κτισθῆναι λέγεται ὑπὸ Φοινίκων αὐτῆς τῆς Καρχηδόνος ἔτεσι διακοσίοις ὀγδοήκοντα ἑπτά, ὡς ἀναγέγραπται ἐν ταῖς Φοινικικαῖς ἱστορίαις.

conformément aux indications d'un certain nombre de textes[1].

Plusieurs auteurs, Justin[2], Pline[3], Étienne de Byzance[4], disent, comme Velleius Paterculus, qu'Utique fut une colonie de Tyr. Silius Italicus[5] la qualifie de sidonienne, mais ce n'est là, nous le verrons, qu'une contradiction apparente[6]. On a cru trouver la mention d'Utique dans deux passages de Josèphe[7], citations de Ménandre d'Éphèse : le roi de Tyr Hiram, contemporain de David et de Salomon, aurait fait contre elle une expédition, parce qu'elle se refusait à lui payer tribut. Mais il s'agit plutôt d'une ville située soit en Syrie[8], soit dans l'île de Chypre[9]. Utique est très probablement un nom phénicien : diverses étymologies ont été proposées; aucune d'elles ne s'impose[10].

Sur le littoral de l'Océan, près de Lixus[11], il y avait un temple d'Hercule, qui était plus ancien, disait-on, que le sanctuaire du même dieu voisin de Gadès[12]. Cette assertion, dont Pline ne se porte pas garant, indique du moins que Lixus était une vieille colonie phénicienne[13].

1. Voir plus loin, § IV.
2. XVIII, 4, 2.
3. V, 76 : « Tyros..., olim partu clara, urbibus genitis Lepti, Utica... »
4. S. v. Ἰτύκη.
5. III, 3, 241-2 :

   Proxima Sidoniis Utica est effusa maniplis,
   Prisca situ, veteresque ante arces condita Byrsae.

6. Pomponius Méla (I, 34) dit seulement que les fondateurs d'Utique furent des Phéniciens : « Utica et Carthago..., ambae a Phoenicibus conditae. »
7. Antiq. jud., VIII, 5, 3 (146); Contre Apion, I, 18 (119). Les manuscrits donnent soit Ἰσσαίοις, soit Τιτυσίς (Τιτυσίοις dans une citation faite par Eusèbe). Von Gutschmid (Kleine Schriften, II, p. 62 et 88-89) a proposé de corriger Ἰτυκαίοις.
8. Beloch, dans Rheinisches Museum, XLIX, 1894, p. 123.
9. Peut-être Citium : il faudrait corriger Κιτταίοις (conf. Movers, die Phönizier, II, 2, p. 220, n. 33 a).
10. Voir Meltzer, Geschichte der Karthager, I, p. 450-4; Tissot, Géographie, II, p. 58. « L'ancienne », selon Bochart; « la station », selon Movers; « la splendide », « la colonie », selon d'autres.
11. A peu de distance d'El Araïch, dans le Nord-Ouest du Maroc.
12. Pline l'Ancien, XIX, 63 : « ... Lixi oppidi aestuario, ubi Hesperidum horti fuisse produntur, ee passibus ab Oceano, iuxta delubrum Herculis, antiquius Gaditano, ut ferunt. »
13. Le Périple de Scylax (§ 112 : Geogr. gr. min., I, p. 92) la qualifie de πόλις Φοινίκων. Movers (l. c., p. 540) propose pour ce nom une étymologie phénicienne.

Ménandre d'Éphèse, qui s'était servi de documents tyriens, faisait mention d'une ville d'Auza, fondée en Libye par Ithobaal, roi de Tyr (dans la première moitié du IX° siècle)[1]. C'était sans doute une cité maritime. On en ignore l'emplacement : il ne nous paraît pas possible de l'identifier avec Auzia[2] (aujourd'hui Aumale, dans le département d'Alger), située à l'intérieur des terres et dans une région assez difficile à atteindre.

Telles sont, en dehors de Carthage[3], les colonies phéniciennes sur la fondation desquelles nous avons des données chronologiques plus ou moins précises.

Salluste en mentionne d'autres, mais sans indiquer de dates[4] : « Les Phéniciens, les uns pour diminuer la population qui se pressait chez eux, les autres par désir de domination, entraînèrent des gens du peuple et d'autres hommes avides de nouveautés, et fondèrent sur le bord de la mer Hippone, Hadrumète, Leptis et d'autres villes. Ces colonies prirent vite un grand développement et devinrent l'appui ou l'honneur de leur mère patrie. »

Dans un autre passage[5], Salluste écrit que Leptis (il s'agit de Leptis Magna, entre les deux Syrtes) « fut fondée par des Sidoniens, qui, chassés, dit-on, par des discordes civiles, avaient débarqué dans ces parages ». Silius Italicus[6] attribue

---

1. Josèphe, *Antiq.*, VIII, 13, 2 (324) : (Ἰθόβαλος) ἔκτισε ... Αὔζαν ἐν Λιβύῃ.
2. Comme l'ont fait divers savants, depuis Shaw : voir Gsell, *Atlas archéologique de l'Algérie*, f° 14, n° 103 (p. 8, col. 1). Les noms de lieux commençant par *Auz*, *Aus* ne sont pas rares en Afrique. Il n'y a aucune raison d'identifier l'Auza de Ménandre avec Uzita, dans la région de Sousse. Conf. Gsell, dans *Recueil de mémoires publié par l'École des Lettres d'Alger* (1903), p. 373, n. 5.
3. Nous examinons plus loin l'hypothèse de l'existence d'une colonie sur le site de Carthage antérieurement au IX° siècle.
4. *Jugurtha*, XIX, 1 : « Phoenices, alii multitudinis domi minuendae gratia, pars imperi cupidine, sollicitata plebe et aliis novarum rerum avidis, Hipponem, Hadrumetum, Leptim aliasque urbis in ora marituma condidere, eaeque brevi multum auctae, pars originibus suis praesidio, aliae decori fuere. »
5. *Ibid.*, LXXVIII, 1 : « Id oppidum ab Sidoniis conditum est, quos accepimus, profugos ob discordias civiles, navibus in eos locos venisse. »
6. III, 256 : « Sarranaque Leptis » (mentionnée avec Sabratha et Oea, villes situées entre les deux Syrtes : Silius parle donc de Leptis Magna, et non de Leptis Minor, qui était près de Sousse). M. E. Meyer (*Geschichte des Alterthums*,

la fondation de Leptis Magna aux Tyriens et Pline[1] cite Leptis (probablement la même ville) comme une colonie de Tyr. Hadrumète, selon Solin[2], était aussi une colonie tyrienne. Il y avait deux Hippo, appelées dans la suite Hippo Regius et Hippo Diarrhytus, l'une près de Bône, l'autre à Bizerte : on ne saurait dire quelle était celle dont parle Salluste[3]. Sur des monnaies à légende phénicienne, du second siècle avant notre ère[4], Sidon paraît être qualifiée de mère de plusieurs villes : Movers[5] a soutenu que l'une d'elles est Hippo[6], dont le nom serait représenté par les trois lettres אפן. Mais, même si ces lettres doivent être groupées comme le veut Movers et constituent un nom de ville, l'identification proposée reste plus que douteuse[7]. On croit que les noms d'Hadrumète et d'Hippo sont d'origine orientale[8], et Leptis passe pour un nom libyque[9] : hypothèses fort incertaines.

Le poète Silius Italicus[10] a-t-il voulu rappeler un fait historique en donnant l'épithète de tyrienne à la population de

II, p. 307) croit que Leptis ne fut fondée que vers la fin du vi⁰ siècle, par les Carthaginois. Je ne pense pas qu'il y ait lieu d'adopter cette opinion, contraire aux textes anciens.

1. V, 76 (conf. *supra*, p. 361, n. 3).
2. XXVII, 9 : « Hadrumeto atque Carthagini auctor est a Tyro populus. »
3. Bizerte est appelée dans des textes grecs Ἵππου ἄκρα. Movers (II, 2, p. 144 et 511) croit qu'ἄκρα représente ici le mot phénicien *acheret*. Le sens aurait été « l'autre Hippo » : on aurait ainsi voulu distinguer cette ville d'Hippo Regius. Si cette explication était exacte, il serait naturel d'en conclure qu'Hippo Regius était plus ancienne. Mais elle est très invraisemblable. Une telle dénomination aurait été bien bizarre; du reste, Hippo Regius a peut-être été appelée aussi Ἵππου ἄκρα : conf. Gsell, *Atlas*, f⁰ 9, n⁰ 59 (p. 5, col. 2).
4. Babelon, *Catalogue des monnaies grecques de la Bibliothèque Nationale, Rois de Syrie*, p. cx, cxxii, 87 (n⁰⁸ 689-690) et 100 (n⁰⁸ 788-9), pl. XV, fig. 3-4, pl. XVII, fig. 5; *Perses Achéménides*, p. clxxxvi, 236-7 (n⁰⁸ 1619-1625), pl. XXX, fig. 20-21.
5. *L. c.*, II, 2, p. 134, 144, 510, 511.
6. Il croit qu'il s'agit de Bizerte.
7. Conf. Meltzer, I, p. 471; Gsell, *Atlas*, l. c.
8. Tissot, *Géographie*, II, p. 138 et p. 90. Bérard, *les Phéniciens et l'Odyssée*, I, p. 434-5 (Hadrumète aurait signifié en phénicien « le cercle de la mort »). — C'est par suite d'un calembour absurde que Solin (XXVII, 7) attribue la fondation des deux Hippo à des « equites Graeci » : voir plus haut, p. 344, n 5.
9. Movers, *l. c.*, p. 483.
10. *Puniques*, III, 256.

Sabratha (ville située à l'Ouest de Tripoli)? On peut hésiter à l'affirmer. D'après une indiction d'Ératosthène[1], rapportée par Strabon, trois cents colonies tyriennes auraient existé jadis le long de l'Océan, sur le littoral du Maroc actuel, et auraient été ensuite ruinées par les indigènes[2]. Mais Artémidore et Strabon[3] ont contesté l'exactitude d'un chiffre aussi élevé, qui est en effet fort invraisemblable[4].

Dans la question que nous étudions, ni la linguistique, ni l'archéologie ne permettent de compléter, de rectifier les témoignages des anciens. Les noms de lieux qui se rattachent à la langue phénicienne abondent sur les côtes de la Berbérie, mais nous ignorons quand ils ont commencé à être en usage : peut-être datent-ils seulement de la domination de Carthage, qui fonda de nombreuses colonies maritimes. C'est à la même époque, ou même à des temps plus récents, qu'appartiennent les antiquités de type phénicien découvertes çà et là jusqu'à ce jour.

Quelle est donc la valeur des textes que nous avons énumérés? On semble en général disposé à la regarder comme à peu près nulle. Selon Meltzer[5], il n'y aurait guère là que des échos d'indications suspectes et d'une chronologie arbitraire, consignées dans l'ouvrage historique qui fut écrit par Timée au iiiᵉ siècle avant J.-C.

Timée a été certainement mis à contribution dans le traité attribué à Aristote et il est, non pas évident, comme on l'assure,

---

1. Peut-être d'après le Périple d'Ophellas, qui pourrait dater de la fin du ivᵉ siècle : conf. Strabon, XVII, 3, 3.
2. Strabon, XVII, 3, 3 (κατοικίας ...παλαιὰς Τυρίων) et 8 (Φοινικικὰς πόλεις). Écho dans Pline l'Ancien (V, 8), qui confond ces vieilles colonies avec celles d'Hannon.
3. Ll. cc. Movers (l. c., p. 525 et suiv.) et Müller (*Geographi graeci minores*, I. p. xviii-xix) ont cherché en vain à défendre cette assertion. Contra : Illing, *der Periplus des Hanno*, p. 12, n. 39.
4. Strabon (XVII, 3, 2) mentionne sur ce littoral des établissements de commerce phéniciens, Φοινικικὰς ἐμπορικὰς κατοικίας. Mais cette expression n'indique pas nécessairement des fondations faites à une époque lointaine par des Phéniciens d'Orient.
5. L. c., I, p. 106, 108, 159-160.

mais très probable que le passage relatif à la fondation d'Utique vient de lui[1]. Diodore de Sicile s'est aussi beaucoup servi de Timée dans son cinquième livre[2]; nous pouvons, sans être trop affirmatifs, admettre un emprunt pour le passage cité plus haut[3]. Quant à Strabon, à Velleius Paterculus, à Pline, on n'a pas démontré qu'ils se rattachent à l'historien sicilien[4], non plus que Salluste.

D'ailleurs, lors même qu'il faudrait ramener les textes cités au témoignage du seul Timée, celui-ci mériterait-il d'être récusé? Timée a pu disposer de renseignements d'origine punique[5] et l'on ne voit pas pourquoi il les aurait altérés. Les Phéniciens eux-mêmes ont pu garder le souvenir des dates auxquelles certaines colonies avaient été fondées. Nous savons qu'ils avaient des ères de temples, en Occident comme en Orient[6]. Pomponius Méla[7] le dit nettement pour le fameux sanctuaire d'Hercule, voisin de Gadès et sans doute contemporain de la fondation de la ville[8]. Les indications de Pline permettent de supposer qu'il en était de même pour les temples d'Apollon à Utique et d'Hercule à Lixus. Le point de départ de ces ères avait-il été fixé après coup, d'une manière arbi-

---

1. Geffcken, *Timaios' Geographie des Westens* (Berlin, 1892), p. 97.
2. Dans les vingt-trois premiers chapitres de ce livre : Geffcken, *l. c.*, p. 62 et suiv. (après Müllenhoff).
3. P. 359.
4. Pour les deux premiers, on indique (sans preuves) des intermédiaires, Posidonius et Trogue-Pompée. Le passage de Pline sur Utique se trouve au livre XVI. Or un *Timaeus mathematicus* est indiqué sur la liste des auteurs consultés dans ce livre; il est cité expressément dans le texte (XVI, 83), à propos de la chute des feuilles. Mais rien ne prouve que ce Timée soit aussi la source du passage qui nous occupe; il n'est pas certain non plus qu'il soit identique à Timée l'historien.
5. Conf. *De mirab. auscult.*, passage cité p. 360, n. 7 : « comme cela est écrit dans les histoires phéniciennes ».
6. Pour le temple d'Héraclès à Tyr, voir Hérodote, II, 44. — Une autre ère tyrienne paraît avoir commencé en 1199 ou en 1198 : conf. Unger, *Rheinisches Museum*, XXXV, 1880, p. 31-32; Rühl, *ibid.*, XLIX, 1894, p. 263; E. Meyer, *Geschichte des Altertums*, 2ᵉ édit., I, 2, p. 393.
7. III, 46 : « Annorum quis manet ab Iliaca tempestate principia sunt. »
8. Comme l'indiquent Strabon (III, 5, 5) et Diodore (V, 20).

traire? C'est peu probable. A la fin du second millénaire, les Phéniciens n'étaient nullement des barbares, et nous croyons sans peine qu'ils étaient capables de transmettre à leurs descendants la date de quelques événements capitaux de leur vie politique et religieuse [1]. En ce qui concerne Utique, nous constatons que, plus tard, elle conserva une situation privilégiée dans l'empire de Carthage [2] : il n'est pas trop téméraire de supposer qu'elle l'ait due à une sorte de droit d'aînesse [3]. Rappelons enfin que la date donnée par Josèphe pour la fondation d'Auza a été empruntée à un document tyrien, et non pas à Timée.

On n'a donc pas prouvé que ces divers textes aient une origine commune et dénuée de valeur historique. On n'a pas prouvé non plus que leurs indications soient contraires aux vraisemblances. Évidemment, ce sont des témoignages peu sûrs, puisque leurs sources nous échappent. Mais la suspicion ne nous paraît pas devoir entraîner une condamnation sommaire.

Si l'on est disposé à croire qu'ils ne méritent pas d'être écartés, on doit admettre que les Phéniciens commencèrent à connaître les côtes de l'Afrique du Nord un certain temps avant la fin du XII° siècle [4] : des colons ne pouvaient pas partir à l'aventure vers des parages inexplorés. Il est probable que, dès

---

1. Naturellement Strabon et Velleius ne sont pas suspects parce qu'ils mentionnent la guerre de Troie : ils ont pu combiner des dates exactes avec une date légendaire, mais regardée comme historique.
2. Polybe, III, 24, 1 et 3; VII, 9, 5 et 7. Voir au chapitre suivant, § VI.
3. Outre les textes qui donnent une date précise, Silius Italicus (III, 241-2) et Justin (XVIII, 4, 2 et 5, 12) disent qu'Utique fut fondée avant Carthage. — M. Beloch (*Rheinisches Museum*, XLIX, 1894, p. 122) estime que la fondation d'Utique n'a pas pu être antérieure à celle de Carthage, « beaucoup mieux située ». Cet argument me semble avoir peu de valeur. Le site d'Utique offrait des communications plus faciles avec l'intérieur que celui de Carthage; il était cependant mieux protégé contre des surprises, si l'on admet que la ville primitive était établie dans une île (voir plus loin, p. 369). D'ailleurs il n'est pas certain que les colons phéniciens aient eu le libre choix des emplacements : il leur fallait sans doute tenir compte des dispositions des indigènes.
4. Il est tout à fait impossible d'évaluer la durée de cette période antérieure à la véritable colonisation. Peut-être a-t-elle été assez courte.

le début, les lieux qu'ils fréquentèrent furent assez nombreux : leur navigation, qui devait être surtout un cabotage, avait besoin d'une suite d'abris, d'échelles, où ils pussent se réfugier en cas de tempête, attendre les vents favorables, se pourvoir d'eau, se reposer de leurs fatigues, réparer les avaries de leurs bâtiments [1].

Nous aurons à revenir sur le commerce très actif et très rémunérateur qu'ils firent avec le Sud de la péninsule ibérique. Pour retourner chez eux, ils devaient suivre volontiers le littoral africain : un courant assez fort, qui longe cette côte depuis le détroit de Gibraltar, favorisait les navigations d'Ouest en Est [2]. On a même supposé [3] que leurs premiers établissements en Afrique furent des escales sur la route qui les ramenait d'Espagne. Après avoir parlé des gros profits que leur procura l'argent tiré des mines espagnoles et rapporté en Orient sur leurs vaisseaux, Diodore [4] ajoute qu'ils accrurent ainsi leur puissance au point de pouvoir envoyer des colonies dans diverses contrées, entre autres en Libye. Si cette assertion est exacte, nous devons en conclure que les colonies mentionnées plus haut sont postérieures au développement que donna à leur marine marchande l'exportation de l'argent ibérique. Mais cela ne prouve pas qu'il en ait été de même de leurs plus anciens établissements des côtes africaines. Comme Diodore le dit ailleurs [5], ils purent fréquenter ces rivages pour y trafiquer avec les indigènes, se contentant d'abord de visites plus ou moins longues, puis fondant des comptoirs permanents. Plus tard seulement, ces stations de commerce auraient servi d'escales aux navires revenant d'Espagne; peut-être furent-elles

---

1. Conf. plus haut, p. 31.
2. Meltzer, I, p. 88 ; Fischer, *Mittelmeerbilder*, II, p. 74. A l'angle Nord-Est de la Tunisie, ce courant se ramifie; un des bras va rejoindre la Sicile.
3. Meltzer, p. 87-88; Tissot, *Géographie*, I, p. 430.
4. V, 35.
5. V, 20 (voir plus haut, p. 359).

multipliées pour faciliter le retour des bâtiments chargés du précieux métal.

Nous ignorons d'où les Phéniciens vinrent en Afrique[1]. Il est assez vraisemblable qu'ils passèrent par la Sicile, plutôt que par le littoral situé entre l'Égypte et la grande Syrte : nous ne trouvons dans ces parages aucune trace d'établissements qu'ils auraient fondés[2]. La navigation était du reste dangereuse dans le golfe des Syrtes et l'accès par le Nord-Est était plus facile.

En quoi consistait leur commerce d'échanges? Nous l'ignorons également. On peut croire qu'ils emportaient du bétail, des peaux, de la laine, de l'ivoire, des plumes d'autruche[3], qu'ils emmenaient des esclaves[4]. En somme, il faut avouer que les origines de l'histoire des Phéniciens d'Afrique sont enveloppées d'une profonde obscurité[5].

Après avoir reconnu les ressources du pays, ils fondèrent, non plus de simples stations, mais de véritables colonies, qui ne

1. En tout cas, il est certain qu'ils y vinrent par mer, comme l'indiquent les textes anciens et le site de ceux de leurs établissements que nous connaissons.
2. Conf. Meltzer, I, p. 449-450. M. Bérard (*Revue de l'histoire des religions*, 1899, I, p. 439) croit qu'Aziris (dans le golfe de Bomba) est un nom phénicien; mais il ne le prouve pas. M. Sonny (*Philologus*, XLVIII, 1889, p. 539) n'a pas prouvé davantage l'origine phénicienne du nom d'Ἀζαβίς, lieu que Ptolémée (IV, 4, 7, p. 671, édit. Müller) indique en Cyrénaïque, à l'intérieur des terres. Si les Grecs avaient trouvé les Phéniciens établis dans cette contrée lorsqu'ils y vinrent eux-mêmes, au viie siècle, il est probable qu'ils en auraient gardé quelque souvenir. Que d'ailleurs le littoral, depuis l'Égypte jusqu'aux Syrtes, ait été visité par des marchands phéniciens, cela est fort possible. Ulysse prétend qu'un de ces marchands, qui l'avait emmené en Phénicie, le prit avec lui sur son navire, sous prétexte d'aller faire du commerce en Libye (ἐς Λιβύην : *Olyssée*, XIV, 295), mais que le vaisseau fit naufrage après avoir quitté les parages de la Crète. Il se peut qu'ici le mot Libye soit pris dans un sens restreint (comme au chant IV, 85) et désigne le pays situé au Nord-Ouest de l'Égypte, celui qu'habitaient les Lebou mentionnés dans des documents égyptiens.
3. Voir Meltzer, I, p. 80 et suiv. On sait que les éléphants et les autruches abondaient alors en Berbérie : conf. plus haut, p. 74 et 128.
4. Peut-être les Phéniciens ont-ils apporté des armes aux indigènes et répandu parmi eux l'usage du fer : conf. p. 212, n. 4.
5. Il convient de laisser de côté les prétendues traditions sur des migrations de divinités qu'allègue Movers (II, 2, p. 58 et suiv.). Quand même il s'agirait vraiment de dieux phéniciens, ces légendes ne nous apprendraient rien de précis sur l'histoire des hommes.

furent probablement pas très nombreuses[1]; car ils ne devaient pas disposer de réserves inépuisables d'émigrants. Les textes, nous l'avons vu, mentionnent cinq ou six de ces villes. Si l'on accepte leurs indications, on peut constater que les sites furent en général bien choisis. Utique s'éleva près du bras de mer qui relie les deux bassins de la Méditerranée. La vallée d'un fleuve important, la Medjerda, ouvrait une voie vers l'intérieur. Ce fut bien plus tard que cette rivière, se déplaçant, vint encombrer de ses alluvions le lieu où s'élevait la vieille cité[2]. Celle-ci dut occuper d'abord une petite île, très rapprochée du littoral[3]; les colons n'avaient pas à craindre une attaque subite des indigènes et le chenal que cette île abritait contre les vents du large pouvait leur servir de port. Située comme Utique au seuil des deux bassins de la Méditerranée, l'Hippo à laquelle Bizerte a succédé avait un port admirable dans le vaste lac qui s'étend derrière elle et qu'un canal faisait communiquer avec la mer. Elle était le débouché d'une région très propre à l'élevage; de même que l'autre Hippo, protégée contre les vents les plus dangereux par le massif de l'Edough et le cap de Garde. Hadrumète ne possédait pas un bon abri naturel[4], mais elle pouvait drainer les produits d'une contrée dont la richesse agricole devint plus tard proverbiale. Dans les parages inhospitaliers des Syrtes, Leptis fut établie, faute de mieux, à l'embouchure d'une rivière qui lui servit de port; dans le voisinage, des terres élevées dominent presque les flots et, recevant des pluies suffisantes, offrent des espaces

---

1. Diodore (V, 20) dit, il est vrai, que les Phéniciens « πολλὰς κατὰ τὴν Λιβύην ἀποικίας ἐποιήσαντο ». Mais il veut peut-être parler des stations, des comptoirs, qui durent être en effet nombreux, et non des colonies proprement dites.
2. Pour les changements de lit de la Medjerda dans l'antiquité, voir surtout Bernard, *Bull. de géographie historique*, 1911, p. 212 et suiv.
3. Barth, Movers (II, 2, p. 513, n. 132), Tissot (II, p. 61) croient cependant que cette île a été créée artificiellement par le creusement d'un canal.
4. Il y aurait eu là une petite crique, aujourd'hui comblée, qui aurait été le plus ancien port : Tissot, II, p. 156; Hannezo, dans *Atlas archéologique de la Tunisie*, f° de Sousse, texte, p. 2 (II du plan).

fertiles, qui contrastent avec la stérilité presque générale du littoral de la Tripolitaine[1]. Sur la côte de l'Océan, les ports naturels sont rares : Lixus s'éleva aussi sur une rivière (l'oued Lekkous)[2], dans un pays propice à l'élevage. Sauf la dernière, ces colonies furent fondées sur la mer même, et non pas, comme Athènes, Argos[3], Rome, les villes des Étrusques, à une distance du rivage suffisante pour échapper à des attaques venant du large. Marins avant tout, les Phéniciens s'inquiétèrent moins des dangers d'une telle situation qu'ils n'en apprécièrent les avantages.

Surcroît de population dans la mère patrie, discordes civiles, menées d'ambitieux, entraînant à leur suite des gens de condition inférieure et des aventuriers : telles furent, dit-on, les causes qui déterminèrent cette colonisation[4]. Peut-être, — mais il ne faudrait pas l'affirmer, — l'exode des Cananéens refoulés par les Hébreux avait-elle contribué à surpeupler le littoral qu'occupaient les Phéniciens[5]. Les cités nouvelles paraissent avoir été, au moins en partie, des créations officielles[6]; la métropole était assez riche pour subvenir aux dépenses nécessaires[7].

1. Conf. plus haut, p. 69.
2. Sur la position de cette ville à peu de distance de la côte, voir Tissot, dans *Mémoires présentés à l'Académie des Inscriptions*, IX, 1ʳᵉ partie (1878), p. 205 et suiv. L'embouchure de la rivière s'est déplacée depuis l'antiquité.
3. Conf. l'observation de Thucydide, I, 7.
4. Voir les textes de Salluste cités p. 362. Pour le surcroît de population, conf. Tertullien, passage cité à la note 6; Justin, XVIII, 4, 2 : « cum... multitudine abundarent (Tyrii) »; Quinte-Curce, IV, 4, 20 : « iuventuti qua tunc abundabant (Tyrii) ».
5. Voir plus haut, p. 343.
6. Tertullien, *De anima*, 30 : « occupant... Phoenices Africam, dum sollemnes etiam migrationes, quas ἀποικίας appellant, consilio exonerandae popularitatis, in alios fines examina gentis eructant. » Justin, XVIII, 4, 2 : « Tyrii ... missa in Africam iuventute Uticam condidere. » Diodore, V, 35. Quinte-Curce, IV, 4, 20. — Movers (II, 2, p. 7 et 49) croit que dans la phrase reproduite plus haut, p. 362, n. 4, Salluste a voulu distinguer très nettement les colonies officielles, fondées pour remédier à l'excès de la population, et les autres, dues à l'initiative de gens entreprenants. A la fin de la phrase, le mot *praesidio* s'appliquerait aux premières, le mot *decori* aux autres.
7. Conf. Diodore, V, 35; Justin, XVIII, 4, 2.

La période de colonisation, qui, d'après les textes cités, aurait commencé vers la fin du xɪɪ⁰ siècle, dura sans doute longtemps. Une tradition que nous croyons acceptable place à la fin du ɪx⁰ siècle la fondation de Carthage et il n'est pas certain qu'elle ait été la plus récente des villes phéniciennes d'Afrique.

On s'est demandé[1] si l'expansion des Phéniciens dans la Méditerranée occidentale ne fut pas une sorte de revanche de la ruine de leurs établissements dans la mer Égée. Chassés des lieux qu'ils avaient occupés, gênés dans leur trafic par de puissants rivaux, ils auraient cherché et réussi à se dédommager ailleurs. Mais l'*Iliade* et l'*Odyssée* nous montrent que, pendant le premier tiers du premier millénaire avant J.-C., le commerce des Phéniciens dans la Méditerranée orientale n'était nullement en décadence. Avaient-ils auparavant, sur les rives de la mer Égée, des possessions territoriales qu'ils auraient dû évacuer et dont on ne trouve plus aucune trace dans les poèmes homériques? Cela n'est pas prouvé et il nous semble inutile de greffer sur la question difficile que nous traitons une autre question, peut-être encore plus obscure.

Les auteurs indiquent que ces colonies africaines furent fondées par les Tyriens[2]. Les Sidoniens sont mentionnés deux fois, mais au sujet de villes que l'on qualifie ailleurs de colonies de Tyr[3]. Le terme Sidoniens ne désigne pas ici, d'une manière spéciale, les habitants de la cité de Sidon. Comme dans d'autres textes[4], il est synonyme de Phéniciens. C'était le nom que les Phéniciens eux-mêmes se donnaient[5]. Il s'appliquait

---

1. Lenormant (et Babelon), *Histoire ancienne de l'Orient*, VI, p. 507-8. E. Meyer, *Geschichte des Alterthums*, 1ʳᵉ édit., I, p. 337. Maspero, *Histoire ancienne des peuples de l'Orient classique*, II, p. 740.
2. Ajouter Strabon, XVI, 2, 22 (mention des colonies fondées par Tyr en Afrique et en Espagne).
3. Voir p. 361 et 362.
4. Par exemple, *Iliade*, VI, 290; *Odyssée*, IV, 84 et 618; *Josué*, XIII, 6; *Juges*, X, 12; *Rois*, III, 16, 31.
5. Du moins les Phéniciens établis entre le Nahr el Kelb et le Carmel. Voir *Corpus inscriptionum semiticarum*, Pars I, n° 3 (où Hiram, roi de Tyr, est qualifié

par conséquent aux Tyriens. Il n'y a donc pas lieu d'admettre, avec Movers[1], une période de colonisation sidonienne, qui aurait été distincte de la colonisation tyrienne et l'aurait précédée.

A la fin du second millénaire et au commencement du premier, l'affaiblissement des empires égyptien et assyrien avait été mis à profit par les rois de Tyr. Ils avaient étendu leur suprématie sur les autres villes du littoral, depuis le Nahr el Kelb jusqu'à la pointe du Carmel; Tyr était devenue une véritable capitale[2]. Ce fut au temps de cette hégémonie que se fondèrent les colonies d'Occident. Il ne faut pas en conclure que leurs premiers habitants aient tous été originaires de Tyr; celle-ci n'aurait sans doute pas pu fournir le nombre d'hommes nécessaire. Des émigrants vinrent probablement des autres cités phéniciennes, peut-être même de certaines régions qui étaient en rapports avec Tyr, par exemple, comme on l'a supposé, du pays des Cananéens[3].

Il est possible que certaines colonies d'Occident aient essaimé à leur tour. Étienne de Byzance[4] indique qu'Acholla (El Alia, au Sud de Mahdia, sur la côte orientale de la Tunisie) fut fondée par des gens de Μελίτη (Malte), c'est-à-dire, sans doute, par des Phéniciens établis dans cette île[5]. Oea (Tripoli) aurait

---

de roi des Sidoniens); Babelon, *Catalogue des monnaies grecques de la Bibliothèque Nationale, Rois de Syrie*, p. 86, n° 674 (« Tyr, métropole des Sidoniens »). Conf. de Vogüé, *Mémoires présentés à l'Académie des Inscriptions*, VI, 1re partie (1900), p. 64 et suiv.; E. Meyer, *Geschichte des Altertums*, 2e édit., I, 2, p. 391.

1. *L. c.*, II, 2, p. 133 et suiv., 443.
2. Maspero, *l. c.*, II, p. 741; III, p. 279, 282.
3. Les Cariens s'expatriaient volontiers comme mercenaires (en Lydie, en Palestine, en Égypte : Maspero, *l. c.*, III, p. 128, 389, 489). Mais le terme Καρικὸν τεῖχος, qui désigne dans la traduction grecque du Périple d'Hannon (§ 5 : *Geogr. gr. min.*, édit. Müller, I, p. 3-5) une colonie que celui-ci fonda sur la côte du Maroc, n'est probablement qu'une déformation d'un nom phénicien. Il ne doit pas faire admettre que les Cariens aient pris une part importante à la colonisation phénicienne en Occident, comme l'a cru Movers (II, 2, p. 17 et suiv., 55); conf. Müller, *ad locum*).
4. Ἄχολλα, πόλις Λιβύης, οὐ πόρρω τῶν Σύρτεων, ἄποικος Μελιταίων. Étienne ne nomme pas sa source.
5. Le nom d'Acholla est probablement phénicien; il paraît signifier « la Ronde » : Meltzer, I, p. 453; Tissot, *Géographie*, II, p. 180.

eu, selon Silius Italicus[1], une population mixte de colons venus de Sicile et d'Africains. On peut croire que ces établissements furent antérieurs au développement de la puissance de Carthage, qui, lorsqu'elle domina dans la Méditerranée occidentale, dut se réserver le privilège d'y fonder des colonies nouvelles, surtout sur les côtes africaines[2]. Sur l'Océan, les Gaditains furent d'actifs navigateurs : peut-être créèrent-ils des stations, non seulement en Europe, mais aussi sur le littoral du Maroc[3].

Il était nécessaire aux Phéniciens d'entretenir de bonnes relations avec les indigènes, qui alimentaient leur commerce et pouvaient leur fournir une main-d'œuvre robuste et peu coûteuse. Ils en accueillirent un certain nombre dans leurs murs[4]. Eux-mêmes ne durent pas s'abstenir de pénétrer à l'intérieur des terres[5]. Mais rien n'indique que des colonies aient été fondées ailleurs que sur le littoral[6] : nous avons mentionné[7], pour la rejeter, l'hypothèse qui identifie l'Auza du roi Ithobaal avec Auzia, aujourd'hui Aumale.

1. III, 237 :
   Oeaque Trinacrios Afris permixta colonos...
2. Conf., pour Acholla, Movers, II, 2, p. 353; Holm, *Geschichte Siciliens im Alterthum*, I, p. 92; A. Mayr, *die Insel Malta im Altertum*, p. 7 (il croit que la fondation d'Acholla est du viiie siècle, au plus tard du viie). Cependant, pour Oea, on pourrait se demander si les « Trinacrii coloni » n'étaient pas des Phéniciens que les progrès des Grecs auraient chassés de Sicile et qui auraient été installés en Afrique par les soins de Carthage.
3. Sur les reconnaissances des Gaditains le long de cette côte, voir Diodore, V, 20.
4. Silius Italicus, l. c. Salluste, *Jugurtha*, LXXVIII, 4 : (Leptis Magna) « eius civitatis lingua... conversa conubio Numidarum. » Il est à croire que, dès le début, plus d'un colon prit femme parmi les indigènes, car les immigrants devaient être en majorité des hommes.
5. Si les poutres placées dans le temple d'Utique étaient vraiment en cèdre de Numidie, comme le dit Pline (voir plus haut, p. 360), on avait dû les chercher assez loin (conf. p. 141).
6. Conf. Salluste, l. c., XIX, 1 : « Phoenices... urbis in ora maritima condidere. »
7. P. 362.

II

De toutes les villes phéniciennes d'Afrique, une seule, Carthage, a joué un grand rôle historique.

Comme Utique et Bizerte, elle s'éleva au seuil des deux bassins de la Méditerranée. Au fond d'un vaste golfe, qui reçoit la Medjerda et l'oued Miliane, une langue de terre[1], séparée du continent par des collines assez difficiles à franchir, forme une sorte d'éperon ; à son extrémité orientale, elle est traversée par une suite de hauteurs, qui peuvent offrir des appuis défensifs et d'où la vue s'étend sur le pays environnant et sur la mer. La petite baie du Kram, qui se creuse au Sud-Est, constitue un abri, d'ailleurs médiocre ; une autre anse, comblée plus tard, existait plus au Nord, au pied de la colline de Bordj Djedid : ce fut sans doute dans l'une de ces deux échancrures que les premiers colons établirent leur port. Ce lieu, dont le site offrait de grands avantages, était, il est vrai, dépourvu d'eau[2].

Divers textes indiquent que Carthage fut fondée en 814-813 avant J.-C. et donnent des détails sur les circonstances de cette fondation. Avant de les étudier, nous devons rechercher si, à une époque antérieure, une colonie phénicienne n'a pas existé sur le même emplacement[3].

Dans la première moitié du IV° siècle, Philistos, un Grec de Syracuse, affirmait que Carthage avait été fondée par les Tyriens Azoros (ou Zoros) et Karchedon[4], à une date qui, selon

---

1. Bordée au Sud par le lac de Tunis, au Nord par la lagune de la Soukra, qui était dans l'antiquité une baie.
2. Comme l'observe Eustathe, Commentaire de Denys le Périégète, vers 195, dans *Geogr. gr. min.*, II, p. 251. — Nous décrirons plus longuement le site de Carthage lorsque nous étudierons la ville punique.
3. Opinion de Movers (II, 2, p. 133 et suiv.), qui, aujourd'hui encore, a des défenseurs.
4. Eusèbe, *apud* Georges le Syncelle, I, p. 324 de l'édition de Bonn (= Eusèbe, *Chron.*, édit. Schöne, p. 50) : Καρχηδόνα φησὶ Φίλιστος κτισθῆναι ὑπὸ Ἀζώρου καὶ

la Chronique d'Eusèbe, aurait correspondu à l'année 803 d'Abraham, c'est-à-dire à 1213 avant notre ère[1]. Cette indication fut accueillie avec quelque faveur. Elle fut reproduite par Eudoxe de Cnide[2], un contemporain de Philistos : « Les Tyriens avaient fondé Carthage, sous la conduite d'Azaros (*sic*) et de Karchedon, peu de temps avant la guerre de Troie. » On la retrouve dans Appien[3], auquel elle est parvenue par des intermédiaires qui nous sont inconnus et peut-être avec une altération en ce qui concerne la date[4] : « Les Phéniciens, écrit-il, fondèrent Carthage en Libye, cinquante ans avant la prise de Troie; les fondateurs furent Zoros et Karchedon. »

Mais ces noms suffisent pour prouver qu'il s'agit ici d'une fable, inventée par un Grec qui n'était pas tout à fait étranger aux choses phéniciennes. Un homme appelé Karchedon n'a pas pu exister, ce nom grec étant, comme nous allons le voir, une forme corrompue du terme phénicien qui signifiait *Nouvelle ville*. Quant au nom de Zoros, il a été formé de Sôr, nom phénicien de la ville de Tyr. Comment Philistos a-t-il été amené à reporter cette prétendue fondation à une époque antérieure à la prise de Troie? Nous l'ignorons : les hypothèses qui ont été faites à ce sujet n'entraînent pas la conviction[5].

Καρχηδόνος τῶν Τυρίων κατὰ τοῦτον τὸν χρόνον. Ce que saint Jérôme reproduit ainsi (Schöne, p. 51) : « Filistus scribit a Zoro et Carthagine Tyriis hoc tempore Carthaginem conditam. » D'autres indications d'Eusèbe et de saint Jérôme sont des échos déformés de cette légende : Eusèbe, *apud* Syncelle, I, p. 340; le même, version arménienne, à l'année d'Abraham 978; Jérôme, ann. Abr. 974 (Schöne, p. 60-61). Voir à ce sujet Meltzer, I, p. 458 et 459.

1. D'après la version de saint Jérôme. Certains manuscrits de saint Jérôme placent l'indication en 807, ou en 798. Conf. Gutschmid, *Kleine Schriften*, II, p. 90.

2. Scolie à Euripide, *Troyennes*, 220 : Cobet, dans *Euripidis Phoenissae*, édit. Geelius (Leyde, 1846), p. 301.

3. *Lib.*, 1 : Καρχηδόνα τὴν ἐν Λιβύῃ Φοίνικες ᾤκισαν, ἔτεσι πεντήκοντα πρὸ ἁλώσεως Ἰλίου, οἰκισταὶ δ' αὐτῆς ἐγένοντο Ζῶρός τε καὶ Καρχηδών.

4. A moins qu'on n'admette des confusions entre différentes ères de Troie : voir Gutschmid, *l. c.*, p. 92; Unger, *Rheinisches Museum*, XXXV, 1880, p. 31-32; Rühl, *ibid.*, XLIX, 1894, p. 264 (ce savant suppose que Philistos s'est servi d'une ère de Troie débutant à l'année 1150 avant J.-C.).

5. Selon Meltzer (I, p. 125; conf. Pietschmann, *Geschichte der Phönizier*, p. 287, n. 1), la lecture de l'Odyssée aurait fait croire que l'Occident était connu des Grecs dès le temps de la prise de Troie. Comme on savait d'autre part que

Carthago[1] est une transcription latine d'un nom que les Grecs déformèrent en Καρχηδών, nom dont la forme exacte en phénicien est *Qart hadasht*[2] et dont le sens est *Nouvelle ville*. Caton l'Ancien le savait[3], Tite-Live aussi[4]. Mais ceux qui adoptèrent ce nom ont-ils voulu désigner une ville nouvelle par rapport à un établissement plus ancien, construit sur le même site[5], et non par rapport à une ou plusieurs autres cités de la Phénicie ou de l'Afrique du Nord? Il est impossible de donner une réponse certaine à cette question.

La preuve, a-t-on dit[6], de l'existence d'une ville antérieure à Carthage, c'est que nous connaissons son nom, ou plutôt ses noms. Servius[7] affirme que « Carthage fut appelée auparavant Byrsa ». Selon Étienne de Byzance[8], « Karchedon s'appelait la Nouvelle ville, Kadmeia, Oinoussa, et aussi Kakkabé, nom qui, dans la langue du pays, signifie tête de cheval ». Eusèbe[9], qui

---

Carthage existait quand ils vinrent fonder des colonies dans la Méditerranée occidentale, on en conclut qu'elle datait d'une époque antérieure à la guerre troyenne. — D'après Gutschmid (*l. c.*, II, p. 45-46 et 93), une ère de Tyr, commençant à la fin du XIII° siècle (au début du XII°, selon d'autres savants : *v. supra*, p. 363, n. 6), aurait été usitée à Carthage, colonie tyrienne; Philistos aurait cru qu'elle indiquait la date de la fondation de la colonie. Conf. Unger, *l. c.*, p. 31; Rühl, *l. c.*, p. 257.

1. Ou, plus correctement, *Karthago* : Audollent, *Carthage romaine*, p. 1, n. 1.
2. קרת חדשת. Légende de monnaies puniques : Müller, *Numismatique de l'ancienne Afrique*, II, p. 74-75; Babelon, *Carthage*, p. 23, fig. 1. Pour une ville du même nom, située dans l'île de Chypre, voir *Corpus inscr. sem.*, Pars I, n° 5.
3. *Apud* Solin, XXVII, 10 : « Carthadam..., quod Phoenicum ore exprimit civitatem novam. »
4. Servius, *In Aeneid.*, I, 366 : « Carthago est lingua Poenorum nova civitas, ut docet Livius. » — Conf. Étienne de Byzance, s. v. Καρχηδών : Ἐκαλεῖτο δὲ Καινὴ πόλις, etc.; Eustathe, à Denys, v. 195 (*Geogr. gr. min.*, II, p. 231) : Τύρος τὴν πόλιν... ἐκάλεσε τῇ Διδύων φωνῇ Καινὴν πόλιν, ὕστερον δὲ ἐκλήθη Καρχηδών. On voit que ces deux auteurs savent que la ville s'est appelée Καινὴ πόλις, mais qu'ils ne se doutent pas que c'est la traduction du nom dont les Grecs ont fait Καρχηδών.
5. Comme le pense Movers, II, 2, p. 140. *Contra* : Meltzer, I, p. 91; conf. Gutschmid, *l. c.*, II, p. 89.
6. Movers, *l. c.*, p. 136 et suiv.; voir aussi Meltzer, I, p. 467 et suiv. (exposé et réfutation).
7. *In Aeneid.*, IV, 670 : « Carthago ante Byrsa, post Tyros dicta est. »
8. S. v. Καρχηδών : ...Ἐκαλεῖτο δὲ Καινὴ πόλις, καὶ Καδμεία, καὶ Οἰνοῦσσα (un manuscrit donne Οἰνοῦσα), καὶ Κακκάβη· τούτῳ δὲ κατὰ τὴν οἰκείαν αὐτῶν ἥτις ἵππου κεφαλὴν δηλοῦται.
9. *Apud* Georges le Syncelle, I, p. 340 (= *Chron.*, édit. Schöne, p. 60) : Καρχηδὼν ἐκτίσθη ὑπὸ Καρχηδόνος... Ἐκαλεῖτο δὲ πρὸ τούτου Ὀσιγώ.

admettait deux fondations, nommait Origo la ville la plus ancienne.

Mais cette dernière indication semble résulter d'une bévue : peut-être le prétendu nom propre n'est-il que le mot latin *origo*, mal compris. Dans les derniers temps de la Carthage punique, le nom que les Grecs ont transcrit Βύρσα et qui signifiait peut-être en phénicien lieu fortifié [1], était donné à la colline de Saint-Louis, qui portait la citadelle. Il est vraisemblable qu'à une époque antérieure, ce nom désignait l'ensemble de la ville, encore peu étendue, qui s'élevait soit sur la colline, soit ailleurs [2]. Nous ne savons pas si le terme Qart hadasht était alors usité, en même temps que celui de Byrsa, ou s'il fut adopté plus tard, comme le croit Servius, à la suite d'une circonstance que nous ignorons, peut-être de l'agrandissement de la ville. Il est seul employé, sous la forme Καρχηδών, par les textes grecs les plus anciens, lesquels, il est vrai, ne remontent point au delà du v⁰ siècle [3]. Quoi qu'il en soit, Servius n'indique pas l'existence d'une ville antérieure à celle qui passait pour avoir été fondée par Didon [4]. C'est aussi à Karchedon, et non à une ville plus ancienne, qu'Étienne de Byzance rapporte les noms de Kadmeia, d'Oinoussa et de Kakkabé. Les deux premiers sont sans doute des épithètes données à Carthage par des poètes grecs [5]. Quant à Kakkabé [6], ce nom est

---

1. Meltzer, I, p. 92; conf. Audollent, *Carthage romaine*, p. 209, n. 2. Cela est contesté par Winckler, *Altorientalische Forschungen*, I, p. 447, n. 3.

2. Meltzer, II, p. 192-3, 334-7.

3. Hécatée (début du v⁰ siècle, ou peut-être fin du vi⁰), fragments 313 et 315, dans *Frag. hist. graec.*, édit. Müller, I, p. 24. Sophocle, fragment du *Triptolème* (représenté en 468), édit. de la collection Didot, p. 313, n⁰ 337. Hérodote, etc.

4. Suidas, s. v. Ἀφρικανός, écrit : Καρχηδών, ἣ καὶ Ἀφρικὴ καὶ Βύρσα λεγομένη. Mais il n'indique pas que le nom de Byrsa soit antérieur à celui de Karchedon.

5. Le légendaire Cadmus personnifiait pour les Grecs la colonisation phénicienne : c'est ainsi que le poète Nonnus (*Dionysiaques*, XII, 335) lui attribue la fondation de cent villes en Libye. Aussi l'adjectif tiré de son nom est-il souvent synonyme de « phénicien »; voir, par exemple, Silius Italicus, I, 6 : « gens Cadmea », et I, 100 : « Cadmeae stirpis alumni » (il s'agit des Carthaginois). — L'épithète οἰνοῦσσα (d'οἶνος, vin) est plus difficile à expliquer. C'est probablement à tort qu'on a voulu retrouver ce mot dans un passage de Timée : voir plus loin, p. 380, n. 3.

6. L'indication d'Étienne a été reproduite par Eustathe (*l. c.*, p. 231). Quant

378 COLONISATION PHÉNICIENNE, EMPIRE DE CARTHAGE.

énigmatique[1] : peut-être désignait-il un quartier de la ville[2].

Movers[3] et d'autres après lui[4] ont voulu le retrouver sur des monnaies phéniciennes, frappées au second siècle avant J.-C.[5]. La légende qu'elles portent commence par la mention des Sidoniens, suivie de אם (lettres formant un mot qui signifie mère), puis d'un certain nombre de lettres qui, selon Movers, représenteraient les noms de Kambé, d'Hippone, de Citium et de Sôr (Tyr). Kambé serait désignée par les trois lettres כמב, qui viennent après אם. « On constate parfois, dit M. Babelon[6], une variante dans le nom כמב, remplacé par ככב », lettres qui, pour Movers, signifient Kakkabé. Kambé ou Kakkabé aurait été le nom de la ville, colonie de Sidon, à laquelle aurait succédé Carthage, colonie de Tyr. Mais nous n'avons aucun indice sérieux de l'existence en ce lieu d'une colonie fondée par la ville de Sidon[7]. La « variante » ככב ne figure, à ma con-

---

au *Violarium* d'Eudocia (allégué par Movers), on ne doute plus aujourd'hui que ce ne soit une compilation du xvi° siècle.

1. On l'a rapproché d'un *vicus Caccaba* de Syrie (Marius Mercator, *Patrol. lat.* de Migne, XLVIII, p. 881; cité par Sonny, *Philologus*, XLVIII, 1889, p. 559); d'*Heraclea Caccabaria*, lieu du littoral de la Provence, dans lequel on a voulu voir, sans raison plausible, un établissement d'origine phénicienne (par exemple, Bloch, dans Lavisse, *Histoire de France*, I, 2, p. 16); d'Ἀκκαβικὸν τεῖχος, colonie carthaginoise qu'Étienne de Byzance indique dans le voisinage du détroit de Gibraltar (cité par Sonny, *l. c.*). — Bochart, Gesenius et d'autres veulent dériver Κακκάβη, d'un mot phénicien qui aurait signifié tête (voir Schrōder, *die phönizische Sprache*, p. 105, n. 1); Sonny (*l. c.*), d'un mot, également phénicien, dont le sens aurait été « hauteur, colline » : dans cette hypothèse, il aurait pu s'appliquer à la colline de Saint-Louis.

2. A-t-on inventé la légende de la tête de cheval (voir plus loin) pour justifier l'étymologie, sans doute fantaisiste, qu'on donnait du mot Κακκάβη et qu'Étienne de Byzance nous a transmise?

3. *L. c.*, p. 133 et suiv.

4. Par exemple A. Müller, dans *Sitzungsberichte der Akademie der Wissenschaften in Wien, Philos.-hist. Classe*, XXXV, 1860, p. 33 et suiv.

5. Voir les références données p. 363, n. 4.

6. *Rois de Syrie*, p. cx; conf. Movers, p. 133.

7. Virgile (*Énéide*, I, 619-621) fait de Didon une fille de Bélus, lequel aurait résidé à Sidon (conf. Silius Italicus, I, 87, d'après Virgile); ailleurs (*ibid.*, I, 729), il paraît dire que Bélus était, non le père de Didon, mais son ancêtre. Eustathe (*l. c.*, p. 250), qui qualifie Didon de fille d'Agénor, ou Bélos, appelle celui-ci roi des Tyriens. Faut-il voir dans les vers de Virgile un écho peu fidèle d'un auteur qui aurait indiqué Bélus, c'est-à-dire Baal, comme un dieu adoré par les Sidoniens, c'est-à-dire par les Phéniciens en général, y compris naturellement les

naissance, que sur un seul coin monétaire[1] : ce n'est probablement qu'une faute. Au contraire, on lit Καχχάβη, dans Étienne de Byzance; si, dans Eustathe[2], qui a simplement copié Étienne, plusieurs manuscrits donnent Κάμβη, cette forme est sans doute fautive. L'équivalence Καχχάβη = Κάμβη n'est donc pas démontrée. Rien ne prouve d'ailleurs que, dans son interprétation des monnaies sidoniennes, Movers ait groupé les lettres comme il convenait et donné des mots ainsi constitués une explication exacte.

On voit combien tous ces arguments sont fragiles[3]. Carthage ne fut assurément pas fondée dans un lieu inconnu des Phéniciens, mais il est impossible d'affirmer qu'elle ait pris la place d'une autre colonie[4].

Tyriens (conf. Josèphe, *Antiq. Jud.*, VIII, 13, 1 : τῷ Τυρίων θεῷ, ὃν Βῆλον προσαγορεύουσι)? Il est superflu d'énumérer les vers où Virgile indique que Carthage fut fondée par des Tyriens. S'il qualifie Didon et Carthage de « sidoniennes » (I. 446. 613, 677-8; IV, 75, 683), il applique aussi à Tyr cette épithète (IV, 545), synonyme de « phénicienne ».

1. Sur la monnaie que M. Babelon a publiée dans son volume *Perses Achéménides*, p. 236, n° 1619, pl. XXX, fig. 20.
2. Voir p. 377, n. 6.
3. Une Carthago, fille de l'Hercule tyrien, une Carthéré, femme de Cronos et mère de l'Hercule qu'adoraient les Carthaginois, une Carché, petite-fille de Zeus et de Thébé, sont des inventions de mythographes et ne peuvent pas être invoquées comme des indices, même légers, de la très haute antiquité de Carthage. Voir Movers, *l. c.*, p. 138 et, contre l'usage que Movers fait de ces textes, Meltzer, I, p. 104. — M. Winckler (*Zeitschrift für Socialwissenschaft*, VI, 1903, p. 417-9) croit à l'existence d'une vieille cité cananéenne, dont les Tyriens auraient pris possession lorsqu'ils étendirent leur hégémonie sur l'Afrique du Nord et qui, à partir de cette époque, aurait pris le nom de Carthage. Si cette ville, dit-il, avait été une véritable fondation de Tyr, elle aurait eu comme divinité principale Melqart, le grand dieu tyrien. Mais il faudrait prouver que Melqart fut et resta le dieu principal de toutes les colonies de Tyr.
4. Il est donc vain de rechercher l'emplacement de cette colonie, que M. Babelon (*Carthage*, p. 9) et Gauckler (*Revue archéologique*, 1902, II, p. 370-1) placent entre les ports intérieurs et la colline de Bordj Djedid. Il est inexact de lui attribuer une partie des sépultures découvertes à Carthage. Aucune des tombes explorées jusqu'à présent ne paraît être antérieure au VII° siècle (voir plus loin, p. 400-1).

III

Que pouvons-nous savoir sur les origines de Carthage[1]?

Timée en parlait dans son histoire. De son récit, il nous reste un court résumé, fait par un compilateur anonyme[2] : « Theiosso[3]. Timée dit que, dans la langue des Phéniciens, elle était appelée Élissa, qu'elle était sœur de Pygmalion, roi des Tyriens, et qu'elle fonda Carthage en Libye. En effet, son mari ayant été tué par Pygmalion, elle plaça ses biens sur un navire et s'enfuit avec quelques-uns de ses concitoyens. Après beaucoup d'épreuves, elle aborda en Libye, où elle fut appelée Dido (Δειδώ) par les indigènes, à cause de ses nombreuses pérégrinations. Lorsqu'elle eut fondé la ville, le roi des Libyens voulut l'épouser. Elle s'y refusa, mais, comme ses concitoyens prétendaient l'y contraindre, elle feignit d'accomplir une cérémonie destinée à la dégager de ses serments[4] : elle fit dresser et allumer un très grand bûcher près de sa demeure; puis, de sa maison, elle se jeta dans le feu. »

Dans Justin[5], abréviateur de l'historien romain Trogue-Pompée, on trouve un récit beaucoup plus circonstancié[6]. Nous le reproduisons, en le résumant un peu.

Mutto[7], roi de Tyr, institua comme héritiers son fils Pygma-

---

1. Sur cette question, voir surtout Movers, II, 1, p. 331-368; II, 2, p. 150-7; Meltzer, I, p. 90 et suiv.; Gutschmid, *Kleine Schriften*, II, p. 91 et suiv.
2. *Fragm. hist. graec.*, édit. Müller, I, p. 197 (Timée, fragment 23). Geffcken, *Timaios' Geographie des Westens*, p. 163.
3. Θειοσσώ. Mot probablement altéré. Je ne vois pas pourquoi plusieurs savants (conf. Müller, *ad locum*; Meltzer, I, p. 463) ont voulu le corriger en Οἰνουσσα. M. Clermont-Ganneau (*Recueil d'archéologie orientale*, VI, p. 277, n. 2) propose Θιωσσώ. Le plus simple paraît être de corriger Δειδώ : Geffcken, *l. c.*
4. Envers son mari mort.
5. XVIII, 4-6.
6. Il est probable qu'ici Justin a fort peu abrégé son auteur. Peut-être s'est-il contenté de le transcrire.
7. Restitution de Movers (II, 1, p. 333, n. 64). Les manuscrits donnent *Mutto*, ou omettent le mot.

lion, encore enfant, et sa fille Élissa, vierge d'une grande
beauté. Mais le peuple remit la royauté à Pygmalion. Élissa
épousa son oncle Acherbas, prêtre d'Hercule, qui, par sa
dignité, était le premier après le souverain. Cet Acherbas possédait de grandes richesses, que, par crainte du roi, il avait
cachées sous terre. Désireux de s'en emparer, Pygmalion tua
celui qui était à la fois son oncle et son beau-frère. Élissa en
conçut contre Pygmalion une haine que le temps n'effaça pas,
mais qu'elle sut dissimuler. Elle prépara sa fuite en secret,
associant à son projet quelques-uns des premiers citoyens, qui
détestaient le roi autant qu'elle. Puis, usant d'un subterfuge,
elle exprima à son frère le désir de venir demeurer auprès de
lui, ne voulant pas, disait-elle, que la maison de son mari lui
offrît plus longtemps la triste image de son deuil. Pygmalion y
consentit très volontiers, car il pensait qu'avec Élissa l'or
d'Acherbas entrerait chez lui. Mais, le soir, Élissa fait embarquer
avec tous ses biens les serviteurs chargés par le roi de transporter ce qui lui appartient. Elle gagne la haute mer et contraint
ces gens à jeter dans les flots des sacs pleins de sable, liés avec
soin, comme s'ils renfermaient de l'argent. D'une voix désespérée, elle invoque Acherbas, en le suppliant de recevoir
comme des offrandes funéraires les richesses qui ont causé sa
mort. S'adressant ensuite aux serviteurs, elle leur dit qu'ils
sont maintenant menacés des plus cruels supplices, puisqu'ils
ont laissé échapper les biens qu'un tyran avide avait convoités
au point d'assassiner son parent. Cet avertissement les fit trembler et ils acceptèrent de l'accompagner dans sa fuite. Elle fut
rejointe par des sénateurs qui s'étaient préparés à partir cette
nuit même. Après un sacrifice offert à Hercule[1], dont Acherbas
avait été le prêtre, ils allèrent tous chercher dans l'exil de nouvelles demeures.

1. Ce sens n'est pas certain : « sacris Herculis, cuius sacerdos Acherbas fuerat,
repetitis ». Peut-être Justin veut-il dire que les fugitifs emportèrent des objets
consacrés à Hercule.

Ils abordèrent d'abord dans l'île de Chypre. Là, le prêtre de Junon[1] vient, avec sa femme et ses enfants, partager la fortune d'Élissa, en stipulant que la dignité sacerdotale sera éternellement conservée à ses descendants. C'était l'usage à Chypre d'envoyer, à des dates fixes, les jeunes filles sur le rivage, pour qu'elles se fissent une dot en offrant leur virginité à Vénus. Élissa fait enlever sur ses vaisseaux quatre-vingts d'entre elles, encore pures, assurant ainsi aux jeunes gens des compagnes, à la ville future des enfants. Cependant Pygmalion s'apprêtait à poursuivre sa sœur, mais les prières de sa mère et les avertissements des devins le firent renoncer à ce projet.

Ayant abordé dans un golfe d'Afrique, Élissa recherche l'amitié des habitants, heureux de l'arrivée de ces étrangers, avec lesquels ils peuvent commercer par échanges. Puis elle achète autant de terrain que la peau d'un bœuf en peut couvrir, afin, dit-elle, que ses compagnons, las d'une longue navigation, puissent se reposer avant de repartir. Mais elle fait tailler la peau en bandes très étroites et peut ainsi occuper un espace beaucoup plus grand que celui qu'elle a paru demander : de là le nom de Byrsa, donné plus tard à ce lieu. Attirés par l'espoir du gain, les gens du voisinage affluèrent et apportèrent aux nouveaux venus beaucoup de marchandises à acheter; ils s'établirent eux-mêmes en cet endroit. Des envoyés d'Utique vinrent aussi apporter des présents à ceux qu'ils regardaient comme leurs frères et ils les engagèrent à fonder une ville là où le sort les avait amenés. De leur côté, les Africains désirèrent retenir les étrangers. Ainsi fut fondée Carthage, avec l'assentiment de tous. Une redevance annuelle fut fixée pour le loyer du sol. Dans les premiers travaux, on exhuma une tête de bœuf : présage d'une ville où le profit devait coûter beaucoup de peine et

---

1. Il faut sans doute lire « Iunonis », et non « Iovis ». Conf. Servius, *In Aeneid.*, I, 443 : « Dido fratrem fugiens, cum transiret per quandam insulam Iunonis, illic accepit oraculum et sacerdotem eius secum abstulit. » Voir à ce sujet Meltzer, I, p. 112 et 463.

qui était destinée à rester perpétuellement sujette. Aussi se transporta-t-on ailleurs. On déterra alors une tête de cheval, symbole d'un peuple belliqueux et puissant; c'était la place qui convenait à la ville nouvelle. La renommée y attira beaucoup de gens, si bien qu'en peu de temps il y eut là un grand peuple et une grande cité.

Carthage était ainsi prospère, lorsque le roi des *Maxitani*, Hiarbas, fit appeler dix des principaux citoyens et leur déclara qu'il voulait épouser Élissa; un refus entraînerait la guerre. Les députés, n'osant rapporter la chose à la reine, eurent recours à une ruse vraiment punique. Ils annoncèrent que le roi demandait quelqu'un qui voulût bien enseigner les mœurs civilisées aux Africains et à lui-même. Mais pourrait-on, ajoutaient-ils, trouver celui qui consentirait à abandonner les siens, pour aller chez des barbares vivant comme des bêtes? Élissa leur reprocha de reculer devant un sacrifice qu'exigeait pourtant l'intérêt de la patrie. Ils révélèrent alors le message dont ils étaient chargés, l'invitant à faire elle-même ce qu'elle conseillait aux autres. Surprise par ce subterfuge, elle invoqua longtemps le nom de son mari Acherbas, avec beaucoup de larmes et de plaintes, et répondit enfin qu'elle irait où l'appelleraient le destin de la cité et le sien. Après avoir pris un délai de trois mois, elle fit dresser un bûcher à l'extrémité de la ville, comme pour offrir un sacrifice expiatoire aux mânes de son mari, avant sa nouvelle union. Elle immola de nombreuses victimes. Puis elle prit une épée, monta sur le bûcher et, se tournant vers le peuple : « C'est, dit-elle, auprès d'un époux que je vais aller, comme vous l'avez voulu. » Et elle mit fin à ses jours. Tant que Carthage demeura invaincue, elle fut honorée comme une **déesse**.

Divers détails de cette narration témoignent d'une certaine connaissance des Phéniciens et de Carthage : importance du culte d'Hercule (c'est-à-dire de Melqart) à Tyr; existence à Carthago d'une aristocratie qui gardait le souvenir de ses origines tyriennes; prostitutions sacrées dans l'île de Chypre; croyance à la haute antiquité d'Utique; mentions du lieu appelé Byrsa, de la redevance que Carthage paya longtemps aux indigènes, de l'hérédité du sacerdoce de Junon (c'est-à-dire d'Astarté); noms phéniciens des personnages mis en scène. Des monnaies puniques qui représentent une tête de cheval ont peut-être inspiré l'épisode de la découverte faite lors des travaux de fondation[1].

Mais il est certain que l'historiette de la peau de bœuf est d'origine grecque, puisqu'elle ne s'explique que par une confusion entre le mot grec βύρσα, signifiant cuir, peau[2], et un nom phénicien d'un sens tout différent, qui se prononçait à peu près de la même manière.

Ce récit, auquel plusieurs générations ont peut-être collaboré, a donc dû se constituer soit dans un milieu carthaginois hellénisé, soit chez des Grecs qui, — comme ceux de Sicile, — n'ignoraient pas Carthage[3] : il est impossible de préciser[4]. A en juger par l'extrait de Timée cité plus haut, il devait figurer dans l'ouvrage de l'historien sicilien sous une forme qui, sans doute, ne différait guère de l'exposé détaillé que nous lisons dans

---

1. Meltzer, I, p. 139, 466. Dans Eustathe (*l. c.*, p. 251), la tête de cheval est découverte au pied d'un palmier, ce qui rappelle plus encore les monnaies puniques où ces deux images sont associées : voir *Instructions pour la recherche des antiquités dans le Nord de l'Afrique*, p. 198, n° 34 (ccnf. n° 38). Ce détail, absent du récit de Justin, se trouvait peut-être dans le récit original (Meltzer, p. 467). Il n'est pas vraisemblable que la légende ait inspiré le type monétaire. Celui-ci semble en effet être une sorte de réduction de deux autres types, dont le premier représente un cheval tout entier, le second, la partie antérieure d'un corps de cheval : voir *Instructions, l. c.*, n°° 32, 36, 37 et n° 33.
2. Conf. Servius, *In Aeneid.*, I, 367 : « quia byrsa graece corium dicitur ».
3. Conf. Meltzer, I, p. 126.
4. Quelques indices permettent de supposer qu'il a eu cours à Carthage Servius (*In Aeneid.*, I, 343 et 738) invoque au sujet des aventures de Didon le témoignage de l'*historia Poenorum*, de la *punica historia*. Malheureusement, on ne sait pas de quoi il s'agit (conf. plus loin, p. 387, n. 3). Appien (*Lib.*, 1), qui fait un récit semblable à celui de Justin, l'introduit par cette observation : « comme le croient les Romains et les Carthaginois eux-mêmes ». Meltzer (I, p. 466) se demande s'il ne s'agit pas des Carthaginois de l'époque d'Appien (II° siècle après J.-C.), mais on ne voit guère pourquoi l'écrivain aurait mentionné spécialement ces Carthaginois, qui n'étaient en somme que des Romains.

Justin. On peut donc être tenté de croire que Trogue-Pompée a reproduit Timée[1]. Cependant, si l'on s'arrête à cette hypothèse, on doit admettre que le texte latin qui nous est parvenu n'est pas une traduction fidèle et complète de l'original grec : peut-être l'abréviateur Justin a-t-il omis quelques détails[2]; peut-être, entre Timée et Trogue-Pompée, y a-t-il eu un ou plusieurs intermédiaires, qui n'auraient pas été de simples copistes. Nous ne rencontrons pas dans Justin le nom de Didon, que Timée mentionnait, en l'accompagnant d'une étymologie[3]. Le suicide de la reine n'est pas raconté de la même manière dans les deux auteurs.

On retrouve ailleurs des échos d'une tradition fort semblable à celle que Justin nous a transmise : par exemple, dans Virgile[4], qui, à son tour, a inspiré de nombreux écrivains[5]; dans Appien[6], Servius[7], Eustathe[8]. Je ne parle pas ici de la venue d'Énée à Carthage, de ses amours avec Didon, du rôle attribué à la sœur de Didon, Anna : ce sont là des fictions poétiques, dues à Nævius, à Virgile, à Ovide[9], qui se sont greffées sur un récit à prétentions historiques.

Il est vrai que, dans les divers auteurs qui nous le font connaître, ce récit se présente avec quelques variantes. Servius

---

1. Meltzer, I, p. 111.
2. C'est d'ailleurs peu vraisemblable : conf. p. 380, n. 6.
3. Pourtant Didon est nommée dans un autre passage de Justin (XI, 10, 13), à propos du siège de Tyr par Alexandre : « Augebat enim Tyriis animos Didonis exemplum, quae Karthagine condita tertiam partem orbis quaesisset, turpe ducentibus si feminis suis plus animi fuisset in imperio quaerendo quam sibi in tuenda libertate. »
4. *Énéide*, chants I et IV, en particulier, I, 340-368, 441-3; IV, 211-4.
5. Voir Rossbach, dans *Real-Encyclopädie* de Wissowa, s. v. *Dido*, col. 429.
6. *Lib.*, 1.
7. *In Aeneid.*, surtout à I, 340, 343, 367, 443; IV, 36 et 335. Servius a consulté Tite-Live (I, 343, 366, 738). Celui-ci racontait les origines de Carthage au début de son livre XVI, aujourd'hui perdu : voir *Periocha libri XVI* : « Origo Carthaginiensium et primordia urbis eorum referuntur. »
8. Commentaire de Denys, v. 195 (*Geogr. gr. min.*, II, p. 250-4) : on y trouve, à côté d'autres éléments, des souvenirs de Virgile.
9. Conf. Meltzer, I, p. 114-5, 119.

appelle le père de Didon Mettes[1] et son mari Sicarbas[2], nom que Virgile a connu[3] et dont il a fait Sychaeus[4]. Les circonstances de l'assassinat sont racontées de différentes manières[5]. Selon Virgile[6], une apparition de Sychée révéla à Didon le crime auquel il avait succombé et le lieu où ses trésors étaient enfouis. Didon, d'après Servius[7], s'empara, pour s'enfuir, de vaisseaux qui étaient destinés à chercher des blés à l'étranger et sur lesquels le roi avait fait embarquer les sommes nécessaires aux achats[8]; se voyant pressée par ceux que son frère avait lancés à sa poursuite, elle jeta cet argent à la mer, ce qui décida les gens de Pygmalion à revenir en arrière. Parmi les compagnons de Didon, Virgile[9] nomme un certain Bitias. Ce personnage n'a pas été inventé par le poète : Servius, qui cite Tite-Live, dit, autant qu'il semble, qu'il commandait la flotte des émigrants[10]. Iarbas, dit encore Servius[11], repoussa tout d'abord Didon, quand elle aborda en Afrique. D'après

---

1. *In Aeneid.*, I, 343 (les manuscrits donnent *Methres, Melthes, Mettes*).
2. *Ibid.*
3. Probablement sous la forme Sycharbas.
4. Pour des raisons d'euphonie ou de versification, dit Servius (I, 343). — D'après Virgile : Ovide, *Heroid.*, VII, 97, 99, 193; Silius Italicus, I, 90 et VIII, 123; Jean Malalas, p. 162 de l'édition de Bonn; Eustathe, *l. c.*, p. 250.
5. Virgile, I, 349. Jean Malalas, p. 163. Eustathe, *l. c.*, p. 250. Conf. Movers, II, 1, p. 357.
6. I, 353 et suiv. Conf. Appien, *l. c.*
7. *L. c.*, I, 303.
8. Servius dit que Virgile fait allusion à cet épisode (I, 362-3) :
    naves quae forte paratae
  Corripiunt
Cependant Virgile ajoute :
    onerantque auro; portantur avari
  Pygmalionis opes pelago.
Cela ne cadre pas bien avec les indications de Servius.
9. I, 738.
10. *In Aeneid.*, I, 738 : « Bitias classis punicae fuit praefectus, ut docet Livius. » Il me paraît probable que ce Bitias était indiqué par Tite-Live comme un compagnon de Didon. Meltzer (I, p. 463) pense au contraire que l'historien romain parlait d'un amiral de ce nom qui aurait vécu beaucoup plus tard; Servius aurait cité Tite-Live pour montrer que le nom de Bitias, employé par Virgile, était véritablement un nom carthaginois. Cette explication me semble peu naturelle.
11. *l. c.*, I, 367. Conf. Eustathe, p. 231.

Eustathe, la tête de cheval fut exhumée au pied d'un palmier[1]. Le même auteur donne le nom de Μάζικες,[2] aux indigènes que Justin appelle *Maxitani*. Servius[3], qui invoque le témoignage d'une « histoire punique », connaît un « Iopas, roi des Africains, un des prétendants de Didon »; car plusieurs princes indigènes l'auraient recherchée en mariage, comme l'indique aussi Virgile[4]. Servius[5] raconte encore que Didon commença par rejeter la demande en mariage d'Iarbas et que celui-ci déclara la guerre aux Carthaginois.

Cependant presque toutes ces variantes peuvent à la rigueur s'expliquer, sans qu'il soit nécessaire d'admettre des emprunts à des récits indépendants de celui qui a été reproduit par Justin. Mettes, Mutto (on trouve aussi la forme Meton[6]) représentent un même nom phénicien, qui signifie « Don (de Baal)[7] » et que d'autres auteurs ont transcrit de diverses manières[8]. Acherbas, dans Justin, paraît être une altération de Sicharbas, forme très voisine d'un nom véritablement phénicien[9] : c'était celle qui devait figurer dans le récit original[10]. Il est possible que ce récit ait mentionné Bitias, qu'il ait parlé du palmier[11] : ces détails ont pu être sacrifiés dans une version plus récente.

1. Voir plus haut, p. 381, n. 1.
2. *L. c.* : τοῦ δὲ Νομάδων καὶ Μαζίκων βασιλέως Ἱέρβαντος.
3. *L. c.*, I, 738 : « Iopas (fuit) rex Afrorum, unus de procis Didonis, ut punica testatur historia. » Cette « punica historia » ne peut pas être (comme le croit Meltzer, I, p. 463) le récit que Justin nous a conservé, puisque, dans Justin, il n'est pas fait mention d'Iopas.
4. IV, 37 et 534. Mais, dans Virgile (I, 740 et suiv.), Iopas est devenu une sorte d'aède africain.
5. *L. c.*, IV, 36.
6. *Mythographi Vaticani*, I, 214 (édit. Bode, p. 67) : « Dido Metonis filia ».
7. Movers, II, 1, p. 353-4, n. 64.
8. Μέττηνος, dans Josèphe (d'après Ménandre d'Éphèse), *Contre Apion*, I, 18 (125) : il s'agit du même personnage. Μέττυνος : Josèphe, *ibid.*, I, 21 (157). Mattines : Tite-Live, XXV, 40. Etc.
9. Il se retrouve dans des inscriptions de Carthage (*Corpus inscr. sem.*, Pars I, n°° 1218 et 1334) : סכרבעל.
10. Meltzer, I, p. 111.
11. Il mettait peut-être aussi la découverte de la tête de cheval en relation avec le nom de Kakkabé : voir plus haut, p. 378, n. 2.

L'ethnique très usité Μάζικες, *Mazices*[1] a pu être introduit à une basse époque, à la place d'une forme qu'on ne rencontrait pas ailleurs. L'apparition de Sychée est très vraisemblablement une invention de Virgile[2]. Les détails donnés sur le meurtre du mari de Didon, sur la manière dont les fugitifs se procurèrent des navires ont peut-être été ajoutés par besoin de précision ; quelques autres détails, qui ne cadrent pas avec la narration de Justin, ont pu être inventés sans grand effort d'imagination.

Reste le roi indigène Iopas. Nous ignorons comment Timée appelait le roi libyen qu'il mentionnait[3]. Si l'on admet que son récit se retrouve dans Justin, il devait lui donner le nom d'Hiarbas et ne pas parler d'autres prétendants. Pourtant, dès la première moitié du II° siècle avant J.-C., une tradition relative à la fondation de Carthage connaissait un prince africain qui ne s'appelait pas Hiarbas. Solin[4] nous l'apprend : « Caton, dans un discours prononcé au sénat, disait qu'à l'époque où Iapon régnait en Libye, la phénicienne Elissa[5] avait fondé Carthage et l'avait appelée Carthada, terme qui, dans la langue des Phéniciens, signifie *ville nouvelle* ; que, bientôt, ces deux noms, ayant pris une forme punique, furent modifiés en Elisa et en Carthago. » Il est très probable que cet Iapon n'est autre que l'Iopas de Servius. Peut-être faut-il corriger Iapon en Iopan ce qui donnerait un nom identique à Iopas, avec une terminaison libyque. On peut supposer que ce sont là des transcrip-

---

1. Voir, entre autres, Meltzer, I, p. 52 et 431 ; Gsell, dans *Recueil de Constantine*, XXXVI, 1902, p. 33, n. 7.
2. Meltzer, I, p. 117.
3. Il l'appelait Hiarbas, si, comme le croit Geffcken (*Timaios' Geographie des Westens*, p. 48 et p. 73, n. 3), une indication de saint Jérôme vient de Timée (*Adv. Iovinianum*, I, 43, dans Migne, *Patr. lat.*, XXIII, p. 273). Mais cela ne me paraît pas prouvé.
4. XXVII, 10. Il n'indique pas sa source ; il dit seulement qu'il répète ce qu'on trouve dans des « veraces libri ».
5. Meltzer (I, p. 476) lit ici *Elisa* et plus loin *Elissa*, ce qu'autorisent certains manuscrits.

tions du nom qui est écrit ailleurs Ἰόβας, Iuba, et qui fut porté par deux souverains africains, contemporains de César et d'Auguste.

La mention de ce roi est un indice sérieux de l'existence d'un récit qui ne concordait pas exactement avec la source de Justin. Virgile et Servius disent, il est vrai, que Didon eut plusieurs prétendants, mais ce détail semble avoir été imaginé pour concilier des traditions contradictoires. Quelle a été la source de Caton? Nous l'ignorons. On ne doit pas penser à Timée si l'on croit que Justin est son écho fidèle; quant à « l'histoire punique » dont Servius parle à propos d'Iopas, elle reste pour nous une énigme.

Dans un passage reproduit par Josèphe[1], Ménandre d'Éphèse qui se servait, nous l'avons dit, de documents tyriens[2], énumérait les rois de Tyr pendant une période d'un siècle et demi, en donnant sur eux des renseignements chronologiques précis et en relatant certains événements de leurs règnes : « Pygmalion, écrivait-il, vécut cinquante-six ans et en régna quarante-sept. Dans la septième année de son règne, sa sœur, ayant fui en Libye, fonda la ville de Carthage. » Il n'y a aucune bonne raison d'admettre que cette mention de la fondation de Carthage ait été interpolée par Ménandre et que celui-ci l'ait empruntée à Timée, avec la date qu'il lui assignait[3].

1. *Contre Apion*, I, 18 (125).
2. *Ibid.*, I, 18 (116); conf. *Antiq. jud.*, VIII, 5, 3 (144).
3. Comme l'observe Gutschmid (*Kleine Schriften*, II, p. 93), il est question dans Ménandre de la fondation d'une autre colonie africaine, Auza (voir plus haut, p. 362); la mention de cette ville, qui n'eut aucune célébrité chez les Grecs, n'est évidemment pas une addition de Ménandre. — A la date de la fondation de Carthage, qui seule aurait figuré dans le document tyrien, Ménandre n'aurait-il pas ajouté la mention de la sœur du roi et de sa fuite? C'est là une hypothèse qu'il est impossible de prouver. A tort ou à raison, les Tyriens ont pu croire à l'existence d'Élissa, quoique je ne veuille pas invoquer à ce sujet la phrase de rhéteur citée plus haut, p. 383, n. 3, non plus qu'une monnaie de Tyr, d'époque tardive (règne d'Élagabale), qui représente et nomme Didon : Babelon, *Monnaies grecques de la Bibliothèque nationale, Perses Achéménides*, p. 327, n° 2231, pl. XXXVI, fig. 20; cette monnaie témoigne peut-être simplement de la célébrité de l'*Énéide* de Virgile.

Revenons à Justin. Il nous paraît superflu d'insister sur le caractère légendaire de son récit. Les aventures d'Élissa sont un roman, dont certains traits ont peut-être été empruntés à des contes populaires[1], dont un épisode a pour origine un jeu de mots, et un autre, semble-t-il, une image tracée sur des monnaies.

On a même cru pouvoir affirmer que les personnages qui apparaissent dans cette légende sont, non pas des hommes, mais des dieux phéniciens[2]. Pour Élissa, Justin lui-même prête un appui à cette opinion : « Tant que Carthage demeura invaincue, Élissa fut honorée comme une déesse[3]. » Aussi a-t-on soutenu qu'Élissa n'est qu'une épithète d'Astarté, signifiant « la Joyeuse »[4]. Pour Pygmalion, une découverte faite, il y a une vingtaine d'années, dans un tombeau de Carthage qu'on peut dater du VIe siècle, semble une confirmation éclatante de l'hypothèse qui l'a érigé en divinité. Sur un pendant de collier en or, se lit cette invocation en langue phénicienne, dont nous donnons la traduction d'après Philippe Berger[5] : « A Astarté à Pygmalion[6], Jadamelek, fils de Padaï ; délivre, qu'il délivre Pygmalion ! » Hiarbas est qualifié de fils de Jupiter Hammon par Virgile[7]. Movers[8] l'a identifié avec un dieu adoré en Afrique, que les Grecs appelaient Iolaos[9] ; Meltzer[10] croit aussi qu'il s'agit d'un dieu libyque. Un poète lyrique grec,

---

1. Winckler (*Altorientalische Forschungen*, I, p. 339) constate des analogies entre la légende de Didon et celle des Niebelungen. Voir aussi Basset, dans *Revue des traditions populaires*, V, 1890, p. 718-9 (légende de la peau de bœuf en Sibérie).
2. Voir surtout Meltzer, I, p. 128 et suiv. Movers, après avoir cru qu'Élissa et Dido étaient deux noms d'une même divinité, a distingué plus tard (II, 1, p. 362 ; II, 2, p. 92) Dido, déesse, d'Élissa, personnage historique.
3. « Quam diu Karthago invicta fuit, pro dea culta est. »
4. Meltzer, I, p. 129, 473-6.
5. *Musée Lavigerie de Saint-Louis de Carthage*, I, p. 43-45, pl. VI, fig. 8. Conf. *Répertoire d'épigraphie sémitique*, I, n° 5.
6. Ce mot est écrit פמיון.
7. *Énéide*, IV, 198-9, 206-8.
8. II, 2, p. 504 et suiv.
9. Conf. plus haut, p. 351-2.
10. I, p. 133.

peut-être Pindare¹, aurait parlé de lui : « Les Libyens disent qu'Iarbas², le premier-né des hommes, sortant des plaines desséchées, cueillit le doux gland de Zeus. »

Quoique le sens de l'inscription de Carthage reste obscur³, nous ne saurions nier qu'elle n'apporte la preuve de l'existence d'un dieu phénicien Pygmalion⁴, peut-être identique à celui que, d'après d'autres documents, on suppose s'être appelé Pumai⁵. Mais il est certain que les Grecs ont transcrit sous la forme Πυγμαλίων un nom d'homme. C'est ainsi que Diodore de Sicile⁶ appelle un roi de l'île de Chypre, contemporain d'Alexandre ; c'est ainsi que Ménandre nomme le roi de Tyr⁷ sous lequel il place la fondation de Carthage. En ce qui concerne le Pygmalion de Chypre, nous avons une inscription phénicienne qui le mentionne⁸ et qui prouve qu'il se nommait en réalité Pumaijaton⁹. Peut-être en était-il de même du souverain de Tyr.

Sur des ex-voto puniques¹⁰, des dédicantes s'appellent Elishat¹¹. On reconnaît là le nom que les Grecs ont transcrit Ἔλισσα¹² et qui, par conséquent, fut porté par de simples mor-

1. Fragment cité par saint Hippolyte, *Philosophumena*, V, 7 (Migne, *Patr. graeca*, XVI, p. 3127); conf. Bergk, *Poetae lyrici graeci* (4ᵉ édit.), III, p. 711 et suiv.
2. Ἰάρβαντα : correction de Schneidewin, au lieu de Τάρβαντα.
3. On ne voit pas bien quelle est la relation d'Astarté et de Pygmalion, dont les noms ne sont pas réunis par la conjonction *et*, mais ne sont cependant pas soudés : conf. Berger, *l. c.*, p. 44. L'interprétation de la fin est incertaine ; selon Berger, le sens serait : « Pygmalion délivre qui il lui plait ».
4. Conf. Hésychius : Πυγμαίων (il faut peut-être corriger Πυγμαλίων), ὁ Ἄδωνις παρὰ Κυπρίοις.
5. Voir *Corpus inscr. sem.*, Pars I, nº 10 (p. 37); Hüsing — *Lexikon der Mythologie* de Roscher, s. v. *Pygmalion*, col. 3318, bas.
6. XIX, 79 ; sur ce roi, voir *Corpus inscr. sem., l. c.* Sans parler des personnages légendaires du même nom (voir *Lexikon* de Roscher, s. v. *Pygmalion*).
7. Noter cependant que le texte de Josèphe (*Contre Apion*, I, 18, 125) donne la forme Φυγμαλίων.
8. *Corpus*, I, nº 11.
9. פמיתן (« Pumai l'a donné »); conf., pour le nom, *Corpus*, I, nº 12. Athénée (IV, 63, p. 167, c), d'après Douris de Samos, appelle ce roi Πυμάτων.
10. *Corpus*, I, nºˢ 256, 279, 385, 481, 600, 628, etc.
11. עלשה.
12. La forme Ἐλίσσας, dans l'*Etymologicon Magnum* (s. v. Διδώ), est une réminiscence biblique, comme l'observe Meltzer, I, p. 173.

telles. Il est vrai que, malgré quelques témoignages suspects[1], les Carthaginois ne semblent pas avoir divinisé des humains[2]. Mais ne peut-on pas supposer que des Grecs aient confondu la femme qui passait pour avoir fondé Carthage avec une déesse regardée comme la protectrice spéciale de cette ville, comme celle qui avait présidé à sa naissance et à sa fortune; avec une déesse qu'une épithète désignait peut-être comme la fondatrice de la cité? Habitués au culte des héros, ils auraient retrouvé sans peine dans cette divinité l'Élissa historique, ou prétendue telle[3].

Le nom de Dido, indiqué par Timée, par Nœvius[4], par Ennius[5], a prévalu sur celui d'Élissa, sans doute parce qu'il a été adopté par Virgile[6]. Il ne l'a cependant pas fait oublier[7]. Un passage de Velleius Paterculus[8] laisserait croire qu'il n'était pas universellement accepté, et c'est peut-être pour cette raison qu'il a été omis dans le récit reproduit par Justin. D'après Timée, Élissa n'aurait reçu ce nom qu'en Afrique. Servius[9] dit même qu'il ne lui fut donné qu'après sa mort. Timée, on l'a vu, prétendait qu'Élissa fut ainsi appelée par les Libyens à cause de ses nombreuses pérégrinations[10]. D'autres soutenaient

---

1. Hérodote, VII, 167 (erreur : voir n. 3); Polybe, X, 10, 11 (Movers, II, 2, p. 99, croit qu'il s'agit d'un dieu); Salluste, *Jug.*, LXXIX, 10 (simple fable).
2. Conf. Movers, I, p. 609. — Silius Italicus (I, 81 et suiv.) décrit un temple consacré aux mânes d'Élissa, fondatrice de Carthage; il aurait été situé au milieu de la ville. Mais ces vers n'ont aucune valeur historique. Silius paraît s'être inspiré d'une indication semblable à celle qui termine le récit de Justin et aussi d'un passage de l'*Énéide* (I, 441 et suiv.), relatif à un prétendu temple de Junon que Didon aurait élevé à Carthage.
3. Hérodote (VII, 167) parle d'honneurs divins rendus par les Carthaginois au général Hamilcar, qui périt en 480. Il est très probable que ces hommages s'adressaient en réalité à Melqart (Meltzer, I, p. 213-6, 501). Hamilcar a pourtant été un personnage historique, dont personne ne conteste l'existence.
4. Servius, *In Aeneid.*, IV, 9.
5. Édit. L. Müller, p. 34 (n° 272) : « Poenos Didone oriundos ».
6. Virgile emploie parfois aussi le nom Élissa : IV, 335, 610; V, 3.
7. Ovide, *Fastes*, III, 553; *Heroid.*, VII, 103, 193. Silius Italicus, I, 81, 93. Juvénal, VI, 435. Stace, *Silves*, III, 1, 74; IV, 2, 1. Eustathe, *l. c.*, p. 230 et 231. Etc.
8. I, 6, 4 : « Ab Elissa Tyria, quam quidam Dido autumant, Carthago conditur. »
9. *In Aeneid.*, I, 340; IV, 36, 335, 674.
10. Conf. *Etymologicon Magnum*, s. v. Διδώ, où il est dit que ce mot signifie πλανῆτις (l'errante) dans la langue des Phéniciens.

que Dido signifiait en langue punique « femme virile[1] », ou lui donnaient le sens de « meurtrière de son mari[2] » : explications dénuées probablement de toute valeur[3]. Les modernes[4] ont proposé diverses étymologies, tirées de la langue phénicienne, ou même du grec. Dido aurait signifié soit l'Errante[5] (sens indiqué par Timée), soit l'Aimée (de Baal)[6], soit le Génie protecteur du lieu[7], soit Celle qui donne[8]. Cet appellatif se serait appliqué à une déesse qui aurait été Astarté, ou celle qu'on est convenu de nommer Tanit[9]. Ce sont là des conjectures peu solides. Du reste, si elles étaient fondées, elles ne permettraient aucune conclusion contre l'existence d'une femme appelée Élissa, puisqu'il n'est pas impossible d'admettre que la femme et la déesse aient été d'abord distinctes. La vérité est que nous ignorons l'origine de ce nom de Dido et les motifs qui l'ont fait associer à celui d'Élissa[10].

Quant à Hiarbas, ou Iarbas, les arguments que Movers a

---

1. Servius, l. c., I, 340 : « Dido nomine Elissa ante dicta est, sed post interitum a Poenis Dido appellata, id est virago punica lingua » (à cause du courage dont elle fit preuve en se tuant). Conf., ibid., IV, 36, 335, 674.
2. Eustathe, l. c., p. 251 : ἀνδροφόνος. Ce nom lui aurait été donné par les indigènes (ἐπιχωρίῳ φωνῇ).
3. Voir apud Meltzer, I, p. 475, des hypothèses bien fragiles de Bochart et d'autres sur l'origine de ces interprétations.
4. Un certain nombre de références sont données par Rossbach, Real-Encyclopädie de Wissowa, s. v. Dido, col. 431.
5. Bochart, Movers (II, 1, p. 363, n. 93; II, 2, p. 92), Meltzer (I, p. 128, 475).
6. Littéralement, dit-on, « amor eius » (i. e. Baalis) : Gesenius, E. Meyer.
7. Winckler (Altorientalische Forschungen, I, p. 341-3), qui indique qu'il y avait en hébreu un mot דד, signifiant genius loci, δαίμων. Didon serait le δαίμων Καρχηδονίων qui est invoqué dans le traité de Philippe de Macédoine et d'Hannibal : Polybe, VII, 9, 2.
8. M. Clermont-Ganneau (Recueil d'archéologie orientale, VI, p. 273-9) est disposé à croire que le nom Διδώ se rattache au verbe δίδωμι; il correspondrait à Tanit, que ce savant rattacherait volontiers au verbe phénicien qui signifiait donner.
9. Movers, I, p. 609 et suiv.; II, 1, p. 362 et suiv.; II, 2, p. 92 et suiv. Meltzer I, p. 128. — Movers (II, 2, p. 92, 97) croit qu'Anna, indiquée soit comme identique à Didon (Eustathe, l. c., p. 250), soit comme sa sœur, est aussi un nom d'Astarté. Conf. Meltzer, I, p. 129 et 475.
10. Une femme est appelée Dido sur une inscription latine d'Afrique : Corpus inscr. lat., VIII, 8044. Mais elle reçut sans doute ce nom en souvenir de l'héroïne chantée par Virgile. Cela ne prouve pas qu'un tel nom ait pu être porté par une Phénicienne mille ans auparavant, au temps de la fondation de Carthage. On ne le retrouve pas dans l'onomastique punique.

donnés pour l'assimiler au dieu phénicien Iolaos sont très faibles. Il ne convient pas de s'arrêter aux vers de Virgile qui le présentent comme un fils d'Hammon et de la nymphe Garamantis : c'est sans doute une manière poétique d'indiquer qu'il était indigène[1]. L'Iarbas du lyrique grec était, non un dieu, mais le premier-né du genre humain. Le même nom, Hiarbas, fut porté par un personnage vraiment historique, un roi numide du I*er* siècle avant J.-C.[2].

Le nom du mari d'Élissa, Sikarbal, a été celui de plusieurs Carthaginois[3]; nous ne connaissons aucune divinité phénicienne qui se soit appelée ainsi.

On n'a donc pas prouvé que les acteurs qui jouent un rôle dans le récit de Justin aient été des dieux et il est certain que leurs noms furent portés par des hommes.

Ont-ils existé? Cela n'importe guère pour les deux comparses Sicharbas et Hiarbas, ce prétendu prince indigène dont le nom est probablement phénicien[4]. Mais Pygmalion n'est pas un personnage fictif : il était mentionné dans le document tyrien copié par Ménandre, document qui a dû être rédigé d'après des archives officielles et qui, par sa teneur même, inspire confiance. Les indications chronologiques de ce texte, combinées avec ce que nous pouvons savoir sur l'histoire de la Syrie, permettent de dater le règne de Pygmalion de la fin du IX*e* siècle, c'est-à-dire d'une époque à laquelle il n'est nullement invraisemblable de placer la fondation de Carthage[5].

---

1. Meltzer (I, p. 478) reconnaît que l'indication de Virgile ne prouve pas grand'chose.
2. Tite-Live, *Epit. libri LXXXIX* (Hiarbas); conf. *De viris illustribus* (attribué à Aurelius Victor), 77. Plutarque, *Pompée*, 12 : Ἱάρβας (corr. Ἰάρβας).
3. Voir plus haut, p. 387, n. 9.
4. Movers, II, 2, p. 508. Meltzer, I, p. 136 et 477.
5. Meltzer (I, p. 127 et 134) ne conteste pas que ce roi ait existé et qu'il ait régné à la fin du IX*e* siècle. Mais il croit que la ressemblance de son nom avec celui du dieu Pygmalion, qui était mêlé à la légende de la fondation de Carthage, a déterminé Timée à placer cette fondation sous son règne. C'est ce qu'il faudrait prouver.

L'existence d'une sœur de ce Pygmalion, qui se serait appelée Élissa et qui aurait émigré en Afrique, a été beaucoup plus contestée[1] et est en effet très contestable. Mais, au risque de nous faire accuser de manque de critique, nous avouons qu'elle ne nous paraît pas tout à fait inadmissible[2]. Ménandre d'Éphèse[3] et Caton ont parlé d'Élissa (le premier sans la nommer) et ils ne semblent pas s'être inspirés de la tradition qui nous est parvenue par Justin.

IV

En tout cas, il faut accepter le témoignage des nombreux textes qui affirment que Carthage fut une colonie tyrienne[4]. Fut-elle fondée par des fugitifs, contre le gré du gouvernement de Tyr? On peut en douter, car elle resta dans la suite étroitement unie à sa métropole[5]. Pendant des siècles, elle attesta son attachement, et même sa dépendance, par des hommages officiels. Tous les ans, une ambassade allait célébrer un sacrifice au temple d'Hercule (Melqart) à Tyr[6]; elle apportait une

---

1. Outre l'hypothèse qui fait d'Élissa une déesse, on en a présenté une autre. Ce nom a été rapproché d'Elishah (אֱלִישָׁה), nom géographique qui est indiqué dans la Genèse (X, 4 : Elishah, Tarshish, Kittim, (R)odanim, enfants de Javan) et dans Ézéchiel (XXVII, 7 : pourpre des îles d'Elishah) et qu'on a supposé avoir désigné Carthage : voir (après Schulthess, Stade, E. Meyer) Schöll, dans *Realencyklopädie* d'Herzog-Hauck, IV, p. 712-3. La prétendue fondatrice de Carthage serait un personnage fictif, inventé d'après ce nom de lieu. Malheureusement, le site d'Elishah ne peut pas être déterminé. D'autre part, y a-t-il lieu de confondre le nom de femme עלשת, attesté par des inscriptions puniques, avec le nom אלישה?
2. Un savant comme A. von Gutschmid (*Kleine Schriften*, II, p. 64) a cru à l'existence d'Élissa.
3. C'est-à-dire, peut-on croire, la source tyrienne de Ménandre : voir plus haut, p. 389, n. 3.
4. Outre les textes cités précédemment, voir Diodore de Sicile, XVII, 40, et XX, 14; Tite-Live, XXXIII, 49, 5; Strabon, XVII, 3, 15; Pline l'Ancien, V, 76; Arrien, *Anabase*, II, 24, 8; etc.
5. Conf. Quinte-Curce, IV, 2, 10 : « Carthaginem Tyrii condiderunt, semper parentum loco culti. »
6. Quinte-Curce, *l. c.* : « Carthaginiensium legati ad celebrandum sacrum

offrande qui, d'après une indication de Diodore de Sicile[1], représentait à l'origine la dixième partie de tous les revenus de la république. Plus tard, ajoute cet écrivain, les richesses et les revenus des Carthaginois s'étant beaucoup accrus, ils se bornèrent à des dons plus modestes. Mais les périls dont l'expédition d'Agathocle les menaça leur inspirèrent des scrupules; ils envoyèrent alors à l'Hercule tyrien de grandes sommes d'argent et de magnifiques offrandes. Les vaisseaux qui portaient à Tyr les présents destinés aux dieux sont encore mentionnés peu d'années avant la destruction de Carthage[2]. On mentionne aussi des dons extraordinaires faits après des victoires : au vi[e] siècle, la dîme du butin que Malchus fit en Sicile et que le fils de ce général porta à l'Hercule tyrien, sur l'ordre des Carthaginois[3]; à la fin du ve, une statue de bronze d'Apollon, provenant d'un temple voisin de Géla et envoyée à Tyr, où elle parait avoir été placée dans le sanctuaire d'Hercule[4].

Dans un traité conclu avec Rome au ive siècle, les Carthaginois faisaient figurer, auprès de leur nom, celui des Tyriens[5]. Ceux-ci furent encouragés dans leur résistance à Alexandre par

---

anniversarium more patrio tunc venerant. » Arrien, *Anabase*, II, 24, 5 : Καρχη- δονίων τινὲς θεωροὶ ἐς τιμὴν τοῦ Ἡρακλέους κατὰ δή τινα νόμον παλαιὸν εἰς τὴν μητρόπολιν ἀφικόμενοι.

1. XX, 14.
2. Polybe, XXXI, 12 (= XXXI, 20), en 162 avant J.-C. : ναῦν ἱεραγωγόν... τὰ πλοῖα ... ἐφ' οἷς εἰς τὴν Τύρον ἐκπέμπουσιν οἱ Καρχηδόνιοι τὰς πατρίους ἀπαρχὰς τοῖς θεοῖς. — En 193, Hannibal, s'enfuyant sur un vaisseau et passant par l'île de Cercina, prétendit qu'il était envoyé en ambassade à Tyr : Tite-Live, XXXIII, 48, 3.
3. Justin, XVIII, 7, 7.
4. Diodore, XIII, 108. Conf. Quinte-Curce, IV, 3, 22.
5. Polybe, III, 24, 3 : Καρχηδονίων καὶ Τυρίων. Polybe (III, 24, 1) note cette mention des Tyriens. Il est vrai que M. Hirschfeld (*Rheinisches Museum*, LI, 1896, p. 476) croit que, dans la traduction grecque dont Polybe se serait servi, il y avait Καρχηδονίων κυρίων. Il s'appuie sur un passage du traité conclu entre Hannibal et Philippe de Macédoine, dans lequel on lit (Polybe, VII, 9, 5) : κυρίους Καρχηδονίους. Je ne vois pas de raison d'adopter cette opinion, non plus qu'une hypothèse de M. Beloch (*Beiträge zur alten Geschichte*, I, 1901, p. 283-4), qui est disposé à supprimer καὶ et à expliquer : « les Tyriens de Carthage ». Voir une autre hypothèse, indiquée au chapitre suivant, p. 423. n. 1.

l'espoir que Carthage les assisterait¹; si elle n'osa pas intervenir, elle accueillit du moins un grand nombre de femmes, d'enfants et de vieillards, qui sortirent de la ville assiégée².

Quand Tyr fonda-t-elle cette colonie³?

Carthage, détruite, comme on le sait, en 146 avant notre ère, dura six cents ans environ, selon Cicéron⁴, sept cents ans, selon Tite-Live⁵ et Appien⁶. Ce sont là des chiffres approximatifs. D'autres textes sont plus précis. Timée le Sicilien, d'après le témoignage de Denys d'Halicarnasse⁷, plaçait la fondation de Carthage trente-huit ans avant la première olympiade. Cette date correspond à l'année 814 avant J.-C., ou à 813, si l'on compte l'année initiale et l'année finale⁸. Dans la *République*⁹, Cicéron indique trente-neuf ans. Il dit aussi de combien d'années la fondation de Carthage précéda celle de Rome; mais le mot *sexaginta*, qu'on lit dans le manuscrit mutilé, devait être complété par un autre chiffre¹⁰. Velleius Paterculus marque un intervalle de soixante-cinq ans¹¹; il attribue à Carthage une

---

1. Diodore, XVII, 40. Quinte-Curce, IV, 2, 10. Justin, XI, 10, 12.
2. Diodore, XVII, 41 et 46. Quinte-Curce, IV, 3, 29. Justin, XI, 10, 14.
3. Sur cette question voir, entre autres : Movers, II, 2, p. 150 et suiv.; Müller, *Geographi graeci minores*, I, p. xx, note; Meltzer, I, p. 103 et suiv., 461 et suiv.; II, p. 457-8; Gutschmid, *Kleine Schriften*, II, p. 91 et suiv.; Aly, *Rheinisches Museum*, LXVI, 1911, p. 600-6.
4. *De Re publica*, I, fragment 3 (édit. C. F. W. Müller, p. 305) : « nec tantum Karthago habuisset opum sescentos fere annos sine consiliis et disciplina ».
5. *Epit. libri LI*.
6. *Lib.*, 132 (peut-être d'après Polybe : Meltzer, I, p. 462). Il faut dire qu'ailleurs (*ibid.*, 51), Appien attribue à Carthage une existence de sept cents ans dès la fin de la seconde guerre punique, c'est-à-dire plus d'un demi-siècle avant sa chute. — Voir encore Suidas, s. v. Ἀφρικανός.
7. *Antiq. Rom.*, I, 74 : Τίμαιος μὲν ὁ Σικελιώτης ... ἅμα Καρχηδόνι κτιζομένῃ φησὶν (il s'agit de Rome), ὀγδόῳ καὶ τριακοστῷ πρότερον ἔτει τῆς πρώτης ὀλυμπιάδος.
8. L'indication de Denys est confirmée par un passage du traité *De mirabilibus auscultationibus* (§ 134), si l'on admet que ce passage ait été copié dans Timée : voir plus haut, p. 360, n. 7.
9. II, 23, 42 : « ...sexaginta annis antiquior, quod erat XXXVIIII ante primam olympiadem condita ».
10. Suppléer « [quinque et] », car Cicéron devait admettre ici la date de 750 pour la fondation de Rome : Meltzer, I, p. 461.
11. I, 6, 4 : « Ante annos quinque et sexaginta quam urbs Romana conderetur... Carthago conditur. »

durée de six cent soixante-sept ans[1], chiffre qui nous conduit à l'année 813. Nous trouverons la date de 814, si nous ajoutons soixante-cinq ans à l'année 751-750, qui correspond à l'ère de Rome adoptée par Polybe et par d'autres, et si nous comptons les années initiale et finale. Le chiffre de six cent soixante-huit ans, qui nous amène à 814 (ou à 813, en comptant les années extrêmes), se lit dans la *Chronique* de saint Jérôme[2], en compagnie, il est vrai, d'une autre date : « Carthage tombe au pouvoir des Romains, six cent soixante-huit ans, ou comme d'autres l'affirment, sept cent quarante-huit ans après sa fondation. » L'intervalle indiqué par Servius entre les fondations de Carthage et de Rome est de soixante ou de soixante-dix ans[3] : en adoptant le premier chiffre et en admettant l'emploi de l'ère varronienne, nous tombons à l'année 813. Un passage de Justin[4], tel qu'il nous est parvenu[5], marque un intervalle de soixante-douze ans. On a proposé de corriger ce chiffre en soixante-deux[6] : si nous comptons les années extrêmes et si nous partons de l'ère varronienne, nous arrivons à 814. Selon Solin[7], Carthage fut détruite après une durée de six cent soixante-dix-sept ans; la correction 667 nous fait revenir au chiffre de Velleius et à la date de 813[8].

---

1. I, 12, 5 : « Carthago diruta est, cum stetisset annis DCLXVII. »
2. A l'année d'Abraham 1871 (Eusèbe, *Chron.*, édit. Schöne p. 129) : « Carthago in ditionem Romanorum... redigitur, habens a conditione sui ann. DCLXVIII, ut vero alii affirmant, DCCXLVIII » (des manuscrits donnent DCLXVIIII et DCCXLVIIII). — Il y a dans Eusèbe et saint Jérôme diverses autres indications, qui sont sans valeur : Movers, II, 2, p. 155-7; Meltzer, I, p. 462-3.
3. *In Aeneid.*, I, 12, où les manuscrits donnent soit LXX, soit LX; *ibid.*, I, 267, où, sauf un, ils donnent LXX.
4. XVIII, 6, 9 : « Condita est haec urbs LXXII annis ante quam Roma. »
5. Et tel que l'a lu Paul Orose, *Adversum paganos*, IV, 6, 1.
6. Meltzer, I, p. 461.
7. XXVII, 10 : « Carthago..., quae post annos DCLXXVII exciditur quam fuerat constituta. » Nous donnons la leçon du manuscrit d'Heidelberg; pour les autres leçons, voir la seconde édition de Mommsen.
8. M. Rühl (*Rheinisches Museum*, XLIX, 1894, p. 268-9) croit, comme Movers (voir plus loin, p. 399, n. 2), que le chiffre 72 doit être conservé dans Justin; il maintient aussi le chiffre 677 dans Solin, qui dépendrait de Trogue-Pompée. Celui-ci, qui plaçait la fondation de Tyr un an avant la prise de Troie (Justin, XVIII,

Nous avons donc une série de textes qui fixent à la fin du
IXe siècle la fondation de Carthage. Les uns indiquent une date
qui correspond certainement à 814-813 avant notre ère, d'autres donnent une indication semblable si on leur fait subir de
légères corrections.

De son côté, Ménandre d'Éphèse, citant un document tyrien [1],
plaçait la fondation de Carthage dans la septième année du
règne de Pygmalion. Dans l'état actuel de nos connaissances,
nous ne pouvons pas affirmer que cette date corresponde exactement à 814-813 [2]. Mais rien n'empêche d'admettre la concor-

3, 5), l'aurait datée d'après une ère de Troie très usitée, commençant en 1208,
par conséquent de l'année 1209. Il aurait trouvé, soit dans Ménandre d'Éphèse,
soit ailleurs, des indications chronologiques semblables à celles que Josèphe
nous a conservées (voir à la n. 2 de cette page) et, en les combinant avec la
date de 1209, il aurait été conduit à fixer la fondation de Carthage à l'année 821.
En retranchant de ce chiffre la date de la fondation de Rome, il aurait obtenu
le chiffre 72. On voit combien tout cela est hypothétique.

1. Voir p. 389.
2. Movers (II, 1, p. 133 et suiv.; conf. II, 2, p. 153-5) a cru pouvoir la fixer à
l'année 826. Voici sur quoi ce savant se fonde. En additionnant les chiffres qu'il
a trouvés dans Ménandre, Josèphe place la fondation de Carthage 155 ans et
8 mois après l'avènement d'Hiram (*Contre Apion*, I, 18, 126). D'autre part, il dit
que la construction du temple de Jérusalem eut lieu dans la douzième année
du règne d'Hiram (*ibid.*; dans la onzième, dit-il ailleurs : *Antiq. jud.*, VIII, 3. 1,
62). Il invoque des annales officielles de Tyr pour affirmer que la construction
de ce temple eut lieu 143 ans, 8 mois avant la fondation de Carthage (*Contre
Apion*, I, 17, 107 et 108; conf. *ibid.*, I, 18, 126). Enfin il place la construction du
temple 240 ans après la fondation de Tyr (*Antiq. jud.*, VIII, 3, 1, 62). Par conséquent, Carthage aurait été fondée (240+143=) 383 ans après Tyr. Or Justin
(XVIII, 3, 5) indique que Tyr fut fondée un an avant la prise de Troie. Si l'on
adopte pour ce dernier événement l'ère de 1208, on arrive à fixer la fondation de
Carthage à l'année 826 (1209 — 383 = 826) : ce qui concorde, selon Movers, avec
la date de Justin (72 ans avant la fondation de Rome). Movers croit d'ailleurs
que cette date de 826 peut se concilier avec celle de 814-813. La première se
rapporterait à la fuite de Didon, la seconde à la consécration de la ville de
Carthage, construite dans l'intervalle. — Mais 1° il est impossible de dire à
quelle ère de Troie se rapporte la date de la fondation de Tyr donnée par
Justin. 2° On ignore où Josèphe a pris l'indication d'un intervalle de 240 ans
entre la fondation de Tyr et la construction du temple de Jérusalem. 3° Il n'est
pas certain que les diverses dates trouvées par Josèphe dans Ménandre aient été
toutes exactes; on peut donc douter de l'exactitude du chiffre total de 155 ans,
8 mois, qui résulte d'un calcul de Josèphe. 4° Il n'est pas certain que la chronologie de Ménandre ait concordé avec l'indication, empruntée sans doute à une
autre source, qui plaçait la construction du temple de Jérusalem dans la
douzième année du règne d'Hiram. 5° Il est douteux que les annales tyriennes
auxquelles Josèphe se réfère aient indiqué l'intervalle qui séparait la construc-

dance[1]. Ce fut en ce temps-là, selon toute probabilité, que Pygmalion régna à Tyr.

La date de 814-813 était celle que Timée avait consignée dans son histoire. On n'a pas prouvé qu'il l'ait inventée[2]. Grec de Sicile, il pouvait sans peine être informé de ce que les Carthaginois savaient sur leur passé[3]. Or nous ne voyons pas pourquoi ceux-ci auraient oublié l'époque de la fondation de leur ville; on peut même supposer que, comme d'autres cités phéniciennes[4], Carthage avait une ère officielle qui remontait à ses origines[5]. Il n'est pas certain, comme l'a soutenu Meltzer, que les textes des autres auteurs dérivent de Timée; en réalité, nous ignorons les sources, peut-être diverses, auxquelles ils ont puisé[6].

---

tion du temple de Jérusalem de la fondation de Carthage. Il est au contraire très probable que le chiffre de 143 ans résulte d'un calcul de Josèphe, combinant deux données d'origines diverses : avènement d'Hiram, 155 ans avant la fondation de Carthage; construction du temple dans la douzième année d'Hiram. La première donnée a été, nous l'avons vu, fournie par Ménandre. La seconde pourrait provenir de ces annales tyriennes que Josèphe mentionne, sans nous dire comment il les a connues. Encore est-il permis de se demander s'il n'y a pas eu confusion, si les annales ne mentionnaient pas un temple de Tyr, élevé par Hiram (Gutschmid, *Kleine Schriften*, II, p. 94). 6° En adoptant pour la fondation de Rome l'ère varronienne, les 72 ans de Justin nous conduiraient à 823 ou 824, et non à 826.

1. En supposant que les indications de Josèphe soient exactes et en prenant pour point de départ une ère de Troie de 1198 avant J.-C., ce qui reporterait la fondation de Tyr à l'année 1199, on établirait ce calcul : $1199 - 384 = 813$ (le chiffre 384 résultant de l'addition $240 + 144$, chiffre rond pour 143 ans, 8 mois). On arriverait même à 814 en admettant que la fondation de Tyr n'eut pas lieu une année pleine avant le début de l'ère troyenne et en la datant de 1198.

2. Voir plus haut, p. 394, n. 5, l'hypothèse de Meltzer sur le motif qui aurait déterminé Timée à choisir cette date.

3. Conf. p. 360, n. 7, le passage du *De mirabilibus auscultationibus*, probablement emprunté à Timée, où des histoires phéniciennes sont mentionnées à propos des dates de fondation d'Utique et de Carthage.

4. Voir p. 365.

5. Il convient d'ajouter que, jusqu'à présent, on n'en a trouvé aucune trace dans les documents épigraphiques. Mais nous ne possédons que quelques documents puniques qui soient datés (d'après les sufètes annuels) : *Corpus inscr. semit.*, Pars I, n° 165; *Répertoire d'épigraphie sémitique*, I, n°° 17 et 183.

6. Apion (*apud* Josèphe, *Contre Apion*, II, 2, 17) plaçait la fondation de Carthage dans la première année de la septième olympiade (752-1 avant notre ère). Il admettait donc, comme Timée (voir plus haut, p. 397, n. 7), que Rome et Carthage avaient été fondées en même temps, mais il adoptait, pour la fondation de Rome,

Cette date de 814-813 n'est pas invraisemblable. Carthage existait au viiᵉ siècle, au temps où furent creusées les plus anciennes tombes découvertes jusqu'à ce jour dans les cimetières de la ville punique[1]. Vers le milieu du même siècle, elle fonda, dit-on[2], une colonie dans l'île d'Ibiça : ce qui atteste qu'elle tenait alors dans la Méditerranée une place importante. Il est à croire qu'elle ne l'avait pas conquise en quelques années. Nous sommes d'ailleurs trop pauvrement renseignés sur l'histoire de l'Occident avant cette date, pour que l'absence de toute mention de Carthage au viiiᵉ siècle[3] et dans la première moitié du viiᵉ nous autorise à douter de son existence.

Nous dirons donc, en terminant ce chapitre, que Carthage a été certainement fondée par des Tyriens et qu'elle l'a été très probablement en 814-813, sous le règne de Pygmalion (ou peut-être Pumaijaton). Si nous regardons comme légendaires les détails que les textes anciens donnent sur cet événement, nous ne répugnons pas trop à croire qu'une sœur de Pygmalion, Élissa, y ait pris part.

une autre date que l'auteur sicilien. C'était là, on le voit, une combinaison sans valeur.

1. Cela ne prouve pas qu'il n'y en ait point de plus anciennes : l'exploration archéologique de Carthage offre encore bien des lacunes.
2. Diodore, V, 16 (probablement d'après Timée).
3. Thucydide (VI, 2, 6) dit pourtant que, devant l'invasion de la Sicile par les Grecs, les Phéniciens se retirèrent à Motyé, Soloeis et Panormos, parce que, de là, la distance entre l'île et Carthage est la plus courte. Si cela est exact, Carthage devait déjà exister dans la seconde moitié du viiiᵉ siècle et pouvait être un point d'appui pour les Phéniciens de Sicile.

CHAPITRE II

FORMATION DE L'EMPIRE DE CARTHAGE

I

En Occident, les Phéniciens s'étaient établis, non seulement sur le littoral africain, mais encore sur d'autres rivages méditerranéens et même au delà du détroit de Gibraltar[1].

Rien n'atteste, il est vrai, qu'ils aient eu des colonies sur les côtes de l'Italie et de la Gaule. On peut tout au plus admettre que leurs commerçants visitèrent ces parages et y fondèrent quelques comptoirs. Ils ont peut-être apporté en Étrurie, dans le Latium, en Campanie de menus objets, de fabrication égyptienne et phénicienne, qui ont été déposés dans des tombes de la fin du IXe siècle, du siècle suivant et de la première moitié du VIIe, ainsi que quelques coupes d'argent phéniciennes, parvenues à Cervetri et à Préneste probablement vers la fin de cette période[2]. Quant aux noms de lieux que divers savants ont qualifiés de phéniciens[3], il n'y en a guère que deux ou trois

---

1. Sur cette question voir surtout Movers, *die Phönizier*, II, 2, p. 309 et suiv., 555 et suiv., 588 et suiv.; Meltzer, *Geschichte der Karthager*, I, p. 30 et suiv.; E. Meyer, *Geschichte des Alterthums*, 1re édit., I, p. 337-340, et II, p. 111-4, 476, 508-9, 689-691; Beloch, dans *Rheinisches Museum*, XLIX, 1894, p. 117-123; pour la Sicile, E. A. Freeman, *History of Sicily*, I, p. 240 et suiv.
2. Kahrstedt, dans *Klio*, XII, 1912, p. 461 et suiv.
3. Voir, entre autres, pour l'Italie, Movers, *l. c.*, p. 343-4; Olshausen, *Rheinisches Museum*, VIII, 1853, p. 336-9; Bérard, *les Phéniciens et l'Odyssée*, II, p. 111, 298, 350; — pour la Gaule, Bloch, dans Lavisse, *Histoire de France*, I, 2, p. 15-16; Clerc, *Revue historique de Provence*, I, 1901, p. 202 et suiv.; Bérard, *l. c.*, I,

auxquels nous puissions sans trop d'invraisemblance reconnaître cette origine [1].

C'est certainement à tort que l'on a attribué aux Phéniciens la civilisation déjà avancée qui régna dans le Sud de l'Espagne aux derniers temps de l'industrie néolithique [2]. Il faut même avouer que, jusqu'à présent, aucun document archéologique ne prouve leur venue dans cette contrée avant la fin du VIIe siècle. Mais les témoignages des auteurs anciens ne font point défaut. S'il ne convient pas de les accepter avec une confiance aveugle, ils ne méritent peut-être pas non plus l'incrédulité dédaigneuse que quelques savants leur opposent. « Le pays des Ibères, écrit Diodore de Sicile [3], contient les plus nombreuses et les plus belles mines d'argent que l'on connaisse... Les indigènes en ignoraient l'usage [4]. Mais les Phéniciens, venus pour faire du commerce,... achetèrent cet argent en échange d'une petite quantité de marchandises. L'ayant porté en Grèce, en Asie et chez les autres peuples, ils acquirent ainsi de grandes richesses.... Ce commerce, exercé par eux pendant longtemps, accrut leur puissance et leur permit d'envoyer de nombreuses colonies soit en Sicile et dans les îles voisines, soit en Libye,

---

p. 219-220. Contra : E. Meyer, I, p. 338; Jullian, dans Annales du Midi, XV, 1903, p. 207-211; le même, Histoire de la Gaule, I, p. 176, n. 2, et p. 187.

1. Agylla (Cervetri), en Étrurie : voir Olshausen, l. c., p. 333-4 (contra : Beloch, l. c., p. 121). Conf. peut-être Acholla, sur la côte orientale de la Tunisie : supra, p. 372, n. 5. — Rusellae, en Étrurie : Bérard, l. c., I, p. 412. Ce nom a un aspect bien phénicien : si nous le rencontrions en Afrique, sur les côtes où s'élèvent Rusicade, Rusazus, Rusippisir, Rusuccuru, Rusubbicari, Rusguniae, Rusaddir, nous n'hésiterions guère sur son origine. Mais, comme il s'agit d'une ville étrusque, située à l'intérieur des terres, le doute paraît très prudent. — Ruscino (Castel Roussillon, près de Perpignan) : Clerc, l. c., p. 202-3. On n'y a rien trouvé de phénicien (fouilles de M. Thiers : Bull. archéologique du Comité, 1909, p. 121 et suiv.; 1910, p. 149 et suiv.; 1911, p. 208 et suiv.).

2. Siret, Revue des questions scientifiques, 1906, II, p. 539 et suiv.; Revue archéologique, 1907, II, p. 375 et suiv.; etc. Contra : Déchelette, Rev. archéol., 1903, II, p. 240-1, 243 et suiv.

3. V, 35.

4. On a trouvé pourtant de nombreux objets en argent dans des tombes de l'âge du bronze (première moitié du second millénaire), explorées entre Carthagène et Almeria : Déchelette, Rev. archéol., 1908, II, p. 244; le même, Manuel d'archéologie préhistorique, II, p. 365.

en Sardaigne et en Ibérie. » Nous avons mentionné, au début du chapitre précédent[1], deux passages de Strabon, dont l'un indique que les navigateurs phéniciens allèrent au delà des Colonnes d'Héraclès et fondèrent des villes de ce côté peu de temps après la guerre de Troie[2], et dont l'autre affirme que les Phéniciens possédaient la meilleure partie de l'Ibérie avant l'époque d'Homère[3]. « Les Phéniciens, dit aussi Appien[4], ayant fait depuis une époque très ancienne de fréquentes traversées vers l'Ibérie, pour s'y livrer au commerce, me semblent avoir occupé une partie de cette contrée. »

Le plus fameux des établissements phéniciens d'Espagne fut *Gadir*[5], aujourd'hui Cadix, sur une île voisine de l'embouchure du Guadalquivir. Le nom appartient certainement à la langue phénicienne; comme l'indiquent Pline et Festus Aviénus[6], il signifie « lieu clos ». De nombreux textes[7] affirment que Gadir fut une colonie tyrienne. Mais les circonstances de cette fondation restent fort obscures[8]. Velleius Paterculus[9] la place au temps du retour des Héraclides dans le Péloponnèse, peu d'années avant la fondation d'Utique : ce qui correspond à la fin du XII⁰ siècle avant J.-C.[10]. Sans donner une date précise, Diodore marque que cet événement fut précédé d'une période de com-

---

1. P. 360.
2. I, 3, 2.
3. III, 2, 14. Voir aussi, I, 1, 4; XVII, 3, 15; III, 4, 5 (où Strabon indique la venue des Tyriens en Espagne avant celle des Celtes; conf. Varron, *apud* Pline l'Ancien, III, 8).
4. *Iber.*, 2.
5. Pour la forme phénicienne de ce nom (dont les Grecs firent l'Ἄδειρα, les Latins *Gades*), voir Salluste, *Histor. fragm.*, II, 32, édit. Kritz; Pline, IV, 120; Aviénus, *Orbis terrae*, 610, et *Ora maritima*, 85, 267; ainsi que des monnaies phéniciennes : Schröder, *die phönizische Sprache*, p. 80.
6. Voir plus haut, p. 319, n. 2.
7. Énumérés par Movers, II, 2, p. 623, n. 98.
8. Strabon (III, 5, 5) raconte, d'après une tradition des Gaditains, recueillie par Posidonius, deux tentatives que les Phéniciens auraient faites, antérieurement à la fondation de Gadès, pour s'établir d'abord au détroit de Gibraltar, puis dans une île d'Héraclès, située près d'Onoba, à l'Est de l'embouchure de la Guadiana.
9. I, 2, 4.
10. Voir plus haut, p. 360.

merce et de colonisation dans la Méditerranée occidentale[1] : « Ayant réussi dans leurs entreprises, écrit-t-il, les Phéniciens amassèrent de grandes richesses et ils résolurent de naviguer sur la mer qui s'étend en dehors des Colonnes d'Héraclès et qu'on appelle l'Océan. Tout d'abord, ils fondèrent en Europe, près du passage des Colonnes, une ville à laquelle ils donnèrent le nom de Gadeira. »

Ces textes ne nous apprennent ni quand, ni comment les Phéniciens connurent le Sud de l'Espagne[2]. Leur trafic y devint très fructueux par l'exportation de l'argent qui abondait dans le pays et que les indigènes recueillaient pour le leur vendre. Après les comptoirs où le précieux minerai était échangé contre des objets de peu de valeur[3], fut fondée une véritable colonie, Gadès, qui commandait une région fertile et bien peuplée, arrosée par le Guadalquivir, et qui, située presque à l'entrée de l'Océan, était destinée à devenir le grand entrepôt du commerce maritime au delà du détroit. Il ne nous semble pas qu'on ait démontré l'inexactitude de la date indiquée par Velleius Paterculus et, d'une manière plus vague, par Strabon[4] et Pomponius Méla[5]. Les Phéniciens fondèrent-ils d'autres colonies dans le Sud et le Sud-Est de l'Espagne? C'est ce que nous ne saurions dire. En tout cas, rien n'autorise à croire qu'ils aient occupé des territoires étendus, en arrière du littoral[6].

1. V, 20. Conf. p. 359.
2. Pour M. Beloch (*l. c.*, p. 124), le premier témoignage certain du commerce phénicien avec l'Espagne méridionale est celui d'Isaïe (chap. xxiii). Il croit que ce commerce n'est pas antérieur au viii° siècle.
3. On a supposé que ces premiers comptoirs furent fondés en deçà du détroit : ce qui est vraisemblable et ce que Diodore paraît du reste indiquer. Mais il est impossible de préciser, de dire, par exemple (Movers, II, p. 632 et suiv.; Meltzer, I, p. 36; E. Meyer, I, p. 339-340, et II, p. 689), qu'Abdéra, Sexi, Malaca, Cartéia furent des établissements phéniciens très anciens. Sexi, située à l'Est de Malaga, n'est certainement pas la πόλις Ἀφρικανῶν que Strabon (III, 5, 5) mentionne « à l'intérieur du détroit », lieu où les Phéniciens auraient pensé à se fixer avant de fonder Gadès : voir Bérard, *l. c.*, I, p. 282-3.
4. I, 3, 2 (« peu de temps après la guerre de Troie »).
5. III, 46 (à propos du temple d'Hercule élevé par les Tyriens dan l'Ile de Gadès) : « annorum quis manet ab Iliaca tempestate principia sunt ».
6. Malgré Strabon, III, 2, 13. Il dit que les Phéniciens soumirent les indigènes

Pendant des siècles, ils exploitèrent cette contrée, que les livres bibliques appellent, évidemment d'après eux, le pays de Tarshish[1], et les Grecs, le pays de Tartessos[2]. L'expression « vaisseaux de Tarshish[3] » désigna des navires qui, par leur forme et leurs dimensions, étaient sans doute propres à accomplir de longues traversées, avec de lourds chargements. Jérémie[4] et Ézéchiel[5] nous apprennent qu'ils transportaient des métaux : leur témoignage, qui date du début du vi[e] siècle[6], confirme les indications de Diodore[7]. L'argent était certainement tiré du pays même de Tartessos[8]; parmi les autres métaux,

de la région de Tartessos, au point que la plupart des villes de la Turdétanie (Bétique) étaient encore habitées par eux de son temps. Conf. III, 2, 14, et Appien, Iber., 2 : passages cités p. 404.

1. G. Oppert, Zeitschrift für Ethnologie, XXXV, 1903, p. 52 et suiv. Pour l'identité de Tarshish et de Tartessos, voir surtout Movers, II, 2, p. 494 et suiv. On sait que des auteurs anciens et modernes ont cherché ailleurs le site de Tarshish; c'est ainsi que, dans plusieurs passages de la traduction des Septante, ce mot est rendu par Καρχηδών, Carthage : Isaïe, XXIII, 1; 10; 14; Ézéchiel, XXVII, 12, et XXXVIII, 13.

2. On trouve aussi dans Polybe (traduction du second traité conclu entre Rome et Carthage : III, 24, 4; conf. ibid., 1) la forme Ταρσήϊον, qui se rapproche plus de Tarshish. — Sur les emplois du mot Tartessos, voir Movers, II, 2, p. 601 et suiv.; Müller, Geographi graeci minores, I, n. à p. 201; Unger, dans Philologus, IVe Supplementband, 1884, p. 216-7; Atenstädt, Leipziger Studien, XIV, 1891, p. 91 et suiv. Ce nom a désigné le fleuve qu'on appelle aujourd'hui le Guadalquivir : Stésichore, apud Strabon, III, 2, 11; Aviénus, Ora, 225, 284; Aristote, Meteor., I, 13, 9; etc. Ce fut aussi un nom de ville : Hérodote, IV, 152 (ἐς Ταρτησσόν... Τὸ δὲ ἐμπόριον τοῦτο...); Étienne de Byzance, s. v. Ταρτησσός. Les uns prétendaient qu'une ville de ce nom avait existé entre deux bouches du fleuve Tartessos : Strabon, III, 2, 11; Pausanias, VI, 19, 3. Selon le Pseudo-Scymnus (162-4, dans Geogr. gr. min., l. c.), qui reproduit Éphore, il y avait une ville de Tartessos à deux journées de navigation de Gadès. D'autres prétendaient que c'était l'ancien nom de Gadir : Salluste, Histor. fragm., II, 32; Aviénus, Ora, 85, 269-270 (il n'est pas sûr que cette indication se soit trouvée dans le vieux Périple qu'Aviénus reproduit); conf. Arrien, Anabase, II, 16, 4; Pline, IV, 120. D'autres enfin plaçaient Tartessos à Cartéia, dans le détroit : Méla, II, 92; Pline, III, 7; etc.

3. Voir Movers, II, 3, p. 164.

4. X, 9 (argent apporté de Tarshish).

5. XXVII, 12 (argent, fer, étain, plomb apportés à Tyr par les marchands de Tarshish).

6. Si le passage d'Ézéchiel n'est pas une addition, comme on l'a supposé.

7. Voir aussi Pseudo-Aristote, De mirab. auscultationibus, 135 (d'après Timée).

8. Vers 600, Stésichore mentionne la richesse en argent du pays où naît le fleuve Tartessos : apud Strabon, III, 2, 11. M. Th. Reinach (Revue celtique, XV, 1894, p. 213) croit qu'une allusion aux mines d'argent du Sud de l'Espagne se trouve déjà dans l'Iliade (II, 857). — Pour les mines d'argent de cette contrée,

l'étain, qui servait avec le cuivre à la fabrication du bronze[1], venait peut-être de bien plus loin[2]. Peut-être des vaisseaux, montés par des marins espagnols, ou même phéniciens, allaient-ils déjà le chercher à l'entrée de la Manche, pour l'amener aux entrepôts de Gadès[3].

Thucydide[4] atteste l'existence d'établissements phéniciens anciens en Sicile : « Autour de toute la Sicile, les Phéniciens occupèrent des pointes qui s'avancent dans la mer et les petites îles situées près du rivage, pour faire du commerce avec les Sikèles. Mais, lorsque les Grecs vinrent par mer en grand nombre, ils abandonnèrent la plupart de ces lieux et se réunirent à Motyé, à Soloeis et à Panormos, près des Elymes, parce qu'ils se fiaient à leur alliance avec les Élymes et parce que, de là, la distance entre la Sicile et Carthage est la plus courte. » Dans un passage cité plus haut[5], Diodore mentionne des colonies fondées en Sicile par les Phéniciens, que le commerce de l'argent espagnol avait enrichis.

A ces deux textes concernant la grande île, on a joint des

Voir Ardaillon, dans *Dictionnaire des antiquités* de Saglio et Pottier, s. v. *Metalla*, p. 1817-8.

1. Σιδῶνος πολυχάλκου, dit Homère, *Odyssée*, XV, 425 : ce qui veut dire la Phénicie riche en bronze, ou en cuivre.

2. Il y a des gisements dans le Sud de l'Espagne (entre autres dans la région de Grenade), auxquels des textes du Pseudo-Scymnus (165; d'après Éphore), d'Aviénus (*Ora*, 293 et suiv.), d'Étienne de Byzance (s. v. Ταρτησσός) font peut-être allusion. Mais l'étain se trouve surtout dans le Nord-Ouest de la péninsule (en Galice et dans les Asturies) : voir Müllenhoff, *Deutsche Altertumskunde*, I, p. 99; Unger, dans *Rheinisches Museum*, XXXVIII, 1883, p. 170-1; Bérard, *l. c.*, I, p. 436 et 445; Jullian, *Histoire de la Gaule*, I, p. 264, n. 3. Pour l'étain de la Bretagne française, voir Bérard, I, p. 444; Jullian, I, p. 78, n. 8; Déchelette, *Manuel*, II, p. 95, n. 3. Cependant il n'est pas prouvé que les mines de la Galice et des Asturies aient été exploitées avant l'époque de la domination romaine (conf. Sieglin, dans *Verhandlungen des siebenten internationalen Geographen-Kongresses*, Berlin, 1899, II, p. 863), ni que l'étain de Bretagne ait été apporté par mer vers le Sud de l'Espagne.

3. Aviénus, *Ora*, 113-4. Conf. E. Meyer, *Geschichte*, II, p. 691-2. Pour les relations maritimes qui ont dû exister à l'époque préhistorique entre le Sud de l'Espagne, les côtes atlantiques de la Gaule et les Iles Britanniques, voir Déchelette, *Manuel*, I, p. 595; II, p. 27-28, 371.

4. VI, 2, 6.

5. P. 403.

noms géographiques, qui ont paru appartenir à la langue phénicienne. Mais il convient de réduire beaucoup les listes dressées par Movers et d'autres savants[1] : quatre ou cinq noms tout au plus paraissent devoir être retenus[2]. Pas plus que l'Espagne, la Sicile, pourtant mieux explorée, n'a livré de documents archéologiques attestant une colonisation, un commerce étendu des Phéniciens à la fin du second millénaire et au début du premier[3].

Cette constatation doit nous engager à ne pas exagérer leur rôle dans l'histoire de l'île[4]. Elle ne doit peut-être pas nous faire rejeter l'indication de Thucydide[5]. Du reste, le Sud et le Sud-Ouest de la Sicile étaient sur la route maritime qui reliait les ports de la Syrie aux mines d'argent d'Espagne; quelles

---

1. Movers, II, 2, p. 324 et suiv. Holm, *Geschichte Siciliens im Alterthum*, I, p. 81 et suiv. Bérard, *l. c.*, II, p. 331, 332. Etc.

2. Peut-être Pachynos, promontoire au Sud-Est de l'île : Movers, *l. c.*, p. 325; Bérard, II, p. 381. Thapsos, au Nord-Ouest de Syracuse : Movers, p. 329 (M. Orsi n'a pourtant constaté aucune trace des Phéniciens en ce lieu et il doute que le nom soit sémitique : *Monumenti antichi dei Lincei*, VI, p. 91, n. 1). En ce qui concerne les trois villes indiquées par Thucydide, le nom de Soloeis est certainement phénicien (Movers, p. 337); celui de Motyé l'est peut-être aussi (Movers, p. 334). Πάνορμος est un nom grec; on a supposé, d'après des monnaies, que le nom phénicien était Sis, mais cela n'est nullement certain : voir Freeman, *History of Sicily*, I, p. 231; G. F. Hill, *Coins of ancient Sicily*, p. 147. Il n'est pas impossible que Mazara, au Sud-Ouest de l'île, soit un nom phénicien (Movers, p. 333). Pour Heraclea Minoa, sur la côte méridionale, à l'Est de Sélinonte, l'origine phénicienne du terme Minoa est plus que douteuse (quoi qu'en dise Bérard, I, p. 216 et suiv.); quant au nom d'Ἡράκλεια, il paraît avoir été donné à la ville par des Grecs à la fin du vi⁰ siècle : voir Beloch, *Rheinisches Museum*, XLIX, p. 118; Bethe, *ibid.*, LXV, 1910, p. 210-1; Ziegler, *Real-Encyclopädie* de Wissowa, s. v. *Herakleia*, col. 437. Il n'est pas certain qu'il faille attribuer à cette ville des monnaies du temps de la domination punique en Sicile (iv⁰ siècle), portant la légende phénicienne Rous Melqart (le cap d'Héraclès) : Hill, *l. c.*, p. 142.

3. Voir Orsi, *Monumenti dei Lincei*, II, p. 33; *Bull. di paletnologia italiana*, XX, 1894, p. 64, n. 36; *Notizie degli scavi*, 1899, p. 26. Il n'y a aucune raison d'admettre que les vases et autres objets dits mycéniens, découverts en Sicile, aient été apportés par des Phéniciens : Beloch, *l. c.*, p. 120.

4. Contre les opinions de Movers et de Holm, voir Freeman, *l. c.*, p. 559 et suiv.; Pais, *Storia della Sicilia e della magna Grecia*, I, p. 600 et suiv. M. Beloch (*l. c.*, p. 117-8) fait observer qu'à Ortygie, à Mégare, à Naxos, à Zancle, les Grecs, au témoignage de Thucydide et de Diodore, ne trouvèrent que des Sikèles.

5. On sait que les sites occupés de préférence par les Phéniciens étaient précisément ceux que l'historien grec indique pour la Sicile : pointes s'avançant dans la mer, petites îles voisines du rivage. Voir plus haut, p. 35.

qu'aient été les causes qui y amenèrent les Phéniciens, on ne peut guère douter qu'ils n'aient occupé dans ces parages des points où relâchaient les vaisseaux de Tarshish, comme aussi ceux qui se dirigeaient vers les côtes de la Berbérie[1]. Cela ne prouve pas qu'outre des factoreries et des escales, dont la population était flottante et l'existence précaire, ils aient fondé des colonies en Sicile, avant de se rassembler à Motyé, à Panormos et à Soloeis. Ce fut peut-être alors seulement que de véritables villes s'élevèrent en ces trois lieux. Motyé fut construite sur une île, dans la baie bien abritée qui s'étend au nord du cap Lilybée, point de la Sicile le plus rapproché de l'Afrique; Panormos, aujourd'hui Palerme, au fond d'un beau golfe et au débouché d'un pays fertile; Soloeis (Solonte), moins importante, sur une pointe qui s'avance entre le golfe de Palerme et celui dans lequel se jette le fleuve Himère[2].

Les Phéniciens s'établirent sans doute à Malte[3], à Gozzo, à Pantelleria, îles semées entre la Sicile et l'Afrique, et qui, lorsqu'ils s'écartaient des côtes pour voguer en pleine mer, leur assuraient le passage entre les deux bassins de la Méditerranée. Ils durent aussi occuper quelques points dans le Sud et l'Ouest de la Sardaigne, peut-être dans les Baléares et dans l'île d'Ibiça, étapes de leurs navigations à travers le bassin occidental[4].

« L'île de Mélité (Malte), écrit Diodore[5], a été colonisée par

---

1. Movers, II, 2, p. 310. Holm, I, p. 80. Meltzer, I, p. 34.
2. Sur la position de ces villes, voir Holm, I, p. 83-85; Meltzer, I, p. 137.
3. Voir Movers, II, 2, p. 437; A. Mayr, *die Insel Malta im Altertum* (1909), p. 72.
4. Conf. Movers, *l. c.*, p. 556-7, 579; Meltzer, I, p. 33-34. La Corse était en dehors de cette route maritime; les Phéniciens ne paraissent pas s'y être établis : E. Meyer, I, p. 338. Il faut dire qu'on n'a pas non plus de preuves de l'existence d'établissements phéniciens anciens aux Baléares. Il est fort douteux que ce nom (Βαλιαρεῖς, *Baliares*) soit d'origine phénicienne, comme le prétendait Strabon (XIV, 2, 10) et comme l'a soutenu Movers (*l. c.*, p. 584). L'étymologie phénicienne d'*Ebusus* (Ibiça) est au contraire vraisemblable; ce nom (qui d'ailleurs peut dater seulement de l'époque carthaginoise) paraît signifier « île des Pins » et répondre au nom grec Πιτυοῦσσα (conf. Diodore, V, 16; Pline, III, 76) : Movers, p. 586; Schröder, *die phönizische Sprache*, p. 99 (contra : Sachau et Hübner, *Real-Encyclopädie* de Wissowa, s. v. *Ebusus*, col. 1904).
5. V, 12, probablement d'après Timée.

les Phéniciens, qui, étendant leur commerce jusqu'à l'Océan occidental, se sont emparés de ce refuge, situé en pleine mer et pourvu de bons ports. » Il ajoute que Gaulos (Gozzo), située de même et offrant aussi de bons ports[1], fut également colonisée par eux[2]. Ailleurs, il parle de diverses colonies fondées par les Phéniciens dans les îles voisines de la Sicile et en Sardaigne, à la suite du développement de leur trafic avec l'Espagne[3].

Parmi ces établissements de Sardaigne, il faut peut-être compter Caralis (Cagliari), excellent port, tourné à la fois vers la Sicile et l'Afrique; Nora, sur une presqu'île rocheuse, au Sud-Ouest du golfe de Cagliari; Sulci, dans une île[4], au Sud-Ouest de la Sardaigne; Tharros, sur la côte occidentale, qui fait face aux Baléares, dans une presqu'île fermant au Nord-Ouest une large baie[5].

A Malte, la colonisation phénicienne prospéra peut-être au point de se répandre jusqu'en Afrique : nous avons vu[6]

---

1. Ce qui est peu exact : Mayr, *die Insel Malta*, p. 13.
2. Le nom antique de cette île, גול (*Corpus inscriptionum semiticarum*, Pars I, n° 132), l'αὐλός, *Gaulus*, est certainement phénicien : il désignait un navire marchand de forme ronde : Mayr, *l. c.*, p. 27. Quant au nom de Μελίτη, *Melite*, Bochart et d'autres l'ont cru aussi d'origine phénicienne, ce qui est douteux : Mayr, p. 25-26. Le nom phénicien de Malte est peut-être indiqué sur des monnaies par les lettres אנן.
3. V, 35. Voir plus haut, p. 103-4.
4. Isola di S. Antioco. Au Nord-Ouest de cette île s'en trouve une autre, l'isola di S. Pietro, dont nous connaissons le nom phénicien, *Enosim* : voir *Corpus inscr. sem.*, I, n° 139).
5. Voir Movers, II, 2, p. 557-8, 571-3; Meltzer, I, p. 34; Perrot, *Histoire de l'Art*, III, p. 233-4; E. Meyer, II, p. 144; Patroni, *Monumenti dei Lincei*, XIV, p. 255. — Les preuves manquent, car on ne peut guère regarder comme un témoignage historique l'indication de Claudien, qui prétend que Caralis fut fondée par Tyr (*De bello Gildonico*, 520-1 : « Tyrio fundata potenti... Caralis »). Méla (II, 123) prétend que Caralis et Sulci sont les villes les plus anciennes de la Sardaigne : il ne dit pas qui les a fondées. Selon Pausanias (X, 17, 5), Nora aurait été la plus antique cité de l'île, mais elle aurait été fondée par des Espagnols (conf. Solin, IV, 1). — D'autre part, Pausanias (X, 17, 9) affirme que Caralis et Sulci furent fondées par les Carthaginois. Ceux-ci ne firent peut-être qu'infuser une vie nouvelle à de vieilles villes phéniciennes (Movers, p. 358; *contra* : von Duhn, dans *Strena Helbigiana*, p. 60). Sur une inscription trouvée à Nora (*Corpus inscr. sem.*, I, n° 144), l'écriture, comme le font remarquer les auteurs du *Corpus* (p. 192), n'a pas un aspect carthaginois et paraît plutôt se rattacher, par une filiation lointaine, à un type de la Phénicie propre.
6. P. 372.

qu'Acholla, sur le littoral oriental de la Tunisie, passait pour avoir été fondée par les Mélitains.

L'île de Pantelleria, dont les côtes abruptes offrent cependant un petit hâvre au Nord-Ouest[1], paraît être restée officiellement indépendante de Carthage jusqu'au III° siècle avant notre ère[2]. Peut-être jouissait-elle de cette condition privilégiée parce qu'elle était une vieille colonie phénicienne[3]. Le nom d'Iranim qui lui fut donné est phénicien[4], comme aussi, probablement, son autre nom, Cossura[5].

II

Vers le début du V° siècle, Carthage était la première puissance maritime et commerçante de la Méditerranée occidentale; en droit ou en fait, elle commandait aux autres cités phéniciennes, échelonnées sur les rivages de cette mer. Comment sa grandeur s'était-elle édifiée? Nous l'ignorons presque entièrement. Mais nous pouvons en entrevoir les causes.

---

1. Tissot, *Géographie*, I, 235. Mayr, *Römische Mittheilungen des archäol. Instituts*, XIII, 1898, p. 369, 381. Orsi, *Monumenti dei Lincei*, IX, p. 503.
2. Les fastes triomphaux romains mentionnent deux triomphes célébrés, pendant la première guerre punique, « de Cossurensibus et Poeneis » : *Corpus inscr. lat.*, I, 2° édit., p. 47 (année 500). Si Cossura n'avait été alors qu'une simple colonie de Carthage, elle n'aurait probablement pas été mentionnée à part.
3. Conf. Movers, II, 2, p. 361; Mayr, *Röm. Mitth.*, l. c., p. 395-6; Mowat, *Revue numismatique*, 1907, p. 49.
4. Monnaies à légende punique : Mayr, *die antiken Münzen der Inseln Malta, Gozo und Pantelleria* (1895), p. 24; Mowat, l. c., p. 44. *Corpus inscr. sem.*, I, n° 265. Le sens est peut-être « île des Victoires » : Mayr, l. c., p. 27.
5. Monnaies à légende latine : Mayr, l. c., p. 25; Mowat, l. c., p. 53 et suiv. On trouve dans les auteurs les orthographes Κόσσυρος (Périple de Scylax, 111, dans *Geogr. gr. min.*, I, p. 89), Κόσσυρος (Polybe, III, 96, 13), Κόσσυρος (Strabon, XVII, 3, 16), Κόσσουρα (Strabon, II, 5, 19, et VI, 2, 11), *Cosyra, Cossyra, Cosura, Cossara* (voir Forbiger, *Handbuch der alten Geographie*, III, 2° édit., p. 543, n. 53). M. Mowat (l. c., p. 45-46) croit que ce nom est apparenté au mot arabe *ksar* (plur. *ksour*); il aurait désigné primitivement l'acropole qui dominait le port (sur cette acropole, voir Orsi, l. c., p. 504 et suiv.). Mayr (*Insel Malta*, p. 27) se demande si le nom n'est pas libyque.

La principale fut la nécessité, pour les Phéniciens de l'Ouest, de résister à l'invasion hellénique.

L'Odyssée nous montre le roi d'Ithaque errant dans divers parages de l'Occident. Peut-être, comme le croyait Strabon[1], des renseignements géographiques d'origine phénicienne ont-ils été mis en œuvre dans le poème homérique[2]; il n'en est pas moins vrai que la curiosité des Grecs se tournait alors vers ces régions lointaines et stimulait leurs ambitions.

Dès la seconde moitié du VIII° siècle, des Chalcidiens, des Corinthiens, des Mégariens avaient fondé, sur la côte orientale de la Sicile et sur le détroit de Messine, Naxos, Syracuse, Catane, Leontinoi, Megara Hyblæa, Zancle, Rhégion. Au siècle suivant, Himère, Géla et Sélinonte s'élevèrent sur les côtes septentrionale et méridionale. Puis Agrigente fut fondée[3]. Bientôt après, vers 580, Pentathlos de Cnide vint débarquer au cap Lilybée, à l'Ouest de l'île, avec des Cnidiens et des Rhodiens, et il y construisit une ville[4]. L'Italie du Sud se couvrait aussi de colonies et devenait la Grande Grèce; l'Italie centrale était inondée de produits grecs.

Des colons venus de Théra s'établissaient, vers 640, sur le littoral de la région qui s'appela plus tard la Cyrénaïque, au Nord-Est du golfe des Syrtes, dont les rives occidentale et méridionale étaient déjà occupées par les Phéniciens. Quelques années après[5], ils fondaient Cyrène.

Des Phocéens fondèrent, vers 600, près de l'extrémité de la grande voie commerciale du Rhône, la ville de Massalia, Mar-

---

1. III, 2, 13 et 14.
2. On sait que cette thèse a été soutenue de la manière la plus ingénieuse par M. Bérard dans son ouvrage *les Phéniciens et l'Odyssée* (1902-3).
3. Sur la colonisation grecque en Sicile, voir Busolt, *Griechische Geschichte*, 2° édit., I, p. 385 et suiv., 412 et suiv.
4. Pausanias, X. 11, 3; il cite Antiochus de Syracuse (= *Fragmenta historicorum græcorum*, édit. Müller, I, p. 181, n° 2). Diodore, V, 9, d'après Timée. Pausanias écrit par erreur que la colonie de Pentathlos fut établie au cap Pachynos, au Sud-Est de la Sicile.
5. Date incertaine : voir Busolt, I, p. 482, n. 3.

seille[1], qui devait être, pendant des siècles, la rivale constante de Carthage; dans le même temps, ou un peu plus tard, plusieurs autres colonies entre le Rhône et le Sud de la péninsule ibérique[2] : l'une d'elles, Mænacé[3], s'éleva près de Malaga[4], dans le voisinage des montagnes d'où l'on extrayait l'argent.

Vers 640, le Samien Colæos, qui se rendait en Égypte, fut entraîné par la tempête jusqu'au delà des Colonnes d'Héraclès; il fit d'énormes bénéfices en vendant ses marchandises aux gens de Tartessos[5]. Des Phocéens le suivirent, à la fin du viie siècle et au début du vi[e], et furent très bien accueillis par le roi du pays, Arganthonios[6]; celui-ci, au dire d'Hérodote, leur aurait même proposé de quitter l'Ionie et de venir s'établir dans ses États[7].

1. Jullian, *Histoire de la Gaule*, I, p. 201 et suiv.
2. La côte orientale d'Espagne a pu être fréquentée dès le viiie siècle par des Grecs d'Asie Mineure. Ce furent eux, peut-être, qui introduisirent dans la péninsule un style géométrique curviligne, dégénérescence du mycénien, qu'on retrouve sur les poteries ibériques : Pottier, *Journal des Savants*, 1903, p. 583-4. — La date des colonies grecques de cette côte est incertaine : vers la fin du viiie siècle, selon Clerc, *Revue des études anciennes*, VII, 1905, p. 351; dans la première moitié du vi[e] siècle, selon Jullian, *ibid.*, V, 1903, p. 320-2 (conf. *Histoire*, I, p. 216); au vi[e] siècle, selon Meltzer, I, p. 151, 481, et selon Th. Reinach, *Revue des études grecques*, XI, 1898, p. 53. D'autres croient qu'il s'agit de colonies de Marseille, fondées seulement au ve siècle : voir, par exemple, Atenstädt, dans *Leipziger Studien*, XIV, 1891, p. 56-57.
3. Strabon, III, 4, 2 (d'après Artémidore ou Posidonius) : τῇ Μαινάκῃ ..., ἣν ἐσχάτην τῶν Φωκαϊκῶν πόλεων πρὸς δύσει κειμένην παρειλήφαμεν. Pseudo-Scymnus (d'après Éphore) la qualifie de marseillaise (146-7, dans *Geogr. gr. min.*, I, p. 200) : Μασσαλιωτικὴ πόλις ἐστὶν ἐγγύς, Μαινάκη καλουμένη. Le lieu est aussi mentionné par Étienne de Byzance (s. v. Μάκη) : Μαινάκη, Κελτικὴ πόλις, ce qui paraît signifier simplement ville d'Espagne, selon la façon de parler d'Éphore.
4. Festus Aviénus (*Ora*, 426-7) dit que *Menace* est un ancien nom de *Malacha* : ce qui est peut-être une addition au vieux Périple qu'Aviénus reproduit. Unger (*Philologus*, IVe Supplementband, 1884, p. 236) et Jullian (*Rev. ét. anc.*, V, p. 321, n. 3) sont disposés à croire que cette identification est exacte. Strabon (*l. c.*), qui la connaît, la déclare erronée et affirme que Μαινάκη était plus éloignée du détroit que Μάλακα.
5. Hérodote, IV, 152.
6. Cet Arganthonios passait pour avoir vécu 120 ans (ou même plus longtemps) et il aurait régné 80 ans : Hérodote, I, 163. L'historien (I, 165) dit qu'il était mort lors du siège de Phocée, vers 540. Clerc (*l. c.*, p. 342-4) place son règne approximativement entre 623 et 545. Mais le nom que les Grecs ont transcrit Arganthonios fut peut-être porté par plusieurs rois, qui se seraient succédé : Jullian, *Histoire*, I, p. 199, n. 1.
7. Hérodote, I, 163. Conf. Appien, *Iber.*, 2.

Ce furent aussi des Phocéens qui fondèrent, vers 560, Alalia (Aleria), sur la côte orientale de la Corse, à portée de l'Étrurie[1]. A plusieurs reprises, des Grecs songèrent à prendre pied dans l'île voisine de Sardaigne[2]. Au VII° siècle, après la seconde guerre de Messénie, les Messéniens vaincus eurent des velléités de s'y réfugier[3]; vers 545, Bias de Priène conseilla aux Ioniens de s'y rendre en masse, pour échapper à la domination des Perses[4].

De tous côtés, le monde hellénique se déversait sur l'Occident. L'oracle de Delphes, puissance politique autant que religieuse, qui dominait la foule des cités autonomes et souvent hostiles, indiquait aux émigrants le but à atteindre et faisait d'eux les exécuteurs de la volonté divine[5].

Rien ne prouve, nous l'avons dit[6], qu'en Cyrénaïque, en Gaule, en Corse, dans l'Italie méridionale, les nouveaux venus se soient heurtés à des Phéniciens : dans ces régions, l'absence de rivaux facilita sans doute leurs entreprises. D'autre part, les Grecs ne se dirigèrent pas vers les côtes africaines situées entre les Syrtes et le détroit de Gibraltar, le long desquelles les Phéniciens avaient des établissements importants. Cependant il est impossible d'admettre qu'il y ait eu entre les deux peuples une entente pour le partage de l'Occident. Partout où des circonstances favorables leur promettaient le succès, les Grecs accouraient, sans égard pour leurs devanciers. Si ce que Thucydide affirme est exact, ils les contraignirent à abandonner leurs

---

1. Hérodote, I, 165.
2. Pais (*Atti dell'Accademia dei Lincei*, Serie terza, Scienze morali, Memorie, VII, 1881, p. 308) croit même que des Grecs s'établirent au Nord-Est de l'île, à Olbia (comme paraît l'indiquer le nom de cette ville); conf. von Duhn, dans *Strena Helbigiana*, p. 60; E. Meyer, *Geschichte*, II, p. 694. Cela aurait eu lieu soit au VI° siècle, vers le temps où des Phocéens se fixèrent en Corse (Pais, *l. c.*), soit plus tard (Pais, *Ricerche storiche e geografiche sull'Italia antica*, p. 541 et suiv., où il se demande si ce ne fut pas une fondation des Marseillais, au V° siècle).
3. Pausanias, IV, 23, 5.
4. Hérodote, I, 170.
5. Hérodote, IV, 150, 151, 155, 156, 157; V, 43; conf. I, 165.
6. P. 368, 402, 409 (n. 4).

comptoirs du pourtour de la Sicile, les réduisant à la possession de trois villes au Nord-Ouest et à l'Ouest de l'île. Ils convoitèrent la Sardaigne, où il est probable que les Phéniciens avaient des colonies depuis longtemps. Ils vinrent faire concurrence à leur commerce dans le Sud de l'Espagne.

Les Phéniciens d'Occident n'avaient pas d'ennemis plus redoutables; mais ils devaient craindre aussi les convoitises des indigènes sur les territoires desquels ils s'étaient fixés. Des établissements phéniciens du littoral africain de l'Océan auraient été détruits, — on ne sait quand, mais, autant qu'il semble, avant l'expédition d'Hannon[1], — par les Pharusiens et les Nigrites, peuples qui vivaient au Sud du Maroc[2]. Ce fut peut-être pour défendre de vieilles colonies contre les barbares que Carthage intervint en Sardaigne et sur les côtes méditerranéennes de l'Afrique du Nord.

En Espagne, les Phéniciens avaient à compter avec le puissant royaume de Tartessos, en bordure duquel ils avaient fondé des comptoirs et la colonie de Gadès[3]. Ce royaume paraît s'être étendu depuis la région d'Elche, sur la Méditerranée[4], jusque vers l'embouchure de la Guadiana, sur l'Atlantique[5]. Les Tar-

1. Voir chapitre suivant.
2. Strabon, XVII, 3, 3 et 8, d'après Ératosthène, qui lui-même copiait peut-être le Périple d'Ophellas (voir p. 364, n. 1).
3. On pourrait croire que le roi de Tartessos résidait à Gadès même. Cicéron (De Senectute, 69) dit d'Arganthonius, qu'il qualifie de *Tartessiorum rex* : « fuit, ut scriptum video, Arganthonius quidam Gadibus ... »; mêmes indications dans Pline, VII, 156; conf. Valère-Maxime, VIII, 13, ext., 4 : « Arganthonius Gaditanus » Selon Hérodote (I, 163), c'était un roi de Tartessos, qui, dans un autre passage de cet auteur (IV, 152), est certainement un nom de ville; or, d'après Salluste et Aviénus (textes cités p. 406, n. 2), Tartessus était le nom ancien de Gadès. Arganthonios était-il maître de la ville fondée plusieurs siècles auparavant par les Phéniciens? ou bien la capitale indigène et la colonie phénicienne se touchaient-elles, à l'extrémité Nord-Ouest de l'île de Léon (pour la topographie de Gadès avant l'époque d'Auguste, voir Kahrstedt, *Archäol. Anzeiger*, 1912, p. 217 et suiv.)? M. Jullian (*Histoire*, I, p. 186, n. 6) adopte la seconde hypothèse. J'aimerais mieux croire que la ville d'Arganthonius était, non à Gadès même, mais dans le voisinage. M. E. Meyer (*Geschichte*, II, p. 691; III, p. 677) la place à l'embouchure du Guadalquivir, selon les indications de Strabon et de Pausanias (voir p. 406, n. 2).
4. Aviénus, *Ora*, 462-3. Voir Th. Reinach, *Rev. des études grecques*, XI, 1898, p. 47.
5. Aviénus, *l. c.*, 223-4. Conf. Jullian, *Histoire*, I, p. 197.

tessiens ne se contentaient pas d'occuper la contrée très fertile qu'arrose le Guadalquivir, et des montagnes où l'argent abondait ; ils s'aventuraient sur l'Océan, peut-être jusqu'à l'entrée de la Manche[1], probablement aussi sur la mer intérieure[2]. On a vu que leur souverain avait fait bon accueil aux Grecs qui avaient franchi le détroit, qu'il avait sans doute laissé les Phocéens fonder Mænacé sur son territoire. Nous ignorons, il est vrai, s'il se montra philhellène au point de permettre aux rivaux commerciaux des Phéniciens de les supplanter tout à fait.

Gadès, cependant, fut menacée, sinon par les Tartessiens, du moins par d'autres Espagnols. Macrobe[3] raconte, sans indiquer sa source, que Théron, roi de l'Espagne Citérieure, vint avec une flotte dans l'intention de s'emparer du temple d'Hercule. Les navires de guerre des Gaditains s'avancèrent à sa rencontre[4] et engagèrent le combat. Les vaisseaux de Théron auraient été dispersés et incendiés par un miracle soudain. Le *rex Hispaniae Citerioris* dont parle Macrobe était peut-être un roi des Ibères[5]. On ne sait malheureusement pas la date de cette expédition[6]. Justin[7] mentionne aussi, mais très brièvement, des attaques qui furent dirigées contre Gadès par des peuples voisins, jaloux de la prospérité de la ville tyrienne[8].

1. Voir plus haut, p. 407.
2. D'après une tradition rapportée par Solin (IV, 1, peut-être d'après Salluste), ils auraient fondé Nora, en Sardaigne ; conf. Pausanias, X, 17, 5.
3. *Saturnales*, I, 20, 12.
4. On sait que le temple d'Hercule ne s'élevait pas à Gadès même, mais à environ 18 kilomètres au Sud-Est de la ville, à l'autre extrémité de l'île de Léon, dans la direction du détroit de Gibraltar.
5. Jullian, *Rev. des études anciennes*, V, 1903, p. 326, n. 2. Movers (II, 2, p. 638) croit qu'il s'agit d'un conquérant celte.
6. Jullian (*l. c.*) la place vers le milieu du vi[e] siècle : « Il est bien probable que cette attaque a été la cause directe, vers le temps de la mort d'Arganthonios, du recours désespéré de Cadix à Carthage. »
7. XLIV, 5, 2 : « Cum Gaditani... urbem condidissent, invidentibus incrementis novae urbis finitimis Hispaniae populis ac propterea Gaditanos bello lacessentibus... »
8. Müllenhoff (*Deutsche Altertumskunde*, I, p. 109) pense que ces attaques furent la conséquence de l'invasion des Celtes : ce qui n'est nullement prouvé. E. Meyer (III, p. 673) suppose que les assaillants étaient des Tartessiens.

Contre tant de dangers, les Phéniciens ne pouvaient plus
compter sur le secours de Tyr, qui avait été si puissante à la
fin du second millénaire et au début du premier et avait alors
fondé les principales colonies d'Occident. Vassale intermittente
des Assyriens au ɪxᵉ siècle et au siècle suivant, elle avait tenté,
vers la fin du vɪɪɪᵉ siècle, de s'affranchir de cette dépendance.
Elle fut bloquée par terre et son roi s'enfuit dans l'île de Chypre,
où il mourut. Alors commença pour elle la décadence; elle
perdit son rang de capitale de la Phénicie. Une trentaine d'années plus tard, elle essaya de se relever en s'alliant au pharaon
Taharqou; mais les Assyriens conquirent l'Égypte, et Tyr
rentra dans l'obéissance. Elle déclina de plus en plus. Ballottée
entre l'Égypte et la Chaldée à la fin du vɪɪᵉ siècle et au commencement du vɪᵉ, assiégée pendant treize ans (587-574) par les
armées de Nabuchodorosor, elle finit par se soumettre au roi
de Babylone. Bientôt après, elle fut encore affaiblie par des
troubles intérieurs. Puis elle tomba, comme les autres cités du
littoral syrien, au pouvoir des Perses, qui se servirent des
vaisseaux de guerre phéniciens, surtout contre les Grecs[1]. Tyr
était alors bien déchue : à cette époque, la principale ville de
la Phénicie était Sidon[2].

Ces événements n'avaient pas entièrement rompu les rapports
des Phéniciens d'Asie avec l'Occident[3]. On voit par les pro-
phètes d'Israël que le commerce des Tyriens avec le Sud de
l'Espagne fut fort actif jusqu'au temps de Nabuchodorosor[4].
Les colonies de Tyr restèrent attachées à leur métropole par

---

[1]. Sur cette période de l'histoire de Tyr, voir von Gutschmid, *Kleine Schriften*,
II, p. 65-71; E. Meyer, *Geschichte*, 1ʳᵉ édit., I, p. 409, 412, 452, 467, 476, 480, 595;
Maspero, *Histoire ancienne des peuples de l'Orient classique*, III, p. 279-281, 287-8, 368-9,
512-3, 519; Dhorme, dans *Revue biblique*, 1910, p. 63, 66, 193-4, 387, et 1911,
p. 210, 213.

[2]. Hérodote, VIII, 67. Conf. Gutschmid, *l. c.*, p. 74.

[3]. Pourtant, vers 700, Isaïe (XXIII, 10) paraît indiquer que la fille de Tarshish
(Gadès) est devenue indépendante de Tyr [sens très controversé].

[4]. Jérémie, X, 9; Ézéchiel, XXVII, 12.

des liens religieux et continuèrent à lui envoyer leurs hommages et leurs dons : nous le savons du moins pour Carthage, au vi° siècle [1].

Les rois de Chaldée et de Perse qui soumirent les Phéniciens de Syrie se regardèrent aussi comme les maîtres légitimes des villes que ceux-ci avaient fondées dans l'Occident lointain [2]. C'était peut-être pour cette raison que Mégasthène attribuait à Nabuchodorosor la conquête de la plus grande partie de la Libye et de l'Espagne [3]. Après avoir occupé l'Égypte, Cambyse pensa à s'emparer de Carthage, qui était sans doute à ses yeux une dépendance de Tyr; mais les Phéniciens refusèrent de mettre leur flotte à sa disposition pour combattre ceux qu'ils appelaient leurs enfants [4]. Au commencement du v° siècle, Darius aurait, d'après une indication de Trogue-Pompée, envoyé aux Carthaginois des ambassadeurs pour leur ordonner de participer à la guerre qu'il préparait contre la Grèce, et aussi pour leur interdire certaines pratiques : sacrifices humains, usage de la viande de chien [5], incinération des morts [6].

1. Voir plus haut, p. 393-6.
2. Le roi d'Égypte Taharqou se serait avancé jusqu'aux Colonnes d'Héraclès : Mégasthène, apud Strabon, XV, 1, 6 (= *Fragm. hist. graec.*, II, p. 416, n° 20); conf. Strabon, I, 3, 21. On peut se demander si cette légende n'eut pas pour origine l'alliance qui attacha Tyr à ce souverain, vers 673 (Maspero, *Histoire*, III, p. 368).
3. Josèphe, *Antiq. jud.*, X, 11, 1 (221), citant Mégasthène (= *Fragm. hist. graec.*, II, p. 417, n° 22). Strabon, XV, 1, 6, dit, d'après Mégasthène (il s'agit sans doute du même passage), que Nabuchodorosor s'avança jusqu'aux Colonnes d'Héraclès et, revenant d'Espagne, conduisit son armée en Thrace et dans le Pont.
4. Hérodote, III, 17 et 19.
5. La cynophagie était peut-être un emprunt des Carthaginois aux indigènes. Elle s'est maintenue çà et là en Afrique : voir Guyon, *Voyage d'Alger aux Ziban* (Alger, 1852), p. 212; Bertholon, dans *l'Anthropologie*, VIII, 1897, p. 560-3; les références données par Vivien de Saint-Martin, *le Nord de l'Afrique dans l'antiquité*, p. 109, n. 2, et par Meltzer, I, p. 499.
6. Justin, XIX, 1, 10-12 : « Legati a Dareo, Persarum rege, Karthaginem venerunt adferentes edictum, quo Poeni humanas hostias immolare et canina vesci prohibebantur mortuorumque corpora cremare potius quam terra obruere a rege iubebantur; petentes simul auxilia adversus Graeciam, cui inlaturus bellum Dareus erat. » Après d'autres et malgré Gutschmid et Meltzer (I, p. 499), je crois que, dans ce texte, il faut intervertir les mots *cremare* et *terra obruere* : voir Gsell, *Fouilles de Gouraya* (1903), p. 16, n. 4. — Dans l'inscription funéraire de

L'union morale du monde phénicien subsistait. Mais les colonies d'Occident étaient désormais livrées à elles-mêmes, en face des Grecs et des barbares. Elles auraient probablement succombé les unes après les autres, si Carthage, se substituant à Tyr, ne les avait pas défendues.

Le rôle qu'elle joua alors s'explique, dans une large mesure, par sa position géographique. Elle s'élevait au seuil de la Méditerranée occidentale, dont les Grecs entreprenaient la conquête, vis-à-vis de la Cyrénaïque et de la Sicile, où ils avaient déjà pris pied, mais dans une contrée où ils n'avaient pas encore pénétré et où elle conservait sa liberté d'action. Un courant aidait ses vaisseaux à atteindre le fond des Syrtes, que les Grecs allaient menacer, après s'être établis sur le plateau de Cyrène; un autre courant facilitait la navigation vers la Sicile, à travers le bras de mer qui unit les deux bassins de la Méditerranée.

Cependant d'autres villes, qui restèrent dans un rang secondaire, Bizerte et surtout Utique, plus ancienne que Carthage, étaient aussi favorablement situées pour devenir riches et puissantes par le développement de leur commerce et pour diriger la lutte contre les Grecs. On peut supposer que Carthage tira de ses origines mêmes le droit et la force d'accomplir la grande œuvre qui, pour la première fois, fit entrer l'Afrique du Nord dans la lumière de l'histoire. Si, comme nous sommes assez disposé à l'admettre, elle fut véritablement fondée par une princesse royale, qu'accompagnait une partie de l'aristocratie tyrienne, si elle fut appelée la Nouvelle ville parce que ses fondateurs voulurent faire d'elle une nouvelle Tyr, il était naturel et légitime qu'elle devînt un jour la protectrice et la

---

Darius (Weissbach, *die Keilinschriften der Achämeniden*, p. 88-89, § 3), on lit le nom *Karkâ* à la fin de l'énumération des peuples soumis au roi. J. Oppert (dans *Zeitschrift der deutschen morgenländischen Gesellschaft*, XI, 1857, p. 135; *le Peuple et la langue des Mèdes*, p. 203) et d'autres après lui pensent que ce mot désigne les Carthaginois. Mais c'est là une hypothèse contestée.

suzeraine des Phéniciens de l'Ouest, à la place de la vieille Tyr, trop éloignée et tombée en décadence. Cette riche aristocratie, aussi habituée au commerce qu'à la politique, qui avait fait la grandeur de la métropole, devait aussi faire celle de la cité africaine¹.

Il est certain que Carthage eut alors la bonne fortune d'être gouvernée par des hommes qui comprirent les nécessités du présent et surent prévoir l'avenir. Ils virent que l'empire maritime et commercial de l'Occident appartiendrait à ceux qui empêcheraient la ruine des colonies phéniciennes et s'opposeraient à l'expansion des Grecs. Ils créèrent les flottes et les armées que cette tâche exigeait. Plusieurs d'entre eux obéirent sans doute à des pensées d'ambition personnelle. La guerre mettait à leur disposition les forces et les ressources de la république; la victoire les rendait populaires.

Parmi les artisans de la grandeur punique, nous connaissons Malchus², qui combattit pendant de longues années en Afrique, en Sicile, en Sardaigne, et qui finit par se servir de ses troupes pour exécuter un audacieux coup d'état, vers le milieu du vi° siècle³. Après lui⁴, la famille de Magon détint le pouvoir pendant trois générations⁵ et engagea

---

1. Il n'est pas impossible que l'état précaire de Tyr depuis la fin du vii° siècle ait déterminé d'autres familles aristocratiques à émigrer vers Carthage : Meltzer, I, p. 143 (conf. Movers, II, 1, p. 473). Mais nous n'en avons aucune preuve.
2. Nom incertain. Les manuscrits de Justin (XVIII, 7, 2 et 7) donnent *Mazeus*, *Maleus*, *Maceus*. *Mazeus* se retrouve dans Paul Orose (*Adv. paganos*, IV, 6, 7 et 8), qui copie Justin. Vossius a corrigé *Malchus*, ce qui a été en général adopté. Pour Μάλχος, *Malchus*, nom dont l'origine est certainement sémitique, voir les exemples cités par Pape, *Wörterbuch der griechischen Eigennamen*, et par de Vit, *Onomasticon*.
3. Justin, XVIII, 7.
4. Justin, XVIII, 7, 19 : « Huic (à Malchus) Mago imperator successit ».
5. Justin (XIX, 1) indique que Magon eut pour fils Asdrubal et Hamilcar. Le premier mourut en Sardaigne, vers la fin du vi° siècle, le second, en Sicile, en 480. Il est vrai qu'Hérodote (VII, 165) qualifie Hamilcar de fils d'Hannon. On peut supposer soit qu'il se trompe (ce qui me paraît l'hypothèse la plus vraisemblable), soit que le second fils de Magon s'appelait Hannon et qu'Hamilcar était en réalité le petit-fils de ce Magon. D'après Justin (XIX, 2, 1-2), trois fils d'Asdrubal (Hannibal, Asdrubal et Sapho) et trois fils d'Hamilcar (Himilcond,

Carthage dans une longue suite d'expéditions et de conquêtes[1], qu'elle rendit possibles par l'emploi de mercenaires. Elle ne nous est guère connue que par de brèves indications de Justin. Elle joua cependant un rôle fort important dans l'histoire carthaginoise[2], rôle analogue à celui des Barcides au IIIe siècle. Si la colonie de Tyr devint la capitale d'un grand empire, elle le dut peut-être surtout à la politique hardie et aux talents militaires de Magon[3], de ses fils et de ses petits-fils.

Carthage, nous l'avons dit, ne brisa pas les liens de respect filial qui l'unissaient à Tyr. Mais elle s'affranchit tout à fait de sa

Hannon et Giscon) dominèrent l'État, dans une période que l'on peut placer approximativement entre 480 et 450 (Giscon est aussi mentionné par Diodore, XIII, 43). Cette famille reparut à la tête de la république, avec Hannibal et Himilcon (Diodore, XIII, 59; 62; 80), à la fin du Ve siècle, époque à laquelle Carthage reprit la guerre en Sicile. Sur les Magonides, voir Heeren, *de la Politique et du commerce des peuples de l'antiquité*, trad. française, IV, p. 72, 382 et suiv.; Schäfer, *Rheinisches Museum*, XV, 1860, p. 393; Meltzer, I, p. 192 et suiv.; Gutschmid, *Kleine Schriften*, II, p. 83-85; Beloch, dans *Klio*, VII, 1907, p. 23 et suiv., p. 28.

1. Voici les événements que l'on peut placer au temps de la domination des Magonides : vers 535, expédition contre les Phocéens d'Alalia; — vers le dernier quart du VIe siècle, expéditions commandées par les deux frères Asdrubal et Hamilcar (Justin, XIX, 1, 7, dit qu'Asdrubal fut onze fois général : « dictaturae undecim et triumphi quattuor »); guerres en Sardaigne; guerre malheureuse contre les Africains; expédition contre Dorieus, sur la côte des Syrtes; — vers la fin du VIe siècle, après la mort d'Asdrubal, guerre contre Dorieus, dans l'Ouest de la Sicile; — vers 490-485, guerre contre Gélon, tyran de Géla; — en 480, expédition d'Himère, commandée par Hamilcar; — entre 480 et 450 environ, guerres contre les Numides et les Maures; guerre qui amena l'abolition du tribut payé par Carthage aux indigènes. Peut-être faut-il ajouter les deux expéditions d'Hannon et d'Himilcon sur les côtes de l'Océan : voir chapitre suivant. Cette liste est évidemment très incomplète : nous ne savons rien des guerres importantes et des conquêtes qui furent faites sous le commandement de Magon.

2. Nous aurons à examiner plus tard quelle fut dans l'État la situation officielle de ces Magonides. Les textes leur donnent soit le titre d'*imperator* : Justin, XVIII, 7, 19, et XIX, 1, 1, à propos de Magon; *idem*, XIX, 2, 5 : « familia tanta imperatorum »; — soit celui de *dictator* : *idem*, XIX, 1, 7 (les « dictaturae undecim » d'Asdrubal); — soit celui de βασιλεύς : Hérodote, VII, 165 et 166, à propos d'Hamilcar; l'Hannon du Périple, qui était peut-être un Magonide, porte le même titre dans la traduction grecque de la relation de son expédition : *Geogr. gr. min.*, I, p. 1 (titre); Pline l'appelle « Carthaginiensium dux » (V, 8) et « Poenorum imperator » (VI, 200).

3. Justin dit de lui (XVIII, 7, 19) : « Mago imperator..., cuius industria et opes Karthaginiensium et imperii fines et bellicosae gloriae laudes creverunt », et (XIX, 1, 1) : « Mago, Karthaginiensium imperator, cum primus omnium, ordinata disciplina militari, imperium Poenorum condidisset, viresque civitatis non minus bellandi arte quam virtute firmasset... »

tutelle politique[1] ; peut-être même diminua-t-elle de bonne heure la valeur des offrandes qu'elle envoyait tous les ans au temple de Melqart et qui, à l'origine, atteignaient le dixième de ses revenus publics, qui, par conséquent, étaient un très lourd tribut[2]. Quant aux Phéniciens d'Occident, elle forma un faisceau de leurs forces, sous son hégémonie. Elle lutta ainsi avec plus de chances de succès contre les Grecs, qui ne surent ou ne purent pas s'unir.

Cette hégémonie, que Carthage exerça durement, ne fut sans doute pas acceptée partout de bon gré. Toutes les cités phéniciennes ne se croyaient pas menacées par les Grecs et les barbares au point d'accueillir avec reconnaissance une protection qui leur coûtait leur liberté. Plus d'une devait être jalouse de la prospérité de cette jeune ville, fondée peut-être près de trois cents ans après les premières colonies de Tyr. Il est probable qu'il fallut du temps, qu'il fallut plusieurs siècles pour que la suprématie carthaginoise fût reconnue par tous les Phéniciens de l'Ouest[3]. Un certain nombre d'entre eux semblent

---

1. Dion Chrysostome (*Discours*, XXV : édit. L. Dindorf, tome I, p. 313) parle d'un Hannon qui « avait transformé les Carthaginois, de Tyriens qu'ils étaient, en Libyens; grâce à lui, ils avaient habité la Libye, au lieu de la Phénicie, acquis beaucoup de richesses, de nombreux marchés, ports et trirèmes, et domine au loin sur terre et sur mer ». Müller (*Geogr. gr. min.*, I, p. xx); conf. Gutschmid, *Kleine Schriften*, II, p. 71) croit qu'il s'agit de l'Hannon qui, au dire d'Hérodote, fut le père d'Hamilcar, tué en 480; il est disposé à admettre que cet Hannon n'est autre que le Magon de Justin : hypothèses très contestables. Le texte de Dion, fort obscur et d'une exactitude douteuse, comporte diverses interprétations. Selon Movers (II, 1, p. 474 et suiv.), il ferait allusion à des immigrations de Tyriens à Carthage. Gutschmid (*l. c.*) suppose qu'Hannon émancipa les Carthaginois de leur métropole. Mais ce passage contient peut-être une allusion à la constitution d'un territoire punique dans l'Afrique du Nord (Meltzer, I, p. 223, conf. p. 504; E. Meyer, *Geschichte*, III, p. 682) : dans ce cas, il faudrait reporter l'Hannon dont parle Dion au v⁵ siècle, et il serait permis de penser au Magonide Hannon, fils d'Hamilcar. Quelques savants (Schäfer, *Rheinisches Museum*, XV, 1860, p. 399; Meltzer, p. 228; Fischer, *De Hannonis Carthaginiensis Periplo*, p. 105; E. Meyer, *l. c.*) veulent retrouver dans le personnage de Dion l'Hannon du Périple, celui qui fonda des colonies au delà du détroit de Gibraltar et s'avança au loin le long de la côte d'Afrique : on peut à la rigueur découvrir une allusion à cette expédition dans le texte du rhéteur.

2. Diodore (XX. 14) parle de cette diminution, mais il ne dit pas à quelle époque elle eut lieu. Voir plus haut, p. 396.

3. Utique n'accepta peut-être l'alliance de Carthage qu'au cours du v⁵ siècle : voir plus loin, § VI.

FORMATION DE L'EMPIRE DE CARTHAGE.

avoir conservé en droit leur indépendance : ils étaient les alliés, et non les vassaux de Carthage[1]. Mais leur fortune était liée à la sienne et c'était Carthage qui les dirigeait en fait. Elle étendit et fortifia son empire en créant elle-même de nombreuses colonies, qu'elle maintint dans une sujétion très étroite.

III

Les auteurs anciens ne nous donnent que des indications clairsemées et très brèves sur les étapes de l'hégémonie de Carthage et les péripéties de sa lutte contre les Grecs.

Nous savons par Diodore de Sicile[2] que les Carthaginois établirent une colonie à Ebesus, dans l'île Pityuse (Ibiça)[3], cent soixante ans après la fondation de leur ville, par conséquent en 654-3 avant notre ère. Ibiça offrait aux navires antiques un bon port, sur la route qui, de la Sardaigne, conduisait par les Baléares vers le Sud de l'Espagne : il importait d'empêcher des rivaux de s'y installer[4].

---

1. Pour Utique, voir plus loin; pour Cossura, voir p. 411. Diodore (XVII, 113) mentionne des ambassades envoyées auprès d'Alexandre, à Babylone, non seulement par les Carthaginois, mais encore par des Libyphéniciens (Λιβυφοίνικες), c'est-à-dire par des Phéniciens de Libye, qui exerçaient ainsi une sorte de droit de souveraineté (évidemment avec l'assentiment de Carthage). Justin (XII, 13, 1) indique aussi des envoyés venus de Sardaigne, sans doute des villes phéniciennes de l'île. — D'autre part, Movers (II, 2, p. 659) croit que les Phéniciens d'Espagne restèrent officiellement dans la dépendance de Tyr. D'après ce savant, ce sont eux qu'un traité conclu entre Rome et Carthage, au milieu du IV siècle, qualifie de Tyriens (Polybe, III, 24, 1 et 3). Mais il est beaucoup plus probable qu'il s'agit des Tyriens de Tyr (conf. Meltzer, I, p. 340) : voir plus haut, p. 396.

2. V, 16 (sans doute d'après Timée).

3. Ibiça est la plus grande des deux îles Pityuses. L'autre, Formentera, n'était pas habitée, au dire de Strabon (III, 5, 1) : je ne crois pas que des découvertes archéologiques aient prouvé le contraire pour l'époque punique.

4. On a trouvé dans l'île des sépultures contenant des objets semblables à ceux qui ont été recueillis dans les tombeaux puniques de Carthage; les plus anciens datent du VI siècle : voir J. Roman y Calvet, los Nombres é importancia arqueológica de las islas Pithyusas (1907). Un ex-voto de Carthage nomme un personnage originaire de l'île (אבשם) : Corpus inscr. sem., I, n° 266. Tite-Live (XXVIII, 37) mentionne l'insula Pityusa et ajoute : « Poeni tum (en 206 avant J.-C.) eam incolebant. » Silius Italicus (III, 362) qualifie Ebusas de Phoenissa.

Fut-ce vers le même temps que Carthage prit pied aux Baléares? Nous l'ignorons[1]. Dans l'île de Minorque, le beau port de Mahon (*Mago*[2]) a conservé jusqu'à nos jours un nom qui fut porté par plusieurs personnages célèbres, entre autres par le chef de la grande famille des Magonides. Mais quand même il s'agirait de ce Magon[3], ce qui n'est pas prouvé[4], cela ne permettrait pas d'affirmer que les Carthaginois n'aient occupé Minorque qu'après le milieu du vi[e] siècle. Leur prise de possession dut être limitée à quelques points du littoral; à l'intérieur des îles, les indigènes paraissent avoir gardé une semi-indépendance[5].

Thucydide[6] rapporte qu'à l'époque de la fondation de Marseille, les Phocéens vainquirent sur mer les Carthaginois. Quoique ce texte ait soulevé de nombreuses discussions, il est probable qu'il s'agit d'une guerre qui eut lieu vers le début du vi[e] siècle[7]. Nous ne connaissons ni les causes, ni le théâtre de ces hostilités; peut-être eurent-elles lieu dans le voisinage des côtes d'Espagne.

Une soixantaine d'années plus tard, des flottes ennemies se

---

[1]. Des gens des Baléares sont mentionnés dans les armées puniques depuis 406 (Diodore, XIII, 80), mais cela ne suffit pas pour prouver que les Carthaginois aient été alors établis dans ces îles. — Strabon (III, 5, 1) parle du temps où les Baléares étaient occupées par les Phéniciens (ce qui peut signifier : par les Carthaginois).

[2]. Pline, III, 77.

[3]. Comme le suppose Movers, II, 2, p. 585.

[4]. On a pensé (par exemple, Hübner, dans *Real-Encyclopädie* de Wissowa, s. v. *Baliares*, col. 2825) au frère du grand Hannibal, Magon, qui séjourna certainement aux Baléares : voir Tite-Live, XXVIII, 46 (« ex minore Baliarium insula, ubi hibernarat »); conf. XXVII, 20 et XXVIII, 37.

[5]. Divers textes indiquent qu'ils servaient comme mercenaires dans les armées carthaginoises : Diodore, V, 17; Pseudo-Aristote, *De mirab. auscultationibus*, 88; Polybe, XV, 11, 1; Tite-Live, XXVII, 20. Ils n'étaient donc pas astreints au service militaire, imposé aux véritables sujets de la république. Conf. Meltzer, II, p. 101-2; E. Meyer, *Geschichte*, III, p. 683-4.

[6]. I, 13 : Φωκαῖς τε Μασσαλίαν οἰκίζοντες Καρχηδονίους ἐνίκων ναυμαχοῦντες.

[7]. Voir Jullian, *Histoire de la Gaule*, I, p. 214, n. 2. D'autres pensent que Thucydide fait allusion à la bataille livrée vers 535 (voir ci-après), où les Phocéens se prétendirent vainqueurs et à la suite de laquelle une partie des survivants allèrent sans doute s'établir à Marseille.

rencontrèrent de nouveau dans la Méditerranée occidentale[1]. On a vu que des Phocéens avaient fondé, vers 560, Alalia, en Corse[2]. Vers 540, les habitants de Phocée, assiégés par les Perses et jugeant leur situation désespérée, prirent le parti de s'enfuir. Ils se rendirent à Alalia, où ils vécurent de piraterie pendant quelques années, s'attaquant surtout aux Étrusques, qui occupaient la côte italienne en face d'eux. Les Carthaginois se sentirent aussi menacés : ils s'étaient établis en Sardaigne et ils avaient sans doute avec les Étrusques des relations commerciales, qui exigeaient la sécurité de la mer Tyrrhénienne. Étrusques[3] et Carthaginois s'unirent donc. Vers 535, leur flotte, forte de cent vingt vaisseaux[4], livra à soixante navires phocéens une bataille dont les Grecs s'attribuèrent l'avantage. Cependant quarante de leurs bâtiments avaient été coulés et les autres tellement endommagés qu'ils ne pouvaient plus servir. Les Étrusques débarquèrent leurs prisonniers à Caere (Cervetri) et les lapidèrent. Les Phocéens qui survécurent à cette prétendue victoire abandonnèrent Alalia et allèrent fonder Hyélé, au Sud-Est du golfe de Salerne; d'autres gagnèrent probablement Marseille[5]. La Corse fut perdue pour les Grecs. Les Carthaginois, satisfaits de les en avoir chassés, ne s'y établirent pas[6] et laissèrent cette île à la disposition de leurs alliés, les Étrusques[7], jusqu'au temps où ceux-ci furent abattus par Rome;

---

1. Pour les événements dont nous allons parler, voir Hérodote, I, 165-7. Conf. Strabon, VI, 6, 1 (d'après Antiochus de Syracuse); Diodore, V, 13 (d'après Timée); peut-être Pausanias, X, 8, 6. Meltzer, I, p. 185-6; E. Meyer, II, p. 708-710; Busolt, *Griechische Geschichte*, 2ᵉ édit., II, p. 753-5.
2. *Supra*, p. 414.
3. Caere devait être à la tête des Étrusques : voir Hérodote, I, 167.
4. Soixante carthaginois et soixante étrusques.
5. Voir Jullian, *Histoire*, I, p. 218 et p. 219, n. 6.
6. On a pris à tort pour un couvercle de sarcophage anthropoïde carthaginois une pierre sculptée, trouvée à Apricciani : voir Michon, dans *Centenaire de la Société des Antiquaires de France, Recueil de mémoires* (1904), p. 303-306. — Les Carthaginois tirèrent de la Corse des mercenaires (en 480 : Hérodote, VII, 165). Mais ils en tiraient d'autres pays qui n'étaient nullement sous leur dépendance.
7. Diodore, V, 13 et XI, 88. Comme M. Pais l'indique avec raison (*Atti dei Lincei*, l. c., p. 314-5), la Corse est surtout abordable du côté de l'Italie, dont elle est voi-

ils en écartèrent alors les Romains, qui avaient essayé d'y prendre pied[1].

En Sardaigne[2], des tombes des nécropoles de Caralis, de Nora, de Sulci et surtout de Tharros contenaient à peu près le même mobilier funéraire que des sépultures de Carthage, appartenant à la fin du viie siècle et au siècle suivant[3]. Ces objets étaient peut-être d'origine punique. On peut, il est vrai, se demander s'ils ne furent pas apportés dans des villes encore indépendantes de la grande cité africaine[4]. Mais une indication de Justin[5] nous apprend que les Carthaginois étaient établis dans l'île vers le milieu du vi[e] siècle. A cette époque, une armée y combattait sous les ordres de Malchus. Elle était sans doute aux prises avec des indigènes qu'il s'agissait soit d'écarter des colonies du littoral, soit de déposséder de territoires fertiles. Malchus fut vaincu dans une grande bataille, où il perdit la majeure partie de ses troupes. D'autres expéditions durent

---

sine, tandis que les rivages de la Sardaigne sont plus accessibles à l'Ouest et au Sud, côtés par lesquels les Carthaginois pouvaient plus facilement les atteindre.

1. Au ive siècle, les Romains paraissent avoir détruit ce qui restait de la domination étrusque dans l'île. Ils voulurent fonder une colonie, mais ils y renoncèrent : Théophraste, *Hist. plant.*, V, 8, 2. Servius (*In Aeneid.*, IV, 628) indique que les Carthaginois et les Romains convinrent qu'ils s'abstiendraient de la Corse : « In foederibus cautum ut Corsica esset media inter Romanos et Carthaginienses. » Peut-être cette stipulation fut-elle insérée dans un traité de la fin du ive siècle. Au début de la première guerre punique, la Corse était dans la sphère d'influence de Carthage (allusion dans Polybe, I, 10, 5 ; conf. Callimaque, *Hymn. in Del.*, 19). Pendant cette guerre, en 259, le consul L. Cornelius Scipio alla prendre Aleria. Sur tout cela, voir Meltzer, I, p. 416 et 530.

2. Pour l'histoire des Carthaginois en Sardaigne, voir Meltzer, I, p. 197-8 ; Pais, *Atti dei Lincei*, l. c., p. 309-310, 314-351 ; Unger, *Rheinisches Museum*, XXXVII, 1882, p. 165-172 (il soutient à tort que les Carthaginois ne s'établirent en Sardaigne que vers 380 ; voir *contra* Meltzer, *Neue Jahrbücher für Philologie*, CXXVII, 1883, p. 53-59, et Matzat, *Römische Chronologie*, I, p. 309-313).

3. Conf. Helbig, *das Homerische Epos*, 2e édit., p. 28, n. 3 ; von Duhn, dans *Strena Helbigiana*, p. 58-59 ; pour Nora, Patroni, *Monumenti antichi dei Lincei*, XIV, p. 134, 171 et suiv., pl. XV-XX.

4. Cependant les tombes renferment un mobilier de type punique si abondant et si homogène que nous inclinons à croire que la population de ces villes était alors en bonne partie carthaginoise.

5. XVIII, 7, 1-2.

réparer ce désastre et affermir la domination punique[1]. On sait par Justin[2] que les deux fils de Magon, Asdrubal et Hamilcar, firent la guerre en Sardaigne vers la fin du vi° siècle. Asdrubal y mourut d'une blessure, laissant le commandement à son frère[3]. Le premier traité conclu entre Carthage et Rome contenait une clause relative à la Sardaigne, où les Carthaginois assuraient des garanties officielles au commerce des Romains et de leurs alliés[4]. Or ce traité date, croyons-nous, de la fin du vi° siècle, comme l'indique Polybe, qui nous l'a conservé[5].

Il importait à Carthage de rester maîtresse d'une île dont les Grecs ne se désintéressaient pas encore. Au début du v° siècle, Histiée de Milet, que Darius retenait à Suse, lui offrait de conquérir en son nom la Sardaigne[6]; un peu plus tard, Aristagoras, prévoyant la défaite des Ioniens révoltés contre le grand roi, leur proposait d'aller s'y établir[7].

Les Carthaginois fondèrent donc, soit dans des lieux déjà occupés par des Phéniciens, soit ailleurs[8], des colonies dont quelques-unes furent très prospères[9]. Ils paraissent avoir

---

1. En 480, il y avait des Sardes dans l'armée d'Hamilcar en Sicile (Hérodote, VII, 165). Mais il n'est pas prouvé que ce fussent des sujets de Carthage. — Strabon (V, 2, 7) dit, sans donner de date, que les Carthaginois (Φοίνικες... οἱ ἐκ Καρχηδόνος) s'emparèrent de la Sardaigne. Conf. Pausanias, X, 17, 9. Diodore (IV, 29) indique que les Carthaginois, lorque leur puissance se fut accrue, désirèrent se rendre maîtres de l'île et soutinrent pour la posséder des guerres nombreuses et dangereuses.
2. XIX, 1, 3.
3. Justin, XIX, 1, 6.
4. Polybe, III, 22, 7-9 (conf. III, 23, 4-5).
5. III, 22, 1-2.
6. Hérodote, V, 106.
7. Hérodote, V, 124.
8. Nous avons dit (p. 410, n. 5) que Sulci et Caralis sont indiquées par Pausanias comme des colonies carthaginoises. Conf. Étienne de Byzance, s. v. Σύλχος et Κάρμις; Claudien, De bello Gildonico, 518 : « antiqua ductos Carthagine Sulcos ». Voir encore Démon, dans Frag. hist. graec., I, p. 380, n° 11 : οἱ τὴν Σαρδὼ κατοικοῦντες, ἀπὸ Καρχηδονίων ὄντες; conf. ibid., I, p. 199, n° 28.
9. Pour Caralis, Nora, Sulci, Tharros (dont la nécropole est particulièrement riche), voir Pais, Atti dei Lincei, l. c., p. 332-6; Perrot, Histoire de l'Art, III, p. 299-9. Pour Nora, voir aussi Patroni, Monumenti antichi dei Lincei, XIV, p. 109-258. Pour Caralis, Taramelli, ibid., XXI, p. 43-170 (tombes puniques des v°-iv° siècles). — Les Carthaginois s'établirent aussi à Olbia, au Nord-Est de

transplanté en Sardaigne de nombreux Africains[1], qu'ils durent employer à cultiver le sol[2]. Au Sud et à l'Ouest de l'île, ils étendirent leur autorité sur de riches territoires[3], dont ils tirèrent des céréales[4]; ils exploitèrent peut-être des mines[5].

Cependant ils ne domptèrent pas tous les indigènes : il est possible qu'ils ne s'en soient guère souciés et qu'ils se soient contentés d'empêcher ou de punir des incursions dans le pays soumis[6] : « Les Carthaginois, écrit Diodore[7], qui, au temps de leur plus grande puissance, se sont rendus maîtres de l'île, n'ont pas pu réduire en esclavage ceux qui l'occupaient avant eux : les Ioléens[8] se réfugièrent dans la région montagneuse. Ils y creusèrent des habitations souterraines et ils se livrèrent à l'élevage de nombreux troupeaux... Quoique les Carthaginois les aient souvent attaqués avec des forces imposantes, ils échappèrent à la servitude, protégés par l'accès difficile de leur pays et de leurs demeures souterraines[9]. »

Les Sardes mêmes qui devinrent sujets de Carthage ne lui furent pas toujours fidèles : on mentionne une révolte qui éclata

l'île : Pais, *Ricerche storiche*, p. 519; Taramelli, *Notizie degli Scavi*, 1911, p. 227 et surtout p. 240 (inscription punique qui nomme Carthage).

1. Conf. plus haut, p. 351. Cicéron, *Pro Scauro*, XIX, 42 : « A Poenis admixto Afrorum genere Sardi non deducti in Sardiniam atque ibi constituti, sed amendati et repudiati coloni. » Conf. *ibid.*, VIII, 15; VIII, 17; XIX, 43 a.
2. Pais, *Atti*, p. 321-2.
3. Pais, *l. c.*, p. 338-340.
4. En 480, Hamilcar, chef de l'expédition de Sicile, envoya une partie de sa flotte en Sardaigne, pour y chercher du blé : Diodore, XI, 20. Des envois de blés à Carthage ou aux armées carthaginoises sont encore indiqués plus tard : Diodore, XIV, 63 (en 396, à l'armée qui assiégeait Syracuse); XIV, 77 (à Carthage, peu de temps après); XXI, 16, 1 (au temps d'Agathocle). Conf. Pais, *l. c.*, p. 320-1; Meltzer, II, p. 499. — Sur la fertilité de la Sardaigne, voir Polybe, I, 79, 6; Diodore, IV, 29; Strabon, V, 2, 7; Pomponius Méla, II, 133; Silius Italicus, XII, 373; Pausanias, IV, 23, 5, et X, 17, 2.
5. On n'en a pas la preuve : Pais, *l. c.*, p. 320. Noter cependant que Sulci, qui fut une ville importante, était située dans l'île de S. Antioco, riche en plomb, et à proximité des gisements d'argent de la région d'Iglesias.
6. Conf. Pais, *l. c.*, p. 323, 326.
7. V, 15 (probablement d'après Timée).
8. Sur ce peuple, voir plus haut, p. 351.
9. Voir aussi Pausanias, X, 17, 9.

peu après l'année 379[1]. D'autre part, Pausanias[2] raconte, sans indiquer de date[3], que des mercenaires africains et espagnols, envoyés en Sardaigne par les Carthaginois, firent défection, à la suite de contestations pour le partage du butin, et se retirèrent dans les montagnes : les indigènes les appelèrent Balares (Βαλαροί), mot qui aurait signifié fugitifs.

La Sardaigne n'en resta pas moins une île punique, d'où les Carthaginois écartèrent, au IV⁰ siècle, les marchands italiens[4] et, probablement plus tôt, les Grecs[5], et où leur civilisation s'implanta d'une manière durable, surtout dans les régions côtières[6].

IV

Dans un passage que nous avons déjà cité, Thucydide expose que les Phéniciens de Sicile, refoulés par les Grecs, se réunirent

---

1. Diodore, XV, 24. Voir Meltzer, I, p. 311.
2. X, 17, 9.
3. Je ne suis pas disposé à croire, avec Müllenhoff (*Deutsche Altertumskunde*, I, p. 158), que cela se soit passé après la première guerre punique, lors de la révolte des mercenaires qui donna prétexte aux Romains de s'emparer de la Sardaigne (Polybe, I, 79).
4. Tandis que le premier traité conclu entre Carthage et Rome autorisait en Sardaigne le commerce des Romains et de leurs alliés, le second, qui date de 348, contient cette clause (Polybe, III, 24, 11) : « En Sardaigne et en Libye, aucun Romain ne fera de commerce, ne fondera de villes... (il y a ici une petite lacune; on peut suppléer « n'abordera », ou « ne fera d'achats »), sauf pour prendre des vivres et réparer son vaisseau. S'il y est jeté par la tempête, il devra repartir au bout de cinq jours. » — En 378, les Romains auraient, selon Diodore (XV, 27), envoyé une colonie de cinq cents hommes εἰς Σαρδονίαν. S'agit-il ici de la Sardaigne, ou de quelque ville d'Italie, dont le nom serait altéré? Voir, sur ce texte, Meltzer, I, p. 333 et 519; Pais, *Ricerche storiche*, p. 557. En tout cas, si une colonie romaine fut véritablement fondée dans l'île, elle ne dura pas.
5. Depuis la fin du VI⁰ siècle il y a peu d'objets grecs dans les tombes de Sardaigne (Helbig, *Annali dell' Instituto*, XLVIII, 1876, p. 235; Perrot, *l. c.*, III, p. 655; von Duhn, dans *Strena Helbigiana*, p. 60, 61, 67; Patroni, *Mon. dei Lincei*, XIV, p. 148 (n. 3), 205, 256; Taramelli, *ibid.*, XXI, p. 123), et ils ont peut-être été apportés de Carthage sur des vaisseaux puniques.
6. Voir Pais, *Atti*, *l. c.*, p. 329 et suiv. Pour les inscriptions en langue phénicienne trouvées dans l'île, voir *Corpus inscr. sem.*, I, n⁰⁸ 139-163; *Notizie degli scavi*, 1911, p. 216

à Motyé, à Soloeis et à Panormos, près des Élymes, leurs alliés, « parce que, de là, la distance entre la Sicile et Carthage est la plus courte ». Ceux qui s'étaient rassemblés dans ces villes, peut-être dès la fin du viii° siècle, entretenaient donc des relations avec Carthage et comptaient sur son appui. La colonie fondée, vers 580, par Pentathlos au cap Lilybée était une menace pour eux, surtout pour Motyé, voisine du cap. Les Carthaginois durent aussi s'inquiéter de voir les Grecs s'établir dans la partie de l'île qui, étant la plus rapprochée de l'Afrique, commande le détroit et qui fait face au Sud de la Sardaigne. On peut supposer qu'ils intervinrent[1], quoiqu'ils ne soient pas nommés expressément à propos des événements qui suivirent. Les Élymes mentionnés par Thucydide étaient un peuple, venu peut-être d'Orient[2], qui occupait, dans le Nord-Ouest de la Sicile, la région du mont Éryx et quelques villes, dont la principale était Égeste. Les Égestains avaient alors une querelle avec les Grecs de Sélinonte. Pentathlos prit parti pour ces derniers. Il eut à combattre à la fois les Élymes et les Phéniciens[3] et fut tué dans une bataille, avec beaucoup d'autres. Les survivants s'enfuirent aux îles Lipari[4].

Avant de faire la guerre en Sardaigne, le général carthaginois Malchus avait pendant longtemps commandé avec succès en Sicile. Prit-il part à la lutte contre Pentathlos? Ses campagnes se placent, autant qu'il semble, à une époque un peu plus

---

1. Conf. Meltzer, I, p. 157-8.
2. La plupart des auteurs anciens, entre autres Thucydide, les regardent comme des Troyens. Selon Hellanicus, ils seraient venus d'Italie. Meltzer (I, p. 32) croit que c'étaient des indigènes, orientalisés par des influences phéniciennes. D'autres hypothèses ont été présentées. Sur cette question, voir Freeman, *History of Sicily*, I, p. 512 et suiv.; Busolt, *Griechische Geschichte*, 2° édit., I, p. 375-7.
3. Ceux-ci ne sont mentionnés que dans le récit de Pausanias.
4. Sur cette affaire, voir Antiochus de Syracuse, apud Pausanias, X, 11. 3 (= *Fragm. hist. graec.*, I, p. 181, n° 2); Diodore, V, 9, d'après Timée. Meltzer, I, p. 181; Freeman, I, p. 411-6, 588-591; E Meyer, *Geschichte*, II, p. 680-1 Pais, *Storia della Sicilia*, I, p. 293.

récente, vers 560-550. Justin dit qu'il soumit une partie de l'île[1].

On ignore ce qui se passa en Sicile au temps de Magon et du vivant de son fils Asdrubal. L'auteur que nous venons de citer prétend qu'encouragés par la mort de ce dernier et excédés des vexations continuelles des Carthaginois, les peuples siciliens firent appel à un frère du roi de Sparte[2]. Il s'agit sans doute de Dorieus[3], au sujet duquel Hérodote nous a laissé quelques indications[4]. Après avoir échoué dans une tentative pour s'établir sur le littoral des Syrtes[5] et être retourné dans le Péloponnèse, Dorieus revint en Occident, vers la fin du vi[e] siècle[6]. Il fonda, dans le voisinage du mont Éryx, une ville qu'il appela Heraclea. Mais il ne fut pas plus heureux que Pentathlos. Peu de temps après, les Carthaginois[7] et les Élymes d'Égeste l'attaquèrent. Dorieus et la plupart de ses compagnons périrent; Heraclea fut prise par les Carthaginois et détruite. A la tête de ceux qui avaient échappé au désastre, le Spartiate Euryléon s'empara de Minoa, colonie des Sélinontiens[8], puis il renversa

---

1. XVIII, 7, 1-2 : « ...cum in Sicilia diu feliciter dimicassent (Carthaginienses)... decem suum Malchum, cuius auspiciis Siciliae partem domuerant. » On s'est demandé s'il n'eut pas à combattre Phalaris, tyran d'Agrigente à cette époque (voir Holm, *Geschichte Siciliens*, I, p. 193).

2. Justin, XIX, 1, 9 : « Siciliae populis propter adsiduas Karthaginiensium iniurias ad Leonidam fratrem regis Spartanorum concurrentibus, grave bellum natum, in quo diu et varia victoria proeliatum est. »

3. Il faudrait, dans le passage cité à la note précédente, corriger *Leonidam* en *Leonigae*, comme l'ont fait Gutschmid et Rühl : Dorieus était frère de Léonidas. Contra : Unger, *Rheinisches Museum*, XXXVII, 1882, p. 178.

4. V. 43, 46-48; VII, 158 et 205. Voir aussi Diodore, IV, 23 (probablement d'après Timée); Pausanias, III, 16, 4-5. Holm, I, p. 195-7; Meltzer, I, p. 199-200; Freeman, II, p. 92 et suiv.; E. Meyer, II, p. 808; Busolt, II, p. 757-8; Niese, *Hermes*, XLII, 1907, p. 420-2, 453-4; Costanzi, *Rivista di filologia classica*, XXXIX, 1911, p. 353-360.

5. Voir plus loin, p. 449-450.

6. On ne saurait préciser davantage, car il n'est pas certain qu'en se rendant en Sicile, Dorieus ait participé avec les Crotoniates à la prise de Sybaris (vers 510), comme le prétendaient les gens de cette ville : ce que niaient les Crotoniates (Hérodote, V, 44). Conf. Niese, dans la *Real-Encyclopädie* de Wissowa, s. v. *Dorieus*; le même, *Hermes*, l. c., p. 423-6.

7. Les Phéniciens, dit Hérodote (V, 46 : ὑπὸ Φοινίκων). Il se sert ailleurs de ce terme pour désigner les Carthaginois (VII, 167). Diodore (IV, 23) mentionne expressément les Carthaginois.

8. Qui reçut probablement alors le nom d'Heraclea : voir plus haut, p. 408, n. 2.

le tyran Pithagoras de Sélinonte et prit sa place ; mais, bientôt, il fut massacré dans une sédition. Ainsi finit misérablement l'aventure de Dorieus.

Plus tard, Gélon, tyran de Géla depuis 491-490, combattit avec succès les Égestains et les Carthaginois, pour venger la mort de Dorieus et délivrer des marchés dont les Grecs tiraient de grands profits et que Carthage avait sans doute confisqués[1]. Nous ignorons les détails de cette guerre, qui ne fut peut-être pas la seule que les Carthaginois aient eu à soutenir dans l'île au début du ve siècle, avant leur grande expédition de 480[2].

Vers la fin du siècle précédent, le premier traité conclu entre Carthage et Rome mentionnait la partie de la Sicile qui était soumise aux Carthaginois[3].

Ce fut donc au vi[e] siècle[4] que ceux-ci établirent leur domination sur une partie de la Sicile occidentale, en dehors du territoire occupé par les Élymes, leurs alliés, qui demeurèrent indépendants, et, semble-t-il, jusqu'aux limites d'Himère, sur la

---

1. Hérodote, VII, 158. Je ne pense pas qu'il y ait lieu de rejeter l'indication d'Hérodote, comme le font quelques savants, entre autres Meltzer, I, p. 191-5; Busolt, II, p. 790, n. 1; E. Meyer, III, p. 356. Mais je ne suis pas disposé à admettre les hypothèses trop hardies présentées à ce sujet par Unger (*Rheinisches Museum*, XXXVII, p. 176-184).
2. Justin (XIX, 1, 9 : passage cité p. 431, n. 2) dit vaguement que l'appel des peuples de Sicile au frère du roi de Sparte fut suivi d'une longue guerre, où les succès furent divers. — Peut-être Unger (*l. c.*, p. 183) a-t-il raison de rapporter à une guerre antérieure à 480 un combat dont parle Polyænus (I, 28, 1). Il s'agit d'une bataille qui eut lieu sur une côte de Sicile. Les Grecs vainqueurs avaient pénétré dans le camp carthaginois et s'apprêtaient à le piller, quand ils furent mis dans une situation critique par des soldats ibères, qui survinrent. Mais ils furent sauvés par un stratagème de Théron (sans doute le tyran d'Agrigente). Busolt (*Rheinisches Museum*, XL, 1885, p. 159) croit que cela se passa à la bataille d'Himère, en 480. — Un autre Théron est mentionné aussitôt après par Polyænus (I, 28, 2). Cet auteur raconte qu'au cours d'une guerre entre les Carthaginois et les Sélinontiens, Théron, fils de Miltiade, s'empara par ruse de la tyrannie dans la ville grecque. Cette guerre peut se placer au vi[e] siècle, ou au début du ve : Meltzer, I, p. 493. — Ce fut après 494 qu'un certain Denys de Phocée vint en Sicile et y exerça des pirateries contre les Carthaginois et les Étrusques, en épargnant les Grecs : Hérodote, VI, 17.
3. Polybe, III, 22, 10 : εἰς Σικελίαν..., ἧς Καρχηδόνιοι ἐπάρχουσι.
4. Unger (*l. c.*, p. 172) soutient à tort que les Carthaginois ne s'établirent définitivement en Sicile qu'à la fin du ve siècle.

côte septentrionale, et de Sélinonte, sur la côte opposée. Les trois villes de Motyé, de Palerme et de Solonte durent rester libres en droit; cependant leur alliance avec Carthage était évidemment inégale. Rien ne prouve que, dès cette époque, les Carthaginois aient fondé des colonies dans l'île.

Au commencement du v° siècle, de puissantes tyrannies s'élevèrent parmi les Grecs de Sicile. Gélon, déjà tyran de Géla qui dominait plusieurs autres cités, s'était emparé du pouvoir à Syracuse; il y résida depuis 485. Maître de presque toute la Sicile orientale, il disposait d'une belle armée, et surtout d'une excellente cavalerie, d'une flotte nombreuse, de territoires étendus, dont le sol portait de riches moissons. Il était l'allié de Théron, tyran d'Agrigente, ville très prospère, qui possédait, elle aussi, un vaste territoire, depuis la côte méridionale jusqu'au cœur de la Sicile. S'avançant plus loin encore, jusqu'au rivage septentrional, Théron s'empara d'Himère, d'où il chassa le tyran Térillos. Ainsi, de véritables états, dont les capitales étaient Syracuse et Agrigente, se substituaient à des cités isolées et menaçaient de couvrir l'île entière. C'était un grand danger pour les Carthaginois, qui avaient déjà eu des démêlés avec Gélon, peut-être aussi avec Théron[1]. Prenant prétexte de l'expulsion de Térillos, qui était leur allié[2], ils résolurent d'engager une lutte décisive, en 480[3].

Les circonstances paraissaient très favorables. Ils savaient que, dans l'île, tous les Grecs ne s'uniraient pas contre eux : au Sud, ils avaient pour alliée Sélinonte[4]; au Nord, Anaxilas, tyran de Rhégion, qui s'était emparé de Zancle (Messine), les pressait d'intervenir en faveur de son beau-père Térillos[5]. Ils

1. Voir p. 432, n. 2.
2. Hérodote, IV, 165.
3. Pour la date de cette guerre, voir Meltzer, I, p. 496-7; Busolt, II, n. à p. 791.
4. Diodore, XI, 21; XIII, 55.
5. Hérodote, VII, 165. Anaxilas envoya ses fils en otages au général carthaginois Hamilcar.

savaient surtout que les Grecs d'Orient ne pourraient pas assister leurs frères de Sicile. Le roi de Perse, Xerxès, faisait à cette époque d'immenses préparatifs pour écraser les vainqueurs de Marathon. Loin de penser à prêter à Gélon une aide que, selon Hérodote, ils lui avaient déjà refusée quelques années auparavant[1], les Grecs de la mère patrie lui demandaient de venir à leur secours[2].

On a vu[3] que les rois de Perse, maîtres de la Phénicie, s'attribuaient des droits sur les Phéniciens d'Occident. Darius avait peut-être ordonné aux Carthaginois de coopérer à l'invasion de la Grèce; ils se seraient alors excusés, alléguant les guerres continuelles qu'ils avaient à soutenir contre leurs voisins[4]. L'historien Éphore[5] racontait que, plus tard, au temps où Xerxès préparait son expédition, des députés perses et phéniciens vinrent leur enjoindre d'équiper la plus grande flotte qu'ils pourraient, de passer en Sicile et d'y abattre les Grecs, puis de se diriger vers le Péloponnèse. Les Carthaginois auraient obéi. Nous ne savons pas si cet ordre fut véritablement donné[6], mais on peut admettre[7] qu'il y eut tout au moins une entente entre le grand roi et Carthage[8], dont l'intérêt évident était de combiner leurs attaques.

Pour Carthage, le prix de la victoire devait être non seulement la Sicile, si fertile et si favorablement située entre les deux bassins de la mer intérieure, entre l'Afrique et l'Europe, mais

---

1. Hérodote, VIII, 158 (lors de la guerre mentionnée plus haut, p. 432).
2. Hérodote, VII, 145, 153, 157-162. Éphore, dans *Fragm. hist. græc.*, I, p. 265, n° 111. Etc.
3. P. 418.
4. Justin, XIX, 1, 12-13.
5. *Fragm. hist. græc.*, l. c.
6. Comme le croit, entre autres, Meltzer, I, p. 210 et suiv.
7. Conf. Freeman, II, p. 166-9, 510-3; E. Meyer, III, p. 356.
8. Diodore (XI, 1) parle d'un traité : « Xerxès envoya des députés aux Carthaginois en vue d'une action commune. Il convint avec eux qu'il attaquerait les Grecs habitant la Grèce; que, dans le même temps, les Carthaginois rassembleraient de grandes forces et iraient vaincre les Grecs de Sicile et d'Italie. Conformément à cette convention, les Carthaginois, etc. » Conf. Diodore, XI, 20.

la Méditerranée occidentale tout entière. Isolés sur les côtes de Gaule et d'Espagne, les Phocéens n'auraient sans doute pas tardé à succomber[1].

Nous avons sur cette guerre de Sicile de courtes indications d'Hérodote[2] et un récit plus détaillé de Diodore[3], emprunté probablement à Timée[4].

La direction de l'expédition fut confiée au roi[5] Hamilcar[6], qui était fils et frère de deux chefs illustres, Magon et Asdrubal, et qui, lui-même, avait peut-être déjà commandé dans l'île[7]. Il est vraisemblable que, s'inspirant de la politique impérialiste de sa famille, il avait tout fait pour déterminer ses concitoyens à prendre l'offensive. Carthage mit à sa disposition des forces très importantes : une flotte composée, dit-on, de deux cents vaisseaux de guerre[8] et de trois mille transports[9], une armée de trois cent mille hommes[10], levés en Libye, en Ibérie, en Sardaigne, en Corse, en Ligurie, sur le littoral de la Gaule entre le Rhône et les Pyrénées[11]. Ces chiffres peuvent être exagérés : il est à croire cependant que les Carthaginois n'avaient jamais encore fait un tel effort. Les préparatifs auraient duré trois ans[12].

---

1. On ne voit pas, cependant, qu'ils aient rien fait pour soutenir les Grecs de Sicile.
2. VII, 165-7.
3. XI, 1 et 20-25. Voir aussi XIII, 59; 62; 91.
4. Voir, parmi les historiens modernes, Holm, I, p. 205 et suiv.; Meltzer, I, p. 215 et suiv., 500-2; Freeman, II, p. 183 et suiv., 318 et suiv.; Busolt, II, p. 789-797; E. Meyer, III, p. 397-400.
5. Hérodote le qualifie de roi des Carthaginois : VII, 165 (conf. 166). Voir aussi Polyænus, I, 27, 2.
6. Polyænus (I, 27, 1-2) l'appelle à tort Ἰμίλκων. Cette erreur se retrouve dans un passage de Diodore (XI, 20).
7. Il était l'ami de Térillos, tyran dépossédé d'Himère : Hérodote, VII, 165. Ajoutons que sa mère était originaire de Syracuse (ibid., VII, 166).
8. Diodore, XI, 1 et 20.
9. Ibid., 20.
10. Hérodote, VII, 165. Diodore, XI, 1 et 20 (conf. XIII, 59 et 91; XIV, 67).
11. Hérodote, l. c. Diodore (XI, 1) parle de mercenaires recrutés en Italie, en Gaule, en Ibérie, de troupes levées dans toute la Libye et à Carthage même. D'après une indication de Frontin (Stratag., I, 11, 18), il y aurait eu des nègres dans cette armée.
12. Diodore, XI, 1.

Pendant la traversée, une tempête détruisit les vaisseaux qui portaient les chevaux et les chars[1]. Le reste de la flotte parvint à Palerme et Hamilcar se dirigea vers Himère, dont la prise par Théron d'Agrigente avait été la cause, ou plutôt le prétexte de la guerre. Arrivé devant la ville, il renvoya ses transports en Afrique et en Sardaigne pour y chercher des vivres; il tira ses vaisseaux de guerre sur la plage et les entoura d'un retranchement; les troupes de terre allèrent camper sur des collines à l'Ouest d'Himère. Théron, vaincu dans un combat qui fut livré sous les murs et assiégé, appela son allié Gélon. Celui-ci vint avec cinquante mille fantassins et cinq mille cavaliers. Il s'établit hors de la ville et se contenta d'abord de lancer sa cavalerie sur les ennemis qui se dispersaient dans la campagne[2].

Enfin une grande bataille fut livrée. Hérodote[3] dit qu'elle dura une journée entière et se termina par la victoire de Gélon et de Théron. Hamilcar avait disparu et, malgré toutes les recherches, on ne put le retrouver ni vivant, ni mort. Les Carthaginois racontèrent, ajoute l'historien, qu'il était resté dans le camp, à faire des sacrifices et à brûler des victimes, mais que, le soir, voyant la défaite des siens, il s'était jeté lui-même dans le feu. Selon Diodore[4], des cavaliers envoyés par le rusé Gélon se seraient présentés au camp des vaisseaux carthaginois, en se faisant passer pour des auxiliaires venus de Sélinonte. Ils auraient tué Hamilcar, qui offrait un sacrifice à Poseidon, et auraient mis le feu à la flotte[5]. Cependant, Gélon avait attaqué les troupes de terre, qui, après une lutte courageuse, se débandèrent à la vue de l'incendie des vaisseaux et

---

1. Diodore, XI, 20.
2. Diodore, XI, 20-21.
3. VII, 166-7.
4. XI, 21-22.
5. Polyænus (I, 27, 2) donne une autre version de la mort d'Hamilcar. Mais son récit paraît bien être un simple conte.

en apprenant la mort de leur général. Cent cinquante mille ennemis auraient été massacrés. D'autres, qui s'étaient retirés dans un lieu fortifié, se rendirent parce qu'ils manquaient d'eau¹. Les alliés se partagèrent les prisonniers. En outre, les Agrigentins capturèrent sur leur territoire un grand nombre de fuyards. Ces esclaves échurent soit à la cité d'Agrigente, qui les employa à des travaux publics, soit à des particuliers, qui leur firent cultiver les champs : certains citoyens en possédèrent jusqu'à cinq cents². D'autres fuyards avaient pu gagner vingt vaisseaux, qui étaient restés au mouillage. Mais la tempête coula ces bâtiments et il ne revint à Carthage qu'une barque, montée par quelques hommes³. Tel est le récit que Diodore nous a laissé de la fameuse bataille d'Himère : il est permis de douter qu'il soit exact dans tous ses détails.

On prétendit que cette victoire avait été remportée le même jour que celle de Salamine⁴. Quelques années après, en 474, les Syracusains la complétaient en détruisant la flotte étrusque dans les eaux de Cumes et en sauvant ainsi les Grecs de Campanie⁵. En Occident comme en Orient, l'hellénisme triomphait des plus terribles assauts qu'il ait eu à subir. Sur le butin pris aux Carthaginois, Gélon fit des offrandes à Delphes⁶ et à Olympie⁷ : Simonide⁸, Eschyle⁹,

---

1. Diodore, XI, 22.
2. Diodore, XI, 25.
3. Diodore, XI, 24.
4. Hérodote, VII, 166. Aristote (*Poétique*, XXIII, 3) dit seulement : κατὰ τοὺς αὐτοὺς χρόνους. Selon d'autres, le même jour que la bataille des Thermopyles : Diodore, XI, 24.
5. Diodore, XI, 51. Pindare, *Pyth.*, I, 72 (137) et suiv.; conf. *Schol.*, *ad locum*, où il est dit à tort que les Carthaginois prirent part à cette bataille : voir Meltzer, I, p. 503.
6. Diodore, XI, 26. Simonide, dans *Poetae lyrici graeci* de Bergk, 4ᵉ édit., III, p. 485, n° 141. Athénée, VI, 20, p. 231, f. Dittenberger, *Sylloge inscriptionum graecarum*, 2ᵉ édit., II, p. 744, n° 910. Voir Homolle, dans *Mélanges Weil* (1898), p. 207-221.
7. Pausanias, VI, 19, 7. Cicéron, *Nat. deorum*, III, 83.
8. *L. c.*
9. Dans une tétralogie dont les *Perses* faisaient partie, la tragédie intitulée

Pindare [1] célébrèrent la gloire de leurs frères de Sicile.

Carthage, découragée par ce désastre [2] et craignant peut-être une expédition de Gélon en Afrique [3], n'avait pas tenté de renouveler une entreprise qui lui avait coûté si cher. Elle s'était hâtée de conclure la paix, dont les conditions furent assez douces pour elle [4]. Les Grecs devaient s'estimer heureux d'avoir échappé à une catastrophe. Ils voulaient probablement se débarrasser des Carthaginois pour être libres d'intervenir en Orient, où la victoire de Salamine n'avait pas terminé la guerre : ils savaient qu'on leur reprochait de n'avoir pas pris part à la lutte contre Xerxès. On peut aussi supposer que Gélon ne désirait pas expulser définitivement les Carthaginois de la Sicile; le profit aurait été surtout pour l'émule de Syracuse, Agrigente, qui dominait dans l'Ouest de l'île [5]. Carthage dut payer une indemnité de guerre de deux mille talents d'argent, élever deux temples [6], où le texte du traité fut exposé, promettre de s'abstenir de sacrifices humains [7]. Ses alliés traitèrent aussi avec Gélon, qui les épargna [8], sans doute plus par politique que par humanité.

Elle garda ses possessions de Sicile [9] et les Grecs purent

Πίνδαρος Ὁμηρίς paraît avoir célébré les victoires de Platées et d'Himère : voir von Christ, *Geschichte der griechischen Litteratur*, 5ᵉ édit., I, p. 277-8.

1. *Pyth.*, I, 79-80.
2. Et aussi, peut-on croire, par la défaite de ses alliés à Salamine.
3. Diodore, XI, 21. Cela est très douteux.
4. Voir Diodore, XI, 21 et 26.
5. Meltzer, I, p. 222.
6. A Syracuse et à Carthage, comme le suppose Meltzer (p. 221), qui doute, du reste, que le traité ait contenu cette clause.
7. Cette stipulation, dont on a douté, était indiquée par Théophraste (Schol., à Pindare, *Pyth.*, II, 3). Voir aussi Plutarque, *Reg. et imper. apophthegmata*, Gelo, 1; *De sera numinis vindicta*, 6 (coll. Didot, *Plutarchi Moralia*, I, p. 208 et 607). — Carthage rémunéra, par une couronne de cent talents d'or (un peu plus de deux kilos et demi), le service que la femme de Gélon, Damarété, prétendait lui avoir rendu en aidant à la conclusion de la paix (Diodore, XI, 26).
8. Diodore, XI, 26.
9. Une clause du traité qu'elle conclut avec Denys l'Ancien, en 405, prouve qu'elle avait depuis longtemps des possessions dans l'Ouest de l'île (Diodore, XIII, 111) : Καρχηδονίων εἶναι μὲν τῶν ἐξ ἀρχῆς ἀποίκων Ἐλύμους καὶ Σικανούς, etc. — Renforça-t-elle la population des vieilles villes phéniciennes? Pausanias (V, 25,

craindre, peu d'années après la bataille d'Himère, qu'elle ne reprît l'offensive[1]. Cependant elle ne recommença la guerre qu'à la fin du v° siècle[2].

Il était nécessaire aux Carthaginois de disposer de Pantelleria, entre la Sicile et l'Afrique. Tout en laissant aux Phéniciens de cette île leur indépendance nominale[3], ils durent se les attacher par une alliance étroite, au vi° siècle au plus tard[4].

Au milieu du iv° siècle, le Périple grec qui porte à tort le nom de Scylax[5] indique l'occupation par les Carthaginois des îles de Mélité (Malte), de Gaulos (Gozzo) et de Lampas (Lampédouse, à l'Ouest-Sud-Ouest de Malte)[6]. Étienne de Byzance qualifie Mélité de colonie des Carthaginois[7]. Il est possible que ceux-ci y aient envoyé de nouveaux colons, après qu'ils eurent pris possession de l'île : on ne sait quand, peut-être au vii° ou au vi° siècle[8].

5 et 6) dit qu'elle envoya à Motyé des Phéniciens et des Libyens; mais il y a peut-être là une confusion avec la ville de Lilybée, fondée par Carthage au début du iv° siècle, pour remplacer Motyé. A propos d'événements qui se passèrent en 397, Diodore (XIV, 47) qualifie Motyé de colonie des Carthaginois, ἄποικος Καρχηδονίων. Si le fait est exact, l'envoi de colons peut avoir eu lieu un certain nombre d'années après la bataille d'Himère. Meltzer (II, p. 98) croit que Motyé, Palerme, Solonte et les Élymes restèrent à peu près indépendants jusque vers le milieu du v° siècle.

1. Pindare, *Ném.*, IX, 28 (vers l'année 473); *Pyth.*, I, 72 (en 474 ou 470). Conf. E. Meyer, III, p. 627, 628.
2. Paix en Sicile : Diodore, XI, 38 et XII, 26; Justin, IV, 2, 7.
3. Voir plus haut, p. 411.
4. Orsi (*Monumenti dei Lincei*, IX, p. 538) est disposé à croire qu'ils s'assurèrent la possession de Pantelleria au début du vii° siècle. On a découvert dans l'île des poteries corinthiennes (*ibid.*, p. 523 et 533, fig. 56 et 69) et des figurines en terre cuite (p. 523-530, fig. 61-63), qui datent du vi° siècle. Il n'est pas impossible qu'elles aient été apportées de Carthage, car des objets semblables se retrouvent dans les tombes de cette ville.
5. Pour la date de ce Périple, voir Unger, *Philologus*, XXXIII, 1874, p. 29-45 : en l'année 347.
6. § 111 (*Geogr. gr. min.*, I, p. 89) : νῆσοι τρεῖς μικραί... ὑπὸ Καρχηδονίων οἰκούμεναι Μελίτη, πόλις καὶ λιμήν, Γαῦλος πόλις, Λαμπάς· αὕτη κώμους ἔχει δύο ἢ τρεῖς. Le Périple indique une distance d'un jour entre Κόσυρος (Pantelleria) et le cap Lilybée, ce qui prouve que l'île servait de point de relâche. — Les catacombes de Lampédouse ne sont sans doute pas puniques, quoi qu'en dise Tissot (*Géographie*, I, p. 239).
7. S. v. Μελίτη : ἔστι καὶ πόλις ἄποικος Καρχηδονίων. Tite-Live (XXI, 51) mentionne la garnison carthaginoise qui occupait Malte en 218.
8. Vers le vi° siècle, selon Mayr, *die Insel Malta*, p. 82. Il remarque que la façon

V

L'histoire des Carthaginois en Espagne est fort obscure pour la période antérieure aux conquêtes des Barcides (au III° siècle[1].

Il est certain qu'en 348, ils avaient des intérêts à défendre dans le Sud de la péninsule : le traité qu'ils conclurent à cette date avec les Romains interdisait à ceux-ci de faire du butin et du commerce et de fonder des villes au delà de Mastia de Tarséion[2] (c'est-à-dire Mastia, dans le pays de Tarséion[3]) : il s'agissait probablement du lieu où Carthagène fut fondée plus tard[4], près du cap de Palos.

A la même époque, le Périple de Scylax indiquait sur la côte d'Europe, au delà des Colonnes d'Héraclès, un grand nombre de places de commerce occupées par les Carthaginois[5]. Éphore, qui écrivait vers le même temps[6], signalait, en deçà

---

dont Hécatée indiquait Gaulos (*Fragm. hist. graec.*, I, p. 24, n° 313 : Γαῦλος, νῆσος πρὸς τῇ Καρχηδόνι) permet de supposer que cette île appartenait alors aux Carthaginois.

1. Voir à ce sujet Meltzer, I, p. 164-8 (et 486), 181-2, 314, et II, p. 102-4, 499-513; Atenstädt, dans *Leipziger Studien*, XIV, 1891, p. 43-60; Kirner, dans *Studi storici*, II, 1893, p. 190-202; E. Meyer, *Geschichte*, III, p. 675-8; Jullian, *Revue des études anciennes*, V, 1903, p. 316-325.

2. Polybe, III, 24, 4 : Μαστίας Ταρσηίου μὴ λήίζεσθαι ἐπέκεινα 'Ρωμαίους, μηδ' ἐμπορεύεσθαι, μηδὲ πόλιν κτίζειν.

3. Voir plus haut, p. 406, n. 3. Meltzer (I, p. 520) propose de lire Ταρσηίων (= Mastia Tartessiorum), ce qui n'est pas nécessaire. Conf. E. Meyer, II, p. 687.

4. La ville de Μαστία est mentionnée par Étienne de Byzance, s. v. Μαστιανοί (qui, dit-il d'après Hécatée, sont un peuple voisin des Colonnes d'Héraclès, en Europe). Elle est probablement identique à l'*oppidum Massienum*, à l'*urbs Massiena*, que Festus Aviénus (*Ora maritima*, 449-450, 452) indique dans un site qui convient à celui de Carthagène : Müllenhoff, *Deutsche Altertumskunde*, I, p. 152 et suiv.; Meltzer, I, p. 311. Rühl (*Neue Jahrbücher für Philologie*, CXXXVII, 1888, p. 347-352) croit même que, par ces expressions, Aviénus a voulu désigner la ville de Carthagène (fondée au III° siècle) : ce qui ne me paraît pas admissible. Unger (*Philologus*, IV° Supplementband, 1884, p. 242-4) place l'*urbs Massiena* plus au Sud-Ouest, à Aguilas.

5. § 1 (*Geogr. gr. min.*, I, p. 16) : Ἀπὸ Ἡρακλείων Στηλῶν τῶν ἐν τῇ Εὐρώπῃ ἐμπόρια πολλὰ Καρχηδονίων.

6. Éphore, qui, avant de mourir, acheva le vingt-neuvième livre de son his-

du détroit, sur le rivage méridional de l'Espagne, des Libyphéniciens, colons établis par Carthage[1]. Ces Libyphéniciens sont aussi mentionnés par Festus Aviénus[2], dont le poème reproduit, pour la description du littoral méditerranéen de la péninsule, un Périple grec, rédigé au plus tard au début du IV° siècle.

Pouvons-nous remonter plus haut?

A la fin du VII° siècle et au siècle suivant appartiennent de nombreuses sépultures qui ont été retrouvées en Andalousie, dans la région de Carmona (à l'Est de Séville)[3], et aussi sur le littoral Sud-Est de l'Espagne, entre Carthagène et Almeria[4]. Les dispositions des tombes, les rites funéraires et une partie du mobilier prouvent que les morts étaient des indigènes[5]. Mais ces tombeaux contiennent un grand nombre d'objets, poteries, bijoux, ivoires ou os gravés, œufs d'autruches peints et gravés, verroteries, qui sont de fabrication phénicienne. Ont-ils été faits à Carthage? C'est possible[6], mais on ne saurait l'affirmer. Et quand même nous en aurions la preuve, il ne s'ensuivrait pas que les Carthaginois aient eu alors des possessions dans le Midi de la péninsule; peut-être se contentaient-ils d'apporter des marchandises sur quelques points du littoral. A partir de

---

toire, travaillait encore à cet ouvrage après le passage d'Alexandre en Asie (en 331) : voir Clément d'Alexandrie, *Strom.*, I, 21 (Migne, *Patr. gr.*, VIII, p. 876). On a même des raisons de croire que le vingt-septième livre ne fut écrit qu'après cette date (Laqueur, dans *Hermes*, XLVI, 1911, p. 336). Mais Éphore s'était mis à l'œuvre beaucoup plus tôt. L'indication dont nous parlons se trouvait probablement au quatrième livre (Εὐρώπη).

1. Pseudo-Scymnus, 196-8 (*Geogr. gr. min.*, I, p. 203), d'après Éphore :

   Τῶν πρὸς τὸ Σαρδῷον δὲ πέλαγος κειμένων
   Οἰκοῦσι Λιβυφοίνικες, ἐκ Καρχηδόνος
   Ἀποικίαν λαβόντες.

2. *Ora*, 421 : « Nam sunt feroces hoc Libyphoenices loco ».

3. Bonsor, *Revue archéologique*, 1899, II, p. 126-159, 232-325, 376-391; conf. Hübner, *Revista de archivos*, IV, 1900, p. 338-351.

4. A Herrerias, à trois kilomètres de la mer; à Villaricos, sur la mer (les plus anciennes tombes de la nécropole) : voir Siret, *Villaricos y Herrerias* (Madrid, 1908).

5. Conf. Déchelette, *Manuel d'archéologie préhistorique*, II, p. 683.

6. Naturellement, les œufs d'autruche sont venus d'Afrique, bruts ou ouvrés.

480, des Ibères sont mentionnés dans les armées puniques de Sicile[1]. Mais c'étaient des mercenaires, recrutés dans des régions qui ne dépendaient sans doute pas de Carthage. D'autre part, l'absence de toute stipulation relative à l'Espagne dans le traité conclu avec Rome à la fin du vi[e] siècle[2] ne prouve pas péremptoirement que Carthage n'eût point encore pris pied dans cette contrée[3] : on peut supposer que les navigateurs romains ne s'avançaient pas aussi loin vers l'Ouest[4] et qu'il était superflu de rédiger des clauses qui devaient demeurer sans effet. Il ne serait guère plus prudent d'affirmer[5] que les Carthaginois n'aient rien possédé en Espagne vers l'année 500, parce qu'ils ne sont pas nommés dans les rares fragments relatifs à la péninsule qui nous sont restés de l'ouvrage géographique d'Hécatée[6].

Ainsi, nous manquons d'arguments décisifs soit pour soutenir, soit pour nier l'existence d'une occupation punique au delà du ive siècle[7]. Il est probable, cependant, que les Cartha-

---

1. Conf. plus haut, p. 435; voir aussi p. 432, n. 2.
2. Je ne crois pas qu'il soit possible de placer en Espagne le Καλὸν ἀκρωτήριον indiqué par ce traité (Polybe, III, 22, 5) : opinion de quelques savants, entre autres Müller, édit. de Ptolémée, n. à p. 130 (il l'identifie avec le cap de Palos); C. Th. Fischer, De Hannonis Carthaginiensis Periplo (1893), p. 83-84 (cap de la Nao); Häbler, Berliner philologische Wochenschrift, 1894, p. 1284-5; Th. Reinach, Rev. des études grecques, XI, 1898, p. 44, n. 3. Contra : E. Meyer, Geschichte, II, p. 709. Pour ce « Beau promontoire », voir plus loin, p. 455 et 457.
3. Comme le pensent Movers, II, 2, p. 639; Müllenhoff, I, p. 499; E. Meyer, II, p. 708; etc.
4. Kirner (l. c., p. 197-8) croit que les Étrusques et même les Marseillais ont pu leur barrer la route de ce côté.
5. Opinion de Müllenhoff, I, p. 111; d'Atenstädt, l. c., p. 44, 47.
6. Vers 410, Hérodore (Fragm. hist. graec., II, p. 34, n° 20) ne mentionne pas non plus les Carthaginois dans une énumération des peuples du littoral de l'Espagne méridionale; d'où Unger (Philologus, IVe Supplementband, p. 193-9) et Atenstädt (l. c., p. 45-47) concluent qu'ils ne s'étaient pas encore établis sur cette côte. Contra : Kirner, l. c., p. 192-3.
7. On lit dans Pline l'Ancien (III, 8) : « In universam Hispaniam M. Varro pervenisse Hiberos et Persas et Phoenicas Celtasque et Poenos tradit. » Varron plaçait donc la venue des Carthaginois en Espagne après celle des Celtes. Mais nous ignorons quand ceux-ci pénétrèrent dans la péninsule; ce ne fut peut-être pas avant le ive siècle : voir Déchelette, Manuel d'archéologie préhistorique, II, p. 568, n. 4, et p. 576, n. 1. D'ailleurs, il faudrait savoir si Varron ne faisait pas allusion à la conquête d'une grande partie de l'intérieur de l'Espagne par

ginois s'implantèrent en Espagne à une époque beaucoup plus lointaine. On sait que, dès le milieu du vii⁰ siècle, ils avaient occupé l'île d'Ibiça, à peu de distance de la côte ibérique¹. Alors qu'au siècle suivant, ils donnaient des preuves de leur activité et de leur force en Sicile et en Sardaigne, ils ne pouvaient pas se désintéresser d'une contrée qui, bien plus que ces deux îles, avait enrichi les Phéniciens pendant fort longtemps. Ils ne pouvaient pas l'abandonner aux entreprises audacieuses de ces Phocéens, qu'ils eurent à combattre, sans doute plusieurs fois, au vi⁰ siècle, dans les eaux de la Méditerranée occidentale. Ce serait donc vers le même temps, dans la seconde moitié du siècle, que nous serions disposé à placer leur intervention en Espagne ².

Elle fut motivée, selon Justin³, par une attaque d'indigènes contre Gadès. Les Carthaginois envoyèrent du secours à leurs frères et, par une heureuse expédition, les délivrèrent du danger qui les menaçait.

Peut-être les Gaditains, débarrassés de leurs ennemis, regrettèrent-ils d'avoir accepté l'assistance de protecteurs trop puis-

---

les Barcides, au iii⁰ siècle (comme Strabon, dans un passage où il dit à peu près la même chose : III, 4, 5), en négligeant les établissements plus anciens que les Carthaginois possédaient sur les côtes de la Méditerranée et de l'Océan.

1. Voir p. 423.
2. M. Jullian (*Rev. des études anciennes*, V, 1903, p. 321, n. 2; *Histoire de la Gaule*, I, p. 249) place dubitativement vers 510 la prise de possession de Gadès par les Carthaginois. M. Sieglin (*Verhandl. des siebenten Geographen-Kongresses*, Berlin, 1899, II, p. 831) dit qu'elle eut lieu en 479 ou 478; je ne sais sur quoi il se fonde. — Vers 430, Hérodote (III, 115) confesse son ignorance sur les contrées de l'Europe occidentale, que les géographes ioniens du vi⁰ siècle connaissaient peut-être mieux que lui. Il déclare que, malgré ses recherches, il n'a pu trouver aucun témoin oculaire pour le renseigner sur ces pays. Vers 469, Pindare (*Néméennes*, III, 20-21) dit qu'il n'est pas facile de pénétrer dans la mer impraticable, au delà des Colonnes d'Héraclès (conf. *Ném.*, IV, 69 : vers l'année 463). Aux temps de Pindare et d'Hérodote, il n'était sans doute plus permis aux marins grecs de franchir le détroit de Gibraltar et l'on peut supposer que c'était Carthage, maîtresse du passage et de Gadès, qui les écartait de la mer extérieure.
3. XLIV, 5, 2-3 : « ... invidentibus incrementis novae urbis finitimis Hispaniae populis ac propterea Gaditanos bello lacessentibus, auxilium consanguineis Karthaginienses misere. Ibi felici expeditione et Gaditanos ab iniuria vindicaverunt et maiore iniuria partem provinciae imperio suo adiecerunt. »

sants et tentèrent-ils de recouvrer leur pleine indépendance. Une indication, malheureusement trop brève, nous fait connaître un siège de Gadès par les Carthaginois, siège qui semble s'être terminé par la prise de la place [1]. Carthage laissa probablement à la vieille cité le titre d'alliée [2], mais, depuis lors, elle disposa du grand marché du Sud de la péninsule, du grand port de l'extrême Occident [3].

Intervenant en Espagne, les Carthaginois devaient se heurter aux Phocéens. Justin [4] mentionne une guerre qui éclata entre eux et les Marseillais, à la suite de la capture de barques de pêche; nous ignorons dans quels parages : peut-être sur la côte orientale de la péninsule [5]. « Les Marseillais, ajoute cet auteur, mirent souvent en déroute les forces carthaginoises; ils accordèrent la paix aux vaincus et lièrent amitié avec les Espagnols [6]. »

Quand eut lieu la lutte dont nous avons conservé un si vague

1. Athénée, Περὶ μηχανημάτων, dans Wescher, *Poliorcétique des Grecs* (1867), p. 9; conf. de Rochas, dans *Mélanges Graux* (1884), p. 784. Vitruve, X, 13, 1-2 (d'après la même source) : « Carthaginienses ad Gades oppugnandas castra posuerunt.... Deiecit (Pephrasmenos) Gaditanorum murum. »
2. Dans Tite-Live, XXVIII, 37, 1, le général carthaginois Magon se qualifie de « socius atque amicus » des Gaditains. Gadès est la seule ville phénicienne d'Espagne qui ait battu monnaie au temps de la domination punique dans cette contrée.
3. Gadès fut plus tard le point de départ des conquêtes d'Hamilcar Barca en Espagne : Diodore. XXV, 10, 1.
4. XLIII, 5, 2 : « (Massilienses) Karthaginiensium exercitus, cum bellum captis piscatorum navibus ortum esset, saepe fuderunt pacemque victis dederunt; cum Hispanis amicitiam iunxerunt. » Meltzer (I, p. 486) remarque qu'*exercitus* doit être une traduction impropre d'un terme grec qui indiquait sans doute des forces navales.
5. Conf. Meltzer, I, p. 164.
6. Pausanias (X, 18, 7) nous apprend que les Marseillais offrirent à Delphes une statue d'Apollon, sur le butin enlevé aux Carthaginois dans une bataille navale. Il est possible qu'il s'agisse d'une de ces victoires dont parle Justin, mais on ne saurait l'affirmer, car il y eut probablement plus d'une guerre entre Marseille et Carthage. Ailleurs encore (X, 8, 6), Pausanias fait allusion à une victoire navale remportée par les Marseillais sur les Carthaginois; il dit qu'elle eut lieu lors de la fondation de la colonie, événement qu'il place au temps de la fuite des Phocéens, assiégés par les Perses (voir plus haut, p. 423). Peut-être a-t-il commis des confusions. Des trophées, qui existaient encore à Marseille au 1ᵉʳ siècle avant J.-C. (Strabon, IV, 1,5), rappelaient des victoires navales remportées par les Marseillais « sur ceux qui leur avaient disputé la mer ».

souvenir? Fut-ce peu après la fondation de Marseille, au temps où les Phocéens entretenaient des relations amicales avec les Tartessiens et allaient trafiquer chez eux, où ils s'établissaient sur le littoral de l'Est de l'Espagne [1]? Ou faut-il reporter cette guerre à une date plus récente, au vᵉ siècle [2]? Il est impossible de le dire. Mais quelles qu'aient été les vicissitudes de la rivalité de Marseille et de Carthage en Espagne, on doit admettre qu'au milieu du ivᵉ siècle, Carthage était maîtresse de la côte jusqu'à Mastia, limite imposée par elle aux Romains, et sans doute aussi aux Grecs. Plus au Sud, les Phocéens avaient fondé Mænacé [3]. Elle fut détruite [4], on ne sait quand [5], probablement par les Carthaginois.

Entre le détroit de Gibraltar et Mastia, ceux-ci s'établirent en divers lieux, soit qu'ils aient occupé de vieilles cités phéniciennes, soit qu'ils aient fondé des colonies nouvelles, soit qu'ils aient créé des comptoirs dans des villes indigènes.

Nous avons dit [6] que le vieux Périple grec, source d'Aviénus,

1. Dans cette hypothèse, le texte de Thucydide cité p. 424 pourrait se rapporter aux mêmes événements : conf. Meltzer, II, p. 502 (voir aussi le même, I, p. 165, 168, 481).
2. Müllenhoff, I, p. 180. Sonny, *De Massiliensium rebus quaestiones* (Saint-Pétersbourg, 1887), p. 6, 14, 71-72. Atenstädt, *l. c.*, p. 57. Jullian, *Histoire*, I, p. 391, 394-5 (peu avant la prise de Rome par les Gaulois).
3. Voir p. 413.
4. Strabon (III, 4, 2) parle de ses ruines.
5. Vers la fin du viᵉ siècle : Meltzer, I, p. 167 et 481, et Jullian, *Revue des études anciennes*, V, p. 324 (conf. *Histoire*, I, p. 219). Vers le début du vᵉ : Sieglin, *l. c.*, p. 851. Vers la fin du vᵉ : Atenstädt, *l. c.*, p. 57-58; E. Meyer, *Geschichte*, III, p. 677. Au début du ivᵉ : Sonny, *l. c.*, p. 74-75. Au iiiᵉ, au temps des conquêtes des Barcides en Espagne : Müllenhoff, *l. c.*, I, p. 180. — Nous lisons dans Aviénus (*Ora*, 426-7) que *Menace* était un ancien nom de *Malacha* : d'où l'on a pu conclure qu'au temps où fut composé le Périple reproduit par cet auteur (au plus tard au début du ivᵉ siècle), la ville grecque avait été remplacée par une ville phénicienne. Mais il est fort douteux que Mænacé ait occupé le site de Malaca et cette erreur probable n'est peut-être pas imputable au vieux Périple (voir plus haut, p. 413, n. 4). — Vers le milieu du ivᵉ siècle, Éphore paraît avoir indiqué Mænacé comme une cité existante (voir *ibid.*, n. 3). Cependant nous ne croyons pas qu'elle ait été encore debout en 348, lors du traité par lequel les Carthaginois interdisaient aux Romains de fonder des villes au delà de Mastia. Là où ils ne souffraient pas de colonies italiennes, ils ne devaient pas souffrir de colonies grecques.
6. P. 440-1.

et Éphore indiquaient des Libyphéniciens en deçà du détroit. On sait aussi par Aviénus que les Phéniciens (ce qui peut signifier les Carthaginois) avaient fondé de nombreuses villes sur le littoral qui s'étend à l'Ouest du cap de Gata[1]. Des textes de l'époque romaine nous font connaître l'importance des éléments puniques dans la population de la côte méridionale de l'Espagne[2]; il est vrai qu'au IIIe siècle, la famille des Barcides les avait renforcés[3]. Après la chute de la domination carthaginoise, Malaca (Malaga), Sexi et Abdéra (entre Malaga et Almeria) frappèrent des monnaies à légendes puniques[4] : on peut croire que la civilisation phénicienne qui se maintenait dans ces villes s'y était implantée depuis longtemps, soit avant, soit après la venue des Carthaginois en Espagne[5]. Strabon dit que Malaca présentait un aspect phénicien[6] et que des Phéniciens avaient fondé Abdéra[7]. Il est possible aussi que Cartéia, dans la baie d'Algésiras, ait été une vieille ville phénicienne ou punique[8]. Entre Almeria et Carthagène, des Carthaginois

---

1. *Ora*, 438-440 :

... porro in isto litore
Stetere crebrae civitates antea,
Phoenixque multus habuit hos pridem locos.

2. Pline, III, 8 : « Oram eam (entre le détroit et un point de la côte voisin d'Almeria) in universum originis Poenorum existimavit M. Agrippa. » Ptolémée, II, 4, 6 : Βαστούλων τῶν καλουμένων Ποινῶν (depuis le détroit jusqu'à Baria, entre Almeria et Carthagène); conf. Marcien d'Héraclée, II, 9 (*Geogr. gr. min.*, I, p. 514). On trouve dans Appien (*Iber.*, 56) le terme Βλαστοφοίνικες (= Βαστοφοίνικες).

3. Appien (*l. c.*) dit de ses Βλαστοφοίνικες : ... οὕς φασιν Ἀννίβαν τὸν Καρχηδόνιον ἐποικίσαι τινὰς ἐκ Λιβύης καὶ παρὰ τοῦτο κληθῆναι Βλαστοφοίνικας.

4. Hübner, *Monumenta linguae ibericae*, n°° 136-8.

5. Vers 500, Hécatée paraît avoir rangé Σίξος (Sexi) parmi les villes des Μαστιηνοί (Étienne de Byzance, s. v. Σίξος = *Fragm. hist. graec.*, I, p. 1, n° 9). Peut-être ne devint-elle que plus tard une colonie carthaginoise.

6. III, 4, 2 : Φοινικικὴ τῷ σχήματι.

7. III, 4, 3 : Ἄβδηρα, Φοινίκων κτίσμα καὶ αὐτή. M. Th. Reinach (*Rev. des études grecques*, XI, 1898, p. 54) croit cependant que le nom d'Abdéra indique que ce fut d'abord une colonie ionienne; conf. Clerc, *Rev. des études anciennes*, VII, 1905, p. 353).

8. Strabon (III, 4, 7) la qualifie de vieille ville et ajoute, d'après Timosthène, qu'elle s'appelait autrefois Ἡρακλεία (le texte qui nous est parvenu donne par erreur Κάλπη, au lieu de Καρτηία); peut-être dut-elle ce nom à l'Hercule tyrien, Melqart. On a voulu retrouver dans Cartéia le mot phénicien *qart*, ville (Hübner, *Real-Encyclopädie* de Wissowa, s. v. *Carteia*, col. 1619, croit le nom ibère).

s'établirent au lieu appelé aujourd'hui Villaricos¹, à l'embouchure du rio Almanzora, près des mines d'argent de la sierra Almagrera. On a découvert à Villaricos une épitaphe punique, dans un cimetière du IV⁰ siècle, où les objets puniques abondent². Cependant le gros de la population paraît avoir été indigène³.

Il ne semble pas que des colonies de Carthage aient existé au delà de Mastia, du moins vers le milieu du IV⁰ siècle⁴. Nous savons que le traité conclu en 348 fixa ce port comme limite aux navigations des Romains : les Carthaginois n'avaient donc rien à protéger sur les rivages qui s'étendaient plus au Nord⁵.

En dehors du détroit, un passage déjà cité de Scylax mentionne de nombreux marchés carthaginois sur le littoral espagnol⁶ ; il est confirmé par Aviénus, qui parle de bourgs et de villes⁷. Mais, sauf Gadès, les noms de ces établissements ne nous sont pas connus⁸.

---

1. Dans le voisinage de l'antique Baria.
2. Berger et Delattre, *Comptes rendus de l'Acad. des Inscriptions*, 1901, p. 33-37. Siret, dans *l'Anthropologie*, XVIII, 1907, fig. à la p. 233. Le même, *Villaricos y Herrerías*, pl. XX.
3. Celtibérique, selon Déchelette, *Rev. archéologique*, 1908, II, p. 409.
4. Aviénus (*Ora*, 459-460) indique un établissement phénicien plus au Nord, à l'embouchure de la Segura, entre le cap de Palos et le cap de la Nao : « ista Phœnices prius loca incolebant ». Il est donc vraisemblable qu'entre la composition du Périple, source d'Aviénus, et le milieu du IV⁰ siècle, la domination punique a reculé sur cette côte.
5. Ce fut Hamilcar Barca qui, au III⁰ siècle, fonda Ἄκρα Λευκή, (*Lucentum*, Alicante), entre les caps de Palos et de la Nao : voir Meltzer, II, p. 401. Ausone (*Lettres*, XXIV, 68-69) qualifie *Barcino* de « punica »; mais ce n'est pas une raison suffisante pour faire de Barcelone une colonie punique.
6. Voir p. 440.
7. *Ora*, 375-7 :

    Ultra has columnas, propter Europae latus,
    Vicos et urbis incolae Carthaginis
    Tenuere quondam.

Müllenhoff (I, p. 206) croit que ce passage a été emprunté à Euctémon d'Athènes, contemporain de Périclès; mais il ne le prouve pas (voir Unger, *Philologus*, IV⁰ Supplementband, p. 232, n. 40). — Aviénus (*l. c.*, 309 et suiv.) dit aussi que les Carthaginois ont occupé *Erythia*, l'île de Léon, qui portait Gadès.
8. Une tradition gaditaine prétendait que les Phéniciens, avant de fonder Gadès, pensèrent à s'établir dans une île d'Héraclès, voisine d'Onoba, entre les embouchures du Guadalquivir et de la Guadiana (Strabon, III, 5, 5). Peut-être y

La domination punique s'étendit-elle à l'intérieur des terres ? Des indications de Justin et de Polybe pourraient le faire croire. L'abréviateur de Trogue-Pompée dit qu'après avoir secouru Gadès, menacée par des peuples voisins, les Carthaginois ajoutèrent à leur empire une partie de la province[1], c'est-à-dire, semble-t-il, du pays qu'occupaient les agresseurs. Polybe[2] affirme qu'au début de la première guerre contre Rome, ils étaient maîtres de beaucoup de parties de l'Ibérie. Mais, à part ces textes, qui, comme on le voit, sont assez vagues, nous n'avons aucune preuve de l'existence d'un territoire punique en Espagne, avant la seconde moitié du IIIe siècle[3]. Ce fut Hamilcar Barca qui entreprit résolument la conquête de la péninsule, au delà des côtes.

VI

Nous ne savons rien sur les relations que les Carthaginois purent entretenir, à la fin du VIIe siècle et pendant la plus grande partie du sixième, avec les Grecs qui s'étaient établis en Cyrénaïque. Ceux-ci ne paraissent pas avoir supplanté des Phéniciens dans cette contrée[4] : Carthage n'avait donc pas de pressantes raisons de les combattre.

Mais leurs ambitions se portèrent plus loin vers l'Ouest. Hérodote[5] parle d'une prédiction qui aurait été faite à Jason et à ses compagnons : cent villes grecques devaient s'élever autour

---

avait-il là un établissement phénicien d'époque ancienne (il existait des gisements d'argent très importants au Nord d'Onoba).

1. Texte cité p. 413, n. 3. Justin ajoute : « Postea quoque hortantibus primae expeditionis auspiciis, Hamilcarem imperatorem... ad occupandam provinciam misere. »
2. I, 10, 5 : τῆς Ἰβηρίας ὑπάρχει πολλὰ μέρη πεποιημένους.
3. Conf. Meltzer, II, p. 103-4. Il fait remarquer qu'avant les conquêtes des Barcides, les Ibères qui servirent dans les armées carthaginoises sont toujours indiqués comme des mercenaires.
4. Voir plus haut, p. 363.
5. IV, 179.

du lac Tritonis, si un descendant des Argonautes s'emparait d'un trépied de bronze, laissé par Jason dans ces parages. L'historien dit aussi[1] qu'un oracle annonçait que l'île de Phla, située au milieu du lac, serait colonisée par les Lacédémoniens. Le lac Tritonis répond peut-être au fond de la petite Syrte[2] et Phla à l'île de Djerba : en tout cas, lac et île étaient de ce côté dans la pensée d'Hérodote, qui n'avait que des renseignements incertains.

Il y eut sans doute quelque rapport entre ces visées des Lacédémoniens sur la région des Syrtes et l'entreprise de Dorieus, fils du roi de Sparte Anaxandridas[3]. Ne voulant pas vivre auprès de son frère Cléomène, qui avait hérité de la dignité royale, Dorieus partit, peu d'années avant la fin du vi° siècle, avec un certain nombre d'émigrants, parmi lesquels se trouvaient quelques Spartiates, et il alla fonder une colonie en Libye. Il fut guidé par des Théréens, c'est-à-dire par des gens de même origine que la plupart des colons de Cyrène : ces derniers durent être favorables au projet[4]. Dorieus s'établit entre les deux Syrtes, à l'embouchure de la rivière Cinyps (l'oued Oukirré actuel[5]), à dix-huit kilomètres au Sud-Est de l'endroit où les Phéniciens avaient jadis fondé Leptis. Le lieu était bien choisi, dans un pays où le sol offrait des ressources, quoique Hérodote en ait exagéré la fertilité[6]. Il est probable qu'à cette époque la colonie de Leptis était déchue, ou même

---

1. IV, 178.
2. Opinion de Meltzer (I, p. 427), de Müller (édit. de Ptolémée, n. à p. 625) et d'autres; combattue par Tissot, *Géographie*, I, p. 135 et 141.
3. Pour ce qui suit, voir Hérodote, V, 42. Meltzer, I, p. 182-5; Busolt, 2° édit., II, p. 755-7; E. Meyer, II, p. 806-7.
4. Philippe de Crotone, qui, ayant dû quitter sa patrie, s'était retiré à Cyrène, devint un des compagnons de Dorieus et prit part à l'expédition de Sicile (Hérodote, V, 47). Peut-être avait-il participé auparavant à l'expédition de Libye : Niese, *Hermes*, XLII, 1907, p. 425.
5. Méhier de Mathuisieulx, *Nouvelles Archives des missions*, XIII, 1904, p. 96. Cette rivière est appelée aussi oued el Khaâne, oued el Mghar el Grine : Vivien de Saint-Martin, *Le Nord de l'Afrique dans l'antiquité*, p. 52; Tissot, *Géographie*, I, p. 144.
6. IV, 198. Conf. plus haut, p. 69-70.

avait disparu : la ville punique que signalent des documents postérieurs fut appelée par les Grecs Νεάπολις[1], nom qui indique peut-être une nouvelle fondation sur un site anciennement occupé. On peut croire aussi que Carthage n'avait pas encore étendu sa domination de ce côté : autrement l'acte du prince lacédémonien aurait été trop audacieux et aurait provoqué des hostilités immédiates.

Ce fut seulement au bout de trois ans que les Carthaginois, unis à des indigènes de la côte, les Maces[2], chassèrent Dorieus, qui retourna dans le Péloponnèse[3]. Les ruines de sa colonie se voyaient encore au milieu du IVᵉ siècle[4].

Carthage affirma ainsi sa volonté de se réserver les rivages méridionaux du golfe syrtique. Elle empêcha les Grecs de renouveler la tentative de Dorieus en fixant, au fond de la grande Syrte, une limite qu'ils ne devaient point dépasser. D'après ce que nous venons de dire, cette frontière n'existait pas à la fin du VIᵉ siècle. Hérodote (vers 430) paraît l'ignorer et il ne parle pas plus des Carthaginois que des Phéniciens dans les quelques pages qu'il consacre aux populations des côtes africaines, à l'Ouest de la Cyrénaïque[5]; il est vrai qu'il se propose de faire connaître les mœurs des indigènes et qu'il omet sans doute à dessein les colons d'origine étrangère[6]. Mais la frontière était certainement constituée lors de la rédaction du Périple de Scylax, au milieu du IVᵉ siècle. Après avoir énuméré un certain nombre de villes, — entre autres Néa-

---

1. Périple de Scylax, § 109 et 110 (*Geogr. gr. min.*, I, p. 83 et 86). Strabon, XVII, 3, 18. Ptolémée, IV, 3, 3. Denys le Périégète, 205 (*Geogr. gr. min.*, II, p. 113).
2. Μάχαι.
3. Voir plus haut, p. 431.
4. Scylax, § 109 (p. 83) : χωρίον καλὸν καὶ πόλις, ἦ ὄνομα Κίνυψ· ἔστι δὲ Ἱερόν.
5. IV, 172-180, 186-194. Il invoque pourtant le témoignage des Carthaginois au sujet de l'île Κύραυνις (IV, 195), c'est-à-dire de Kerkenna, située en face de Sfax, au Nord-Est de la petite Syrte.
6. Meltzer, I, p. 489. Tout en ne parlant que des indigènes, Hérodote n'a pas omis de dire que la Libye était habitée, non seulement par des Libyens et des Éthiopiens, mais aussi par deux peuples étrangers, les Phéniciens et les Grecs (IV, 197; conf. II, 32).

polis, Graphara, Abrotonon[1], situées sur le littoral de la Tripolitaine actuelle, — l'auteur ajoute[2] : « Tous ces comptoirs ou villes de Libye, depuis la Syrte voisine d'Hespérides (c'est-à-dire depuis la grande Syrte) jusqu'aux Colonnes d'Héraclès, appartiennent aux Carthaginois[3]. » Le Périple mentionne aussi les autels de Philène[4], qui, comme d'autres textes le prouvent, marquaient la limite entre les Grecs de Cyrénaïque et les possessions puniques et qui furent élevés précisément pour la marquer.

Salluste[5] raconte que l'érection de ces autels fut précédée d'une guerre de longue durée entre les Carthaginois et les Cyrénéens : les armées et les flottes des deux peuples furent tour à tour battues et mises en déroute; enfin ils se décidèrent à faire la paix, de peur que d'autres ne profitassent de leur affaiblissement pour les attaquer. Cependant le récit de l'historien romain a un aspect si légendaire que même les traits qui ne sont pas invraisemblables ne sauraient être accueillis sans hésitation. Servius mentionne une guerre entre les Carthaginois et les Barcéens, habitants d'une autre colonie grecque de la Cyrénaïque[6], mais on ignore tout à fait quand elle eut lieu.

En quoi consistaient ces monuments, qui sont qualifiés par les Grecs et les Latins de βωμοί, d'*arae*[7], et qui, prétendait Strabon[8], n'existaient plus de son temps (sous le règne d'Auguste)? Peut-être étaient-ce simplement des tumulus, coni-

---

1. § 109 (p. 85), § 110 (p. 86). Il s'agit de Leptis, de Caphara et de Sabratha.
2. § 111, fin (p. 91).
3. Conf. § 110 : Ἀπὸ δὲ Νέας πόλεως τῆς Καρχηδονίων χώρας ἡ Τάφαρα πόλις.
4. § 109 (p. 85), en deux passages.
5. *Jugurtha*, LXXIX, 4-5.
6. *In Aeneid.*, IV, 42 : « Barcaei... prope sunt a Carthagine... Hi secundum Titianum in chorographia Phoenicen navali quondam superare certamine. » L'auteur cité est probablement Julius Titianus, qui écrivait vers la fin du ɪɪᵉ siècle de notre ère : voir Dessau, dans *Prosopographia imperii romani*, II, p. 217, n° 394.
7. Selon Strabon (III, 5, 5), c'étaient en effet des autels, mais il n'en devait rien savoir, puisqu'il dit que ces autels avaient disparu.
8. III, 5, 6.

ques ou tronconiques[1]. Pline indique qu'ils étaient en sable[2]; il est plus probable que c'étaient des amas de pierres[3]. Il y en avait évidemment deux : autrement la légende dont nous allons parler ne se comprendrait pas. L'un pouvait s'élever en territoire carthaginois, l'autre en territoire grec. Le Périple de Scylax les appelle Φιλαίνου βωμοί, le premier mot étant au génitif singulier; cette forme, qui devait être la seule correcte, se retrouve dans Polybe[4]. Il s'agit sans doute d'un nom de lieu[5]. D'autres textes emploient le pluriel, Φιλαίνων, *Philaenorum*[6], qui s'explique par une légende rapportée par Salluste[7].

Les Carthaginois, dit-il, et les Cyrénéens, las de se faire la guerre, convinrent qu'à un jour fixé, des gens partiraient en même temps de chacune des deux villes, et que l'endroit où ils se rencontreraient serait regardé comme la limite commune des deux peuples. Deux frères, appelés Philènes[8], sortirent donc de Carthage et s'avancèrent avec une grande vitesse. Les Cyrénéens allèrent plus lentement, soit par paresse, soit par suite de quelque accident[9]. Voyant qu'ils ont été

1. Le mot βωμός peut signifier tertre, tumulus, aussi bien qu'autel (Meltzer, I, p. 183).
2. V, 28 : « ... ad Philaenorum aras. Ex harena sunt hae. » On concédera sans peine que le sable est une matière peu propre à constituer un monument durable.
3. Peut-être étaient-ils analogues aux *kerkodr*, si fréquents dans l'Afrique du Nord, qui sont formés et accrus par des pierres que les voyageurs déposent. Beaucoup de ces monuments rudimentaires sont élevés dans des lieux de passage, où s'achèvent des étapes importantes : voir Doutté, *Magie et religion dans l'Afrique du Nord*, p. 421 et suiv. On édifie aussi des kerkoùr aux endroits où des hommes ont péri de mort violente : Meltzer, I, p. 183; conf. Doutté, p. 424-7. Une confusion de ces deux idées aurait-elle contribué à la formation de la légende que raconte Salluste?
4. Polybe, III, 39, 2; X, 40, 7.
5. Ptolémée (IV, 3, 4) indique un village de Philène : Φιλαίνου κώμη, ὑφ' ἣν οἱ ὁμώνυμοι βωμοί, ὅριον Ἀφρικής.
6. Strabon, III, 5, 5 et 6; XVII, 3, 20 (il emploie cependant le singulier Φιλαίνου dans le même chapitre). Salluste, *Jug.*, XIX, 3 : « Philaenon arae » (transcription du génitif pluriel grec). Pomponius Méla, I, 33 : « Philaenorum ». Pline, V, 28 : *idem*. Etc. (voir les textes indiqués par Müller, *Geogr. gr. min.*, I, n. à p. 456).
7. *Jug.*, LXXIX.
8. « ... quibus nomen Philaenis erat. »
9. Salluste se demande s'ils ne furent pas gênés par le vent qui souffle souvent en tempête dans cette région et soulève des tourbillons de sable.

devancés et craignant d'être punis à leur retour chez eux, ils accusent les Philènes de s'être mis en route avant le temps marqué, provoquent des contestations; ils sont décidés à tout, plutôt que de se retirer vaincus. Les Carthaginois consentent à d'autres conditions, pourvu qu'elles soient égales pour les deux partis. Les Grecs leur donnent alors le choix ou d'être enterrés vifs à l'endroit où ils veulent fixer la limite, ou bien de les laisser s'avancer aux mêmes conditions jusqu'au point où il leur plaira d'aller. Les Philènes acceptèrent cette offre et, se sacrifiant à la patrie, ils se firent enterrer vivants. En ce lieu, Carthage consacra des autels aux deux frères; d'autres honneurs leur furent rendus chez eux [1].

Salluste n'indique pas à qui il a emprunté cette fable, à laquelle il paraît croire. Elle est d'origine grecque, comme le prouve le nom donné aux champions de Carthage : un calembour a transformé un nom de lieu en un nom de personnes, signifiant « les amis de la louange [2] ». Peut-être a-t-elle été inspirée par le nombre et la forme des autels, qui rappelaient des tumulus funéraires [3]. Il n'est du reste pas impossible que ces « autels » aient été placés sous la sauvegarde de certaines divinités, puniques et probablement aussi grecques. Mais on ne saurait admettre que les Carthaginois les aient consacrés à des hommes divinisés : rien ne prouve qu'ils aient pratiqué le

---

1. Conf. Pomponius Méla, I, 38 (« arae ipsae nomen ex Philaenis fratribus traxere, qui contra Cyrenaicos missi, etc »); Valère-Maxime, V, 6, ext., 4 (dont le récit diffère sur quelques points de celui de Salluste; mais il ne paraît pas nécessaire d'admettre une autre source : voir Meltzer, I, p. 190, 491); Silius Italicus, XV, 700-1.

2. Solin, XXVII, 8 : « Philaenis fratribus a laudis cupidine Graium vocamen datum. »

3. Celui qui la mit en circulation a pu emprunter certains traits à des auteurs plus anciens. Meltzer (I, p. 183 et 491) fait observer que Polyænus (VI, 24), probablement d'après Charon de Lampsaque (= Fragm. hist graec., I, p. 34, n° 10), parle d'une contestation de frontière entre Lampsaque et Parium, différend qui fut terminé par une course : on fixa la limite au lieu de rencontre des champions. Comme le remarque Gutschmid (Kleine Schriften, II, p. 82-83), il n'est pas question dans ce récit d'ensevelissement de personnages vivants : il ne s'agit donc pas d'un emprunt pur et simple.

culte des héros[1] et l'histoire invraisemblable racontée par Salluste ne doit pas le faire croire.

D'après les textes anciens[2], nous pouvons déterminer, d'une manière approximative, l'emplacement des autels de Philène. Ils s'élevaient près du lieu appelé aujourd'hui Mouktar, vers le fond de la grande Syrte[3]. Cette limite fut maintenue pendant fort longtemps : à l'époque romaine, elle séparait encore les provinces de Cyrénaïque et d'Afrique[4]. Une indication de Strabon[5] nous apprend pourtant que, sous le règne d'un Ptolémée, maître de la Cyrénaïque, la frontière entre cette contrée et le territoire carthaginois se trouvait plus à l'Ouest, à la tour Euphrantas[6]. Il s'agit sans doute du premier Ptolémée[7], qui s'empara de Cyrène en 322[8]. Nous ignorons les raisons de cette modification. La limite fut ensuite ramenée aux autels de Philène, où Polybe la marque[9].

On ne voit pas qu'après l'échec de Dorieus, les Grecs aient essayé de fonder des colonies au Sud et à l'Ouest des Syrtes. Hérodote donne des renseignements, d'ailleurs maigres et peu

---

1. Meltzer, I, p. 491. Conf. plus haut, p. 392.
2. Scylax, § 109 (p. 85). Strabon, XVII, 3, 20. Ptolémée, IV, 3, 4. *Stadiasmus maris magni*, § 84 et 85 (*Geogr. gr. min.*, I, p. 456-7). Table de Peutinger. — Indications erronées dans un passage de Strabon, III, 5, 5 (entre les deux Syrtes), et dans Salluste, *Jug.*, XIX, 3 (*idem*).
3. Tissot (après Barth), *Géographie*, I, p. 222; conf. II, p. 211.
4. Méla, I, 33; Ptolémée, IV, 3, 4; Table de Peutinger. Limite entre la Tripolitaine et la Cyrénaïque : Paul Orose, *Adv. paganos*, I, 2, 88 et 90.
5. XVII, 3, 20 : ὁ Εὐφράντας πύργος..., ὅριον τῆς πρότερον Καρχηδονίας τῆς καὶ τῆς Κυρηναίας τῆς ὑπὸ Πτολεμαίῳ.
6. Ce lieu est aussi indiqué par Ptolémée (IV, 3, 4) et par le Stadiasme (§ 83 et 89, p. 459). Il correspond à Kasr Zafrane, à environ 280 kilomètres au Nord-Ouest de Mouktar : voir Müller, *Geogr. gr. min.*, I, n. à p. 459; Tissot, *Géographie*, I, p. 219.
7. Meltzer, I, p. 351 et 522. Il croit que cette modification de frontière eut lieu avant la révolte d'Ophellas en Cyrénaïque, c'est-à-dire avant 312. Il admet cependant (I, p. 411) la possibilité d'une date plus tardive : après la reprise de la Cyrénaïque par Ptolémée, à la suite de la mort d'Ophellas, qui survint en 308.
8. Un peu auparavant, Carthage avait été sollicitée par Cyrène de la secourir contre l'aventurier Thibron : Diodore, XVIII, 21.
9. III, 39, 2 (au début de la seconde guerre punique). Une indication d'Ératosthène (*apud* Strabon, II, 5, 20) conduit à la même conclusion pour une époque un peu antérieure : conf. Meltzer, I, p. 522.

sûrs, au sujet des indigènes de ces régions. Il les recueillit peut-être lui-même à Cyrène, dans le second tiers du v° siècle : ce qui permet de supposer que des marchands grecs visitaient encore ces parages. Cependant Hérodote a pu copier des auteurs plus anciens, entre autres Hécatée, ou répéter des traditions orales qui remontaient au siècle précédent[1]. Des indications assez détaillées du Périple de Scylax[2] attestent, quelle qu'en soit la source, que les Grecs ne se désintéressaient pas de ce littoral vers le milieu du iv° siècle. Mais s'ils avaient pu le fréquenter dans les temps qui précédèrent la rédaction du Périple[3], ils avaient dû y être autorisés par les Carthaginois.

Dans le premier traité qu'elle conclut avec Rome, à la fin du vi° siècle, Carthage permit aux Romains et à leurs alliés de trafiquer en Libye, sous certaines conditions[4]. Cette clause, comme l'atteste une autre stipulation du traité, ne concernait que les rivages situés en deçà du Beau promontoire, c'est-à-dire, probablement, à l'Est de ce cap, aujourd'hui le Ras Sidi Ali el Mekki, près de Porto-Farina[5]. Elle ouvrait aux Romains

1. Quelques indications d'Hérodote pourraient être aussi de source carthaginoise (par l'intermédiaire des Grecs de Cyrène). Il le dit expressément au sujet de l'île Kerkenna (I, 195 : voir plus haut, p. 450, n. 5). — Au delà du lac Tritonis, par conséquent sur la côte orientale de la Tunisie, il mentionne les Zauèkes avant les Gyzantes (IV, 193, 194), ce qui est contraire à l'ordre qu'il a suivi jusque-là, si l'on voit dans les premiers les habitants de la région du djebel Zaghouane et dans les seconds ceux de la région de Sousse (la Byssatis de Polybe). Meltzer (I, p. 77) suppose qu'Hérodote a emprunté ses informations sur ces deux peuplades à des Carthaginois, qui devaient mentionner les Zauèkes avant les Gyzantes, plus éloignés de leur ville. L'hypothèse est ingénieuse, mais très contestable.
2. § 109 et 110 (p. 85 et suiv.).
3. Thucydide (VII, 50) nous apprend qu'en 413, des soldats grecs, venus du Péloponnèse et jetés par la tempête en Cyrénaïque, y avaient fait un séjour, puis qu'ils étaient partis d'Évespérides (Benghazi) et avaient longé les côtes jusqu'à Néapolis, comptoir carthaginois (αὐτόθεν παραπλεύσαντες ἐς Νέαν πόλιν, Καρχηδονιακὸν ἐμπόριον), d'où le trajet vers le point le plus rapproché de la Sicile est de deux jours et une nuit. De là, ils s'étaient rendus à Sélinonte. Il s'agit, non de Leptis Magna, mais probablement de la Νεάπολις qui était située au lieu appelé encore aujourd'hui Nebeul, au Sud de la péninsule du cap Bon (voir, entre autres, Scylax, § 110, p. 89).
4. Polybe, III, 22, 7-9.
5. Voir plus loin, p. 457, n. 5.

l'accès des ports de la Tunisie orientale et de la Tripolitaine. Au contraire, le second traité, conclu en 348, leur interdit, non seulement de fonder des villes en Libye, mais même d'y faire du commerce[1].

Carthage releva sans doute Leptis, la Νεάπολις des Grecs[2]. D'autres ports dépendirent d'elle sur le littoral méridional des Syrtes : vieilles colonies phéniciennes, devenues ses vassales[3], ou colonies nouvelles. Quelques-unes de ces villes furent prospères[4]. Dès le v⁵ siècle, elles paraissent avoir entretenu des relations avec des régions situées fort loin dans l'intérieur de l'Afrique[5]. Quant aux indigènes, les Carthaginois leur imposèrent, semble-t-il, une alliance inégale : nous savons par Diodore[6] qu'ils leur demandaient des troupes auxiliaires.

Les villes que le Périple de Scylax mentionne sur le rivage oriental de la Tunisie appartenaient à Carthage[7]. Il est à croire qu'elle n'attendit pas jusqu'au iv⁵ siècle pour prendre possession de ce littoral, soit en s'attachant, de gré ou de force, d'anciennes cités phéniciennes, soit en créant elle-même des colonies. C'étaient des escales qui lui permettaient d'atteindre le fond des Syrtes; c'étaient aussi des marchés d'une région fertile. Au v⁵ siècle, elle se constitua un territoire qui couvrit une partie de la Tunisie[8]. A supposer qu'elle n'eût pas encore occupé tous les ports qui servaient de débouchés au pays annexé, sur la côte orientale comme sur la côte septentrionale, elle ne dut pas tarder plus longtemps à s'en rendre maîtresse.

Les Carthaginois possédaient aussi tous les lieux que le Périple indique sur la Méditerranée entre leur ville et les

1. Polybe, III, 24, 11 (passage cité p. 429, n. 4).
2. Meltzer, I, p. 98.
3. S'il en existait. Conf. p. 363-4 pour Sabratha.
4. Nous en reparlerons au tome II.
5. Comme nous pouvons le supposer d'après un passage d'Hérodote (IV, 183) : voir plus haut, p. 58, n. 5.
6. XIII, 80 (à la fin du v⁵ siècle).
7. Voir le passage cité p. 451 (n. 2).
8. Voir plus loin, § VIII.

Colonnes d'Héraclès[1]. Là encore, ils établirent leur domination avant le milieu du IV⁰ siècle. Si les colonies phéniciennes de ces parages n'étaient pas menacées par les Grecs, elles pouvaient avoir besoin de protection contre les indigènes. Les combats que les Carthaginois livrèrent aux Numides et aux Maures, vers 475-450, n'eurent peut-être pas d'autre cause[2]. Il était nécessaire à Carthage de disposer des escales de la route de l'Espagne méridionale et de l'Océan. Elle en disposait certainement lorsque Hannon, chargé de fonder des villes sur les côtes de l'Atlantique, partit avec une flotte imposante, au plus tard dans la première moitié du IV⁰ siècle; Hannon, d'ailleurs, ne serait pas allé au loin pour y établir des colons, si les Carthaginois n'avaient pas déjà occupé les emplacements favorables en deçà du détroit[3]. Dès la fin du VI⁰ siècle, ils avaient des intérêts à défendre sur le littoral africain, à l'Ouest du golfe de Tunis. Le traité qui fut conclu à cette époque interdisait aux Romains et à leurs alliés de naviguer au delà du Beau Promontoire[4]; il s'agit, nous l'avons dit, du cap Sidi Ali el Mekki, situé au Nord de Carthage[5]. Quoique la

---

1. Conf., pour le III⁰ siècle, Polybe, III, 39, 2 : « Les Carthaginois possédaient toutes les parties de la Libye qui sont tournées vers la mer intérieure, depuis les autels de Philène jusqu'aux Colonnes d'Héraclès. »
2. Justin, XIX, 2, 4 (au temps de la puissance des petits-fils de Magon) : « Mauris bellum inlatum et adversus Numidas pugnatum. » C'est à tort que Gutschmid (*Kleine Schriften*, II, p. 83) rapporte à cette guerre la ruse d'un Asdrubal, qui prétexta une chasse aux éléphants pour entrer dans un pays occupé par des Numides et pour les soumettre (Frontin, *Stratag.*, IV, 7, 18) : conf. Gsell, dans *Recueil de mémoires publiés par l'École des Lettres d'Alger* (1903), p. 337, n. 4.
3. E. Meyer, *Geschichte*, III, p. 680.
4. Polybe, III, 22, 5-6 : « Ni les Romains, ni les alliés des Romains ne navigueront au delà du Beau Promontoire (ἐπέκεινα τοῦ Καλοῦ ἀκρωτηρίου), à moins qu'ils n'y soient contraints par la tempête ou par la poursuite de leurs ennemis. Si quelqu'un d'entre eux y est poussé contre son gré, il ne lui sera permis d'y rien acheter, d'y rien prendre, sauf ce dont il aura besoin pour réparer son navire ou pour sacrifier. »
5. Meltzer (dans *Commentationes Fleckeisenianae*, Leipzig, 1890, p. 259-270) a prouvé, contre Tissot et d'autres, qu'il faut placer au Ras Sidi Ali el Mekki le Καλὸν ἀκρωτήριον, qui, dit Polybe (III, 23, 1), se trouve au Nord de Carthage. — Tite-Live (XXIX, 27, 12) dit *Pulchri promuntarium*, ce qui est peut-être une

question soit obscure, on peut supposer que le terme « au delà » signifie, non pas dans la direction des Syrtes, comme le croyait Polybe[1], mais dans la direction de l'Ouest[2]. Dans le traité de 348, une clause défendit aux Romains de faire du butin et du commerce, et de fonder des villes au delà de ce même promontoire[3].

Il est probable que Carthage fit les mêmes défenses aux Grecs, qui connurent fort mal l'Afrique du Nord, à l'époque où elle y dominait. Hérodote ne sait rien du pays, par delà les côtes orientales de la Tunisie, et si le Pseudo-Scylax[4] donne une liste, assez courte, de ports et d'îles entre Carthage et le détroit, il n'est pas prouvé qu'elle ait été dressée par des marins grecs.

Ce fut sans doute avant l'expédition d'Hannon que Carthage se rattacha l'antique cité de Lixus et les autres ports phéniciens qui pouvaient exister entre le détroit et le lieu où Hannon fonda sa première colonie sur l'Atlantique, Thymiatérion (Méhédia).

En général, il nous est impossible de dire quelles furent,

---

expression plus exacte que celle de Polybe. Le même cap est appelé ailleurs *promontarium Apollinis* (voir Tissot, I, p. 157, qui a raison, je crois, malgré les réserves de Meltzer, *l. c.*, p. 261-2) : *Pulcher* ne serait-il pas la traduction d'une épithète donnée à l'Apollon phénicien ?

1. III, 23, 1-2. Selon lui, cette clause avait pour objet d'empêcher les Romains de connaître la Byssatis (région de Sousse) et les lieux de la petite Syrte appelés les Emporia, à cause de la fertilité de ces pays.
2. Comme le pensent de nombreux savants : par exemple, Meltzer, I, p. 181, 488-9, et *Comment. Fleckeisenianae*, p. 265-8; Soltau, dans *Philologus*, XLVIII, 1889, p. 278; E. Meyer, *Geschichte*, II, p. 708; von Scala, *die Staatsverträge des Altertums*, I, p. 31. — Si l'on adopte l'opinion de Polybe, il faut en conclure que le traité interdisait aux Romains de se rendre à Carthage, car les Carthaginois ne pouvaient pas, sans s'astreindre à une surveillance compliquée, défendre de naviguer (μὴ πλεῖν Ῥωμαίους) au Sud du Beau Promontoire, tout en permettant de naviguer vers leur ville. Or, quoique le traité, tel que Polybe le rapporte, ne le dise pas, il est probable que l'accès de Carthage était autorisé. C'est ainsi que Polybe l'a compris (III, 23, 4), et une clause du second traité l'indique formellement (III, 24, 12). Le second traité interdit tout commerce en Libye (c'est-à-dire, croyons-nous, à l'Est et au Sud du Beau Promontoire), sauf à Carthage. Mais il ne défend pas de *naviguer* dans ces parages; le contrôle pouvait s'exercer facilement dans les ports où les Romains étaient autorisés à entrer pour prendre des vivres et pour réparer leurs navires.
3. Polybe, III. 24, 4.
4. § 111 (p. 89-90).

parmi les villes que nous savons avoir été soumises aux Carthaginois sur les côtes de l'Afrique septentrionale, celles qu'ils fondèrent eux-mêmes et celles qui dataient d'une époque plus reculée. Nous ignorons comment ils assujettirent ces dernières à leur hégémonie. Peut-être ne furent-elles pas traitées d'une manière uniforme. On a des raisons de croire que, vers la fin du vi[e] siècle, Utique avait encore conservé son entière liberté[1]. Plus tard[2], tout en dépendant en fait de Carthage[3], elle contracta avec elle une alliance qui la plaçait officiellement sur un pied d'égalité. Seul parmi les Phéniciens d'Occident, le peuple d'Utique est nommé avec les Carthaginois dans des traités que ceux-ci conclurent au milieu du ive siècle[4] et à la fin du iii[e][5].

VII

Telle fut l'œuvre grandiose de défense et de domination que Carthage accomplit dans la Méditerranée occidentale et à l'entrée de l'Océan, probablement à partir du viie siècle, mais surtout au cours du vi[e] et au commencement du ve, dans cette période d'expéditions et de conquêtes qui paraît avoir été l'époque la plus glorieuse de son histoire.

Elle avait fixé des limites aux ambitions des Grecs. Elle les avait écartés de la Sardaigne, de la Corse, du Sud de l'Espagne, des côtes africaines à l'Ouest de la Cyrénaïque. Elle leur avait

---

1. Elle ne paraît pas avoir été mentionnée dans le premier traité de Carthage avec Rome. Elle l'est, au contraire, dans des traités postérieurs. Il est peu probable qu'elle ait été, au vi[e] siècle, l'alliée inégale de Carthage, qui se serait dispensée de la nommer, et qu'elle ait obtenu ensuite les droits d'une alliée privilégiée. Conf. Meltzer, I, p. 179, et II, p. 75; E. Meyer, II, p. 696.
2. Peut-être au ve siècle, lors de la constitution du territoire carthaginois en Afrique : Meltzer, II, p. 75.
3. Scylax (§ 111, p. 89) l'indique dans sa liste des villes qui appartenaient, dit-il, aux Carthaginois.
4. Polybe, III, 24, 1 et 3 (traité avec Rome, en 348).
5. Polybe, VII, 9, 5 et 7 (traité avec Philippe de Macédoine, en 215).

barré la route de la mer extérieure. Succès qu'il est permis de regretter! Si les Phéniciens furent, par leurs importations et par leurs exemples, les éducateurs de quelques peuples de l'Occident, la puissance d'expansion de l'hellénisme se manifesta avec beaucoup plus de vigueur et d'éclat dans les pays où il s'implanta d'une manière durable. Les colonies phéniciennes ne furent guère que des entrepôts de Tyr, puis de Carthage. Les grandes cités grecques de l'Italie méridionale, de la Sicile, de la Cyrénaïque, de la Gaule, maîtresses de leur développement, enrichies par un commerce libre ou par la culture de vastes territoires, devinrent des foyers d'art, de pensée et de science. Elles répandirent autour d'elles cette civilisation hellénique, qu'elles-mêmes contribuèrent à accroître, à élever bien au-dessus de la civilisation toute matérielle des Phéniciens. Il faut donc plus admirer l'énergie avec laquelle Carthage résista à l'assaut des Grecs que les résultats de son intervention.

Protectrice des Phéniciens d'Occident menacés, elle s'était mise à leur tête, non comme la présidente d'une confédération de cités, mais comme la souveraine d'un État fortement centralisé, qu'elle seule dirigeait. Elle avait ainsi formé un immense empire maritime[1].

Cependant, malgré un effort gigantesque, elle n'avait pas pu détruire les Grecs de Sicile, à l'entrée de la mer qu'elle prétendait dominer. Marseille, « une des trois têtes du triangle formé par la Méditerranée occidentale[2] », l'avait combattue victorieusement; elle restait puissante et prospère; elle gardait une

1. Appien, *Libyca*, 2 : « Ils (les Carthaginois) dominèrent au loin sur la mer et portèrent leurs armes en Sicile, en Sardaigne, dans les autres îles de cette mer et en Espagne; ils envoyèrent partout des colonies. Par leur puissance, ils égalèrent les Grecs, par leurs richesses les Perses. » Conf. Polybe, I, 10, 5 (étendue de l'empire de Carthage au début de la première guerre punique).
2. Jullian, *Histoire de la Gaule*, I, p. 59 : « les deux autres, ajoute-t-il, étant les deux Carthages, la métropole africaine et la Carthagène espagnole » (c'est-à-dire, avant le IIIe siècle, Mastia, limite assignée par Carthage en Espagne aux Romains, et sans doute aussi aux Grecs).

partie des établissements phocéens de la côte orientale d'Espagne et ne renonçait pas à toute velléité d'étendre son trafic au delà du détroit de Gibraltar[1]. N'ayant pas réussi à anéantir ses ennemis, Carthage se résigna à des trêves prolongées, à des compromis favorables à son commerce et à celui des Grecs[2].

Enfin, elle avait dû s'abstenir de prendre pied en Italie. Dans cette contrée, elle avait à ménager des alliés qui, comme elle et avec elle, avaient lutté contre l'hellénisme : les Étrusques, maîtres du littoral depuis l'Apennin ligure jusqu'à la Campanie. Elle conclut avec eux des traités qui étaient, dit Aristote[3], des accords commerciaux, des conventions pour empêcher la piraterie, des alliances guerrières. Ces pactes contenaient sans doute des clauses semblables à celles que nous lisons dans les deux traités qui lièrent Carthage à Rome, à la fin du VIe siècle et au milieu du IV[e][4].

Dans le premier, les Carthaginois interdisaient ou réglementaient le commerce des Romains dans les régions dont ils étaient les maîtres. En retour, ils promettaient « de ne causer aucun dommage aux habitants d'Ardée, d'Antium, de Laurente, de Circéi, de Terracine, ni à aucun autre des Latins qui dépendent des Romains. S'il y en a d'autres qui ne leur obéissent pas, les Carthaginois s'abstiendront d'entreprises sur leurs

---

1. Voyages de Pythéas et d'Euthymène. Conf. Jullian *l. c.*, p. 416, n. 3.
2. Au début du ve siècle, les Carthaginois levèrent des mercenaires en Ligurie et chez un peuple qui habitait entre le Rhône et les Pyrénées (Hérodote, VII, 165 : Λιγύων καὶ Ἐλισύκων) ; ils enrôlèrent aussi des mercenaires ligures en 343 (Diodore, XVI, 73). Leurs vaisseaux pouvaient donc fréquenter des parages voisins de Marseille. D'autre part, les Marseillais Pythéas (au IVe siècle) et Euthymène (avant le milieu du même siècle) franchirent le détroit pour aller explorer les côtes d'Europe et d'Afrique. Ils n'auraient guère pu entreprendre ces expéditions si les Carthaginois s'y étaient opposés. Nous avons vu qu'au temps d'Hérodote, ceux-ci paraissent avoir interdit la mer extérieure aux Grecs. Au IIIe siècle, Ératosthène (*apud* Strabon, XVII, 1, 19) disait que les Carthaginois coulaient les navires étrangers qui se dirigeaient vers la Sardaigne et les Colonnes d'Héraclès (voir aussi Strabon, III, 5, 11).
3. *Politique*, III, 5, 10-11 : συνθῆκαι περὶ τῶν εἰσαγωγίμων, καὶ σύμβολα περὶ τοῦ μὴ ἀδικεῖν, καὶ γραφαὶ περὶ συμμαχίας.
4. Traduction grecque dans Polybe, III, 22 et suiv.

villes; mais, s'ils en prennent une, ils la remettront intacte aux Romains. Ils ne construiront aucune forteresse dans le pays des Latins. S'ils y entrent à main armée, ils n'y passeront pas la nuit[1]. » On lit dans le second traité : « Si des Carthaginois prennent dans le Latium une ville qui ne soit pas soumise aux Romains, les biens et les habitants de cette ville leur appartiendront, mais ils rendront la ville[2]. » Carthage renonça donc, par égard pour Rome, à toute tentative d'occupation dans le Latium. Il est probable qu'elle prit des engagements analogues envers les Étrusques. Nous pouvons même nous demander si ses marchands fréquentaient beaucoup les côtes de l'Italie centrale; en tout cas, les découvertes archéologiques ne nous apprennent rien sur leur commerce[3], tandis qu'elles attestent une importation très active des produits grecs depuis le VIIe siècle.

On voit que, malgré l'étendue de l'empire qui lui appartenait au Ve siècle, Carthage avait à compter avec des rivaux qu'elle avait été incapable d'évincer, et aussi avec des alliés qui pouvaient un jour devenir de redoutables adversaires. Surtout la question de Sicile restait ouverte. Les Carthaginois firent plus tard, mais en vain, de nouveaux efforts pour chasser les Grecs de la grande île : ils ne parvinrent pas à s'assurer la possession exclusive de cette clef de la Méditerranée occidentale.

VIII

Jusqu'au Ve siècle, Carthage ne fut qu'une puissance maritime. Maîtresse d'une grande partie des côtes de l'Occident, elle n'avait pas de territoire en Afrique[4]. Au delà de ses murs,

1. Polybe, III, 22, 11-13.
2. Polybe, III, 24, 5.
3. Voir Kahrstedt, dans *Klio*, XII, 1912, p. 471. Il va jusqu'à nier tout commerce carthaginois avec Rome à l'époque du premier traité.
4. De même, Marseille, rivale de Carthage sur mer, resta pendant longtemps confinée dans ses remparts.

le pays appartenait aux indigènes. Elle payait même, depuis sa fondation, un tribut annuel pour le loyer du sol qu'elle occupait[1].

Il est vrai qu'elle avait pu s'affranchir de cette redevance pendant une partie du viᵉ siècle. Justin[2] nous dit, sans préciser davantage, que, sous le commandement de Malchus, les Carthaginois « accomplirent de grandes choses contre les Africains ». S'agissait-il de repousser ou d'attaquer des voisins menaçants? Nous l'ignorons. Ce qui est certain, c'est que Carthage cessa, pendant de longues années, de payer le tribut. Mais, vers la fin du viᵉ siècle, après une guerre malheureuse, entreprise à l'époque où les fils de Magon dominaient l'État, elle dut se soumettre de nouveau à l'obligation qu'elle avait acceptée jadis[3].

Plus tard, les Africains furent contraints de renoncer à la redevance[4]. Ce succès de Carthage se place vers 475-450, peu de temps après la grande expédition de Sicile; malgré la défaite et la mort d'Hamilcar, la famille des Magonides dirigeait encore la république et faisait prévaloir sa politique belliqueuse[5].

1. Justin, XVIII, 5, 14 : « Itaque, consentientibus omnibus, Karthago conditur, statuto annuo vectigali pro solo urbis »; conf. XIX, 1, 3, et XIX, 2, 4 (passages cités ci-après). Il n'y a aucune raison de rejeter ces indications : voir Gsell, dans *Recueil de mémoires publiés par l'École des Lettres d'Alger* (1903), p. 347, n. 1.
2. XVIII, 7, 2 : « ... ducem suum Malchum, cuius auspiciis... adversus Afros magnas res gesserant. »
3. Justin, XIX, 1, 3-4 : « Adversus Afros quoque, vectigal pro solo urbis multorum annorum repetentes dimicatum. Sed Afrorum sicuti causa justior, ita et fortuna superior fuit, bellumque cum his solutione pecuniae, non armis finitum. » — Justin (XIX, 1, 13) dit encore que les Carthaginois prétextèrent des « adsidua finitimorum bella », pour éluder l'ordre que Darius leur aurait donné (au début du vᵉ siècle) de participer à l'expédition contre la Grèce. On peut penser à des guerres contre les Africains, à supposer que cette indication ait quelque valeur.
4. Justin, XIX, 2, 4 : « Afri compulsi stipendium urbis conditae Karthaginiensibus remittere. » Pour la date, voir Meltzer, I, p. 223; II, p. 85 et 92-93.
5. Après avoir donné les noms des fils d'Hamilcar et d'Asdrubal, Justin (XIX, 2) ajoute : « Per hos res Karthaginiensium ea tempestate gerebantur », et il parle aussitôt après des guerres contre les Maures et les Numides et de l'obligation qui fut imposée aux Africains de renoncer au tribut. L'un des fils d'Hamilcar s'appelait Hannon. C'est peut-être lui qui est mentionné dans le sommaire du livre XIX de Trogue-Pompée : « Undevicensimo volumine continentur res Car-

La suppression du tribut fut accompagnée ou suivie[1] de la constitution d'un territoire carthaginois dans l'Afrique septentrionale. Un demi-siècle environ après cet affranchissement, en 409 et en 406, nous constatons dans les armées puniques la présence de Libyens, enrôlés par recrutement, et non engagés comme mercenaires[2] : c'étaient donc des sujets. Au début du IVᵉ siècle, on signale des révoltes de Libyens, qui vivaient évidemment sur le territoire punique. Il y a lieu d'admettre que ce territoire fut formé dans le cours du siècle précédent.

Aucun texte n'indique les motifs qui déterminèrent Carthage à étendre sa domination à l'intérieur de l'Afrique. Mais nous pouvons aisément les deviner. Cette ville, dont la population fut de bonne heure nombreuse, avait besoin de campagnes assez vastes pour lui fournir au moins une partie des subsistances qui lui étaient nécessaires. L'aristocratie qui gouvernait l'État désirait sans doute s'assurer, par la possession d'importants domaines, une source de fortune moins aléatoire que le commerce maritime. D'autre part, il n'était pas prudent de laisser en armes, aux portes d'une grande cité, même défendue par de solides murailles, des barbares qui convoitaient ses richesses, guettaient l'occasion de s'en emparer et voyaient dans le paiement du tribut une marque de faiblesse. Une fois soumis, ces hommes vigoureux et braves pouvaient devenir d'excellents soldats pour les expéditions lointaines qu'exigeaient le maintien et l'expansion de la puissance punique sur les

---

thaginiensium in Africam per Sabellum (nom sans doute altéré) Annonem gestae. » Cela paraît correspondre à ces indications que Justin donne dans son abrégé du livre XIX. Allusion possible aux guerres et conquêtes africaines du même Hannon dans Dion Chrysostome : voir plus haut, p. 422, n. 1.

1. Hérodote (IV, 193-4), parlant des Zauèkes et des Gyzantes (habitants de la côte orientale de la Tunisie), ne dit pas qu'ils soient soumis à Carthage. Mais cela ne prouve pas qu'ils aient été encore libres vers 450-430. Voir l'observation faite p. 450.

2. Diodore, XIII, 44; 54; 80. Il faut ajouter que Diodore (XI, 1), anticipant sans doute, indique dès l'année 480 des levées de Libyens par les Carthaginois : conf. Meltzer, II, p. 495.

rivages méditerranéens[1]. Après le désastre d'Himère, Carthage devait se préoccuper d'accroître la force de ses armées.

On ignore l'étendue du territoire dont elle se rendit maîtresse[2]. Vers la fin du III⁰ siècle, le fossé qui bornait la contrée soumise à son autorité directe passait probablement à l'Ouest des Grandes Plaines (région de Souk el Arba) et à l'Est de Madauros (Mdaourouch, au Sud de Souk Ahras); il ne devait guère s'écarter de la frontière actuelle de la Tunisie et de l'Algérie[3]. Mais nous n'avons aucune mention certaine de ce fossé avant la guerre d'Hannibal et il n'est peut-être pas beaucoup plus ancien. Rien ne prouve que les frontières puniques se soient avancées jusque-là dès le v⁰ siècle. Mais, même si elle se contint alors dans des limites plus étroites, Carthage, grand port méditerranéen, capitale d'un vaste empire maritime, devint désormais, par surcroît, une capitale africaine. Elle répandit sa civilisation dans la contrée qu'elle s'annexa, puis au delà de son territoire, chez ses vassaux et alliés.

Nous ne savons à peu près rien sur sa domination dans l'Afrique septentrionale jusqu'à la fin du IV⁰ siècle, époque de l'expédition d'Agathocle.

Au début de ce siècle, une grande révolte éclata, à la suite du désastre d'Himilcon devant Syracuse (en 396). Ce général avait abandonné les Africains qui servaient dans son armée, pour s'enfuir avec les citoyens : trahison qui exaspéra les sujets de Carthage, déjà las d'une administration tyrannique. Des esclaves se joignirent aux rebelles. Deux cent mille insurgés[4] marchèrent sur la ville, qu'ils bloquèrent étroitement, après s'être emparés de Tunis et avoir remporté des succès dans plu-

---

1. Cette dernière raison est indiquée par Meltzer, I, p. 193, et II, p. 86.
2. Meltzer (I, p. 226; II, p. 87) est disposé à croire que ce territoire correspondait à peu près à la province créée par les Romains en 146 avant J.-C. Mais il ne donne pas de bons arguments en faveur de son opinion.
3. Voir Gsell, dans *Recueil de mémoires*, p. 360 et suiv.
4. Beloch (*die Bevölkerung der griechisch-römischen Welt*, p. 469) croit ce chiffre exagéré. S'il est exact, il prouve que la province punique était déjà assez vaste.

sieurs rencontres. Mais Carthage pouvait recevoir des vivres de Sardaigne, tandis que les assaillants en manquaient. C'était une foule sans chefs, sans discipline, divisée par les intrigues des complices que les Carthaginois s'étaient ménagés à prix d'argent. Elle se dispersa bientôt [1].

Diodore [2] signale une autre révolte, qui eut lieu peu après l'année 379, alors qu'une peste causait de grands ravages dans la ville. Les insurgés paraissent s'être avancés, cette fois encore, jusque sous les murs de Carthage. Dans un moment de panique, des gens affolés crurent même qu'ils les avaient franchis; ils se précipitèrent à travers les rues et se combattirent, pensant avoir affaire à l'ennemi. On offrit des sacrifices aux dieux pour apaiser leur colère et on vint vite à bout de cette rébellion.

Quelques années plus tard, il y eut, semble-t-il, de nouveaux combats en Afrique. Nous n'avons à ce sujet qu'une indication d'un sommaire de Trogue-Pompée [3] : « Après l'exposé des actions de Denys [l'Ancien] jusqu'à sa mort [en 367], récit de celles qu'Hannon le Grand accomplit en Afrique ». Le même Hannon voulut, vers le milieu du IVe siècle, s'emparer du pouvoir absolu à Carthage, d'abord par deux complots, qui échouèrent, puis par une révolte ouverte. Justin [4] dit qu'il appela alors à son aide les Africains (c'est-à-dire les sujets de la république) et le roi des Maures. Il fut fait prisonnier et supplicié, et les Africains rentrèrent sans doute dans le devoir.

Ces maigres renseignements, qui nous sont parvenus presque par hasard [5], prouvent que la paix fut plus d'une fois troublée

---

1. Diodore, XIV, 77. Voir Meltzer, I, p. 303.
2. XV, 24. Voir Meltzer, I, p. 311.
3. « Vicensimo volumine continentur res gestae Dionysii Siculi patris.... Deductisque Dionysii rebus ad interitum eius, dictae quas Anno Magnus in Africa gessit. »
4. XXI, 4, 7 : « ... dum Afros regemque Maurorum concitat. »
5. Polyænus (V, 10, 3) parle d'un Himilcon qui se serait emparé d'une ville des Libyens (par un stratagème que Frontin attribue à Périclès). S'il s'agit, comme

en Afrique au IV° siècle. On ne saurait dire si Carthage se contenta de repousser des attaques et de réprimer des soulèvements, ou si elle agrandit son territoire, après des guerres heureuses.

le croit Polyænus, de l'Himilcon qui échoua devant Syracuse en 396, cette victoire qu'il remporta en Afrique se place à une époque antérieure, puisqu'il se suicida à son retour de Sicile. Le même auteur (V, 10, 1) raconte une autre anecdote sur Himilcon. Des Libyens ennemis étaient dans le voisinage d'une ville [de Carthage, autant qu'il semble]. Himilcon se retira derrière les remparts, après avoir eu soin de déposer dans les faubourgs des jarres remplies d'un vin auquel il avait fait mélanger un narcotique. Trouvant ces jarres, les Libyens en burent le contenu avec avidité et s'endormirent. La même ruse est attribuée par Frontin (*Stratag.*, II, 5, 12) à un Maharbal, que les Carthaginois avaient chargé de combattre des Africains rebelles. Le général abandonna son camp, où les indigènes trouvèrent du vin, mêlé d'un narcotique; l'ayant bu, ils s'endormirent. Maharbal, qui revint alors, put les massacrer ou les faire prisonniers. Sur ces historiettes, qui ne méritent sans doute aucune créance, voir Meltzer, I, p. 230; Gutschmid, *Kleine Schriften*, II, p. 81-83.

CHAPITRE III

EXPÉDITIONS SUR LES COTES DE L'OCÉAN

Maîtresse d'une grande partie des côtes de la Méditerranée occidentale, Carthage voulut explorer les rivages de l'Océan, les ouvrir à l'activité de ses marchands, y fonder même des colonies. Dans ces régions lointaines, elle ne redoutait guère ses rivaux de la mer intérieure. Au delà du détroit de Gibraltar, qu'il n'était pas difficile de surveiller, elle détenait Gadès, probablement aussi Lixus, ces vieilles cités phéniciennes assises à l'entrée de l'Atlantique.

« Au temps, dit Pline[1], où florissait la puissance de Carthage, Hannon, parti de Gadès, contourna l'Afrique jusqu'à l'extrémité de l'Arabie et il fit connaître par un écrit cette navigation; comme aussi Himilcon, envoyé à la même époque pour explorer les parties extérieures de l'Europe. »

Les deux expéditions d'Himilcon et d'Hannon auraient donc été contemporaines : nous rechercherons plus tard la date qu'on peut leur assigner. Elles furent entreprises par ordre de l'État. Les termes dont Pline se sert le prouvent pour celle

---

1. *Hist. nat.*, II, 169 : « Et Hanno, Carthaginis potentia florente, circumvectus a Gadibus ad finem Arabiae navigationem eam prodidit scripto, sicut ad extera Europae noscenda missus eodem tempore Himilco. »

d'Himilcon. Quant à Hannon, il était « roi[1] », c'est-à-dire magistrat suprême de Carthage, et sa relation indique expressément qu'il partit en vertu d'une décision des Carthaginois.

L'écrit d'Himilcon, mentionné par Pline[2], ne nous est pas parvenu. Mais il faut certainement l'identifier avec une relation du Carthaginois Himilcon, citée dans le Périple que Festus Aviénus versifia au IVe siècle de notre ère. Cet Himilcon avait navigué sur l'Océan[3] et atteint, au bout de quatre mois, les parages des Œstrymnides[4]. Il avait parlé de calmes qui immobilisaient les navires[5], d'espaces encombrés d'algues dans lesquelles ils s'embarrassaient[6], de vastes étendues où les fonds de sable étaient à peine couverts par les eaux[7], de brouillards épais, voilant le ciel et la mer[8], de bêtes énormes et redoutables qui erraient çà et là[9].

Ces détails, qu'Aviénus reproduit complaisamment, sans craindre les redites, il prétend les avoir tirés de vieilles annales puniques[10], c'est-à-dire sans doute d'une traduction de la relation même du navigateur carthaginois. Se vante-t-il et n'a-t-il connu qu'un extrait d'Himilcon, cité par quelque auteur, inséré dans quelque recueil de choses et de faits curieux[11]? Doit-on

---

1. Périple d'Hannon, titre : Ἄννωνος, Καρχηδονίων βασιλέως. Pline le qualifie de « Carthaginiensium dux » et de « Poenorum imperator » (voir plus haut, p. 421, n. 2) : ce ne sont que des équivalents du terme grec qu'on lisait dans le titre de Périple.
2. Pline cite Himilcon dans la liste de ses auteurs pour son cinquième livre (I, 5); mais cela ne prouve nullement qu'il l'ait lu.
3. Aviénus, *Ora maritima*, 117-9, 383, 412-3.
4. Vers 117-9 : (haec aequora)
>   Quae Himilco Poenus mensibus vix quattuor,
>   Ut ipse semet rem probasse retulit
>   Enavigantem, posse transmitti asserit.
5. V. 120-1, 384-6.
6. V. 122-4, 408.
7. V. 123-6, 406-7.
8. V. 387-9.
9. V. 127-9, 410-1.
10. V. 414-5 :
>   Haec nos ab imis Punicorum annalibus
>   Prolata longo tempore edidimus tibi.
11. Voir Müllenhoff, *Deutsche Altertumskunde*, I, p. 78, 93-94; Gutschmid, *Kleine*

admettre que, pour la partie de son poème qui concerne les côtes de l'Océan au delà de Gadès, ou peut-être depuis l'embouchure de la Guadiana, sa source ait été la relation d'Himilcon, peut-être déjà arrangée par un auteur intermédiaire, en tout cas retournée, — puisque la description d'Aviénus va en général du Nord au Sud, tandis qu'Himilcon suivait évidemment la marche contraire, — souvent mal comprise et défigurée[1]? La question est fort obscure et ce n'est pas dans une histoire de l'Afrique du Nord qu'il convient de la traiter.

Il est certain du moins qu'Himilcon parvint aux Œstrymnides. D'après les indications d'Aviénus, *Oestrymnis* était le nom ancien d'un promontoire[2]; au-dessous, s'étendait la partie de l'Océan dite *sinus Oestrymnicus*[3], dans laquelle il y avait des îles, les *insulae Oestrymnides*[4], riches en étain et en plomb[5]; il fallait deux jours de navigation pour aller de là jusqu'à l'île Sacrée, habitée par les *Hierni*, c'est-à-dire jusqu'à l'Irlande[6]. Le promontoire était très probablement à l'extrémité occidentale de la Bretagne française[7]. Pour les îles, on peut hésiter entre Ouessant, avec les îlots voisins[8], et les Sorlingues (ou Scilly)[9]; la première identification nous paraît plus vraisem-

Schriften, IV, p. 128; Unger, dans *Philologus*, IV⁰ Supplementband, 1834, p. 203; E. Meyer, *Geschichte des Alterthums*, II, p. 686.

1. Voir surtout Jullian, *Histoire de la Gaule*, I, p. 383 et suiv.
2. V. 90-91.
3. V. 91-93. Le texte donne *Oestrymninus*; pour la forme *Oestrymnicus*, conf. v. 130 et 155.
4. V. 90 et suiv. Appelées *insulae Oestrymnicae* au v. 130.
5. V. 96-98.
6. V. 108-111.
7. Pointe de Saint-Mathieu (?) : voir Müllenhoff, *l. c.*, p. 91; Jullian, *l. c.*, p. 9, n. 7, et p. 387, n. 7. — Aviénus (v. 154) paraît donner aussi le nom d'*Oestrymnis* au Nord de l'Espagne. Müllenhoff (p. 99) et E. Meyer (*l. c.*, p. 692) se demandent s'il ne s'agit pas d'un mot qui aurait signifié pays de l'étain et aurait pu s'appliquer successivement à des régions diverses.
8. Sieglin, dans *Verhandlungen des siebenten internationalen Geographen-Kongresses zu Berlin* (1899), II, p. 851.
9. Voir, entre autres, Gutschmid, *l. c.*, p. 136-7; Sonny, *De Massiliensium rebus quaestiones*, p. 24-25; E. Meyer, *l. c.*, p. 692; Jullian, *l. c.*, p. 387. On les identifie d'ordinaire avec les îles Cassitérides d'Hérodote (III, 115) : Gutschmid, Meyer, Jullian, etc.

blable[1]. L'étain mentionné par Aviénus provenait en réalité de la pointe de Cornouaille[2]; les indigènes le mettaient en lingots et, sur des barques d'osier entourées de cuir[3], le transportaient dans les îles, où les marchands étrangers venaient le chercher. Ce commerce datait peut-être, nous l'avons dit[4], d'une époque très reculée.

Himilcon aurait mis quatre mois pour aller de Gadès (?) aux Œstrymnides[5]. Si le chiffre est exact[6], sa navigation avait été beaucoup retardée[7], soit par des séjours sur divers points du littoral atlantique, soit par des circonstances défavorables : calmes prolongés, rencontre d'algues[8], peut-être aussi vents contraires. Il n'est pas prouvé qu'il soit allé au delà des îles Œstrymnides[9].

1. Elle convient mieux à la distance indiquée entre les Œstrymnides et l'Irlande; surtout elle explique comment Aviénus (v. 129 et suiv.) peut dire que, si des îles Œstrymnides on se dirige vers le Nord, on arrive au pays des Ligures qui ont été chassés par les Celtes : il ne peut être question que du littoral français de la Manche.
2. Voir Diodore, V, 22.
3. Aviénus, v. 200 et suiv.; conf. Pline, IV, 104; VII, 206; XXXIV, 156.
4. P. 407.
5. D'après le contexte (v. 113-6), ces quatre mois sont comptés, non pas à partir de Carthage, mais à partir des parages du détroit, probablement de Gadès.
6. On peut se demander si l'indication d'Himilcon n'a pas été mal comprise et s'il ne s'agit pas de la durée totale de son voyage dans les eaux de l'Océan.
7. Aviénus (peut-être d'après Himilcon) ne compte que cinq jours entre le détroit et le promontoire *Aryium* (cap Ortégal?), et deux jours de là à un cap (*prominens Ophiussae*) qui paraît être le cap du Figuier, près de l'embouchure de la Bidassoa : *Ora*, 162-4, 171-3; voir Jullian, p. 386, n. 2. Le temps moyen de navigation entre Gadès et la pointe de la Bretagne ne devait pas dépasser deux semaines.
8. La traversée par Himilcon d'espaces couverts d'herbes flottantes pourrait faire supposer qu'il s'aventura au loin en pleine mer. Actuellement la mer des Sargasses, dont les limites ont varié, s'étend entre le 20ᵉ et le 36ᵉ degré de latitude Nord, le 30ᵉ et le 50ᵉ de longitude : Gaffarel, *Revue de géographie*, 1880, II, p. 22. Mais les marins anciens ont rencontré des amas d'herbes marines plus près des côtes de l'Europe, comme aussi de l'Afrique. L'auteur du *De mirabilibus auscultationibus* (§ 136, probablement d'après Timée) indique des lieux pleins de joncs et d'algues à quatre jours de Gadès, dans la direction de l'Ouest. Selon le Périple de Scylax (§ 112, dans *Geogr. gr. min.*, I, p. 93), des algues empêchaient la navigation dans les parages de la Libye, au delà de l'île de Cerné (de nos jours encore, on trouve des bancs d'herbes flottantes à peu de distance de la côte africaine, à la hauteur du cap Blanc). Théophraste (*Hist. plant.*, IV, 6, 4) parle d'algues que les flots portaient dans la Méditerranée.
9. M. Jullian (p. 388) croit qu'il poussa jusqu'à la terre de l'ambre (c'est-à-dire

Nous ignorons s'il fut chargé, comme Hannon, de fonder des colonies en dehors du détroit[1]. Sa mission était surtout, semble-t-il, d'assurer aux Carthaginois et aux Gaditains, leurs alliés, le monopole du grand marché minier du Nord-Ouest de l'Europe, de faciliter leurs voyages en établissant des escales, en nouant des relations avec les indigènes des côtes espagnoles et gauloises. On ne sait si ce but fut atteint[2].

II

L'expédition d'Hannon nous est mieux connue, puisque nous avons conservé une traduction grecque de son rapport[3]. Ce

jusque vers l'embouchure de l'Elbe). Mais il n'est pas nécessaire d'attribuer à Himilcon les indications que nous trouvons dans Hérodote (III, 115) au sujet d'un fleuve septentrional sur les bords duquel l'ambre aurait été recueilli (voir plus loin, p. 516), et dans Aristote (*Meteor.*, I, 13, 20) sur les fleuves qui, sortant des monts Hercyniens, se dirigent vers le Nord. On peut douter que des Carthaginois aient fait le commerce de l'ambre par la voie maritime. Cette matière est d'ailleurs rare dans les sépultures puniques de Carthage. Il est vrai qu'on la rencontre fréquemment dans la nécropole de Tharros, en Sardaigne (Perrot, *Histoire de l'art*, III, p. 855), mais elle a pu être apportée d'Italie.

1. Unger (*Rheinisches Museum*, XXXVIII, 1883, p. 183) veut attribuer à Himilcon la fondation des nombreux comptoirs carthaginois, ἐμπόρια πολλὰ Καρχηδονίων, que le Pseudo-Scylax signale en dehors des Colonnes d'Héraclès (§ 1, p. 16).
2. M. Sieglin (*l. c.*, p. 832-4) croit que, bientôt après le voyage d'Himilcon, les Carthaginois cessèrent, pour des raisons inconnues, de fréquenter ce marché de l'étain. Mais il ne le prouve pas.
3. Édition Müller, *Geographi graeci minores*, I, p. 1-14. — Les études consacrées au Périple d'Hannon sont fort nombreuses : voir des bibliographies dans Forbiger, *Handbuch der alten Geographie*, I, p. 66, n. 1; Meltzer, *Geschichte der Karthager*, I, p. 503; Fischer (*v. infra*), p. 4. Je citerai seulement les travaux qui me paraissent être encore utiles : Müller, *l. c.*, p. xviii-xxxiii; notes au texte du Périple; cartes I et II. Vivien de Saint-Martin, *le Nord de l'Afrique dans l'antiquité*, p. 326-423. E. H. Bunbury, *a History of ancient Geography*, I, p. 318-335. Meltzer, *l. c.*, p. 229-216, 505-507. H. Entz, *Ueber den Periplus des Hanno* (Marienbourg, 1384). A. Mer, *Mémoire sur le Périple d'Hannon* (Paris, 1885). E. Göbel, *die Westküste Afrikas im Alterthum* (Leipzig, 1887), surtout p. 52-57. A. Trève, *le Périple d'Hannon* (Lyon, 1888; extrait de *La Controverse et le Contemporain*). Kan, *de Periplous van Hanno*, dans *Tijdschrift van het kon. nederlandsch aardrijkskundig Genootschap*, série II, tome VIII, Leyde, 1891, p. 593-631 (mémoire que je n'ai pas pu consulter; je le cite d'après Ruge et Illing). C. Th. Fischer, *De Hannonis Carthaginiensis Periplo* (Leipzig, 1893) [conf. le compte rendu de Ruge, dans *Petermanns Mitteilungen*, 1894, p. 185-188]. K. B. Illing, *der Periplus des Hanno*, dans le *Jahresbericht des Wettiner Gymnasiums*, Dresde, 1899

EXPÉDITIONS SUR LES COTES DE L'OCÉAN.   473

document est assez court. Le titre nous apprend que l'original
était une inscription placée par Hannon lui-même dans le
temple de Cronos, à Carthage : indication importante, car elle
garantit la véracité de l'auteur[1]; celui-ci n'aurait pas exposé
en public une relation que ses nombreux compagnons de
voyage auraient pu déclarer inexacte. La traduction, faite par un
homme qui n'était pas dénué de prétentions littéraires[2], existait
au début du III° siècle avant notre ère[3], peut-être même vers
le milieu du IV°[4]; il est impossible de dire avec précision quand

1. Au sujet de laquelle Pline (V, 8) a émis des doutes. Conf. Ælius Aristide, *Orat.*, XXXVI, 93 (édit. Keil, II, p. 293) : allusion aux choses étranges (ἄτοπα) que raconte le Périple. — L'authenticité du Périple a été contestée par Tauxier (*Revue africaine*, XXVI, 1882, p. 15-37), qui y voit (p. 25) « un tissu de mensonges et d'erreurs ridicules ». Cet érudit croit : 1° qu'un faussaire grec, dans la première moitié du I" siècle avant notre ère, composa de toutes pièces un prétendu Périple d'Hannon; 2° que ce document servit, peu après, à composer un autre Périple, mis sous le nom d'Eudoxe; les auteurs anciens qui citent Hannon auraient connu soit l'une, soit l'autre de ces deux rédactions; 3° qu'à l'époque chrétienne, le premier document fut l'objet d'un nouveau remaniement, qui serait le texte parvenu jusqu'à nous. Il me semble superflu de discuter ces assertions.

2. Il évite de répéter les mêmes mots, les mêmes tournures de phrases : voir les exemples cités par Illing, p. 12. Il est impossible de dire si c'était un Grec ou un Carthaginois.

3. L'écrit *De mirabilibus auscultationibus*, attribué faussement à Aristote, cite le Périple (§ 37 : ὡς ὁ Ἄννωνος περίπλους ἱστορεῖ). Müllenhoff (*l. c.*, I, p. 427) croit, avec beaucoup de vraisemblance, que cette indication vient de Théophraste, mort en 237 (conf. Fischer, p. 115; Illing, p. 8).

4. Éphore, qui écrivait à cette époque (voir plus haut, p. 410, n. 6), mentionnait, dans le cinquième livre de son histoire, le Καρικὸν τεῖχος (apud Étienne de Byzance = *Fragm. hist. graec.*, I, p. 261, n° 96) : Καρικὸν τεῖχος, πόλις Λιβύης ἐν ἀριστερᾷ τῶν Ἡρακλείων στηλῶν, ὡς Ἔφορος πέμπτῃ. Le traducteur du Périple appelle ainsi une des colonies d'Hannon et il n'est guère admissible qu'il soit allé chercher dans un auteur antérieur cette transcription, ou plutôt cette interprétation, sans doute baroque, du nom punique indiqué dans le texte original. Il n'est pas probable non plus qu'elle ait été imaginée par deux Grecs indépendants l'un de l'autre. Il faut donc en conclure, semble-t-il, qu'Éphore l'a empruntée à la traduction, soit directement, soit par un intermédiaire. D'autres arguments, que Müllenhoff (I, p. 89, note) a donnés à l'appui d'un emploi du Périple par Éphore, ne sont pas convaincants : voir Fischer, p. 113-4. — Rien n'indique que la version grecque du Périple ait été connue du Pseudo-Scylax, contemporain d'Éphore : conf. Vivien, p. 335; Fischer, p. 111. Il appelle Θυμιατήριον (§ 112, p. 93) une ville du littoral marocain, nommée Θυμιατήριον dans notre traduction. Cette légère variante peut faire croire que le nom punique qui avait la même signification (brûle-parfums) a été traduit par deux auteurs différents. — Aristote (*Meteor.*, I, 13, 21) mentionne en Libye un fleuve Χρεμέτης, qui se jette dans la mer extérieure et qui sort d'une montagne d'Argent (ἐκ τοῦ Ἀργυροῦ

elle fut rédigée[1]. Elle fut connue, directement ou indirectement, d'un certain nombre d'auteurs grecs et latins[2]. On s'est

καλούμενος ὅρους), d'où sort aussi la tête du Nil; le nom Χρεμέτης est sans doute le même que celui qui, dans notre manuscrit du Périple, nous est parvenu sous la forme Χρέτης. Or des indications tout à fait semblables sont mises sous le nom d'un Promathus de Samos dans un petit traité dont il ne nous reste qu'une traduction latine du moyen âge (*Liber de inundacione Nili*, dans Aristote, édition Didot, IV, *Fragmenta Aristotelis*, p. 211), mais qui, très probablement, n'est qu'un abrégé d'un traité d'Aristote (voir Partsch, dans *Abhandl. der philol.-hist. Klasse der sächsischen Gesellschaft der Wissenschaften*, XXVII, 1909, p. 553-600; conf. Bolchert, *Neue Jahrbücher für das klassische Altertum*, XXVII, 1911, p. 150-5). D'où l'on doit conclure que Promathus est antérieur au philosophe. Nous ne savons rien de plus sur l'époque où il écrivait et nous ignorons sa source. Il ne semble pas qu'il ait emprunté le nom Χρεμέτης à Hannon, car les deux autres indications qu'il donnait (sur la montagne d'Argent et sur la source du Nil) sont absentes du Périple. De plus, il est possible que le Χρεμέτης de Promathus et d'Aristote ait été, non le fleuve qu'Hannon nommait ainsi, mais celui que le Carthaginois appelait Λίξος, c'est-à-dire l'oued Draa, et que la montagne d'Argent ait été l'Atlas : conf. les observations de Müller, édit. de Ptolémée, n. à p. 732. On peut remarquer que des renseignements analogues à ceux qui étaient donnés par Promathus sur l'origine du Nil se trouvaient dans un ouvrage punique consulté par Juba : voir plus loin, p. 475, n. 2.

1. Nous savons par Strabon (XVII, 3, 3) et par Marcien d'Héraclée (Abrégé du Périple de Ménippe de Pergame, § 2, dans *Geogr. gr. min.*, I, p. 565) qu'un Périple, décrivant la côte océanique de la Libye, fut publié par Ophellas le Cyrénéen. Peut-être s'agit-il du personnage de ce nom qui fut tyran de Cyrène, de 312 à 308 avant notre ère : Müller, *Geogr.*, I, p. xxiv; Meltzer, I, p. 391; Fischer, p. 117; Illing, p. 8. Müller (p. xxv) et Fischer (l. c.) croient qu'une traduction de la relation d'Hannon fut insérée dans cet ouvrage. C'est là une simple hypothèse. — On a aussi mis en avant un certain Charon de Carthage (Müller, p. xxv; Bolchert, *Aristoteles Erdkunde von Asien und Libyen*, dans *Quellen und Forschungen* de Sieglin, XV, 1908, p. 59). Suidas (s. v. Χάρων) attribue à Charon de Lampsaque (qui écrivait vers 480) un Périple des côtes situées en dehors des Colonnes d'Héraclès (περίπλουν τῶν ἐκτὸς τῶν Ἡρακλείων Στηλῶν). Mais on suppose qu'il y a là une erreur; que ce Périple était l'œuvre de Charon de Carthage, mentionné aussi par Suidas et dont nous ignorons l'époque. Ce Charon aurait, naturellement, connu la relation de son compatriote et il l'aurait fait connaître. Je ne pense pas qu'il y ait lieu de s'arrêter à des conjectures aussi fragiles.

2. Pline, V, 8 : « Fuere et Hannonis, Carthaginiensium ducis, commentarii Punicis rebus florentissimis explorare ambitum Africae iussi, quem secuti plerique a Graecis nostrisque... » Parmi ces auteurs, nous connaissons : Théophraste; voir p. 173, n. 3; — Ératosthène; il mentionnait l'île de Cerné, qu'Hannon colonisa (Strabon, I, 3, 2), et c'est probablement à lui qu'Arrien a emprunté un passage de son *Historia Indica*, relatif à Hannon : voir Müller, *Geogr.*, I, p. xxiii; Berger, *Geschichte der wissenschaftlichen Erdkunde der Griechen*, 2ᵉ édit., p. 399; Fischer, p. 116; — Denys de Milet (Dionysios Scytobrachion), *apud* Diodore, III, 54 et 68; il paraît avoir emprunté au Périple les noms de Cerné et de la Corne de l'Occident : voir plus loin, p. 519, n. 5; — Xénophon de Lampsaque (qui écrivait au plus tard au début du Iᵉʳ siècle avant notre ère : Detlefsen, *die Geographie Afrikas bei Plinius*, dans *Quellen und Forschungen* de Sieglin, XIV, 1908, p. 50), cité par Pline, VI, 200; — Cornélius Népos; dans un passage que cite Pline (VI, 199), il

EXPÉDITIONS SUR LES COTES DE L'OCÉAN. 475

demandé si le roi Juba, qui eut certainement entre les mains le rapport d'Hannon[1], n'avait pas consulté une copie de l'inscription punique[2] : ce qui nous paraît douteux. Les Grecs ont-ils eu sur l'expédition carthaginoise des renseignements provenant de quelque autre source[3]? Des indications dignes de foi, qu'Arrien a probablement empruntées à Ératosthène, ne se

donne sur l'île de Cerné une indication qui dérive du Périple; il a été probablement la source de Pomponius Méla et de Pline (voir Klotz, *Quaestiones Plinianae*, dans *Q. u. F.* de Sieglin, XI, 1906, p. 18, et Detlefsen, *l. c.*, p. 47, 53, 56) et il a utilisé lui-même des renseignements dus au voyageur Eudoxe de Cyzique (conf. Méla, III, 90 et 92; Pline, II, 169) : on a soutenu, sans le prouver, qu'Eudoxe avait écrit une relation se fondant en grande partie sur le Périple d'Hannon (Fischer, p. 118-9); — Statius Sebosus, cité par Pline, VI, 201; — Pomponius Méla, III, 90; 93; 94; 95; 99; — Pline, II, 169; V, 7-8; VI, 197 et 200; il mentionne Hannon parmi ses auteurs du livre V, mais l'expression *fuere* dont il se sert, précisément au livre V, dans le passage cité au début de cette note, paraît indiquer qu'il n'avait pas le Périple d'Hannon à sa disposition (conf. Bunbury, p. 323, n. 4; Fischer, p. 120; Detlefsen, p. 16); — Arrien, *Indica*, XLIII, 11-12, dans *Geogr. gr. min.*, I, p. 369 (voir plus loin, p. 502); — Ælius Aristide, *Orat.*, XXXVI, 93 (édit. Keil, II, p. 293) : allusion aux colonies fondées par Hannon sur la côte africaine de l'Océan et à l'inscription qu'il plaça dans un temple de Carthage; — Solin, XXIV, 15 (« Hannonis Punici libri » : ce n'est qu'un écho déformé de Pline, V, 8); — Marcien d'Héraclée : il mentionne le Périple d'Hannon dans son Abrégé du Périple de Ménippe de Pergame, § 2 (*Geogr. gr. min.*, I, p. 565); — Collection des *Incredibilia* mise sous le nom de Palæphatus, 31, édit. Festa (conf. *ibid.*, p. xxviii).

1. Athénée, III, 23, p. 83, e. : εἰ μέν τι τούτων Ἰόβας ἱστορεῖ, χαιρέτω Λιβυκαῖσι βίβλοις ἔν τε ταῖς Ἄννωνος πλάναις. On a supposé que Juba avait inséré le Périple d'Hannon dans son ouvrage intitulé Λιβυκά, dont Athénée paraît parler ici : voir Susemihl, *Geschichte der griechischen Litteratur in der Alexandrinerzeit*, II. p. 406 (adoptant une opinion de H. Peter).

2. Fischer, p. 120. Il s'appuie sur deux textes, dérivant d'une source commune, qui concernent les affirmations de Juba au sujet de la prétendue origine occidentale du Nil. Solin, XXXII, 2 : « Originem habet a monte inferioris Mauretaniae, qui Oceano propinquat. Hoc adfirmant Punici libri, hoc Iubam regem accipimus tradidisse. » Ammien Marcellin, XXII, 15, 8 : « Rex autem Iuba Punicorum confisus textu librorum a monte quodam oriri eum exponit, qui situs in Mauritania despectat Oceanum. » Juba fondait son opinion sur l'identité des poissons, des végétaux et des gros animaux que l'on trouvait dans ce cours d'eau, voisin de l'Océan, et dans le Nil. Or Hannon (§ 10) indiquait, à l'Ouest de l'Afrique, un fleuve plein de crocodiles et d'hippopotames. D'où l'on conclut que ces *Punici libri* sont le Périple. Mais d'autre auteurs carthaginois ont pu parler du pays situé au Sud de la Mauretanie et il n'est nullement prouvé que la rivière de Juba ait été le fleuve d'Hannon.

3. En mettant à part la mention, faite par Pline (VI, 200), des deux peaux placées dans un temple de Carthage. On a supposé que Pline a emprunté ce détail à Polybe, ou à Cornélius Népos. On aurait aussi bien pu penser à Juba, ou à n'importe qui.

retrouvent pas dans le texte que nous possédons[1] ; mais peut-être ont-elles figuré dans un exemplaire plus complet que le nôtre[2].

Celui-ci[3] semble en effet présenter quelques lacunes[4] et altérations[5]. La brièveté du récit rend d'ailleurs fort malaisée l'identification des lieux mentionnés. Ajoutons que les côtes longées par Hannon ont pu subir des modifications assez importantes depuis tant de siècles. Aussi les hypothèses les plus diverses ont-elles été émises par les savants modernes. On n'oubliera pas que celles que nous adoptons restent fort incertaines.

Nous donnerons une traduction française du Périple, en l'accompagnant des commentaires que nous croirons utiles.

« Relation[6] d'Hannon, roi des Carthaginois, sur les contrées libyques au delà des Colonnes d'Héraclès, qu'il a dédiée dans le temple de Cronos et dont voici le texte[7] :

« I. Il a paru bon aux Carthaginois qu'Hannon naviguât en dehors des Colonnes d'Héraclès et fondât des villes de Libyphéniciens. Il navigua donc, emmenant 60 vaisseaux à 50 rames, une multitude d'hommes et de femmes, au nombre d'environ 30 000, des vivres et autres objets nécessaires. »

. Ce qui fait croire à M. E. Meyer (*Geschichte*, III, p. 680) que ce document n'est qu'un extrait de la relation originale.

2. Fischer, p. 53. Illing, p. 35-37.

3. Manuscrit conservé à Heidelberg. Il en existe une copie dans un manuscrit de Londres : Müller, *Fragm. hist. graec.*, V, p. xviii ; le même, dans *Philologischer Anzeiger*, VIII, 1877, p. 129 ; voir aussi Wescher, *Dionysii Byzantii de Bospori navigatione* (Paris, 1875), p. 78-79.

4. Omissions probables de journées de navigation (conf. Illing, p. 11, 36, 39), peut-être aussi d'indications relatives aux directions suivies par Hannon : voir plus loin, p. 499.

5. Pour le mot μετρίως, au § 18, voir p. 493, n. 7. Pour le chiffre des vaisseaux ou pour celui des émigrants, au § 1, voir p. 477. Altération possible du chiffre indiquant l'étendue de Cerné, au § 8 : voir p. 485, n. 2 ; du nom du fleuve mentionné au § 9 : voir p. 473, n. 4.

6. En grec περίπλους.

7. Ce titre a été sans doute rédigé par le traducteur. Cependant il est probable que l'inscription punique commençait par une dédicace où le « roi » Hannon était nommé.

Hannon fut chargé par les Carthaginois de fonder des colonies en Afrique, au delà du détroit de Gibraltar. Quelles furent les causes de cette décision? S'agissait-il de débarrasser Carthage d'un surcroît de population, d'éléments de troubles[1]? de ranimer ou de remplacer sur la côte marocaine d'anciens établissements phéniciens tombés en décadence, détruits même[2]? On ne saurait le dire.

Le terme Libyphéniciens (Λιβυφοίνικες) dont le traducteur s'est servi signifiait proprement Phéniciens de Libye[3]. Mais il paraît avoir pris un sens administratif et juridique, pour désigner les citoyens des villes phéniciennes ou puniques dépendant de Carthage, qui jouissaient des mêmes droits civils que les citoyens de la capitale et possédaient des institutions municipales analogues[4]. C'est sans doute dans ce sens qu'il faut l'entendre ici.

La mission confiée au « roi » Hannon fut assurément fort importante. Cependant il est difficile de croire[5] que 30 000 personnes aient pu, outre les équipages, trouver place sur 60 navires[6]. Il faut donc admettre que l'un des deux chiffres est altéré : celui des émigrants[7], plutôt que celui des vaisseaux[8]. Nous verrons que sept colonies seulement furent fondées; une moyenne de 4 300 colons pour le peuplement de chaque ville semble trop forte[9].

Selon Pline, Hannon partit de Gadès[10] : ce qui veut dire

1. Opinion de M. Fischer, p. 92-94.
2. Voir plus haut, p. 415.
3. Voir p. 342.
4. Voir Mommsen, *Histoire romaine*, trad. Alexandre, III, p. 14, note; Meltzer, I, p. 60-61, 436-8; Fischer, p. 101-2; E. Meyer, III, p. 684-5.
5. Quoi qu'en pense Movers, *die Phönizier*, II, 3, p. 173-4.
6. Voir Fischer, p. 102.
7. Conf. Tréve, p. 9. Bunbury (p. 319) et E. Meyer (III, p. 679) estiment que le chiffre des émigrants est fortement exagéré.
8. Fischer (p. 103) propose de lire 260, au lieu de 60. Illing (p. 4, n. 8) est même disposé à lire 360.
9. Malgré l'opinion de Müller, *Geogr.*, note à la p. 1, et de Judas, *Revue de l'Orient, de l'Algérie et des colonies*, Nouv. série, XII, 1860, p. 209.
10. II, 169 : « circumvectus a Gadibus ».

évidemment que, venu de Carthage[1], il repartit de Gadès, après y avoir terminé ses préparatifs. Comme Strabon nous apprend[2] que, selon les Espagnols et les Africains[3], les Colonnes d'Héraclès étaient en ce lieu, et non pas au détroit, on a supposé[4] que le texte punique de la relation plaçait à Gadès les Στῆλαι, les Ἡράκλειοι Στῆλαι de la traduction grecque, ces Colonnes le long desquelles[5] la flotte passa avant d'atteindre l'emplacement de la première colonie. Mais cette opinion ne paraît pas acceptable[6]. Nous lisons au début du Périple qu'Hannon reçut mission de naviguer en dehors des Colonnes d'Héraclès et de fonder des villes de Libyphéniciens. Quels qu'aient été les mots phéniciens que le traducteur a rendus par « ἔξω Στηλῶν Ἡρακλείων », ils signifiaient « en dehors du détroit », puisque les colonies devaient être fondées sur la côte africaine, laquelle n'était pas « en dehors » de Gadès[7]. Quant à l'assertion de Pline, elle doit être erronée[8] : il n'est pas vraisemblable que l'expédition ait fait un détour pour s'arrêter dans le port espagnol[9].

---

1. Conf. Arrien, *Indica*, XLIII, 11 : Ἄννων... ἐκ Καρχηδόνος ὁρμηθείς.
2. III, 5, 5.
3. Ἴβηρες καὶ Λίβυες.
4. Fischer, p. 7 (il ne croit pas, du reste, que l'expédition ait passé par Gadès).
5. Voir § 2.
6. Comme l'a montré M. Illing, p. 9.
7. On lit dans le titre du Périple : περίπλους τῶν ὑπὲρ τὰς Ἡρακλέους Στήλας Λιβυκῶν τῆς γῆς μερῶν. Là aussi, les Colonnes sont évidemment le détroit. Mais, comme nous l'avons fait observer, ce titre n'est probablement pas la traduction littérale d'un texte phénicien. — Ælius Aristide (*Orat.*, XXXVI, 93) écrit, en faisant allusion à l'expédition d'Hannon : Καρχηδονίων ἐκπλεύσαντες ἔξω Γαδείρων καὶ εἰς ἐν τοῖς ἐρήμοις τῆς Λιβύης πόλεις οἰκίσαντες, etc. Mais il est possible qu'ici ἔξω Γαδείρων soit une expression elliptique, qui signifie « en dehors du détroit de Gadès », du *fretum Gaditanum*, comme les Romains appelaient le détroit de Gibraltar. A moins que ce passage ne contienne une erreur semblable à celle que nous trouvons dans Pline.
8. Je me demande si l'indication « circumvectus a Gadibus » ne provient pas d'un auteur qui, lisant la traduction grecque du Périple, aurait reporté à Gadès les Ἡράκλειοι Στῆλαι, conformément à l'usage africain. Cet auteur pourrait avoir été le roi Juba; il n'est pas invraisemblable que les mots « ad finem Arabiae », qui suivent dans le passage de Pline, viennent de lui : voir plus loin, p. 513-4.
9. Ce qui est dit au § 8 sur l'égalité de distance entre Carthage et les Colonnes, d'une part, les Colonnes et Cerné, d'autre part, ne se comprend bien que s'il

Naturellement, Hannon ne partit pas à l'aventure : les emplacements des futures villes avaient dû être choisis auparavant. Il n'avait plus guère qu'à installer les colons.

« II. Après avoir passé le long des Colonnes et avoir navigué au delà pendant deux jours, nous fondâmes une première

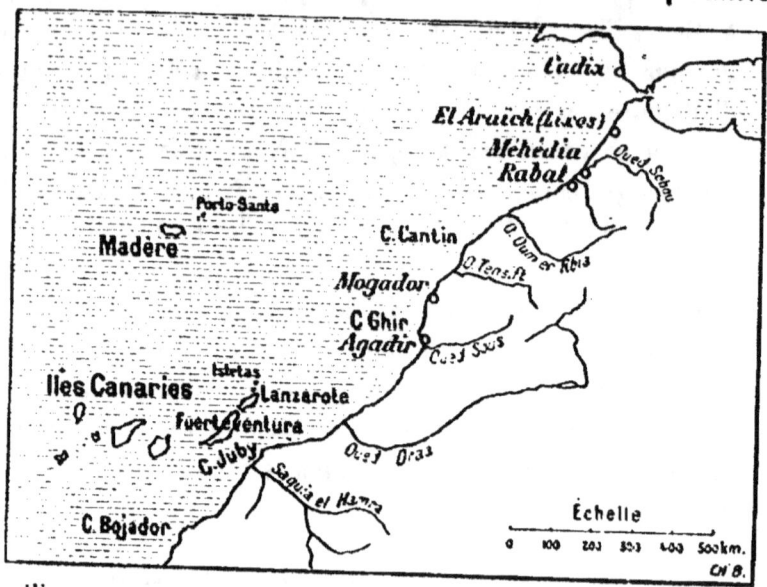

ville, que nous appelâmes Thymiatérion ; au-dessous d'elle était une grande plaine.

« III. Ensuite, nous dirigeant vers l'Occident, nous parvîmes au lieu dit Soloeis, promontoire libyque couvert d'arbres.

« IV. Ayant établi là un sanctuaire de Poseidon, nous naviguâmes dans la direction du soleil levant pendant une demi-journée, après laquelle nous arrivâmes à une lagune située non loin de la mer, couverte de roseaux abondants et élevés ; des éléphants et d'autres animaux très nombreux y paissaient.

« V. Après avoir dépassé cette lagune et navigué pendant

s'agit de deux moitiés d'un même trajet, par la route la plus directe (étant entendu que les Colonnes désignent ici le détroit).

une journée, nous fondâmes sur la mer des colonies appelées le Mur Carien, Gytté, Acra, Melitta et Arambys[1]. »

La colonie que le traducteur grec appelle Thymiatérion, et dont le nom se retrouve dans le Pseudo-Scylax[2], paraît bien correspondre à Méhédia[3], lieu situé à gauche de l'embouchure de l'oued Sebou, sur un plateau escarpé, dominant une vaste plaine. Il y a entre le détroit et ce point une distance d'environ 250 kilomètres : ce qui convient à une traversée de deux jours. Il faut ajouter, au sujet des journées de navigation mentionnées dans le Périple[4], que les distances franchies par Hannon en un jour ont dû varier, selon l'état de la mer, les vents, la nature des côtes, plus ou moins sûres, le long desquelles la flotte s'engageait. Il n'est pas prouvé, en effet, que, par le mot journée, on doive entendre une moyenne de parcours quotidiens[5].

Notre texte n'indique pas le temps qu'Hannon, se dirigeant vers l'Occident (plus exactement vers le Sud-Ouest), mit pour aller de Thymiatérion au cap Soloeis, où il éleva un sanctuaire à un dieu de la mer, identifié par les Grecs avec Poseidon.

Le Périple de Scylax[6] mentionne aussi un cap Soloeis. « Toute

---

1. Κατῳκίσαμεν πόλεις πρὸς τῇ θαλάττῃ καλουμένας Καρικόν τε τεῖχος, καὶ Γύττην (ou Κύττην : lecture de Wescher, *in Byz. navig.*, p. 78), καὶ Ἄκραν, καὶ Μίλιτταν, καὶ Ἄραμβυν.
2. § 112 (p. 93) : Κράβις ποταμὸς (l'oued Sebou) καὶ λιμήν, καὶ πόλις Φοινίκων Θυμιατηρία ὄνομα. Étienne de Byzance mentionne aussi Θυμιατηρία, πόλις Λιβύης. Il n'indique pas sa source.
3. Müller, *Geogr.*, n. à p. 2. Tissot, *Mémoires présentés à l'Académie des Inscriptions*, IX, 1ʳᵉ partie, 1878, p. 226. Kan. Fischer, p. 9-10. Illing, p. 13. — Selon Vivien (p. 356-7), à l'embouchure de l'oued Bou Regreg, soit à Salé, soit à Rabat; conf. Bntz, p. 11.
4. Il est évident qu'Hannon n'a pas tenu compte du temps passé à terre (sauf peut-être quand les arrêts étaient de très courte durée).
5. D'après Hérodote (IV, 86), la route qu'un navire pouvait faire dans un long jour était de 70 000 orgyes, dans une nuit, de 60 000 : soit 700 et 600 stades (129 kilomètres et demi et 111 kilomètres). Scylax (§ 69, p. 58) compte une moyenne de 500 stades par jour (92 kilomètres et demi). Il dit (§ 111, p. 90) que, dans les conditions les plus favorables, la traversée de Carthage aux Colonnes (environ 1 500 kilomètres) peut s'accomplir en sept jours et sept nuits : ce qui fait une moyenne de 214 kilomètres à répartir entre un jour et une nuit.
6. § 112, p. 93.

cette région, ajoute-t-il, est la plus célèbre et la plus sainte de la Libye. Au sommet du promontoire, il y a un grand autel de Poseidon, etc. » Ce détail, qui rappelle le sanctuaire consacré à la même divinité par Hannon, ne permet guère de douter qu'il ne s'agisse du même cap, quoique le nom de Soloeis, mot phénicien signifiant rocher[1], ait pu être donné à plusieurs saillies du littoral. Or Scylax dit qu'il faut cinq jours de navigation pour aller des Colonnes au Soloeis[2]. Le cap Cantin, situé à environ 570 kilomètres de l'entrée du détroit, répond bien à cette indication. Il répond aussi à l'Ἡλίου ὄρος, que Ptolémée[3] place entre les embouchures de l'Ἀσάνα et du Φούθ, c'est-à-dire de l'oued Oum er Rbia et de l'oued Tensift[4] : Ἡλίου ὄρος n'est d'ailleurs qu'une traduction du terme latin *promunturium Solis*, mentionné par Pline[5], et *Solis* est une déformation de *Soloeis*[6].

C'est donc au cap Cantin qu'il faut placer le Soloeis d'Hannon[7]. Il est vrai que ce promontoire est aujourd'hui

1. Voir, entre autres, Movers, II, 2, p. 174, 213, 337 (*sela*; plur. *selaïm*). Conf. plus haut, p. 403, n. 2.
2. Deux depuis les Colonnes jusqu'au cap Hermée (Ἑρμαία ἄκρα), trois depuis le même cap. Tissot (*l. c.*, p. 190; voir aussi Vivien, p. 351) place le cap Hermée au Ras el Kouas, à la hauteur du lieu appelé par les Romains *Ad Mercurios*, à 13 milles de Tanger. Mais il faut probablement chercher ce promontoire beaucoup plus au Sud, au delà de l'oued Bou Regreg, vers le lieu que l'Itinéraire d'Antonin (édit. Parthey et Pinder, p. 2 et 3) appelle *Mercurius*, à 16 milles de Sala : conf. Müller, *Geogr.*, n. à p. 91; Fischer, p. 11 et 61. Je crois, avec Müller (*l. c.* et édit. de Ptolémée, n. à p. 574) et Fischer (p. 60), contre Tissot, que la description donnée par Scylax des côtes du Maroc actuel est défigurée par une grave interversion.
3. IV, 1, 2.
4. Conf. Vivien, p. 302-3; Tissot, *l. c.*, p. 213; Müller, édit. de Ptolémée, n. à p. 577-8.
5. V, 9, d'après Polybe ou Agrippa.
6. Σολόεντος ἄκρα, que Ptolémée (IV, 6, 2) place beaucoup plus au Sud, est soit une répétition erronée, soit le nom d'un autre cap. — Hérodote a connu aussi un cap Soloeis : II, 32, où il dit que ce promontoire termine la côte septentrionale de la Libye, qui commence à l'Égypte; IV, 43, où il indique que Sataspès, ayant doublé le Soloeis, navigua vers le Midi. Beaucoup de savants (entre autres, Illing, p. 16) croient qu'il s'agit du cap Spartel, situé à l'extrémité Nord-Ouest de l'Afrique, près de Tanger. Mais Hérodote (IV, 185) prolonge la Libye vers l'Occident bien au delà des Colonnes, dont le cap Spartel est si proche. On peut admettre que son Soloeis est aussi le cap Cantin.
7. Opinion la plus répandue : voir, entre autres, Müller, *Geogr.*, n. à p. 3; Vivien,

dénudé[1], mais bien d'autres lieux de l'Afrique du Nord ont perdu leur végétation depuis l'antiquité. Il est vrai encore qu'au delà du cap, nous ne retrouvons pas la lagune dont parle Hannon[2]; on peut supposer qu'elle s'est desséchée[3]. Ce qui est plus grave, c'est qu'on ne s'explique pas comment la flotte carthaginoise, ayant doublé le Soloeis, a pu naviguer vers l'Est pendant une demi-journée. Après le cap Cantin, la côte tourne au Sud-Sud-Est sur une quinzaine de kilomètres tout au plus, puis au Sud, au Sud-Ouest et, de nouveau, au Sud. Si le Périple est exact, le littoral s'est beaucoup modifié aux dépens de la mer : hypothèse assurément contestable.

D'autres placent le Soloeis d'Hannon bien plus au Sud, au cap Ghir[4]. Ce promontoire forme une saillie plus forte et plus haute que le cap Cantin; au delà, le littoral tourne nettement à l'Est, puis au Sud-Est. La lagune aurait été vers l'embouchure de l'oued Sous. A quoi l'on peut objecter qu'après Thymatérion, Hannon serait allé bien loin pour fonder de nouvelles colonies, quoique les sites favorables pour servir de débouchés à des pays fertiles ne manquassent pas dans l'intervalle; qu'en outre, ces colonies auraient été échelonnées sur un espace assez restreint, entre un point situé à une journée au Sud de l'oued Sous et l'embouchure de l'oued Draa (Lixos d'Hannon), le long d'une côte presque complètement dépourvue de lieux propres à servir de ports, dans une région de valeur médiocre. D'ailleurs, la comparaison entre les textes d'Hannon et de Scylax nous paraît trancher la question en faveur du cap Cantin.

---

p. 362-3; Bunbury, p. 320; Meltzer, p. 241; Tissot, p. 241 et suiv.; Mer, p. 25; Göbel, p. 57-58; Fischer, p. 11-12.

1. Tissot, p. 245.
2. Tissot, p. 248.
3. Les détails donnés par Hannon prouvent qu'elle était sans profondeur; conf. Mer, p. 27.
4. Robiou, *opud* Mer, p. 126. Kan. Neumann, *Nordafrika nach Herodot*, p. 73. Illing, p. 16 et suiv.

Il est impossible de déterminer les emplacements des cinq colonies d'Hannon[1], d'autant plus que le Périple n'indique pas le temps qui fut employé pour atteindre ces différents lieux et pour aller de la dernière colonie, Arambys, au fleuve Lixos. Deux sites, cependant, offraient des avantages qui ne durent pas échapper aux Carthaginois. A Mogador, ils trouvaient ce que les Phéniciens recherchaient pour leurs établissements maritimes : une pointe, voisine d'une île qui formait un abri (d'ailleurs médiocre) contre les vents du large et qui pouvait servir de refuge en cas d'attaque des indigènes. Ce fut peut-être là que s'éleva, à une journée et demie du cap Soloeis[2], la ville qui est appelée Καρικὸν τεῖχος[3] dans notre texte grec[4]. Agadir est un port passable, protégé des vents du Nord et de l'Est, dans un pays agricole et minier. Ce nom, qui signifie lieu clos, est d'origine phénicienne[5] : peut-être a-t-il été en usage dès l'époque punique, en même temps qu'une autre dénomination[6].

Selon quelques savants, Hannon n'aurait fait que relever dans ces parages d'antiques colonies phéniciennes[7]. Cela n'est

1. Voir dans Fischer, p. 16, n. 3, les diverses identifications qui ont été proposées. — Les étymologies phéniciennes que Bochart a données des noms de ces villes (notes de l'édition Müller, p. 4-5) sont plus que douteuses (voir aussi Quatremère, *Journal des Savants*, 1857, p. 258-9).
2. Mogador est à environ 140 kilomètres du cap Cantin.
3. Le traducteur a peut-être fait ici un jeu de mots, à dessein ou sans le vouloir. Ce n'est pas une raison pour croire que les colons de cette ville aient été des Cariens : conf. p. 372, n. 3.
4. Opinion de Vivien (p. 420), Entz (p. 26), Trève (p. 17 et 18, n. 4), Fischer (p. 17). — Mogador est peut-être un nom d'origine phénicienne : M. Stumme (*Zeitschrift für Assyriologie*, XXVII, 1912, p. 121) le compare à l'hébreu *migdōl*, tour. D'autre part, le lieu que Ptolémée (IV, 1, 2) appelle Ταμουσίγα paraît avoir été à l'emplacement de Mogador : Vivien, p. 364-5; Tissot, p. 253 (Müller, édit. de Ptolémée, n. à p. 579, et Fischer, p. 78, croient cependant que Mogador, appelée aussi Souera, est plutôt Σούριγα de Ptolémée). Voilà bien des noms pour une seule ville!
5. Voir p. 319 (n. 2) et 404.
6. Müller (*Geogr.*, n. à p. 3), Entz (p. 27), Mer (p. 28), Trève (p. 19), Fischer (p. 17) veulent placer à Agadir la colonie d'Ἄκρα. Movers (II, 2, p. 549) et Tissot (p. 258, n. 1) reportent en ce lieu le Καρικὸν τεῖχος.
7. Opinion de Kluge, Movers, Müller (n. à p. 4), Vivien (p. 367, n. 1), Meltzer (p. 239, 241), Entz (p. 23).

pas inadmissible, mais nous n'en avons aucune preuve. On invoque le terme κατῳκίσαμεν, qui signifierait : « nous laissâmes de nouveaux colons »; pour Thymiatérion, le traducteur emploie le mot ἐκτίσαμεν, « nous fondâmes ». Il semble bien que la distinction soit trop subtile. Le Périple se sert du terme κατῳκίσαμεν pour la colonie de Cerné[1], fondée bien plus au Sud, en un lieu où les compagnons d'Hannon n'avaient sans doute pas eu de prédécesseurs. Les deux mots paraissent donc avoir un sens identique[2].

« VI. Étant partis de là, nous arrivâmes au grand fleuve Lixos (Λίξος[3]), qui vient de la Libye. Sur ses rives, des nomades, les Lixites (Λιξίται), faisaient paître des troupeaux. Nous restâmes quelque temps avec ces gens, dont nous devînmes les amis.

« VII. Au-dessus d'eux, vivaient des Éthiopiens inhospitaliers, habitant une terre pleine de bêtes féroces, traversée par de grandes montagnes, d'où sort, dit-on, le Lixos. On dit aussi qu'autour de ces montagnes, vivent des hommes d'un aspect particulier[4], les Troglodytes[5]; les Lixites prétendent qu'ils sont plus rapides à la course que des chevaux.

« VIII. Ayant pris des interprètes chez les Lixites,... »

Dans ce grand fleuve Lixos, venu de hautes montagnes et au delà duquel Hannon longea le désert[6], on reconnaît en général l'oued Draa[7], que d'autres anciens appellent Darat[8].

1. § 8.
2. Voir Fischer, p. 14-15; Illing, p. 12.
3. Ou Λίξος, lecture de Wescher, *l. c.*, p. 78.
4. Ἀλλοιομόρφους. Je ne sais pas ce que cela veut dire. Illing (p. 21-22) croit que c'étaient des nains.
5. Conf. plus haut, p. 183, n. 1.
6. Voir § 8.
7. Müller, *Geogr.*, n. à p. 5; Tissot, p. 255; Entz, p. 25; Trève p. 22, Kan; Fischer, p. 18-19; Illing, p. 19. Vivien (p. 369, 377, 383) identifie le Lixos avec l'oued Sous. — Le fleuve Lixos que Strabon mentionne (II, 3, 4) est probablement aussi l'oued Draa (conf. Meltzer, I, p. 507). Selon Pausanias (I, 33, 5), qui commet du reste des confusions, les Λιξίται sont les derniers des Libyens dans la direction de l'Occident et habitent auprès de l'Atlas.
8. Pline, V, 9, d'après Polybe ou Agrippa. Ptolémée, IV, 6, 2 : Δάραδος au

Les interprètes que les Carthaginois emmenèrent parlaient peut-être quelque dialecte libyque¹. Nous verrons qu'ils ne rendirent pas tous les services qu'on attendait d'eux.

« VIII (*suite*). ...nous longeâmes le désert, dans la direction du Midi, pendant deux jours, puis dans la direction du soleil levant, pendant un jour. Alors, nous trouvâmes, dans l'enfoncement d'un golfe, une petite île, ayant une circonférence de cinq stades²; nous l'appelâmes Cerné et nous y laissâmes des colons³. D'après notre voyage, nous jugeâmes qu'elle était située à l'opposite de Carthage, car il fallait naviguer autant pour aller de Carthage aux Colonnes que pour aller des Colonnes à Cerné⁴. »

génitif; conf. IV, 6, 3, où les manuscrits donnent aussi Δαράδος, au nominatif. — Ce serait le fleuve que le manuscrit du Pseudo-Scylax (§ 112, p. 93) appelle Σιών : opinion de Müller (*Geogr.*, n. à p. 5 et 93), Tissot (p. 255), Entz (p. 29), Fischer (p. 18), Illing (p. 19). Müller (édit. de Ptolémée, n. à p. 374) corrige même Σιών en Ἀτιών. Cela ne me paraît pas certain. Scylax dit que ces Éthiopiens habitent autour du fleuve (évidemment près de la mer, puisque Scylax ne décrit que les côtes). Or les indigènes qui vivaient à l'embouchure de l'oued Draa ne semblent pas avoir été des Éthiopiens, du moins au temps d'Hannon (conf. ensemble § 6 et § 7; il est vrai que, plus tard, Polybe ou Agrippa, cité par Pline, V, 10, place sur la côte même, *in ora*, des *Aethiopes Daratitae*, qui devaient être riverains du Darat, ou oued Draa). D'autre part, après avoir mentionné le fleuve Σιών et ces Éthiopiens, Scylax ajoute : Κατὰ δὲ ταῦτα νῆσός ἐστιν, ᾗ ὄνομα Κέρνη. Or cette île de Cerné, située à sept jours du cap Soloeis (cap Cantin) et à douze du détroit (Scylax, *ibid.*), devait être, non dans le voisinage, mais au delà de l'embouchure de l'oued Draa. Je serais donc plus disposé à identifier le Σιών avec la Saguia el Hamra.

1. Voir p. 318. Ils auraient pu cependant apprendre la langue punique en entrant en relations avec des Phéniciens qui, avant Hannon, seraient venus faire du commerce dans leur pays, ou qui les auraient même emmenés bien plus loin (v. *infra*, p. 508).

2. Dans un passage de Cornélius Népos (cité par Pline, VI, 199), qui contient une indication provenant du Périple, on lit que l'île de Cerné est à un mille du continent et que sa circonférence ne dépasse pas deux milles : « (prodidit Cernen) Nepos Cornelius ex adverso maxime Carthaginis a continente p. M., non ampliorem circuitu II. » Si ce dernier chiffre est exact, le chiffre de 5 stades de notre texte grec doit être corrigé : peut-être faut-il lire 15 (Müller, *Geogr.*, n. à p. 6, d'après Bochart; Vivien, p. 378, n. 2). Quant à la distance entre l'île et le continent, nous ignorons comment Népos l'a connue (elle était connue aussi de Polybe : Pline, *l. c.*). On peut supposer qu'il y a une petite lacune dans notre manuscrit, ou bien (hypothèse plus vraisemblable) que Népos a consulté un auteur qui, tout en se servant du Périple, avait d'autres renseignements, directs ou indirects, sur Cerné.

3. ... ἣν κατῳκίσαμεν, Κέρνην ὀνομάσαντες.

4. Ἐτεκμαιρόμεθα δ'αὐτὴν ἐκ τοῦ περίπλου κατ' εὐθὺ κεῖσθαι Καρχηδόνος· ἔοικε

Hannon parvint à Cerné après s'être engagé le long du désert. Il est donc impossible de chercher cette île sur les côtes du Maroc, en face de l'Anti-Atlas ou du Haut-Atlas, comme Polybe[1] et Ptolémée[2] paraissent nous y inviter[3]. Parti de l'embouchure du Lixos, ou oued Draa, Hannon l'atteignit après trois journées seulement de navigation. Elle était donc située vers le Nord de la côte saharienne, et non pas, comme on l'a soutenu, au Rio de Oro[4], ou au delà du cap Blanc, dans la

γὰρ ὁ πλοῦς ἐκ τε Καρχηδόνος ἐπὶ Στήλας κἀκεῖθεν ἐπὶ Κέρνην. L'expression κατ' εὐθὺ Καρχηδόνος a été reproduite dans les *Incredibilia* de Palæphatus, § 31.

1. Pline, VI, 199 : « Polybius in extrema Mauretania, contra montem Atlantem, a terra stadia VIII abesse prodidit Cernen. » Ailleurs (V, 9), Pline semble bien dire que Polybe marque une distance de 496 milles entre l'Atlas et le fleuve Anatis, l'oued Oum er Rbia (s'il faut interpréter ainsi ce texte, très discuté). Cela reporterait l'Atlas de Polybe tout au Sud du Maroc et permettrait de croire qu'il s'agit de l'Anti-Atlas : voir Müller, *Geogr.*, p. xxxi; Vivien, p. 338; Gobel, p. 21; Fischer, p. 27; du reste, la mesure (734 kilomètres) serait encore trop forte, car il n'y a guère que 700 kilomètres entre l'Oum er Rbia et l'oued Draa, au Sud de l'Anti-Atlas. — On peut croire cependant que la Cerné de Polybe était celle d'Hannon. L'historien grec disait qu'elle était à huit stades de la terre. Or Cornélius Népos donnait la même indication (voir p. 485, n. 2 : 1 mille = 8 stades) au sujet de son île de Cerné, qui ne différait pas de celle d'Hannon, puisqu'elle était située *ex adverso maxime Carthaginis* (= κατ' εὐθὺ Καρχηδόνος du Périple).

2. Ptolémée (IV, 6, 14) place une île de Cerné (Κέρνη νῆσος) assez loin dans la haute mer, à l'Ouest-Sud-Ouest de l'extrémité du Grand Atlas (cap Ghir). Il n'y a pas d'île dans ces parages.

3. Sauf Scylax, dont nous allons parler, les autres auteurs qui mentionnent Cerné ne donnent pas d'indications utiles au point de vue géographique. Ératosthène (*apud* Strabon, I, 3, 2) se servait sans doute du Périple. On ne sait si Pline veut parler de l'île d'Hannon quand il dit (X, 22) : « In insula Africae Cerne in Oceano accipitres totius Masaesyliae humi fetificant; nec alibi nascuntur, illis adsueti gentibus ». Pline (VI, 198-9) nous apprend qu'Éphore mentionnait une île de Cerné; il disait que les marins, qui, venant de la mer Rouge, allaient dans la direction de cette île, ne pouvaient pas, à cause de la chaleur, dépasser certaines colonnes, c'est-à-dire certains îlots. Éphore voulait-il parler de l'île d'Hannon? C'est possible, mais, dans ce cas, il ne pouvait pas dire, comme on le lit dans Pline (VI, 198), qu'elle était située « contra sinum Persicum » (ces mots, en effet, paraissent bien faire partie de la phrase relative à Cerné, et non de la phrase précédente). Il y a eu sans doute une confusion entre l'île d'Hannon et quelque île de l'Océan Indien. Dans Lycophron (*Alex.*, 18) et dans Nonnus (*Dionys.*, XVI, 45; XXXIII, 183; XXXVI, 6; XXXVIII, 287), Κέρνη est un lieu mythique, situé en Orient. Denys de Milet (*apud* Diodore, III, 54) faisait de Cerné une ville des Atlantes, à l'extrémité occidentale du continent africain : c'était là de la géographie fabuleuse. Enfin Denys le Périégète (v. 219, dans Müller, *Geogr.*, II, p. 144) place les vallées de Cerné, τέμπεα Κέρνης, à l'extrémité de l'Afrique, au bord de l'Océan.

4. Dans la baie dite Rio de Oro se trouve une île, d'ailleurs bien plus grande que la Cerné d'Hannon, qui est appelée Herné (ce nom apparaît pour la pre-

baie d'Arguin¹. Il est vrai qu'on a douté de l'exactitude du chiffre de deux jours, indiqué dans le Périple pour la première partie du trajet, et qu'on a proposé de le remplacer par le chiffre douze². Mais cette correction n'est pas acceptable, puisque Scylax compte en tout douze journées de navigation depuis les Colonnes jusqu'à l'île de Cerné ³. Notre texte même est plus décisif encore. Il nous apprend qu'il fallait naviguer autant, c'est-à-dire aussi longtemps, pour aller de Carthage aux Colonnes que pour aller des Colonnes à Cerné. Nous ne savons pas combien de journées Hannon comptait pour le trajet de Carthage au détroit, lieux distants d'environ 1 500 kilomètres ⁴, mais la durée de cette traversée était certainement inférieure à celle qu'on devrait admettre si l'on adoptait la correction *douze*. Ayant mis le même temps à faire les deux trajets, Hannon jugea que Cerné était à l'opposite de Carthage, c'est-à-dire qu'elle était à la même distance du détroit. Cette conclusion ne pouvait pas être rigoureuse, comme Hannon lui-même le laisse entendre : il ne tenait pas compte, autant qu'il semble, des variations de vitesse, qui, du reste, devaient à peu près se compenser, eu égard à la longueur du parcours.

Les trois données du problème, — trois jours de navigation depuis l'oued Draa, douze jours depuis le détroit, 1 500 kilo-

---

mière fois, semble-t-il, sur une carte marine française de 1852, mais il est très probable qu'il ne tire pas son origine d'un souvenir du Périple). On a voulu l'identifier avec Cerné : Müller, *Geogr.*, p. xxvi, et surtout édit. de Ptolémée, n. à p. 574, 733, 753; Vivien, p. 382-3; Bunbury, p. 324; Meltzer, p. 243; Entz, p. 33; etc. (voir Fischer, p. 22, n. 2). Contra : Fischer, p. 22.

1. Opinion de Bougainville, d'Anville, Movers, Trève (p. 28-31), Avelot (*Bull. de Géographie historique*, 1908, p. 65, n. 2), etc. (conf. Fischer, p. 23, n. 1); Judas *Revue de l'Orient*, XII, 1860, p. 221) a même voulu retrouver le nom de Κέρνη dans celui d'Arguin. Contra : Mer, p. 36-37, 110-1; Fischer, p. 24. — Sur d'autres hypothèses inadmissibles relatives à la position de Cerné, voir Fischer, p. 21 et 23.

2. Correction de Müller (*Geogr.*, n. à p. 7), approuvée par Vivien (p. 382, 399) et Meltzer (p. 243). Plus tard, Müller (édit. de Ptolémée, p. 574) a proposé d'adopter le chiffre huit.

3. § 112 (p. 93) : cinq jours des Colonnes au cap Soloeis (conf. plus haut, p. 481), sept jours du Soloeis à Cerné.

4. Scylax, nous l'avons dit (p. 480, n. 5), compte sept jours et sept nuits comme minimum.

mètres environ depuis le même point, — sont parfaitement conciliables. En partant de l'oued Draa et en se dirigeant vers le Sud-Ouest, puis vers l'Ouest-Sud-Ouest (le Périple dit : « vers le Midi »), Hannon put arriver en deux jours au cap Juby[1], au delà duquel la côte tourne. C'est entre ce cap et le cap Bojador, mais plus près du premier, non loin du delta de la Saguia el Hamra, qu'il faut chercher Cerné[2]. De là, nous comptons approximativement 1 500 kilomètres jusqu'au détroit de Gibraltar, distance qui pouvait être franchie en douze jours, à une vitesse moyenne de 125 kilomètres. Par malheur, on ne trouve dans ces parages aucune île qui réponde à la description du Périple; de plus, notre texte indique qu'après les deux premières journées, la flotte prit la direction du soleil levant : or, au delà du cap Juby, la côte file vers le Sud, puis vers le Sud-Sud-Ouest. Si nous ne voulons pas renoncer à nous servir de la relation d'Hannon, nous devons recourir, ici encore, à l'hypothèse trop commode de modifications profondes du littoral[3] : la terre aurait gagné sur la mer et Cerné, distante de 1 500 mètres à peine de la côte[4], aurait été rattachée au continent.

Le site de cette île était de nature à plaire aux Phéniciens et aux Carthaginois. Cependant il est très probable qu'ils ne l'avaient pas occupée avant Hannon, puisque celui-ci dut lui donner un nom[5]. Il y fonda la dernière de ses colonies[6].

1. Il y a environ 225 kilomètres entre l'oued Draa et ce cap.
2. Opinion de Kan, Fischer (p. 23 et suiv.), Rugo (p. 180), Illing (p. 23-25).
3. Illing, p. 25.
4. Voir Polybe et Cornélius Népos, cités p. 480, n. 1, et p. 485, n. 2.
5. Ce nom aurait signifié en phénicien « habitatio ultima », selon Bochart (cité par Müller, Geogr., n. 4 p. 7). L'hypothèse qui le rattache au mot signifiant *corne* est moins invraisemblable (Quatremère, *Journal des Savants*, 1837, p. 259; Judas, *Revue de l'Orient*, XII, 1860, p. 221); ce mot se retrouve dans l'épithète *Balcaranensis*, donnée à un Saturne qu'on adorait au djebel Bou Kournein, la montagne des Deux Cornes, au fond du golfe de Carthage : Toutain, *Mélanges de l'École de Rome*, XII, 1892, p. 19 et suiv., 102-3.
6. Cette colonie fut peut-être installée sommairement. Scylax (§ 112, p. 91) dit que, quand les marchands phéniciens arrivent dans l'île de Cerné, ils y dressent

III

« IX. De là, passant par un grand fleuve, le Chrétès[1], nous arrivâmes à un lac qui renfermait trois îles, plus grandes que Cerné. Partant de ces îles, nous fîmes un jour de navigation et arrivâmes au fond du lac, que dominaient de très grandes montagnes[2], pleines d'hommes sauvages, vêtus de peaux de bêtes[3], qui, nous lançant des pierres, nous empêchèrent de débarquer.

« X. De là, nous entrâmes dans un autre fleuve, grand et large, rempli de crocodiles et d'hippopotames[4]. Puis nous rebroussâmes chemin et nous retournâmes à Cerné.

« XI. Nous naviguâmes de là vers le Midi.... »

Le Périple raconte sans doute ici un voyage de reconnaissance, qu'Hannon dut faire avec un petit nombre de vaisseaux, laissant le reste de sa flotte à Cerné[5].

Ces masses d'eau sur lesquelles les Carthaginois s'avancèrent pendant plus d'une journée[6], ce fleuve plein de crocodiles et d'hippopotames, on est naturellement disposé à les chercher

---

des tentes pour s'abriter. Ils ne trouvaient donc pas en ce lieu où se loger. Il est vrai qu'ils venaient peut-être en foule, à des sortes de foires périodiques.

1. Χρέτης (ou Χρέτην, lecture de Wescher, l. c., p. 78). Χριμέτης, dans Aristote, *Meteor.*, I, 13, 21 (conf. plus haut, p. 473, n. 4); dans Nonnus, XIII, 374, 380, et XXXI, 103; dans Suidas, *s. v.*; Χρεμετίς, dans Hésychius, *s. v.* — Bochart (apud Müller, *Geogr.*, n. à p. 8) croit que c'est un nom phénicien, signifiant « fluvius vinearum ».

2. εἰς τὸν μυχὸν τῆς λίμνης..., ὑπὲρ ἣν ὄρη μέγιστα ὑπερέτεινε.

3. ἀνθρώπων ἀγρίων, δέρματα θήρεια ἐνημμένων. Cette expression indique évidemment des vêtements : on ne peut donc pas croire qu'il s'agisse de singes.

4. Le second fleuve est-il, comme on l'a cru (Müller, *Geogr.*, n. à p. 9; Vivien p. 380; etc.), le « flumen Bambotum, crocodilis et hippopotamis refertum », mentionné par Pline (V, 10), d'après Polybe ou Agrippa? Bochart a ingénieusement rapproché ce nom de l'hébreu *behemoth*, qui paraît signifier hippopotame. Peut-être le Périple l'indiquait-il; il aurait été omis dans notre manuscrit.

5. Hannon avait déjà pu laisser auprès des colonies nouvelles une partie des navires qui avaient servi à transporter les émigrants.

6. Il leur fallut un jour pour aller des îles qui étaient dans le lac jusqu'au fond de ce lac.

au delà du Sahara desséché. Parmi les savants qui ont étudié le Périple, plus d'un a cru qu'Hannon avait navigué sur le Sénégal[1]. Il semble difficile de renoncer à cette opinion. Elle se heurte cependant à des objections très fortes.

D'abord, il faut beaucoup de bonne volonté pour retrouver de ce côté les deux fleuves reliés par un lac[2] et les très hautes montagnes que décrit notre texte[3]. En outre, la relation nous apprend qu'Hannon, parti de Cerné pour s'engager dans le

[1]. Plusieurs hypothèses ont été présentées. Les uns ont identifié le premier fleuve avec une rivière de Saint-Jean, qui déboucherait au Sud d'Arguin, près du cap Mirik, et le second fleuve avec le Sénégal : voir, entre autres, Müller, Géogr., n. à p. 8 et 9. Mais cette prétendue rivière de Saint-Jean n'existe pas (Vivien, p. 385; Mer, p. 142-3; Müller, édit. de Ptolémée, n. à p. 733, corrigeant ce qu'il avait dit dans son édition du Périple). D'autres croient que le premier fleuve est le Sénégal et le second la Gambie : Judas, *Revue de l'Orient*, XII, p. 250, 260); Entz, p. 36-38. Selon Mer (p. 41, 141-5), il s'agirait de la Gambie et du Rio Geba. Ces hypothèses doivent être rejetées, car elles indiquent deux fleuves indépendants l'un de l'autre, tandis que ceux du Périple communiquaient par l'intermédiaire d'un lac (voir note suivante). — Vivien (p. 384-6) identifie le Chrétès, ou Chrémétès, avec le marigot des Maringouins, une des coulées du Sénégal, qui, à l'époque des hautes eaux, devient une véritable embouchure, située à 85 kilomètres au Nord de l'embouchure permanente (voir Reclus, *Géographie*, XII, p. 189). Le lac d'Hannon serait le grand lac de Guier, au Sud du Sénégal, avec lequel il communique; ce lac renferme plusieurs îles et est dominé par des collines à l'Est. Le second fleuve serait le Sénégal inférieur (bras de Saint-Louis). L'opinion de Vivien a été adoptée par Bunbury, p. 325 et 335; par Meltzer, p. 243; par Kan; par H. et R. Kiepert, *Formæ orbis antiqui*, X, carton. Müller (édit. de Ptolémée, n. à p. 733) s'y rallie, mais en substituant au lac de Guier le lac Cayar, situé au Nord du Sénégal, avec lequel il communique aussi, et bordé à l'Est par des collines.

[2]. Il ne semble pas qu'on puisse comprendre autrement notre texte : εἰς λίμνην ἀφικόμεθα, διά τινος ποταμοῦ μεγάλου διαπλεύσαντες... Εἰς τὸν μυχὸν τῆς λίμνης ἤλθομεν. Ἐντεῦθεν πλέοντες εἰς ἕτερον ἤλθομεν ποταμόν. Conf. Fischer, p. 23.

[3]. Le lac de Guier n'a qu'une communication indirecte avec le Sénégal, par l'étroit marigot de la Taouey, dont le confluent est à près de 100 kilomètres de l'embouchure du marigot des Maringouins et qui a une quinzaine de kilomètres de longueur. Les collines qui dominent le lac sont insignifiantes. Pour revenir par le bras de Saint-Louis, Hannon aurait dû repasser par la Taouey et refaire sur le Sénégal une grande partie de son premier trajet, tandis que le Périple indique qu'il passa du lac dans le second fleuve. On pourrait, il est vrai, faire tomber cette dernière objection en supposant que le second fleuve est le large marigot de Bounoun, qui forme au Sud le prolongement du lac de Guier, mais alors il ne faudrait compter qu'une trentaine de kilomètres pour la traversée du lac, ce qui est trop peu pour une journée de navigation. Le lac Cayar est encore plus éloigné de la mer que le lac de Guier; il ne communique pas directement avec le Sénégal; il est trop petit pour exiger une journée de navigation; les hauteurs qui le bordent sont des buttes de sable. Consulter la carte 8 de l'*Atlas des colonies françaises* de P. Pelet.

Chrétès, y revint ensuite et que, de là, il se dirigea vers le Sud. La position de Cerné paraissant devoir être fixée entre les caps Juby et Bojador, il y aurait lieu d'admettre qu'Hannon longea d'abord le littoral sur une étendue d'environ 1500 kilomètres, jusqu'à l'embouchure du Sénégal, qu'après avoir exploré ce fleuve, il refit le même trajet en sens inverse, et qu'ensuite il le recommença une troisième fois. Ces allées et venues, qui lui auraient pris au moins un mois, sont invraisemblables. D'ailleurs, après son second départ de Cerné, il suivit une côte qu'il ne connaissait pas encore : les détails donnés (au § XI) sur l'attitude des indigènes le montrent assez clairement. On est donc amené à croire que, de Cerné, Hannon passa presque immédiatement dans le Chrétès[1].

Un grand fleuve se jetant dans la mer après être sorti d'un vaste lac que les Carthaginois mettent un jour à parcourir, qui renferme trois îles et que dominent des montagnes très élevées, un autre fleuve important communiquant avec ce lac : voilà ce que le Périple indique dans une région que nous avons de fortes raisons de placer en plein Sahara, entre le cap Juby et le cap Bojador.

A 45 kilomètres[2] au delà du cap Juby, débouche la rivière appelée Saguia el Hamra. Elle forme un delta, large d'une douzaine, profond d'une dizaine de kilomètres, qui, en hiver, saison des pluies, est couvert d'eau. Pendant le reste de l'année, ce delta est séparé de la mer par une forte barre de sable et, à l'intérieur, il n'y a que des méandres d'eau dormante[3]. Dans le pays, encore très mal connu, que parcourent la Saguia et ses affluents, se dressent, non pas « de très grandes montagnes », mais tout au moins des collines assez élevées. Cette

---

1. Pour ce qui suit voir Fischer, p. 30 et suiv. (approuvé par Ruge, p. 186); Illing, p. 23, 26-27. Ils identifient le Chrétès avec la Saguia el Hamra.
2. Pour cette distance voir Illing, p. 25.
3. Lahure et Foureault, dans *le Mouvement géographique*, VI, n° 20 (22 septembre 1889).

région n'est pas un désert[1]; l'existence, à proximité de l'Océan, de ces hauteurs qui provoquent des condensations lui assure un climat moins sec que le reste du Sahara occidental. A l'époque des pluies, la Saguia, dont le lit est très large, prend l'aspect d'une rivière importante[2].

Mais peut-on la comparer aux deux grands fleuves et au lac qui portèrent les vaisseaux d'Hannon? Quand même nous supposerions que le hasard ait amené les Carthaginois dans ces parages lors d'une grande crue, la présence des crocodiles et des hippopotames prouve qu'il y avait là de l'eau en toute saison. Après Hannon, vers le milieu du IVe siècle, le Pseudo-Scylax[3] atteste que les Éthiopiens voisins de Cerné habitaient une grande ville, élevaient des chevaux et avaient des vignes, produisant beaucoup de vin, qu'ils vendaient aux marchands phéniciens. C'est peut-être aussi de ce côté qu'il faut placer la région occupée par des Éthiopiens et située à la fois dans le désert et sur la côte occidentale d'Afrique, où Strabon[4] mentionne non seulement des lions et des girafes, mais encore des éléphants[5] et, semble-t-il, des buffles[6].

Nous avons cependant montré que le Sahara était dès l'antiquité un désert[7] et que ce désert s'étendait jusqu'à l'Océan, au Sud du Maroc[8]; Hannon l'avait longé depuis l'embouchure de

---

1. Voir les auteurs cités par Fischer, p. 32; par Illing, p. 21, n. 131, et p. 26, n. 171. — Au XVe et au XVIe siècle, le pays de la Saguia el Hamra fut un centre religieux important, d'où partirent des missionnaires qui se répandirent dans toute la Berbérie.
2. C'est peut-être le fleuve Xiôn de Scylax, situé, dit cet auteur, dans le voisinage de l'île de Cerné : voir plus haut, p. 481, n. 3. — Fischer (p. 71) croit que le *flumen Salsum* indiqué par Pline, d'après Polybe ou Agrippa (V, 10), et le fleuve Stachir de Ptolémée (IV, 6, 2) répondent à la Saguia el Hamra.
3. § 112 (p. 94).
4. XVII, 3, 5, d'après Hypsicrate (le texte porte Ἱψικράτης).
5. Les Éthiopiens dont parle Scylax avaient de l'ivoire en abondance; ils en faisaient des objets divers, ou le vendaient aux marchands phéniciens.
6. Voir plus haut, p. 103, n. 2.
7. P. 56-57.
8. P. 58, n. 3. — Au delà de Cerné, Hannon suivit une côte « tout entière occupée par des Éthiopiens » (§ 11). Cela prouve qu'il n'y avait que des Éthiopiens dans ces parages, mais non pas qu'ils y fussent très nombreux.

l'oued Draa. Ainsi, dans une contrée qui ne différait guère de ce qu'elle est aujourd'hui, le pays voisin de Cerné jouissait d'une abondance d'eau exceptionnelle. Il est difficile de s'expliquer comment des circonstances locales auraient déterminé des chutes de pluies suffisantes pour former et entretenir un fleuve navigable, traversant un très grand lac. Faut-il donc se demander si le Chrétès ne venait pas de fort loin, d'une contrée tropicale très humide, où il se serait assez alimenté pour pouvoir franchir sans se dessécher de vastes espaces désertiques? Plus tard, son cours se serait modifié. Des savants croient que le Niger se dirigeait autrefois vers le Nord et atteignait la dépression du Djouf, à plus de 600 kilomètres de Tombouctou [1]. Allait-il plus loin encore? Hypothèse qui paraît déraisonnable! Pour savoir si elle mérite au moins d'être discutée, il serait nécessaire d'étudier la région de la Saguia el Hamra, d'essayer d'y retrouver l'emplacement du lac d'Hannon et l'orientation du fleuve qui le remplissait [2], de chercher au delà par où ce fleuve aurait pu passer.

« XI. Nous naviguâmes de là vers le Midi, pendant douze jours, en longeant la côte, tout entière occupée par des Éthiopiens, qui fuyaient à notre approche [3]. Ils parlaient une langue incompréhensible, même pour les Lixites qui étaient avec nous.

« XII. Le dernier jour, nous abordâmes à des montagnes

---

1. Gautier, *Sahara algérien*, p. 57. Chudeau, *Sahara soudanais*, p. 228. — Qu'était le grand fleuve, coulant de l'Occident vers l'Orient, auquel des Nasamons, partis du voisinage de la grande Syrte, parvinrent après avoir traversé le désert « dans la direction du zéphyre [de l'Ouest] », dit Hérodote (II, 32)? Si l'on croit que c'était le Niger, l'on doit admettre qu'au v⁰ siècle avant J.-C., ce fleuve ne coulait plus vers le Djouf, mais tournait vers l'Est, comme aujourd'hui. Mais l'identification me paraît très contestable.
2. M. Fischer (p. 32-34) croit que les Carthaginois, après s'être engagés dans la Saguia el Hamra, pénétrèrent dans l'oued el Deſa, affluent de gauche de cette rivière, et atteignirent la dépression en forme de cuvette, dite Gerar Isig, dans laquelle débouche l'oued el Chott. Ce sont là des hypothèses aventureuses : voir contra Illing, p. 27.
3. La phrase suivante prouve qu'on en attrapa quelques-uns.

élevées, couvertes d'arbres[1] dont les bois étaient odoriférants et de diverses couleurs.

« XIII. Ayant contourné ces montagnes pendant deux jours, nous arrivâmes dans un golfe immense, de l'autre côté duquel il y avait une plaine ; là, nous vîmes la nuit des feux s'élevant de tous côtés par intervalles, avec plus ou moins d'intensité. »

Hannon ne fonda aucune colonie au delà de Cerné, soit parce que les circonstances ne furent pas favorables, soit plutôt parce qu'il avait accompli cette partie de sa mission. La suite de son voyage ne fut qu'une reconnaissance des côtes, sans doute avec quelques navires, ne portant que leurs équipages. Eut-il l'intention de faire le tour de l'Afrique ? Il n'y a rien dans son rapport qui permette de l'affirmer[2].

Se dirigeant vers le Midi (plus exactement, vers le Sud-Ouest) pendant douze jours, il parvint à des montagnes élevées, qu'il contourna pendant deux jours pour arriver à un vaste golfe. Il semble impossible de placer, comme on l'a proposé, ces montagnes au cap Blanc[3], falaise basse, formée de couches de sable et complètement dénudée, ou à la presqu'île de Sierra-Leone, dont l'aspect rappelle mieux la description du Périple[4]. Le premier point est trop rapproché de la Saguia el Hamra, le second trop éloigné pour une navigation de douze jours[5]. Les montagnes boisées d'Hannon répondent

---

1. ὄρεσι μεγάλοις ἑαυτῶν, etc.
2. On le crut plus tard. Méla (III, 90) dit qu'on s'est demandé si l'Afrique est entourée par la mer et il ajoute : « Verum et Hanno Carthaginiensis exploratum missus a suis... » Conf. Pline, V, 8 : « Hannonis,... explorare ambitum Africae iussi ».
3. Opinion de M. Fischer, p. 39 et suiv. Il pense que le grand golfe qu'Hannon atteignit ensuite est tout ensemble la baie du Lévrier et la baie d'Arguin. Contra : Illing, p. 30-31.
4. Opinion de M. Illing, p. 31-33 (conf. Entz, p. 41 ; c'était déjà l'avis de Bougainville). Le golfe serait celui qui s'étend au delà de la presqu'île, jusqu'à l'île de Sherbro. — Mer (p. 43) place les montagnes d'Hannon plus loin encore, au cap des Palmes.
5. Il y a environ 1 000 kilomètres de la Saguia el Hamra au cap Blanc, et 2 600 de la Saguia à Sierra-Leone.

plutôt au cap Vert[1], ainsi nommé à cause de sa végétation[2]. Ce promontoire, long à doubler, car il s'avance en une saillie très accusée, extrémité occidentale du continent africain, offre

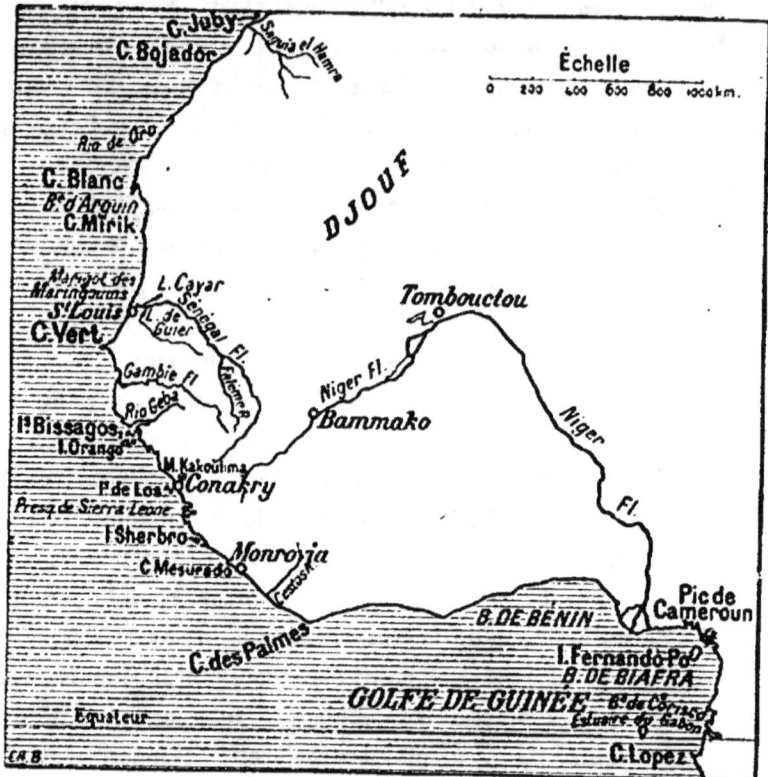

deux collines arrondies, les « Mamelles », qui n'atteignent, il est vrai, qu'une hauteur médiocre. Mais l'expression « montagnes élevées » peut se justifier, dans une certaine mesure, par le contraste qu'elles forment avec les côtes plates qui les précèdent : elles sont visibles à une distance de plus de 30 kilo-

1. Opinion la plus répandue : Müller, Geogr., n. à p. 9, et édition de Ptolémée, n. à p. 733; Vivien, p. 387; Bunbury, p. 325; Meltzer, p. 241; Trèva, p. 44; Kan; etc. Contra : Mer, p. 145-6; Illing, p. 30. — Entre la Saguia et le cap Vert, on peut compter 1 700 kilomètres; Hannon aurait fait une moyenne de 140 kilomètres par jour. Il était aidé par un fort courant qui longe la côte.
2. Qui est actuellement très peu imposante, il faut l'avouer.

mètres[1]. Le grand golfe serait le vaste estuaire de la Gambie[2].

Les feux que les Carthaginois virent s'élever la nuit étaient sans doute des foyers allumés par les indigènes pour écarter les bêtes fauves de leurs demeures et de leurs troupeaux[3].

« XIV. Après avoir fait provision d'eau, nous continuâmes notre navigation le long de la terre, pendant cinq jours, au bout desquels nous arrivâmes à un grand golfe, que les interprètes nous dirent s'appeler la Corne de l'Occident[4]. Dans ce golfe se trouvait une grande île et, dans l'île, une lagune[5], qui renfermait une autre île. Y étant descendus, nous ne vîmes, le jour, qu'une forêt; mais, la nuit, beaucoup de feux nous apparurent et nous entendîmes des sons de flûtes, un vacarme de cymbales et de tambourins et un très grand bruit. La peur nous prit et les devins nous ordonnèrent de quitter l'île. »

Quoique l'expression Ἑσπέρου Κέρας ait été employée par des anciens pour désigner un cap[6], les termes dont notre texte se sert prouvent que, par le mot κέρας, corne, il faut entendre un golfe[7]. Le nom de Corne de l'Occident peut indiquer qu'il faisait face à l'Ouest. On a pensé à l'estuaire du Rio Geba, que précèdent les îles Bissagos[8]. Une de ces îles, Orango (Harang), est creusée au Sud d'une baie, au milieu de laquelle il y a une

---

1. De Kerhallet, *Manuel de la navigation à la côte occidentale d'Afrique*, 2ᵉ édit., I, p. 328.
2. Müller, *ll. cc.* Vivien, p. 388. Meltzer, p. 244. Trève, p. 45.
3. Comme l'a compris Montesquieu, *Esprit des lois*, XXI, 11. Conf. Illing p. 32.
4. εἰς μέγαν κόλπον, ὃν ἔφασαν οἱ ἑρμηνέες καλεῖσθαι Ἑσπέρου Κέρας.
5. λίμνη θαλασσώδης.
6. Méla, III, 99 : « Ipsae terrae promunturio cui Hesperu Ceras nomen est finiuntur. » Pline, VI, 197 : « Promunturium quod Hesperu Ceras vocatur »; conf. VI, 199. Ptolémée, IV, 6, 2 : Ἑσπέρου Κέρας ἄκρον. On a supposé qu'il s'agit du cap Vert; cela n'est pas certain. — Après d'autres savants, Fischer (p. 37-33) a voulu donner ce sens de cap au mot κέρας du Périple et il a placé la Corne de l'Occident au cap Vert. Il a du reste renoncé à cette opinion (*Real-Encyclopädie* de Wissowa, s. v. *Hesperium promunturium*).
7. Conf. Müller, *Geogr.*, n. à p. 11; Vivien, p. 389; Th. Reinach, *Revue des études grecques*, VI, 1893, p. 305; Illing, p. 34.
8. J. Rennell, *the Geographical system of Herodotus* (Londres, 1800), p. 730. Müller, *Geogr.*, n. à p. 10, et édit. de Ptolémée, n. à p. 734. Vivien, p. 392. Meltzer, p. 244. Kan. Etc.

autre île, disposition qui rappelle, assez vaguement, la description d'Hannon[1]. Nous devons ajouter qu'une ligne de récifs interdit l'accès de la baie[2], que le sol sablonneux d'Orango est absolument dépourvu de végétation[3], qu'enfin l'île dont nous parlons n'est pas dans l'estuaire du Rio Geba, mais à une centaine de kilomètres au large. Du reste, le chiffre de sept jours de navigation depuis les parages du cap Vert semble trop élevé si l'on identifie la Corne de l'Occident avec cet estuaire, distant de 450 kilomètres du cap. Il faudrait donc la chercher plus au Sud-Est, en avant de la Guinée française, ou même sur la côte de Sierra-Leone, peut-être vers l'île de Sherbro[4]. Le long de ces rivages, on ne trouve aucune île qui réponde exactement à la description d'Hannon. Mais la forme de l'île du Périple a pu se modifier, surtout si l'on suppose qu'elle était volcanique[5] : il est permis de se la figurer comme la bordure circulaire d'un vaste cratère, dont l'entonnoir aurait été envahi par les eaux; à l'intérieur aurait émergé un îlot, débris du cône central[6]. On voit combien tout cela est incertain[7].

Le vacarme musical et les illuminations nocturnes qui effrayèrent tant les Carthaginois étaient sans doute simplement une fête de nègres[8].

« XV. Nous partîmes donc en hâte de ce lieu et nous longeâmes une contrée embrasée, pleine de parfums; des ruisseaux

1. Müller, *ll. cc.* Vivien, *l. c.*
2. Mer, p. 119.
3. Illing, p. 34.
4. Voir plus loin, p. 504.
5. Conf. Fischer, p. 52; Illing, p. 34. On ne peut pas penser à une île de coraux (atoll). Il n'y en a pas dans ces parages.
6. Voir la configuration des îles de Los, près de Conakry : Reclus, *Géographie*, XII, carte à la p. 333. « Les deux îles principales, dit Reclus (p. 332),... sont disposées en forme d'un vaste cratère ébréché, au milieu duquel un îlot a l'aspect d'un cône central. »
7. Illing (p. 34-35) place la Corne de l'Occident à l'embouchure du fleuve Cestos, sur la côte de Libéria; Mer (p. 46), au fond du golfe de Bénin.
8. Montesquieu, *l. c.* Conf. Entz, p. 44-45; etc. — Vague souvenir du Périple dans Pline (II, 237) : « Aethiopum iuxta Hesperium montem stellarum modo campi noctu nitent. »

de flammes en sortaient et venaient se jeter dans la mer[1]. La terre était inaccessible à cause de la chaleur.

« XVI. Saisis de crainte, nous nous éloignâmes rapidement. Pendant quatre journées de navigation, nous vîmes, la nuit, la terre couverte de flammes; au milieu était un feu élevé, plus grand que les autres et qui paraissait toucher les astres. Mais, de jour, on reconnaissait que c'était une très grande montagne, appelée le Char des dieux[2].

« XVII. A partir de là, nous longeâmes, pendant trois jours, des ruisseaux de flammes et nous arrivâmes au golfe nommé la Corne du Sud[3].

« XVIII. Dans l'enfoncement était une île, semblable à la première[4], contenant un lac, à l'intérieur duquel il y avait une autre île, pleine d'hommes sauvages[5]. Les femmes étaient de beaucoup les plus nombreuses. Elles avaient le corps velu et les interprètes les appelaient Gorilles[6]. Nous poursuivîmes des mâles, sans pouvoir en prendre aucun, car ils étaient bons grimpeurs et se défendaient...[7]. Mais nous nous emparâmes

---

1. ἀπ' αὐτῆς (la χώρα qui vient d'être mentionnée) πυρώδεις ῥύακες ἐνέβαλλον εἰς τὴν θάλασσαν.
2. Τέσσαρας δ'ἡμέρας φερόμενοι, νυκτὸς τὴν γῆν ἀφεωρῶμεν φλογὸς μεστήν· ἐν μέσῳ δ'ἦν ἡλίβατόν τι πῦρ, τῶν ἄλλων μεῖζον, ἁπτόμενον, ὡς ἐδόκει, τῶν ἄστρων. Τοῦτο δ'ἡμέρας ὄρος ἐφαίνετο μέγιστον, Θεῶν Ὄχημα καλούμενον.
3. εἰς κόλπον Νότου Κέρας λεγόμενον.
4. Celle de la Corne de l'Occident.
5. Pline (VI, 200) place les *Gorgades insulae* en face du promontoire appelé *Hespera Ceras* et il ajoute : « Gorgonum quondam domus, bidui navigatione distantes a continente, ut tradit Xenophon Lampsacenus. Penetravit in eas Hanno, etc. » Cette indication d'une distance de deux jours entre les îles et le continent n'a certainement pas été prise dans un exemplaire du Périple plus complet que le nôtre, car la double île d'Hannon devait être tout près de la terre (« dans l'enfoncement » d'un golfe).
6. γυναῖκες, δασεῖαι τοῖς σώμασιν· ἃς οἱ ἑρμηνεῖς ἐκάλουν Γορίλλας.
7. Le manuscrit donne : κρημνοβάται ὄντες· καὶ τοῖς μετρίοις ἀμυνόμενοι. Μετρίοις est évidemment un mot altéré. Gesner a corrigé πέτροις (pierres; conf. au § 9). Mais l'article τοῖς avant πέτροις ne se justifie guère. Illing (p. 47) propose la correction πτεροῖς, avec le sens de flèches. Mais il n'est pas admissible que, dans un texte en prose, on ait donné cette signification au mot πτερόν (aile, plume). Daebritz (dans la *Real-Encyclopädie* de Wissowa, s. v. *Hanno*, col. 2361) propose οἰστοῖς μικροῖς (de petites flèches). La correction la moins critiquable est peut-être celle d'Osann (*Zeitschrift für die Alterthumswissenschaft*, 1835,

de trois femmes. Mordant et égratignant ceux qui les entraînaient, elles ne voulaient pas les suivre. Nous les tuâmes et nous enlevâmes leur peau, que nous apportâmes à Carthage. Car nous ne naviguâmes pas plus avant, faute de vivres. »

Le Périple, — du moins le texte qui nous est parvenu, — ne donne aucune indication de direction pour la fin du voyage, depuis les montagnes boisées, doublées en deux jours. Il ne marque pas non plus le temps qu'Hannon mit à longer la contrée embrasée, pleine de parfums : il semble bien en effet que les quatre journées mentionnées au § XVI se rapportent à un parcours effectué au delà de cette contrée[1]. Peut-être y a-t-il une lacune entre les §§ XV et XVI[2].

Avec Pomponius Méla[3] et Pline[4], il faut évidemment reconnaître un volcan[5] dans la très haute montagne appelée le Char des dieux[6]. A trois journées de là, Hannon arriva au golfe dit Corne du Sud, qu'il ne dépassa pas. Ce nom, qui, comme celui de la Corne de l'Occident, a pu être indiqué par les interprètes, avait été peut-être donné au golfe parce qu'il s'ouvrait vers le Midi ; à moins qu'on ne suppose qu'il se soit appelé ainsi parce

p. 518) : τοῖς μετεώροις (ils étaient bons grimpeurs et trouvaient un refuge dans les hauteurs).

1. Quoi qu'en pensent Müller (*Geogr.*, n. à p. 11) et Vivien (p. 396). Voir Fischer, p. 58; Illing, p. 36. — Pline (VI, 197) dit que le Char des dieux (*Theon Ochema*) est éloigné de quatre jours du promontoire appelé *Hesperu Ceras*, mais il copie un auteur qui a emprunté quelques noms à Hannon pour s'en servir à sa guise. Ailleurs (V, 10), il indique, d'après Polybe ou Agrippa, dix jours et dix nuits de navigation entre le *Theon Ochema* et un *promuntarium Hesperium*. Ces textes ne peuvent pas être utilisés pour l'explication du Périple : conf. Müller, *Geogr.* n. à p. 11; Göbel, p. 47-48; Fischer, p. 47-48.

2. Illing, p. 36 et 38.

3. III, 95 : « Mons altus, ut Graeci vocant Theon Ochema, perpetuis ignibus flagrat. »

4. VI, 197 : « Mons excelsus aeternis ardet ignibus, Theon Ochema dictus a Graecis. » II, 238 : « ... maximo tamen ardet incendio Theon Ochema dictum Aethiopum iugum torrentesque solis ardoribus flammas egerit. »

5. Montesquieu (*Esprit des lois*, XXI, 11) exagère cependant quand il dit : « Hannon nous décrit un volcan avec tous les phénomènes que fait voir aujourd'hui le Vésuve. »

6. La mention d'une montagne africaine appelée, d'après le Périple, Theon Ochema se retrouve, non seulement dans Méla et Pline, mais aussi dans Ptolémée (IV, 6, 3 et 6).

qu'il aurait été au Sud le terme atteint par des navigateurs antérieurs.

Le Char des dieux a été identifié avec le Kakoulima[1], pic conique[2], haut d'un millier de mètres et très visible du large[3], situé dans la Guinée française, en arrière de Conakry. Cette montagne, que les indigènes regardent comme sainte[4], est très probablement un volcan[5]. Mais, si Hannon a vraiment voulu dire que, pendant quatre nuits consécutives, la flamme du Char des dieux se montra aux Carthaginois qui avançaient toujours[6], il faut penser à une montagne beaucoup plus élevée. Au fond du golfe de Guinée, sur la baie de Biafra, le pic de Cameroun atteint plus de 4 000 mètres; par un temps clair, il peut se voir à près de quarante lieues de distance[7]. C'est un volcan : après une période de repos qui n'a peut-être pas été très longue, il a eu une éruption en avril 1909[8]. Le nom de Mongo ma Loba que lui donnent les indigènes signifie la Montagne des dieux[9]. « Naguère, dit E. Reclus[10], avant que les blancs eussent escaladé le pic, les noirs n'osaient même

---

1. Opinion de Rennell, *l. c.*, p. 733-5; Müller, *Geogr.*, n. à p. 13, et édit. de Ptolémée, n. à p. 734; Vivien, p. 394; Bunbury, p. 326; Meltzer, p. 245; Göbel, p. 55; Trève, p. 39-40 (qui admet aussi la possibilité d'une identification avec les montagnes de Sierra-Leone); Kan; etc. Avelot (*Bull. de géographie historique*, 1908, p. 46) pense à un volcan disparu, « dont les îles de Los représentent sans doute le dernier vestige ». Pour d'autres identifications, voir Fischer, p. 58, n. 1. Fischer (p. 62-63) place le Theon Ochema au cap Mesurado (près de Monrovia, côte de Libéria), qui n'a que 73 mètres de hauteur et en arrière duquel s'élèvent des collines dont l'altitude ne dépasse pas 335 mètres. Th. Reinach (*Revue des études grecques*, VI, 1893, p. 303) incline à croire que le Char des dieux est le cap Vert : hypothèse également inadmissible.
2. Appelé par les Portugais Sagres.
3. De Kerhallet, *l. c.*, II, p. 80.
4. Reclus, *Géographie*, XII, p. 332.
5. Reclus, *l. c.* : les indigènes parlent d' « une légère colonne de fumée qui jaillit d'un cratère terminal ».
6. Tel paraît être le sens. Conf. Illing, p. 39.
7. Kerhallet (*l. c.*, II, p. 350) dit, il est vrai, à propos de ce pic : « Il pourrait se voir à 80 milles, mais, dans la saison sèche surtout, l'horizon est d'ordinaire si embrumé que les hautes terres sont rarement visibles à grande distance. »
8. Daebritz, dans la *Real-Encyclopädie* de Wissowa, s. v. *Hanno*, col. 2361.
9. Illing, p. 40.
10. *Geogr.*, XIII, p. 51.

approcher des pitons supérieurs, craignant d'être saisis et torturés par les mauvais génies. » On a donc supposé[1] que le volcan de Cameroun est le Char des dieux; à l'époque d'Hannon, il aurait été en pleine activité.

Dès lors, le littoral embrasé et odoriférant, mentionné si brièvement dans le Périple, correspondrait à une très longue étendue de côtes, d'ailleurs basses, monotones et dont il n'y avait presque rien à dire[2]. Quant à la Corne du Sud, elle devrait être cherchée entre le fond du golfe de Guinée et le cap Lopez, à la baie de Corisco ou à l'estuaire du Gabon[3], et le nom qu'elle portait n'aurait pas indiqué son orientation, puisque baie et estuaire regardent l'Ouest. Parmi les îles et bancs de ces parages, rien ne rappelle aujourd'hui les deux îles d'Hannon[4].

Si l'on place le Char des dieux au mont Kakoulima, la Corne du Sud devra naturellement être reportée beaucoup plus à l'Ouest. De nombreux savants l'identifient avec le canal de Sherbro[5]. Les deux îles d'Hannon ne s'y retrouvent pas non plus. En outre, les distances parcourues journellement par les Carthaginois depuis le cap Vert auraient été bien courtes. Ils auraient mis en effet plus de quatorze jours[6] pour faire environ 1050 kilomètres[7].

1. Opinion de l'explorateur R. Burton, reprise par Mer (p. 52) et Illing (p. 39-40).
2. Conf. Illing, p. 38.
3. Illing, p. 40-41. Mer (p. 53) croit que l'île de la Corne du Sud est Fernando-Po, qui est en face du pic de Cameroun et ne répond pas par conséquent aux indications d'Hannon.
4. Outre l'île de Corisco, la baie du même nom contient l'île appelée la grande Elobey et beaucoup d'îlots, de bancs et de brisants. Il y a aussi de nombreux bancs, formés de coraux et de sables, à l'entrée de l'estuaire du Gabon. Voir de Kerhallet, II, p. 402, 413, 421.
5. Müller, *Geogr.*, n. à p. 13, et édit. de Ptolémée, n. à p. 734; Vivien p. 396; Meltzer, p. 245; Trève, p. 41-42; Kan; etc. C'était déjà l'opinion de d'Anville.
6. Deux jours pour doubler le cap et atteindre le golfe de la Gambie; cinq pour parvenir à la Corne de l'Occident; ? pour longer la région embrasée; quatre pour longer la région du Char des dieux; trois jusqu'à la Corne du Sud.
7. D'autres opinions sur l'emplacement de la Corne du Sud sont indiquées par Fischer, p. 59, n. 1. Ce savant (p. 61-62) en fait un promontoire, qu'il identifie avec le cap des Palmes.

En somme, à partir de ce cap, le Périple ne donne pas d'indications suffisantes pour permettre d'identifier les lieux qu'il mentionne.

Nous lisons dans Arrien[1] : « Hannon l'Africain, étant parti de Carthage et ayant franchi les Colonnes d'Héraclès, navigua sur la mer extérieure, en ayant à gauche la terre de Libye, et, jusqu'au moment où [ou bien « tant que », le terme ἔστε ayant ces deux sens] il navigua vers le soleil levant, pendant trente-cinq jours en tout. Mais lorsqu'il tourna vers le Midi, il rencontra de nombreux obstacles : manque d'eau, chaleur torride, ruisseaux de flammes débouchant dans la mer. »

Arrien, nous l'avons dit[2], copie probablement Ératosthène. Il nous donne trois renseignements qui manquent dans notre manuscrit du Périple : un chiffre de trente-cinq jours, résultant peut-être de l'addition d'une série de chiffres dont plusieurs auraient été omis par notre texte; deux directions, l'une vers l'Est, l'autre vers le Sud.

Le mot ἔστε signifie-t-il *tant que*? Dans ce cas, on ne saurait attribuer à Hannon la responsabilité de l'erreur grossière que contiendrait la phrase d'Arrien. Il ne pouvait pas croire et écrire qu'à partir des Colonnes, il eût navigué vers l'Est pendant trente-cinq jours, après avoir mentionné trois orientations différentes, l'une vers l'Ouest[3], les deux autres vers le Midi[4]. Des auteurs anciens ont donné à la côte occidentale d'Afrique une direction générale du Nord-Ouest au Sud-Est[5];

---

1. *Indica*, XLIII, 11-12 (dans *Geogr. gr. min.*, I, p. 369) : Ἄννων δὲ ὁ Λίβυς ... ἐξέπλωσεν ἔξω εἰς τὸν πόντον, ἐν ἀριστερᾷ τὴν Λιβύην γῆν ἔχων, καὶ, ἔστε μὲν πρὸς ἀνίσχοντα ἥλιον ὁ πλόος αὐτῷ ἐγίνετο, τὰς πάσας πέντε καὶ τριήκοντα ἡμέρας. Ὡς δὲ δὴ ἐς μεσημβρίην ἐξετράπετο, etc.
2. P. 474, n. 2.
3. § 3.
4. § 8 et 11.
5. Selon Mannert (*Geographie der Griechen und Römer*, I, p. 50), on aurait cru, comprenant mal une indication du Périple d'Hannon, que Cerné était située sur le même méridien que Carthage. Cette erreur a été imputée à Ératosthène (voir, entre autres, Müller, carte I de son édition de Strabon; H. Berger, *Die geogra-*

ils se sont figuré le continent soit comme un triangle rectangle dont cette côte aurait été l'hypoténuse[1], soit comme un trapèze dont les deux bases, septentrionale et méridionale, auraient été reliées à l'Est par une perpendiculaire, à l'Ouest par une ligne oblique[2]. Mais rien ne prouve qu'il faille chercher un écho de ces conceptions dans Arrien. La direction du Midi qu'il indique pour la suite du voyage d'Hannon suppose au contraire une forme de l'Afrique différente du triangle et du trapèze imaginés par des géographes, puisque ceux-ci faisaient prendre au littoral soit une direction Nord, soit une direction Est, à partir de l'extrémité Sud de la ligne oblique qui représentait pour eux la côte occidentale.

En traduisant ἔστε par *jusqu'au moment où*, la phrase d'Arrien peut, comme M. Illing l'a montré[3], s'interpréter d'une manière satisfaisante et ajouter des renseignements précieux à ceux que donne notre manuscrit. Hannon aurait navigué sur l'Océan pendant trente-cinq jours, jusqu'au moment où il prit la direction du soleil levant. Or la côte d'Afrique tourne vers l'Est au cap des Palmes[4] et garde cette orientation jusqu'au fond du golfe de Guinée, puis elle tourne vers le Sud. On compte 4 800 kilomètres environ du détroit de Gibraltar au cap des Palmes : distance qui pouvait être franchie par Hannon en trente-cinq jours. Il aurait ensuite longé la côte de Guinée

---

phischen Fragmente des Eratosthenes, p. 209; Fischer, p. 126); mais cela n'est nullement prouvé : voir Göbel, p. 19; Illing, p. 37.

1. Strabon, XVII, 3, 1 et 2.
2. Strabon, II, 5, 33. Denys le Périégète, v. 174 et suiv. (*Geogr. gr. min.*, II, p. 112); conf. le commentaire d'Eustathe (*ibid.*, p. 247). Cette forme devait être aussi celle que l'auteur copié par Méla (II, 99-100) et Pline (VI, 199) donnait à l'Afrique, à en juger par la position assignée au cap Hesperu Ceras, à l'angle Sud-Ouest du continent : conf. Göbel, p. 60; Fischer, p. 127. Telle était déjà, semble-t-il, la conception de Posidonius (Fischer, p. 129). — Pour cette prétendue direction oblique (Nord-Ouest, Sud-Est) de la côte occidentale, voir encore Strabon, II, 5, 15; Pline, V, 1.
3. *L. c.*, p. 37-38.
4. Ce cap est un simple mamelon qui n'attire guère l'attention (Mer, p. 23, 43, 150); mais, naturellement, Hannon a dû se rendre compte qu'il changeait de direction dans ces parages.

et, après avoir doublé le pic de Cameroun, il aurait pris la direction du Midi, pour revenir bientôt en arrière[1]. L'hypothèse qui place le Char des dieux au Cameroun et le terme du voyage vers l'estuaire du Gabon serait ainsi confirmée.

Comme on peut évaluer à environ vingt-quatre jours le temps qu'Hannon mit pour atteindre le cap Vert[2], il lui aurait fallu onze jours pour franchir la distance de 1 650 kilomètres qui sépare ce promontoire du cap des Palmes. Le Périple indiquant sept jours pour le trajet depuis les parages du cap Vert jusqu'à la Corne de l'Occident, la distance entre ce golfe et le cap des Palmes aurait été franchie en quatre jours, approximativement. La Corne de l'Occident pourrait donc être placée au canal de Sherbro, situé à 600 kilomètres du cap des Palmes.

La contrée embrasée, pleine de parfums, inaccessible à cause de la chaleur, qu'Hannon longea ensuite se serait étendue jusque vers le fond du golfe de Guinée, sur environ 2 700 kilomètres : trajet qui dut être effectué assez rapidement, car un courant favorisait la marche, et les brisants qui bordent presque partout le rivage rendaient difficiles les communications avec la terre[3].

Les marins modernes, confirmant l'indication du Périple, rapportent que, dans ces parages, l'atmosphère est souvent chargée de senteurs aromatiques qui viennent du littoral[4]. Les flammes qui couvraient la terre dans la région du Char des dieux étaient peut-être des feux allumés la nuit par les indigènes,

---

1. Arrien indique le manque d'eau (ὕδατος ἀπορίη) parmi les obstacles qui empêchèrent Hannon de poursuivre son expédition. Il n'y a peut-être là qu'une modification arbitraire du texte du Périple (τῶν σίτων ἡμᾶς ἐκλιπόντων). — Si l'on veut supposer qu'Hannon ait eu l'intention de faire le tour de l'Afrique et qu'il soit parvenu dans des parages inconnus avant lui, on peut croire qu'il se découragea en constatant la direction que la côte prenait au delà du pic de Cameroun.
2. Le Périple indique douze jours entre Cerné et le cap Vert. Entre le détroit et Cerné nous pouvons compter douze autres journées de navigation, conformément aux indications de Scylax : conf. plus haut, p. 487.
3. Mer, p. 43.
4. Mer, p. 43-44; conf. Fischer, p. 35.

comme ceux que les Carthaginois avaient vus après avoir doublé le cap Vert. Il est plus malaisé de donner une explication des ruisseaux de flammes, débouchant dans la mer, que le Périple signale en deçà et au delà du Char des dieux. On a fait diverses suppositions : torrents volcaniques; phosphorescences de la mer aux approches des côtes; rivières dont les eaux auraient pris la couleur rouge des terres qu'elles traversaient, ou auraient reflété les feux allumés au-dessus d'elles; éclairs multipliés qui seraient sortis de nuages très bas et qui, vus du large, auraient ressemblé à des torrents de feu; incendies que les gens du pays auraient allumés, pour brûler les herbes desséchées et préparer des terrains de culture, et qui se seraient propagés avec une grande rapidité[1]. Ces hypothèses sont bien peu satisfaisantes; la dernière est encore la moins invraisemblable.

Qu'étaient les Gorilles de l'île de la Corne du Sud? On s'est demandé[2] si le mot Γορίλλας, qui se lit sur notre manuscrit, n'est pas une faute de copiste, pour l'ορyάδας : Pomponius Méla[3] et Pline[4] écrivent en effet *Gorgades*. Cependant il est possible que le traducteur grec ait bien écrit Γορίλλας, en se conformant au texte punique; un auteur postérieur aurait changé ce mot en l'ορyάδας, parce qu'il voyait des Gorgones dans les êtres mentionnés par Hannon[5].

La plupart des savants modernes qui ont parlé des Gorilles les ont regardées comme des guenons[6]. Ce nom a été donné, d'après le Périple, à une espèce de grands singes qui habite, entre autres régions africaines, celle du Gabon, où elle a été

---

1. Pour ces différentes hypothèses, voir Müller, *Geogr.*, n. 8 p. 12; Mer, p. 49-51; Fischer, p. 55-57; Ruge, p. 186; Illing, p. 35 et 41.
2. Osann, *Zeitschrift für die Altertumswissenschaft*, 1855, p. 549. Fischer, p. 63.
3. III, 99 : « insulae Gorgades » (le manuscrit du Vatican donne « dorcades »).
4. VI, 200 : « Gorgades insulae »; « duarum Gorgadum cutes ».
5 Illing, p. 41, n. 283.
6. Voir, entre autres, Buffon, *Oiseaux*, *De la Grue* (Œuvres, VI, p. 394, n. 1, Ledoux éditeur, 1843).

signalée pour la première fois, en 1847[1]. Mais les détails qu'on lit dans Hannon ne conviennent point à des gorilles : ces animaux ne vivent pas en troupes nombreuses[2] et ils sont trop vigoureux pour qu'on puisse les capturer vivants[3]. Selon d'autres, il s'agirait de chimpanzés[4]. Il est pourtant fort douteux que les Carthaginois aient pris des singes pour des hommes[5] : ils connaissaient bien les singes, qui abondaient dans l'Afrique du Nord[6].

M. Illing[7] croit que les sauvages velus du Périple étaient des Pygmées, ou Négrilles[8]. Il en existe encore en arrière des rivages qu'Hannon dut atteindre, dans le Cameroun et dans la colonie française du Congo. Les hommes de petite taille qu'au dire d'Hérodote[9], le Perse Sataspès vit en Libye, après plusieurs mois de navigation sur l'Océan atlantique, appartenaient peut-être aussi à cette race. Les Pygmées ont le système pileux plus développé que les nègres[10]; en outre, chez certains groupes de ces nains, une sorte de duvet recouvre tout le corps : ce que constatait un contemporain de l'empereur Justi-

---

1. Parmi les savants qui, depuis, ont identifié les hommes sauvages d'Hannon avec des gorilles, je citerai O. Keller, *Thiere des klassischen Alterthums* (Innsbruck, 1887), p. 13-16.
2. Ils forment des bandes qui ne dépassent guère douze individus. Il en est de même des chimpanzés.
3. Illing, p. 42.
4. Vivien, p. 396. O. Peschel, *Geschichte der Erdkunde* (2ᵉ édition, par Ruge), p. 23. Bunbury, p. 327. Meltzer, p. 245. Butz, p. 47. Mer, p. 54. Fischer, p. 63. Mahoudeau, *Revue de l'École d'anthropologie*, XX, 1910, p. 163-6.
5. ἀνθρώπων ἀγρίων, dit le Périple. Même expression au § 9, pour désigner des hommes : voir plus haut, p. 489, n. 3. On n'a aucune raison de reconnaître des singes dans les ἄγριοι ἄνδρες καὶ γυναῖκες ἄγριαι qu'Hérodote signale dans la Berbérie actuelle (IV, 191; d'ailleurs, le passage est peut-être interpolé : voir Bähr, *Herodoti Musae*, 2ᵉ édit., II, p. 647). J'en dirai autant des ἄνδρες ἄγριοι καὶ ἄγριαι γυναῖκες, qui auraient vécu dans le désert de Libye, selon Proclès de Carthage : *apud* Pausanias, II, 21, 6.
6. Voir plus haut, p. 109 et 245.
7. P. 43 et suiv.
8. Noter que Buffon (*l. c.*, p. 394) prétendait que les Pygmées mentionnés dans les textes anciens étaient en réalité des singes : opinion qui n'est plus soutenable depuis qu'on connaît bien les nains africains.
9. IV, 43 : ἀνθρώπους σμικρούς.
10. Voir, entre autres, Bruel, *Revue d'ethnographie et de sociologie*, 1910, p. 114; Poutrin, *l'Anthropologie*, XXII, 1911, p. 462.

nien, le voyageur Nonnosus, qui rencontra des Pygmées dans une île voisine de la côte orientale d'Afrique[1]. Si des Négrilles offrant la même particularité vivaient, au temps d'Hannon, sur la côte opposée du continent, on conçoit qu'il ait pu dire de ses femmes sauvages qu'elles avaient le corps velu[2]. Des trois peaux qu'il rapporta à Carthage, deux furent déposées dans le temple de Junon (Astarté), où elles restèrent jusqu'à la destruction de la ville par les Romains[3].

Les résultats de l'expédition d'Hannon furent la fondation de six colonies sur les rivages du Maroc, d'une autre vers l'embouchure de la Saguia el Hamra, presque en face de l'archipel des Canaries, et une exploration hâtive du littoral, qui fut peut-être poussée jusque dans le voisinage de l'Équateur et qui, dit la relation, prit fin faute de vivres.

Il est probable que les Phéniciens connaissaient longtemps auparavant les côtes marocaines, au Sud de la ville de Lixus; il est même possible qu'ils y aient installé des comptoirs permanents. Par les colonies qu'Hannon fonda et qui, au moins en partie, subsistèrent[4], Carthage prit officiellement possession de

---

1. Dans le volume de la collection byzantine de Bonn qui contient les œuvres de Dexippe, Eunape, etc., p. 481 : ὑπὸ δὲ τριχῶν διεσκεπασμένοις διὰ παντὸς τοῦ σώματος.
2. Les nains de la région des Lacs et une partie de ceux du bassin du Congo, ceux à la peau relativement claire, sont pourvus de ce duvet, ou lanugo. Mais l'existence du duvet est niée pour d'autres groupes, à peau plus foncée, qui habitent soit dans le bassin du Congo, soit dans l'Afrique occidentale : voir W. Schmidt, *die Stellung der Pygmäenvölker* (Stuttgart, 1910), p. 17, d'après Johnston; pour les négrilles de la Sangha, Poutrin, *l. c.*, p. 443, 444, 463. — Notons encore que les Négrilles sont excellents grimpeurs (Mgr Le Roy, *les Pygmées*, p. 87), comme les hommes sauvages d'Hannon.
3. Pline, VI, 200 : « (Hanno) duarum Gorgadum cutes argumenti et miraculi gratia in Iunonis templo posuit, spectatas usque ad Carthaginem captam. »
4. Sieglin (*Verhandlungen des siebenten internationalen Geographen-Kongresses zu Berlin*, 1899, II, p. 334) croit que les colonies fondées par Hannon sur la côte du Maroc disparurent vers le début du IV⁰ siècle. Mais Éphore mentionnait le Καρικὸν τεῖχος (voir plus haut, p. 473, n. 4), et Scylax Θυμιατηρία. Il est vrai que Scylax ne donne aucune indication sur la côte qui s'étend entre le Soloeis (cap Cantin) et le Xion (Saguia el Hamra?) Mais il me paraîtrait imprudent d'en conclure que les cinq villes établies par Hannon dans ces parages eussent disparu avant le milieu du IV⁰ siècle. Les nombreuses villes phéniciennes du littoral océanique qu'Ératosthène (peut-être d'après Ophellas : voir Strabon, XVII, 3, 3

ces parages et y créa des marchés sûrs pour son commerce et celui des Gaditains.

Au delà du Maroc, les rivages qui furent longés par Hannon ne semblent pas avoir été complètement inconnus avant lui. Il y avait chez les Lixites, sur l'oued Draa, des hommes qu'il embarqua comme interprètes et qui, naturellement, passaient pour avoir quelque connaissance des lieux et des gens que l'expédition allait visiter. S'ils ne purent pas se faire comprendre des Éthiopiens du littoral saharien, ils indiquèrent aux Carthaginois les noms de la Corne de l'Occident, des Gorilles, sans doute aussi du Char des dieux et de la Corne du Sud. A moins de supposer qu'ils aient inventé ces dénominations, il faut admettre qu'ils les avaient apprises auparavant, dans des voyages où ils avaient accompagné d'autres navigateurs[1]. Peut-être des trafiquants phéniciens avaient-ils poussé des pointes hardies très loin vers le Sud[2]. Une coupe d'argent[3], fabriquée dans un atelier phénicien, vers le milieu du vii° siècle au plus tard[4], représente un très grand singe[5], dépourvu de

---

et 8) disait avoir été détruites par les indigènes étaient, croyait-il, de vieilles colonies tyriennes, non des colonies carthaginoises (v. *supra*, p. 301). Il ne s'agit donc pas de celles d'Hannon, quoique Pline (V, 8) semble avoir fait cette confusion : « urbes multas ab eo (Hannon) conditas prodidere, quarum nec memoria ulla, nec vestigium exstat ». Le terme *multas* ne convient nullement aux sept colonies d'Hannon.

1. Lors de l'expédition d'Hannon, ils ne paraissent pas être entrés en rapports avec les nègres qui vivaient sur les côtes au delà du cap Vert (voir au § 11 le passage relatif à l'île de la Corne de l'Occident, dont les habitants restèrent invisibles). Et d'ailleurs, si l'on suppose que les interprètes aient pu alors se faire indiquer quelques noms par les indigènes, cela prouverait qu'ils les avaient fréquentés auparavant, puisqu'ils auraient été capables de les comprendre.

2. Si les Éthiopiens de la côte du Sahara s'enfuyaient à l'approche des vaisseaux d'Hannon, il n'en faut pas conclure qu'ils se soient effrayés d'un spectacle nouveau pour eux : l'expérience leur avait peut-être appris à se défier.

3. *Monumenti dell' Instituto*, X, pl. 31, fig. 1. Clermont-Ganneau, *Études d'archéologie orientale*, *l'Imagerie phénicienne* (Paris, 1880), pl. I. Perrot, *Histoire de l'Art*, III, p. 759, fig. 543. Cette coupe a été déc... 'e en Italie, à Préneste.

4. Selon M. Montelius à une époque bie... élevée (ix° siècle). Pour les différentes dates proposées, voir Poulsen, *de... tent und die frühgriechische Kunst* (Leipzig, 1912), p. 36-37, 126.

5. Il est reproduit quatre fois sur cette coupe : voir Clermont-Ganneau, *l. c.*, p. 30-33, 47-53. L'artiste lui a donné une taille supérieure à la taille humaine.

queue, sans doute un gorille[1] : image qui permet de croire que les Phéniciens avaient alors atteint des rivages de l'Afrique équatoriale, probablement à l'Ouest du continent[2]. Enfin, si l'on ajoute foi à une information recueillie par Hérodote[3], des Phéniciens étaient partis vers 600, sur l'ordre du pharaon Néchao, pour faire le tour de l'Afrique, et ils avaient rempli cette mission[4].

L'établissement fondé par Hannon dans l'île qu'il appela Cerné demeura le marché d'une contrée privilégiée, en plein Sahara[5]. Au delà de cette île, l'impossibilité d'entrer en relations avec les indigènes et les craintes qui s'emparèrent des Carthaginois firent que l'expédition resta stérile. Après comme avant Hannon, des marchands purent s'aventurer au Sud de Cerné et, en évitant de justifier les défiances des nègres, obtenir d'eux de rapides échanges[6]. Rien ne prouve qu'ils aient créé des comptoirs durables.

1. Comme M. Clermont-Ganneau (p. 50, n. 1; p. 52-53) est disposé à le croire. On ne peut pas penser à l'orang-outang, qui n'habite que Bornéo et Sumatra. Boll (*Annali dell' Instituto*, XLVIII, 1876, p. 226, n. 1 ; conf. Helbig, *Das homerische Epos*, 2ᵉ édit., p. 27) croit qu'il s'agit d'un cynocéphale, apparenté au mandrill et au sphinx, singes qui vivent sur la côte occidentale d'Afrique, dans la région équatoriale.
2. On sait que les gorilles se rencontrent sur la côte occidentale, au Nord et au Sud de l'Équateur. Cependant il n'est pas impossible que les anciens aient vu des singes de cette espèce sur la côte orientale : on en a signalé récemment dans la région des Lacs : conf. Neuville, dans *l'Anthropologie*, XXIII, 1912, p. 564.
3. IV, 42.
4. Cela a été, il est vrai, très contesté : voir, entre autres, Sieglin, dans *Archäologischer Anzeiger*, 1910, p. 523-7. Avec MM. Maspero, E. Meyer, etc., je serais disposé à croire à ce périple.
5. Voir la description de Scylax, § 112 (*Geogr. gr. min.*, I, p. 94). Ajoutons que cette côte est très poissonneuse : ce qui fit peut-être de Cerné un centre de pêche. A la fin du IIᵉ siècle avant J.-C., les Gaditains allaient pêcher dans les parages du fleuve Lixos (oued Draa) et même au delà : Strabon, II, 3, 4.
6. Scylax (§ 112) prétend cependant qu'il n'est pas possible de naviguer au delà de Cerné, à cause, dit-il, des hauts-fonds, des boues et des algues. Dans la deuxième moitié du IIᵉ siècle, Cœlius Antipater disait qu'il avait vu un commerçant (sans doute un Gaditain), qui avait navigué d'Espagne en Éthiopie (Pline, II, 169 : « vidisse se qui navigasset ex Hispania in Aethiopiam commercii gratia »).

IV

Il nous reste à essayer de fixer la date des expéditions d'Hannon et d'Himilcon : question sur laquelle les avis diffèrent beaucoup[1].

Pline affirme qu'elles furent contemporaines, ce qui ne veut sans doute pas dire qu'elles furent accomplies dans le cours de la même année ; il est peu probable que deux entreprises aussi importantes aient été menées de front. Selon cet auteur, elles furent faites à l'époque de la plus grande puissance de Carthage[2] : termes vagues[3] qui conviennent à une période d'environ deux cent cinquante ans, depuis le milieu du vi° siècle jusque vers la fin du iv°[4].

Le Périple du Pseudo-Scylax, composé au milieu du iv° siècle, mentionne Thymatéria, une des colonies d'Hannon. Il donne des détails sur le trafic que les Phéniciens faisaient avec les Éthiopiens voisins de Cerné, où ces marchands venaient s'installer[5] ; il s'agit d'un commerce actif, régulier, qui ne put se

---

1. Vers 570 : Vivien, p. 331 (après Bougainville). Vers 510 : Osann, *Zeitschrift für die Alterthumswissenschaft*, 1855, p. 539 (après Kluge : conf. *apud* Müller, *Geogr.*, p. xxi). Vers 500 : Forbiger, *Handbuch der alten Geographie*, I, p. 65, n. 99 ; Kutz, p. 1 ; Jullian, *Histoire de la Gaule*, I, p. 385, n. 6. Entre 490 et 450 : Meltzer, p. 239. Vers 470-460 : Müller, *Geogr.*, p. xxi. Vers 465 : Sieglin, *Verhandl. des Geogr.-Kongresses zu Berlin*, p. 852. Entre 466 et 430 : Fischer, p. 91. Vers le milieu du v° siècle : E. Meyer, *Geschichte*, III, p. 679. Entre le milieu du même siècle et le milieu du iv° : Illing, p. 8. Au début du iv° : Göbel, p. 8. Dans la première moitié du iv° : Unger, *Rheinisches Museum*, XXXVIII, 1883, p. 183. Etc. : conf. Kutz, p. 1, n. 1 ; Fischer, p. 80-81.
2. II, 169 : « Carthaginis potentia florente ». V, 8 : « Punicis rebus florentissimis ».
3. Comme l'observe Meltzer (I, p. 231), ces termes semblent indiquer que Pline ne savait pas lui-même exactement la date des deux expéditions.
4. La puissance de Carthage resta très grande après le désastre d'Himère, survenu en 480.
5. § 112. Ce paragraphe, qui décrit la côte africaine au delà des Colonnes, contient des indications plus détaillées que le reste du Périple ; il a dû être emprunté à une source particulière. Rien ne prouve cependant, comme l'a soutenu Müller (*Geogr.*, p. xlii), qu'il ait été ajouté au Périple longtemps après la composition de cet ouvrage : voir Vivien, p. 327 ; Göbel, p. 12 et suiv. ; Fischer, p. 111.

développer qu'après la prise de possession de l'île par Hannon. A la même époque, Éphore parlait dans son histoire d'une autre colonie d'Hannon, le Mur Carien. Ces deux auteurs ont-ils consulté, comme on l'a cru[1], une relation d'Euthymène de Marseille, qui visita la côte africaine de l'Océan[2]? Nous l'ignorons; nous ne savons même pas quand Euthymène a vécu[3]. Les indications de Scylax et d'Éphore attestent seulement que l'expédition d'Hannon date, au plus tard, de la première moitié du IV° siècle.

D'autre part, on a voulu trouver dans un récit d'Hérodote[4] la preuve qu'elle eut lieu après 470. Ce fut vers cette date[5] que le Perse Sataspès reçut de Xerxès l'ordre de faire le tour de l'Afrique.

« Sataspès, dit l'historien, fut condamné au pal par le roi Xerxès, pour avoir violé la fille de Zopyre.... Sa mère, sœur de Darius, demanda qu'au lieu de subir ce supplice, il fût frappé d'une peine qu'elle prétendait être plus grave encore : il devrait faire par mer le tour de la Libye, en revenant par le golfe Arabique. Xerxès y consentit et Sataspès se rendit en Égypte, où il prit un navire et des marins du pays. Il navigua vers les Colonnes d'Héraclès; puis, les ayant franchies et ayant doublé

1. Fischer, p. 112-4. Conf. Illing, p. 8.
2. Voir *Fragm. hist. graec.*, IV, p. 408; Jacoby, *Real-Encyclopädie* de Wissowa, s. v. *Euthymenes*. On sait seulement qu'il atteignit un fleuve dans lequel il y avait des crocodiles et des hippopotames : il s'agit peut-être de celui que mentionne Hannon.
3. Au VI° siècle, avant Hécatée : Diels, *Sitzungsberichte der preussischen Akademie der Wissenschaften*, 1891, p. 582, n. 3 (conf. E. Meyer, *Geschichte*, III, p. 673). Vers la fin du VI° siècle : Jacoby, *l. c.*, col. 1510. Peut-être avant Hérodote : Berger, *Geschichte der wiss. Erdkunde*, 2° édit., p. 131. Dans la première moitié du IV° siècle : Fischer, p. 106. Vers le milieu du IV° : Sieglin, *Verhandl.*, p. 860. Dans la seconde moitié du même siècle : Illing, p. 8. Antérieurement à 323-326 : Jullian, *l. c.*, I, p. 417, n. 2. Etc. Tout ce que l'on peut dire, c'est qu'Euthymène est antérieur à Éphore, qui a connu une assertion du Marseillais (Ælius Aristide, *Orat.*, XXXVI, 85, édit. Keil, II, p. 290). Son voyage doit par conséquent se placer au plus tard dans le second tiers du IV° siècle.
4. IV, 43.
5. Avant 465, année de la mort de Xerxès, et probablement après 478 : voir Fischer, p. 85 (il donne d'autres arguments, peu convaincants, pour placer l'expédition de Sataspès après 470).

aussi le promontoire de la Libye qu'on appelle Soloeis, il s'avança vers le Midi. Pendant plusieurs mois, il parcourut une grande étendue de mer, mais, comme le voyage s'allongeait toujours, il rebroussa chemin et revint en Égypte. De là, il se rendit auprès du roi Xerxès et lui dit qu'au point extrême de sa route, il avait longé un rivage habité par de petits hommes, vêtus de feuilles de palmier; que ces hommes, à l'approche du vaisseau, s'étaient enfuis dans les montagnes, abandonnant leurs villes. Il ajouta que lui et les siens étaient entrés dans ces villes, sans commettre aucun dégât et en se contentant d'enlever du bétail. S'il n'avait pas fait le tour de la Libye, c'était parce qu'il lui avait été impossible de faire avancer son navire, qui s'était arrêté. Xerxès, pensant qu'il ne disait pas la vérité et voyant qu'il n'avait pas rempli la tâche qui lui avait été imposée, renouvela la condamnation prononcée contre lui et le fit empaler. »

Si Sataspès, a-t-on dit[1], ne mentionnait pas dans son rapport les colonies fondées par Hannon, c'était parce qu'elles n'existaient point encore. Il suffit de lire le chapitre d'Hérodote que nous venons de traduire pour juger combien cette conclusion est arbitraire. Nous avons ici, non pas un récit complet du voyage de Sataspès sur l'Océan, mais seulement quelques indications sur ce qu'il vit au point extrême de sa route, après plusieurs mois de navigation[2], c'est-à-dire, sans doute, bien au delà des sites des colonies qu'Hannon avait déjà fondées, ou devait fonder plus tard, sur la côte du Maroc et près de la Saguia el Hamra.

1. Fischer, p. 80.
2. Il est impossible de dire où se trouvait le littoral habité par des nains, peut-être des Négrilles, et bordé de montagnes que Sataspès atteignit avant de revenir en arrière. S'il avait doublé les caps de Bonne-Espérance et des Aiguilles, au Sud de l'Afrique, et constaté la direction prise par la côte au delà de ces caps, il ne se serait sans doute pas découragé. Les montagnes font penser à celles des régions de Conakry et de Sierra-Leone, en deçà et au delà desquelles le littoral est bas pendant des milliers de kilomètres (sauf aux deux « Mamelles » du cap Vert). Actuellement, il n'y a pas de Négrilles de ce côté; mais cela n'est pas une objection bien forte.

Hérodote n'a certainement point connu la relation d'Hannon; il ne nomme même pas ce personnage. Mais des savants pensent qu'il a recueilli de vagues échos de l'expédition carthaginoise[1]. Cette opinion est difficile à admettre.

Il ne faut pas alléguer la mention qu'il fait du cap Soloeis : avant Hannon, des Phéniciens, peut-être des Grecs[2], avaient pu atteindre et dépasser ce promontoire. Parce qu'Hérodote, décrivant, d'après des Carthaginois, l'île de Cyraunis, aujourd'hui Kerkenna, sur la côte orientale de la Tunisie, a dit à tort qu'on y recueillait des paillettes d'or[3], cela ne prouve point qu'il ait confondu Cyraunis avec Cerné[4], où l'on n'en recueillait sans doute pas davantage.

M. Fischer[5] a vu une allusion à la navigation d'Hannon dans un passage[6] où, après avoir parlé du voyage accompli par des Phéniciens sous le règne de Néchao, l'historien ajoute : « Ainsi l'on connut pour la première fois que la Libye est entourée par la mer. Depuis, ce sont les Carthaginois qui le disent, puisque Sataspès n'a pas fait le tour de la Libye,... mais est revenu en arrière. » Les Carthaginois, dit M. Fischer, ont pu croire qu'Hannon était parvenu par l'Ouest jusqu'à un point que d'autres avaient atteint par l'Est et qu'il avait ainsi démontré la possibilité de faire le tour de l'Afrique.

Il est vrai que Pline, copiant quelque autre auteur, a écrit qu'Hannon s'avança jusqu'à l'extrémité de l'Arabie[7]. Cette

---

1. Müller, *Geogr.*, p. xxiii. Meltzer, p. 231-5. *Contra* : Illing, p. 5-8.
2. Au temps où ils franchissaient librement le détroit et fréquentaient Tartessos. D'ailleurs nous venons de voir qu'Hérodote entendit parler du Soloeis à propos de la navigation du Perse Sataspès.
3. IV, 195.
4. Opinion de Meltzer, p. 77-78 (conf. 415), 231-2. Voir aussi R. Neumann, *Nordafrika nach Herodot*, p. 68-71; E. Meyer, *Geschichte*, III, p. 679. *Contra* : Fischer, p. 87-88; Illing, p. 5. Müller (*Geogr.*, p. xxvii) croit à une confusion avec une autre île mentionnée par Hannon.
5. P. 87. Conf. E. Meyer, III, p. 680. *Contra* : Illing, p. 7.
6. IV, 42-43 : Λιβύη μὲν γὰρ δηλοῖ ἑωυτὴν ἐοῦσα περίρρυτος, etc.... Οὕτω μὲν αὕτη ἐγνώσθη τὸ πρῶτον. Μετὰ δὲ Καρχηδόνιοί εἰσι οἱ λέγοντες, ἐπεὶ Σατάσπης... οὐ περιέπλωσε Λιβύην....
7. II, 169 : « circumvectus a Gadibus ad finem Arabiae ».

erreur, on l'a supposé avec vraisemblance[1], dût avoir pour cause une confusion entre le golfe appelé par le traducteur du Périple Νότου Κέρας, la Corne du Sud, terme de la navigation d'Hannon, et le cap Guardafui, qui reçut le même nom[2]. La bévue a peut-être été commise par le roi Juba[3]. Avant de l'imputer aussi aux Carthaginois, il faudrait prouver qu'au temps d'Hannon ils appelaient ce cap Corne du Sud; il faudrait prouver encore qu'ils avaient dans leur langue un mot qui, comme κέρας, signifiait à la fois cap et golfe. En tenant le propos rapporté par Hérodote, faisaient-ils allusion au voyage des Phéniciens du temps de Néchao, voyage qu'ils devaient connaître mieux que d'autres? Ou se vantaient-ils d'avoir eux-mêmes contourné l'Afrique? Nous l'ignorons. A supposer que la seconde hypothèse soit la vraie, ils pouvaient attribuer cet exploit à n'importe qui, s'ils mentaient; mais, s'ils étaient sincères, ils ne pouvaient pas l'attribuer à Hannon, qui était revenu en arrière, comme Sataspès.

Ailleurs, Hérodote[4] raconte comment les Carthaginois, d'après leur propre témoignage, échangeaient des marchandises contre de l'or, dans un pays situé au delà des Colonnes d'Héraclès. « Ils débarquent ces marchandises et les exposent

---

1. Opinion de Mannert, adoptée par Müller, *Geogr.*, p. xxviii; Göbel, p. 61; Fischer, p. 128.
2. Artémidore, *apud* Strabon, XVI, 4, 14 (conf. XVI, 4, 15). Le Νότου Κέρας ἄκρον de Ptolémée (IV, 7, 4) était situé plus au Sud.
3. Il faisait commencer l'Atlantique au cap Guardafui (conf. Vivien, p. 281), que, d'ailleurs, il n'appelait pas Corne du Sud, du moins dans le passage cité par Pline, mais *Mossylicum promunturium*. Pline, VI, 173 : « A Mossylico promunturio Atlanticum mare incipere vult Iuba praeter Mauretanias sua Gadis usque navigandum coro ». En tout cas, parmi les auteurs antérieurs à Juba, Artémidore n'a pas cru qu'Hannon se fût avancé jusqu'au cap Guardafui : il disait qu'au delà de ce cap (vers le Sud), la côte était inconnue (*apud* Strabon, XVI, 4, 14). Posidonius ne paraît pas l'avoir cru non plus (quoi qu'en semble penser Sieglin, *Archäologischer Anzeiger*, 1910, p. 327). Dans un passage reproduit par Strabon (II, 3, 4-5), où il indique les raisons qui ont fait admettre que l'Afrique est entourée par l'Océan, il mentionne le périple qu'auraient accompli les Phéniciens au temps de Néchao (de Darius, dit-il par erreur), périple dont il doute; il mentionne aussi les voyages d'Eudoxe de Cyzique sur les côtes orientale et occidentale du continent; mais il ne dit rien d'Hannon.
4. IV, 196.

en ordre sur le bord de la côte, puis ils regagnent leurs vaisseaux et font de la fumée pour avertir les indigènes. Ceux-ci s'approchent alors de la mer, placent à côté des marchandises l'or qu'ils offrent en échange et se retirent. Les Carthaginois redescendent et examinent ce qu'ils ont laissé. S'ils jugent que la quantité d'or répond à la valeur des marchandises, ils l'emportent et s'en vont. Sinon, ils retournent à leurs navires et attendent. Les indigènes, revenant, ajoutent de l'or, jusqu'à ce que les Carthaginois soient satisfaits. On ne se fait réciproquement aucun tort, les uns ne touchant pas à l'or avant que la quantité déposée ne leur paraisse en rapport avec leurs marchandises, les autres ne touchant pas aux marchandises avant que les Carthaginois n'aient pris l'or. »

Sur quelle côte se faisait le trafic de cet or, qui venait sans doute de l'intérieur des terres? On peut penser à la Sénégambie[1], ou à quelque région plus septentrionale[2], peut-être même au Sud du Maroc[3]. Les procédés de commerce décrits par Hérodote ne s'expliquent que dans des parages où les Carthaginois n'avaient ni villes, ni comptoirs, et désiraient, autant que les indigènes, éviter tout contact immédiat. Ils peuvent avoir été usités avant Hannon; ils peuvent s'être maintenus plus tard, en dehors des colonies qu'Hannon avait fondées et des territoires occupés par des tribus qui étaient disposées, comme les Lixites du Périple, à faire bon accueil aux Carthaginois. Quoi qu'on en ait dit[4], ce passage d'Hérodote ne nous apporte aucune lumière sur l'époque de l'expédition.

1. Voir Müller, *Geogr.*, p. xxvii, n. 1; Fischer, p. 89. Or des régions de la Falémé (dans le Bondou et le Bambouk) et du haut Niger, en amont de Bammako (dans le Bouré) : voir Futterer, *Afrika in seiner Bedeutung für die Goldproduktion* (Berlin, 1895), p. 49 et suiv.

2. Par exemple, au Rio de Oro (entre le cap Bojador et le cap Blanc), ou à la baie d'Arguin, où les Portugais venaient chercher de la poudre d'or que les indigènes leur apportaient de loin.

3. Conf. Göbel, p. 72. Il y a de l'or dans la région du Sous : voir Futterer, *l. c.*, p. 41; Moreau, *Bull. de la Société de géographie d'Oran*, 1912, p. 556.

4. Vivien (p. 330) et Meltzer (p. 232-3) estiment que ce commerce n'a pu se

Ainsi nous ne trouvons dans l'historien grec nulle mention d'Hannon, nulle allusion certaine à son voyage[1].

Il ignore aussi celui d'Himilcon. Il mentionne[2], il est vrai, les îles Cassitérides, « d'où nous vient l'étain », ainsi qu'un fleuve Éridanos, « qui se jette, à ce qu'on prétend, dans la mer septentrionale et d'où viendrait l'ambre ». Il ajoute qu'il ne sait rien des Cassitérides et qu'il croit que l'Eridanos est une invention d'un poète grec. Rien ne permet d'affirmer que ces indications qui lui paraissent si suspectes aient été des échos de l'expédition d'Himilcon. Il est plus probable qu'Hérodote les a trouvées dans quelque ouvrage de ces géographes ioniens qu'il critiquait volontiers, peut-être dans Hécatée. A la fin du viie siècle et dans la première moitié du vi[e], les Grecs d'Asie Mineure fréquentaient le Sud de l'Espagne[3], où les Tartessiens pouvaient les renseigner sur l'étain britannique[4]. Quant à l'ambre, apporté depuis des siècles des rivages voisins de l'Elbe et de la Vistule, ceux qui le colportaient à travers l'Europe ne devaient pas être sans savoir, au moins vaguement, d'où il venait.

Tout cela ne prouve pas d'ailleurs que les expéditions

---

développer qu'après l'expédition d'Hannon. D'autres sont d'une opinion toute contraire : voir, par exemple, Fischer, p. 89; E. Meyer, III, p. 679 et 680. Celui-ci croit qu'il s'agit d'un commerce qui se faisait à Cerné antérieurement à la fondation de la colonie d'Hannon. Remarquer cependant qu'il n'est pas prouvé que Cerné ait été un marché d'or, même après Hannon. Scylax n'en dit rien. Le seul texte qu'on pourrait alléguer est de très mince valeur : Palæphatus, *Incredib.*, 31 (οἱ Κερναῖοι... εἰσὶ σφόδρα χρυσοῖ, et l'histoire qui suit).

1. Selon Meltzer (p. 233-5), d'autres indications d'Hérodote lui seraient venues d'informateurs carthaginois qui auraient connu les résultats de l'expédition d'Hannon. *Contra* : Fischer, p. 88. — Hécatée, qui écrivait vers 500, mentionnait Μέλιττα, πόλις Λιβύων (apud Étienne de Byzance, s. v. = *Fragm. hist. graec.*, I, p. 25, n° 327). Mais il est impossible de dire si c'était la Μέλιττα qui fut une des colonies d'Hannon. Peut-être s'agit-il de Malte. Hécatée paraît avoir rattaché à la Libye Gaulos (Gozzo), île voisine de Malte, car il disait d'elle (*Fr. h. g.*, p. 24, n° 313) : Γαῦλος, νῆσος πρὸς τῇ Καρχηδόνι.

2. III, 115.
3. Conf. p. 413.
4. Conf. p. 407. Il est même probable que, dans la Méditerranée orientale, on a connu beaucoup plus tôt l'origine de cet étain : voir S. Reinach, dans l'*Anthropologie*, X, 1899, p. 402 et suiv.; Sieglin, *Verhandl., l. c.*, p. 816-7.

d'Hannon et d'Himilcon aient eu lieu après l'époque où Hérodote amassait les matériaux de son ouvrage (vers le milieu du v° siècle)[1]. Il a été si mal renseigné sur ce qui concernait Carthage qu'il a pu les ignorer.

Cependant il ne faut pas penser à les reporter à une date beaucoup plus ancienne; quand même Pline ne l'aurait pas dit, il est certain qu'elles furent faites à une époque où Carthage était déjà très puissante, où elle possédait les rivages méditerranéens de la Berbérie et, au delà du détroit, Lixus et Gadès.

On a voulu identifier le « roi » Hannon et Himilcon avec deux personnages mentionnés par Justin[2], avec les fils d'Hamilcar, mort à Himère en 480, membres de l'illustre famille des Magonides qui fut maîtresse de l'État carthaginois à la fin du vi° siècle et dans la première moitié du v°[3]. L'hypothèse est séduisante : nous aimerions à attribuer des expéditions aussi importantes à la famille dont la politique impérialiste accrut la grandeur de sa patrie[4]. Mais il ne faut pas oublier que les noms d'Hannon et d'Himilcon n'étaient pas rares dans l'aristocratie punique[5]. M. Fischer a cru fortifier

1. Comme Illing (p. 6 et 8) est disposé à le croire.
2. XIX, 2, 1. Voir plus haut, p. 420, n. 5.
3. Heeren, *de la Politique et du commerce des peuples de l'antiquité*, trad. française, IV, p. 334. Müller, *Geogr.*, p. xxi-xxii. Schäfer, *Rheinisches Museum*, XV, 1860, p. 399. Müllenhoff, *Deutsche Altertumskunde*, I, p. 112. Meltzer, p. 238. Fischer, p. 91-92. Sieglin, *l. c.*, p. 852. E. Meyer, *Geschichte*, III, p. 679. — M. Illing (p. 8) hésite à admettre que des hommes dirigeant la politique de Carthage aient consenti à s'éloigner si longtemps de la capitale. Mais Justin nous dit que l'État fut alors gouverné par toute une famille, les trois fils d'Asdrubal et les trois fils d'Hamilcar. L'absence d'un ou de deux des Magonides n'était pas de nature à compromettre leur suprématie : du moins, ils pouvaient le croire.
4. Cette hypothèse serait rendue plus vraisemblable si l'on pouvait attribuer à l'Hannon mentionné par Dion Chrysostome à la fois la conquête d'un territoire en Afrique et l'expédition sur l'Océan : v. *supra*, p. 422 (n. 1) et 463 (n. 5). — On a proposé aussi d'identifier avec l'Hannon du Périple un Hannon qui aurait été exilé par les Carthaginois pour une cause futile : Plutarque, *Praecepta gerendae rei publicae*, III, 9 (*Moralia*, édit. Didot, II, p. 976); Pline, VIII, 55; écho déformé dans Maxime de Tyr, *Dissert.*, II, 3 (édit. Didot, p. 5). Voir à ce sujet Schäfer, *l. c.*; Meltzer, p. 228 et 504; Gutschmid, *Kleine Schriften*, II, p. 84; E. Meyer, III, p. 689; *contra* : Fischer, p. 104.
5. Dans le second tiers du iv° siècle, un Hannon « le Grand » fut le personnage le plus important de Carthage (voir plus haut, p. 466). Quand il tenta par

cette hypothèse[1] en alléguant un passage de l'abréviateur de Trogue-Pompée. Comme la famille de Magon, dit Justin[2], disposant à la fois du gouvernement et de la justice, pesait lourdement sur la liberté publique, on institua cent juges, pris parmi les sénateurs : tribunal auquel les généraux devaient rendre compte de leurs actions. Il s'agit d'un événement qui se passa vers 450. Le texte que nous venons de citer contient, selon M. Fischer, une allusion aux rapports qui auraient été exigés d'Hannon et d'Himilcon, à leur retour, et dont l'un, celui d'Hannon, nous serait parvenu. Mais les redditions de comptes dont parle Justin concernaient des faits de guerre et, pour servir de justifications à la conduite militaire comme à la gestion financière des chefs d'armée, elles devaient être rédigées tout autrement que l'inscription commémorative placée par Hannon dans un temple.

La relation d'Himilcon semble avoir été peu connue des anciens[3]. La renommée du Carthaginois fut sans doute éclipsée par celle de Pythéas de Marseille, qui, à l'époque des conquêtes d'Alexandre, s'avança beaucoup plus loin vers le Nord, dont l'exemple d'ailleurs ne fut pas suivi et dont la véracité fut contestée[4]. Nous retrouvons, au contraire, d'assez nombreux souvenirs du Périple d'Hannon dans les littératures grecque et latine. Nous ne croyons pas cependant qu'il ait eu beaucoup

---

une révolte ouverte de détruire la constitution, il appela à son aide le roi des Maures (Justin, XXI, 4, 7), c'est-à-dire le souverain d'un pays dans lequel l'Hannon du Périple avait fondé des colonies.

1. *L. c.*, p. 91.
2. XIX, 2, 5-6 : « Dein, cum familia tanta imperatorum gravis liberae civitati esset, omniaque ipsi agerent simul et iudicarent, centum ex numero senatorum iudices deliguntur, qui reversis a bello ducibus rationem rerum gestarum exigerent, ut hoc metu ita in bello imperia cogitarent, ut domi iudicia legesque respicerent. »
3. Il n'y a pas de bonnes raisons pour faire dériver d'Himilcon diverses indications relatives aux obstacles qui s'opposent à la navigation sur l'Océan : algues, calmes, hauts-fonds très étendus, monstres marins. Vers 460, Pindare (*Néméennes*, III, 23-26) parle déjà de la mer inabordable qui s'étend au delà des Colonnes d'Héraclès, de ses hauts-fonds et de ses animaux monstrueux.
4. Voir Jullian, *Histoire de la Gaule*, I, p. 416-429.

d'influence sur les géographes postérieurs : on ne nous paraît pas avoir prouvé qu'il ait donné naissance à des opinions erronées au sujet de la forme de l'Afrique[1] et de l'origine occidentale du Nil[2]. Quelques mythographes l'exploitèrent[3]. Dans le golfe de l'Occident, Hannon et les siens avaient entendu des concerts de flûtes, de cymbales et de tambourins : il n'en fallut pas plus pour transporter dans cette région lointaine des compagnons de Bacchus, Pans et Satyres[4]. On reconnut les Gorgones dans les femmes sauvages que les Carthaginois avaient rencontrées au terme de leur navigation[5].

V

Du cap Juby, que les marins de Carthage et de Gadès doublaient pour aller à Cerné, on voit, à une centaine de kilomètres vers l'Ouest, les hautes terres de Fuerteventura. Il est donc très vraisemblable que des Phéniciens abordèrent aux

1. Conf. plus haut, p. 502, n. 5.
2. Je doute fort que les hippopotames et les crocodiles du second fleuve d'Hannon aient joué un grand rôle dans l'histoire de cette croyance, comme le veut M. Fischer (p. 122-123). Il y avait dans l'Ouest de l'Afrique d'autres rivières qui contenaient des crocodiles et que leur direction pouvait faire identifier avec le Nil : voir Hérodote, II, 32; Juba, *apud* Pline, V, 51-52 (où je ne crois pas qu'il soit question du lac et du fleuve d'Hannon); etc. (conf. plus haut, p. 473, n. 6).
3. Voir Müller, *Geogr.*, p. xxxi; Fischer, p. 130-2.
4. Méla, III, 93. Pline, V, 7; VI, 197.
5. Méla, III, 99 : « insulae Gorgades, domus ut aiunt aliquando Gorgonum ». Pline, VI, 200 : « Gorgades insulae, Gorgonum quondam domus ». Statius Sebosus, cité par Pline (VI, 201), parlait des « Gorgonum insulae ». Voir aussi Palæphatus, *Incredib.*, 31. — Procles de Carthage, cité par Pausanias (II, 21, 6 = *Fragm. hist. graec.*, IV, p. 484), racontait qu'il y avait dans le désert de Libye des hommes et des femmes sauvages et qu'un de ces hommes avait été amené à Rome, où il l'avait vu. Il supposait que Méduse avait appartenu à cette race et que, se séparant des siens, elle était parvenue au lac Triton, où elle avait été tuée par Persée. Le Périple d'Hannon a peut-être contribué à la formation de cette historiette. Pausanias (I, 23, 5-6) parle, d'après un navigateur qui s'était joué de sa crédulité, de certaines îles Satyrides, situées dans la mer extérieure. Elles auraient été habitées par des hommes sauvages, êtres fort lubriques, qui ne faisaient pas usage de la parole et qui étaient pourvus de queues presque aussi grandes que celles des chevaux. Faut-il chercher, ici encore, quelque sou-

Canaries, ou, du moins, à plusieurs de ces îles, à celles qui étaient les plus proches du continent. Pline indique[1], d'après Juba, que deux d'entre elles portaient le nom de *Iunonia*[2] : elles avaient été peut-être consacrées à la Junon phénicienne, Astarté[3]. Mais les Carthaginois ne durent pas fonder de colonies aux Canaries[4]. Ils n'y ont laissé nulle trace et leur civilisation paraît n'avoir exercé aucune influence sur les indigènes[5].

Diodore de Sicile[6] parle d'une grande île située en plein Océan, à l'Ouest de la Libye, dont elle est séparée par plusieurs journées de navigation. C'est, dit-il, un séjour enchanteur, plus digne des dieux que des hommes. Les montagnes qui couvrent une partie de l'île sont revêtues d'épaisses forêts; les arbres fruitiers les plus divers y croissent; il en sort des sources abondantes, dont l'eau est agréable et salutaire. Des fleuves navigables parcourent de belles plaines, où des arbres de toute sorte forment des jardins arrosés par des ruisseaux. Les indigènes vivent dans l'abondance, habitant des maisons

---

voulr lointain du Périple? — Notons enfin que, dans des fables empruntées par Diodore (III, 54 et 68) au mythographe Denys, il est question de Cerné, ville des Atlantes (conf. plus haut, p. 486, n. 3), et de la région appelée Corne de l'Occident ('Εσπέρου Κέρας).

1. VI, 204 : « Alteram insulam Iunoniam appellari.... Ab ea in vicino eodem nomine minorem. » Selon Curt Müller (*Studien zur Geschichte der Erdkunde im Altertum*, Breslau, 1902, p. 24), il faudrait chercher ces deux îles dans les Isletas, au Nord de Lanzarote, la plus grande peut-être à Graciosa (conf. Fischer, *Real-Encyclopädie* de Wissowa, s. v. *Fortunatae insulae*, col. 43).

2. Ptolémée (IV, 6, 14) mentionne aussi une île de Junon, Ήρας νῆσος, dans le groupe des Μακάρων νῆσοι (Canaries). L'autre *Iunonia*, la petite, est peut-être celle que Ptolémée appelle Ἀπρόσιτος νῆσος : Carl Müller, édit. de Ptolémée, n. à p. 734.

3. Curt Müller (*l. c.*, p. 21-22, 28) croit, il est vrai, que ces noms datent seulement du I" siècle avant J.-C. et qu'ils furent donnés à deux des Canaries par des Gaditains. Nous n'en savons rien.

4. Quoi qu'en pensent Faidherbe, *Revue africaine*, XVIII, 1874, p. 37, et Hamy, *Revue d'ethnographie*, VII, 1888, p. 161.

5. Si les Phéniciens s'étaient vraiment établis aux Canaries, il serait bien étonnant qu'ils n'y eussent pas introduit l'usage du métal. Il n'y a aucune raison de leur attribuer (Curt Müller, p. 28) l'introduction du chien, de la chèvre, du dattier.

6. V, 19-20.

bien bâties, ou passant l'été dans de charmantes retraites au milieu des vergers. La chasse leur donne du gibier à satiété; la mer leur fournit une grande quantité de poissons. Le climat étant toujours tempéré, la terre produit des fruits pendant la plus grande partie de l'année. Ce furent des Phéniciens de Gadès qui découvrirent cette île. Comme ils longeaient la Libye pour en reconnaître les côtes, des vents violents les emportèrent jusque-là. Ils parlèrent de ce qu'ils avaient vu, si bien que les Étrusques, alors puissants sur mer[1], pensèrent à envoyer des colons dans un pays si merveilleux. Mais les Carthaginois ne le permirent pas. Tout en craignant, ajoute Diodore[2], que la fertilité de l'île n'engageât beaucoup de leurs concitoyens à déserter leur patrie, ils tenaient à se réserver un refuge possible, dans le cas où quelque désastre viendrait à les frapper.

Il est très-probable que ce récit a été emprunté à Timée, comme presque tout le commencement du cinquième livre de Diodore, où il se trouve[3].

C'est peut-être aussi de Timée[4] que dérive un chapitre du traité pseudo-aristotélique *De mirabilibus auscultationibus*[5], qui, pourtant, ne concorde pas exactement avec Diodore[6]. Dans la mer qui s'étend en dehors des Colonnes d'Héraclès, les Carthaginois auraient découvert, à une distance de plusieurs journées, une île déserte, toute couverte de forêts, ayant des fleuves navigables, terre d'une admirable fertilité. Ils s'y rendirent souvent;

---

1. Τυρρηνῶν θαλαττοκρατούντων, ce qui peut s'entendre d'une époque antérieure au désastre de Cumes, en 474 (voir plus haut, p. 437) : Müllenhoff, *Deutsche Altertumskunde*, I, p. 110, note; Meltzer, I, p. 170.

2. Il faut sans doute comprendre : le gouvernement carthaginois voulut que l'attention se détournât de cette île, pour les deux raisons indiquées par Diodore. Voir Geffcken, *Timaios' Geographie des Westens* (Berlin, 1892), n. 4 p. 67.

3. Müllenhoff, *l. c.*, p. 64. Geffcken, *l. c.*, p. 66.

4. Müllenhoff, p. 467. Geffcken, *l. c.*

5. Chap. LXXXIV.

6. On peut supposer qu'il y a eu entre Timée et le compilateur un intermédiaire, qui aurait modifié Timée d'après des informations particulières : peut-être Posidonius.

quelques-uns même s'y établirent. Mais le gouvernement punique défendit sous peine de mort de naviguer vers cette île et supprima tous ceux qui s'y étaient fixés, dans la crainte qu'on ne la fît connaître et qu'une population nombreuse ne devînt maîtresse de ses richesses et ne ruinât la fortune des Carthaginois.

Dans l'île de Timée on a reconnu avec probabilité Madère[1]. Mais il est bien difficile de savoir ce qu'il y a de vrai parmi les détails fort suspects donnés dans les deux textes que nous venons de citer. Il n'en faut peut-être retenir qu'une chose : c'est que les Gaditains, puis les Carthaginois ont visité Madère et sans doute aussi l'île voisine, Porto-Santo, plus rapprochée du détroit de Gibraltar[2]. Quand les Phéniciens y abordèrent-ils pour la première fois? On s'est demandé[3] si des échos de leur découverte n'étaient pas parvenus aux Grecs dès le VIIIe siècle, ou même plus tôt : il ne faudrait pas regarder comme une pure invention les îles des Bienheureux[4], qui étaient situées, dit Hésiode[5], aux extrémités de la terre, le long de l'Océan. Hypothèse des plus contestables : la croyance à des îles du Couchant, séjour des morts heureux, a été répandue chez divers peuples, entre autres chez les Égyptiens et les Celtes, et ne paraît pas avoir tiré son origine de connaissances géographiques.

Carthage, devenue maîtresse de l'entrée de l'Océan, se serait bornée à interdire à des rivaux l'accès de ces îles[6]. Elles ne furent

---

1. Heeren, *de la Politique*, IV, p. 114. Müllenhoff, *l. c.*, p. 64. Meltzer, I, p. 109. Etc.
2. Horace (*Épodes*, XVI, 59) aurait donc eu tort de dire, en parlant, autant qu'il semble, de ces îles :
    Non hac Sidonii torserunt cornua nautae.
3. Müllenhoff, p. 65.
4. Μακάρων νῆσοι.
5. *Travaux et Jours*, 167 et suiv. Pindare (*Olymp.*, II, 77-78) ne parle que d'une île.
6. On pourrait voir un souvenir d'Astarté dans le nom de *Iunonia*, donné à une île qui, selon Statius Sebosus (*apud* Pline, VI, 202), était à 750 milles (un peu

cependant pas oubliées. Vers l'année 80 avant notre ère, des marins du Sud de l'Espagne, peut-être de Gadès, qui venaient de les visiter, vantèrent leur climat à Sertorius; celui-ci pensa, dit-on, à s'y retirer¹.

plus de 1100 kilomètres) de Gadès et que des savants ont cru être Madère : Mannert; Carl Müller, édit. de Ptolémée, n. à p. 730 et 733; Fischer, *De Hannonis Periplo*, p. 73; etc. Une île d'Ἥρα, que Ptolémée (IV, 6, 14) place à peu de distance de l'Afrique, a été aussi identifiée avec Madère : Carl Müller, *l. c.*, p. 733. Mais nous croyons que c'était l'île de Mogador, comme l'indiquent les termes dont Ptolémée se sert · Ἥρας ἡ κατ'Αὐτολάλας νῆσος (texte rétabli par Müller); la grande tribu des Autololes habitait de ce côté. Quant à la *Iunonia* de Sebosus, elle peut répondre soit à l'île de Mogador (Curt Müller, *l. c.*, p. 23), soit à la *Iunonia maior* que Pline indique aux Canaries (dans ce cas, il faut admettre que Sebosus a marqué très inexactement la position et la distance de *Iunonia* par rapport à deux autres Canaries, *Plavialia* et *Capraria*).

1. Plutarque, *Sertorius*, 8 : νῆσοι Μακάρων, au nombre de deux; *Fortunatae insulae*, dans Florus, II, 10, 2. Ces noms ont été donnés aux Canaries : Juba, *apud* Pline, VI, 203; Strabon, III, 2, 13; Méla, III, 102; Ptolémée, IV, 6, 14. Cependant la description de Plutarque convient, non aux Canaries, mais à Madère (Curt Müller, p. 6-7), et Plutarque indique que les deux îles étaient éloignées de la Libye de 10 000 stades (1 850 kilomètres), chiffre trop fort pour Madère, mais incompréhensible s'il s'agit des Canaries. Il est vrai que Salluste (*Histor. fragm.*, I, 61, édit. Kritz, p. 92-93), parlant des îles de Sertorius, comptait cette distance de 10 000 stades à partir, non de la Libye, mais de Gadès : le chiffre est d'ailleurs inexact aussi bien pour l'archipel de Madère (à environ 1 100 kilomètres de Cadix) que pour les Canaries (environ 1 200 kilomètres). — Il semble bien qu'on ait eu tort d'identifier avec l'archipel de Madère les *Purpurariae insulae*, situées « ex adverso Autololum », où Juba installa des teintureries de pourpre (Pline, VI, 201 et 203). Elles répondent probablement à l'île et aux îlots de Mogador : Vidal de la Blache, *Mélanges Perrot*, p. 326.

INDEX ALPHABÉTIQUE [1]

A

Abdera, en Espagne : 403, 416.
Aboukir, station préhistorique : 100, 101, 102, 103, 179.
Acabis, en Cyrénaïque : 368.
Acherbas, Tyrien : 381, 383, 387. Voir Sicharbas.
Acheuléens (outils) : 178-183, 203.
Acholla, colonie phénicienne : 372, 373, 403.
Acra, colonie d'Hannon : 480.
Addax, antilope : 107, 119, 120, 123, 313.
Adherbal, roi : 312.
Africanae, bêtes fauves : 110, 112.
Agadir, au Maroc : 319, 483.
Agathocle, expédition d' — : 109, 113, 243, 303.
Aggersel, nom de lieu : 316.
Agrigente : 412, 431, 432, 433, 437, 438.
Aguellid, mot libyque : 310, 335.
Agylla, en Étrurie : 403.
Aïn Bessem, région d' — : 11.
Aïn Memnoana, gravures rupestres : 220, 228, 260, 262.
Aïn Mlila, station préhistorique : 101, 186, 270, 287.
Aïn Sefra, station préhistorique : 200, 202, 204.
Aïn Sfissifa, gravures rupestres : 260, 263, 265.
Aïn Turk, abri préhistorique : 101, 102, 103, 184.
Akaïouasha, peuple : 347, 348.
Alalia, en Corse : 414, 425.
Alcélaphe. Voir Bubale.

Amandiers : 163.
Amazones, prétendues — en Libye : 333.
Ambre : 471-2, 516.
Amilo, rivière : 78, 139.
Ammon, dieu : 226, 249, 251-3, 312 ; oasis d' — : 317, 353.
Amon-Rê : 251.
Amour (djebel) : 15.
Anatis, fleuve : 326, 486.
Anaxilas, tyran de Rhégion : 433.
Ancorarius (mons) : 139, 146-7.
Andalous, en Berbérie : 280, 281-2.
Anes, sauvages : 116-7, 227 ; domestiques : 228-9.
Angads, plaine des — : 8.
Animisme : 243.
Anna, sœur de Didon : 385, 393.
Antilopes : 102, 103, 107, 119-123. Voir Addax, Bubales, Gazelles, Gnous, Oryx leucoryx.
Aouedj (el), gravures rupestres : 260.
Applen : 375, 385, etc.
Aqueducs antiques : 98.
Aquilegi, chercheurs d'eau : 71.
Arabes, conquérants — : 279 ; aspect physique : 280 ; chevaux des — : 230 ; auteurs — sur l'origine des Berbères : 335.
Araignées : 133-4.
Arambys, colonie d'Hannon : 480, 483.
Arboriculture, conditions de l' — : 163-6 ; débuts de l' — : 238-9.
Arbres, culte des — : 242, 243.
Arcs : 202, 213-4. Voir Flèches.
Arganthonios, roi espagnol : 413, 415, 416.

[1]. Les noms géographiques formés de plusieurs mots dont le premier est El (article arabe) sont rangés dans la lettre par laquelle commence le mot suivant.

INDEX ALPHABÉTIQUE

Argent, mines d' — d'Espagne : 403, 405, 406 ; Mont d' —, en Afrique : 473-4.
Argonautes : 449.
Arguin, baie et île : 487.
Aribs, plaine des — : 11.
Aristote : 461, 473-4 ; Pseudo — : 360, 400, 473, 521.
Arméniens, prétendue invasion d' — : 330-1, 334.
Arrien, écrivain : 502-4.
Aryens : 307.
Asdrubal, général carthaginois : 420, 421, 427, 431.
Asla, gravures rupestres : 201, 202, 203, 220, 251, 260, 263.
Asphodélodes, peuplade : 303.
Aspics : 132, 246.
Astarté, déesse : 390, 393, 522-3. Voir *Junon*.
Atarantes, peuplade : 248, 318.
Athéna, déesse : 233.
Atlantide : 306, 326-8.
Atlas, marocain : 3, 4 ; saharien : 13.
Aumale, en Algérie : 175, 362 ; région d' — : 11.
Aurès : 16, 27 ; indigènes de l' — : 133, 283, 281, 288, 289, 290.
Aurignaciens (outils) : 186, 187.
Ausere, rivière : 326.
Autruches : 53, 56, 103, 104, 106, 107, 128-9, 187, 188, 189, 193, 197, 207, 208, 209, 411.
Auza, colonie phénicienne : 362, 366, 373, 382.
Auzia, ville romaine : 175, 362.
Aviénus (*Festus*) : 319, 404, 440, 411, 445, 446, 447, 469-471.
Aziris, en Cyrénaïque : 368.
Azoros, personnage mythique : 374, 375.

B

Baal Hammon, dieu : 250.
Bagrada, fleuve : 325-6. Voir *Medjérda*.
Baignades magiques : 242.
Bains-Romains, abri préhistorique : 101, 102, 184, 217, 228.
Balares, peuplade de Sardaigne : 429.
Baléares, Iles : 338, 352, 409 ; Carthaginois aux — : 424.
Bambotum (*flumen*) : 489.
Baquates, tribu : 311, 334.
Barca, en Cyrénaïque : 451.

Barrebi, gravures rupestres : 107, 220 221, 260.
Basilics, serpents : 132.
Basque (langue) : 320, 323.
Bastoulophéniciens, en Espagne : 446.
Batna (monts de) : 16.
Beau promontoire : 442, 433, 437-8.
Béliers sacrés : 226, 244, 245, 247, 249, 250-3, 264, 268.
Bélus, père de Didon : 378.
Beni Slimane, plaine des — : 11.
Berbère (industrie néolithique) : 200-1.
Berbères, origine de ce nom : 337.
Bernard et Ficheur : 6.
Bissagos, îles : 496.
Bitias, Phénicien : 386, 387.
Blanc (cap), sur l'Océan : 491.
Blanchère (La) : 62.
Blé : 163, 237 ; — de Sardaigne : 428.
Blonds en Afrique : 289-293, 306-308.
Bœufs, sauvages : 103, 105, 107, 126-7, 219, 221 ; domestiques : 61, 107, 170-1, 218-222, 258.
Bordj Ménaïel, abri préhistorique : 211, 223.
Bou Alem, gravures rupestres : 202, 219 220, 225, 226, 250, 253, 260, 264.
Boucliers : 202-3, 266.
Bougie, abris préhistoriques : 104, 105, 190, 191, 192, 186, 200, 211, 223, 269, 271, 272, 287.
Bouira, plaine de — : 11.
Boumerangs : 202.
Bourde (P.) : 21.
Bou Zabaouine, abri préhistorique : 190, 191, 193, 196, 219, 223, 236, 260.
Brezina, abri préhistorique : 191, 193, 194, 198, 236.
Bridj (oued), gravure rupestre : 231.
Bronze, objets en — : 212, 349.
Bubales (antilopes) : 57, 102, 103, 119, 121-2, 123, 127.
Buffles : 105-106, 107, 108, 127, 221, 222, 492.
Byrsa, à Carthage : 377, 382, 384.
Byssatis, région : 458.
Byzantins, en Afrique : 279.

C

Cadmus : 377.
Cambyse : 418.
Caméléons : 131.

Cameroun, volcan : 500-1, 504.
Cananéens : 311-2, 343, 370, 372.
Canaries (Iles) : 329, 519-520, 523. Voir Guanches.
Canne à sucre : 159.
Cannibalisme : 191.
Cantin (cap). Voir Soloeis.
Capsienne (industrie) : 186-8.
Caracals : 101, 113.
Caralis, en Sardaigne : 410, 426, 427.
Carchedon. Voir Karchedon.
Caricon teichos, colonie d'Hannon : 372, 473, 480, 483.
Cariens : 372.
Carmona, en Espagne : 441.
Cartéia, en Espagne : 405, 416.
Carthage, site de — : 374, 419; légendes sur sa fondation : 374 et suiv.; colonie de Tyr : 393-7, 421-2; date de sa fondation : 397-401; son hégémonie en Occident : 419 et suiv.; s'abstient de l'Italie : 461-2; se constitue un territoire en Afrique : 462-7; envoie des expéditions sur l'Océan : 468 et suiv.
Cassitérides (Iles) : 470, 516.
Catoblepon, antilope : 123-5.
Caton l'Ancien : 376, 388, 393.
Cavernes, habitées par les hommes : 184-5, 189, 190-8, 200; — sacrées : 256.
Cèdres : 141, 144, 148.
Celtes, en Espagne : 404, 413, 416, 442.
Cérastes, serpents : 132, 246.
Céréales, conditions de la culture des — : 160-5, 193; débuts de la culture des — : 236-7.
Cerfs : 102, 103, 107, 117-8, 196.
Cerné, île de l'Océan : 484, 485-8, 489, 490, 491, 510, 513.
Cervetri, en Italie : 402, 403, 425.
Chacals : 101, 106, 113-4, 197, 217.
Chameaux : 59-61, 102, 103, 238, 239.
Chamitiques (langues) : 321.
Char des dieux, volcan : 498, 499-501.
Charon de Carthage, écrivain : 474.
Charrue, culture à la — : 237.
Chars : 234.
Chasse : 110, 202.
Châteaudun-du-Rummel, station préhistorique : 186, 270.
Chats sauvages : 113.
Chechar (djebel) : 16.

Chélif, fleuve : 9, 26, 49.
Chelléens (outils) : 178-183.
Chênes lièges : 145, 148, 303; verts : 144, 148; zéens : 148.
Chevaux : 61, 171, 197, 229-234, 353.
Chèvres, prétendues — sauvages : 123-6; — domestiques : 172, 224-7, 314.
Chevreuils : 118.
Chiens : 197, 202, 217, 418.
Chott Chergui : 93.
Chott el Djerid, Chott el Fedjedje, etc. Voir Djerid, Fedjedje, etc.
Chouchets, tombeaux : 274, 352.
Chrémétès ou Chrétès, fleuve : 473-4, 489 et suiv.
Chypre (île de) : 350, 382, 384.
Cinyps, fleuve : 69, 343, 449; colonie grecque : 449-450.
Citrus, thuya : 143-7.
Colæos de Samos : 413.
Colliers : 188, 196, 202, 208.
Colonnes d'Héraclès : 478.
Combats rituels : 242.
Constantine, bassin de — : 12; abris préhistoriques : 101, 102, 103, 181, 190, 191, 194, 195, 196.
Corippus, poète : 84, 91, 244, 315, etc.
Corisco, baie : 501.
Corne de l'Occident, golfe : 496-7, 504, 520.
Corne du Sud, golfe : 498, 499, 501, 503, 514; cap, 514.
Cornélius Népos : 474-5, 483.
Cornouaille : 471.
Corse, Grecs en — : 414, 425; — aux Étrusques : 425.
Cossura, île : 411. Voir Pantelleria.
Côtes de la Berbérie : 32, 33.
Cotonnier : 159.
Coupes d'argent phéniciennes : 402, 503.
Courants marins : 33, 41, 367, 419.
Crocodiles : 67, 130, 489, 511, 519.
Cro-Magnon, race de — : 287, 289, 305, 306.
Cronos, dieu phénicien : 473.
Cuivre, objets en — : 211.
Cybos, ville : 344, 345.
Cyraunis, île : 513. Voir Kerkenna.
Cyrénaïque, Phéniciens en — : 363; Grecs en — : 412, 443.
Cyrène, en guerre avec Carthage : 451.

D

Dahra, région : 7.
Daims : 118.
Dakhla, plaine : 18.
Darat, fleuve : 76, 484. Voir Draa.
Darius : 418, 427.
Dattiers : 87, 166, 239.
Déboisement : 81, 152-3.
Décharnement, rite funéraire : 273.
Dekhlet Zitoune, abri préhistorique : 256, 260.
Delphes, oracle de — : 414; offrandes à — : 437, 445.
Denys de Phocée : 432.
Dépiquoirs : 214.
Dermel (oued), gravures rupestres : 260.
Dialectes berbères : 309.
Didon : 380, 385, 389, 392-3.
Diodore de Sicile : 245, 359, 367, 403, 407, 409-410, 466, 520-1, etc.
Diomède : 345.
Dipsades, serpents : 132.
Disettes : 89.
Djebel tripolitain : 24, 69.
Djebel Amour, Djebel Chechar, etc. Voir Amour, Chechar, etc.
Djedi (oued) : 17, 67, 297.
Djeffara, région tripolitaine : 23, 65.
Djelfa, dolmens : 213.
Djem (el), plateau d' — : 20.
Djerba (Ile de), indigènes de l' — : 283, 288.
Djerid, chott el — : 22, 64; habitants du — : 294.
Dolmens : 213, 274, 287, 288, 303, 307, 308.
Domestiques (animaux) : 209, 217, 218-234, 266.
Dorieus de Sparte : 431, 449-450.
Draa (oued) : 63, 66, 295, 474, 484.
Dromadaires. Voir Chameaux.
Dyrin, nom de l'Atlas : 315-6.

E

Ebesos, Ebusus, Ibiça : 409, 423.
Égée (mer), riverains de la — : 307, 347-350; Phéniciens dans la — : 371.
Égeste, en Sicile : 430, 431.
Égris, plaine d' — : 8.
Égypte, rapports de la Berbérie avec l' — : 55, 183, 206, 207, 208, 209, 226-7, 232-3, 237, 239, 251-2, 266, 267, 305, 308, 320, 353-4, 356.
Éléphants : 52, 69, 74-81, 100, 104, 106, 261, 479.
Élevage, conditions de l' — : 169-172; — primitif : 218-234.
Elishah, contrée : 395.
Élissa, prétendue fondatrice de Carthage : 380, 381-3, 388, 390, 391-2, 393.
Élymes, en Sicile : 407, 430, 431, 432.
Enfida, plaine : 20.
Ennefous, gravures rupestres. Voir Richa.
Enosim, île : 410.
Ensevelissements dans les grottes : 196, 197.
Éphore, historien : 434, 440, 473, 486, 511.
Ératosthène : 364, 415, 474, 475, 486, 502.
Ères phéniciennes : 363, 375, 400; ère de Troie : 360, 375.
Erg, grand — et — d'Issaouane, stations préhistoriques : 205.
Éridanos, fleuve : 516.
Erment, taureau d' — : 253.
Éryx, mont en Sicile : 430, 431.
Escargotières, stations préhistoriques : 101, 102, 103, 186-8.
Escargots : 53, 137, 187, 189, 197.
Espagne, rapports de l' — avec la Berbérie : 31-32, 38, 183, 189, 192, 209, 303, 306, 323-5, 356; Phéniciens en — : 367, 403-7; Grecs en — : 413; Carthaginois en — : 440-8.
Étain, manque en Berbérie : 212; — en Espagne : 407; en Cornouaille : 471, 516; commerce phénicien de l' — : 407, 471, 472.
Étés africains : 41-42, 87-8.
Éthiopiens : 30, 61, 208-9, 213, 214, 268, 276, 295-300, 302-4, 317-9, 481, 483.
Étrusques, alliés des Carthaginois : 123, 461; Carthage les écarte d'une île de l'Océan, 521; langue des — : 320.
Eudoxe de Cnide : 375.
Euphrantas, tour : 454.
Eustathe, écrivain : 245, 379, 381, 385-7.
Euthymène de Marseille : 461, 511.

F

Famille, constitution de la — : 210-1.
Faune de la Berbérie : 100-137.
Fauves : 109-111, 172.
Fedjedje (chott el) : 22, 64.
Fer, objets en — : 211, 369.

INDEX ALPHABÉTIQUE

Fétichisme : 244.
Fèves : 163, 236.
Fichcur. Voir *Bernard*.
Fièvres : 174-5, 294, 299.
Figuiers : 163.
Fischer (C. Th.) : 472 et suiv., *passim*.
Flamand (G.-B.-M.) : 106, 257.
Flèches (pointes de) : 188, 192, 201, 205-6, 213.
Flore de la Berbérie : 137-8.
Forêts : 73, 81-83, 138-148, 151-7.
Fortunatae insulae : 523.
Fossé-limite du territoire carthaginois : 463.
Frênes : 144.
Frontières militaires romaines : 3, 9, 10, 13, 17, 67.
Frontin : 99, etc.
Furets : 114.
Fut, fleuve : 333, 481.

G

Gabès, stations préhistoriques de la région de — : 204 ; oasis de — : 64.
Gabon, estuaire : 501.
Gadès, colonie phénicienne : 339, 360, 363, 401-403, 415 ; menacée par les Espagnols, 416, 443 ; secourue par Carthage, 443 ; dépendante de Carthage, 444 ; prétendu point de départ d'Hannon, 477-8.
Gadir, mot phénicien : 319, 404.
Gaditains, sur les côtes d'Afrique : 373, 509, 521 ; découvrent Madère : 521.
Gafsa, région de — : 22, 96-97 ; stations préhistoriques : 180-2, 186, 200.
Gambie, fleuve : 490 ; estuaire de la — : 496.
Garamantes, peuplade : 59, 61, 65, 220, 298.
Gaule, Phéniciens en — : 402, 403 ; Grecs en — : 412-3.
Gaulos, île : 410, 439, 516.
Gazelles : 102, 103, 106, 107, 119, 122.
Géla, en Sicile : 412, 432, 433.
Gélon, tyran sicilien : 432, 433, 434, 436, 437, 438.
Genettes : 114.
Genévriers : 144-5, 148.
Ger, rivière : 63, 316.
Gerboises : 128.
Gergéséens : 339.
Gestes rituels : 234-5.

Gétules : 149, 297, 311, 330-1, 334, 337-338.
Gétulie : 94, 149-150, 297.
Gétulienne (industrie) : 186-8.
Ghardimaou, plaine de — : 18.
Ghir, mot libyque : 316.
Ghir (cap) : 482.
Gibraltar (détroit de) : 32.
Girafes : 102, 107, 108, 258, 492.
Gnous : 102, 105, 106, 107, 123-5.
Goliath : 355.
Gondis, rats : 128.
Gorgades, Gorgones : 498, 505, 519.
Gorilles : 498, 503-6, 509.
Gouneus, Thessalien : 315.
Gozzo, île : 409, 410, 439, 516.
Grand-Rocher, abri préhistorique : 104, 105, 190, 193, 197, 217, 219, 225, 228, 287.
Gravures rupestres, préhistoriques : 54, 106-7, 201-3, 217, 219-220, 225-6, 228, 231, 241, 245, 247-8, 250-1, 253, 254-5, 256, 257, 259-269, 276 ; libyco-berbères, 244, 257-9.
Grecs, prétendues influences africaines sur les — : 227, 236, 237, 319 ; prétendus établissements des — en Berbérie : 323, 344-7 ; colonies des — en Occident : 412-414, 460 ; lutte de Carthage contre les — : 423 et suiv. ; — écartés de la Corse : 423 ; de la Sardaigne : 429 ; du Sud de l'Espagne : 443 ; des Syrtes : 450 et suiv. ; de la Berbérie : 458 ; de l'Océan : 443, 460.
Grêle : 47, 92.
Grottes. Voir *Cavernes*.
Guanches, habitants des Canaries : 237, 249, 271, 289, 292.
Guardafui, cap : 514.
Guebar Rechim, gravures rupestres : 107, 217, 220, 260, 264, 265, 269.
Guelma, bassin de — : 12.
Guépards : 113.
Gurzil, dieu : 244.
Guyotville, dolmens : 215, 287, 288.
Gytté, colonie d'Hannon : 480.
Gyzantes, peuplade : 455, 461.

H

Haches polies : 193, 201, 202, 206-7, 214, 215.
Hadj Mimoun (el), gravures rupestres : 107, 231, 255, 260.

Hadjra Mektouba, gravures rupestres : 260, 261.
Hadrumète, colonie phénicienne : 362, 363, 369.
Hamilcar, général carthaginois : 392, 420, 421, 427, 435-6.
Hannon, petit-fils de Magon : 421, 422, 463-4, 517 ; —, auteur du Périple : 58, 63, 66, 421, 422, 457, 458, 468, 472-519 ; — le Grand : 466, 517-8.
Haoussa (langue) : 318, 320.
Haratines : 294, 301-2.
Haria (el), gravures rupestres : 254, 260, 263.
Hauts lieux, culte des — : 243.
Hécatée : 440, 442, 446, 455, 516.
Heraclea Minoa, en Sicile : 408, 431.
Hercule, légendes d' — : 330, 333, 335, 336, 338, 344-5, 346 ; — phénicien : 256, 332, 346, 351, 353, 363, 364, 379, 381, 395, 396, 416, 446, 447 ; Colonnes d' — : 478.
Hérissons : 128.
Hermée (cap) : 481.
Hérodote : 56, 69, 413, 418, 419, 450, 455, 458, 511, 513, 514-6, etc.
Herrerias, en Espagne : 441.
Hesperu ceras, golfe et cap : 496, 503.
Hévila : 337.
Hiarbas, roi indigène : 383, 386, 388, 390-1, 393-4.
Hiempsal, roi indigène : 330, 331-2.
Hierni, habitants de l'Irlande : 470.
Hilaliens, Arabes : 153, 279.
Himère, en Sicile : 412, 432, 433, 436 ; bataille d' — : 432, 436-7.
Himilcon, petit-fils de Magon : 420, 517, 518 ; —, amiral : 463-472, 516, 517, 518 ; —, général : 465, 466-7.
Himyarites, Arabes : 279.
Hippo Diarrhytus et — *Regius*, colonies phéniciennes : 344, 362, 363, 369.
Hippopotames : 52, 80, 101, 104, 107, 261, 489, 511, 519.
Hiram, roi de Tyr : 361, 371, 399.
Hivers africains : 41-42, 88.
Hodna, région : 18, 95-96.
Hydrauliques (travaux) : 65, 97, 98.
Hyènes : 101, 104, 112, 113, 197.
Hyksós : 332, 343.

I

Iapon, roi indigène : 388.
Iarbas. Voir *Hiarbas*.
Ibères : 306, 324, 416, 432, 442, 443.
Ibéro-maurusienne (industrie) : 189.
Ibiça, île : 401, 409, 423.
Ibis : 245, 247.
Illing (K. E.) : 472 et suiv., *passim*.
Incinération : 273, 418.
Indiens, prétendus — en Berbérie, 336-7.
Inscriptions libyques : 310 ; puniques : 310.
Iol, dieu : 331-2 ; assimilé à Iolaos : 332, 390.
Ioléens, en Sardaigne : 331-2, 428.
Iopas, roi indigène : 387, 388.
Iranim, île : 411.
Irrigations : 96, 98, 164-5.
Isaris, rivière : 326.
Italie, Phéniciens en — : 402, 403 ; Grecs en — : 412 ; Carthage s'abstient de l' — : 461-2.
Itel (oued), ruines sur l' — : 67 ; gravures rupestres : 203, 217, 220, 221, 254, 255, 256, 261, 262, 263.
Ithobaal, roi de Tyr : 362.

J

Jébuséens : 339.
Jésus, fils de Navé : 339, 340.
Josèphe, historien : 337-8, 362, 389, 399.
Juba, nom de rois indigènes : 389 ; — II, écrivain : 63, 74, 76, 124, 344, 345, 475, 478, 514.
Juby (cap) : 488.
Juifs en Berbérie : 280-1.
Junon phénicienne : 382, 384, 507, 520, 522-3.
Justin, son récit de la fondation de Carthage : 380 et suiv. ; indications sur l'histoire carthaginoise : 418, 420, 421, 426, 431, 443, 444, 448, 463, 466, 517-8, etc. Voir *Trogue-Pompée*.

K

Kabyles : 283, 284, 288, 289, 290, 307.
Kabylie, grande — : 7, 27.
Kahena (la) : 154-5.
Kakkabé, prétendu nom de Carthage : 376, 377-9, 387.

INDEX ALPHABÉTIQUE

Kakoulima, montagne : 500, 501.
Kalaa (djebel el), station préhistorique : 199.
Kalaa es Senam : 14.
Kambé, prétendu nom de Carthage : 378.
Kantara (oued el) : 16.
Karar (lac), station préhistorique : 100, 101, 102, 103, 179.
Karchedon, personnage mythique : 374, 375 ; nom grec de Carthage, 375, 376, 377.
Karrouba, gravure rupestre : 254.
Kef, région du — : 14, 15.
Kef el Ahmar, abri préhistorique : 191, 192, 193, 195, 196, 219, 223.
Kef el Mazoui, abri préhistorique : 191.
Kef Mektouba, gravures rupestres : 220, 260.
Kef Messiouer, gravures rupestres : 260, 263, 264, 265.
Kelbia (sebkha) : 20.
Kerkenna (île) : 316, 455, 513.
Kerkodr, tas de pierres : 452.
Khanguet el Hadjar, gravures rupestres : 202, 217, 220, 221, 234, 255, 260, 262.
Khenchela, abri préhistorique : 269.
Khoumirie : 18, 49 ; habitants de la — : 283, 287, 288, 291, 301.
Koulouglis : 280.
Koush : 337.
Kroub, gravures rupestres : 260.
Ksar el Ahmar, gravures rupestres : 202, 217, 220, 223, 234, 255, 260, 263, 264.

L

Labours préparatoires : 162.
Laguatan, peuplade : 244, 247.
Lait : 222.
Lalla Marnia. Voir *Mouillah*.
Lampédouse, île : 439.
Langue libyque : 309 et suiv. ; phénicienne, 319, 339, 340-1.
Lebou, peuple africain : 212, 221, 227, 228, 233, 241, 333, 347, 354, 368.
Légumes : 163, 235-6.
Leptis Magna, colonie phénicienne : 362, 363, 369, 449.
Lézards : 130.
Libyco-berbères. Voir *Gravures*, *Tifinagh*.
Libyens : 330-1, 333, 464, etc.

Libyphéniciens : 342, 423, 441, 446, 476, 477.
Lièvres : 127, 247.
Ligures : 306, 461, 471.
Lilou, mot libyque : 313, 314.
Lilybée (cap) : 313, 409, 412, 430.
Lin : 237-8.
Lions : 101, 104, 106, 107, 111-112.
Lixites, peuple : 318, 484, 508, 515.
Lixos, fleuve : 63, 66, 474, 484, 509.
Lixus, colonie phénicienne : 206, 361, 365, 369, 458.
Locriens : 345-6.
Longévité en Berbérie : 174, 285.
Lotus, arbre : 218.
Loukou, peuple : 347, 348.
Lune, culte de la — : 248-9, 250.

M

Maces, peuplade : 202, 450.
Macta, plaine de la — : 6.
Madère, Phéniciens à — : 520-3.
Madghis, personnage légendaire : 335.
Mænacé, en Espagne : 413, 416, 445.
Magie : 212-243, 268-9.
Magon, général carthaginois : 420-1, 424 ; sa famille : 421, 463, 517-8.
Maharbal, général : 467.
Mahisserat (djebel), gravures rupestres : 260, 264, 265.
Malaca, en Espagne : 405, 413, 445, 446.
Malchus, général carthaginois : 396, 420, 426, 430-1, 463.
Malte, colonisée par les Phéniciens : 409, 410-1, 516 ; envoie des colons en Afrique : 372 ; occupée par Carthage : 439.
Mangoustes : 114.
Mapalia, cabanes : 313, 330, 334.
Marseille, fondation de — : 412-3, 424 ; guerres de — et de Carthage : 444-5 ; reste puissante, 460-1.
Mascarades sacrées : 243, 255.
Mashaouasha, peuple africain : 212, 221, 228, 234, 241, 347, 348, 353-4.
Masinissa, roi : 174.
Mastanabal, roi : 312.
Mastia, en Espagne : 440, 445, 447.
Matriarcat : 240-1.
Maures, dans l'antiquité : 285-6, 331, 333, 338-340, 457, 466, 517 ; de nos jours : 281.

Maxitani, peuple : 334, 383, 387, 388.
Maxyes, tribu : 344, 346, 354.
Mazara, en Sicile : 408.
Mazices, tribus : 311, 315, 333, 334, 387, 388.
Mazigh, personnage légendaire : 335.
Médéa, plateau de — : 10.
Mèdes, prétendue invasion de — : 330-1, 331.
Medjana, plaine de la — : 14.
Medjerda, fleuve : 12, 18, 19, 26, 323, 369, 374.
Méhédia, au Maroc : 458, 480.
Mélanogétules : 301-2.
Mélité. Voir *Malte*.
Mélitta, colonie d'Hannon : 480, 516.
Mellègue (oued) : 14, 19, 96.
Melqart, dieu : 332-3, 354, 379, 395, 408. Voir *Hercule*.
Meltzer (O.) : 364 et Livre III, *passim*.
Ménandre d'Ephèse, écrivain : 362, 389, 391, 394, 395, 399.
Ménélas : 343.
Meschela, ville : 344.
Meseta marocaine : 3.
Messaad, station préhistorique : 204.
Métallurgie, débuts de la — : 210-3.
Meules à grains : 193, 207, 208, 236.
Miliana, massif de — : 7.
Miliane (oued) : 19, 20, 374.
Mina, rivière : 10.
Mines, d'Espagne : 403, 405, 406 ; de Sardaigne : 428 ; de Cornouaille : 471.
Mitidja, plaine : 6.
Mogador, au Maroc : 483 ; île de — : 523.
Moghar et Tathani, gravures rupestres : 107, 201, 202, 217, 223, 234, 255, 260, 262, 263.
Moissons, époque des — : 88.
Mots libyques : 312-4.
Motyé, en Sicile : 407, 408, 409, 430, 433.
Mouflons : 102, 105, 107, 125-6.
Mouillah (la), abris préhistoriques : 101, 102, 103, 184, 189, 270, 271, 273.
Moulouïa, fleuve : 2.
Moustériens (outils) : 178-184, 201.
Moutons : 171-2, 223-7. Voir *Béliers*.
Movers (F. C.) : 227, 236, 344-3, 363, 372, 378-9, 399, 408 et Livre III, *passim*.
Mur Carien. Voir *Carieon teichos*.

Mustapha-Supérieur, abri préhistorique : 101, 102, 104, 105, 191, 217, 219, 225.
Mathul, rivière : 96. Voir *Mellègue*.
Mutto, roi de Tyr : 380, 387.
Mya (oued), stations préhistoriques : 205.
Mycéniens : 344.
Mzabites : 283, 285.

N

Nabuchodorosor : 417, 418.
Nahr Ouassel, rivière, 10.
Nasamons, peuplade : 239 ; explorateurs — : 319, 493.
Navigation, usages de la — antique : 34-33 ; journées de — : 480.
Néapolis, nom de Leptis Magna : 450, 456 ; —, aujourd'hui Nebeul : 433.
Néchao : 509, 513.
Nègres en Berbérie : 282, 293-304. Voir *Éthiopiens*.
Négrilles : 506-7, 512.
Neiges : 44, 87.
Némenchas, pays des — : 16, 72.
Néolithique (civilisation) : 190-209.
Niger, fleuve : 493.
Nigrètes ou *Nigrites*, peuplade : 83, 214, 295, 296, 300, 415.
Nigris, fleuve : 297.
Nil, prétendue source occidentale du — : 63, 474, 475, 519.
Nit, déesse : 253.
Nomades, nom grec des Numides : 330, 333.
Nora, en Sardaigne : 410, 416, 426, 427.
Numides : 331, 333, 457.
Nuraghi, monuments de Sardaigne : 352.

O

Oasis, marocaines : 5 ; algériennes : 17 ; tunisiennes : 22 ; tripolitaines : 23.
Obba, nom de lieu : 325.
Obsidienne : 210.
Oea, colonie phénicienne : 372, 373.
OEstrymnides (îles) : 469, 470, 471.
OEstrymnis, promontoire : 470.
Oiseaux : 129-130. Voir *Autruches*.
Okapi : 107.
Olbia, en Sardaigne : 416, 427.
Olbiens : 344.

INDEX ALPHABÉTIQUE

Oliviers : 88, 166-7, 238.
Olympie, offrandes à — : 437.
Onagres. Voir *Anes*.
Ophellas, auteur d'un Périple : 296, 364, 415, 474; —, tyran de Cyrène : 434, 474.
Ophren, personnage légendaire : 338.
Or, commerce de l' — sur les côtes de l'Océan : 514-5.
Oran, plaine d' — : 6; abris préhistoriques à —: 104, 105, 184, 190-7, 217, 219, 223, 228, 231, 269, 271, 272, 303.
Orango, Ile : 496-7.
Orge : 163, 237.
Orijo, prétendu nom de Carthage : 377.
Ormes : 145.
Oryx leucoryx : 107, 120, 123.
Os, outils en — poli : 188, 189, 193-4.
Ou, mot libyque : 310.
Ouadi el Cheil, gravures rupestres : 255, 256, 261.
Ouargla, stations préhistoriques : 204, 205.
Ouarsenis, massif montagneux : 10, 140.
Oued Dermel, Oued Djedi, etc. Voir *Dermel, Djedi*, etc.
Ouessant, Ile : 470.
Ouled Nail, monts des — : 17.
Ours : 101, 115.
Ouzidane, station préhistorique : 179.

P

Pachynos, promontoire sicilien : 408.
Paléolithique (civilisation) : 177-189.
Palerme. Voir *Panormos*.
Pallary (P.) : 177 et suiv., passim.
Palmes (cap des) : 501, 503.
Palmiers. Voir *Dattiers*.
Panormos, en Sicile : 407, 409, 430, 433.
Pantelleria, Ile : 352, 409, 411, 439.
Panthères : 101, 104, 107, 110, 112.
Paons : 243.
Peintures, corporelles : 183, 189, 196, 272-3, 316; — sur des poteries : 194, 207; — rupestres, 257, 267.
Pentathlos de Cnide : 412, 430.
Perorsi, peuplade : 295-6, 334.
Perses, prétendue invasion de — : 330-1, 334.
Pestes : 136-7, 175-6.
Peul (langue) : 320.
Peupliers : 144.

Phacochères : 101, 105.
Pharaon, nom de — en Berbérie, 333.
Pharusiens, peuplade : 87, 93, 214, 295-6, 300, 334, 415.
Phelliné, ville : 143, 303.
Philène (autels de) : 451-4.
Philistos, historien : 374-5.
Phla, Ile : 419.
Phocéens, en Occident : 345, 412, 413, 414, 435; contre les Carthaginois : 424, 425, 443, 444-5. Voir *Marseille*.
Phosphate de chaux : 160-1.
Phout : 338.
Pierres, culte des — : 243.
Pins : 144, 148.
Pityusa, Ile : 409, 423.
Platon, sur l'Atlantide : 327-9.
Pluies : 43-51, 89-94; rites pour provoquer la pluie : 242.
Plumes, coiffure de — : 201, 308, 351.
Polybe : 94, 111, 448, 458, 486, etc.
Pomel (A.) : 100 et suiv. (passim), 219, 225, 231.
Ponts antiques : 93.
Porcs : 222-3.
Porcs-épics : 128.
Porphyrions : 245.
Ports de la Berbérie : 35.
Poseidon, phénicien : 436, 479, 480, 481; libyen : 349.
Poteries, préhistoriques : 194-5, 201, 207, 209; berbères : 349-350.
Proclès de Carthage, écrivain : 519.
Procope, historien : 88, 292-3, 338-341, etc.
Promathus de Samos : 474.
Prostitutions sacrées : 382, 384.
Psylles, peuplade : 132, 246-7.
Puits antiques : 71, 72.
Pumaijaton, nom phénicien : 391.
Purparariae insulae : 523.
Pygmalion, roi de Tyr : 380-2, 391, 394, 399; dieu phénicien : 390.
Pygmées : 506-7.
Pythéas de Marseille : 461, 518.
Pythons, serpents : 133.

Q

Qart hadasht, nom phénicien de Carthage : 376.

R

Râ, dieu égyptien : 231, 252.
Rats : 137-8, 313.
Redevance payée par Carthage aux indigènes : 382, 384.
Redeyef, abri et stations préhistoriques : 105, 181, 186, 191, 194, 195, 196, 204, 270, 300.
Renards : 101, 113, 312.
Récoltes d'Africains contre Carthage : 463-6 ; de Sardes : 428-9.
Rhinocéros : 62, 80, 101, 104, 107, 261.
Rhir (oued), stations préhistoriques : 204.
Richa (er), gravures rupestres : 202, 226, 228, 247, 250, 255, 260, 261, 263, 269.
Rif, région : 2, 27 ; habitants du —, 290.
Rio de Oro : 486.
Rio Salado, abri préhistorique : 190, 191, 193, 236, 271, 303.
Rivières de la Berbérie : 26, 93.
Riz : 160.
Roknia, dolmens : 287, 288, 291, 303.
Romains, traités des Carthaginois avec les — : 396, 427, 429, 432, 440, 442, 446, 455, 457-8, 461-2 ; — écartés de la Corse : 426 ; de la Sardaigne : 429 ; du Sud de l'Espagne : 440, 446 ; de la Libye : 456, 458 ; nombre des — en Afrique : 277-8 ; indigènes se prétendant — : 278.
Roses : 42, 44, 87.
Ruissellement : 46, 71, 81-82, 157.
Ruscino, en Gaule : 403.
Rusellae, en Italie : 403.

S

Sabratha, colonie phénicienne : 364, 451, 456.
Sacrifices : 255 ; — humains : 345, 418, 433.
Saguia el Hamra : 58, 485, 491-3.
Sahara, climat du — : 54-56, 56-62, 63-70 ; stations préhistoriques du — : 54-55, 180, 200, 203-209 ; gravures rupestres du — : 257, 258, 261 ; navigation d'Hannon le long du — : 458 et suiv.
Salda, région de — : 9 ; abri préhistorique de — : 101, 105, 190-6, 225, 228, 231.
Salassii, tribu : 325.

Salluste : 33, 83, 96, 97, 119, 216, 329, 336, 363, 451, 452-3, etc.
Saltus, forêts, domaines : 69, 142.
Salubrité de la Berbérie : 173-4.
Sangliers : 101, 104, 116, 196, 222.
Saoura (oued), stations préhistoriques : 200 ; gravures rupestres : 260.
Sardaigne, prétendues migrations d'Africains en — : 350-2 ; Phéniciens en — : 410 ; visées des Grecs sur la — : 414, 427 ; Carthaginois en — : 426-9.
Sardus, personnage mythique : 350-1.
Sargasses (mer des) : 471.
Sataspès, Perse : 506, 511-2.
Satyrides (îles) : 519.
Sauterelles : 135-7.
Sava, Savus, rivières : 326.
Scorpions : 134-5, 313.
Scylax (Pseudo-) : 293, 409, 440, 447, 450-1, 455, 456, 458, 473, 480, 483, 487, 493, 509, 510.
Sebaou (oued) : 7.
Sebou (oued) : 93.
Sécheresses : 45, 89-90, 162.
Sélinonte, en Sicile : 412, 430, 431, 433, 433, 436.
Sénégal, fleuve : 490.
Sépultures primitives : 269-274.
Serpents : 131-3, 246-7.
Servals : 113.
Servius, ses indications sur la fondation de Carthage : 385-7.
Sesi, monuments de Pantelleria : 352.
Sétif, plaine de — : 14, 15.
Sexi, en Espagne : 403, 446.
Seybouse, fleuve : 5, 12, 26.
Shagalasha, peuple : 308, 347, 348.
Shardana, peuple : 308, 347, 348.
Sherbro, île : 497, 501, 504.
Sicharbas, Tyrien : 387, 394 ; conf. 386.
Sicile, Phéniciens en — : 407-9 ; Grecs en — : 412 ; Carthaginois en — : 430 et suiv.
Sidi Ali el Mekki (cap) : 455, 457.
Sidi bel Abbès, plaine de — : 8, 45.
Sidon, prétendue métropole de colonies africaines : 372, 378 ; monnaies de — : 363, 378.
Sidoniens, nom des Phéniciens : 371-2.
Sierra Leone, côte de — : 494, 497, 512.
Silvain, dieu : 143.
Singes : 107, 109, 245, 246, 505-6, 508-9.

Siroco : 42, 84-86.
Soleil, culte du — : 248-253.
Soloeis, cap Cantin : 78, 139, 480-2, 512, 513 ; —, ville de Sicile (Solonte) : 407, 408, 409, 430, 433.
Sôr, nom phénicien de Tyr : 375.
Soryko : 230.
Sorlinjues, îles : 470.
Souf, mot libyque : 318.
Soummane, fleuve : 11, 26.
Sources : 71, 72, 82, 173.
Sous, région : 4 ; gravures rupestres du — : 261.
Sousse, région de — : 21, 97.
Spartel (cap), sépultures : 271.
Steppes du Maroc : 4 ; de l'Algérie : 12 ; pâturages des — : 170.
Strabon : 57, 94, 95, 360, 404, etc.
Sububus, fleuve : 93.
Subur, nom de lieu : 325.
Suétonius Paulinus, général : 63, 147.
Sulci, en Sardaigne : 410, 426, 427, 428.
Syracuse : 412, 433, 437, 433.
Syrtes, golfe des — : 33 ; région des — : 23-25, 61-65, 69-70.

T

Tacapes, Gabès : 64.
Tafilelt, région : 5.
Taghit (oued), gravures rupestres : 107.
Taharqoa, roi d'Égypte : 417, 418.
Talayots, monuments des Baléares : 352.
Tanit Pené Baal, déesse : 230, 393.
Tarhoana (djebel) : 24.
Tarshish, en Espagne : 406.
Tartessos, en Espagne : 406, 413, 415-6.
Tasaccora, nom de lieu : 316.
Taza, au Maroc : 3.
Tazina, gravures rupestres : 107, 260, 264.
Tébessa, stations préhistoriques : 186, 270, 390.
Tell algérien : 5-12.
Tellis Zarhène, gravures rupestres : 61, 220, 228, 247, 261, 265.
Térébinthes : 145.
Térillos, tyran d'Himère : 433, 435.
Ternifine, station préhistorique : 100, 101, 102, 103, 178-9.
Territoire carthaginois en Afrique : 422, 464-7.
Thala, mot libyque : 316.

Thamalla, nom de lieu : 316.
Thapsos, en Sicile : 403.
Tharros, en Sardaigne : 410, 426, 427.
Thèbes, en Égypte : 231, 232.
Theon Ochema, volcan : 498, 499-501.
Théron d'Agrigente : 432, 433, 436 ; — de Sélinonte : 432 ; —, roi espagnol : 416.
Thoutmosis Ier et — III : 353.
Thucydide : 407, 424, 453, etc.
Thuyas : 145-7, 148.
Thymiatérion, colonie d'Hannon : 458, 479, 480, 484.
Tiaret, plateau de — : 10.
Tibesti, gravures rupestres : 61, 220, 221, 261 ; habitants du — : 185, 300, 318.
Tidikelt, stations préhistoriques : 200, 202.
Tifinagh, inscriptions : 258-9, 310.
Tifrit, abri préhistorique : 273.
Tigisis, ville : 339.
Tillibari, nom de lieu : 323.
Timée, historien : 83, 364-5, 380, 384, 385, 389, 392, 393, 397, 400, 409, 423, 425, 428, 524.
Timissao, gravures rupestres : 256, 260.
Tirs (terres noires) : 4.
Tite-Live : 376, 385, 386.
Tlemcen : 8, 9, 166.
Tortues : 130, 196.
Totémisme : 246.
Touaregs : 240, 246, 253, 309.
Touat, région : 353.
Toursha, peuple : 307, 308, 347, 348.
Tremblements de terre, 71, -176.
Tribus, formation de — : 241.
Tribut payé par Carthage aux Africains : 382, 463.
Triton, *Tritonis*, fleuves et lacs : 323, 419.
Troglodytes : 184-5, 300, 318, 484.
Trogue-Pompée, historien : 380, 385, 393, 418, 466. Voir *Justin*.
Troyens, Maxyes prétendus — : 314 ; prétendue migration de — en Sardaigne, 352.
Tucca, ville : 325.
Tunis, dans l'antiquité : 465.
Turcs en Berbérie : 280.
Tyout, gravures rupestres : 107, 201, 202, 217, 219, 220, 241, 254, 260, 262, 263, 265, 269.
Tyr, puissance de — : 372 ; fonde des colonies en Afrique : 360, 361, 362,

363, 364, 371-2; métropole de Carthage : 345-7; de Gadès : 404; décadence de — : 417.

U

Ucubi, ville : 325.
Ulysse : 345, 368, 375, 412.
Utique, colonie phénicienne : 360-1, 365, 366, 369, 382, 422; alliée de Carthage : 459.
Uzalis, ville : 346.

V

Vandales : 229, 278-9, 292.
Van Gennep : 349.
Varans, lézards : 130-1.
Vendanges, époque des — : 88.
Vents : 42-43, 81, 84-86.
Vert (cap) : 495.
Vignes : 166-8, 313.
Villaricos, en Espagne : 444, 447.
Virgile, sur les origines de Carthage : 385 et suiv., 392.

X

Xerxès : 434, 511, 513.
Xión, fleuve : 483.

Y

Yeuses : 144.

Z

Zaghouane (djebel) : 20.
Zauèkes, peuplade : 453, 464.
Zèbres : 101, 105, 117, 229, 231-3.
Zenaga (col de), gravures rupestres : 220, 226, 250, 260, 263.
Zeugitane (chaîne) : 19.
Zoolâtrie : 244-8, 250-3.
Zoros. Voir *Azoros*.
Zousfana (oued), stations préhistoriques : 200; gravures rupestres : 260.

TABLE DES MATIÈRES

LIVRE PREMIER

LES CONDITIONS DU DÉVELOPPEMENT HISTORIQUE

Chapitre premier. — **Les régions naturelles de l'Afrique du Nord** 1-29

I. L'Afrique du Nord ou Berbérie ; ses limites, 1-2.

II. Régions naturelles du Maroc, 2. — Le Rif, 2. — Couloir de Taza, 3. — Le Haut-Atlas, le Moyen-Atlas, l'Anti-Atlas, 3. — Le plateau subatlantique, 3-4. — Le Sous, 4. — Les oasis du Sud du Maroc, 5.

III. L'Algérie, 5. — Le Tell, 5-6. — Plaines basses voisines du littoral, 6-7. — Le Dahra, 7. — La grande Kabylie, 7. — Massifs côtiers de la province de Constantine, 8. — Plaines intérieures du Tell oranais, 8. — Haut pays au Sud de ces plaines, 8-9. — Vallée du Chélif, 9-10. — Massif de l'Ouarsenis, 10. — Plateau de Tiaret, 10. — Plateau de Médéa, 10. — Plaines des Beni Slimane, des Aribs et de Bouira, 11. — Vallée de la Soummane, 11. — Région d'Aumale, 11. — Régions montagneuses du Tell constantinois, 12 ; bassins de Constantine et de Guelma, 12.

IV. Steppes des provinces d'Oran et d'Alger, 12-13. — Bassin du Hodna, 13. — Hautes plaines de la province de Constantine et de la Tunisie occidentale, 13-15.

V. L'Atlas saharien, 15. — Djebel Amour, 15-16. — Aurès, 16. — Djebel Chechar, 16. — Pays des Némenchas, 16-17. — Oasis du Sud de l'Algérie, 17.

VI. La Tunisie, 18. — Massif de la Khoumirie, 18. — Les Grandes Plaines de la Medjerda, 18-19. — Plateau central tunisien, 19. — Chaîne Zeugitane, 19-20. — Tunisie orientale, 20-21. — Tunisie méridionale, 21-22. — Oasis de la région des Chotts, 22.

VII. La bordure des Syrtes, 23. — Région de la Djeffara, 23. — Région du Djebel, 23-24. — Littoral occidental et méridional de la grande Syrte, 24-25.

VIII. Manque de cohésion de l'Afrique du Nord, 25-26. — Défauts du régime des rivières, 26-27. — Massifs montagneux, habitats de petits groupes sociaux, 27. — Valeur inégale des pays plats, 27. — Impuissance des Berbères à se constituer en nation, 27. — Relations très anciennes entre les habitants de cette contrée, 28. — Formation de tribus, d'États, 28. — Pas d'unité politique complète, 28-29. — Opposition entre la civilisation et la barbarie, 29.

CHAPITRE II. — **L'Afrique du Nord dans le monde méditerranéen** 30-39

I. L'Afrique du Nord est isolée au Sud, 30; elle communique difficilement avec le Nord-Est du continent africain, 31. — Elle appartient au monde de la Méditerranée occidentale, 31-32. — La Méditerranée n'est pas une barrière, 32-33. — La navigation y rencontre cependant divers obstacles, 33. — Nature inhospitalière des côtes de la Berbérie, 33-34. — Nécessité de ports nombreux pour les marins de l'antiquité, 34-35. — Difficulté de pénétrer à l'intérieur de l'Afrique du Nord, 35-36.

II. Isolement relatif de la Berbérie, 37. — Civilisations et dominations communes à cette contrée et au Sud-Ouest de l'Europe, 37-38. — L'Afrique du Nord trait d'union entre l'Orient et l'Occident, 38-39. — Elle a plus reçu que donné, 39.

CHAPITRE III. — **Le climat de l'Afrique du Nord dans l'antiquité**. . 40-99

I. Importance historique de cette question, 40. — Le climat actuel, 41. — Chaleur et froid, 41-42. — Vents, 42. — Siroco, 42-43; autres vents, 43. — Saison humide et saison sèche, 43-44. — Irrégularité des pluies, 45-46. — Régime torrentiel des pluies, 46-47; orages de grêle, 47. — Répartition inégale des pluies selon les régions, 47-51.

II. Climat de l'Afrique du Nord avant l'époque historique, 51. — Période de chaleur humide à l'époque quaternaire, 51-52; puis refroidissement, moindre qu'en Europe, 52-53. — Climat à l'époque de la civilisation néolithique, 53; il parait avoir été peu différent du climat actuel, sauf peut-être dans le Sud, 53-54. — Climat du Sahara à cette époque, 54-56.

III. Climat à l'époque historique, 56. — Le Sahara était un désert, 56-58; il était cependant moins difficile à traverser qu'aujourd'hui, 58-62 (sans chameaux, 59-61).

IV. Preuves d'un climat sec dans le Sud de la Berbérie, à la lisière du Sahara, 62-66. — Indices d'une sécheresse moindre que de nos jours, 66-70.

V. Climat du Tell, 70. — Valeur médiocre des arguments allégués en faveur de l'hypothèse d'un climat plus humide : diminution ou disparition de sources, 70-73; décadence de certaines forêts, 73-74; existence de l'éléphant dans la Berbérie antique, 74-81. — Prétendues causes d'un changement de climat, 81-83.

V'. Valeur médiocre de certains textes qui paraîtraient indiquer un climat plus sec, 83-84. — Arguments en faveur d'un climat, sinon identique, du moins très analogue au climat actuel, 84. — Même régime des vents, 84-87. — La saison sèche et les chaleurs de l'été, 87-88. — La saison d'hiver, 88. — Sécheresses prolongées pendant cette saison, 89-91. — Régime torrentiel des pluies, 91-92. — Inégale répartition des pluies selon les régions, 92-98. — Travaux hydrauliques anciens, 98. — Conclusion, 99.

CHAPITRE IV. — **Faune et flore de l'Afrique du Nord dans l'antiquité** 100-158

I. Faune contemporaine de l'industrie paléolithique, 100-3. — Ressemblances avec la faune européenne de la même époque, 103; parenté étroite avec la faune actuelle de l'Afrique centrale et australe, 104. — Disparition de certaines espèces, 104. — Faune contemporaine de l'industrie néolithique, 104-6. — Faune des gravures rupestres, 106-7.

II. Faune de l'époque historique, 108. — Singes, 109. — Abondance des fauves, 109-111. — Lions, 111-2. — Panthères, 112. — Caracals, 113. — Chats sauvages, 113. — Hyènes, renards, 113. — Chacals, 114. — Mangoustes, 114. — Genettes, 114. — Ours, 115. — Sangliers, 116. — Anes.

116-7. — Cerfs, 117-8. — Antilopes, 119-123. — Le catoblepon (gnou), 123-5. — Moutons, 125-6 — Bœufs sauvages, 126-7. — Lièvres, 127. — Gerboises, 127-8.

III. Autruches, 128-9. — Autres oiseaux, 129-130. — Tortues, 130. — Lézards, 130-1. — Serpents, 131-3. — Araignées, 133-4. — Scorpions, 134-5. — Sauterelles, 135-7. — Escargots, 137.

IV. Caractères de la flore de la Berbérie, 137-8. — Forêts antiques; textes qui les mentionnent, 138-142. — Les mentions de *saltus*, du dieu Silvanus ne prouvent pas l'existence de forêts, 142-3; non plus que l'absence de ruines, 143-4. — Espèces forestières mentionnées, 144-5; le *citrus*, 145-7; prétendus arbres à duvet, 147.

V. Conditions de la végétation forestière, 147-8. — Il y avait dans l'antiquité, comme aujourd'hui, de vastes espaces non boisés, 148-151. — Reconstitution de forêts depuis l'antiquité, 151-2. — Forêts disparues, 152. — Causes du déboisement, 152-7. — Conséquences fâcheuses, qu'il ne faut pas exagérer, 157-8.

CHAPITRE V. — **Les conditions de l'exploitation du sol** 159-176

I. Les anciens n'ont pas fait en Afrique de cultures dites exotiques, 159-160. — Céréales. Sols qui leur conviennent, 160; importance agricole de la distribution des couches de phosphate de chaux, 160-1. — Conditions défavorables par suite de l'insuffisance ou de l'irrégularité des pluies, 161-3. — Gelées, sirocos; mauvaises herbes, 163. — La culture de l'orge est souvent préférable à celle du blé, 163. — Difficultés du défrichement, 164. — Principales régions de culture des céréales dans l'antiquité, 164-5. — Arboriculture, 165. — Les arbres fruitiers craignent moins la sécheresse que les céréales, 165. — Vergers autour des villes, oasis, 165-6. — Indigénat de la vigne et de l'olivier en Berbérie et conditions favorables à leur culture, 166-8. — Figuier et amandier, 168. — Cultures légumières, 168.

II. Élevage. Importance de la répartition des pluies, 169. — Période critique en été, 169. — Pâturages d'hiver des steppes, 169-170; nécessité de la transhumance en été, 170. — Conditions de l'élevage du bœuf, 170-1; du cheval, 171; du mouton, 171; de la chèvre, 172. — Abondance des fauves, obstacle à l'élevage, 172.

III. Possibilité d'exploitations diverses dans de nombreuses régions de la Berbérie, 172-3. — Importance de la question de l'eau potable, 173. — Salubrité du climat, sauf dans certaines régions, 173-5. — Épidémies, 175-6. — Conclusion, 176.

LIVRE II

LES TEMPS PRIMITIFS

CHAPITRE PREMIER. — **La civilisation de la pierre** 177-215

I. Civilisation paléolithique, 177. — Types chelléen, acheuléen, moustérien, 178. — Stations de Ternifine, 178-9, et du lac Karar, 179. — Autres trouvailles non accompagnées d'une faune, 179-180; en particulier près de Gafsa, 180-1. — Vie des hommes de cette époque, 181-2. — Ressemblances avec l'industrie primitive d'autres pays, 183. — Persistance de l'industrie moustérienne, 183-4; dans des grottes, 184-5.

II. Civilisation paléolithique plus récente, 186. — Stations à industrie dite gétulienne, 186-8. — Grottes et stations à industrie ibéro-maurusienne, 189.

III. Civilisation néolithique, 190. — Grottes habitées, 190-1. — Cette civilisation, qui a duré longtemps, n'est pas uniforme, 191. — Industries de la pierre, 192-3; de l'os poli, 193-4; de la poterie, 194-5. — Œufs d'autruche, 195. — Objets dits de parure, 195-6. — Nourriture des troglodytes, 196-8.

IV. Stations néolithiques en plein air, 198-9; les unes contemporaines des stations dans les grottes, les autres plus récentes, 199. — Civilisation néolithique berbère, 200-1; contemporaine des gravures rupestres, 201-3.

V. Civilisation néolithique saharienne, 203-5. — Industrie de la pierre, 205-6; ressemblances avec l'industrie néolithique égyptienne, 206. — Poteries, 207. — Œufs d'autruche, 207. — Meules, 207. — Objets de parure, 208. — Cette civilisation a pu se maintenir jusqu'aux temps historiques, 208-9.

VI. Relations commerciales à l'époque de la civilisation de la pierre, 209-210. — Usage des métaux, 210-1. Incertitude à cet égard; peut-être n'y a-t-il pas eu d'« âge du bronze » en Berbérie, 212. — Persistance de l'industrie de la pierre dans certaines régions, 213-4. — Survivances, 214-5.

CHAPITRE II. — **Origines de l'élevage et de la culture** 216-239

I. Alimentation des Africains primitifs, 216-8. — Le chien, compagnon de chasse, n'est domestiqué qu'assez tard, 217. — Insuffisance de nos connaissances sur les débuts de l'élevage, 218. — Le bœuf, 218-222. — Le buffle a-t-il été domestiqué ? 222. — Aucune preuve de la domestication du porc, 222-3. — Le mouton et la chèvre, 223-7. — L'âne, 227-9. — Le cheval, d'importation assez récente, 229-231. — Conclusions sur l'origine des animaux domestiques connus en Berbérie, 231.

II. L'élevage reste très longtemps la ressource essentielle d'un grand nombre d'indigènes, 231-5. — D'autres deviennent cultivateurs, 235. — Légumes, 235-6. — Céréales, 236-7. — Culture du lin (?), 237-8. — Pas de preuves de cultures arbustives, 238-9. — Ne pas exagérer le rôle éducateur des Phéniciens au point de vue agricole, 239.

CHAPITRE III. — **État social. Magie et Religion. Art. Pratiques funéraires.** 240-271

I. Groupes primitifs, villages néolithiques, 240. — Constitution de la famille; origine des tribus, des États : notre ignorance à cet égard, 240-2.

II. Pratiques magiques indiquées par les auteurs anciens, 242-3. — Magie sur les gravures rupestres, 243. — Croyances animistes, fétichisme : manque de documents pour les temps préhistoriques, 243-4. — Zoolâtrie, 244-5; attestée par Diodore de Sicile, 245; par les gravures rupestres, 245. — Indices de totémisme dans l'Afrique du Nord, 246-7. — Adoration d'un animal particulier, incarnation d'un dieu, 247. — Forme humaine associée à la forme animale; il s'agit peut-être de mascarades, 247-8. — Pas de preuves d'anthropomorphisme, 248. — Culte du soleil et de la lune; texte d'Hérodote et autres témoignages plus récents, 248-250. — Béliers à disque solaire des gravures rupestres, 250-1. — Ce sont des images du dieu Ammon, d'origine égyptienne, 251-2; introduit probablement au second millénaire, 253. — Il est possible que les Libyens aient adoré d'autres dieux égyptiens, 253. — Dieux libyques sous des noms grecs, 254. — Postures rituelles sur des gravures rupestres, 254-5. — Pas de preuves de sacrifices, 255. — Lieux de culte : sans doute devant les gravures, 256; dans des grottes, 256.

III. Gravures rupestres, 257. — Les graffites libyco-berbères sont de date récente, 257-9; bien postérieurs aux dessins dits préhistoriques, 259. —

Gravures préhistoriques; régions où on les trouve, 259-261. — Elles sont généralement tracées sur des parois verticales de grès, 261-2. — Technique, dimensions, 262-3. — Sujets représentés; pas de végétaux, 263; animaux et hommes, 263; objets, 263. — Valeur artistique, 264. — Figures isolées, ou scènes, 264-5. — Hypothèses sur l'époque de ces gravures, 265-6; elles appartiennent à la fin des temps néolithiques; probablement, en partie, à la deuxième moitié du second millénaire, 266. — Leur ressemblance avec des gravures rupestres de la vallée du Nil, 267. — Rien ne prouve qu'elles aient été faites exclusivement par des noirs, 268. — Leur destination religieuse ou magique, 268-9.

IV. Pratiques funéraires, 269. — Ensevelissements dans des grottes, 269-271. — Mobilier funéraire (?), 272. — Crânes portant des traces de couleur rouge, 272-3. — Pas de preuves du rite du décharnement, 273. — Jambes pliées, 273. — Les tombeaux en pierres sèches actuellement connus datent seulement des temps historiques, 274.

Chapitre IV. — Anthropologie 275-308

I. Insuffisance des textes anciens, 275-6; des documents archéologiques, 276; des documents ostéologiques anciens, 276. — La population de l'Afrique du Nord ne s'est pas beaucoup modifiée depuis les temps préhistoriques, 277. — Apports des Phéniciens, 277; des Romains, 277-8; des Vandales, 278-9; des Byzantins, 279; des conquérants arabes, 279; des Ouled Hilal, 279-280; des Turcs, 280; des Juifs, 280; des Andalous, 281-2; des Nigritiens, 282-3.

II. L'étude anthropologique des Berbères est encore peu avancée, 283. — Difficulté des recherches et incertitude des méthodes, 284-5. — Caractères physiques de la plupart des Berbères, 285-6. — Type brun, grand, à tête allongée, 286. — Type brun, petit, à tête allongée, 286-7. — Ancienneté de ces deux types, 287. — Type brun, petit, à tête ronde, 288. — Berbères blonds, 288-290. — Leur répartition, 290-2. — Ancienneté de ce type, 292. — Textes et documents archéologiques concernant les blonds du Nord de l'Afrique, 292-3.

III. Population foncée des oasis, 293-4. — Type du Djerid, 294. — Nigritiens dans les oasis, 294. — Textes concernant les Éthiopiens établis au Sud de la Berbérie, 295-8. — C'étaient des hommes à la peau naturellement foncée, 299. — Il est peut-être venu des esclaves de l'intérieur du continent à l'époque historique, 299-300. — Mais les oasis ont dû être occupées par des Éthiopiens dès une antiquité très reculée, 300; les uns probablement semblables aux Nigritiens, d'autres peut-être différents, 301-2. — Éthiopiens introduits en Berbérie à l'époque historique, 302. — Il y en avait peut-être dans la population primitive du pays, 302-4.

IV. Parenté des Berbères bruns avec les Européens du Midi et les Égyptiens, 304-6. — Hypothèses vaines à ce sujet, 306. — Hypothèses sur l'origine des blonds, 306-8.

Chapitre V. — La langue libyque. 309-326

I. Les dialectes berbères actuels, 309; leur diffusion, 309-310. — La même langue était parlée dans l'antiquité; on peut l'appeler libyque, 310. — Difficulté de la connaître, 310. — Inscriptions dites libyques, indéchiffrées, 310-1. — Indications vagues des auteurs, 311. — Les mots libyques, ou prétendus tels, mentionnés dans les textes, ne nous apprennent rien, 311-4. — Noms antiques de personnes à tournure berbère, 315. — Noms antiques de lieux qui s'expliquent par les dialectes berbères, 315-7. — Diffusion de la langue libyque sur toute la Berbérie, 317; elle ne paraît pas avoir pénétré chez les Éthiopiens, 317-9. — Elle a subi de grandes modifications, surtout par l'invasion de l'arabe, 319-320.

TABLE DES MATIÈRES

II. Cette langue a été rapprochée à tort du basque, de l'étrusque, etc., 320. — Elle appartient à la famille chamitique, ou protosémitique, 320-1.

III. D'autres langues ont-elles été parlées en Afrique aux temps préhistoriques? 322. — Indications de l'onomastique géographique, 322. — Tritonis et Triton, 323. — Tillibari, 323-4. — Ressemblances avec des noms de lieux européens, surtout espagnols, 324-6. — Nécessité d'une étude plus approfondie, 326.

CHAPITRE VI. — **Relations des indigènes de l'Afrique du Nord avec d'autres contrées**. 327-357

I. Migrations dans l'Afrique septentrionale indiquées par les anciens; ce sont des légendes, 327. — Platon et l'Atlantide, 327-9. — Récit recueilli par Salluste, 329-331. — Quel en est l'auteur? 331-2. — Genèse de cette légende, 332-6.

II. Prétendue migration d'Indiens, 336-7. — Indication de Josèphe sur les Gétules, 337-8. — Récit de Procope sur une migration cananéenne, 338-340. — Genèse de cette légende, 340-1. — Hypothèse de Movers, 341-2; à rejeter, 342-3. — Rien ne prouve que des Hyksôs soient venus en Berbérie, 343.

III. Prétendues migrations d'Égéens, 344; peu de valeur des textes anciens, 344-6. — Les légendes sur des expéditions de héros mythiques ne prouvent rien, 346. — Les arguments linguistiques sont sans valeur, 346-7. — Preuves archéologiques de navigations égéennes dans la Méditerranée occidentale, 347. — Relations des Libyens orientaux avec des peuples du Nord-Est de la Méditerranée, 347-8. — Les preuves manquent pour la Berbérie, 348-9. — Cependant la céramique berbère fournit un indice, 349-350.

IV. Prétendue migration de Libyens en Sardaigne, 350-1; incertaine, 351-2. — Pas de preuves de relations directes avec l'Égypte, 353. — Les Mashaouasha n'étaient pas des habitants de la Berbérie, 353-4.

V. Les indications des écrivains arabes sont sans valeur, 355. — Les hypothèses modernes sont à rejeter, 355. — Relations attestées par les recherches anthropologiques, linguistiques, archéologiques, 356-7. — Impossibilité d'une reconstitution historique, 357.

LIVRE III

LA COLONISATION PHÉNICIENNE ET L'EMPIRE DE CARTHAGE

CHAPITRE PREMIER. — **Les Phéniciens dans l'Afrique du Nord. Fondation de Carthage** 359-401

I. Textes relatifs à la colonisation phénicienne en Afrique, 359-360. — Utique, 360-1. — Lixus, 361. — Auza, 362. — Autres villes, 362-4. — Valeur des textes anciens (Timée), 364-6. — Période antérieure à la colonisation, 366-7; comptoirs, escales sur la route du retour d'Espagne, 367-8. — D'où les Phéniciens sont venus, 368. — Leur commerce, 368. — Sites des colonies, 369-370. — Causes de leur fondation, 370-1. — Fondées par Tyr, 371-2. — Des colonies essaiment à leur tour, 372-3. — Il n'y eut pas de colonies à l'intérieur des terres, 373.

II. Site de Carthage, 374. — A-t-elle remplacé une ville plus ancienne? 374. — Assertion de Philistos, 374-5. — Sens du nom de Carthage (Nouvelle ville), 376. — Prétendus noms d'une ville antérieure, 376-7; Kakkabé, prétendue colonie de Sidon, 378-9.

III. Fondation de Carthage, 380. — Récit de Timée, 380. — Récit de Justin, 380-3. — Caractère gréco-punique de ce récit, 383-4; peut-être se rattache-t-il à Timée, 385. — Échos du même récit dans d'autres auteurs, 385; variantes, 385-8. — Indices d'autres récits, 388-9. — Le récit de Justin est légendaire, 390. — Les personnages sont-ils des divinités? 390-1. — Cela n'est pas prouvé, 391; Pygmalion, 391; Élissa-Didon, 391-3; Hiarbas, 393-4. — Le roi Pygmalion a existé, 394; peut-être aussi Élissa, 395.

IV. Carthage est une colonie tyrienne, 395-7. — Textes indiquant qu'elle fut fondée en 814-813 avant J.-C., 397-9 ; date admissible, 400-1.

Chapitre II. — **Formation de l'empire de Carthage** 402-467

I. Les Phéniciens dans la Méditerranée occidentale, 402. — Il n'est pas prouvé qu'ils aient eu des établissements en Italie et en Gaule, 402-3. — Absence de preuves archéologiques de la présence des Phéniciens en Espagne avant la fin du viie siècle, 403; textes anciens, 403-4. — Fondation de Gadès, 404-5. — Exportation de l'argent de Tarshish, Tartessus, 406. — Les Phéniciens en Sicile, 407-9; à Malte, à Gozzo, à Pantelleria, en Sardaigne, aux Baléares, 409-411.

II. Formation de la puissance maritime de Carthage, 411. — Expansion des Grecs, 412. — L'Odyssée, 412. — Colonies grecques en Occident, 412-4. — Il n'y eut pas entente entre les Phéniciens et les Grecs pour le partage de l'Occident, 414-5. — Autres ennemis des Phéniciens d'Occident, 415-6. — Tyr est impuissante à les protéger, 417. — L'union morale du monde phénicien subsiste, 417-9. — Mais Carthage remplace Tyr à la tête des Phéniciens de l'Ouest, 419. — Raisons de son intervention et de sa grandeur, 419-420. — Rôle important de Malchus, 420; surtout de la famille de Magon, 420-1. — Attitude de Carthage envers Tyr, 421-2; envers les Phéniciens d'Occident, 422-3.

III. Occupation de l'île d'Ibiça, 423; peut-être des Baléares, 424. — Guerres navales contre les Phocéens, 424-5. — Les Grecs sont chassés de la Corse, 425. — Les Carthaginois en Sardaigne, 426. — Défaite de Malchus, 426; campagnes des Magonides, 427. — Prise de possession d'une partie de l'île, colonies, exploitation agricole, 427-8. — Les montagnards restent indépendants, 428; révoltes, 428-9.

IV. Les Carthaginois en Sicile, 429. — Expédition contre Pentathlos, 430; campagnes de Malchus, 430-1. — Guerre contre Dorieus, 431-2; contre Gélon, 432. — Possessions carthaginoises dans l'île au début du ve siècle, 432-3. — Causes de l'expédition de l'année 480 av. J.-C., 433-4. — Entente avec Xerxès, 434. — Forces mises à la disposition d'Hamilcar, 435. — Siège d'Himère, 436. — Défaite désastreuse des Carthaginois, 436-8. — Conditions de la paix, 438. — Mainmise sur Malte, Gozzo, Pantelleria, 439.

V. Les Carthaginois en Espagne, 440. — Textes témoignant de leur présence au ive siècle, 440-1. — Quoique les preuves manquent, ils ont dû venir plus tôt, 440-3. — Leur intervention à Gadès, 443-4. — Guerre contre les Marseillais, 444-5. — Les Carthaginois se réservent la côte orientale jusqu'à Mastia, 445. — Leurs établissements sur cette côte, 445-7; en dehors du détroit, 447. — Ils ne paraissent pas avoir dépassé le littoral, 448.

VI. Visées des Grecs sur les côtes des Syrtes, 448-9. — Entreprise de Dorieus, 449-450; intervention des Carthaginois, 450. — Fixation d'une frontière aux autels de Philène, 450-1. — Qu'étaient ces autels? 451-2. — Fable racontée par Salluste, 452-4. — Emplacement des autels de Philène, 454. — Les Grecs ne font plus de tentatives de colonisation dans la région des Syrtes, 454. — Carthage y admet les commerçants étrangers,

455; qu'elle écarte au IV° siècle, 456. — Occupation de la côte méridionale des Syrtes, 456; de la côte orientale de la Tunisie, 456. — Occupation du littoral entre Carthage et le détroit de Gibraltar, 456-7. — Interdiction aux Romains, et sans doute aussi aux Grecs, d'y naviguer, 457-8. — Condition des villes phéniciennes sous l'hégémonie carthaginoise; Utique, 458-9.

VII. Œuvre de défense et de domination accomplie par Carthage, 459. — Limites fixées aux Grecs en Occident; conséquences historiques, 459-460. — Création d'un vaste empire maritime, 460. — Cependant les Grecs ne sont pas évincés de la Méditerranée occidentale, 460-1. — Carthage doit s'abstenir de l'Italie, 461-2. — La question de Sicile reste ouverte, 462.

VIII. Tribut payé par Carthage aux indigènes africains, 462-3. — Carthage l'abolit au V° siècle, 463. — Constitution d'un territoire carthaginois en Afrique, 464. — On ignore l'étendue primitive de ce territoire, 465. — Révoltes des sujets africains au IV° siècle, 465-7.

CHAPITRE III. — **Expéditions sur les côtes de l'Océan** 468-523

I. Expéditions d'Hannon et d'Himilcon, 468; entreprises par ordre de l'État, 468-9. — Échos de la relation d'Himilcon, 469-470. — Son expédition aux Œstrymnides, 470-1. — Résultats, 472.

II. Relation d'Hannon, 472-3; traduite en grec, 473; connaissance qu'en eurent les anciens, 474-6. — Mission d'Hannon, 476-7. — Il ne paraît pas avoir passé par Gadès, 477-8. — Fondation de colonies sur la côte du Maroc, 479. — Thymiatérion (Méhédia), 480. — Passage au cap Soloeis (Cantin), 480-2. — Fondation de cinq colonies, 483-4. — Arrivée au fleuve Lixos (oued Draa), 484-5. — Colonie fondée dans l'île de Cerné, 485. — Position de Cerné (au delà du cap Juby), 486-8.

III. Voyages de reconnaissance, 489. — Navigation sur le Chrétès, 489. — Ce fleuve répond-il au Sénégal? 490-1. — Peut-être est-il la Saguia el Hamra, 491-2; l'état des lieux se serait beaucoup modifié, 492-3. — Navigation le long du Sahara, passage au cap Vert, 493-6. — Arrivée à la Corne de l'Occident, 496. — Hypothèses sur l'emplacement de ce golfe, 496-7. — Suite et fin de l'expédition; le Char des dieux, la Corne du Sud, les Gorilles, 497-500. — Identifications proposées; le Char des dieux peut être le pic de Cameroun, 500-1; la Corne du Sud vers l'estuaire du Gabon, 501. — Texte d'Arrien, 502-3; il semble prouver qu'Hannon a dépassé le golfe de Guinée, 503-4. — Observations sur la côte odoriférante, 504; sur les ruisseaux de flammes, 505; sur les Gorilles (peut-être des Négrilles), 505-7. — Résultats de l'expédition, 507 et 509. — Hannon a eu des devanciers, 507-9.

IV. Date des deux expéditions, 510. — Elles sont antérieures au milieu du IV° siècle, 510-1. — Rien ne prouve que celle d'Hannon soit postérieure au voyage de Sataspès, 511-2. — L'Histoire d'Hérodote ne donne aucun repère pour dater l'expédition d'Hannon, 513-6; ni pour dater celle d'Himilcon, 516. — Hannon et Himilcon ont-ils été des Magonides? 517-8. — Peu d'influence de la relation d'Himilcon; 518. — Souvenirs du Périple d'Hannon chez les Grecs et les Latins, 518-9.

V. Les Carthaginois ont dû connaître les Canaries, 519-520. — Les Gaditains et les Carthaginois ont connu Madère, 520-3.

INDEX ALPHABÉTIQUE 525-534

www.ingramcontent.com/pod-product-compliance
Lightning Source LLC
Chambersburg PA
CBHW070840230426
43667CB00011B/1872